Das Buch

In dem Folgeband zu seiner epochemachenden Studie ›Herrenhaus
und Sklavenhütte‹ untersucht der große Soziologe und Kulturanthropo-
loge die Entwicklung Brasiliens im 18. und 19. Jahrhundert zu einer städtischen Gesellschaft: Das Interesse der Kolonialmacht Portugal an seiner
bisher ausschließlich agrarischen und daher wenig einträglichen amerikanischen Kolonie wurde durch die Entdeckung von reichen Bodenschätzen neu geweckt. Die Veränderungen, die diese Re-Europäisierung
für Land und Leute mit sich brachte, beschreibt Freyre so lebendig,
anschaulich und kunstvoll, daß sich der Leser in einen Roman versetzt
fühlt. Die »Casa grande«, das Herrenhaus, dient ihm als Modell für die
Beschreibung des Wandels der Kultur- und Lebensformen: das Stadtpalais des reichen Pflanzers, des aufgestiegenen Minenbesitzers oder
Händlers. Die Entstehung einer vornehmlich von Mulatten gebildeten
Mittelschicht, die die Verbindung zwischen Stadt und Land, zwischen
den in die aufblühenden Städte abgewanderten Plantagenbesitzern und
den Sklaven in den Hüttensiedlungen hielt, trug zur weiteren Rassenmischung bei und ließ in Brasilien eine »ethnische Demokratie« entstehen.
»Freyres Werk ist eine gewaltige ›histoire totale‹, die Erkenntnisse der
Anthropologie, Psychologie, Literatur, Ethnographie und Soziologie
verarbeitet hat.« (The Times Literary Supplement)

W0076229

Der Autor

Gilberto Freyre (1900–1987) studierte Anthropologie, Soziologie und
Volkswirtschaft an der Columbia University in New York. Nach der Pro-
motion 1922 und Studienaufenthalten in Hamburg, Berlin und Oxford
kehrte er in seine Geburtsstadt Recife in Pernambuco zurück. 1946 war
er Mitglied des brasilianischen Parlaments, und 1971 wurde er von der
englischen Königin zum »Sir« erhoben. Von seinen zahlreichen Ver-
öffentlichungen liegt auf deutsch außerdem vor ›Herrenhaus und Sklavenhütte‹ (dtv 4554).

Gilberto Freyre:
Das Land in der Stadt
Die Entwicklung der urbanen Gesellschaft Brasiliens

Klett-Cotta
im
Deutschen
Taschenbuch
Verlag

Die Originalausgabe erschien 1936 bei Maia & Schmidt Ltda., Rio de Janeiro, unter dem Titel ›Sobrados e Mucambos‹.
Aus dem Portugiesischen übersetzt von Ludwig Graf von Schönfeldt
Zeittafel von Hermann M. Görgen

Dezember 1990
Deutscher Taschenbuch Verlag GmbH & Co. KG, München
© 1982 Ernst Klett Verlag für Wissen und Bildung GmbH,
Stuttgart, für die deutsche Ausgabe ISBN 3-12-932460-7
Umschlaggestaltung: Celestino Piatti
Vorlage: Rue droite in Rio de Janeiro, Lithographie nach
Johann Moritz Rugendas (1835).
Gesamtherstellung: C. H. Beck'sche Buchdruckerei, Nördlingen
Printed in Germany · ISBN 3-423-04537-X

Inhalt

Erstes Kapitel
Die Veränderung der sozialen Struktur im patriarchalischen Brasilien während des 18. und der ersten Hälfte des 19. Jahrhunderts

Seit der Ankunft König Johanns VI. in Rio de Janeiro begann das in den Herrenhäusern der Zuckerrohrplantagen ansässige ländliche Patriziat die Opulenz der Kolonialzeit einzubüßen – die beleibten Frauen, die Konfitüre einkochten, und die Männer, die so stolz waren auf ihre Titel und Privilegien als Major oder Kapitän, auf ihre silbernen Gerätschaften, Sporen und Dolche, auf die in einer Truhe verwahrten indischen Decken und auf die vielen ehelichen und unehelichen Kinder, die im Haus und in den Sklavenhütten herumliefen. Dieser üppige Lebenszuschnitt war schon seit der Entdeckung der Bodenschätze bedroht, mit der das Interesse der Krone an ihrer amerikanischen Kolonie gewachsen war. Brasilien war nicht mehr das Land des Farbholzes, das vom König ziemlich geringschätzig behandelt wurde, und begann sich in die beste Kolonie Portugals zu verwandeln – besonders zur Zeit des frömmelnden und prachtliebenden Johann V. Es wurde nun gründlicher als andere durchforscht, mit größtem Eifer überwacht und sehr streng verwaltet.

Die Anwesenheit eines Fürsten mit königlichen Machtbefugnissen in Rio de Janeiro, in einem durch seine Tendenzen zur Regionalautonomie und zum Feudalismus so antimonarchistisch gesinnten, geradezu republikanischen Land wie Brasilien mit seinen widerspenstigen Städten, seinen Plantagenbesitzern, den Herren von Minas Gerais und von São Paulo, die dem fernen König den Gehorsam verweigerten, ihn mißachteten und die Vertreter Seiner Majestät festnahmen, ja sogar hinauswarfen und bereits versucht hatten, Republiken zu gründen, veränderte die charakteristischen Züge der Kolonialgesellschaft. Der König hatte die Allüren eines Bourgeois, war schmutzig und weichlich, seine Finger trieften fast immer von Bratenfett – aber er hatte die Krone mitgebracht, die Königin, den Hof, Edelleute, die ihm die gepolsterte, aber klug lenkende Hand küßten, Soldaten, die an Festtagen an seinem Palast vorbeidefilierten, ausländische Gesandte, Ärzte, Komponisten, die ihm Kirchenmusik vorspielten, Königspalmen, in deren Schatten sich die ersten höheren Schulen erheben sollten, die erste Bibliothek, die erste Bank.

Eine Reihe sozialer – vor allem wirtschaftlicher – Einflüsse, von denen sich einige schon vor der Ankunft des Königs geltend gemacht, jedoch erst danach Farbe und Gestalt angenommen hatten, begannen die Struktur der Kolonie zu verändern, indem sie der königlichen Gewalt größeres Prestige verliehen. Aber nicht nur der königlichen Gewalt, die sogar in Johanns schlaffen Händen erstarkte, sondern auch den Städten, ihrem Handel und Gewerbe.

Die unmittelbare Einflußnahme der Krone auf die Geschäfte in Brasilien seit der Entdeckung der Goldvorkommen und der Entwicklung des Bergbaus hatte zwar im Jahre 1720 zum Aufstand von Vila Rica und zur »Inconfidência«* geführt, aber auch eine größere Zentralisierung der Regierung und eine Stärkung der königlichen Gewalt bewirkt. Als Johann VI. in Rio de Janeiro eintraf, war die Unabhängigkeit und Selbstherrlichkeit der Plantagenbesitzer und der Herren von São Paulo und Minas längst nicht mehr dieselbe wie im 17. Jahrhundert.

In Pernambuco führte der Antagonismus zwischen dem ländlichen Patriziat der Herrenhäuser in der sogenannten »mata«, dem fruchtbaren Hinterland, und den Bürgern von Recife in ihren Stadtpalais zum Bürgerkrieg, der »Guerra dos Mascates«**; die Bürger wurden in diesem Kampf von dem mit den Grundherren, seinen einstigen Bundesgenossen, entzweiten König, die Plantagenbesitzer vom hohen Klerus unterstützt. Der Krieg endete mit einem halben Sieg der Bürger über die Vorrechte des Landadels, die im Kapitanat der Albuquerques so fest verankert waren.

Aber wie in Minas Gerais nach der Entdeckung der Goldminen entwickelten sich auch in den Städten dieses Kapitanats industrielle und kommerzielle Lebensbedingungen, die den Privilegien der Herren entgegenstanden. In Pernambuco kam es vor allem unter der holländischen Herrschaft zu dieser Entwicklung, die gleichzeitig die Macht der Plantagenbesitzer wie die der römischen Kirche einschränkte.

Unter der Herrschaft des Grafen Moritz von Nassau entwickelte sich Recife, das ursprünglich ein einfaches, um eine kleine Kirche gruppiertes

---

* »Inconfidência Mineira«: Fehlgeschlagene Verschwörung gegen die portugiesische Herrschaft (1789). Ihr Mittelpunkt war Vila Rica, die Hauptstadt von Minas Gerais, das heutige Ouro Prêto *(Anm. d. Übers.)*.
** »Guerra dos Mascates« (1710–1712): Kämpfe zwischen den handeltreibenden Einwohnern von Recife, die sich bereits als Brasilianer verstanden, und dem portugiesischen Landadel von Olinda *(Anm. d. Übers.)*.

Fischerdorf im Schatten des feudalen und hochklerikalen Olinda gewesen war, zur bedeutendsten Stadt der Kolonie, vielleicht sogar des ganzen Kontinents. In seiner Haltung und seinem entschlossenen Vorgehen war Moritz von Nassau weitaus fürstlicher als der Gemahl Carlota Joaquinas, wenn auch Johann keineswegs der Dummkopf war, als den ihn die Anekdoten darstellen, was schon der Historiker Oliveira Lima festgestellt hatte. In Recife gab es nun vierstöckige Häuser, königliche Paläste, Kanäle, einen botanischen und einen zoologischen Garten, ein Observatorium, kalvinistische Kirchen, eine Synagoge und eine zahlreiche Judengemeinde, Fremde aus aller Herren Ländern, Prostituierte, Kaufläden, Lagerhäuser, Werkstätten und städtische Industrien. Kurz, es waren alle Vorbedingungen für eine ausgesprochen vertikale Urbanisierung gegeben.

Es war der erste Kontakt, den diese portugiesische Kolonie in Amerika mit der Welt, mit dem neuen, bürgerlichen Europa herstellte. Bis dahin hatte sie in einer fast vollständigen, ländlichen Unberührtheit dahingelebt, die nur am Rande durch die Überfälle französischer und englischer Seeräuber und die Reibungen mit den nicht immer sehr freundlichen spanischen Nachbarn und Verwandten getrübt wurde. Dadurch wurden freilich weder ihre althergebrachten Lebensformen noch ihr rustikaler Zuschnitt, noch der Kern ihrer katholischen Glaubens- und Moralbegriffe verletzt oder auch nur beeinträchtigt. Es sei denn durch Elemente, die sich, wenngleich geringfügig, von der luso-katholischen Gruppe unterschieden: Juden, die innerhalb ihrer vier Wände Jesus Christus verspotteten, schwarze Zauberer oder Eingeborene mit eigenem Kult. Aber weder die Juden noch die Neger waren der herrschenden Religion feindlich gesinnt; sie waren sehr diplomatisch oder gefügig, wie es eben intelligente Nationen, Gruppen oder Frauen und Kinder tun, wenn sie stark unterdrückt werden: Ihre Heiligen und ihre Riten waren dem Namen und dem Anschein nach katholisch und nur innerlich verschieden – es fand sozusagen eine Unterschiebung statt.

Das große Abenteuer der Umwandlung Pernambucos konnte jedoch die scheinbar schwache, in Wirklichkeit aber sehr widerstandsfähige Einheitlichkeit der luso-katholischen Siedler in Brasilien nicht zerstören. Unter der orthodoxen Unnachgiebigkeit der Jesuitenpatres, die freilich in ihrem eigenen Interesse handelten und nicht im Hinblick auf eine Verschmelzung der verschiedenen Brasilien in ein einziges Brasilien, entwickelte sich ein von Glauben und Moralbegriffen genährtes »Artbewußtsein«. So entstand auch – dank der günstigen Verbindungen und der durch ein ähnliches Klima und gleiche Bodenbeschaffenheit ermöglichten und sogar geförderten Produktions- und Arbeitsverfahren – die auf Sklaverei gegründete und auf den Latifundien betriebene Monokultur. Dieses Wirtschaftssystem wurde nicht durch die zwischen den verschiedenen Gruppen der Kolonisatoren ganz allgemein geübte Endogamie gefestigt, obwohl Beziehungen zu den sogenannten »Negerinnen« des Landes und sogar zu den Minas* keineswegs ausgeschlossen waren und es auch nicht wenige Ausländer gab, die – wie Filipe Cavalcanti und Gaspar van der Lei in Pernambuco oder John Whitall in São Vicente – als Schwiegersöhne in die Familien der reichen portugiesischen und katholischen Patriarchen unter den Kolonisatoren aufgenommen wurden. Aus dem in der Nationalbibliothek befindlichen Manuskript *Journal of a Residence in Brazil written by Cuthbert Pudsey during the Years 1629 to 1640* geht hervor, daß zwischen Holländern und Töchtern von Plantagenbesitzern und anderen Großgrundbesitzern zahlreiche Ehen geschlossen wurden.

Dreißig Jahre nach der holländischen Herrschaft kehrte der Norden Brasiliens zur landwirtschaftlichen Routine und zur katholischen Einheit zurück, so daß allmählich eine soziale Integration im katholischen und portugiesischen Sinne entstand. Vom Abenteuer der Differenzierung blieb nur eine fast traumhafte Erinnerung an die »Zeit der Flamen« zurück, wie es im Volke heute noch heißt, wenn das Außergewöhnliche, Wunderbare und fast Teuflische irgendeines Überrestes von Bau- oder Kunstwerken erklärt werden soll, das den technischen Fähigkeiten der Portugiesen oder der einheimischen Caboclos weit überlegen scheint. Ungefähr wie zur »Zeit der Mauren« in Portugal.

Aber auch so hinterließ die »Zeit der Flamen« beim Nordbrasilianer, besonders bei den an sich unbedeutenden, aber durch ihre Menge beachtenswerten Siedlern das Gefühl, weder Herren noch Sklaven zu sein, sondern der erste Ansatz zum Kleinbürgertum, das sich in Brasilien in so manchen Zügen von der trübseligen Monotonie der Arbeit im Schatten der ländlichen Herrenhäuser unterschied. Vor allem in der Freude am Stadtleben, und zwar nicht in jenen alten Städten des 16. und frühen 17. Jahrhunderts, die lediglich Dependancen der Landgüter

* Ein alphabetisches Glossar brasilianischer Ausdrücke findet sich im Anhang des Buches (S. 537–540).

waren, wo die Gutsbesitzerfamilien die Feiertage verlebten und sich bei Kavalkaden und Banketten trafen, sondern die Freude an Städten mit eigenem Leben, unabhängig von den Großgrundbesitzern. Vermutlich hinterließ die »Zeit der Flamen« dem zukünftigen Stadtvolk – damals nur ein Konglomerat von unabhängigen Mischlingen sowie Kleinbürgern und Kaufleuten europäischer Herkunft – noch ein weiteres Element des Aufruhrs und der Differenzierung: die Neigung zum materiellen Wohlstand, wie er unter der holländischen Verwaltung geherrscht hatte, die in dieser Hinsicht der portugiesischen überlegen war. Der Flame entstammte einer mehr städtischen als ländlichen Zivilisation und brachte einer Kolonie von Bauern – mit Ausnahme von Bahía, das schon fast eine Großstadt war – Neuheiten von fast magischer Wirkung: Kenntnisse und Hilfsmittel der neuen europäischen, das heißt der bürgerlich-industriellen Technik.

Der Konflikt zwischen Olinda, der Stadt des Klerus und der Plantagenbesitzer, und Recife, einer Stadt, die damals von Bürgern und Handwerkern bewohnt war und im 17. Jahrhundert die heterogenste Bevölkerung der ganzen Kolonie aufwies, wird nicht nur die Reaktion der fremdenfeindlichen Einheimischen gewesen sein, von der die offizielle Geschichte spricht, eine Reaktion der schon in Brasilien Geborenen gegen Portugiesen aus dem Mutterland. In erster Linie war es wohl ein Zusammenstoß zwischen den ländlichen und städtischen Interessen, der durch die politischen und vielleicht sogar die rassischen Gegensätze noch mehr dramatisiert wurde.

Die Ereignisse von 1710 waren wohl eine ausgesprochen aristokratische und weitgehend antimonarchische, gegen den König von Portugal gerichtete Bewegung. Land stand gegen Stadt, und das nationale Interesse wurde ganz ostentativ mit dem des Landadels identifiziert, der Herren über den Boden und die Neger, die die Einflußnahme des Königs und der von Portugiesen beherrschten und von Bürgerlichen geführten Gemeinderäte auf die Geschäfte der Kolonie auf ein Mindestmaß reduzieren wollten. Die Gemeindegesetzgebung war immer das Werk dieser Familien des ländlichen Patriarchats oder entschied zu ihren Gunsten, wie die königlichen Freibriefe, die jegliches Vorgehen gegen Plantagenbesitzer verboten. Die Interessen der ländlichen, feudalen Schuldner wurden offen gegen die städtischen, kapitalistischen Gläubiger verteidigt.

Diese Parteilichkeit erfuhr jedoch einen tiefgehenden Wandel, als die Bodenschätze entdeckt wurden und sich in den Städten ein reiches Bürgertum bildete, das die Könige gegen die hochmütigen Herren über Land und Sklaven ausspielen konnte. Und wie einst in Portugal selbst stützten die portugiesischen Könige jetzt auch in Brasilien die städtischen und bürgerlichen Interessen, ohne jedoch deshalb die der Grundbesitzer besonders anzutasten.

Ein weiteres Kolonialgebiet, in dem es bald zu einer Differenzierung zugunsten der städtischen Bevölkerung kam, war Minas Gerais. Im 18. Jahrhundert führte diese Differenzierung dort mitunter zu einem offenen Konflikt mit den Tendenzen zur Integrierung aller verstreuten Kräfte im Sinne der ländlichen, katholischen und erzportugiesischen Kreise. Aus der Besiedlung durch unternehmungslustige Paulistas, die möglicherweise Nachkommen von Juden waren, entstanden die ersten – ebenfalls unternehmenden und unabhängigen – Generationen von Goldmagnaten und Städtegründern, die in der Entwicklung Brasiliens eine ganz besondere Rolle gespielt haben. Dadurch, daß diese Städte Warenlieferanten, Zwischenhändler, Fachleute in der Bearbeitung von Edelsteinen und der Herstellung von Falschgeld sowie Handwerker an sich zogen, scheinen sie, zumindest in bewegten Zeitläuften, in zwei gegensätzliche Gruppen zerfallen zu sein. Im allgemeinen wurden sie freilich von den großen Bergwerksbesitzern beherrscht, richtigen Autokraten, die in ihren Stadthäusern oder Palais residierten, neben denen manche von ihnen auch noch Landhäuser besaßen, wie es überhaupt ihr höchster Ehrgeiz war, sich Großgrundbesitzer zu nennen, was schon Saint-Hilaire hervorhob. Ein untrügliches Zeichen dafür, daß der herrschende Begriff von Sozialprestige noch immer auf das – freilich schon in seinen Grundfesten erschütterte – ländlich-patriarchalische Ideal zurückging.

Die Interessen, die Vila Rica in ihrem ersten Aufruhr von 1720 gegen die Übergriffe der von den Repräsentanten des Königs verfolgten Steuerpolitik zu verteidigen schien – ein Aufruhr, der nicht so populär war wie der zweite, der des Tiradentes –, waren die Interessen dieser alteingesessenen Magnaten, die sich hinter dem Demagogen Filipe dos Santos versteckten, von dem sie dann doch in elfter Stunde abgerückt zu sein scheinen. Aber in dieser Bewegung spürt man doch auch den Einfluß neuer Patriarchen, die weniger ländlich als städtisch waren. Männer in gesicherter Lebensstellung, Besitzer von ansehnlichen Häusern mit Veranden, die nach der Straße zu lagen – in einigen Dokumenten der Kolonialzeit Palais genannt, in anderen Stadthäuser. Miran de Barros Latif bezeichnet sie als »ausgesprochen städtische Häuser, an Hügel geschmiegt, auf hohen Stützpfeilern über Schluchten thronend« oder »an günstigen Stellen von Plätzen oder Straßen gelegen«.

Aus brasilianischen Urkunden des 18. Jahrhunderts geht deutlich hervor, daß sich eine neue Klasse gebildet hatte, die nach der Herrschaft strebte: reiche Bürger und Handelsleute, die der Exklusivität, mit der die bevorrechteten Grundbesitzer die Gemeinderäte beherrschten, den Kampf ansagen wollten. Abenteurer, die in den Bergwerken reich geworden waren, einige von ihnen Portugiesen – »Bleifüße«, wie sie spöttisch genannt wurden –, die geschäftlichen Erfolg gehabt hatten, fliegende Händler, die einst Knoblauch und Zwiebeln verkauft oder als Hausierer begonnen hatten und sich schließlich in mehrstöckigen Häusern als Kaufherren etablierten – das waren die neuen weißen oder fast weißen Elemente, die zur Herrschaft drängten. Neureiche, die in Palästen wohnten und mitunter Zuckerrohrplantagen oder Landgüter erwarben, wo sie mit ihren Familien die Festtage verbrachten, um so den Landadel nachzuahmen. Die Bewohner der ländlichen Herrenhäuser warfen sie oft mit den kleinen Händlern in einen Topf, die in Buden oder ebenerdigen Häusern wohnten, und nannten sie alle ohne Unterschied »Hausierer«. Sie lebten aber in mehrstöckigen Häusern* von eindeutig städtischem oder halbstädtischem Charakter, wie sie auch die reichsten Gutsherren während der Regenzeit bewohnten, wenn sie mit ihren Familien in die Stadt zogen.

Auf die alte Sitte, die Festtage in der Stadt zu verbringen, wie das zum Beispiel in Olinda üblich war, folgte im 18. und 19. Jahrhundert der Brauch, zu diesen Zeiten aufs Land zu ziehen, auf Besitzungen oder Plantagen, die von ihren bürgerlichen Eigentümern nicht als wirtschaftliche Existenzgrundlage, sondern zum Vergnügen, zur Erholung und auch aus Prestigegründen beibehalten wurden.

Während sich seit dem 17. Jahrhundert der Antagonismus zwischen den aufstrebenden Kolonialstädten und den Herrenhäusern der Plantagenbesitzer herausbildete, bewahrte der Landadel bis zum Ende des 19. Jahrhunderts fast ungeschmälert seine Vorrechte und vor allem das dekorative Element seiner Würde. Wie jedes Ritual, jede Liturgie oder

---

* Im Gegensatz zu den allgemein üblichen ebenerdigen Häusern wurden die mehrstöckigen Stadthäuser geradezu zum Symbol einer aufstrebenden Gesellschaftsschicht, der reich gewordenen Kaufleute *(Anm. d. Übers.)*.

jede soziale Mystik hat dieses Element eine außergewöhnliche Fähigkeit, die Größe oder zumindest den Anschein von Größe fortleben zu lassen und, wenn diese Größe entschwunden ist, das Leben oder den Anschein des Lebens von Institutionen, deren Wurzeln schon tödlich getroffen sind, zu bewahren.

Der Händler, der portugiesische Plebejer oder Kleinbürger, oder der in den Bergwerken zu Geld gekommene Abenteurer erlag, sobald er geschäftlichen Erfolg hatte, der Versuchung, Mitglied des Landadels zu werden oder doch dessen Lebensführung nachzuahmen, und kaufte Zuckerrohr- oder Kaffeeplantagen. Lourenço Gomes Ferraz, ein Portugiese, der im 18. Jahrhundert in Recife ein Vermögen als Händler gemacht hatte, wurde später Plantagenbesitzer und Mitglied des Stadtrats von Olinda – und einer der erbittertsten Gegner der Kaufleute. Ein ähnlicher Fall war der von Bento José da Costa im 19. Jahrhundert. Mehrere dieser Emporkömmlinge bürgerlicher oder plebejischer Herkunft gelangten durch Heirat in die höhere Gesellschaftsschicht der Großgrundbesitzer, traten in exklusive Bruderschaften ein und erwarben in der Kolonialzeit den Titel eines Majors oder Kapitäns oder in der Kaiserzeit den eines Barons oder Visconde.

Eines der charakteristischsten Beispiele für einen solchen sozialen Aufstieg bietet vielleicht João Fernandes Vieira, ein Held des Krieges gegen die Holländer. Vieira kam von den portugiesischen Inseln und war zweifellos ein Mulatte, obwohl er eine Urkunde besaß, die ihn als reinen Weißen ausweisen sollte; er stammte aus einem ganz einfachen Milieu und war Fleischergeselle und Gehilfe bei einem Händler gewesen. Aber schließlich wurde dieser Abenteurer zu einem der entschlossensten und energischsten Vertreter der Aristokratie von Pernambuco und verdrängte sogar Antônio Cavalcanti, der vermutlich blond und von unzweifelhafterem Adel als der Inselbewohner war. Vieira wurde durch seine Verehelichung mit der Tochter des Francisco Berenguer de Andrade, eines reichen Landedelmannes, in die Gesellschaftsschicht aufgenommen, von der ihn alles trennte.

Das höhere Prestige, das die Städte im 19. Jahrhundert ihren Bürgern verliehen, erleichterte den Aufstieg der Bewohner einfacher, ja sogar ebenerdiger Häuser oder Hütten in die Paläste großer Landbesitzer. Dieser Aufstieg vollzog sich zum einen über eine neue, glänzende Gesellschaftsschicht: die Rechtsanwälte und Ärzte, von denen manche die Söhne von kleinen Händlern und Negerinnen oder Mulattinnen waren, zum anderen über die starke Abhängigkeit, in die die Grundherren von ihren Kommissionären, Sklaven-, Zucker- und Kaffeehändlern gerieten. Diese Abhängigkeit wurde erst zu Ende der Kaiserzeit mit der Entwicklung des Eisenbahnverkehrs geringer, dafür entstand jedoch eine andere, die von den Banken, die für die verschuldeten oder vorschußhungrigen Grundbesitzer noch viel beschämender war.

Die feudale Struktur der ländlichen Oberschicht, von der die Besiedlung Brasiliens ausgegangen war und deren soziologische Verhältnisse Tomé de Sousa in seinem *Regimento* (Lebensform) analysiert, hatte sich zu einem System von geringer Verantwortlichkeit, wenn nicht sogar Verantwortungslosigkeit gegenüber jenen herausgebildet, die ihre Tätigkeit finanzierten. Darin wurde sie lange Zeit hindurch von der Krone bestärkt, die am Gewinn der Großgrundbesitzer interessiert war und auf sie, ihre Cabras und ihre mit Pfeil und Bogen bewaffneten Indianer angewiesen war, um die Kolonie gegen die Invasionsversuche von Ausländern zu schützen.

Die Finanzierung des Zuckerrohranbaus war zwar sehr riskant, lockte aber bald Wucherer an, die sich anscheinend gleichzeitig mit der Einfuhr von Sklaven für die Plantagen befaßten. Daran scheinen die Juden mit ihrem besonderen Sinn für geschäftliche Abenteuer einen wichtigen Anteil gehabt zu haben, was auch der Grund dafür sein mag, warum einzelne Historiker wie Sombart der Rolle der Juden bei der Entwicklung des Anbaus und der industriellen Verwertung des Zuckerrohrs besonderes Gewicht beimessen.

Diese Zwischenhändler, unter denen die Juden zahlreich gewesen sein mögen, scheinen den Grundstein zum Reichtum der brasilianischen Städte der Kolonialzeit gelegt zu haben. Die Wandlungsfähigkeit dieser Ortschaften, die sich von einfachen Warenlagern und Verschiffungsplätzen für die Landesprodukte zu selbständigen Städten entwickelten, scheint vor allem eine Folge der durch Zwischenhändler und Kaufleute angesammelten Reichtümer gewesen zu sein. Diese Kaufherren, von denen einige jüdischer Herkunft waren, führten den Besitzern der Herrenhäuser im Landesinnern gegenüber eine grobe Sprache. Mitunter erließen sie ihnen ihre Schulden, wenn sich zwischen einem bürgerlichen Mädchen und dem Sohn eines Plantagenbesitzers oder zwischen dem Sohn eines Kaufherrn – oder diesem selber – und einer jungen Dame aus den Kreisen der Gutsbesitzer eine Ehe anbahnte, Verbindungen, wie sie tatsächlich in vielen dieser Familien geschlossen wurden.

Die Verschuldung der Plantagenbesitzer aus dem Norden wird schon in den ersten bekannten Chroniken erwähnt, so von Pater Cardim, der diesen Zustand mit der wichtigsten Grundlage des Reichtums in der Kolonialzeit in Zusammenhang bringt, nämlich den Sklaven. Dieser Reichtum war außerordentlich anfällig und erlag schon dem geringsten Anzeichen einer Blattern- oder Choleraepidemie.

Der Figur des Zwischenhändlers, der in erster Linie mit Sklaven handelte, kam somit im geschwächten patriarchalischen Wirtschaftssystem eine besondere Bedeutung zu. Wie der Arzt vom Kranken lebte der Händler von den zwei Wunden an diesem Wirtschaftskörper, die nie verheilten und wie gierige Mäuler nach Geld und Negern verlangten: der Monokultur und der Sklavenwirtschaft. So begannen sich die Städte auf Kosten der derart ausgebeuteten Grundherren und Sklaven zu entwickeln.

João Lúcio de Azevedo schließt sich in seinem Meisterwerk *Epocas de Portugal Econômico* (Lissabon 1929) nicht der von Sombart und etlichen jüdischen, mehr oder weniger apologetischen Historikern aufgestellten These an, wonach der Anbau und mehr noch die industrielle Verwertung des Zuckerrohrs in Brasilien das Werk von Juden gewesen sein sollen, die im 16. Jahrhundert den europäischen Markt mit Zucker überschwemmt und die Begierde der Holländer erregt hätten. Azevedo hält es für unwahrscheinlich, daß die vor der Inquisition geflüchteten oder verbannten hebräischen Familien über das stattliche Kapital verfügten, das die Errichtung einer Fabrik erforderte.

Andererseits darf nicht vergessen werden, daß zwischen den über die ganze Welt verstreuten hebräischen Familien, die sich mit den unterschiedlichsten, aber doch irgendwie zusammenhängenden Formen des Handels und des Wuchers befaßten, damals – und das gilt bis zu einem gewissen Grad auch heute noch – eine Art Freimaurerei, so etwas wie eine Geheimgesellschaft mit kommerziellen Interessen, die wiederum mit denen der Religion und der verfolgten Rasse zusammenhingen, existierte, die sich ganz besonders unter widrigen Umständen bewährte.

Abbé Raynal, für den die Juden ohne Zweifel zu den ersten gehörten, die das Zuckerrohr in Amerika anbauten und Zucker herstellten, erinnert daran, daß »*plucieurs trovèrent des parens tendres, des amis fidèles; les autres, dont l'intelligence & la probité étaient connues obtinrent des fonds des négocians de differentes nations avec lesquels ils avoient de liaisons d'affaires. Ces secours mirent des hommes entreprenans au état de cultiver des cannes de sucre, dont les premières leur vinrent de l'Isle de Madère.*« Diese Worte sind geeignet, den Ausführungen Azevedos ihren Stachel zu nehmen.

Es ist sehr wahrscheinlich, daß die aus Portugal vertriebenen Juden, die nach dem »Lande des Heiligen Kreuzes« – nach Brasilien – aufbrachen, von Glaubensgenossen aus anderen blühenden Gemeinden unterstützt wurden. Daher mögen ihnen die Mittel gekommen sein, nicht um sich landwirtschaftlichen Aufgaben zu widmen, die ihrem traditionellen und, wie Max Weber es nennt, »kanonischen« Widerwillen gegen die ihnen nicht gehörende Erde widerstrebten, sondern der Finanzierung von Anbau und Industrie, die damals in dem nach Geld und Sklaven gierigen Brasilien entstanden. Diese Frage verdient eingehend untersucht zu werden, bevor man apodiktisch verallgemeinert, aber es ist höchst wahrscheinlich, daß sich das wirtschaftliche Genie der jüdischen Einwanderer in der ersten Zeit auf diese beiden Betätigungen konzentrierte. Man kann als sicher annehmen, daß ohne das Eingreifen der Juden der brasilianische Zucker nicht so schnell und so gründlich den Weltmarkt erobert hätte. Das ging so weit, daß die Produkte der Zuckerplantagen von Pernambuco, Itamaracá und Paraíba der Krone zu Beginn des 17. Jahrhunderts mehr einbrachten als der ganze Handel mit Indien und seinen Schätzen an Rubinen und Seidenstoffen.

In dieser ersten Phase der brasilianischen Geschichte spielt der Jude nicht dieselbe Rolle wie die Portugiesen vom Schlage eines Duarte Coelho, die mit ihren Siedlern den Urwald rodeten, Pflanzungen anlegten und Herrenhäuser mit Kapellen, Kirchen und Grüften sowie befestigte Plätze bauten. So groß auch ihr Heimweh nach Portugal sein mochte, schlugen sie doch Wurzeln im Lande und verbanden sich mit einheimischen Frauen und legitimierten deren Kinder in ihren Testamenten. Die Juden besaßen nicht diese schöpferische Gabe, und ihre Anstrengungen wurden auch nicht durch den Wunsch beflügelt, sich seßhaft zu machen. Sie lebten sozusagen im Schatten der portugiesischen Patriarchen, waren fast immer unterwegs und nahmen nur vorübergehend einen Wohnsitz. Wenn sie erst einmal ein Vermögen erworben hatten, zogen sie oft in andere Länder Amerikas.

Die Juden waren aber im Brasilien der Kolonialzeit keineswegs Parasiten, die die reichen »Altchristen«, die Grundherren und Plantagenbesitzer, aussaugten und mit ihnen die Neger, die in dieser neuen Gesellschaft am härtesten arbeiten mußten, oder die indianischen Eingeborenen, die als Last- und Sänftenträger verwendet wurden.

Die Juden waren offensichtlich mit genügend Geld nach Brasilien gekommen, um den Plantagenbesitzern die Summen zu borgen, die diese für die Erntearbeiten und die Erneuerung ihres Sklavenbestandes benötigten. Sogar João Lúcio de Azevedo, der die aus Portugal vertriebenen Juden als unfähig hinstellt, sich mit der Zuckerverarbeitung zu befassen, muß zugeben, daß einige von ihnen »es zu Land- und Fabrikbesitz brachten, indem sie den dauernd in Verlegenheit befindlichen Plantagenbesitzern Waren, Geld und vor allem Sklaven verschafften«.

In seinen *Dialogos* mit Alviano spricht Brandônio von Leuten, die im 17. Jahrhundert »in den Städten Waren aufkauften, um sie in abgelegenen Gutshäusern und Plantagen weiterzuverkaufen, wobei sie oft hundert Prozent verdienten«. Für den portugiesischen Geschichtsschreiber handelt es sich dabei um Juden, genauso wie bei jenen findigen Kaufleuten, die Scheingeschäfte mit Sklaven aus Guinea machten und dabei in weniger als einem Jahr über 85 Prozent Gewinn einheimsten.

Diese Tätigkeit der Zwischenhändler und Geldverleiher beschränkte sich aber nicht nur auf die Anbaugebiete des Zuckerrohrs; sie griff auch auf Minas Gerais über, als sich der Großteil des Sklavenhandels nach den Gold- und Diamantenbergwerken verlagerte. Sie wurden zu wahren Schreckgespenstern für die Bewohner von Minas, die sie fürchteten und um die sie einen großen Bogen machten, aber, »durch die Not oder neue Hoffnung getrieben, doch immer wieder in ihre Klauen gerieten«.

Ein älterer Chronist hat uns interessante Einzelheiten über diese Händler und ihre Methode, Menschen auf Kredit zu verkaufen, hinterlassen. Die Sklaven wurden in den Häfen für 100 bis 120 Milreis erworben; etwa 20 Milreis entfielen auf Gebühren und Kosten der Überfahrt. Dann wurden sie den Bergwerksbesitzern oder den Pflanzern für 180 oder 200 Oitavas in Goldstaub verkauft (646 bzw. 717 Gramm), wobei der Preis »in zwei gleichen Jahresraten« oder erst nach zwei Jahren bezahlt werden konnte. »Es wird keine andere Auskunft verlangt«, fügt der Chronist hinzu, »als die, ob der an einem Sklaven interessierte Käufer schon mindestens einen anderen, und nach Möglichkeit zwei, abgezahlt hat.«

Im 18. und 19. Jahrhundert gewann der Zwischenhändler an Bedeutung und entwickelte sich zum Kommissionär, zum Zucker- oder Kaffeehändler und zum Bankier. Er wurde zum Patrizier mit goldener Kette und englischem Zylinderhut, wohnte in einem großen, mit bunten Kacheln verzierten Haus, fuhr in seiner Luxuskalesche aus, aß Rosinen, Feigen und Pflaumen und trank Portwein. Seine Töchter sahen in den von

Madame Theard nach Pariser Modejournalen geschneiderten Kleidern bezaubernd aus, wenn sie zum Debüt einer italienischen Sängerin in die Oper fuhren.

Das alles ging oft auf Kosten jener, die im Hinterland Zuckerrohr mahlten, zu Zucker verkochten und Schnaps destillierten oder Kaffee pflanzten oder in den Bergwerken schufteten. Ihr einziges Vergnügen waren die Bumbas-meu-boi und die Narrenpossen der Neger in den Zuckermühlen, auf den Pflanzungen oder in den Gutshöfen. Oft aßen sie nur Dörrfleisch und tranken Jenipapowein oder berauschten sich am Zuckerrohrschnaps, der Cachaça. Und nicht immer waren sie in der Lage, ihre Söhne nach Coimbra, Paris, São Paulo oder auch nur nach Olinda zu schicken, so daß sie im Herrenhaus blieben, wo sie in der Gesellschaft der Muleques und später der Cabras aufwuchsen und sich mit den Mulecas, den zu einer Art Hahnenkampf abgerichteten Kanarienvögeln und im besten Fall mit den Negertänzerinnen vergnügten.

»Der damalige Guts- oder Plantagenbesitzer«, schrieb Joaquim Nabuco 1884, »arbeitete für den Händler, der ihm Sklaven verschaffte, wie der jetzige für den Kommissionär arbeitet, oder für die Bank.« Das Bankwesen wurde erst nach der Ankunft König Johanns VI. in Brasilien eingeführt und veränderte das soziale Gefüge im Sinne einer Beherrschung des Landes durch die Stadt. Damit floß der Reichtum in die großen Städte und in die portugiesische Hauptstadt, wo er das Kapital wachsen ließ.

In den ersten Zeiten, ganz besonders im 16. Jahrhundert, wurde die Landwirtschaft in Brasilien mächtig unterstützt. Die Krone gewährte den begüterten Siedlern große politische und wirtschaftliche Privilegien. Zweihundert Jahre lang übten die Bezwinger des Urwalds, die Eroberer des Hinterlandes und die großen Pflanzer die politische Macht in den Stadt- und Gemeinderäten aus. Sie hatten über alle Verträge, über Steuererhebung und öffentliche Arbeiten zu entscheiden. Gleichzeitig waren sie dadurch vor den weniger geduldigen Gläubigern geschützt.

Aber mit der Entwicklung der Bergwerke und dem Anwachsen der Städte schwand die Vorliebe des Königs für den Landadel, der durch die Macht der Generalkapitäne, der Richter, der Bürgermeister, der Bischöfe und des Vizekönigs in den Schatten gestellt wurde. Einige dieser Generalkapitäne, wie der Graf von Valadares in Minas Gerais, verliehen Offizierspatente sogar an Mulatten und Neger, wodurch das Prestige der Weißen empfindlich beeinträchtigt wurde.

Die nach Minas entsandten Kapitäne traten wie in eben eroberten Provinzen auf: arrogant, herrschsüchtig, alles kontrollierend, sogar den lokkeren Lebenswandel der Geistlichen. Im 18. Jahrhundert wurde dort gegen die Tradition eingeschritten, nach der die Großgrundbesitzer Verbrecher auf ihren Gütern auszupeitschen pflegten. Der Graf von Assumar ließ einen gewissen Brigadegeneral Macedo – der seine Frau umgebracht hatte – festnehmen, und das nicht auf irgendeiner beliebigen Farm, sondern auf dem Gut des Obersten Pascoal da Silva Guimarães, des Besitzers von Ouro Podre, der fruchtbarsten Gefilde der Welt, und Herrn über zweitausend Mann, ungezählte Pferde und zwei große Zuckerplantagen. Mit dem Eindringen der Polizei in ihren Grund und Boden büßten die Landedelleute ihr wirksamstes Tabu ein und wurden fast auf das Niveau der Plebejer, Mulatten und städtischen Kaufleute herabgedrückt.

Im Süden, in São Paulo und Minas Gerais, ist seit Beginn des 18. Jahrhunderts der Druck des portugiesischen Imperialismus, die Ausbeutung des brasilianischen Reichtums, stärker zu spüren als in den ersten zwei Jahrhunderten, in denen seine Entdeckung und Entwicklung gefördert worden war. Deshalb verbündete er sich mit der städtischen Plebs, mit den Händlern und den Kaufherren in ihren Palästen, ja selbst mit den Mulatten, gegen den Landadel weißer Hautfarbe.

Noch im Jahre 1670 dagegen war der Generalkapitän von Pernambuco, Bernardo de Miranda Henriques, in einem königlichen Handschreiben streng gerügt worden, weil er den Bürgermeister von Iguaraçu, einer von den Zuckerbaronen beherrschten Gemeinde, hatte festnehmen lassen. Und als vier Jahre vorher der Stadtrat von Olinda den Generalkapitän Jerônimo de Mendonça Furtado abgesetzt hatte, lobte der Vizekönig dieses dreiste Vorgehen. Im 18. Jahrhundert ließ sich auch der Stadtrat von São Paulo eine Reihe anmaßender Handlungen zuschulden kommen.

Die Wirtschaftspolitik des portugiesischen Mutterlandes, die seit dem 17. Jahrhundert die Landwirtschaft zugunsten der Städte, der Händler und sogar der kleinen Leute vernachlässigte, wurde von König Johann VI. fortgesetzt. Unter seiner Regierung trat ein immer stärkerer Prestigeverlust des Landadels ein. Der Gleichmut des Königs gegenüber den stets säumigen Schuldnern nahm ein Ende, und die Gemeinderäte hörten auf, ein Vorrecht der Großgrundbesitzer zu sein. Ihr Leben wurde, wie ein Chronist um die Mitte des 19. Jahrhunderts schreibt, durch

»äußerst drückende Steuern« und »unverhältnismäßig hohe Zinsen« erschwert. Wenn ein Landwirt seinen Verpflichtungen nicht regelmäßig nachkommen konnte, weil das Jahr schlecht gewesen war und der Ertrag seiner Arbeit nicht ausreichte, um »die übertriebenen Zinsen zu zahlen«, mußte er sich verloren geben.

Im 19. Jahrhundert liehen die reichen Stadtleute den Landwirten Geld zu 9 % Zinsen, mit 8 %iger Amortisierung, und auf Hypotheken in der doppelten Höhe der geliehenen Summe, wobei die Wechsel unweigerlich alle sechs Monate erneuert werden mußten.

»Dem unvorsichtigen Landwirt wird alles geraubt«, steht in einem Buch des alten Melo Morais aus dem Jahre 1870 zu lesen. Aber »unvorsichtig« ist nicht das richtige Wort, eher: vernachlässigt von der Regierung, die jetzt den Handel und die Industrie begünstigte, deren Schornsteine überall aus dem Boden schossen und mit ihrem Ruß das frische Grün der Mango- und Brotbäume verschmutzten. Die Tatsache, daß die Banken durch ihre Agenten die Schulden in den Herrenhäusern des Landesinnern einkassieren ließen, erschien dem Chronisten als ein gewaltiger Prestigeverlust der Grundbesitzer. Tatsächlich war es nichts anderes als eine Normalisierung der Beziehungen zwischen den Schuldnern in den Herrenhäusern und ihren Gläubigern in der Stadt, deren Interessen sie bisher kaum zur Kenntnis genommen hatten.

Während zu anderen Zeiten die Landgüter sakrosankte Bezirke waren, denen man sich nur auf den Zehenspitzen zu nähern wagte, um irgend etwas zu erbitten – Asyl, Stimmen für eine Wahl, die Hand eines jungen Mädchens, Almosen für ein Kirchenfest, eine Mahlzeit, einen Schluck Wasser aus der Kokosnußschale –, so wurden sie jetzt von den Agenten der Banken überlaufen, die die majestätische Würde der Herrenhäuser fast ebenso verletzten wie die Polizei des Grafen von Assumar in Minas Gerais oder des Präsidenten Chichorro da Gama in Pernambuco. Das Vorgehen der städtischen Geldleute gegen die verschuldeten Gutsbesitzer hatte fast den Charakter einer hemmungslosen Vergeltung; oft waren es Leute, die sich für die Demütigungen rächten, die ihre Väter oder Großväter erlitten hatten. Andererseits griffen die in ihrer Ehre gekränkten Gutsbesitzer zu verzweifelten Mitteln, um ihren Prestigeverlust wettzumachen. So mancher Schulden eintreibende Agent wurde von ihren Cabras aus dem Hinterhalt ermordet.

Es ist merkwürdig, festzustellen, daß sich die jüngeren Generationen, die in Europa, Bahía, São Paulo, Olinda oder Rio de Janeiro erzogenen

Söhne der Plantagenbesitzer, bis zu einem gewissen Grade von der aristokratischen Lebensführung, ihrem politischen Stil, ihrer Moral und ihrem Rechtsempfinden lossagten, die ihrem Geschmack und ihrer Einstellung als europäisierte Akademiker, Ärzte und Rechtsanwälte nicht mehr entsprachen.

Der Akademiker – ob Stadtrat, Regierungspräsident, Minister oder Polizeichef – sollte in dem Kampf, der zwischen der kaiserlichen Justiz und der des ländlichen *pater familias* fast auf Leben und Tod geführt wurde, zum Verbündeten der Regierung gegen den eigenen Vater oder Großvater werden; der Arzt bekämpfte die Hausmittel, auf denen die geradezu matriarchalische Autorität seiner Mutter oder Großmutter beruhte. Beide wurden sie zu Verbündeten der Stadt gegen das Land, des Staates gegen die Familie.

Nach Beendigung ihrer Studien kehrten Anwälte oder Ärzte nur selten auf das väterliche Gut zurück, sondern trugen mit ihrem Wissen und ihren Fähigkeiten dazu bei, den Glanz des Hofes oder der Städte zu steigern. Sie wurden von der Diplomatie, der Politik, den freien Berufen, mitunter auch von der Großindustrie absorbiert.

Die Städte zogen diese begabten Söhne aus Landgütern und Plantagen an sich, darunter auch Geistliche und solche, die sich dem Waffenhandwerk widmeten. Die weniger intelligenten oder jene, die keine Lust hatten, abzuwandern oder zum Militär zu gehen, befaßten sich mit der Verwaltung der Güter, die freilich immer unbedeutender wurden, da sie unter weit voneinander entfernt in den Städten lebenden Erben aufgeteilt wurden, die sich für die Landwirtschaft nicht mehr interessierten. Fälle wie der von Antônio de Morais Silva waren äußerst selten: Er zog sich mit all seinem Wissen, seinen Büchern, seinem Griechisch und Latein von der Hauptstadt auf sein Landgut von Muribeca zurück, wo er sich nicht nur der ungeheuren Arbeit an dem heute bereits klassischen *Dicionário* widmete, sondern nebenher die pernambucanischen Methoden des Anbaus und der Verarbeitung des Zuckerrohrs verbesserte. Aber wenn er auch auf seinem Gut die Besuche von Gelehrten wie den des Paters Sousa Caldas empfing und von Muribeca aus mit den bedeutendsten portugiesischen Philologen seiner Zeit korrespondierte, so gab er deswegen doch nicht sein Stadthaus in Recife auf, dessen Fenster auf das Meer hinausgingen.

Deshalb darf man sich jedoch nicht der Vorstellung hingeben, alle einst so mächtigen Landbesitzer wären zu Gestalten wie König Lear geworden, verraten von ihren Söhnen, den Doktoren, ihren Töchtern, die Akademiker heirateten und die alten Herrenhäuser verließen, vom König, der ihnen früher immer zu Willen gewesen war, und von der Kirche, die sie umworben hatte. Weder war das Drama des Zerfalls einer Macht, die eine Zeitlang fast absolut gewesen war – der Macht des ländlichen *pater familias* Brasiliens –, so einfach, noch war der Aufstieg des Bürgertums so jäh.

Es gab Gutsherren, Opfer der Hypotheken und Schulden, die bei ihren Söhnen oder Schwiegersöhnen, Abgeordneten, Ministern oder Staatsbeamten, Unterstützung fanden – und nicht nur bei den städtischen Kaufherren. So wurde der Staat, wie Joaquim Nabuco sagt, zum »großen Asyl für die ruinierten Vermögen der Sklavenzeit«.

Allerdings gab es auch andere, die in ihrem Kommissionär oder Handelsbeauftragten einen ehrlichen Freund hatten, der den Gutsbesitzer nicht aussaugte, sondern ganz im Gegenteil das Vermögen seines sorglosen Auftraggebers vergrößerte, der von nichts, oft nicht einmal von der Größe und den Grenzen seines Besitzes eine Ahnung hatte. Und so mancher dieser Herren war sogar ein ausgemachter Schwindler, der selber bei seinen Zucker- oder Kaffeelieferungen betrog. Hinter mehr als einem würdigen Patriarchenbart verbarg sich ein Gauner, der mit seinen Tricks die Handlungsreisenden, die mit der Eintreibung von Schulden beauftragten Agenten und sogar die Pferdehändler hereinlegte.

Frederico Burlamaqui schrieb 1833 von diesen betrügerischen Gutsbesitzern, sie »mischten in den Zucker verschiedene mindere Sorten sowie Erde und Sand, um ihn dann als erste Qualität zu verkaufen«. Schon das Gesetz vom 28. Februar 1688 versuchte solche Lebensmittelfälschungen zu bekämpfen, die nicht nur von den Zwischenhändlern, den so verschrienen »Neuchristen« (getauften Juden), sondern auch von den Erzeugern selbst, fast ausschließlich »Altchristen«, vorgenommen wurden. Es war darin vom »schlechten Ruf« des brasilianischen Zuckers die Rede, da es »im Ermessen der Landwirte liege, ihn zu verfälschen«. Die vorgesehenen strengen Strafen waren in einem Lande mit einer feudalen Gesellschaftsordnung wie der des damaligen Brasilien nur schwer anzuwenden: »Wenn verfälschter Zucker gefunden wird, ist der Besitzer der Plantage auf zwei Jahre in ein anderes Kapitanat des Staates zu verbannen und zu einer Geldstrafe von 40 Milreis zu verurteilen. Der Buchhalter der Plantage hat dieselbe Strafe zu zahlen und ist auf zwei Jahre nach Angola zu verbannen.«

Es ist bemerkenswert, daß noch am 27. April 1840 ein Korrespondent der Zeitung *Diário de Pernambuco* auf das Überhandnehmen der Fälschungen von Lebensmitteln, darunter von Zucker, hinweist, »der mit Kalk und Maniokmehl versetzt wird«. An diesen Fälschungen scheint sich, wie in der Kolonialzeit, der Erzeuger selbst beteiligt zu haben, wenn auch der »Bösewicht«, das heißt der Händler in der Stadt, als der eigentliche Betrüger galt.

In Pernambuco lebt das Andenken eines sehr gerissenen Landedelmanns fort, der seinen Negersklaven keine Namen, sondern Nummern gab: Zehn, Fünfzehn, Zwanzig usw. Wenn der Abgesandte seines Handelsbeauftragten zu Besuch kam, täuschte ihm der schlaue Herr über zehn oder zwölf magere Neger einen üppigen Reichtum vor: »Schicke Zehn zu dieser Arbeit«, rief er seinem Verwalter zu, »Fünfzehn dahin, Zwanzig dorthin.« Der Stadtmensch verließ sich auf das Gehörte, und der Kredit war gesichert.

Diese Anekdote mag übertrieben sein, aber die Bedeutung eines Gutsbesitzers wurde nach der Zahl seiner Sklaven eingeschätzt. Diese Berechnungsgrundlage war übrigens so schwach, daß sie geradezu eine Erhöhung des Sklavenbestandes durch einen derartigen Trick erforderte. »Ein Plantagenbesitzer«, argumentierte Burlamaqui 1833, »der in Sklaven, Land und Maschinen ein Kapital von 600 000 bis 800 000 Cruzados angelegt hat, kann nur mit einer kargen Jahresrente von 12 000 bis 15 000 Cruzados rechnen, die von den Unkosten aufgezehrt, wenn nicht sogar übertroffen wird.« Diese Unkosten bezogen sich fast ausschließlich auf die Sklaven und nur in geringstem Maße auf Land und Maschinen. Der Boden wurde auf die primitive Art der Caboclos urbar gemacht, mit Feuer und Axt. Düngung oder Pflege des Bodens gab es nicht; wenn er nichts mehr trug, wurde er bedenkenlos aufgegeben. Das war besonders in Gebieten mit weniger soliden Gutshäusern aus Lehmwänden der Fall, die ihre Besitzer nicht so stark an den Boden fesselten wie die Häuser aus Stein und Kalk.

Im patriarchalischen Brasilien dominierten fast überall Anbaumethoden, die die Natur zerstörten. Hauptsächlich im Norden, in Maranhão und Pará, in einigen Landstrichen von Pernambuco und Bahía, in Minas Gerais, Rio de Janeiro und São Paulo. Als im Gebiet von São Paulo die ursprüngliche Expansionswut abflaute und die eigentliche landwirtschaftliche Phase begann, schrieb Luis Antonio de Sousa 1767 dem König von Portugal, er wundere sich über die »schlechte Anbaumethode: Man pflanzt nur im Urwald, weil das wenig Mühe macht und weil man die größere Arbeit scheut, die es bedeuten würde, die Felder wie in Portugal zu bestellen«. Und 1781 klagte José da Silva Lisboa in einem Brief nach Lissabon darüber, daß die Besitzer von Land und Sklaven trotz der hohen Zuckerpreise so wenig Gewinn davon hätten. In einem Bericht über Minas Gerais aus dem Jahre 1835 bedauerte der Regierungspräsident Antônio Paulino Limpo de Abreu, daß, weil Grund und Boden so leicht zu erwerben seien, »die Hilfsmittel vergessen werden, mit denen man sie künstlich produktiv machen kann«. Das lag aber nicht nur am leichten Erwerb von Grundbesitz, sondern auch oder vielmehr an der Leichtigkeit, ihn mit Hilfe der Sklaven auszubeuten. Das Übel kam daher, daß die Grundlage des Reichtums und sogar des landwirtschaftlichen Kredits in der patriarchalischen Zeit weniger der Boden als der Sklave war, das heißt die Anzahl der Sklaven, über die der Grundherr verfügte.

Wenn die Sklaven auch teure Maschinen und Düngemittel überflüssig machten, so waren doch nicht nur zehn, sondern fünfzig Mäuler zu füttern, fünfzig Körper zu kleiden, wenn auch nur in Wergtuch oder Flanell, und oft fünfzig Wunden zu behandeln.

Zwar gab es Gutsherren, die den Wert eines Sklaven nach seiner intensiven Arbeitsleistung berechneten und ihre Neger sich abrackern ließen, aber die Mehrzahl war doch nicht von dieser Gewinnsucht und dieser kommerziellen Einstellung zur Landwirtschaft besessen; fast das ganze mit Zuckerrohr und Kaffee verdiente Geld ging für die Erhaltung der Neger auf. Außerdem ließen viele Neger ihre Füße von Ungeziefer zerfressen und geradezu verfaulen, nur um nicht arbeiten zu müssen. So waren immer viele krank, und manche flohen.

In der soziologischen Entwicklungsphase der brasilianischen Gesellschaft, die auf diesen Seiten in Fortsetzung einer früheren Studie *(Herrenhaus und Sklavenhütte)* untersucht werden soll, wurde die Integrierung fortgesetzt und die Gesellschaft unter einer stärkeren Regierung, einer unabhängigeren Rechtsprechung und einer ebenfalls von örtlichen Machthabern freieren Kirche konsolidiert, deren Repräsentanten ein untadeliges Leben führten. Die Kirche erhob durch den Mund ihrer Bischöfe, und besonders durch Dom Vital, ihre Stimme gegen die Übergriffe der Regierung Seiner Majestät und nicht nur gegen die religiösen Bruderschaften, die die Macht der Reichen, der Gebildeten und der Bürger verkörperten.

Es war dies außerdem eine Zeit tiefgreifender Differenzierung: Das Patriarchat war geschwächt, die Abhängigkeit des Sohns vom Vater, der Frau vom Mann, des einzelnen von der Familie, der Familie von ihrem Oberhaupt, des Sklaven von seinem Herrn nicht mehr so stark. Aber je stärker der Individualismus der Frau, des Kindes, des Negers fortschritt, desto mehr Prostitution gab es auch, desto mehr Elend, Krankheit und schutzloses Alter. Es war eine Übergangszeit, in der das Patriarchat verstädtert wurde.

Mauá und die Engländer modernisierten die Transportmittel. Die städtischen Einrichtungen – Straßenbeleuchtung, Pflasterung und schließlich auch die sanitären Anlagen – wurden vervollkommnet und mit ihnen der ganze urbane Lebensstil. Die Menschen waren nicht mehr so sehr ans Haus gebunden, die Straße, die einst nur den Negern, den Hausierern und den Muleques gehört hatte, wurde aufgewertet.

In den Städten entstanden Fabriken, die Seife, Kerzen und Stoffe erzeugten, die früher nur mühselig auf den Gütern hergestellt wurden. Ausländer unterschiedlichster Herkunft und Berufe ließen sich nieder und gründeten Werkstätten, Gießereien und Läden: Tischler, Friseure, Chemiker, Klempner, Schmiede, Putzmacherinnen, Käsemacher. Die elegantesten Damen frisierten sich nicht mehr auf portugiesische oder schon fast orientalische Art, sondern trugen französische Frisuren und französische Toiletten, gingen ins Theater, um sich Opern mit italienischen Sängerinnen anzuhören, denen die Studenten Blumensträuße schenkten und Sonette widmeten. Die Kinder wurden in höheren Schulen erzogen, von denen einige von Ausländern geleitet wurden, und nicht zu Hause von einem geistlichen Onkel oder dem Kaplan oder ganz einfach in der Schule der frommen Patres.

In dieser Zeit des Ausgleichs zwischen zwei Richtungen, der kollektivistischen und der individualistischen, kamen einige der sympathischsten Charakterzüge der Brasilianer zur Geltung: das politische Talent der Nachgiebigkeit, das juristische des Kompromisses, kurz, die Fähigkeit, die Ausländer nachzuahmen und das Beste – nicht etwa das Oberflächlichste – von ihrer Kultur anzunehmen. Im allgemeinen verloren die Brasilianer ihre provinzielle Ungelenkigkeit und wurden zu Politikern, zu Stadtmenschen, ja zu Höflingen.

Die Philister der ersten Hälfte des 19. Jahrhunderts entdeckten freilich an den Menschen der neueren Generation nur Fehler, Schwächen, lächerliche Nachäfferei der Europäer, falsche Gebisse und Respektlosigkeit gegenüber den Älteren. »Wo sind nur die Generalkapitäne aus den Zeiten der portugiesischen Könige geblieben?« klagte ein Chronist, der das damalige ländliche und orthodoxe Patriarchat repräsentierte, angesichts der städtischen und europäischen Neuerungen. Das waren noch Männer von Format und Erfahrung gewesen – meinte er – wie der »berühmte Franco de Almeida«, die einstmals mit gesundem Menschenverstand die Kapitanate regiert hatten, die heute Provinzen hießen und von »Bürschlein vernachlässigt wurden, die eben erst die Rechtsfakultät absolviert hatten«. Als »Bürschlein« bezeichnete er voll Verachtung die Generation von João Alfredo, Alfredo de Taunay, Sancho de Barros Pimentel, Alencar, Caio Prado und Lucena, die tatsächlich fast noch als Kinder das Land zu regieren begonnen hatten und deren Schnurrbärte und Backenbärte wie angeklebt aussahen.

Und Pater Lopes Gama war empört, nur Gecken um sich herum zu sehen, mit »kurzen Jäckchen«, »Bärten und Schnurrbärten, wie sie die Mauren trugen«, »bestickten Strümpfen«, Jünglinge, die den Alten nicht mehr die Hand küßten, weil »diese Sitte altväterisch ist und den erhabenen Stolz eines jungen Mannes demütigt, dem es genügt, wie eine Eidechse einfach mit dem Kopf zu nicken«. Und die während der Messe dem Altar den Rücken kehrten, um sich mit den Damen zu unterhalten.

Diese Gecken waren die zu Beginn des 19. Jahrhunderts promovierten Doktoren, von denen mehrere in Europa studiert hatten: Männer wie Araújo Lima, die Andradas, Manuel Ferreira da Câmara, Francisco de Melo Franco, Francisco und Sebastião do Rêgo Barros und vor allem Maciel Monteiro, der am meisten von allen dem »Damenkult« ergeben war. Ihnen allen gegenüber verteidigte Pater Lopes Gama seine Anschauungen aus dem 18. Jahrhundert, als er in ländlicher, patriarchalischer Umgebung von seiner Großmutter erzogen worden war. Damals gab es noch rechtschaffene Leute, die Kinder respektierten ihre Eltern, die Männer waren gerecht und stark und erreichten ein hohes Alter, die Hausfrauen stellten fleißig wunderbare Konfitüren her, die Kalbsbraten kamen noch brutzelnd in der Pfanne auf den Tisch – so war das zu Großmutters Zeiten, im 18. Jahrhundert. Damals gab es in Brasilien noch keine Pferdewagen, die durch die Straßen rasten, keine englischen Mechaniker, die rätselhafte Maschinen bedienten, keine französischen Schneiderinnen, niemand, der in Frankreich oder Deutschland seinen Doktor gemacht hatte, keine italienischen Opern – und keine jungen Leute, die sich auf die Plätze der Alten drängten.

Zweites Kapitel
Von der Plantage zur Stadt – vom Heim zur Straße

Die Stadt besiegte die Plantage, aber nur langsam und unmerklich. Fast immer achtete sie gewisse Tugenden und sogar Überheblichkeiten der Besiegten, versuchte sie nachzuahmen und verlieh ihnen dabei sogar einen übertriebenen romantischen Schimmer. Dann wieder verspottete sie den reichen Hinterwäldler, den opulenten Gutsherrn, die in ihrer Sprechweise und ihrer Kleidung zurückgeblieben schienen, den prahlerischen und oft donquichottesken Plantagenbesitzer, alle die »Leute vom Lande«, die Siedler »hinter den Bergen«. Man warf ihnen vor, daß ihre Art, zu wohnen, und ihre Verkehrsmittel fünfzig, hundert Jahre zurück seien, daß ihre Moralbegriffe und ihre Lebensformen noch genauso lächerlich seien wie vor einem, vor zwei, vor drei Jahrhunderten. Denn diese Zurückgebliebenheit war von Gebiet zu Gebiet verschieden, was dem Land eine malerische und mitunter dramatische Vielfalt von kulturellen Stilen und Entwicklungsstufen verlieh. Dieselbe Verschiedenheit trat zwischen den Geschlechtern zutage, zwischen den Rassen und Klassen.

Wenn bisher behauptet worden ist, daß seit dem 16. Jahrhundert das ländliche Herrenhaus die Landschaft des kolonialen Brasilien beherrschte, so gilt das nicht ohne Einschränkung. Der Paulista zum Beispiel, der wie kein anderer in den ersten zwei Jahrhunderten der Kolonisation dem Hinterland seinen Stempel aufgedrückt hatte, errichtete keine festen Häuser aus Stein und Kalk, sondern Strohhütten wie die Caboclos, elende Behausungen wie die Zigeuner oder Mucambos wie die Neger. Erst gegen Ende des 18. Jahrhunderts, als diese Nomaden einigermaßen seßhaft wurden, entstand ein städtischer, europäischer Baustil mit Häusern »aus geweißten Lehmmauern«, wie Casal berichtet.

In einem 1720 an Bartolomeú de Sousa Mexia gerichteten Brief beklagt sich der Graf von Assumar über Domingo Rodrigues do Prado, »einen aufrührerischen und selbstherrlichen Mann aus dem Gebiet von São Paulo«, und berichtet von seinem Entschluß, Pitangui mit Portugiesen zu besiedeln, um die Bergwerke besser ausbeuten zu können. Bis dahin sei diese Gegend von Paulistas bewohnt gewesen, »deren Wohnstätten immer recht formlos sind, da ihre Ortschaften infolge ihres natürlichen Hanges, die Wälder zu durchstreifen, keine bleibenden Siedlungen darstellen«.

In einem Land von der Ausdehnung Brasiliens, wo nicht nur das Klima, die Produktionsformen und die Arbeitsmethoden unterschiedlich waren – die Arbeitsmethoden am wenigsten, da sie zunächst auf den Indianer-, später auf den Negersklaven beruhten –, sondern auch die Beziehungen zu anderen Völkern und Kulturen, konnte der soziale oder nationale Integrationsprozeß nur gebietsweise voranschreiten – und ist auch heute noch nicht abgeschlossen.

In einigen Dingen war die Differenzierung sehr weit fortgeschritten, in anderen gleich Null, und das noch in der zweiten Hälfte des 19. Jahrhunderts. Erst im 18. Jahrhundert ließen sich zahlreiche Familien im Bergbaugebiet nieder. Bis dahin gab es in den an Gold reichen Gegenden kaum Ortschaften und Gutshäuser, sondern eher Banden von Abenteurern ohne festen Wohnsitz und ohne christliche Organisation der Familie: die Bandeiras, wandernde Truppen, auf der Suche nach Frauen und Sklaven. Ihre Dörfer entstanden und verschwanden wie die Dekorationen eines Jahrmarkttheaters.

Es ist klar, daß ein so bewegliches Element keine festen und schon gar nicht herrschaftliche Behausungen entwickeln konnte. Die unsteten Siedler begnügten sich mit Stroh- und Lehmhütten, überhaupt mit einem Lebensstil, der sich in Wohnung und Ernährung kaum von dem der Eingeborenen unterschied. Dasselbe galt für die Transportmittel und die Geräte für Fischerei, Jagd und Ackerbau. Je weiter sie sich von der Küste entfernten, desto schwächer wurden die Kontakte mit der europäischen Zivilisation und desto stärker die mit der Kultur der Eingeborenen.

Die Mehrzahl dieser Abenteurer war unverheiratet, was dem Nomadendasein nur förderlich war. Das meldete Lourenço de Almeida dem König, der genau wußte, wie wichtig es war, daß seine Siedler »in den Ehestand traten und eine reguläre Familie gründeten. Denn dann werden sie Unseren königlichen Befehlen größeren Gehorsam leisten, der durch die Kinder, die sie in ihrer Ehe haben werden, noch verstärkt werden wird. Ich befehle Euch, Uns mitzuteilen, ob es empfehlenswert wäre, eine Verordnung zu erlassen, wonach nur Verheiratete Stadträte werden dürfen, und ob es genug davon gibt, um eine solche Verordnung auch durchführen zu können.«

Almeida behauptete: »Die Erfahrung hat gezeigt, daß die wenigen Verheirateten, die es hierzulande gibt, sich als Goldgräber weitaus besser bewähren als die Junggesellen, die die ganze Zeit nur Dummheiten im Kopf haben.« Mit dieser Bemerkung tat Dom Lourenço den Unverheirateten schweres Unrecht an, denn sie waren es, die Goldadern entdeckten, den Urwald rodeten oder Pfade hineinschlugen. In dieser Etappe der fast militärisch organisierten Kolonisation bewährten sie sich wahrscheinlich weit besser als die Verheirateten. Zu normalen Zeiten, wenn alles befriedet war und nichts mehr zu tun blieb, als die Bergwerke auszubeuten, die Arbeit zu bürokratisieren und die Beziehungen der Geschlechter zueinander in christlichem Sinne zu normalisieren, wurden diese romantischen Gestalten natürlich unbequem und schienen nicht mehr in die Zeit zu passen. Sie konnten sich nur schlecht in eine seßhaft und friedlich gewordene Gesellschaft einfügen, es sei denn, sie heirateten, wie es in Pernambuco Jerônimo de Albuquerque nach vielen Jahren eines leichtsinnigen, aber deswegen durchaus nicht sinnlos vertanen Lebens tat.

Man braucht den umherschweifenden Junggesellen durchaus nicht abzuwerten, um die gewaltige Bedeutung anzuerkennen, die dem Verheirateten und besonders der Familienmutter bei der Bildung der brasilianischen Gesellschaft zukam. Ohne diese fast matriarchalische Figur der Frau und Mutter ist das Herrenhaus der Plantagen gar nicht zu denken, das zum Mittelpunkt der gesellschaftlichen Integration wurde.

Tatsächlich hat an der Entwicklung des Herrenhauses der Zuckerrohrpflanzungen als Typus weniger der Mann als die mächtige portugiesische Matrone des 16. Jahrhunderts mitgewirkt, die mit ihrem Ehemann nach Brasilien gezogen war. Wo sich diese schweren, üppigen Frauen – mit ihren Kenntnissen von Küche und Keller, ihrer europäischen und christlichen Art, mit Kindern und Kranken umzugehen – niederließen, da schlug die europäische Kultur echte Wurzeln.

Daher auch rührten vielfach die Unterschiede im Lebensstil der einzelnen Gebiete Portugiesisch-Amerikas: das Vorherrschen der europäischen Zivilisation in Siedlungen, die von verheirateten Männern angelegt wurden, sehr im Unterschied zu anderen, die vornehmlich von Junggesellen oder mit einheimischen Caboclas zusammen lebenden Männern besiedelt waren.

Als Prinz Maximilian zu Neuwied im frühen 19. Jahrhundert das Landesinnere bereiste, fand er in São Salvador dos Campos dos Goitacases reiche Gutsbesitzer vor, die noch dasselbe faule Leben führten wie im

17. Jahrhundert. Besitzer von 1 000 oder 1 500 Rindern, die regelmäßig ganze Karawanen mit ihren Erzeugnissen in die nächste Stadt schickten, wohnten in Hütten, die schäbiger waren als die der ärmsten Bauern in Deutschland: flache, baufällige Lehmkaten, richtige Negerhütten. Vielleicht hat diesen Siedlern die tatkräftige portugiesische Frau gefehlt, die ihnen einen höheren Begriff von sittlicher Würde und von bequemem häuslichem Leben vermittelt hätte.

In São Vicente, um Bahía herum, in Pernambuco – in den portugiesischen Siedlungsgebieten, die am schnellsten eine bürgerliche Ordnung erhielten – war es die europäische Frau, die dem Heim und dem ganzen Leben einen aristokratischen Zuschnitt verlieh. Damit kam es auch zu einer relativen Stabilisierung der Wirtschaft, die zwar in ihren Grundzügen patriarchalisch war, aber doch auch etwas »Matriarchalisches« an sich hatte: die schöpferische Mütterlichkeit, die seit dem ersten Jahrhundert der Kolonisation zu den charakteristischsten Eigenarten der brasilianischen Entwicklung gehörte.

Zu Ende des 16. Jahrhunderts wunderte sich Pater Cardim, in Pernambuco »große Damen« anzutreffen, Männer und Frauen, die sich genauso kleideten wie die von Lissabon, auf deren Banketten portugiesische Fleischgerichte und Weine gereicht wurden und die in mit Seide bezogenen Betten schliefen, wie sie kaum die Prinzen und Prinzessinnen in der Heimat besaßen.

Während die Plantagenbesitzer in ihren Herrenhäusern in völliger Abgeschiedenheit lebten, kamen die Bewohner von Olinda bei Kirchenfesten, Hochzeiten, Kavalkaden, Spielen und Tänzen, Theateraufführungen und Konzerten zusammen. Hier entstand auch das erste von der brasilianischen Umwelt inspirierte Poem, das möglicherweise von einem Juden geschrieben wurde: *Die berühmte und vortreffliche Dona Beatriz.* Damit wurde die erste Frau gefeiert, die in Amerika ein Kapitanat oder eine Provinz regierte, allerdings nicht als Matriarchin, sondern während der Krankheit oder Abwesenheit des Patriarchen.

Der Anwesenheit einer größeren Anzahl europäischer Frauen ist vielleicht die Tatsache zuzuschreiben, daß seit dem 16. Jahrhundert in Pernambuco, Bahía, São Vicente und später in Minas Gerais, Maranhão, Pará, Santa Catarina und Rio Grande do Sul kultiviertere Wohnsitze entstanden sind als an anderen von Portugiesen und Spaniern besiedelten Orten. Der erste Typus, das Herrenhaus auf den Plantagen, wurde dann vom mehrstöckigen Stadthaus übertroffen. Die Architektur dieser eleganten Wohnstätten und der in ihnen gepflegte Lebensstil hängen eng mit dem beherrschenden Einfluß der portugiesischen Frau auf das Kolonialleben zusammen.

Als das patriarchalische System von den Landgütern in die Stadthäuser verpflanzt wurde, schloß es sich streng von der Straße ab. Stadthaus und Straße waren noch lange Zeit hindurch Feinde. Dieser Kampf wurde vor allem um die Frau ausgetragen, nach der die Straße gierte. Aber der *pater familias* trachtete, sie – wie im Landhaus – auch im Stadthaus möglichst isoliert zu halten. Sie blieb auf ihre Gemächer und die Gesellschaft ihrer Mulecas angewiesen, durfte nicht ausgehen, um Einkäufe zu machen, und wenn sie sich an den vier großen Festen des Kirchenjahres in die Kirche begab, dann nur in der Sänfte und später in der geschlossenen Kutsche.

Das Leben der jungen Dame spielte sich also in den vier Wänden des Hauses ab. Sie unterhielt sich mit den Papageien, die ihr in Ermanglung einer kräftigen Männerstimme allerlei Kosenamen gaben; statt von nervigen Männerhänden mußte sie sich von Meerkatzen und Äffchen streicheln lassen. Und als Aphrodisiakum mußte ihr das Kraulen des Kopfes durch die Kammerzofen genügen, während sie sich in die Rolle einer »verzauberten Maurin« aus den Erzählungen der alten Negerinnen hineinversetzte.

Die Läden schickten den Damen der Stadthäuser Kapotthüte zur Ansicht, Stiefelchen aus festem Stoff, Bänder, »elfenbeinerne Kämme zum Entfernen der Läuse«, Haarspangen, Tüll, Atlas. Die junge Dame breitete die Muster auf der Matte oder dem Sofa aus, wie das noch heute in den kleinen Provinzstädten geschieht, und suchte sich aus, was ihr gefiel. Mit offenem Haar, in loser Bluse und Unterrock, nahm sie sich, umgeben von den Negermädchen, wie eine kleine Kranke aus, glücklich inmitten der auf ihrer Bettdecke verstreuten Spielsachen.

Wenn man gerade keine Waren aus dem Laden kommen ließ, schickte man nach dem Hausierer. Vor den verlangenden Blicken der Frauen in den Stadthäusern wurde der Inhalt der roten Blechkoffer und der Kartons ausgebreitet. Die ersten fliegenden Händler waren Orientalen und Portugiesen, die sogenannten »Matrosen«, später auch andere Europäer, zum Beispiel elsässische Juden; fast alle hatten zum Abmessen der Stoffe Zollstöcke bei sich, die mit ihrem Klappern die Stille der Straßen unterbrachen. Die Eßtische aus Palisanderholz oder die Piripiri-Matten quollen über von den Schätzen aus den Koffern: Satin, Bänder, herrliche

Stoffe, Parfumfläschchen, mitunter sogar fertige Kleider – für die sonst so trübseligen Häuser war das ein wahres Fest.

Diese Händler suchten mit ihren schwerbeladenen Mauleseln auch die Herrenhäuser der Plantagen auf. D'Assier kann es sich nicht verkneifen, die Bedeutung des im Innern Brasiliens reisenden Händlers, der »fast wie ein Lord« auf einem Esel oder Maultier daherkam und auf den Gütern übernachtete, mit dem *colporteur* der Alpen oder Pyrenäen zu vergleichen, der sein Köfferchen bergauf und bergab auf dem Buckel schleppte. Aber im Brasilien der Sklavenzeit traten auch die Bartscherer, Schmiede, Schreiner und Anstreicher großspurig auf, denn sie alle waren Herren von Sklaven, die ihnen ihr Handwerkszeug nachtrugen oder die Farben mischten; sie selber machten sich kaum die Hände schmutzig und gingen in Dreispitz und langem Überrock einher. Einige Ausländer beobachteten, daß sogar die Bettler das Gebaren von Edelleuten zur Schau trugen: So manche baten um Almosen von einer von zwei Sklaven getragenen Hängematte aus, andere wieder waren beritten.

Im Landesinnern wandten die fliegenden Händler noch im 19. Jahrhundert Praktiken an, wie sie nicht einmal die des 16. Jahrhunderts geübt hatten, über die sich der Verfasser der *Diálogos* so entrüstete. Die Bauernmädchen fielen auf die blonden Händler herein, die oft geradezu himmelschreiende Gewinne von hundert oder mehr Prozent einstrichen. Ringe, die sie in Europa für 100 Franken erstanden hatten, verkauften sie den Plantagenbesitzern für 800 Milreis. Der Gutsherr mußte, wenn er ihn auf Kredit kaufte, einen Wechsel von 1 000 Milreis unterschreiben, was 2 500 Franken entsprach, und den Juden auch noch Gastfreundschaft gewähren. Es gab Händler, die sich auf Schmuck spezialisierten; die Franzosen verkauften Parfum und die Italiener Heiligenstatuetten. In einigen Gegenden wurden sie »Gringos« genannt, entweder weil sie blond waren wie die Engländer oder weil sie in ihrem Benehmen den Zigeunern ähnlich waren, die in Brasilien seit jeher »Gringos« genannt wurden.

Bei allen ihren Tricks und Gaunereien erfüllten sie doch eine nützliche Funktion dem unterdrückten Geschlecht gegenüber, in dessen Leben sie ein wenig Freude brachten mit ihren Schmucksachen, ihren Stoffen und Bändern, den rosigen Heiligenfiguren, die die alten Jungfern oft gegen riesige Rollen feinster, von ihnen und ihren Mulecas geklöppelter Spitzen eintauschten. Diese hübschen Heiligenstatuen wurden zum Gegenstand andächtiger Verehrung und dienten in gewissen Fällen zu mündlich überlieferten Praktiken eines sexuellen Fetischismus.

Aber nicht nur die Hausierer unterbrachen das tägliche Einerlei der Land- und Stadthäuser, indem sie in diese klosterähnliche Gebäude ein wenig vom Leben der Straße und von ihrem Klatsch brachten. Es gab noch die schwarzen Händlerinnen, die den Damen allerhand Kleinkram und Konfitüren verkauften. Einige von diesen Verkäuferinnen steckten den jungen Mädchen Botschaften ihrer Anbeter zu, und die älteren scheinen sich darauf spezialisiert zu haben, in dem einen Hause zu erzählen, was sie im anderen gehört hatten, so daß sie oft wahre Intrigen anzettelten und durch ihre Klatschereien Unfrieden stifteten. Pater Lopes Gama erzählt von einer »Matrone«, die geradezu aus dem Häuschen geriet, wenn diese Negerinnen mit ihren Koffern und Schachteln ankamen. »Vor ihren eigenen Töchtern fragte sie nach allen Einzelheiten im Leben der Herren und jungen Damen, wollte wissen, wer diesen den Hof machte, was für Herren dort verkehrten usw. usw.« – was der geistliche Lehrer als eine »unwürdige Neugier« bezeichnete.

Aber was sollten die Damen der Stadthäuser auch anfangen, die oft einsamer und isolierter dahinlebten als die Gutsherrinnen? Das einzige, was ihnen zu tun erlaubt war, war das Erfinden neuer Speisen und Konfitüren und das Einkochen von Früchten und Wurzeln. Die »schmackhaften, bekömmlichen und gut verdaulichen Maniokpfannkuchen, eine Speise, die von den höheren Kreisen bevorzugt wird« – wie Gabriel Soares, ein Plantagenbesitzer aus dem 16. Jahrhundert schreibt –, »wurden von den portugiesischen Frauen erfunden. Das gewöhnliche Volk fand keinen Geschmack daran«. Schon die ältesten Chroniken Portugals erwähnen die Herstellung von Pfannkuchen, aber das Land der Indianer steuerte ein neues, charakteristisches Element bei: Maniok.

Und nicht nur der Maniok, auch die Cashewnuß wurde von den Gutsherrinnen nach europäischer Art zu Konfitüre, Wein, Likör und Heilmitteln verarbeitet. Mit der Kastanie machten sie bald »alle Süßspeisen, zu denen sie sonst Mandeln genommen hatten, was ausgezeichnet schmeckte«, berichtet befriedigt der Gutsherr. Aus dem »wohlschmeckenden und duftenden« Saft des Cashew wurde der Süßwein gemacht, der bei offiziellen Anlässen in den Herrenhäusern aufgetischt wurde, sozusagen das Symbol ihrer Gastfreundschaft. Aus dem Fruchtfleisch entstanden flüssige und feste Konfitüren, Konserven und schließlich die süßen Cashews, die Gabriel Soares so warm empfahl, wenn sie »in Zucker gekocht und mit Zimt bestreut werden – eine unvergleichliche Speise«. Außerdem verwendeten die Damen den Cashew morgens, »weil er denen, die ihn essen, einen frischen Atem verleiht«. All das stellte in Brasilien die Kunstfertigkeit der Frauen aus den Resten des vom Manne erzeugten Zuckers und aus den Früchten her, die die Indianerjungen und später die kleinen Muleques im Wald und Feld und im Hausgarten pflückten.

Dazu kamen noch »in Zucker und Zimt gekochte« Bananen, gekochte Yamswurzeln mit Fleisch, Kuchen aus Mais, Eiern, Zucker und Brot, im Mörser zerstampfter Mais als Einlage in der Fleisch- oder Hühnerbrühe oder in der Fischsuppe und der Pirão (mit Fleischbrühe angerührtes Maniokmehl), der »schmackhafter als Reis« war, wie Gabriel Soares, zweifellos der größte Feinschmecker unter den Gutsherren seiner Zeit, behauptet. Die Hausfrauen räucherten den Mais, »damit er nicht verderbe«; auf diese Art hielt er sich von einem Jahr zum anderen. In den Herrenhäusern auf dem Lande und in den ersten Stadthäusern ersetzte der Rauch das Eis, wenn es darum ging, bestimmte Zutaten zu konservieren, die die Hausfrauen das ganze Jahr für die Zubereitung von Konfitüren und delikaten Fleischgerichten benötigten.

Die Früchte des Jenipapobaumes, des Araçá (einer Myrtengattung), die Papaya, die Guajave, der Maracujá, die Quitte, zu denen später noch Mango, Brotbaumfrucht und indische Kokosnuß kamen, wurden mit Honig, Zucker, Zimt, Gewürznelken und Kastanien vermischt und zu flüssigen und festen Konfitüren, Konserven, Marmelade und Gelees verarbeitet. Die Tafel der Herrenhäuser und der bürgerlichen Stadthäuser wurde um neue, tropische Delikatessen bereichert, die sogar in Dosen und Kistchen nach Portugal geschickt wurden. Das im englischen Wortschatz so geläufige Wort »Marmelade« scheint aus Brasilien zu stammen.

In den Stadthäusern oder den mehrstöckigen Häusern der kleineren Ortschaften oder Vororte spielte die Küche nicht dieselbe Rolle wie in den ländlichen Herrenhäusern. Auch der Eßtisch nicht, der auf den großen Gütern die Ausmaße eines Refektoriumstisches hatte, an dem sich jeder zur Mahlzeit niederlassen konnte, der eben vorbeikam: Reisende und Händler, die unvermeidlichen »Gevatter«, die Schmarotzer, die armen Verwandten, der Verwalter, der Aufseher, der Hauskaplan, die Viehhirten und schließlich ganze Familien, die von anderen Plantagen in ihren Ochsenkarren zu Besuch kamen, um hier den Tag zu verbringen. Die Tische aus Palisanderholz waren oft sechs oder acht Meter lang – wie jener, der noch heute im Herrenhaus der Noruega-Plantage zu sehen ist.

Das soll nicht heißen, daß der Eßtisch in den Stadthäusern nicht lang und breit genug war, um kinderreiche Familien um sich zu versammeln. Auch er war fast immer aus Palisander, dem klassischen Edelholz der Herrenhäuser wie der Kirchen, aus dem patriarchalische Kommoden und Sakristeischränke gefertigt wurden. Aber in den Städten und den Vororten lebte man zurückgezogener und bekam weniger Besuch als auf den Gütern. Dort verpflichtete die brasilianische Vornehmheit dazu, den Reisenden zu jeder Tageszeit mit silbernen Schüsseln und einem leinenen Handtuch zu empfangen und ihm einen Platz bei Tisch sowie ein Bett oder eine Hängematte zum Schlafen anzubieten. Die ganze Arbeit wurde von den zarten Händen der Dienstmädchen getan, aber von der Hausfrau geleitet, die selten in Erscheinung trat, es sei denn, es handelte sich um einen nahen Verwandten oder einen Gevatter. Diese Gevatterschaft ist übrigens eine brasilianische Institution, die noch nicht hinreichend untersucht worden ist.

Wenn ein fremder Mann das Haus betrat, hörte man nur noch das Rascheln der Röcke einer flüchtenden Frau oder das Geräusch der Hausschuhe, die die Mädchen an den bloßen Füßen trugen. Alle versteckten sich in den Zimmern oder liefen die Treppen hinauf – in den Herrenhäusern ebenso wie in den Stadthäusern. Zu Beginn des 19. Jahrhunderts, als São Paulo schon einige Bedeutung erlangt hatte und über ein paar mehrstöckige Häuser, eine Filiale des Banco do Brasil, ein Theater, ordentliche Landhäuser und Kaufläden verfügte, die eine ebenso große Auswahl wie die der Hauptstadt boten, erschienen die Damen nicht, wenn Besucher kamen. Ebenso wie im Innern von Minas Gerais verschwanden auch die Frauen von São Paulo, sobald der Besuch eines Mannes angekündigt wurde, in ihren Gemächern oder zwischen den Palmen oder Büschen ihres Gartens. Diese Gärten, die hinter dem Wohnzimmer oder inmitten des Hauses lagen, waren für Außenstehende tabu; in ihrer Abgeschlossenheit konnten die Frauen Luft schöpfen, ohne von Fremden oder von der Straße aus gesehen zu werden.

Saint-Hilaire beklagte sich bitter darüber, in den Häusern von São Paulo keine Damen gesehen zu haben und von niemandem zum Mittagessen eingeladen worden zu sein. Als er einmal einen Patrizier aufsuchte, traf er ihn an, als er schon zu Tisch gehen wollte, und wurde auch aufgefordert, mitzuhalten; aber weder die Frau noch die Töchter des Gastgebers zeigten sich. In Vila Rica ging er zu einem Ball im Palast des Dom Manuel de Castro e Portugal und tanzte dort mit mehreren vornehmen Damen. Aber während der ganzen Zeit, die er in der Stadt blieb, sah er nicht eine einzige dieser Dame wieder. Er besuchte zwar ihre Ehemänner, die Hausfrauen ließen sich jedoch nie blicken. Zu Anfang des 19. Jahrhunderts machte Tollenare in Recife dieselbe Erfahrung: Wenn er das Haus irgendeines bedeutenden Bürgers betrat, verschwanden die Frauen, als wären sie weggezaubert, unter Hinterlassung ihrer Stickereien. Im Stadthaus des Leutnants Machado in São Nicolau hatte Saint-Hilaire mehr Glück: Er konnte die Töchter des Hauses sehen, wie sie Baumwolle spannen und Spitzen klöppelten. Das beweist, daß nicht alle den ganzen Tag mit offenem Haar herumliefen und ihren Kopf in den Schoß einer Mucama legten, um von ihr gekrault zu werden.

In Rio de Janeiro, der Residenzstadt der Vizekönige, später des Regenten und des Königs und schließlich des Kaisers, begann sich die Frau zuerst, wenn auch nur zögernd, den Fremden zu zeigen. Noch im Jahre 1832 beklagte sich ein Reisender über die Häuser »mit ihren hohen Mauern, kleinen Fenstern und noch schmaleren Türen«, in die ein Fremder kaum eindringen konnte, denn »dort drinnen herrschten eifersüchtige und brutale Ehemänner«. Einige Jahre früher hatte schon Maria Graham festgestellt, daß junge Mädchen nicht einmal an Hochzeitsfesten teilnahmen. Und der Kapitän La Salle hielt vergebens auf den Straßen und Promenaden von Rio de Janeiro nach Damen der Gesellschaft Ausschau. Unverschleiert erschienen sie zuerst auf Bällen und im Theater.

Auf der Straße begegnete man nur Negersklavinnen und Mulattinnen, mit denen sich mitunter die alten Herren von Recife abends auf der Brücke von Boa Vista amüsierten. La Salle behauptet, daß auch die Männer wenig ausgingen. Das war damals vielleicht in Rio de Janeiro der Fall; in Recife und in São Luís de Maranhão war es jedoch von jeher Brauch, fast den ganzen Abend auf der Straße zuzubringen. In Recife saßen die Männer auf den Bänken der Brücken, schäkerten mit den Mulattinnen, diskutierten über die Regierung und hechelten den lieben Nächsten durch. Unter den Alleebäumen schlossen sie in aller Ruhe ihre Geschäfte ab, die oft bedeutend waren und bei denen es um Millionen ging. In diesen nordbrasilianischen Städten verbrachten die Bürger ihre Zeit auf den Plätzen und Straßen wie einst die Griechen auf der Agora, im Gegensatz zu denen von Rio de Janeiro und Bahía, die nur selten ihre Häuser verließen. Auf sie bezog sich zweifellos der Arzt Lima Santos in seinen »Ratschlägen über Hygiene«, die am 18. August 1855 im *Diário de Pernambuco* abgedruckt wurden:

»Tatsächlich kann man beobachten, daß sich die Brasilianer, von Natur aus oder infolge des Klimas, nicht genügend Bewegung machen, um ihre körperlichen und geistigen Kräfte zu entwickeln. Die meiste Zeit sitzen sie zu Hause herum und verfallen bald in einen Zustand tödlicher Faulheit. Das luxuriöse Leben, das als Zeichen der Vornehmheit, der Würde und des Ansehens geführt wird, bringt es freilich mit sich, daß man möglichst selten auf die Straße geht, möglichst wenig gesehen wird und sich nach Möglichkeit nicht unter jenen Teil der Bevölkerung mischt, den die *Großen* Pöbel nennen und verachten. Wir wollen natürlich nicht verallgemeinern; es mag viele geben, die nicht dieser elenden *Monomanie* verfallen, besonders in bestimmten Provinzen wie zum Beispiel in Pernambuco. Aber in anderen, wie in Bahía, geht ein Großteil der Männer nicht nur aus Trägheit, sondern auch vor lauter Vornehmheit und Wichtigtuerei nicht auf die Straße. (Von den Damen wollen wir nicht sprechen, denn sie leben wie Nachtvögel, die erst im Dunkeln ausfliegen.) Diese Beispiele sind schädlich und betrüblich und sollten von vernünftigen Männern nicht nachgeahmt werden, damit ihr Körper und ihr Leben nicht eine so verabscheuungswürdige Gewohnheit annehme. Um diesen Unzuträglichkeiten zu entgehen, die zu einem Verfall des Körpers und seiner Kräfte führen, braucht es einen starken Willen, der dem Klima und der Hitze trotzt, die schlechten Gewohnheiten und bösen Beispiele mißachtet und sich die notwendige, durch eine richtige Hygiene gemäßigte und geregelte Bewegung verschafft. Denn die moralische Energie war immer eine große Hilfe, um siegreich aus dem Kampf gegen das Klima eines heißen Landes und die Verweichlichung hervorzugehen.

Die allgemeine Gesundheitspflege«, schließt der Hygieniker aus der Mitte des 19. Jahrhunderts, »hat in den letzten fünfundzwanzig Jahren einige Fortschritte gemacht, aber nur in den großen Städten. Bedauerlicherweise ist das Kanalisationssystem, von dem doch die Hygiene der Städte abhängt, noch immer sehr rückständig. Dasselbe gilt für die privaten sanitären Anlagen.«

In dunklen Nächten ist zu Beginn des 19. Jahrhunderts ein Gang durch die Straßen einer brasilianischen Stadt fast ein Abenteuer. Alles ist finster; in den engen Gassen stehen große Schlammpfützen, mitten im Wege liegen geborstene Fäkalieneimer, tote Tiere. Auf den abschüssigen Straßen von Bahía, Vila Rica und Olinda läuft man Gefahr, auf faulen Obstschalen auszugleiten und der Länge nach hinzufallen oder in einen Abgrund zu stürzen. Am besten läßt man einen Sklaven mit einer Fischöllampe vorausgehen, die die löcherige Straße oder das schmutzige Gäßchen beleuchtet.

In den ältesten Städten Brasiliens scheinen einzelne Straßen nach mittelalterlicher Sitte den verschiedenen Zünften vorbehalten gewesen zu sein. In den einen hatten sich bestimmte Handwerksberufe niedergelassen, in den anderen Kaufleute der gleichen Branche, Fleischer oder Fischhändler zum Beispiel. Oder Menschen der gleichen Herkunft: Juden oder Zigeuner. In den alten Straßennamen lebt das Zunftwesen der portugiesischen Städte weiter: Faßbinderstraße, Schmiedegasse, Fischerstraße, Judengasse, Goldschmiedstraße, Zigeunergasse.

Die örtliche Verteilung der Berufe und der industriellen oder kommerziellen Betriebe war in erster Linie von städtebaulichen, aber auch gesundheitspolitischen Erwägungen bestimmt. So begrenzte die Stadtverwaltung von Recife in den ersten Jahren des Kaiserreichs den Verkauf von Pökelfleisch und getrocknetem Fisch auf die Rua da Praia, den Strandweg; in Olinda verbot der Gemeinderat bei Strafe von zwei Milreis oder vier Tagen Gefängnis das Waschen von Wäsche oder anderen unsauberen Dingen in den Kanälen Poço do Conselho, Baldo und Varadouro, von Pisa an; gleichzeitig wurde die Lederindustrie angewiesen, Häute von Tieren nur am Strand von São Francisco und in der Verlängerung der Mauer von São Bento zu spülen; und die Stadtverwaltung von São Salvador verbot das Salzen und Gerben von Leder sowie die Herstellung von Leim in der Stadt und ihren Vororten.

Trotz aller Mängel in hygienischer Hinsicht übertraf die Stadt doch die ländlichen Gebiete, wenn auch nicht gerade an Reinlichkeit der Häuser, so doch an vorbeugenden Maßnahmen und gewissen ärztlichen Hilfsmitteln, und konnte den Bewohnern der Güter, Plantagen und Ortschaften des Landesinnern zu Hilfe kommen, wenn sie von den Blattern oder anderen verheerenden Krankheiten heimgesucht wurden. Die Besinger des Landlebens haben nicht das Recht, die Städte des 19. Jahrhunderts als Brutstätten von Epidemien hinzustellen und dafür die ländlichen Ortschaften und Güter in den Himmel zu heben, wo sich mitunter die schrecklichsten Krankheiten ausbreiteten: die Blattern und die Beulenpest zum Beispiel, die in den Städten weitaus wirksamer bekämpft wurden.

Im Bunde mit der Kirche schuf die Stadt nicht nur soziale Einrichtungen wie Krankenhäuser, Hospize, Findelhäuser und Armenhäuser und förderte die Betätigung des Dritten Ordens und der Bruderschaften, sondern baute auch ein öffentliches Gesundheitswesen auf. Die patriarchalische Familie hatte im allgemeinen für solche Aktivitäten nichts übrig, wie sie ja auch den Bau von guten Straßen geringachtete. Die gemeinsamen Anstrengungen mehrerer Großgrundbesitzer hätten das leicht zuwege gebracht – da aber die patriarchalische Wirtschaft fast ausschließlich für den eigenen Bedarf produzierte, fehlte ihr jegliches Interesse an Transportwegen, die der Beförderung ihrer Produkte oder der Annäherung der Menschen dienen konnten. Es genügten ihr einfache Pfade, um während einiger Monate des Jahres ihren Zucker oder ihren Kaffee zu transportieren. Diese Tatsache scheint uns eine zutreffendere Erklärung für die langsame Entwicklung der Verkehrswege in Brasilien zu sein als die Bestrebungen der kommandierenden Generale in den Kapitanaten der Kolonialzeit, die Solidarität unter den Siedlern zu verhindern. Das patriarchalische System hatte eine autonome oder doch fast autonome Wirtschaft entstehen lassen, die den Individualismus der Grundbesitzer und die Exklusivität ihrer Familien stärkte, so daß der Wunsch nach Solidarität mit anderen bei den Bewohnern der Herrenhäuser immer schwächer wurde – so schwach, wie er heute noch beim Brasilianer vom Lande vorhanden ist, wo er sich nur auf die allernächste Verwandtschaft und die Angehörigen derselben Religion erstreckt. Als die Einwohner von Maruí in einem vom 6. März 1822 datierten Aufruf im *Diário do Rio de Janeiro* die »Herren Erben des Gutes von Murundu« baten, den Wald zu schlagen und den Teil der Straße zu säubern, der auf ihrem Grund und Boden lag, »damit alle Bewohner dieser Gegend sich frei auf dieser Straße bewegen können, die nicht nur durch die großen und dichtbelaubten Bäume und Dornbüsche unwegsam ist, sondern auch den verbrecherischen Deserteuren und entlaufenen Sklaven ausreichende Tarnung bietet«, wußten sie Hunderte und Tausende von anderen Stadt- und Dorfbewohnern auf ihrer Seite, die sich in ihren Bemühungen um einen Verkehrsweg für Personen und Waren von der Gleichgültigkeit und Selbstsucht der großen Gutsbesitzerfamilien behindert fühlten.

Abgesehen von den katholischen Bruderschaften, war es der Negersklave, der in Brasilien dem Gefühl für die Solidarität der Rasse und zugleich der Klasse den beredtesten Ausdruck verlieh. Er bewies die Fähigkeit zum Zusammenschluß auf ausgesprochen genossenschaftlicher Grundlage im Sinne einer ethnischen Brüderlichkeit und einer kämpferischen Verteidigung der Rechte des Arbeiters. Gar nicht zu reden von der fast sozialistischen Lebensform und Arbeitsorganisation der in den Siedlungen von Palmares zusammengeschlossenen Neger. Diese Republik von Strohhütten scheint mehr als nur einem Aufstand entflohener Sklaven entsprossen zu sein, nämlich einem echten Streben nach Unabhängigkeit auf der Grundlage eines parasozialistischen Zivilisations- und sogar Wirtschaftstyps im Gegensatz zu dem damals herrschenden patriarchalischen System, das sich auf die in den Latifundien betriebene Monokultur stützte.

Die Chronisten berichten, daß die in Palmares unter einer parasozialistischen Diktatur vereinigten Neger die Ernten und die Erzeugnisse ihrer Arbeit im Stall und in der Mühle in einem Gemeinschaftsspeicher sammelten, um die Lebensmittel anschließend auf offenem Platz unter die Bewohner der Siedlung zu verteilen. So konnten sie ein halbes Jahrhundert lang den Angriffen der patriarchalischen Plantagenbesitzer und ihrer Verbündeten, der Generalkapitäne, Widerstand leisten, denen es nur mit Mühe gelang, diese Ansammlung von Strohhütten zu vernichten.

Es war die erste Stadt, die sich gegen die Vorherrschaft des Landes erhob. Die Art und Weise, wie die Neger den Boden bearbeiteten, war ein Anfang der Polykultur, die einen Kontrast zu der auf den Gütern der weißen Herren vorherrschenden Monokultur bildete. Diese Pluralität oder Vielfalt der Produktion war somit die erste Reaktion auf das ungesunde System, das den Anbau verschiedener Lebensmittel der Erzeugung eines einzigen Produkts opferte – eines Produkts, das obendrein für die Ausfuhr nach weit entfernten ausländischen Märkten bestimmt war.

Ein weiteres Beispiel ihrer genossenschaftlichen Fähigkeiten gaben die Neger in Ouro Prêto, wo sie sich systematisch organisierten, um ihre Freiheit und Unabhängigkeit zu erwirken. Ein Geschichtsschreiber aus Minas Gerais sieht darin einen Vorläufer des christlichen Sozialismus in Brasilien. Unter der Führung des Negers Francisco kaufte sich eine bedeutende Anzahl von Sklaven aus den Bergwerken von Ouro Prêto durch ihre Arbeit los. So machte zuerst der Vater den Sohn frei, dann beide gemeinsam einen Fremden, bis sie auf diese Art Dutzende von Negern befreit hatten. Und die in den Goldgruben arbeitenden freien Neger wurden schließlich Eigentümer der Minen von Encardideira oder Palácio Velho.

Der Charakter des christlichen Sozialismus, den Diogo de Vasconcelos in dieser bewunderungswürdigen gemeinsamen Anstrengung sieht, liegt mehr in der Form als im Wesen der Organisation der befreiten Neger von

Ouro Prêto, die zwar religiös, aber nicht katholisch war. Die Neger schlossen sich zu einer Bruderschaft – der der heiligen Ifigênia – zusammen, was nicht einmal die weißen Kaufleute und Handwerker geschafft hatten, und errichteten eine Kirche – die Rosenkranzkirche. Am Dreikönigstag feierten sie unter dem Vorsitz ihres als König verkleideten alten Häuptlings ein lärmendes Fest, das eher afrikanisch als katholisch anmutete. Sie hörten zwar eine gesungene Messe, aber das wichtigste waren doch die Negertänze zum Klang afrikanischer Instrumente auf offener Straße, vor der Kirche. Noch lange vor Professor Nina Rodrigues beobachtete Charles Mansfield, daß die Neger in Brasilien nicht ihre eigenen Heiligen vergaßen oder aufgaben und dafür die katholischen annahmen, sondern daß sie die afrikanischen den portugiesischen unterschoben, dabei Ähnlichkeiten übertrieben und die Erinnerung an die afrikanischen bewahrten. Aus den Elementen dieser beiden religiösen Traditionen schufen sie mitunter sogar ganz neue Heilige, sozusagen Mischlingsheilige.

Die Religion erfüllte die Straßen der alten brasilianischen Städte mit Glanz und festlichem Tumult, ob es nun die der Schwarzen mit ihren Tänzen oder die der Weißen mit ihren Prozessionen war.

Von den Plantagen und Gütern kamen die Reichen in die Bischofsstädte, um an den Festen teilzunehmen. Beleibte Damen, die dem Vorbeizug der Karfreitagsprozession nur von den Balkons der Stadthäuser aus beiwohnten. Andere wieder begleiteten den Umzug der Statuen in Kleidern aus der Zeit der Alfonsinischen Dynastie. Aber nicht nur die Menschen, auch die Häuser mußten geschmückt werden. Im *Diário do Rio de Janeiro* erschien am 18. Januar 1825 ein Aufruf des Stadtrats an die Bewohner, in den Straßen, durch die die Sankt-Sebastians-Prozession ziehen mußte, »die Fassaden der Häuser zu weißen und mit Tüchern zu schmücken, die Straße selbst aber mit Sand und Blattwerk zu bestreuen«.

Durch die mit Sand und Blättern bestreuten Straßen schritten zwischen den mit indischen Behängen geschmückten Häusern die Bruderschaften, die Mitglieder des Dritten Ordens, in verschiedenste Habite und Gewänder gehüllt, eine Musikkapelle und Büßer mit entblößtem Oberkörper, die sich mit Glasscherben kasteiten. Dann kamen die Standbilder der Heiligen. Dahinter der Gouverneur, der Bischof, hohe Würdenträger und Offiziere mit schimmernden Epauletten. Nach der letzten Mode gekleidete Damen, dann andere in ganz altmodischen Toiletten. Allen voran der Papa-angu – eine maskierte Gestalt in einer Art Sack mit zwei Löchern für die Augen und mit einer Peitsche in der Hand –, der von den Kindern mit Obstkernen beworfen wurde.

Manchmal wurde dabei ein Neger erstochen und seine Leiche mit den heraushängenden Gedärmen in einer weißen Hängematte abgeholt (die roten Hängematten waren für die Verwundeten, die weißen für die Toten), denn die Prozessionen wurden zum Treffpunkt von Messerstechern, den Capoeiras, einer merkwürdigen Sorte von Negern oder Mulatten, die das städtische Gegenstück zu den Capangas und Cabras der Plantagen bildeten. Ihre Stärke war die Handhabung des Klappmessers oder des Stiletts, ihr Stolz das zum Schopf hochgekämmte Wollhaar, die kleinen, wie für Tänzer geschaffenen Sandalen und der schlaksige Gang. Zur Kunst der Capoeiras gehörte außerdem die Beherrschung einer Reihe schwieriger Schritte oder Bewegungen und eine fast unglaubliche Behendigkeit, in die die herumlungernde Straßenjugend fast nach Art der Freimaurer eingeweiht wurde. In einem der nächsten Kapitel wollen wir näher auf das Phänomen des Capoeira eingehen.

Die Feste in den Höfen der Kirchen und die Prozessionen in den Straßen gaben auch Gelegenheit, Liebesbeziehungen anzuknüpfen. Die Umzüge zu Ehren einzelner Heiliger waren fast skandalös; die Vierzeiler, die die jungen Mädchen zum Beispiel an den heiligen Gonçalo richteten, klangen recht schlimm in den Ohren des Paters Lopes Gama. Nach den trübseligen Tagen, die von Passionsspielen, salbungsvollen Predigten, Leuten, die laut die Leiden Christi beweinten, Frauen und Männern in schwarzer Trauerkleidung geprägt waren, endete die Karwoche mit fröhlichen Schmausereien, bei denen Fisch, gebackene Krebse, Spinatgerichte, Reismehlklöße mit Fisch und Pirão mit Fisch verzehrt wurden.

So manches davon mußte den Leuten vom Lande übertrieben vorkommen, die voll neuer Eindrücke von der Stadt in ihre Gutshäuser zurückkehrten, nachdem sie die Kirchen mit ihren gold- und silberverzierten Altären und die prächtigen Heiligenstatuen bewundert hatten.

Wer zu den Zeiten König Johanns VI. Gelegenheit hatte, die Königliche Kapelle in Rio de Janeiro zu besuchen, konnte in der tristen Zurückgezogenheit der ländlichen Herrenhäuser wohl nie die mit Seide und goldenen Fransen verhängte königliche Tribüne vergessen, von der aus der hohe Herr der Messe beiwohnte, oder den süßen Ton der von einem europäischen Meister gespielten Orgel und des von Marcos Portugal dirigierten Orchesters. Wenn wir gewissen Chronisten glauben sollen, nahm die Kirchenmusik in den brasilianischen Städten einen solchen

Aufschwung, daß sich Rio de Janeiro in der Kolonialzeit den Luxus erlauben durfte, eigene Kastraten zu halten, die zur Freude der Genießer guter Musik noch im Alter die Stimme von Chorknaben bewahrten.

In den Stadthäusern wurde aber auch die profane Musik gepflegt. Um 1820 konnte man statt Violen oder Harfen oft die Klänge von Klavieren hören, die im Salon von den jungen Mädchen zum ausschließlichen Vergnügen der weißen Bewohner gespielt wurden. Und statt der Modinhas waren jetzt italienische und französische Lieder zu hören. In seinem 1843 in Recife erschienenen Buch *O Carapuceiro* bemerkte Pater Lopes Gama, daß in der Kolonialzeit Arien von Rossini oder Bellini gespielt und gesungen wurden, »aber auch Modinhas, die zweistimmig zur Begleitung einer Zither oder Gitarre vorgetragen wurden«. In den damaligen Zeitungen findet man manche davon angekündigt, die für die Gefühle jener Zeit typisch sind: *Meine angebetete Nise* oder *Chiquita, Chiquita, Liebste mein* und später *Das zarte Mädchen, Ich sehe es in deinen Augen, Rühre die Saiten der Leier* und *Leb wohl, Maria, ich muß sterben.*

In diesen Modinhas, die lange Zeit hindurch den süßlichen Ausdruck der Idealisierung oder Romantisierung von Frauengestalten darstellten, spiegelte in der ersten Hälfte des 19. Jahrhunderts eine allmähliche Auflehnung der Frauen gegen die Unbeständigkeit der Männer in der Liebe. Die Komponisten jener Zeit wollten nicht nur die konventionellen Idealisierungen, sondern die verschiedenen Gefühlsregungen wiedergeben, die im Verhältnis der Geschlechter zueinander entstanden und zu denen auch die Auflehnung der damaligen Frauen gehörte.

Als Ausdruck dieser oft widersprüchlichen Gefühlsregungen stellen die Modelieder ein höchst interessantes Material für den Erforscher der brasilianischen Vergangenheit dar, der bemüht ist, die Einstellung der Geschlechter innerhalb der patriarchalischen Gesellschaft zu untersuchen. Dazu gehört auch die unterschiedliche Haltung der Männer gegenüber den einzelnen Frauentypen: den Blonden, den Braunen, den Mulattinnen, den Blassen, den Jüdinnen, dem verzärtelten, dem vornehmen oder dem sanften Typ. Oder auch den Altersklassen gegenüber: dem von so manchem idealisierten halbwüchsigen, als Indianerin oder Orientalin gekleideten Mädchen oder dem schon erwachsenen, das von anderen mit eher europäischem oder bürgerlichem Geschmack gepriesen wurde.

In seinem Buch über das Bahía jener Zeit hielt Wetherell ein seltsames Lied fest, in dem die Auflehnung der Frau gegen den Despotismus des

Mannes einen schüchternen Ausdruck findet: Erst wird er »Lamm« genannt, dann aber »reißender Wolf«. In der Sammlung von Almir de Andrade aus dem 19. Jahrhundert finden sich noch weitere derartige Beispiele.

Auch in den patriarchalischen Gutshäusern gab es Chorknaben, Musikkapellen, Flügel und Orchester, die Opernouvertüren spielten. Schon im 16. Jahrhundert lebte in Bahía ein reicher Plantagenbesitzer, der ein von einem Franzosen aus Marseille geleitetes Negerorchester besaß. Ein nordamerikanischer Missionar, der im 19. Jahrhundert Brasilien bereiste, war völlig verblüfft von der Musik, die er im Herrenhaus eines Barons der Kaiserzeit auf der Plantage Soledade bei Paraibuna in Minas Gerais zu hören bekam. Als der Hausherr ihm sagte, er wolle ein bißchen Musik machen lassen, dachte der Amerikaner an irgend etwas Rustikales wie »*a weezy plantation fiddle, a fife, and a drum*«. Aber er täuschte sich. Was ihn am Abend überraschte, war das Stimmen eines großen Orchesters mit Violinen, Flöten und Posaunen. Dann sah er es auch – es bestand nur aus Negern, von denen einer an der Orgel saß. Dazu ein Knabenchor, von dessen schwarzen Händen sich die weißen Notenblätter scharf abhoben. Sie begannen das erste Stück: die Ouvertüre einer Oper; das zweite war eine Messe, die die kleinen Neger auf lateinisch sangen. Es folgte das *Stabat Mater*, dann der La-Fayette-Marsch.

Aber diese hochkultivierten Herrenhäuser waren nicht typisch für den Landadel, der sich von der Umwelt abschloß und im Kreis seiner Untergebenen mehr Wert auf die Quantität als auf die Qualität seines Reichtums legte: auf die Menge der Kaffeepflanzen oder Zuckerrohre, auf die Zahl der Sklaven und des Viehbestandes, auf die Anzahl der Säle und Zimmer in den Herrenhäusern. Das war es, was in den Augen der meisten Brasilianer der patriarchalischen und vorherrschend ländlichen Ära den Ausschlag gab. Dem primitiven Gutsherrn war alles gleichgültig, wenn er nur vielen Sklaven befehlen und alle Welt anbrüllen konnte. Zwischen ihm und den Frauen, den Kindern, den Negern lag nicht nur eine soziale, sondern eine tatsächliche, räumliche Distanz, denn in den weiträumigen Häusern mit ihren riesigen Sälen waren sich die Menschen fast nie wirklich nahe. Und an den acht Meter langen Eßtischen mußte der Hausherr sehr laut sprechen, um am anderen Ende gehört zu werden. An Musik genügte den Herren vom Lande das Singen der Vögel, die im ganzen Hause, auf den Gängen, im Speisesaal und auf der Terrasse in Käfigen saßen. Viele Häuser hatten unter den Bäumen eine vollbesetzte

Voliere, und die Singvögel mögen mit den aus England eingeführten Pianos in Wettstreit getreten sein. Dieser Konflikt zwischen der Natur und der Kunst war gleichzeitig der Konflikt zwischen Stadt und Land. Wir werden noch hören, daß gewisse Vogelarten und Pflanzen für die vornehmen Stadthäuser ebenso charakteristisch wurden wie die Klaviere und die Möbel aus Palisanderholz.

Als Mansfield um die Mitte des 19. Jahrhunderts Brasilien bereiste, fühlte er sich bei seinen Besuchen der Gutshäuser nicht mehr so außerhalb Europas wie noch sein Landsmann Luccock fünfzig Jahre früher. Es wurde Klavier gespielt, und einige mehrstöckige Herrenhäuser erinnerten ihn an drittklassige englische Landhäuser. In Caraíma kam zwar die Hausfrau nicht herunter, um die Mahlzeit mit den englischen Gästen einzunehmen, aber hinterher reichte sie ihnen immerhin den Tee. Es war ein Zwischending zwischen dem alten patriarchalischen Stil Brasiliens, nach dem sich die Frau niemals vor Freunden zeigte, und der bürgerlichen Sitte Europas, wo sie bei Tisch präsidierte und sich am Gespräch der Männer beteiligte.

Im Herrenhaus der Plantage Macují in Pernambuco fühlte sich Mansfield noch mehr in das England des 19. Jahrhunderts versetzt. »Die Bedienung in diesem Hause ist fast die gleiche wie in den besten englischen Landhäusern«, bemerkte er. Die Dame des Hauses hat »ein sehr angenehmes Wesen«, und sowohl sie als auch ihre drei Töchter nahmen an den Mahlzeiten mit dem Fremden teil. Es war kein so luxuriöses Haus wie das von Caraíma, besaß aber vermutlich jene Spucknäpfe, die ein Engländer entsetzlich finden mußte und auf die Mansfield in allen brasilianischen Herrenhäusern gestoßen war. Aber der ganze Lebensstil hatte nicht mehr den alten muselmanischen Beigeschmack, er war europäischer und eher englisch als orientalisch. Sogar die Spucknäpfe hatten, nach Zeitungsanzeigen wie der vom 15. November 1821 im *Diário do Rio de Janeiro* zu schließen, eine gewisse Würde: »Zu verkaufen: ein silberner Spucknapf alten Stils, mit Deckel und Henkeln.« – Diese vornehmen Spucknäpfe gingen von einer Generation auf die andere über.

Die Berührung mit der englischen Lebensart, die nach der Ankunft König Johanns VI. stärker wurde, beeinflußte den Lebensstil und sogar die Architektur Brasiliens ganz erheblich. Sie weckte den Geschmack an den baumumstandenen Landhäusern, am Tee, den die Hausfrau selber servierte, am Genuß von Bier und Brot und an der größeren Sauberkeit der Straßen und Häuser. Die englischen Einflüsse, auf die ich in meiner

Essayreihe *Engländer in Brasilien* näher eingegangen bin, traten in der ersten Hälfte des 19. Jahrhunderts besonders in Pernambuco, in Bahía und in Rio de Janeiro in Erscheinung, weil die Engländer zu jener Zeit von dem auf den Zucker gegründeten Reichtum der Bevölkerung oder der patriarchalischen Gesellschaft besonders angezogen wurden.

Durch das Übergewicht, das der Kaffee in der zweiten Hälfte des 19. Jahrhunderts über den Zucker gewann, wurden die Häuser des Nordens an Komfort und Luxus allmählich von denen des Südens übertroffen. Von der Zeit Johanns VI. an wurden die Straßen der Hauptstadt zu den elegantesten des ganzen Kaiserreichs, und besonders die Ouvidor-Straße wurde zur großen Prachtstraße, in der sich die französische Mode breitmachte. Aber Haus blieb immer Haus und Straße Straße, das heißt: zwei einander feindliche Bereiche.

In einer Anzeige des *Diário do Rio de Janeiro* vom 28. Januar 1821 heißt es: »Zu verkaufen eine wohlerzogene Schwarze, sehr geschickt zu allen Hausarbeiten, 16 Jahre alt, im Hause aufgezogen, ohne jemals die Straße betreten zu haben.« In dieser wie in anderen, ähnlichen Anzeigen wird der bedeutsame Unterschied zwischen dem Haussklaven und dem Straßensklaven gemacht, der in der ganzen ersten Hälfte des 19. Jahrhunderts beibehalten wurde. Im *Diário de Pernambuco* sowie im *Diário do Rio de Janeiro* wurden noch im Jahre 1842 Sklaven »für alle Arbeiten innerhalb des Hauses« und andere »für den Verkauf auf der Straße« angeboten, also zwei völlig verschiedene Typen von Sklaven. Die Haussklaven hatten Familienanschluß bei den Weißen, die anderen wurden wegen ihrer Beziehung zur Straße geringgeachtet.

So manchem Europäer machten die Straßensklaven in Rio de Janeiro einen fröhlichen, dem Tanz und der Musik zugeneigten Eindruck. In seiner *History of Brazil* beschreibt sie der Engländer Andrew Grant als den Plantagensklaven überlegen. Das ist eine anfechtbare Verallgemeinerung, es sei denn, man versteht unter Plantagensklaven nur jene, die unter grausamen und anspruchsvollen Aufsehern den Boden bearbeiteten, oder man vergleicht aufstrebende Städte mit dekadenten ländlichen Gebieten wie dem Norden mit seinen Zuckerrohrpflanzungen in der zweiten Hälfte des 19. Jahrhunderts.

Auf dem landwirtschaftlichen Kongreß des Jahres 1878 erklärte Coelho Rodrigues, der Luxus in den meisten Herrenhäusern des Nordens sei, soweit man überhaupt noch davon sprechen könne, »sehr gering und gar nicht mit den Verhältnissen auf den großen Gütern im

Süden des Kaiserreichs zu vergleichen«. Zahlreiche Plantagenbesitzer des Nordens hatten so gut wie keine Möbel in ihrem Empfangszimmer stehen, »die meisten besaßen nur einige selbsthergestellte Tische, Bänke und Sessel«. Mittags kam »Pökelfleisch, Salzfisch oder ein Kabeljau auf den Tisch, den der Handelsvertreter auf seine Kosten zum Unterhalt des Zuckerfabrikanten beigesteuert hatte, sonntags ein Kalbsfuß, der am Samstag auf dem benachbarten Markt erstanden worden war«. Das Frühstück bestand aus einer Tasse Kaffee mit Maniokpastete, Tapioka und Yam, »wenn man Zeit gehabt hatte, sie anzupflanzen«. Zum Abend-essen gab es wieder das gleiche. Brot und Zwieback kam nur in den reich-sten Herrenhäusern auf den Tisch, in den anderen waren sie ein seltener Luxus. Unter diesen Umständen konnte das Leben der Negersklaven nicht mehr so leicht und sorglos sein wie auf den üppigen und blühenden Besitzungen.

Mit dem Aufkommen des Kaffees wurde das bisher relativ leichte Leben im Zuckerrohranbaugebiet, das durch die Entdeckung der Minen bereits beeinträchtigt worden war, noch schwieriger. In den Städten wurde an den mehrstöckigen Häusern der Plantagenbesitzer, die weni-ger Voraussicht zeigten, bald der Anstrich nicht mehr erneuert, und die Palisandermöbel werden weder nach orientalischer Sitte gefärbt noch nach der französischen Mode gefirnißt. Die Ratten, die Fledermäuse und die Gespenster bemächtigten sich dieser verwahrlosten Gebäude. Alles wurde teurer und für die ländlichen Zuckerrohrpflanzer unerschwing-lich: die Neger, die Kistchen mit Rosinen, die Dosen mit Erbsen, die engli-schen Klaviere und die französischen Weine. Die Zuckerbarone wurden allmählich von den Kaffeebaronen verdrängt, die ländlichen Herrenhäu-ser von den Stadthäusern.

Die Wucherzinsen der Banken drückten die Plantagenbesitzer immer mehr, und gleichzeitig wuchsen die Ausgaben für die Neger, die ständig im Preis stiegen. Der Schwarzhandel erhöhte noch das Elend, indem er, wie der zeitgenössische Publizist Antônio Pedro de Figueiredo schrieb, »die Landwirtschaft, den Handel und die städtischen Kapitalisten ver-sklavte«. Geld kostete 24 % Zinsen und mehr, und die Zuckerindustrie erschien vielen gefährdet oder sogar vom Tode bedroht. Wer nicht über die Mittel verfügte, um sich selbst Neger kommen zu lassen, wie der alte Bento José da Costa, oder den Mut hatte, sie den Nachbarn zu rauben, für den wurde die Beschaffung von Sklaven zu einem beängstigenden Prob-lem, zumal die Engländer und die kaiserliche Regierung selbst immer energischer gegen den Sklavenhandel vorgingen. Die Plantagen des Südens begannen die Neger aus dem Norden an sich zu ziehen, wo sie dann beim Anbau des Zuckerrohrs fehlten.

Zu dieser Zeit wurde der Sklavenraub in den Straßen der nördlichen Städte zu einem öffentlichen Skandal. Die unpragmatische Landwirtschaft, ohne jede Methode in der Ausbeutung des Sklaven und der ländlichen Plebs, rächte sich nun an den Handelshäusern, den Banken und den Finanzkreisen der Stadt, die bei der Ausbeutung des Menschen und indirekt des eigenen Bodens weitaus methodischer vorgingen. Es war eine Rache des Herrenhauses an der Straße, die sich auf seine Kosten zu verschönern schien. Um die Jahrhundertmitte verloren die Sklavenräuber jede Hemmung, und in den Städten bildeten sich ganze Banden, die in einigen berühmten Herrenhäusern jener Zeit sichere Käufer für die geraubten Neger hatten.

Am 7. Mai 1828 erschien im *Diário de Pernambuco* folgende Notiz über den Sklavenraub: »Es ist allgemein bekannt, daß in unserer Stadt fast täglich Sklaven geraubt werden und daß es Menschen gibt, die sich ausschließlich diesem Geschäft widmen. Die einen werben Neger und Negerinnen auf der Straße an, die anderen halten sie in ihren Häusern verborgen, bis sie verschifft oder aus der Stadt herausgebracht werden können. Andere wieder kaufen sie diesen ab, um sie an entfernten Orten zu verkaufen oder selber für sich arbeiten zu lassen.« Aber offensichtlich sah man bei diesen Verbrechen durch die Finger: »Negerraub, Pferdediebstahl und noch schlimmere Verbrechen, mögen sie noch so klar bewiesen sein, sind kein Hindernis für die Ausstellung von Garantiescheinen, und zwar nicht auf die Person des Kriminellen lautend, sondern über eine bestimmte Summe, die der Dieb dem Bürgen zahlte, sobald er freikam.« Während die Polizei in der Hauptstadt die Sklavenräuber energisch verfolgte, wurden sie in Pernambuco und anderen überwiegend ländlichen Provinzen mit einer patriarchalischen Wirtschaft anscheinend nie aufgespürt.

In der Mehrzahl dieser Provinzen waren die obersten Justiz- und Polizeibehörden noch von den Interessen der Landwirtschaft beherrscht, woraus sich die Milde den Sklavenräubern gegenüber erklärt. Aus den Strafregistern der Gemeinden, wie zum Beispiel dem der Hauptstadt der Provinz Pernambuco aus dem Jahre 1838, geht der Umfang dieser Verbrechen hervor, wobei die Beschuldigten mitunter zu den ersten Familien gehörten, wie Carneiro d'Albuquerque e Moura oder Gusmão e

Moura. Und in den Zeitungen wurden einige der bedeutendsten Land-edelleute als Schmuggler angeprangert, mit denen auf diesem Gebiet reiche Herren aus den Stadthäusern der Hauptstadt wetteiferten.

Wahrscheinlich, oder sogar ziemlich sicher, war ein Großteil der Neger, die zur Kaiserzeit in der Rubrik *Sklaven entlaufen* geführt wurden, einfach Neger, die in den Städten geraubt und auf die Plantagen befördert wurden. Oft schlugen die Eigentümer der Sklaven selbst Alarm gegen die Gauner, die ihre jungen Diener oder dicken Neger raubten. Im *Jornal do Commercio* vom 8. Januar 1833 beklagte sich eine »arme Frau« aus Rio de Janeiro, daß Antonio, ihr 16jähriger Knecht, verschwunden oder viel-leicht auf irgendeine Plantage von Bahía verschleppt worden sei: »Ich bin eine arme Frau, die sonst nichts besitzt. Ich flehe die Behörden an, die Pässe und Matrikel ausstellen und die Schiffe kontrollieren, alles zu tun, damit die Diebe in der Hauptstadt und in den Provinzen nicht so scham-los Sklaven rauben können.«

Es verschwanden aber auch Sklaven auf den kleineren Plantagen, um auf größeren wiederaufzutauchen, die Schützlingen der herrschenden politischen Richtung gehörten. Möglicherweise gaben diese des Erwerbs geraubter Neger beschuldigten Großgrundbesitzer lediglich den freiwillig entwichenen Sklaven Asyl, sei es, weil der Besitzer einer kleinen Plantage sie bis zur Erschöpfung arbeiten ließ, sei es, weil eine Konfitüre herstellende Witwe ihrem einzigen Sklaven die Arbeit von dreien aufbürdete oder weil ihnen die Arbeit in einer Bäckerei zu lang und zu schwer war. Deshalb wanderten sie auf große Güter ab, die den Ruf guter, väterlicher Behandlung genossen, wo es viele Neger gab, wo man sich an Maniok, Mais und duftendem Zuckerrohrschnaps gütlich tun und mitunter die ganze Nacht bis in den frühen Morgen hinein Samba tanzen konnte.

Im Jahre 1846 beschuldigte Pater Lopes Gama in seiner Zeitung *O Sete de Setembro* einige der vornehmsten Mitglieder der Familien Rêgo Barros und Cavalcanti des Sklavenraubs. »Natürlich gibt es in diesen Familien«, schrieb der Pater, »auch fähige und ehrenhafte Männer.« Aber unter dem Schutz ihres Namens und ihrer politischen Vorherrschaft betrieben so manche den Sklavenhandel und Sklavenschmuggel. »Was macht es schon aus«, fragte er, »daß der Baron da Bôa Vista auf der einen Seite die öffentlichen Bauten fördert, Theater unterstützt und Bälle veranstaltet, wenn auf der anderen Seite der Schmuggel nach dem Norden und dem Süden blüht? Und wenn in skandalöser Weise falsche Banknoten in

Umlauf gesetzt werden, wenn die öffentlichen Arbeiten gleichzeitig eine Goldgrube für gewisse Individuen sind, wenn mehrere Verwandte des Barons drauflosrauben und töten und die Zahl der Morde derart ansteigt, daß Präsident Thomaz Xavier, als er vor der Provinzialversammlung Rechenschaft über den Zustand des Landes während der letzten zwei Jahre ablegte, so weit ging, zu sagen, wir seien auf dem Wege, wieder zu einem Volk von ungesitteten Ismaeliten zu werden?«

Die Männer der großen Gutsbesitzerfamilien hatten keineswegs alle jenen veredelnden Einfluß auf die Geschicke und die politische Moral des Kaiserreichs, den ihnen manche begeisterte Anhänger zuschreiben. Die »Privatpolizei« des Chichorro da Gama, die in Pernambuco in Plantagen eindrang und »gewisse feudale Schlösser, in denen sich geraubte Sklaven befanden«, umzingelte und erstürmte, verfolgte sogar einen nahen Verwandten des Barons da Bôa Vista, der, wie Pater Gama sagt, »die Umgebung von Recife mit seiner Bande von Straßenräubern unsicher machte«. Die Übergriffe dieser Polizei mögen eine Reaktion, eine Rache oder eine Vergeltung der Stadt gegen das Land gewesen sein. Ähnlich wie der Kampf der Kaufleute gegen die Gutsherren, der Gläubiger gegen die Schuldner, der Bewohner der großen Stadthäuser gegen die der ländlichen Herrenhäuser.

Deshalb brauchen wir jedoch die Plantagenbesitzer nicht zu verharmlosen und sie als edle Ritter darzustellen – im Gegensatz zu den halbgebildeten Menschen in den Städten, die zwar Zentren des Wuchers und der Fälschung von Geld und Lebensmitteln waren, aus denen aber doch einige der größten Reformer der Verwaltungs- und Hygienemethoden sowie des politischen, religiösen und intellektuellen Lebens hervorgegangen sind. Von einem praktischen und konstruktiven Idealismus beseelte Revolutionäre und nicht etwa Demagogen der Straße von der Sorte, die man im allgemeinen mit den Städten assoziiert – im Gegensatz zum »konservativen gesunden Menschenverstand« und »aufgeklärten Liberalismus« der Plantagenbesitzer.

Die Gusmão und Andrada, der Dechant Bernardo Luís Ferreira Portugal, Cruz Cabugá, Evaristo Ferreira da Veiga, Paula Brito, Machado de Assis, ja sogar Joaquim Nabuco, der in einem Stadthaus von Recife geboren und hauptsächlich dort sowie in den Städten Rio de Janeiro und São Paulo erzogen wurde, obwohl er einen Teil seiner Kindheit im Gutshaus von Maçangana verbracht hat – sie alle waren Stadt- und keine Landmenschen.

Es wäre freilich unsinnig, das ganze Problem auf eine schülerhafte Debatte vom Typ »Rom oder Karthago?« zurückzuführen und das schöpferische Wirken der Gutsherren und Plantagenbesitzer im politischen, administrativen und sogar literarischen Bereich zu leugnen. Das gilt nicht nur für Konservative wie den Majoratsherrn von Cabo, Araújo Lima, den nachmaligen Marquis von Olinda, auf Carneiro Leão, den späteren Marquis von Paraná, auf Cotegipe, Camaragipe und Paulino de Sousa, sondern auch für Liberale und Revolutionäre, wobei der Plantagenbesitzer mehr riskierte als der Bewohner einer Hafenstadt.

Robert Southey behauptet, die Plantagenbesitzer von Pernambuco hätten sich im Jahre 1710 in einer »separatistischen und republikanischen Bewegung« gegen die Portugiesen erhoben. Damals ging das »erste Bestreben nach Unabhängigkeit und Demokratie« von den Plantagen aus, die sich von der »gelenkten Wirtschaft« der Generalkapitäne Seiner Majestät befreien wollten. Sie waren auch das tragende Element des ruhmreichen Feldzuges gegen Holländer und Juden im 17. Jahrhundert, obwohl es ihnen nicht nur darum ging, den Heimatboden gegen die Fremden zu verteidigen, sondern auch die säumigen Schuldner gegen die ungeduldigen Gläubiger.

Die Brüder Francisco de Paula, Luís Francisco de Paula und José Francisco de Paula Cavalcanti de Albuquerque waren alle drei Plantagenbesitzer, die zu Beginn des 19. Jahrhunderts einer der romantischsten Verschwörungen angeklagt wurden, die es jemals in Brasilien gegeben hat: Sie strebten nach der Unabhängigkeit Pernambucos unter der Schutzherrschaft von Napoleon Bonaparte. Die »Akademie« – oder der »Areopag« –, die, so der von Oliveira Lima zitierte Pater Muniz, eine Schule der Demokratie war, wo »Adepten und Lehrlinge aus der Provinz und dem ganzen Lande, aber auch aus dem Ausland Erleuchtung, Schutz und Hilfe fanden, wurde in keinem Stadthaus gegründet, sondern in einem brasilianischen Gutshaus der Kolonialzeit«.

Was Brasilien angeht, kann man nicht, wie dies in soziologischen Untersuchungen über andere Länder geschehen ist, generalisieren und behaupten, die Gutsbesitzer – bis zur Mitte des 19. Jahrhunderts die Zukkerplantagenbesitzer und erst in zweiter Linie die Kaffeepflanzer oder Viehzüchter – hätten immer die konservativen Interessen vertreten, während die Städte stets Brennpunkte demokratischer Revolutionen und liberaler Bewegungen gewesen wären. Der stärkere oder schwächere wirtschaftliche Druck, die Einmischung des Mutterlandes in der

Person des Vizekönigs oder des Generalkapitäns in die Privatwirtschaft und zugunsten der kleinen Leute, muß nachhaltig auf die politische Haltung der Grundbesitzer im 18. und in der ersten Hälfte des 19. Jahrhunderts eingewirkt haben. Diese durch Ressentiment und Auflehnung bestimmte Haltung kontrastierte zu der Passivität der Küstenstädte, die lange Zeit hindurch fast Städte ohne Volk waren, mit einer fluktuierenden Schicht von Plebejern und Taugenichtsen und von Kaufleuten beherrscht, die mehr als die Landwirte an der Aufrechterhaltung der Ordnung und der Stabilität der portugiesischen und später der kaiserlichen Herrschaft im ganzen Lande interessiert waren.

In einer bestimmten Phase des Kaiserreichs waren die Zuckerrohr- und ganz besonders die Kaffeeplantagen mit den konservativen Interessen und den Mächten der Ordnung verbündet, oft gegen die Demagogie der Städte, das heißt der Straße und der Negersiedlungen. Aber sogar zu dieser Zeit der größten Verbundenheit mit dem Kaisertum trotzten die Bewohner der ländlichen Herrenhäuser dem Kaiser, dem hauptstädtischen Polizeichef und dem Bischof der Diözese mit derselben schrecklichen Feindseligkeit wie zur Kolonialzeit. Dann wurden ihre Empfangszimmer oder Speisesäle, die voll von Vogelkäfigen hingen, wo nackte Negerkinder sich auf dem Boden und den Matten wälzten, wo an allen Ecken und Enden Neger und Negerinnen herumstanden und auf die Befehle der Weißen warteten, zu »Areopagen«, in denen sich die Gutsbesitzer gemeinsam mit Geistlichen und sogar mit Ausländern – Franzosen und Engländern – unter Anwendung geradezu freimaurerischer Vorsichtsmaßnahmen und mit echt brasilianischer Gelassenheit für die Unabhängigkeit, die Freiheit und ein wenig auch für die Demokratie verschworen.

In einem interessanten Essay über die Tätigkeit des sozialistischen Ingenieurs L. L. Vauthier im damals noch patriarchalischen Brasilien der ersten Hälfte des 19. Jahrhunderts stellte João Peretti fest, daß nicht nur die Intellektuellen von Recife von der revolutionären Propaganda des jungen Franzosen angesteckt wurden: »*D'ailleurs, toute l'aristocratie de la Province, le Baron de Boa Vista en tête, suivait Vauthier sans bien savoir où il la menerait avec ses dangereuses doctrines.*« Er wurde nicht nur in einigen der vornehmsten Herrenhäuser jener Zeit empfangen, so beim Visconde de Camaragipe und beim Marquis do Recife, sondern unterhielt auch Beziehungen zu Aristokraten der Toga wie Nabuco de Araújo, seinem Anwalt, und eleganten Kavalieren der Stadthäuser wie Maciel Monteiro. Aber auch zum Adel des Geistes und des Wissens wie den Mulatten Nascimento Feitosa und A. P. de Figueiredo, zu Agitatoren wie Borges da Fonseca und zu Männern, die durch ihre Energie im Dienste der Ordnung berühmt waren, darunter Figueira de Melo. Besonders bemerkenswert ist jedoch, daß dieser französische Revolutionär sogar von anscheinend rückständigen Konservativen in den patriarchalischen Guts- und Stadthäusern geschätzt wurde. Bei manchen von ihnen scheint er die Neugier nach sozialistischen Ideen erregt zu haben, und einige dieser Aristokraten abonnierten auf seinen Rat französische sozialistische Zeitschriften wie *Phalange Socialiste* und *Democratie*. Es ist also nicht verwunderlich, daß es unter den Aufständischen der sogenannten »Revolta Praieira«* Männer gab – sogar Männer aus dem Landesinnern –, die vom französischen Sozialismus der ersten Hälfte des 19. Jahrhunderts beeinflußt waren.

Der quasi sozialistische Redakteur der Zeitung *O Liberal Pernambucano* schrieb am 4. April 1856, daß »niemand seinen heimischen Herd aufgibt, um sich in einem fremden Lande einem feudalen Regime ohne Garantien zu unterwerfen«. Wenn im Süden des Kaiserreichs, so in Saí (Santa Catarina), einzelne ausgesprochen sozialistische Kolonien gediehen, dann nur, weil dort »die Sitten, das Klima und andere Umstände Vorteile boten, die weder Pernambuco noch andere Provinzen des Nordens gewähren konnten«. In seinem Artikel vom 5. April hebt dieser Kritiker die Notwendigkeit eines »Ruralkodex« für Brasilien hervor, mit dessen Hilfe er die Macht des »feudalen Regimes ohne Garantien« brechen wollte.

Diese fünf Artikel unter dem gemeinsamen Titel »Die Landwirtschaft und die Kolonisierung«, deren Analyse wir einem späteren Werk – *Ordem e Progresso* (Ordnung und Fortschritt) – vorbehalten, bilden eine der stärksten Manifestationen des Geistes sozialer und nicht nur politischer Unruhe, die in Pernambuco nach der gescheiterten »Revolta Praieira« fortlebte oder eigentlich schon seit dem Aufruhr von 1823, der fünfundzwanzig Jahre später in diese Revolte mündete, lebendig war. Während in Santa Catarina der Sozialismus gelebt wurde, kämpfte man in Pernambuco in den Zeitungen und auf der Straße für die sozialistischen Ideen.

Der Mulatte A. P. de Figueiredo, eine Art »Rebell« von 1823, den das Studium zu einem »Sozialisten« von 1840 geläutert hatte, schrieb 1846 in

---

* Aufstand der »Praieiros« (1848), der liberalen Küstenbewohner von Pernambuco, gegen die Konservativen *(Anm. d. Übers.)*.

seiner Zeitschrift *O Progresso* unter dem Titel »Die Besiedlung Brasiliens«:
»Es gibt jetzt sicher mehr als einen Stellungsuchenden, mehr als einen
entlassenen Angestellten, mehr als einen arbeitslosen Arbeiter, der von
Revolutionen träumt.« Er fand die Zahl »unserer Schneider, Schuster,
Maurer, Tischler usw., die durch die Konkurrenz der Ausländer ruiniert
und oft arbeitslos werden, übermäßig«. Die Lösung, aus ihnen »kleine
Landwirte« zu machen, erschien ihm nicht leicht. Die großen weigerten
sich, ihnen das nötige Land zu verkaufen, das in Pernambuco und in weiten Gebieten des Nordens »von den Plantagen okkupiert« war.

Im Jahre 1858 behauptete der General José Inácio de Abreu e Lima in
einem Artikel des *Jornal do Commercio*, die Teuerung in mehreren Provinzen des Kaiserreichs gehe auf das Mißverhältnis zwischen großen und
kleinen Grundbesitzern sowie auf »das Vorurteil der Großgrundbesitzer
gegen den Getreideanbau« zurück. Dasselbe Problem hatte er schon
Jahre vorher in seiner Schrift *Der Nachen des heiligen Petrus* aufgeworfen.
Dieses Problem der Übergriffe der Großen und der Beziehung zwischen
diesen Übergriffen und der Besiedlung des Landes hatte schon Raimundo José da Cunha Matos und nach ihm viele Politiker und Publizisten
beschäftigt. Sie erwogen sogar die Intervention des Staates zugunsten
der arbeitenden Schicht und der Einschränkung der Feudalmacht, die
die Besitzer von Sklaven und gleicherweise versklavtem Boden ausübten.

Schon im Jahre 1856 war der Rechtsanwalt Nascimento Feitosa in
einer Polemik mit Professor Pedro Autran da Mata Albuquerque noch
weiter gegangen als Abreu e Lima: Er hatte die direkte Intervention des
Staates in das wirtschaftliche Leben befürwortet. Sein Artikel *Die Regierung muß bei der Mehl- und Fleischversorgung eingreifen* gehört zu den interessantesten in der Geschichte der Entwicklung der sozialistischen Ideen
in Brasilien. Um die Mitte des 19. Jahrhunderts war diese Entwicklung in
Pernambuco weiter fortgeschritten als in irgendeiner anderen Provinz
des Kaiserreichs, sogar dann noch, als der Fehlschlag der »Revolta
Praieira« die Gemüter einiger begeisterter Anhänger der Fourierschen
»Phalanstères« besänftigt hatte. »Worin besteht die Aufgabe der Regierung?« schrieb er. »Mit Vernunft und Gerechtigkeit alle Streitfragen zwischen den Regierten zu schlichten und den Schwachen gegen den Starken so zu verteidigen, daß die Gleichheit die gegenseitige Achtung wie-
derherstellt. Dieser Schutz bezieht sich auf die Menschen wie auf den
Besitz, vor allem aber auf die Menschen.«

Im *Diário de Pernambuco* vom 5. Januar 1856 wurde festgestellt, daß auch nach dem Einlaufen »mehrerer Schiffe mit Kabeljau« in den Hafen von Recife weiterhin »Mangel an diesem Artikel« bestand, was auf den »Geiz gewisser Spekulanten und das Fehlen polizeilicher Maßnahmen« zurückzuführen sei, worunter das konservative Blatt das Eingreifen des Staates in das Wirtschaftsleben verstand. Sowohl die Sozialisten französischer Färbung, wie Figueiredo, als auch die Quasisozialisten wie Feitosa riefen nach einer solchen Intervention. Beide waren übrigens Farbige, die durch ihre Intelligenz und ihr Wissen zu intellektuellen Führern aufgestiegen waren und nicht nur das von aufständischen Negern und Mulatten 1823 in Recife, sondern auch das von franzosenfreundlichen Farbigen 1798 mit der Verschwörung von Bahía begonnene Werk fortführten, im »Weißen« ihren Feind sahen und vom »Roi Christophe« von Haiti inspiriert wurden.

Am 7. August 1852 warf Professor Autran ebendiesem P. de Figueiredo vor, daß der Sozialismus die »Gleichberechtigung der Frau« proklamiere. Fünf Tage später erwiderte Figueiredo unter dem Pseudonym »Cousin Fusco« im *Diário de Pernambuco*: »Der Sozialismus ist keine Doktrin, er geht nicht über Bestrebungen hinaus, die danach trachten, die gegenwärtige soziale Lage zugunsten einer moralischen und materiellen Besserstellung aller Mitglieder der Gesellschaft zu reformieren.« Auch der Frauen – hätte er hinzufügen können.

Drittes Kapitel
Vater und Sohn

Towner erinnert uns daran, daß das Kind und der Mann in primitiven Gesellschaften fast gleich sind. Im patriarchalischen System ist dies nicht der Fall: Es besteht zwischen beiden eine enorme soziale Distanz wie die zwischen den Geschlechtern, dem »starken« und dem »schwachen«, und zwischen den Klassen, der herrschenden und der dienenden, die oft durch die Bezeichnungen »höhere« und »niedrigere« Rasse oder Kaste getarnt werden.

Tatsächlich ist die Kindheit in der patriarchalischen Gesellschaft kurz. Dadurch wird der Antagonismus zwischen Kind und Mann, Vater und Sohn, gemildert. In Zeiten der Dekadenz des Patriarchats verschwindet dieser Antagonismus nicht, er verwandelt sich oder findet vielmehr seine Fortsetzung in der Rivalität zwischen dem jungen und dem alten Mann.

Das Prestige des erwachsenen Mannes ist in der patriarchalischen Gesellschaft so groß, daß das Kind, aus Scham über sein Kindsein, eine krankhafte Sucht verspürt, vor der Zeit zu reifen. Diese Frühreife befreit es von dieser Scham, dem Minderwertigkeitsgefühl des Kindes.

Und das Prestige der Erwachsenen ist in dieser Gesellschaft so groß, daß der Knabe, sobald er ein Jüngling geworden ist, die Älteren nachahmt. Hinter einem maurisch anmutenden Bart, hinter Brillengläsern oder ganz einfach hinter einem unverändert strengen Gesichtsausdruck versucht er, den Glanz und die Fröhlichkeit der Jugend zu verbergen, die letzten Spuren seiner Kindheit, die er noch im Strahlen seiner Augen und in der Beweglichkeit seiner Gesten bewahrt.

Im patriarchalischen Brasilien wurde das Kind – solange es als solches betrachtet wurde – stets von den Männern ferngehalten. Bis zu einem gewissen Alter wurde es ausgesprochen idealisiert, mit den Engeln des Himmels identifiziert und wie ein Engel aufgezogen: Wie ein kleines Jesuskind lief es nackt und bloß im Hause herum.

Wenn das Kind in dieser Phase starb, wurde es zu einem Gegenstand der Verehrung. Die Mütter freuten sich über den Tod des Engelchens, wie dies Luccock in Rio de Janeiro beobachtete, wo er eine Mutter Tränen der Freude vergießen sah, weil der liebe Gott ihr fünftes Kind im zartesten Alter zu sich genommen hatte. Mit ihm erwarteten sie nun schon fünf Engel im Himmel!

Du Petit-Thouars erzählt, wie er 1825 in Santa Catarina Zeuge der regelrechten Anbetung eines toten Kindes wurde: »Am anderen Ende des Saals sah ich ein Podium mit einem Altar, auf dem ein kleines von Lilien und Blumenvasen umgebenes Kind mit unverhülltem Gesicht lag; es war prächtig gekleidet und hatte auf dem Kopf einen Kranz aus Immortellen und in der Hand einen Blumenstrauß.« Um den Altar mit dem toten Kind herum knieten Frauen in ihren Festgewändern auf Matten und sangen. Schließlich wurden noch fröhliche Tänze vollführt.

In einer früheren Untersuchung* habe ich die Annahme vertreten, daß diese Freudenfeste beim Tod eines kleinen Kindes möglicherweise von den Jesuiten eingeführt wurden, um die Wut der Indianer gegen die Weißen und ganz besonders gegen die Priester zu besänftigen, da nach den ersten Kontakten der einheimischen Bevölkerung mit den europäischen Eroberern viele eingeborene Kinder starben. Da diese Sterblichkeit auch in den europäischen oder aus Europa stammenden Familien auftrat, mag diese sozusagen theologische, von den Patres angeregte Freude über den Tod von Kindern auch bei ihnen Eingang gefunden haben. Diese morbide Freude wurde in einer Zeit mit höchst ungesunden Lebensbedingungen zum Trost der Mütter kultiviert, und zwar vornehmlich in den großen und kleinen Städten der ersten Jahrhunderte der Kolonialzeit.

Diese Vergötterung des Kindes hörte jedoch auf, sobald es im theologischen Sinne den Gebrauch der Vernunft erlangt hatte. Im Alter von sechs bis zehn Jahren verwandelte es sich in einen kleinen Teufel, ein seltsames Wesen, das nicht mit bei Tisch aß und nicht ins Gespräch gezogen wurde. Die Haare des ehemaligen Engels wurden kurz geschoren und von der sentimentalen Mutter ganz unten in einer Kommodenschublade aufbewahrt oder der Christus-Statue für die Karfreitagsprozession dargeboten.

Da man annahm, daß dieses seltsame Geschöpf voll sündiger Gelüste war, der Faulheit und Bosheit zugeneigt, wurde es am meisten mißhandelt – nach dem Sklaven natürlich und nach dem kleinen Negerboy, der als Prügelknabe für seine eigenen Missetaten und oft auch noch für die des weißen Jungen büßen mußte. Aber auch dieser bezog genug Prügel.

* Gilberto Freyre, *Herrenhaus und Sklavenhütte*, Klett-Cotta, Stuttgart 1982.

Er wurde vom Vater bestraft, von der Mutter, vom Großvater, von der Großmutter, vom Paten, von der Patin, vom geistlichen Verwandten, von der alten Tante, vom Pater, der ihn unterrichtete, vom Schulmeister und vom Grammatiklehrer. Er wurde von einer Gesellschaft von Erwachsenen gezüchtigt, in der die Herrschaft über die Sklaven neben der absoluten Befehlsgewalt auch die Lust am Quälen des Kindes entwickelt hatte. In den Stadthäusern fand dann die Lebensweise der ländlichen Herrenhäuser seine wenn auch leicht gemilderte Fortsetzung.

Die väterliche Gewalt über den jüngeren – und sogar über den ältesten – Sohn reichte im patriarchalischen Brasilien bis an ihre äußerste Grenze: das Recht, zu töten. In der Anwendung der Gerichtsbarkeit innerhalb der Familie besaß der Patriarch absolute Macht. Es gab Väter, die im Schatten der Cashewbäume ihrer Plantagen die härteste Konsequenz des klassischen Patriarchats zogen: Sie töteten und befahlen, zu töten, aber nicht nur die Neger, sondern auch die weißen Knaben und Mädchen, ihre eigenen Kinder.

Es wird erzählt, daß einer der alten Gutsherren sogar so weit ging, das berühmte salomonische Urteil anzuwenden. Für die Alten gehörte das Richten und Verurteilen ihrer eigenen Familienmitglieder zu den traurigen, aber unumgänglichen Pflichten, die ihnen ihre Autorität als Patriarch auferlegte. Das war auch der Fall des sogenannten »Alten von der Mauer«, eines großen Herrn aus Pitangui im Kapitanat Minas Gerais, der dort zu Beginn des 18. Jahrhunderts auf einer Anhöhe ein »gemauertes« Haus errichtete, um von dort aus das ganze Gebiet als Patriarch zu regieren. Margarida, eine Tochter des Alten, vermählte sich mit einem jungen Mann, der erst kürzlich aus Portugal gekommen war. Wer aber erscheint eines schönen Tages in Pitangui? Die portugiesische Ehefrau des Schwiegersohns. (In Gegenden, die wie Minas eine fluktuierende Bevölkerung aufwiesen, scheinen Fälle von Bigamie häufig gewesen zu sein. Sie waren der Schrecken der Väter mit jungen Töchtern und ein ernstes Problem für die Bischöfe von Mariana.) Als der Alte von der Mauer diesen Fall entscheiden sollte, wiederholte er, der Überlieferung zufolge, die Geste des hebräischen Königs: Mit einer Axt zerhieb er den Körper des jungen Mannes in zwei Teile, übergab die eine Hälfte seiner Tochter und die andere der Portugiesin, die gekommen war, um ihren Ehemann zurückzuholen.

Die Ausübung der Gerichtsbarkeit über die eigene Familie durch den Patriarchen und die Autorität, die der Erwachsene im Interesse der Erziehung und der Sittlichkeit über das Kind besaß, nahm zweifellos in vielen Fällen einen ausgesprochen sadistischen Charakter an. Dieser Sadismus wurde erst gemildert, als sich das patriarchalische System von den Herrenhäusern in die Stadthäuser verlagerte, wo die ältere Generation die jüngere fast uneingeschränkt beherrschte.

Als die Dekadenz des ländlichen Patriarchats einsetzte, fand die in den Gutshäusern vom Familienvater, von irgendeinem geistlichen Onkel oder dem Hauskaplan angewandte sadistische Pädagogik eine fürchterliche Fortsetzung in den Schulen der Patres und der Schulmeister. Die Eltern übertrugen den Lehrern und Priestern die patriarchalische Gewalt über ihre Kinder und ermächtigten sie, ihre Schüler mit Ruten aus Quittenzweigen oder mit Holzprügeln zu züchtigen.

Infolge dieser rohen Methode, den Schülern Latein, Grammatik, Religion und gute Manieren beizubringen, bestand zwischen dem Mann und dem Kind eine enorme soziale Distanz. In den geistlichen Schulen herrschte das Prinzip, nach dem die Kindheit, von sechs bis zehn oder zwölf Jahren, ein theologisch gesehen unreines Alter ist, in dem das Individuum noch nicht die Tugenden der Erwachsenen erworben hat und nur durch dienstfriges Betragen, scheue Zurückhaltung und einen fast unterwürfigen Respekt vor dem Alter erträglich wird. Deshalb darf es sich aber den Großen weder nähern noch in ihrer Gegenwart die Stimme erheben, noch Antworten geben. Wenn man es anbrüllte wie die Neger, mußte es leise antworten; wenn sich die Erwachsenen miteinander unterhielten, mußte es aus dem Zimmer verschwinden; und spielen durfte es nur, wenn es dabei keinen Lärm machte. Kurz, es mußte vor den Älteren die Distanz wahren, die ihm als niedriger Gestelltem und Untergebenem angemessen war.

Wenn das Kind diese Distanz nicht selber einhielt, wurde sie ihm mit allen, sogar den grausamsten Mitteln aufgezwungen: durch Strafen und Erniedrigungen, von denen die Volksdichtung dramatische Beispiele verewigt hat, die sich auch in Autobiographien und Memoiren finden, in denen erzählt wird, was die Verfasser in ihrer Kindheit von ihren Vätern, Stiefvätern, Stiefmüttern und Lehrern zu erdulden hatten, so daß sie oft Stotterer wurden. Auch in den Suchanzeigen nach entlaufenen Sklaven wurden oft Neger erwähnt, deren Stottern vermutlich die Folge des Terrorismus oder Despotismus und mitunter sogar des Sadismus der Alten oder der geistlichen Lehrer war.

Die Klosterschulen, die meist in riesigen Gebäuden untergebracht waren, leiteten schon vom 18. Jahrhundert an die Dekadenz des allmächtigen Patriarchats der Herrenhäuser ein. Schon im ersten Jahrhundert der Besiedlung Brasiliens stellten die Jesuitenschulen in Städten wie São Salvador mit ihrer Autorität über die Kinder, Frauen und Sklaven die ländlichen und städtischen Herrenhäuser in den Schatten.

Die Jesuiten bedienten sich der Schule, des Beichtstuhls und sogar des Theaters, um diese passiven Elemente der Kirche unterzuordnen. Sie trachteten danach, den Herrenhäusern zwei ihrer wichtigsten Funktionen zu entreißen: die der Schule und die der Kirche. Ebenso sollte die Autorität des *pater familias* als Vater und Ehegatte geschwächt werden.

Aber in ihren Methoden zur Ausübung dieser Herrschaft unterschied sich die Erziehung der Jesuiten in nichts von der patriarchalischen; nur ihre Ziele waren andere. Die Individualität des Kindes sollte gleicherweise gebrochen werden, um es in einen willigen und passiven Erwachsenen zu verwandeln – passiv vor allem gegenüber dem Herrn des Himmels und der Erde und der heiligen Kirche.

Die schreckliche, aber subtile Taktik der Jesuiten bestand darin, die Indianer und die weißen Siedler dazu zu bewegen, ihnen ihre Kinder zur Erziehung in den Internaten anzuvertrauen, wo sie in der Furcht des Herrn und der Kirche aufwachsen sollten. Dort wurden sie dann tatsächlich mehr zu Söhnen der Kirche als ihrer leiblichen Eltern.

Die Patres bemühten sich, aus den Kindern so schnell wie möglich Erwachsene zu machen, die dem Kazikentum der Indianersiedlungen und dem Patriarchat der Herrenhäuser die Stirn boten. Sie freuten sich über die frühreifen Knaben, die bald lateinische Hymnen singen konnten, Passionspredigten hielten und Thesen diskutierten, was sie in den Augen ihrer Eltern als höhere Wesen erscheinen ließ. Im Streben nach diesem sozialen Übergewicht förderten sie auch die früh auftretenden literarischen Neigungen, die in der patriarchalischen Phase der Entwicklung des Landes so bezeichnend für das brasilianische Kind wurden.

In einem Brief, den Pater Torres im Jahre 1562 aus Espírito Santo erhielt, ist von »einem Indianerknaben aus Bahía« die Rede, der im Alter von dreizehn Jahren die Passionspredigt in portugiesischer Sprache hielt und durch seine Inbrunst die Zuhörer tief beeindruckte. Unter diesen frühreifen Schülern der Patres gab es aber auch Weiße und Mestizen. Die Briefe der Jesuiten aus diesen Zeiten sind wertvolle Beweise ihrer Bemühungen, den Eltern gerade die intelligentesten Kinder schon im zartesten Alter zu entreißen.

Diese Frühreife wurde durch eine Reihe von Anreizen für den am besten dressierten, nicht für den gescheitesten Schüler erreicht. Diese Art von Anreizen war für die damalige jesuitische Pädagogik sehr bezeichnend: Belohnt wurden in den in lateinischer Sprache ausgetragenen Wettbewerben die besten Polemiker, denen jederzeit Argumente zur Verfügung standen und die über die größte Redegewandtheit und das beste Gedächtnis verfügten. Ein weiteres Mittel, dies alles zu erreichen, war aber die Rute. Schon der gute Pater Anchieta hielt die Rute für die beste Predigt. Und sie wird in den ersten von der Societas Jesu in Brasilien gegründeten Schulen dieselbe Hilfe geleistet haben.

Antonio Blásquez berichtet in einem Brief von Bruder Antonio Rodrigues, einem Präfekten in einer dieser ersten Schulen, der gemeinsam mit seinen Schülern angeln ging. Wenn sie vor lauter Schüchternheit ihr Pensum in Religion nicht aufzusagen wagten, »sagte er ihnen, daß er, der er älter und sozusagen der Vater von ihnen allen sei, sich nicht schäme, es bei ihnen jedoch nicht verwunderlich sei, die sie doch noch so jung seien«. Wenn sich aber einer von den Internen schlecht betrug, »rutschte ihm die Hand aus und brachte den Zögling zum Schweigen«.

Wenn schon die Fratres so waren, wie erst die Patres! Sie unterrichteten Grammatik und Latein zur höheren Ehre Gottes und duldeten dabei nicht die geringste Unaufmerksamkeit oder Respektlosigkeit. Die Schulen waren – wie die von Bahía, die Gabriel Soares beschreibt – in »prächtigen« aus Stein gemauerten Gebäuden untergebracht, mit Steinmetzarbeit an den Treppen, Türen und Fenstern und ihren Vorbauten. Mit »großen, gut ausgestatteten Schlafsälen, von denen einige einen herrlichen Ausblick auf das Meer boten, Zellen mit eingezogenen Decken und Gängen, die mit Fliesen ausgelegt waren. Die Terrassen erstreckten sich bis ans Meer.«

In der Architektur dieser Schulen war schon der großartige städtische Baustil vorweggenommen, der weder ausgesprochen kirchlich war, wie der Stil der Kathedralen oder Kirchen, noch ganz profan, wie der Stil der Regierungspaläste, der Rathäuser, der übrigen öffentlichen Gebäude oder der großen Stadthäuser der vermögenden Bürger. Die Klosterschulen, die, wie jene von Bahía, Zellen für 80 Geistliche und Schlafsäle für 200 Kinder hatten, waren wohl die imposantesten Bauten der brasilianischen Städte in den ersten Jahrhunderten der Kolonialzeit. Diese Jesuitenschule verfügte auch über Landeplätze, wo die mit Schiffen von auswärts herangeschafften Waren ausgeladen wurden. Denn auf dem Seewege kam alles aus Europa: Sämereien, Werkzeuge, Bücher. Dazu Spezereien aus der ganzen Welt. All das wurde nicht im Hafen ausgeschifft, sondern an den Privatkais der Klosterschulen.

Die Jesuitenschulen waren nicht immer so großartige Gebäude gewesen. Anfangs bestanden sie – in Piratininga zum Beispiel – aus Strohhütten, in denen der arme Pater Anchieta, mager, altmodisch und mit seinen dreißig Jahren wie ein Greis anzusehen, mit seinen Schülern vor Kälte um die Wette zitterte. Jedes einzelne Lehrbuch mußte er für die Kinder mit der Hand abschreiben, statt es gedruckt aus Europa zu beziehen. Hier und später in den riesigen Steinbauten wurden die künftigen Akademiker, Richter, Priester und Oberappellationsräte herangebildet, denen die Kultur der ersten brasilianischen Kolonialzeit soviel zu verdanken hatte.

Die Organisatoren und Begründer des zivilen und intellektuellen Lebens, die Revolutionäre von Bahía und Vila Rica, die Dichter, Redner und Schriftsteller jener Zeit, waren fast alle Schüler der Jesuiten gewesen. Diese hatten den Knaben schon früh das Streben nach einem akademischen Diplom oder dem Lehrertitel eingepflanzt. Schon im 16. Jahrhundert studierten die jungen Brasilianer eifrig Rhetorik und Latein, um den Titel eines Referendars oder Magisters zu erwerben.

Schon der lange Talar verlieh dem blassen Jüngling, der eine Jesuitenschule besuchte, eine besondere Würde. Er war der Vorläufer jener Akademiker des 19. Jahrhunderts, die mit Zustimmung der Bischöfe, der Generale und der kaiserlichen Barone die Abschaffung der Sklaverei und die Republik verkünden sollten.

Die übertrieben hohe Einschätzung des intelligenten Kindes ging auf Kosten der Kindheit selbst, der Unbefangenheit und der Zärtlichkeit, die mit diesem Lebensalter verbunden sind. Und die Strafen und Entbehrungen, die später die Patres anderer geistlicher Orden den Kindern auferlegten, ließen ihre Schulen noch düsterer erscheinen als die der Societas Jesu. Die Jesuiten widersetzten sich zum Teil dem patriarchalischen System der Herrenhäuser und der übertriebenen Unterdrückung des Sohnes durch den Vater und des Individuums durch die Familie. Die anderen Klosterschulen jedoch taten alles, um die väterliche Gewalt in Brasilien zu untergraben und im Interesse einer stärkeren Macht der Kirche zu schwächen.

Der Name Caraça* wurde zu einem finsteren Symbol der ersten Zeit des Kaiserreichs. Unter diesem Namen wurden die Kinder ihrem ländlichen Heim entrissen, wo sie zwar im Herrenhaus von den Älteren wie

Abschaum behandelt wurden, aber doch Könige in ihrem kleinen Reich waren: in der Zuckermühle und der Destillieranlage, wo sie über die kleinen Negerjungen, die Hühner, Hammel, Pferde und Ochsen herrschten. Als Interne wurden sie dann in die feuchten Säle der weitläufigen, trostlosen Schulen gebracht, wo in allen Räumen Bilder des heiligen Aloysius von Gonzaga mit seinen sanften Mädchenaugen und einer Lilie in der Hand hingen, des heiligen Antonius, des heiligen Josef, der Heiligen Jungfrau und des heiligen Vinzenz. Alle diese Säle hatten etwas von Sakristeien an sich, mit ihrem Geruch nach Weihrauch und verwelkten Blumen. Dazu kamen noch die gefürchteten Patres, die statt weißer Lilien, wie sie der heilige Aloysius in seinen rosigen Mädchenhänden hielt, Holzprügel und Ruten schwangen.

»Caraça! Ich schicke dich nach Caraça!« Mit diesem Namen sollen einst die Leute von Minas und Paraíba auch die mutigsten Kinder in Angst und Schrecken versetzt haben.

Das soll nicht heißen, daß alle Lehrer hartherzig und grausam waren. Pater Manuelzinho, ein hochgewachsener Neger, genoß den Ruf eines grundgütigen Menschen von mädchenhaftem Wesen. Aber es gab eben Sadisten, wie den Pater Antunes, der sich das Taschentuch um den Arm band, »um den Holzprügel kräftiger schwingen zu können«. Ein anderer, ein Lateinlehrer, fand ein besonderes Vergnügen daran, die ganze Klasse »die heilige Lucia küssen« zu lassen, wie das gefürchtete Schlaginstrument auch genannt wurde, wobei er in aller Ruhe seine Prisen Schnupftabak nahm. Ein Schüler aus der Zeit Caraças erzählt, daß er einmal »einen riesigen Holzprügel vierundzwanzigmal hintereinander auf die Hände eines Mitschülers herabsausen sah«. Einige Tage danach »sah ich voll Entsetzen beim Baden in einem tiefen, weit vom Seminar entfernten Wasserloch (in der Erziehungsanstalt gab es keine Bäder), daß die kleinen Arme vieler meiner Kameraden mit blauen Flecken übersät waren, die die brutalen Finger eines Patres hinterlassen hatten«. Andere Lehrer hatten wieder andere sadistische Methoden, was einen Chronisten zu der Bemerkung bewog, so wie die modernen Fremdsprachen am schnellsten mit Hilfe einer Frau gelernt würden, lernte mancher Knabe ebenso schnell Latein, »indem er sich unbemerkt am Habit unserer Fratres zu schaffen machte«.

* Ort, an dem sich eine gute und besonders strenge Schule befand; Synonym für die strenge Klosterschule *(Anm. d. Übers.)*.

Der Sadismus war aber nicht das einzige, worunter die Kinder in den Klosterschulen, Seminaren und Internaten litten, für die Caraça zum Symbol geworden war: Das Essen war schlecht, es wurde streng gefastet, und die Kinder litten Hunger. Viele Schulen oder ihre Direktoren schützten theologische Motive vor, um sich auf Kosten der Ernährung ihrer Schüler zu bereichern.

In den von Pedro II. eingeführten öffentlichen und auch in einigen privaten Schulen scheinen sich diese Zustände, vor allem in hygienischer Hinsicht, gebessert zu haben. Auch diese Schulen trugen die Namen von Heiligen, hatten aber nichts mehr von Seminaren an sich. Statt in der Abgeschiedenheit der Berge entstanden sie in den bedeutendsten Städten des Kaiserreichs, wo gewisse Verbesserungen wie sanitäre Anlagen und Bäder leichter Eingang fanden. In der von Barbosa Lima um die Mitte des 19. Jahrhunderts in Recife gegründeten Schule zur heiligen Genoveva mußten die Schüler einmal in der Woche ein Bad nehmen und sich jeden Abend die Füße waschen. Sie waren wie Erwachsene gekleidet: Gehrock und schwarze Hose an Festtagen, schwarzer Rock und weiße Hose am Alltag.

Trotz alledem darf aber der Wert dieser geistlichen Schulen und Seminare für die brasilianische Gesellschaft nicht verschwiegen werden. In den kritischsten Zeiträumen ihrer Entwicklung – im 16. und 17. Jahrhundert an der ganzen Küste und im 18. Jahrhundert im Innern des Landes – bestand eine starke Tendenz zu Ausschweifungen, Revolten, Ungehorsam und zum Überwiegen der materiellen über die immateriellen Werte und der Interessen der Familie oder ihrer Oberhäupter über die der Allgemeinheit. Im Sinne der gesellschaftlichen Integration war der Einfluß der Patres auf die Söhne der Reichen und der Caboclos und durch sie auf die in sozialer und kultureller Hinsicht widerspenstigsten Schichten der Bevölkerung von außergewöhnlicher Bedeutung. Die in den geistlichen Schulen erzogenen Kinder bildeten so ein Element, in dem nicht mehr die einerseits schöpferischen, andererseits aber auch zersetzenden Tendenzen des von der Umwelt fast unabhängigen Patriarchats der Herrenhäuser zur Geltung kamen, sondern im Gegenteil der Geist des Konformismus, der Disziplin, der Ordnung und der Universalität durchgesetzt wurde, den die Patres und vor allem die Jesuiten ihren Schülern zu vermitteln wußten.

Durch ihre Kleidung und ihr Verhalten bereiteten diese Klosterschüler der Vorherrschaft des europäischen und städtischen Geistes über das ungeschliffene oder wilde ländliche Milieu den Boden, ein Milieu, das oft von ihren eigenen Vätern verkörpert wurde. Die jungen Leute, Mestizen, Caboclos, Bastarde oder Waisenkinder, hatten oft gegen die Vorurteile der weißen Herren gegen die Farbigen zu kämpfen. Die Waisenkinder wurden von den Priestern aus Barmherzigkeit aufgenommen oder vom portugiesischen Staat der Kolonialzeit in seiner der Zeit vorauseilenden Weisheit in guten Familien untergebracht, die von den Gemeinden einen Erziehungsbeitrag erhielten, wie aus Urkunden des Arquivo Público Mineiro von Belo Horizonte, dem früheren Archiv des Kapitanats von Minas Gerais, hervorgeht. Nachdem sie in diesen Familien aufgewachsen waren, wurden viele von diesen Findelkindern zur weiteren Erziehung den Patres übergeben, wie dies auch bei Diogo Antonio Feijó der Fall war.

Die Anzahl der berühmten Männer der Kolonial- und frühen Kaiserzeit, die in den Klosterschulen ihre gesamte Schulbildung erhalten hatten, überstieg bei weitem jene der in den Herrenhäusern von Kaplänen oder geistlichen Verwandten erzogenen. Dabei repräsentierten diese Hauslehrer, die mehr vom *pater familias* als von der Kirche abhingen, eine subtil städtische, klerikale und universale Tradition: die Kirche, das Latein, die Klassiker, Europa, den Sinn für ein anderes Leben als jenes, das die Gutsherren von der Höhe ihrer Landhäuser aus beherrschten. Diese Beherrschung ging oft so weit, daß die heiligen Schutzpatrone der Hauskapellen von den Patriarchen durch andere ersetzt wurden.

Im heimatlichen Herrenhaus waren zum Beispiel der Majoratsherr von Cabo, nachmaliger Marquis von Recife, und wahrscheinlich die meisten seiner Vorfahren erzogen worden. Auch viele von den Albuquerques und Cavalcantis, die unmittelbar von den Plantagen nach Coimbra oder an französische, deutsche oder englische Universitäten kamen, wo sie Philosophie, Mathematik, Jura oder Medizin studierten. Joaquim Caetano da Silva aus dem äußersten Süden Brasiliens soll in Montpellier den Ruf eines »Wunderknaben« genossen haben. Auch Joaquim Nabuco wurde zunächst – unter der Aufsicht seiner Patin, der Besitzerin der Plantage von Maçangana – zu Hause unterrichtet.

Aber die meisten großen Politiker, Gelehrten und Wissenschaftler der Kolonialzeit und des ersten Kaiserreichs waren in den geistlichen Schulen erzogen worden: Eusebio und Gregorio de Matos, Bento Teixeira, Basilio da Gama, Santa Rita Durão, Frei Vicente do Salvador, Rocha Pita, Claudio Manuel da Costa, Silva Alvarenga und Alvarenga Peixoto.

Besonders hervorzuheben ist noch der günstige Einfluß der Kloster-schulen, aber auch der von Kaplänen, geistlichen Verwandten oder Plan-tagenbuchhaltern erteilte Hausunterricht, der den übertriebenen Diffe-renzierungen der portugiesischen Sprache in Brasilien entgegenwirkte. Auf diesen überwiegend weit abgelegenen und völlig isolierten Besitzun-gen wurden die Kinder von Dienstboten, von oft gänzlich ungebildeten Vätern und von Müttern aufgezogen, die wie Negerinnen sprachen, ein-zelne Konsonanten verwechselten und die Wortendungen verschluck-ten. Dadurch wurde die Sprache in den ländlichen Regionen sehr verdor-ben. Noch heute kann man die Angehörigen großer Gutsbesitzerfami-lien an ganz bestimmten Aussprachefehlern erkennen, die sie von den Haussklaven angenommen haben. In anderen Gegenden wieder zeich-net sich die Sprechweise durch eine besondere, schleppende und näselnde Betonung aus, die fast einen Eindruck des Leidens erweckt. So etwa sprechen die Wanderley von Serinhaém und Rio Formoso. Pater Lopes Gama fand bei seiner Untersuchung des Dialekts, daß viele Leute »träge und einschläfernd« sprachen, und zwar nicht nur das einfache Volk, sondern sogar »hochgestellte Persönlichkeiten« wie »Dona Mari-quinhas«, eine Gestalt seines Buches *O Carapuceiro*, die eine ganze Gesellschaftsschicht verkörperte: das zierliche, elegant gekleidete junge Mädchen, das Quadrille tanzte, sang und Klavier spielte. Wenn es aber den Mund aufmachte, verdarb seine fehlerhafte Aussprache den ganzen Eindruck.

Die geistlichen Lehrer waren natürlich Puristen, deren Ehrgeiz darin bestand, die Sprache in den Herrenhäusern oder Stadtpalais als reinstes Portugiesisch zu erhalten, das in nichts an die Redeweise der Neger anklang. So wenig sympathisch ein derartiger Purismus auch sein mag, so läßt sich doch leicht vorstellen, wie sehr die sprachliche Reinheit und Ein-heit und damit die Einheit der gesamten brasilianischen Kultur beein-trächtigt worden wäre, hätte nicht seit dem 16. Jahrhundert der Unter-richt in den Klosterschulen der linguistischen Verderbnis entgegenge-wirkt. Ihm ist es in erster Linie zu verdanken, wenn dieser Integrations-faktor lebendig und aktiv erhalten wurde.

Bei dieser Vereinheitlichung, Verstädterung und Europäisierung der Sprache gingen die Patres sehr geschickt vor, zumindest in Schulen wie dem Seminar von Mariana, wo Saint-Hilaire zu Beginn des 19. Jahrhun-derts beobachtete, wie die von der Goldgier verrohten Sitten der Bevöl-kerung von Minas gemäßigt wurden. Dasselbe geschah im Seminar von

Pernambuco, das vom Bischof Azeredo Coutinho in Olinda gegründet worden war.

Diese Schule gehörte nicht mehr dem fast antibrasilianischen jesuitischen Typus an, in dem übertriebener Wert auf Rhetorik, Literatur und Religion gelegt wurde. Azeredo Coutinho führte im Gegensatz dazu im Seminar von Olinda und in der Mädchenschule Recolhimento de Nossa Senhora da Glória do Lugar da Boa Vista von Recife eine neue psychologische Methode ein, die weitaus milder war als die der Jesuitenpatres und der Schulmeister, viel menschlicher in ihrem Verständnis für die brasilianische Umwelt und die Schwächen und Tugenden des kolonialen Patriarchats. Im Jahre 1798 empfahl der Bischof den Lehrerinnen, unter den Mädchen vom Lande die Aussprachefehler auszumerzen.

Dabei handelte es sich um die Töchter guter Familien aus den Herrenhäusern. Die schlechte Gewohnheit, schleppend und durch die Nase zu sprechen, wurde geradezu zu einem Kennzeichen dieser Familien, das sogar auf ihre Sklaven abfärbte.

Bei einem Geistlichen des 18. Jahrhunderts – auch wenn er wie Bischof Azeredo Coutinho aus einer berühmten Familie von Paraíba do Sul stammte und in Coimbra studiert hatte – sind diese für die damalige Zeit sehr fortschrittlichen Ansichten über das Verhältnis von Erwachsenen zu Kindern geradezu erstaunlich. Zu einer Zeit, als das Kind ganz allgemein als ein kleiner Teufel betrachtet wurde, trat er für eine menschliche Behandlung der Schüler ein. So wünschte er, daß ihre Wißbegier nicht als ein Zeichen mangelnden Respekts und der Ablehnung reiner Gedächtnisarbeit betrachtet und als lästig empfunden werden sollte. Ihre zahlreichen Fragen »sollten vielmehr bereitwillig beantwortet werden«.

Es ist verblüffend, zu sehen, daß Dom José Joaquím da Cunha de Azeredo Coutinho den Lehrern nahezu psychoanalytisch anmutende Methoden empfahl, um mit den nervösen jungen Mädchen fertig zu werden, die bei jeder Gelegenheit aus Angst oder Heimweh zu weinen begannen: »Bei einigen Mädchen beobachtet man, wie sie wegen jeder Kleinigkeit in unbeschreibliche Schüchternheit oder Schrecken verfallen. Das scheint oft einfach eine weibliche Eigenschaft zu sein, ist aber nichts anderes als die Auswirkung der Erziehung, die sie genossen haben. Schon im zartesten Alter versetzte man sie gewohnheitsmäßig in Angst, um sie zum Schweigen zu bringen oder damit sie sich ruhig verhielten.« Das Heilmittel sollte darin bestehen, ihnen ihren Irrtum klarzumachen, »bis sie selbst über ihre Schüchternheit lachten«.

Dem Unterricht an diesem Seminar, das, wie Oliveira Lima sagt, »als das beste Gymnasium in ganz Brasilien betrachtet wurde«, verlieh der Bischof einen für die damalige Zeit fast skandalösen Charakter. Statt sich auf Religion, Rhetorik, Grammatik und Latein zu beschränken, begann das Seminar von Olinda angewandte Wissenschaften zu lehren und den Schülern ein Wissen zu vermitteln, das sie die Anforderungen der Umwelt besser bestehen ließ, einer Umwelt, die sich mitten im Übergang vom landwirtschaftlichen, patriarchalischen System zu einem urbaneren, zunehmend industrialisierten System befand. In dieser Situation brauchte man gutausgebildete Techniker mit Führungseigenschaften und nicht nur einfache Handwerker, Neger und Mulatten, die mechanisch die portugiesische Tradition der maurischen Künstler oder die afrikanische ihrer schwarzen Vorfahren fortsetzten. Diese Welt des Übergangs, in der die auf reine Monokultur oder Monopole gegründete Wirtschaft allmählich zurückging, erforderte auch ein eingehendes Studium der durch den Bergbau und die Industrialisierung aufgeworfenen Probleme. Auch diesen Aspekt der neuen Situation Brasiliens scheint Azeredo Coutinho rechtzeitig erfaßt zu haben.

Die Schulen, die um dieselbe Zeit – um die Wende des 17. Jahrhunderts – in Rio de Janeiro an die Stelle der alten Jesuitenschulen traten, waren allerdings ganz anderer Art. Auf Luccock zumindest machte das Seminar von São Joaquim einen schlechten Eindruck, besonders was die veralteten Unterrichtsmethoden anbelangte, die noch ganz kirchlich und in jesuitischem Sinne literarisch waren. Was ihn entsetzte, war auch der traurige Ausdruck in den tiefliegenden Augen der schweigsamen und krank aussehenden Kinder.

Der Grund war die forcierte Frühreife, der Druck der sadistischen Pädagogik auf die Waisenkinder, die Findelkinder, ja selbst auf jene Schüler, die Eltern hatten, die sich jedoch mit den Lehrern verbündeten, um möglichst schnell fertige Männer aus ihnen zu machen.

So ist der Spitzname, den die Leute von Rio de Janeiro den Zöglingen von São Joaquím gaben, sehr bezeichnend: Hammel. Schweigsam, traurig, willenlos, waren sie richtige kleine Hammel, und ihre Tracht paßte gut zu diesem Namen: eine weiße Soutane mit einem roten Kreuz auf der Brust, dazu ein Gürtel aus schwarzer Wolle.

Zur Kaiserzeit liefen die Schüler nicht mehr in der Soutane herum, aber traurig sahen sie noch immer aus in ihren schwarzen Gehröcken. Einige frönten schon dem Laster des Rauchens und sogar des Schnupfens, wie Pater Gama berichtet. Ein Beispiel für diese Frühreife war Pedro II., der mit fünfzehn Jahren schon Kaiser war, umgeben von bejahrten Ministern mit langen Bärten, so daß er sich, sobald er nur konnte, auch einen blonden Bart wachsen ließ, der seine ganze Brust bedeckte.

Pedro II. trauerte seiner Kindheit nicht nach und wurde zum Beschützer der Jugend gegen das Alter in dem Konflikt zwischen den ländlichen Patriarchen und den neuen Generationen von Akademikern und Doktoren, der für seine Regierungszeit so bezeichnend war. Die Alten in den Herrenhäusern waren daran gewöhnt, ihren Willen durch das beinahe mystische Prestige ihres Alters den Jungen gegenüber durchzusetzen, die eben erst ihre Studien in São Paulo oder Olinda, in Paris, Coimbra oder Montpellier beendet hatten und denen ihr Wissen ein für die brasilianische Umwelt ganz neues Ansehen verlieh.

Dieser eigenartige Aspekt ist noch nicht in Betracht gezogen worden: die plötzliche Aufwertung des vom vielen Studieren blassen Zwanzigjährigen, eine Aufwertung, die vom jungen Kaiser aus einer gewissen Solidarität des Gleichaltrigen und intellektuell Interessierten heraus gefördert wurde. Die jungen Leute repräsentierten zudem die im Kaiser verkörperte neue Gesellschaftsordnung, die im Gegensatz zu den Interessen des ländlichen, oft auch aufrührerischen und separatistischen, antinationalen und antigesetzlichen Patriarchats stand.

Gegen Ende der Kolonialzeit hatte freilich das Mutterland, das in offener Fehde mit der in den Landesparlamenten vertretenen Oligarchie, den Plantagenbesitzern und den Bergwerksmagnaten, lag, bereits junge Männer von einigen zwanzig oder dreißig Jahren wie den Grafen von Valadares nach Brasilien entsandt, um die aufsässigsten Kapitanate zu regieren.

Diese Tendenz setzte sich jedoch erst unter Pedro II. allgemein durch, als die jungen Leute systematisch in Stellungen aufrückten, die früher nur alten, lebenserfahrenen Männern anvertraut worden waren. Die zur Macht gelangten Jungen ahmten freilich in allem die Alten nach und kaschierten ihre Jugend, wo sie nur konnten.

Aber auch so vollzog sich ihr sozialer und politischer Aufstieg nicht ohne Anfeindungen oder zumindest nicht ohne den Widerstand der Älteren. Die Jungen wurden den Alten durch den Willen des Kaisers aufgezwungen, der in den Männern seiner eigenen Generation und seines Bildungsniveaus in der Politik der Zentralisierung und Verstädterung, der Ordnung und des Friedens, der Toleranz und Gerechtigkeit seine natürlichen Bundesgenossen sah; einer Politik, die der oft auf wahrem Fanatismus gegründeten Herrschaft der alten Herren entgegengesetzt war und damit den Interessen der ländlichen Oligarchie, die zu Beginn der in gewisser Hinsicht antipatriarchalischen Regierung Pedros II. wie Berge in der sozialen Landschaft Brasiliens aufragten.

Wenn die Herrschaft dieses Kaisers zu Anfang noch im Schatten einiger großer Gestalten aus den Herrenhäusern der Kolonialzeit stand, lebte doch in dem blonden Kopf dieses Jünglings, der mehr in der Stadt als auf dem Lande aufgewachsen war, der begierig war, zu befehlen, und müde, sich bevormunden zu lassen, einer der stärksten Willen, die jemals Brasilien regiert hatten. Mehr als die Oligarchen seines Kaiserreichs fürchtete er das Urteil der Europäer über seine Herrschaft – der Europäer, die in den Palästen von Paris und London saßen.

Der fünfzehnjährige Kaiser war ein hoch aufgeschossener Knabe, dessen körperliche Verfassung alles andere als gut war, vermutlich weil er sich immer im Haus und in seinen Büchern vergraben und fast keine Bewegung in frischer Luft gehabt hatte. Darin unterschied er sich nicht von den meisten anderen Jungen, die einmal seine Minister, seine Provinzgouverneure, Richter, Diplomaten und Abgeordneten werden sollten, häßliche, blasse Männer mit bärtigen Köpfen auf hageren Kinderkörpern. Die einzige Ausnahme bildeten die in größerer Freiheit auf dem Lande Aufgewachsenen, die ritten und den Göpel der Zuckermühle drehten: Araújo Lima, Saraiva, Silveira Martins und der Baron von Goiana. Später dann Saldanha da Gama und Joaquim Nabuco – allerdings hatte dieser Pernambucaner nie ein Pferd bestiegen.

Die akademische Erziehung, das Studium, ging in Brasilien auf Kosten der harmonischen Entwicklung des Individuums. Bernardo Pereira sah schon mit vierzig wie ein alter Mann aus. Die neuen Männer, die unter der Regierung Pedros II. eine große Rolle in der Politik, den Wissenschaften, der Verwaltung und dem Gerichtswesen spielten, wiesen seltsamerweise alle eine fast romantisch anmutende schwache Gesundheit auf.

Sie waren nicht nur krank, sie genossen ihre Leiden. Die Männer der älteren Generation nahmen sich wie Riesen aus neben den zarten Jünglingen mit ihrer »Gastritis, Gehirnhautentzündung, Bronchitis, Lungenentzündung, Milzentzündung, Herzbeutelentzündung, Darmentzündung, Colitis, Kopfschmerzen, Hypertrophien, Herzleiden und allen Arten von Nervenleiden«, wie Pater Lopes Gama im Jahre 1839 spöttisch schreibt. »In früheren Zeiten«, fährt der Pater, entsetzt über so viele blasse

Studenten, soviel kranke Jugend, fort, »war ein junger Bursche ein wahrer Herkules. Diese frischen Farben! Diese Muskelkraft! Diese Beweglichkeit, Lebendigkeit, Gesundheit! Heutzutage sieht man junge Leute, die sich kaum von einer ägyptischen Mumie unterscheiden.«

Aber das Kranksein wurde als so schick empfunden, daß sogar die eleganten jungen Damen in der ersten Hälfte des 19. Jahrhunderts sich Blutegel ansetzten und von Hühnerbrühe und Sagopüree ernährten. Und die jungen Männer imitierten mit ihrem Gesichtsausdruck, ihrem langen Haar und Bart die konventionelle Christusfigur der Kreuzigungsbilder.

Pater Gama war entsetzt über den Anblick der jungen Männer seiner Zeit, die sich schon mit sechzehn Koteletten wachsen ließen, »daß man Angst bekommen konnte (mit Ausnahme der jungen Damen)«; mit zwanzig deute sich schon die Glatze oder das erste Grau an; und mit fünfundzwanzig litten sie an Gastritis, Enteritis, Bronchitis etc., und viele »starben als alte Männer im Alter von dreißig Jahren«.

Manche starben sogar schon mit einundzwanzig oder zweiundzwanzig, so der Jurastudent Manuel Antonio Alvares de Azevedo aus São Paulo, ein sanfter Dichter, der lange Zeit hindurch das Idol der Studenten blieb, der heilige Luís Gonzaga der literarischen Devotion der brasilianischen Jünglinge. Oder der Dichter Casimiro de Abreu, der mit dreiundzwanzig Jahren an Tuberkulose starb und ebenfalls zu einem Idol wurde – dem der sentimentalen jungen Mädchen. Junqueira Freire, der mit zweiundzwanzig einem Herzleiden erlag, war so etwas wie ein literarischer Heiliger, der von den Studenten und den Mädchen verehrt wurde. Aureliano Lessa, der mit dreiunddreißig, und Laurindo Rabelo, der mit achtunddreißig Jahren verstarb, vervollständigten noch die Liste der jungen Heiligen in der sentimentalen und oft morbiden Literatur der Kaiserzeit.

Um diese Gestalten von blassen Dichtern und Romanciers, Nazarenern mit großen Dulderaugen, deren Verse die Studenten und die jungen Mädchen in den düsteren Salons der Kaiserzeit mit ihren Sofas aus Palisanderholz und Nürnberger Spiegeln rezitierten, wo in großen Glasleuchtern die Kerzen brannten, rankte sich eine ungesunde Idealisierung der kranken Jugend. Castro Alves, mit seiner robusten Gesundheit, seiner kräftigen Stimme, die mehr die eines Redners als eines Dichters war, bildete eine Ausnahme; aber auch er starb in jungen Jahren und leistete damit seinen Beitrag zur morbiden Idealisierung der Jugend, die unfähig war, zur Reife zu gelangen.

Es kam schließlich so weit, daß es fast als schön empfunden wurde, jung zu sterben – mit zwanzig, dreißig –, wie früher als »Engelchen« von sieben Jahren. Alt sterben – das war etwas für die biederen Bürger, die reichen Gutsbesitzer, die dicken Pfaffen oder diejenigen Neger, die eine gute Behandlung erfuhren. Ein »Genie« mußte früh dahingehen, wenn möglich, an der Schwindsucht. Nur nicht gesund sein, nur nicht robust oder gar wohlbeleibt sein. Die »Genies« taten alles, um ihren eigenen Tod herbeizuführen: Sie ergaben sich dem Alkohol, zogen mit Prostituierten herum und holten sich bei billigen Orgien die Syphilis. Das war, wie Sylvio Romero es nannte, »ihr Programm«.

Zu diesem Panorama von Ausschweifungen kommt noch die Tatsache, daß die strebsamsten jungen Leute in den Schulen, Internaten und sogar in den Hochschulen (die in alten, feuchten und düsteren Klöstern untergebracht waren) eine intellektuelle Tätigkeit entfalteten, die durch die unzureichende und unregelmäßige Ernährung, den Mangel an Sonne und frischer Luft keineswegs begünstigt wurde. Die hygienischen Zustände in diesen Schulen, wo die fleißigen Jungen abmagerten, verkümmerten und oft die Schwindsucht bekamen, mögen sich nicht allzusehr von denen im Internat des Militärarsenals unterschieden haben. Dort wurde im Jahre 1851 eine Untersuchung angestellt, um die Ursachen der vielen Krankheitsfälle unter den Zöglingen aufzudecken. Dabei traten äußerst gesundheitsschädliche Mängel zutage, nicht nur in der Ernährung, sondern auch in der Unterbringung, der Bettwäsche, der Bekleidung und dem ganzen feuchten und ungelüfteten Gebäude. Die schlimmsten Krankheiten rührten aber von der schlechten Ernährung her: Darmreizungen, Diarrhöen, Augenentzündungen und Skorbut.

Als Richard Burton Congonhas do Campo besuchte, war er begeistert von der herrlichen Lage dieser Klosterschule. Die Schüler trugen alle Soutanen, hatten aber nicht das Aussehen von Wurmkranken, wie die Kinder in São Joaquim. Aber selbst in Congonhas und anderen gesunden Orten in Minas Gerais stellte der gewissenhafte Engländer fest, daß die Hygiene alles andere als ideal war und besonders die Ernährungsgewohnheiten schwere Fehler aufwiesen. Unter diesen Mängeln hatten gerade die fleißigsten Schüler zu leiden, die »Genies«, die sich in den Büchern vergruben.

Aber auch wenn sie auf romantische Art leidend waren oder zwischen zwanzig und dreißig starben – oder mit vierzig, wie José de Alencar und Gonçalves Dias –, nahmen diese jungen Leute doch die wichtigsten Stellungen in der Verwaltung, der Politik, der Gerichtsbarkeit und der Diplomatie des zweiten Kaiserreichs ein. Damit verdrängten sie die alten Pedanten von ihren verantwortlichen Posten, die Sechzig- und Siebzigjährigen, die noch aus der Zeit des alten Königs und der Vizekönige stammten.

Das Land, Gouverneure und Bischöfe gewohnt, die sich nur schleppenden Schrittes fortbewegten, Patriarchen, denen ihr hohes Alter Würde und Ansehen verlieh, sollte schließlich ein halbes Kind auf dem Bischofsstuhl von Olinda sehen: Dom Frei Vital Maria Gonçalves de Oliveira. Er war schon mit Anfang Zwanzig Bischof geworden, und sein Kapuzinerbart nahm sich in seinem jugendlichen Gesicht wie angeklebt aus.

Auch in den Provinzregierungen, den Ministerien und den Landeskammern erschienen junge Akademiker, die sich vergeblich bemühten, durch Bärte und Backenbärte ein gesetztes Aussehen zu gewinnen. Honório Hermeto Carneiro Leão, der spätere Marquis von Paraná, war mit dreißig bereits Justizminister; mit einunddreißig regierte Manuel Francisco Correia bereits die Provinz Pernambuco; João Alfredo war mit fünfunddreißig Minister, Rodolfo Dantas mit achtundzwanzig; Afonso Celso, der spätere Visconde de Ouro Prêto, wurde mit siebenundzwanzig Marineminister und Otaviano mit sechsunddreißig Außenminister.

Angesichts dieses Skandals – junge Bischöfe, dreißigjährige Minister und, vor allem, knapp zwanzigjährige Provinzpräsidenten – vermochten sich die Alten nicht zu beherrschen. »Wenn ich an das Brasilien vergangener Zeiten denke, mein verehrter Freund«, schrieb einer von ihnen in einem später veröffentlichten Brief, »und es mit dem heutigen vergleiche, so sehe ich, daß Portugal, trotz seiner verständnislosen Politik Brasilien gegenüber, früher erfahrene Männer zur Verwaltung unserer Kapitanate herüberschickte; heute schickt man Kinder, die eben erst der Rechtsschule entwachsen sind und weder Kenntnisse noch Erfahrungen besitzen, so daß die Provinzen des Kaiserreichs in Anarchie gestürzt werden.« Tatsächlich waren zur Kolonialzeit »nur Männer nach Brasilien entsandt worden, die schon in der zivilen und politischen Leitung des Staates geübt waren«. Sogar Mato Grosso, die Provinz, an die man sich im Kaiserreich nur zur Zeit der Wahlen erinnerte, »wurde mit viel Liebe von der portugiesischen Regierung betrachtet, die dorthin nur bedeutende Männer und Ingenieure wie den berühmten Franco de Almeida entsandte, der dort nach vielen Jahren verstarb«.

Die öffentliche Verwaltung Brasiliens hatte zweifellos unter den Provinzregierungen zu leiden, die vom Kaiser zwanzig- oder dreißigjährigen Akademikern anvertraut wurden, welche nicht viel mehr mitbrachten als ihr Bücherwissen. Diesen glänzenden und gelehrten Jünglingen fehlte es an gesundem Menschenverstand, an jener Gelassenheit, Sicherheit und Umsicht, die nur die Erfahrung verleiht, an jenem echten politischen Realismus, der den meisten von der portugiesischen Regierung in ihre amerikanische Kolonie entsandten Generalkapitänen eigen war. So manche von ihnen besaßen das Format und den seltenen politischen Scharfsinn der hervorragenden Kolonialverwalter, die England oder Frankreich hervorgebracht hatte. So der Graf von Assumar in Minas Gerais, Thomaz de Melo in Pernambuco, der Graf von Arcos in Bahía und der Graf da Cunha in Rio de Janeiro.

Schon 1838 fragte João Gualberto dos Santos Reis, angesichts der Überschwemmung der früher von alten realistischen Politikern eingenommenen Stellungen durch die ersten Generationen von Akademikern aus Olinda und São Paulo, wo jene »besonnenen Männer« geblieben seien, berühmt »durch ihre Charakterstärke, ihre Klugheit und ihren Elan« – die Männer aus der guten alten Zeit: Kapitäne, Richter, Auditoren.

Sie traten von der Bühne ab, und allmählich begann der Siegeszug der Jugend, der unter der Regierung Pedros II. seinen Höhepunkt erreichte. Sogar die Kirche überreichte den Bischofsstab an Geistliche, die noch wie Novizen aussahen, und nicht wie einst nur alten Männern.

»Schon vor seinem vierzigsten Lebensjahr beginnt der Brasilianer seine Meinung nach der von jungen Leuten zwischen fünfzehn und fünfundzwanzig zu richten«, schrieb etliche Jahre später Joaquim Nabuco unter dem Eindruck des Gegensatzes zwischen der Vorherrschaft der Jugend in Brasilien und des Alters in Europa. Und tatsächlich gab es wenige Männer über vierzig, die wie Honório Hermeto dem fünfzehnjährigen Knaben gegenüber, der unter dem Namen Pedro II. den Kaiserthron bestieg, stolz, mutig und fest ihre Ansicht vertraten.

Mit dem sozialen und politischen Aufstieg dieser Zwanzig- und Dreißigjährigen schwand die Achtung vor dem Alter, die bis zu Beginn des 19. Jahrhunderts ein fast religiöser Kult gewesen war, als die weißbärtigen Großväter wie Heilige und die Toten wie »Hausgötter« verehrt wurden.

Diese einstmals so mächtigen Großväter wurden zu Opas degradiert, denen man nicht mehr, wie zu den streng patriarchalischen Zeiten, ängstlich die Hand küßte. Dem Pater Lopes Gama entging diese Veränderung nicht, die zu seiner Zeit in den ländlichen Gebieten noch nicht so deutlich in Erscheinung trat, wohl aber in den zum Teil europäisierten Hafenstädten wie Rio de Janeiro oder Recife. Im Jahre 1839 schrieb Pater Lopes Gama, daß »die Kinder früher sehr ausgelassen waren, daß sie auf Rohren und Stecken ritten, Regimenter bildeten und sich Schlachten lieferten; manche äfften die Zeremonien des Gottesdienstes nach, indem sie sich als Priester verkleideten, Oratorien sangen etc.«, aber – »sie hatten den größten Respekt und sogar Angst vor ihren Eltern und Erziehern«.

Diese armen »ausgelassenen Kinder« aus der Zeit, da sie noch »Herr Vater« sagten, fehlten Pater Gama, der sich über die neue Generation entrüstete, die so schamlos war, die Quadrille besser zu beherrschen als das Vaterunser, die Zigarren rauchte und Cachucha tanzte, »verderbliche Romane« und »erotische Gedichte« las, statt sich an den Evangelien und den Briefen des heiligen Paulus und zur Erholung an den »Moralischen Erzählungen« von Marmontel, dem tugendhaften »Telemaque«, der »Moral in Aktion«, der »Schule der guten Sitten« und der »Guten Lehrerin« zu erbauen, Büchern, die der Pater der Jugend als Lektüre empfahl. Die jungen Burschen verkündeten mit lauter Stimme ihre Ansichten über alles mögliche, ohne, wie einst, den Respekt vor den Älteren zu wahren. Und die größeren äußerten bei den Familienfesten ungefragt ihre »maßgebliche Meinung über die Qualität des Tees, lobten den Biskuit und kritisierten den Mandelkuchen«. Während der Messe flirteten sie die ganze Zeit, kehrten dem Allerheiligsten den Rücken, um die Mädchen besser sehen zu können, »lachten der einen zu, musterten die andere und kokettierten mit einer dritten ... zwirbelten ihren Schnurrbart ... kämmten sich mit den Fingern den Backenbart«. Aber den Eltern küßten sie kaum mehr die Hand!

Mein Gott, was für Zeiten! Was für Burschen, ohne Angst und ohne Achtung vor den Älteren, vor den Heiligen und sogar vor dem Altarsakrament! War das nicht nachgerade das Ende der Welt?

Es war der Niedergang des patriarchalischen Systems, der Prestigeverfall der furchterregenden Großväter und »Herren Väter«, die zu harmlosen Großväterchen und Vätern oder gar Papas degradiert wurden. Es war die Befreiung des Kindes von der Tyrannei des Erwachsenen, die Befreiung des Schülers von der Tyrannei des Lehrers. Der Sohn lehnte sich gegen den Vater auf, der Enkel gegen den Großvater. Die Jugend hatte Stellungen inne, die nur für das Alter geeignet schienen. Es war der

Beginn dessen, was Joaquim Nabuco *Neokratie* nannte: »die Abdankung der Väter zugunsten der Söhne, des reifen Alters zugunsten der Jugend«. Dieses Phänomen, das ihm »ausschließlich brasilianisch« vorkam, ist in Wirklichkeit mit allen seinen Übertreibungen für jeden Übergang vom patriarchalischen zum individualistischen System bezeichnend.

Im Jahre 1844 hatte ein Jurastudent bereits die Stirn, seinem Vater, einem großen Plantagenbesitzer, folgenden Brief aus Olinda zu schreiben: »Olinda, 15. Juni 1844. Lieber Herr Vater! Ich habe zwei Briefe von Euch erhalten, einen im Mai geschriebenen, d. mir von den Q.'s überbracht wurde, und einen anderen, jetzt im Juni geschriebenen, d. mir v. S. überbracht wurde; in diesem habt Ihr mir aufgetragen, 10 Arrobas Fleisch zu kaufen, d. ich drch. densb. Überbr. schicke und hoffe, dss. es nicht z. schlecht ist.« Aber die Hauptsache war nicht das Fleisch, denn die Plantage bezog das Fleisch immer aus der Stadt. Die Angelegenheit war ernster: Der Sohn hatte gehandelt, ohne den Vater vorher davon in Kenntnis zu setzen: »Ich habe etwas getan, w. Euren geheiligten Geboten vollkommen entgegengesetzt ist; ja, ich habe dieses entsetzliche Verbrechen begangen, und warum habe ich es begangen? Sollte ich mich viell. für Geld verkauft haben?« Dann erklärte er, er habe ohne väterliche Einwilligung den Vorschlag eines reichen Priesters, des hochwürdigen Paters X. Y. Albuquerque, angenommen, dessen Tochter zu ehelichen.

Aus dieser Zeit liegen viele Briefe vor, in denen sich ein selbständiges, um nicht zu sagen, rebellisches Verhalten der Jungen gegenüber den Alten widerspiegelt. Es begann sich eine Rivalität herauszubilden: Sohn gegen Vater, Jüngling gegen Greis, Akademiker gegen Kommandierenden General. Nicht nur der alte Patriarch, auch sein Sohn, der junge Herr, gehörte jetzt zu den respektablen Erwachsenen. Der redegewandte, städtische, weltmännische junge Herr, der in Europa oder in Bahía, Olinda und São Paulo studiert hatte.

In der Ära des brasilianischen Patriarchats hatte sich die Tendenz herausgebildet, die Kleidung der Kinder der der Erwachsenen anzugleichen: Die Knaben gingen in Männerkleidern, mit Zylinder und Spazierstock einher – wodurch sie, wie Rendu sagt, den Marionetten auf den französischen Jahrmärkten glichen –, und die kleinen Mädchen trugen schon früh Toiletten wie die Damen. Trotzdem blieb auch in der Kleidung noch lange Zeit ein großer Unterschied zwischen Jung und Alt bestehen. So war eine ältere Dame einfach nicht ohne schwarze Haube denkbar und ein Herr im fortgeschrittenen Alter und hoher Stellung nicht ohne Gehrock und Schnupftuch. Den kleinsten Kindern war es dagegen auch in den besten Familien erlaubt, innerhalb des Hauses oder auf dem dazugehörigen Hof nackt herumzulaufen.

Viertes Kapitel
Frau und Mann

Ein weiteres Merkmal des patriarchalischen Regimes ist das Bestreben des Mannes, aus der Frau ein Wesen zu machen, das sich so sehr wie nur möglich von ihm unterscheidet. Er ist das starke Geschlecht, sie das schwache, er das edle, sie das schöne.

Aber die Schönheit, die zu jener Zeit von der Frau verlangt wurde, hatte etwas Morbides an sich. Die Mädchen sollten zerbrechlich, ja, beinahe kränklich sein, die Damen dagegen beleibt, häuslich, mütterlich, mit breiten Schenkeln und ausladendem Hinterteil. Der kräftige und agile Typ des Mädchens mit knabenhafter Figur war nicht gefragt. Im Aussehen und in der Kleidung wurde die größtmögliche Differenzierung der Geschlechter angestrebt.

Die Vorliebe für den Typ der rundlichen Frau mag psychologische Motive gehabt haben, die über wirtschaftliche Erwägungen hinausgingen: vor allem den uneingestandenen Wunsch, eine mögliche Konkurrenz der Frau auf dem Gebiet der wirtschaftlichen und politischen Beherrschung der Gesellschaft auszuschließen, die innerhalb ihrer patriarchalischen Struktur dem Manne vorbehalten war.

Dieser äußersten Spezialisierung oder Differenzierung der Geschlechter entsprach die Ausbeutung der Frau durch den Mann, die auch für andere Gesellschaftssysteme, ganz besonders aber für das so lange Zeit in Brasilien vorherrschende bezeichnend ist. Aus dieser extremen Differenzierung erklärt sich auch die sogenannte doppelte Moral, die dem Mann in der Liebe alle Freiheiten ließ, während die Frau darauf beschränkt blieb, das Bett mit ihrem Mann zu teilen, wann immer er Lust dazu hatte. Diese Lust war für die Frau mit der Pflicht verbunden, zu empfangen, zu gebären, Kinder zu bekommen und sie aufzuziehen.

Diese für das patriarchalische System charakteristische doppelte Moral bietet dem Mann auch alle Möglichkeiten zur Initiative, zur gesellschaftlichen Betätigung und zur Herstellung der verschiedensten Kontakte, wogegen sich die Möglichkeiten der Frau in den häuslichen Pflichten und Künsten, in der Beschäftigung mit den Kindern, mit der Verwandtschaft, den Dienstboten, alten Frauen und Sklaven erschöpften. Und hin und wieder, wie in jeder katholischen Gesellschaft vom Typ der brasilianischen, im Gespräch mit dem Beichtvater.

In der patriarchalischen Gesellschaft, in der die Frau in völliger Abgeschlossenheit oder Unterdrückung dahinlebt, kommt dem Beichtstuhl die überaus nützliche Funktion zu, eine seelische Erleichterung zu bewirken: Hier wird unter dem Vorwand der Sünde so manche Bedrängnis, so mancher unterdrückte Wunsch ausgesprochen worden sein, der anderenfalls die gehemmte und geknechtete Frau ständig gequält hätte.

Viele brasilianische Frauen hatten es sicherlich dem Beichtstuhl zu verdanken, daß sie nicht dem Irrsinn verfielen, der unter den Frauen der amerikanischen Puritanerkolonien häufiger gewesen zu sein scheint als heute. Pyrard beobachtete in Bahía eine große Anzahl von Frauen, die zur Beichte gingen, und schloß daraus auf eine schwere Sündenlast. Aber diese Sünden werden weder schlimmer noch zahlreicher gewesen sein als die der europäischen Frauen derselben Zeit; sie werden die armen, zu einem Leben der Abgeschlossenheit und Isolierung verurteilten Sünderinnen nur mehr vergiftet haben, als dies im damaligen bürgerlichen Westeuropa der Fall war. Durch die Beichte entgifteten und reinigten sie auch ihre Nerven und nicht nur ihre Seelen, die sich nach dem Himmel sehnten, wo sie ihre als »Engelchen« verstorbenen Kinder erwarteten.

Die extreme Differenzierung und Einstufung als »schönes Geschlecht« oder »schwaches Geschlecht« machte aus der Frau des Plantagen- und Gutsbesitzers sowie aus der Hausfrau des Stadthauses ein künstliches, morbides Wesen. Sie war eine an Leib und Seele verkrüppelte Kranke, die Sklavin des Mannes, die lebendige Puppe des despotischen Ehegatten.

Trotzdem gab es in Stadt und Land in den Herrenhäusern wunderbare, schöpferische Frauengestalten. Den ersten aus Portugal gekommenen Gutsbesitzerfrauen waren eine Reihe von Bequemlichkeiten sowie überaus gelungene Anpassungen zu verdanken. In der ersten Phase der Kolonisierung der Küstengebiete genoß die Frau noch größere Handlungsfreiheit. In dieser Epoche relativer Undifferenziertheit wurde ein bedeutendes Kapitanat – Nova Lusitânia – von einer berühmten Matrone regiert: Dona Brites, der Frau von Duarte Coelho.

Während der patriarchalischen Zeit, als die zarten Frauen den ganzen Tag im Hause verbrachten, nähten, sich in der Hängematte schaukelten, Konfitüren kosteten, die Dienstmädchen herumkommandierten, mit den Papageien spielten, fremde Männer durch den Türspalt beobachteten, Zigaretten und mitunter sogar Zigarren rauchten, gebaren und bei der Geburt eines Kindes starben – während dieser ganzen Zeit gab es aber auch Frauen, besonders Gutsfrauen, die nicht nur häuslichen Eifer, sondern eine wahre soziale Energie entfalteten, die die der Männer meist übertraf. Diese Tatkraft zeigte sich in der Verwaltung eines Gutes, wie bei Joaquina do Pompeu, in der Durchsetzung der Familienpolitik in einer ganzen Region, wie es Francisca do Rio Formoso gelang, oder im Kriege, wie es die Damen von Pernambuco bewiesen, die sich in den Kämpfen gegen die Holländer nicht nur durch die Märsche auf Alagôas und Bahía durch dichten Urwald und tiefe Flüsse auszeichneten, sondern auch in Tejucupapo, wo sie nach der Überlieferung tapfer gegen die Ketzer fochten.

Zu Beginn des 19. Jahrhunderts besuchte Langsdorff im Mato Grosso ein Gut, dessen Herr eine Frau war, eine mächtige Matrone, die 1,70 m groß und entsprechend korpulent war und eine goldene Kette um den Hals trug. Obwohl schon fünfzig, war sie ständig unterwegs, zu Fuß oder zu Pferde, erteilte den Männern mit schallender Stimme Befehle, leitete die Zuckermühle und die Plantage und kümmerte sich um das Vieh und die Sklaven. Sie war ein richtiges Mannweib, und neben ihr sah ihr Bruder, der Hauskaplan, fast wie ein Mädchen aus.

Solche Gutsherrinnen, die Amazonen glichen, wenn auch mit weiblicheren Formen, waren nicht selten. In mehreren Familien lebt noch die Erinnerung an Großmütter fort, die wie Königinnen Besitzungen vom Ausmaß eines kleinen Königreichs verwalteten, Witwen, die große Reichtümer bewahrten und manchmal sogar vergrößerten. Sozusagen Matriarchen, die ihre eigenen Capangas hatten, Prügelstrafen verhängten und zur Zeit des Kaiserreichs »konservativ« oder »liberal« eingestellt waren.

Diese energischen und fähigen Frauen, deren Autorität, Furchtlosigkeit und Widerstandsfähigkeit der der Männer in nichts nachstand, bewiesen, daß die übertriebene Zartheit und häusliche Zurückgezogenheit der Frau keine Eigenheiten des schwachen Geschlechts, sondern eine Folge der sozialen Unterdrückung waren. Sie waren durchaus fähig, die patriarchalische Herrschaft mit derselben Kraft auszuüben wie die Männer, oft sogar besser als ihre bereits verstorbenen Ehegatten. Daraus erklärt sich, daß manche Söhne den Familiennamen der vornehmeren und reicheren, aber auch tatkräftigeren Mutter annahmen.

Die Gesamtheit der sanften und anmutigen Züge wurde ganz einfach auf das zartere Geschlecht zurückgeführt, genauso wie die Gesamtheit der passiven und minderwertigen Züge der Neger auf die physische oder biologische Eigenart ihrer Rasse. Tatsächlich hatte sich aber der körperliche und geistige Typus der zarten, neurotischen, sinnlichen, religiösen, romantischen oder aber der dicken, praktisch und häuslich veranlagten Frau in der patriarchalischen und sklavenhaltenden Gesellschaft zum Großteil aufgrund wirtschaftlicher oder – mehr noch – sozialer und kultureller Faktoren herausgebildet, die sie unterdrückten und verweichlichten, die ihre Hüften breiter und ihre Taille schmaler werden ließen und ihre Formen rundete, um ihre ganze Gestalt dem starken Geschlecht und der von ihm beherrschten Gesellschaft attraktiver erscheinen zu lassen.

Es ist nicht richtig, daß einzig das Geschlecht die Arbeitsteilung bestimmt, nach der der Mann die Aufgaben außerhalb des Hauses und die Frau die häuslichen Pflichten auf sich nehmen muß. In den indianischen Gesellschaften wie jenen, die die Portugiesen in Brasilien vorfanden, war die Funktion der Frau weit davon entfernt, sich auf das Heim zu beschränken; ganz im Gegenteil hatte sie Aufgaben, die allgemein als männlich betrachtet werden. Bei einzelnen Stämmen konnte sogar die Tendenz beobachtet werden, den Mann ins Haus zu verweisen – wofür die Couvade, das Männerkindbett, ein Beispiel ist – und ihn die schmutzigen Fischnetze waschen zu lassen, eine Tendenz, die mitunter bis zur Verweiblichung des Mannes gehen konnte.

In diesen primitiven Gesellschaften läßt sich eine physische Ähnlichkeit zwischen Mann und Frau feststellen, das Streben, die beiden Geschlechter in eine einzige, gemeinsame Gestalt verschmelzen zu lassen, was einigen der ersten Chronisten und Erforscher der indianischen Bevölkerung nicht entging. Ihre Beobachtungen wurden später von den Forschern des 19. und 20. Jahrhunderts bestätigt. Avé-Lallement sagt, daß sich bei den brasilianischen Botokuden keine Männer und Frauen finden, sondern Mannweiber und weibische Männer. In dieser Hinsicht hat Professor Colini bei den Caduveos und ebenso von den Steinen bei den Bororos interessante Beobachtungen gemacht.

In ihrem fesselnden Essay *Die weibliche Eigenart im Männerstaat und die männliche Eigenart im Frauenstaat* (Karlsruhe 1923) behaupten die Vaërtings, daß sich nicht nur bei den Kamtschadalen, sondern auch bei den Lappen Reminiszenzen an eine Zeit finden, da die Hausarbeit den Männern und die Arbeit außer Haus den Frauen zukam. Die Frauen waren hart und eckig, die Männer fett, rundlich und wollüstig. In dieser Zeit bestand also eine Art Amazonenorganisation, die politische Herrschaft der Frau über den Mann, ein quasi matriarchalisches System, wenn auch kein ausgesprochenes Matriarchat. Unter dem Einfluß eines solchen »Matriarchats« standen auch so manche afrikanische Sklaven, die nach Brasilien kamen und sich dort nur schwer an die Routine der Arbeitsteilung nach Geschlechtern gewöhnen konnten, wie sie in der Zeit der Sklavenhaltung innerhalb des patriarchalischen Systems bestand.

Derartige amazonenhafte Züge in der politischen Organisation einiger primitiver – eher matronymischer als matriarchalischer – Gesellschaften sind umstritten. Dagegen steht die von mehr als einem Völkerkundler unterstrichene Tatsache fest, daß in gewissen afrikanischen Gesellschaften, in denen die härtere Arbeit der Frau und die leichtere dem Manne zufiel, die Frauen kräftiger waren als die Männer oder doch zumindest ebenso kräftig, wie dies Fritsch und Hellward bei den Buschmännern beobachtet haben.

Diese Gleichheit der physischen Kondition wird auch auf die brasilianischen Eingeborenen zugetroffen haben. Da die Frau in mehreren Gemeinden die Landarbeit zu leisten hatte, war ihre körperliche Verfassung keineswegs die der anämischen, ans Haus gebundenen Frauen des patriarchalischen Regimes. Immerhin läßt alles darauf schließen, daß viele dieser Eingeborenen zu einer gewissen mäßigen Beleibtheit neigten, die freilich von der orientalischen oder patriarchalischen sehr verschieden war.

Die Herrschaft des einen Geschlechts über das andere schließt die in primitiven Gesellschaften bestehende Tendenz zur Bildung eines gemeinsamen oder ausschließlichen Frau–Mann- oder Mann–Frau-Typs aus. Die körperliche Differenzierung der Geschlechter wird im patriarchalischen System derart akzentuiert, daß es als Schande betrachtet wird, wenn ein Mann wie eine Frau oder eine Frau wie ein Mann aussieht. Dasselbe gilt vermutlich für ein matriarchalisches System, wenn ein solches – wie manche glauben – jemals im vollständigen oder orthodoxen Sinne des Wortes bestanden hat.

In der patriarchalischen Gesellschaft Brasiliens wie auch anderer Länder entstand der künstliche und morbide Typ der verzärtelten und schmachtenden Frau, der mit einer übertriebenen Ritterlichkeit behandelt wurde und eine ganze erotisch gefärbte Literatur ins Leben rief.

Dazu kam die überschwengliche Idealisierung ihrer körperlichen Vorzüge, der kleinen Füßchen, der zarten Händchen, der schlanken Taille, des üppigen Busens – aller jener Einzelheiten, die sie vom Mann unterscheiden und die sie zu einer lebendigen Puppe in den Händen des Mannes und zum Idol der Dichter machten.

Der Kult der Frau, der sich im Verhalten ihr gegenüber spiegelte, in der erotischen Literatur und Kunst – einer süßlichen Musik, einer romantischen, rosaroten Malerei, einer Skulptur, die nur das Graziöse darstellte und vielleicht noch das Nackte (aber nicht in seiner Reinheit, sondern in seiner Obszönität) –, dieser Kult der Frau war, genau betrachtet, vielleicht nichts anderes als ein narzißtischer Kult des patriarchalischen Mannes, des starken Geschlechts, das sich an den Füßen, den Händen, den Zöpfen, dem Hals, den Schenkeln, den Brüsten, den Hüften der Frau erregte, um die eigene Wollust und den eigenen Genuß zu erhöhen. Der patriarchalische Mann nähert sich der sanften, zarten Frau und gibt vor, sie anzubeten, während er sich dadurch nur noch mehr als starkes, edles und beherrschendes Geschlecht fühlen will.

In den patriarchalischen oder halbpatriarchalischen Gesellschaften brachte dieser Kult bestimmte Moden in der Haartracht, der Kleidung und der Beschuhung mit sich, die den Unterschied zwischen dem herrschenden und dem beherrschten Geschlecht unterstreichen sollten und bis zur körperlichen Entstellung gingen – wie etwa bei den völlig verkrüppelten Füßen der Chinesinnen.

Auch die Füße der Brasilianerin, die im Herrenhaus der Plantage oder im Stadthaus wohnte, wurden deformiert, um klein zu bleiben und nicht den großen, breiten und plumpen Füßen der Negerinnen zu gleichen. Die Taille, die man noch im bürgerlichen Europa der zweiten Hälfte des 19. Jahrhunderts künstlich schlank erhielt, wurde in Brasilien durch die Verwendung des Schnürleibchens in übertriebener Art eingeengt. Die komplizierten Frisuren – Zöpfe, Toupets oder offen getragenes Haar – wurden mit Hilfe von Kämmen zusammengehalten oder vervollständigt, die in der ersten Hälfte des 19. Jahrhunderts die unglaublichsten Formen und Dimensionen annahmen. Auch sie waren eine Betonung des Geschlechts, die bei den brasilianischen Frauen zu den lächerlichsten Übertreibungen führte. Das Gegenstück bildete die männliche Mode der langen Bärte und Schnurrbärte, die für das patriarchalische Brasilien ebenso bezeichnend wurde, wie sie es in den klassischen Patriarchaten – dem chinesischen, dem hebräischen und dem arabischen – gewesen war.

Als gegen Ende des zweiten Kaiserreichs in Rio de Janeiro der erste Liebhaber ohne Bart und Schnurrbart die Bühne betrat, wurde er mit ohrenbetäubendem Pfeifen empfangen: Das war eben kein Mann, das war ein weibischer Bursche mit rosigem, glattem Gesicht, der wie ein hübsches Mädchen aussah.

Obwohl die Frau des patriarchalischen Brasilien – besonders die Bewohnerin der Stadtpalais – in ihren vier Wänden in loser Bluse und Pantoffeln, ohne Strümpfe herumlief, legte sie doch die größte Sorgfalt auf ihre Kleidung, sobald sie sich, in der Kirche oder auf einem Fest, vor den Männern zeigte. Sie unterschied sich dann nicht nur vom anderen Geschlecht, sondern auch von den Frauen anderer Gesellschaftsklassen durch übertriebenen Putz, durch Rüschen, Spitzen, Federn und Bänder und durch reichen Goldschmuck, Fingerringe und Ohrgehänge. Schon im 16. Jahrhundert fand Gabriel Soares, daß die Frauen der Reichen in übertriebenem Maße in Seide und kostbaren Stoffen schwelgten. Der Autor der *Diálogos*, der Chronik des 17. Jahrhunderts, erwähnt, daß sie sich schminkten; und Pater Cardim beobachtete an den Damen von Pernambuco einen außergewöhnlichen Aufwand an Seide, Samt und Schmuck. Bekanntlich nahm in Brasilien die Spitzenklöppelei zum Aufputzen der Kleider und die Verarbeitung von Federn zu Hutschmuck einen großen Aufschwung, ebenso die Herstellung von goldenen Anhängern, Armbändern, Goldborten, Ringen und Ohrringen. Zur Glanzzeit des patriarchalischen Systems, und sogar noch während seines Niedergangs, wurden die brasilianischen Spezialisten auf diesen Gebieten selbst von Ausländern bewundert: Ferdinand Denis behandelte – wie auch Ida Pfeiffer, Max Radiguet und Fletcher – in seiner *Arte Plumária* die Kunst des brasilianischen Federschmucks.

Bevor diese Künste um die Mitte des 19. Jahrhunderts industrialisiert wurden, waren sie – mit Ausnahme der Goldschmiedekunst – im häuslichen Bereich von den Frauen ausgeübt worden; in ihren langen Mußestunden beschäftigten sich die eingeschlossenen und traurigen Damen mit diesen Arbeiten.

Mathilde und Matthias Vaërting sind der Ansicht, daß der Müßiggang die Erotik stimuliert und daß diese, in Abwesenheit des Mannes, durch übertriebene Selbstschmückung abreagiert wird.

Andrew Grant beschreibt den Luxus, den die vornehmen Herren zur Kolonialzeit auf der Straße zur Schau trugen: »*Such is their love of shew and finery, that the sumptuary laws for the regulation of dress are wholly evaded. At* home most of them wear either a thin night-gown or a jacket, while others remain in their shirt and drawers.« Von den Frauen derselben Schicht sagt er: »*The hair, which is suffered to grow to a great length, is fastened in a knot on the crown of the head, and loaded with powder of tapioca.*« In seiner *History of Brazil* schreibt er, daß außer der Frisur auch die Qualität und Anzahl der goldenen Ketten, die sie trugen, den Stand der Frauen anzeigten: »*Their chief ornament consist of a gold chain, passed two or three times round the neck, and hanging down the bosom. The superior workmanship of these chains and the number and value of the ornaments attached to them, indicate the rank of the wearer.*« Im Rio de Janeiro des 18. Jahrhunderts trugen die Frauen das Haar »*hanging down in tresses, tied with ribbands and ornamented with flowers*«.

In Wetherells *Stray Notes* ist zu lesen, daß in der ersten Hälfte des 19. Jahrhunderts die farbigen Frauen in Bahía das Haar im allgemeinen kurz geschnitten trugen oder mit einem Turban bedeckten. Diese Mode schien ihm von Reinlichkeit zu zeugen in einem Lande, in dem sogar das Haar der vornehmsten Damen, die es als Zeichen ihres Standes so lang wie nur möglich trugen, von Läusen wimmelte. Die im Lande geborenen Negerinnen und die Mestizinnen ließen ihr Haar meistens wachsen, als wollten sie zeigen, daß sie darüber erhaben waren, einen Turban zu tragen.

Im Gegensatz zu den Afrikanern, die im allgemeinen kurz geschoren gingen, bemühten sich die eingeborenen Neger, ihr Haar zu scheiteln und Schuhe zu tragen – zumindest in der Hand, um zu zeigen, daß sie ebenso teure besaßen wie die Weißen. Wenn sie sie nicht anzogen, dann deshalb, weil ihnen dann die Füße weh taten.

In seiner 1868 in Paris erschienenen *Promenade à travers l'Amérique du Sud* berichtet Gabriac, in Belém do Pará unter den vielen Afrikanern auch freie Neger getroffen zu haben, die an den Schuhen kenntlich waren, »*qu'ils ont seuls le droit de porter et qu'ils ne manquent pas de montrer avec fierté*«. Das lange Haar und der gepflegte und gut beschuhte Fuß waren im patriarchalischen Brasilien vor allem der Stolz der weißen Rasse oder der höheren oder zumindest freien Gesellschaftsschicht und erst in zweiter Linie Stolz und Schmuck des schönen Geschlechts.

Wie sich die Kleidung der Damen durch übertriebenen Putz von der der einfachen Frau oder der Negerin unterschied, so war auch die der Herren reich geschmückt. Zu Hause liefen sie im Schlafrock herum, auf der Straße aber oder bei Festlichkeiten zeigten sie sich im Glanz von

Orden und Rangabzeichen, von vergoldeten Sporen, Degen und Stökken. In den ersten in Brasilien erschienenen Gazetten waren nicht wenige Annoncen zu finden, in denen Epauletten, Uniformen, Federn, »reichgestickte Talare« für Richter, »prächtige Hüte für Ritter des Christus-Ordens«, »schöne indische Rohrstöcke mit goldenem Knauf, Beschlägen und Quasten« für Edelleute und »Galanteriedegen« für Würdenträger angeboten wurden.

Der übertriebene Schmuck der Stadtherren bestand vor allem in goldenen Uhrketten mit einer Fülle von Anhängern, in Ringen an fast allen Fingern, im Gold auf den Stockknäufen, Schirmgriffen und sogar Dolchgriffen, in der Haartracht und dem eleganten Bartschnitt sowie dem Parfum auf Haar, Bart und Taschentuch. Um auch in der Kleidung den Unterschied zwischen den Rassen und Klassen zu betonen, wurde den Sklaven beider Geschlechter verboten, Schmuck und goldene Anhänger zu tragen. Wenn sich bei Kirchenfesten und auf der Straße gutgekleidete und schmuckbeladene Dienstmädchen zeigten, taten sie es, um den Reichtum ihrer weißen Herrinnen zu unterstreichen.

Die freigelassenen Neger und Mulatten verwandten ebensoviel Sorgfalt wie die Weißen auf ihre von Kokosöl glänzende Frisur. In den Zeitungsanzeigen entflohener Neger – vermutlich privilegierter Sklaven – wurde mitunter ein »französischer Haarschnitt« oder ein »Christusbart« erwähnt.

Der brasilianische Patriarch mit seinem maurischen Bart und den schmalen, ringbeladenen Händen war eine Mischung aus männlicher Aggressivität und weibischer Weichlichkeit. Im 19. Jahrhundert, als es für den brasilianischen Edelmann keine Ketzer mehr zu bekämpfen und entlaufene Neger zu jagen gab, verwandelte er sich vom starken zum edlen oder ganz einfach zum privilegierten Geschlecht.

In übertriebener Abwandlung dessen, was einige moderne Soziologen das »Kräfteverhältnis« zwischen den Geschlechtern nennen, könnte man sagen, daß der Mann im ländlichen Patriarchat eine Frau zu Pferde war; ein zartes Wesen, wie die Frau, fast wie sie vom Nichtstun geschwächt, aber mit dem Vorrecht, zu herrschen und laut zu befehlen. Zur Zeit des echten Patriarchats, der Ritterlichkeit im besten Sinne des Wortes, wurde es der Frau seltsamerweise verboten oder doch erschwert, sich zu Pferde zu zeigen, das dem herrschenden Geschlecht vorbehalten blieb. Wenn die Frau das Haus verließ, dann im verhängten Tragbett, in der Sänfte, im Tragsessel oder im Ochsenkarren – nur selten zu Pferde. Erst in der Zeit des Niedergangs des ländlichen Patriarchats tauchten auf den Plantagen Amazonen auf: die Gutsherrinnen, die im Damensattel, aber fast nie im Herrensitz ausritten.

Ganz allgemein war damals der Mann das bewegliche, kämpferische und reformfreudige Element, die Frau dagegen konservativ, beständig und auf Erhaltung des Althergebrachten bedacht. Der Mann besaß die schöpferische Phantasie, er erfand, differenzierte und durchbrach die Routine; die Frau war realistischer und anpassungsfähiger.

Sogar die Beeinflussung der Damenmode durch die englische und vor allem die französische Mode war indirekt den jungen Brasilianern zu verdanken, die in Europa Rechtswissenschaften, Medizin, Philosophie und Wirtschaft studierten. Sie kamen voll neuer Eindrücke zurück, von denen sie einige den Frauen vermittelten.

In seinem *O Carapuceiro* (Recife 1843) schreibt Pater Lopes Gama, in der »friedlichen Kolonialzeit« habe es in Pernambuco nur wenige Brasilianer gegeben, die den Ozean überquert hätten, und auch dann seien es meistens Jünglinge gewesen, die auf europäische Schulen, in erster Linie nach Coimbra, geschickt worden seien. »Durch diese Reisenden und jungen Doktoren fanden die gottlosen Lehren der französischen Philosophen allmählich Eingang in Brasilien.« Lehren und Moden, denn »unsere Mädchen und Frauen wollen nur mehr mit *Demoiselle, Mademoiselle* und *Madame* angesprochen werden. In Kleidung, Gewohnheiten, Mode und Benehmen gilt nur, was französisch ist; wir haben keine Sitten und Gebräuche mehr, von denen man sagen könnte: Das ist echt brasilianisch.« Früher »sagten die Kinder nach unserer Art *mamãi*, weil es auf portugiesisch *mãi* heißt; heute ist unter den gezierten Französischparlierern nicht einmal diese Vokabel erlaubt: Meine *Maman* muß man sagen.«

Damit traf der französische Einfluß einen der Kernpunkte des patriarchalischen und gleichzeitig maternalistischen Systems Brasiliens, wobei er sich allerdings des differenzierenden Mannes bediente. Diese letztere Tatsache ist auch in modernen Gesellschaften beobachtet worden, die, soziologisch gesehen, weniger feudal waren als die brasilianische. Sie erklärt sich bis zu einem gewissen Grade aus geschlechtlich bedingten biologischen Umständen (die nur ein fanatischer Feminismus oder eine gewisse kommunistisch-marxistische Mystik zu leugnen imstande ist) und nicht nur aus einer für beide Geschlechter verschiedenen sozialen Entwicklung. Schon bei den Basken und den Zigeunern ist das größere Beharrungsvermögen der Frau beobachtet worden, und einige Völkerkundler haben es in primitiven Gesellschaften festgestellt, in denen der soziale Unterschied zwischen Mann und Frau geringer ist.

Die Frau mit ihren konservativen, leicht konformistischen und kollektivistischen Neigungen entspricht der schwarzen Rasse; der Mann in seinem Individualismus, seinem Hang, von der Norm abzuweichen, und seiner Fähigkeit und seinem Gefallen an der Differenzierung entspricht der weißen Rasse.

In Brasilien vereinten sich die von der Rasse und vom Geschlecht herrührenden Tendenzen zum Individualismus im schöpferischen und organisatorischen Patriarchen, im weißen oder doch vorwiegend weißen Kolonisten.

Die auch wieder auf Rasse und Geschlecht beruhenden kollektivistischen Tendenzen fanden sich am stärksten in der Frau und Mutter, der Geliebten, der Gattin, der Kinderfrau. Diese – in den meisten Fällen eine Mina-Negerin – war nach der Mutter und neben dem Vater das verantwortlichste Element des patriarchalischen Lebens.

Im Vergleich zu den üppigen, breithüftigen Landfrauen waren die Bewohnerinnen der Stadthäuser weit zarter, wie auch ihre Männer schlanke Edelleute waren.

In seinem *O Carapuceiro* schreibt Pater Lopes Gama im Jahre 1843, daß zur Kolonialzeit ein Sessel aus Palisanderholz so schwer war, daß er nur von einem Lastträger bewegt werden konnte; und »ein Ehebett war ein kurioses Ungetüm voll Schnitzereien – Blattwerk, Figuren, Vögeln und Engeln. Ein solches Bett überdauerte ganze Generationen und trotzte den Fährnissen von Jahrhunderten«. Der Herr und die Matrone des Stadthauses, zarte, aristokratische Wesen – die Frau vielleicht etwas mehr als der Mann – brauchten keine so massiven Möbel.

So ist es nicht verwunderlich, daß die Möbel und sonstigen Gebrauchsgegenstände im Verlauf der Urbanisierung, der Reeuropäisierung und der Verfeinerung des Lebens ihre Formen veränderten. »Der menschliche Körper scheint heutzutage nicht mehr derselbe zu sein wie in vergangenen Jahrhunderten«, bemerkt Pater Gama.

Aber auch die Widerstandsfähigkeit der Menschen und Dinge war nicht mehr dieselbe. Früher waren Gastritis, Darmentzündungen und Lungenentzündungen nicht so weit verbreitet. Und die jungen Mädchen, berichtet Lopes Gama, »ließen nur selten den Arzt kommen; wenn sie sich nicht wohl fühlten, hatten sie ihre Mutter, Großmutter, Tante oder Gevatterin, die ihnen Sirup aus Kontrayerva oder dem Ochsenzungenkraut verabreichte, einen Pfeffereinlauf machte, Kamillentee kochte oder Adiantum mit wildem Honig bereitete. Damit kurierten sie sich und erreichten ein hohes Alter«. Es gab weder falsche Gebisse noch Kosmetika, und wer alt war, tanzte nicht mehr und ging auf keinen Ball.

Die fehlenden oder übertriebenen Formen, die nicht der Pariser oder Londoner Mode entsprachen, wurden mit Hilfe von Salben, Schönheitsmitteln, falschen Zähnen und Haaren, Tinkturen für Bart und Kopfhaar, Hüftpolstern und Miedern korrigiert.

»Welche Dame, die ihre elegante Taille zu bewahren wünscht, wäre nicht bezaubert von diesen feinen Korsetts *Cintura Regente* und diesen eleganten Modellen der Firma Escoffon, Ajuda-Straße 7, die sie bis an die Grenze des Unmöglichen perfektioniert hat?« fragte Mme. Camille Escoffon in einem Inserat, das am 21. Januar 1875 im *Jornal do Commercio* erschien. Die Lösung bestand ihr zufolge darin, »die Taille zu bewahren, ohne sie in ein enges Mieder zu pressen, und den Bauch verschwinden zu lassen, ohne seine Elastizität zu beeinträchtigen«.

In den Zeitungen jener Zeit findet man auch Salben, »Gesichtswässer« oder »Milch« gegen Pickel, Hitzebläschen und Hautjucken angepriesen. Viele von diesen Hautreizungen mochten auf das Tragen von Hüten, Strümpfen und Unterwäsche europäischer Herkunft zurückzuführen sein, die nur für das europäische Klima geeignet waren, dem bestenfalls das des äußersten Südens von Brasilien entsprach.

Wenn die Damen in den Stadthäusern ärger unter diesen Hautreizungen litten als die Herren, dann deshalb, weil sie in unhygienischeren Verhältnissen lebten. Der Unterschied der Lebensweise ist vielleicht – auf einer höheren Ebene – auch für Unterschiede zwischen den Geschlechtern verantwortlich, die – wie jene zwischen den Rassen – auf konstante biologische Faktoren zurückgehen. Zu diesen Unterschieden gehören die auf dem Schädelindex basierenden.

Wer die politische und literarische Geschichte Brasiliens während der patriarchalischen Zeit, namentlich während der Kaiserzeit, studiert, wird vom Vorherrschen des Subjektivismus – eines im allgemeinen freilich schwachen und mittelmäßigen Subjektivismus – bei der Mehrzahl der Individuen der herrschenden Klasse beeindruckt. Dazu kommt das Desinteresse an konkreten lokalen und dringenden Problemen und ein fast vollständiges Fehlen jeglicher Objektivität. Das mag der geringen Beteiligung der Frau an künstlerischen und politischen Fragen zuzuschreiben sein, sofern man – wenn auch mit Einschränkungen – der

Theorie von Havelock Ellis zustimmt, wonach die Frau im allgemeinen einen stärkeren »praktischen Realismus« besitzt als der Mann. Das wäre die Folge einer Empfänglichkeit, die durch das entsteht, was der englische Psychologe »Affektabilität« nennt, die möglicherweise durch die Menstruation hervorgerufen wird und sich psychologisch in einem gewissen Takt und der Fähigkeit ausdrückt, sich leichter als der Mann unvorhergesehenen Umständen anzupassen.

Im englischen und von Puritanern geprägten Kolonisationsgebiet Amerikas war das Interesse an konkreten Problemen und ihrer objektiven Bewältigung weitaus größer als in Brasilien. Hier ist eine wenn auch schwache und indirekte Beteiligung der Frau zu spüren. Eine Mitarbeit wie die von Martha Washington fehlte fast vollständig in Brasilien, wo kaum jemand den Namen der Frau José Bonifacios oder Pedro de Araújo Limas kennt. Solange der Mann lebte oder aktiv war, durfte die Stimme der Frau im Männergespräch nicht zu hören sein, es sei denn, sie bat um ein neues Kleid, sang Modinhas oder betete für die Männer. Aber fast nie durfte sie einen Rat geben, einen Vorschlag machen und sich in die rein männlichen Angelegenheiten einmischen. Frauen wie Veridiana da Silva Prado, deren Teilnahme an der Politik die des noch lebenden Ehegatten übertraf, waren selten; die wenigen, die es gab – fast alle gegen Ende des Kaiserreichs –, waren aus der strengen patriarchalischen Gesellschaft geradezu ausgeschlossen, ein Schicksal, dem nicht einmal Nísia Floresta entgangen zu sein scheint, trotz ihres Talents und ihrer illustren europäischen Freunde.

Die allgemeinen Angelegenheiten wurden also nicht nur von einem ausgesprochen männlichen Gesichtspunkt aus, sondern durch fast ausschließlich männliche Denkprozesse entschieden, das heißt durch das Vorherrschen des subjektiven vor dem objektiven Element. Ein Beispiel dafür ist der sogenannte »juristische Romantizismus«, der in Brasilien stark übertrieben wurde und für die männliche Art, ein soziales oder Verwaltungsproblem anzugehen, charakteristisch war, wobei der konkrete Aspekt einer Frage hinter dem theoretischen, das Besondere hinter dem Allgemeinen zurücktrat. Übrigens finden sich in der scheinbar männlichen Kasuistik der Jesuiten erstaunlicherweise geistige und psychische Prozesse, die weiblich anmuten und zur Stärkung und Wirksamkeit ihrer Tätigkeit in Brasilien viel beigetragen haben.

Unter dem Mangel an weiblicher Einflußnahme auf Politik, Literatur, Unterrichtswesen, Sozialhilfe und andere Gebiete hat das Leben Brasiliens in der Zeit des Glanzes und mehr noch des Niederganges des patriarchalischen Systems gelitten. Nur ganz allmählich trat aus der häuslichen Intimität ein Frauentyp mit einiger Bildung hervor – ein wenig Literatur, Klavierspiel, Gesang, Französisch, ein paar Wissensbrocken –, der die unwissende Mutter der patriarchalischen Epoche ablöste, die auf ihre Kinder nur durch das Gefühl hatte einwirken können.

Schon zu Ende des 19. Jahrhunderts tauchte in der Literatur Narcisa Amália auf, dann Cármen Dolores und noch später Júlia Lopes de Almeida. Vor ihnen gab es nur mittelmäßige, pedantische alte Jungfern und einzelne französisch orientierte Frauen, von denen einige am *Almanach Luso-Brasilianischer Erinnerungen* mitarbeiteten. Nísia Floresta bildete eine aufsehenerregende Ausnahme, die unter den verzärtelten Damen um die Mitte des 19. Jahrhunderts den Eindruck eines richtigen Mannweibs erweckte. Denn selbst die Baronesas und Viscondessas konnten damals kaum schreiben, und die feinsten Damen buchstabierten allenfalls Andachtsbücher und Romane von recht phantastischer Art. In diesem Kreis mußten Frauen wie Nísia oder auch die Marquise de Santos, Francisca do Rio Formoso oder Joaquina do Pompeu auffallen.

Pater Lopes Gama – der hier immer wieder zitiert wird, weil er ein ausgezeichneter Kritiker der Sitten und Gebräuche der vornehmen Gesellschaft war und sich dabei der literarischen Karikatur bediente – wetterte gegen die französelnden Damen der ersten Hälfte des 19. Jahrhunderts, als wären sie schreckliche Sünderinnen gewesen. Seiner Ansicht nach hatte sich eine gute Familienmutter nur um ihren Haushalt zu kümmern, mußte früh aufstehen, um alle Arbeiten zu überwachen und die farbigen Mädchen anzuleiten, wobei sie die Peitsche oft nicht aus der Hand legte. Er war nicht damit einverstanden, daß diese patriarchalische Hausfrau allmählich von einer weniger häuslichen und mondäneren Frauengestalt verdrängt wurde, die spät aufstand, weil sie am Abend zuvor das Theater oder einen Ball besucht hatte, die Romane las, das Treiben auf der Straße beobachtete, zwei Stunden vor dem Toilettentisch saß, »um ihre kunstvolle Frisur aufzubauen«, ebensoviel Zeit vor dem Klavier, beim Erlernen des Französischen oder in der Tanzstunde verbrachte. Es gab weniger Frömmigkeit als früher, der Beichtstuhl wurde nicht mehr so oft aufgesucht, und die Unterhaltungen mit den Dienstmädchen wurden seltener. Dafür gab es mehr Romanzen, der Hausarzt hatte mehr Einfluß als der Beichtvater, und das Theater lockte die elegante Frau mehr als die Kirche. Die Damen besuchten sogar Maskenbälle.

Um die Mitte des 19. Jahrhunderts kamen in Brasilien die Maskenbälle auf, die nicht mehr in Privathäusern, sondern im Theater abgehalten wurden. Der erste öffentliche Ball für die besseren Kreise fand 1844 im Teatro de São Pedro de Alcântara in Rio de Janeiro statt. Ein Jahr später folgten die übrigen Theater der Hauptstadt diesem Beispiel, und der Maskenball nach französischer oder italienischer Art verdrängte die traditionellen Karnevalsfeiern.

Im Jahre 1848 schickte sich auch Recife an, einen großartigen Maskenball zu veranstalten, nachdem sich der *Diário de Pernambuco* zum Sprachrohr einer neuen Zeit gemacht hatte: »Pernambuco, dessen Hauptstadt an Luxus und feiner Lebensart mit der Residenzstadt des Kaiserreichs wetteifert, darf nicht ein Opfer der Vorurteile des 18. Jahrhunderts bleiben, als unsere Fenster noch von dichten Jalousien verschlossen, die Haustore vergittert waren.«

Tatsächlich beschlossen die Pernambucaner, nicht hinter der Hauptstadt zurückzustehen, und bauten in Recife einen großen Pavillon oder eine Pagode – immer noch nach orientalischem Vorbild –, in dem sich auf der rechten Seite die Sitzplätze für die Damen und auf der linken die für die Herren befanden – was auch wieder orientalisch war. Nur die Maskierten durften tanzen, die übrigen mußten zuschauen. Dominos waren zugelassen, die Masken selbst waren heilig. Geistige Getränke und sogar das Rauchen waren verboten. Wie der *Diário* vom 19. Februar berichtet, mußte während des Tanzes »absolutes Schweigen« herrschen. Wer gegen diese Bestimmung verstieß, wurde vom Zeremonienmeister aufgefordert, den Saal zu verlassen.

Dieser elegante, vornehme und lautlose Karneval konnte natürlich den anderen nicht verdrängen: den gewöhnlichen, plebejischen und lärmenden Karneval, in dem sich die Jugend austoben und die Neger ihre Afrikanität ausleben konnten (die im Alltag einigermaßen verdrängt wurde) und in dem die Schwarzen, Sklaven, Mädchen und Kinder schreien, tanzen und springen durften, als gehörten sie nicht einer von den weißen Herren unterdrückten Rasse und Klasse an. Aber auch der Karneval, der in den Theatern gefeiert wurde, bot trotz seiner Reserviertheit einer anderen Sorte von Menschen die Möglichkeit, sich auszutoben: Die weibischen Männer konnten sich als Frauen verkleiden und die männlichen Frauen als Männer. Und Herren, denen ihr Rang und Stand eine fast traurige Feierlichkeit aufzwang, hatten endlich einmal Gelegenheit, wie die jüngsten Studenten zu tanzen und herumzuhopsen.

In der patriarchalischen Gesellschaft voll Hemmungen und Unterdrückungen wirkte sich der Karneval wie – auf einer höheren Ebene – die Beichte aus: Männer, Frauen, Kinder, Sklaven, Neger und Indianer fühlten sich frei von jedem Druck, der sich sonst bei vielen als Ressentiment und Aggressivität ausgewirkt hätte. Die Maskenbälle waren eine seelische und damit soziale Befreiung von den Fesseln einer künstlichen Europäisierung mit ihren Verhaltensnormen, die den instinktiven Hang zur lärmenden Fröhlichkeit und zu den traditionellen sinnlichen Tänzen unterdrückten.

Die Möglichkeiten der noch patriarchalischen und schon bürgerlichen Frau, ihrer Stimme außerhalb des Hauses Gehör zu verschaffen, blieben in der ersten Hälfte des 19. Jahrhunderts noch immer auf ein Mindestmaß beschränkt.

Es kann gar nicht genug betont werden, welchen nützlichen und konstruktiven Einfluß im Brasilien der Kaiserzeit einigermaßen gebildete Frauen – über ihre Männer – durch ihren Takt, ihre Intuition und ihren Sinn für Realitäten auf die Lösung allgemeiner Probleme der Gesellschaft hätten nehmen können, von denen viele psychologischer und nicht nur wirtschaftlicher Natur waren. Frauen wie Leonor Pôrto, die Prinzessin Isabel, oder Dona Olegarinha, die sanfte, aber aktive Gattin José Marianos, konnten sich nur emotional, sentimental an politischen Feldzügen, vornehmlich dem der Negerbefreiung, beteiligen.

Keine der streng patriarchalischen oder halbpatriarchalischen Frauen aus den städtischen oder ländlichen Herrenhäusern vermochte mit all ihrer Sanftheit, ihrer Anmut und ihrem Charme einen ihrer Söhne, ihren Ehemann, ihren Bruder, einen Politiker oder einen sie verehrenden Dichter zu einem Gedanken zu inspirieren, der mehr als sentimental oder sinnlich gewesen wäre. Die beiden Geschlechter fanden sich nie in einer gemeinsamen Schöpfung von politischer oder literarischer Bedeutung. Niemals waren in einer scheinbar europäischen Gesellschaft die Männer so allein wie in der Kaiserzeit, nie war ihr politisches, literarisches oder wissenschaftliches Wirken so einseitig infolge des Fehlens einer schöpferischen Gemeinschaft mit der Frau.

Dieser Mangel an weiblicher Mitarbeit zeigt sich im trockenen, mitunter sogar abstoßenden Wesen einiger der bedeutendsten Männer jener Zeit, in Fagundes Varela, in Feijó, Gonçalves Dias, Tobias Barreto, Raul Pompéia. Die fehlende Mitarbeit oder auch nur Sympathie der Frau für ihre Arbeit und ihre Person scheint in ihnen einen fast krankhaften intellektuellen und sogar physischen Narzißmus oder die Homosexualität gefördert zu haben.

Echt und tief war die rein gefühlsmäßige Reaktion der Frau auf den Mann. Die Mutter war die Verbündete des Kindes gegen den übertrieben strengen Vater, seine Trösterin, seine Pflegerin und der Gegenstand seiner ersten Liebe. Sie erfüllte ihm so manchen Wunsch und sang es mit Wiegenliedern in den Schlaf. Später kamen Modinhas an die Reihe – süßliche brasilianische Liebeslieder. Der Sohn wurde von seiner Mutter – und oft auch von seiner Großmutter – mit Liebe überhäuft. Ihre rührseligen und traurigen Modinhas, die von unglücklicher Liebe handelten, ersetzten im 19. Jahrhundert die Wiegenlieder. So lernte das Kind schon früh, daß Liebe Leiden bringt. Es fehlte nicht an einem verweichlichenden Einfluß der Frau auf den jungen Brasilianer. Das erklärt vielleicht auch die Tatsache, daß sogar den Kriegshymnen etwas von den Modinhas anhaftet, etwas Weiches, Sentimentales und sogar Weinerliches.

Dagegen fehlte jegliches Verständnis der Mutter für ihre Aufgabe, das Kind oder den Jüngling auf die Welt vorzubereiten, der er blind und unbelehrt entgegenging. Correia de Azevedo machte 1872 neben der »Sklavenamme« und der »unmoralischen Mucama« hauptsächlich die »indolente, ungebildete Mutter« dafür verantwortlich, daß der brasilianische Junge so früh verdorben wurde: »Von Syphilis befallen, der Ausschweifung ergeben … Ernährung, Kleidung, Lebensgewohnheiten und Bewegung in der frischen Luft sind Dinge, die von diesen gewöhnlichen und unwissenden Müttern völlig willkürlich geregelt werden.« Aber die Mütter hatten ja selber von alledem keine Ahnung, und sogar jene, die eine Schule besucht hatten, unterschieden sich nur durch eine etwas gewähltere Sprechweise, in die sie französische Brocken einflochten, durch ein wenig Musik und ein wenig Tanz.

»In unseren Knabenschulen wird viel Französisch und viel Philosophie gelehrt«, schrieb Pater Pinto de Campos 1861, »aber das Vaterunser wird nicht erklärt. Noch schlimmer ist es in den Mädchenschulen. Die Frau kann und soll das große Werkzeug der Regenerierung sein; dazu muß jedoch ihre gegenwärtige Stellung eines gezähmten Idols oder einer Fortpflanzungsmaschine eine Änderung erfahren. Eine Nation ist eine Ansammlung von Familien: Der häusliche Herd ist der Frau vorbehalten. Die Bildung der Mädchen beschränkt sich heutzutage auf Bälle, Salons und Äußerlichkeiten. Die Frau, die auf dem Lande lebt oder mittellos ist, vegetiert in Unwissenheit dahin, denn für sich allein ist sie nichts.«

Dem »schwachen« oder »schönen« Geschlecht wurden zwei physische Typen aufgezwungen: zum einen die zarte Jungfrau, die »blasse Jungfrau meiner Träume« so mancher Poeten, zum anderen die verheiratete Frau, die »rundliche und hübsche Frau« oder ganz einfach die dicke, häusliche Gebärerin. Diese künstliche Einteilung, die der verstärkten sozialen Herrschaft und dem erhöhten sexuellen Genuß des Mannes dienen sollte, wurde durch eine besondere Diät und Lebensweise erzielt. Die blasse Jungfrau wurde mit Hühnerbrühe, Reissuppe, Backwerk und lauwarmen Bädern aufgezogen. Die hübsche, dicke Ehefrau dagegen unterzog sich einer regelrechten Mastkur mit viel Sirup, Guajavenkonfitüre, Kuchen, Araçá-Gelee und Schokolade. Für viele mag dies eine Entschädigung für den Kummer und die Enttäuschungen des Ehelebens gewesen sein. Beide Ernährungsweisen waren falsch und unzureichend. So entstanden die flachbrüstigen, romantischen Mädchen von vierzehn oder fünfzehn Jahren mit ihren weit aufgerissenen Augen, die von den fünfundzwanzig- und dreißigjährigen Akademikern mit Stock und Zylinder von der Straße aus angeschwärmt wurden, als wären ihre Balkons Altäre oder Nischen für Heiligenstatuen; aber auch die anderen, die achtzehn- oder zwanzigjährigen Mütter, dicke Frauen, von einer aufgedunsenen, ungesunden Beleibtheit. Nach der achten oder neunten Geburt starben sie als alte, verbrauchte Fünfundzwanzigjährige, die mit ihrem Gatten nichts geteilt hatten als das patriarchalische Ehebett.

Im Jahre 1882 schrieb der Baron Tôrres Homem, einer der bedeutendsten Ärzte der Kaiserzeit, daß unter den jungen Mädchen der luxuriösen und vornehmen Stadtpalais von Rio de Janeiro »Fälle von Lungentuberkulose infolge falscher Ernährung« gang und gäbe gewesen seien. »Im allgemeinen«, fügte er hinzu, »muß der Arzt in diesen Häusern gegen die Launen der fünfzehn- bis zwanzigjährigen Mädchen ankämpfen, die von früh bis spät Leckereien, Obst, Konfitüren und Kuchen essen, denen ein saftiges Beefsteak Widerwillen einflößt, denen beim Anblick eines leicht überbratenen Stücks Fleisch übel wird und denen nur Naschwerk schmeckt, das kaum Nährwert hat und meist schadet.«

Das war freilich nicht ihre eigene Schuld, sondern die ihrer Umgebung, die dem unverheirateten Mädchen beibrachte, es sei eine Schande, kräftige Nahrung zu sich zu nehmen, und es müsse auf dem Teller immer ein Rest liegenbleiben, damit man nicht den Eindruck erwecke, noch hungrig zu sein. Sie wollte damit nicht das Dickwerden vermeiden, sondern ein zu robustes, männliches Aussehen, das zu den Negerinnen aus den Sklavenhütten paßte und vielleicht noch zu den weniger mondänen Matronen, die über das verliebte Alter hinaus waren und sich nur noch um den Haushalt und die Erziehung der Kinder kümmerten. Oder auch zu den Witwen, die mitunter die Aufgaben des Mannes in der Verwaltung des Gutes und der Plantagen übernehmen mußten.

Correia de Azevedo, ein Arzt, der sich um die Mitte des 19. Jahrhunderts ernsthaft mit den Problemen der Hygiene und der Gesellschaftsordnung befaßte, bezeichnete die Frau als »eine Sklavin, die noch nicht der wohltuenden Auswirkungen der Emanzipation teilhaftig geworden ist und es auch nicht so bald werden wird«. »Nicht einmal die anspruchsvollste Pariser Puppe«, schreibt er über die kleinen Mädchen, »kann mehr Abnäher, mehr Rüschen, Bänder und Farben aufweisen als dieses unglückselige Kind, dem schon im zartesten Alter beigebracht wird, die Frau müsse eine Sklavin ihrer Kleider und aller Äußerlichkeiten sein, um damit leichter zur Sklavin des Mannes zu werden.«

In seinem 1894 erschienenen Werk *Man and Woman* macht schon Ellis die Verformung des weiblichen Körpers durch die Kleidung, und besonders durch das Mieder, für Atembeschwerden verantwortlich. Er bezieht sich auch auf die Untersuchungen von Sir Hugh Beevor, nach denen diese Hemmung der Thoraxentwicklung neben mangelnder Bewegung in der frischen Luft bei vielen jungen Mädchen zur Tuberkulose geführt hat.

All diese schädlichen Einflüsse machten sich ganz besonders bei den jungen Mädchen in den Stadthäusern bemerkbar. Schon mit elf Jahren mußten sie dauernd auf »anständiges Benehmen« achten und durften nicht mehr im Hof oder im Garten herumtollen und -springen. Vom vierzehnten Lebensjahr an mußten sie sich wie junge Damen in Seide und Spitzen kleiden und, wenn sie ins Theater oder auf einen Ball gingen, dekolletierte Toiletten tragen – Ursache für das häufige Auftreten von Tuberkulose und Anämie wie später der vielen Fehlgeburten und Todesfälle im Kindbett.

Nach der Ansicht Correia de Azevedos wuchs das brasilianische Mädchen von klein auf zwischen Feinden auf, die es schädigten, statt es zu schützen. Als Säugling wurde es »an der Brust einer afrikanischen oder indianischen Amme, die oft an chronischen, mitunter sogar erblichen Hautkrankheiten litt«, unzulänglich ernährt. Ebenso schädlich waren »die übertriebenen Zärtlichkeiten und Liebesbezeigungen, die nur entnerven«.

Nicolau Moreira, ein anderer Arzt der Kaiserzeit, führte 1868 »die organische Schwäche unserer Frauen« auf die »schlechten Gewohnheiten«, nämlich die ungeeignete Kleidung und Ernährung zurück.

Mehr als ein Arzt der Jahrhundertmitte, der das Leben in den vornehmen Stadthäusern besser kannte als der Beichtvater, maß den Einflüssen des Milieus, der Gewohnheiten und der Erziehung auf die Entwicklung und das Leben der Frau eine größere Bedeutung zu als denen des Klimas. Aber schon im 18. und in den ersten Jahrzehnten des 19. Jahrhunderts gab es Ärzte, die diese Anschauungen vorwegnahmen. Nach mehrjährigen Untersuchungen und Beobachtungen über die Lungentuberkulose in Recife (die häufiger bei jungen Mädchen als bei verheirateten Frauen auftrat und öfter bei Frauen als bei Männern) kam einer von ihnen, Dr. Joaquim de Aquino Fonseca, zu dem Schluß, daß die Ursachen vor allem in dem gesellschaftlichen Zwang zu suchen seien, die Figur durch ein festgeschnürtes Mieder zu korrigieren und eine für das tropische Klima völlig ungeeignete »Kleidung aus schweren Stoffen zu tragen, die wie ein Ofen wirkte«.

Schon im Jahre 1798 hatten die Ärzte in einem Gutachten über die mangelnde Hygiene von Rio de Janeiro auf die ungesunde Lebensweise, die Abgeschlossenheit, den Mangel an Bewegung sowie das schwächende tägliche lauwarme Bad der Damen hingewiesen. Die Grüfte in den Kirchen standen immer bereit, um die jungen Mädchen aufzunehmen, die an Tuberkulose starben, und die verheirateten Frauen, die ein Opfer der Anämie oder der zahlreichen Geburten wurden.

Ebenso wie die Gestalt des früh verstorbenen Kindes, des »Engelchens«, wurde in der Kolonialzeit und während des Kaiserreichs auch die des jungen Mädchens idealisiert, das als Jungfrau starb. Sie wurde in einer mit Orangenblüten geschmückten Kapelle im Brautschleier und mit einem Nelkenstrauß in einem hellblauen oder weißen Sarg aufgebahrt. Auch diese morbide Idealisierung hatte zweifellos dieselben Ursachen wie die des Engelchens: eine psychische Kompensierung – in theologischem Gewand – für den Verlust eines gesellschaftlichen Wertes, den das tote Mädchen darstellte. Der Hausarzt, der später in den Herrenhäusern in Stadt und Land den Beichtvater an Autorität übertraf, räumte allmählich mit diesen antisozialen Idealisierungen auf.

Der Beichtstuhl war für die patriarchalische Frau ein Mittel gewesen, ihr Gewissen zu erleichtern und sich ein wenig von dem Druck zu befreien, den der Vater, der Großvater oder der Ehemann auf ihre Persönlichkeit ausübten. Das Übergewicht, das seit den ersten Jahrzehnten des 19. Jahrhunderts der Arzt über den Priester erlangte, bezeichnete den Beginn einer neuen Zeit für die Situation der Frau und ihre Beziehungen zu Männern, die nicht ihrer Familie angehörten.

Der bedeutende Einfluß, den der Hausarzt auf die Frauen gewann, beschränkte sich eine Zeitlang auf die Hafenstädte. In Rio de Janeiro allein zählte De Freycinet zu Beginn des 19. Jahrhunderts über 600 Ärzte, die Chirurgen inbegriffen. In den Gutshäusern und ganz besonders in den Stadthäusern trat der Hausarzt als unabhängigerer Partner neben den Hauskaplan oder Beichtvater, der dem *pater familias* eher zu Willen war. Der Hausarzt und sogar der Chirurg hatten sich hauptsächlich um die Neger in den Sklavenbehausungen zu kümmern.

Von dieser ersten Phase des Einflusses des Arztes auf die brasilianische Familie soll nur der auf die Frau hervorgehoben werden. Die Dame des Stadthauses fand im Arzt einen mit Prestige ausgestatteten Mann, bei dem sie sich von ihrem Gatten und ihrem Vater erholen und dem sie ihre Krankheiten, ihre Schmerzen und sonstige körperlichen Intimitäten bekennen konnte, ein wohltuendes Mittel, den patriarchalischen und klerikalen Druck zu vergessen. In den Anekdoten über betrogene Ehemänner – die übrigens zur Zeit des strengen Patriarchats verhältnismäßig selten waren – trat damals der Arzt an die Stelle des Don Juan in der Soutane. Über so manchen Arzt waren Ehebruchsgeschichten in Umlauf, und die Chirurgen wurden mitunter zu Opfern der Chirurgie in Form von grausamen Bestrafungen. Die schreckliche Wut der in ihrer Ehre gekränkten Väter oder Gatten richtete sich nun nicht mehr allein gegen die Patres oder Fratres. Allmählich traten aber auch bürgerlich-friedliche Ehemänner wie Manuel José da Silva in Erscheinung, der am 3. März 1825 den Lesern des *Diário do Rio de Janeiro* mitteilte, er habe sich »von seiner Frau, Ignacia Joaquina da Conçeicão, wegen des Verbrechens des Ehebruchs getrennt, das sie aus freiem Willen mit dem ehebrecherischen Pater Manoel Nunes begangen habe«.

Mit dem verstärkten Einfluß des Arztes auf die Frau und ihre Umwelt verschwand die Idealisierung des Todes, die die Freude am Leben und den Sinn für die Gesundheit in so seltsamer Weise verdreht hatte: die Idealisierung des toten Kindes, der als Jungfrau verstorbenen Tochter oder sogar des Jünglings, die von den Priestern und der Kirche gefördert wurde, wenn sie schon keine Möglichkeit hatten, gegen die sozialen Ursachen von soviel Unglück anzukämpfen. Der Hausarzt trug in reichem Maße dazu bei, in der brasilianischen Frau und sogar im männlichen Stadtbewohner die Lust am Leben und an der Gesundheit wiederzuerwecken, die durch die schwierige Anpassung des Europäers an die Tropen so sehr verdorben worden war, hauptsächlich durch die Übertreibungen, die die Beziehungen zwischen dem Menschen und der Natur, dem Mann und der Frau sowie dem Erwachsenen und dem kleinen Kind unter dem patriarchalischen System erfahren hatten.

Der Übergang vom absoluten Patriarchat bzw. Semipatriarchat oder ländlichen Patriarchat zu dem, das sich in den Städten entwickelte, ist einmal mit dem Übergang von der absoluten zur konstitutionellen Monarchie verglichen worden. Das ist einer der besten Vergleiche, da er einige der charakteristischen Aspekte des juristischen, moralischen und sozialen Phänomens dieses Übergangs umfaßt. Die rein juristische Seite wurde in einem heute vergessenen, 1889 in Paris erschienenen Essay des Barons de Ourém untersucht: *Étude sur la Puissance Paternelle dans le Droit Brésilien*. Die übrigen Aspekte sind noch fast unerforscht.

Der Absolutismus des *pater familias* – der in Brasilien am reinsten durch den im Herrenhaus residierenden Guts- und Plantagenbesitzer verkörpert war – wurde allmählich in dem Maße gemildert, in dem andere Gestalten in der sklavenhaltenden Gesellschaft an Prestige gewannen: der Arzt, der Lehrer, der Schuldirektor, der Provinzpräsident, der Polizeichef, der Richter, der Handelsagent. Und in dem Maße, in dem andere Institutionen dem Herrenhaus seine Bedeutung und sein Prestige nahmen und ein Gegengewicht gegen seinen Einfluß bildeten: die Kirche durch die größere Unabhängigkeit der Bischöfe, die Regierung, die Banken, die Schule, die Fabrik, die Werkstatt, der Kaufladen. Mit dem Aufstieg dieser Berufe und dieser Institutionen setzte die Befreiung der Frau von der übertriebenen patriarchalischen Autorität ein. Gemeinsam mit dem Sohn und dem Sklaven erlangte sie einen höheren juristischen und moralischen Status. Auch durch die Heirat des armen Akademikers, des Mulatten oder des Offiziers aus niederem Stande mit einem weißen jungen Mädchen aus einem Guts- oder Stadthaus entstand in Brasilien eine Art mütterliche Abstammung: Die Kinder führten nicht den Namen des Vaters, sondern den vornehmen und berühmten der Mutter – Castelo Branco, Albuquerque e Melo, Rocha Wanderley, Holanda Cavalcanti, Silva Prado, Argôlo, Osório. In solchen Fällen wirkte sich das gesellschaftliche Prestige in einem moralischen und psychologischen Gewinn für die Frau aus.

Die Kirche, für deren Autorität sich die Jesuiten im ersten Jahrhundert der Kolonisierung so tapfer geschlagen hatten, mußte im zweiten vor den Herrschern der Herrenhäuser kapitulieren. Später aber eroberte sie einige ihrer vorgeblichen Rechte und einen Teil des geistigen und moralischen Prestiges zurück, das sie durch die fast vollständige Unterordnung des Hauskaplans unter den *pater familias* eingebüßt hatte. Was sie jedoch nicht wiedererlangte, war die angestrebte Beherrschung der Frau und der Kinder, die sich vom übermächtigen Druck des Familienvaters befreit und dafür dem Einfluß des Arztes, der Schule, des Theaters, der Profanliteratur und nicht ausschließlich der stärkeren Autorität der Bischöfe und der Vikare unterworfen hatten.

Die Kirche muß aber auch zu den Kräften gezählt werden, die zusammenwirkten und den Niedergang des Patriarchats in den ländlichen Herrenhäusern und sogar in den Stadthäusern herbeiführten, von denen so viele ein Oratorium oder eine Hauskapelle besaßen. Schon im 18. Jahrhundert versuchten einige Bischöfe dem Überhandnehmen der in Privatkapellen gelesenen Messen entgegenzuwirken. In den Zeitungsannoncen aus der ersten Hälfte des 19. Jahrhunderts werden immer wieder Stadthäuser mit »Oratorium zum Messelesen« erwähnt, wo die dikken, verweichlichten und einer sitzenden Lebensweise ergebenen Matronen die Messe hören konnten, ohne wie die Kleinbürger oder die Plebs in die Kirche gehen zu müssen.

Im Jahre 1886 wandte sich der Internuntius und Erzbischof von Otranto in einem Rundschreiben an die Bischöfe und verurteilte darin den Unfug, die heilige Messe in Privathäusern zu lesen. Ein Zuwiderhandeln sollte mit dem Entzug *ad celebratione Missae* bestraft werden. Obwohl dieses Rundschreiben vom Stellvertreter des Erzbischofs außer Kraft gesetzt wurde, bezeichnet es doch, wenn nicht das Ende, so doch den Niedergang der Ära des Hauskaplans, der dem Patriarchen unterstand und sich dem geistlichen Oberhirten gegenüber fast gleichgültig verhielt. Die Beziehungen zwischen dem Herrenhaus und der Kirche sowie zwischen dem Priester und seinem Bischof erfuhren dadurch eine Neuordnung.

Der Bischof von Mariana wies freilich den Internuntius auf verschiedene echt brasilianische Schwierigkeiten hin, die sich der Befolgung eines so antipatriarchalischen Befehls entgegenstellten. Unter anderen auf die Tatsache, daß es ausgedehnte Kirchensprengel von zwanzig, dreißig und sogar fünfzig Meilen Ausdehnung gäbe, wo der größte Teil der

Gläubigen nicht einmal jedes Jahr, oft überhaupt nie im Leben zur Kommunion in die Pfarrkirche gehen könne. Deshalb würden die Hauskapellen der großen patriarchalischen Familien geduldet. »Die Oratorien auf den Gütern«, fügte der Bischof von Mariana, der angesichts des orthodoxen Radikalismus des Internuntius zur Gegenseite neigte, in sanfter Versöhnlichkeit hinzu, »die Oratorien, die jedermann frei zugänglich sind, wurden von jeher als öffentlich betrachtet und gleichen den Mangel an Kapellen aus. Das einzige, was ihnen zu öffentlichen Kapellen fehlt, ist der Umstand, daß sie auf privaten und nicht auf öffentlichen Grundstükken stehen.«

Das Verbot, die Messe im Hause zu hören, hätte am härtesten die Frau getroffen, die Familienmutter, die fast nie ausging. Denn es gab solche Oratorien nicht nur in den abgelegenen Gutshäusern, auf die sich der Bischof bezog, sondern auch in den Stadthäusern, sogar in Rio de Janeiro, Bahía und Recife, wenige Schritte von der nächsten Kirche oder Kathedrale entfernt. Die Kapelle im Hause des alten Visconde de Suaçuna zum Beispiel unterschied sich kaum von der nahe gelegenen Pfarrkirche.

Wenn die Kirche im Jahre 1886 in der Frage der Hauskapellen nachgab, so geschah es wohl vor allem der Frau zuliebe, die seit der Jahrhundertwende zum konservativsten Element des orthodoxen Glaubens geworden war, als sich die Männer den Liberalen und Freimaurern zuwandten. In einzelnen Stadthäusern wie dem des Antônio Gonçalves da Cruz in Recife wurde die Hauskapelle sogar in eine Art Freimaurertempel, mit Bildnissen französischer und nordamerikanischer Revolutionäre, verwandelt, die die Stelle der Heiligen und Märtyrer einnahmen.

Pereira da Costa behauptet, daß das Freimaurertum 1801 in Brasilien eingeführt worden ist. Nach den Berichten des englischen Reisenden Thomas Lindley gab es in Bahía schon zu Beginn des 19. Jahrhunderts eine Freimaurerloge, die noch aus dem vergangenen Jahrhundert zu stammen schien. Diese Logen, die ebenso wie die Geheimgesellschaften – »Akademien«, »Areopage«, »Universitäten« und »Werkstätten« – zur selben Zeit in den europäisiertesten Teilen Brasiliens auftauchten, übten in der patriarchalischen Gesellschaft eine ähnliche Funktion aus wie die Geheimbünde in primitiven Gesellschaften. Die Frauen waren davon ausgeschlossen und durften die geheiligten Werkzeuge nicht einmal von ferne betrachten. Das freimaurerische Geheimnis der liberalen Verschwörungen, die für viele »Befreier« gleichbedeutend mit dem Ausschluß der Frauen, Neger und Mulatten von den so idyllisch erträumten demokratischen Regierungen waren, vertiefte noch den ohnehin schon beträchtlichen Antagonismus zwischen dem konservativen und dem fortschrittlichen Geschlecht.

Die ernstesten Aktivitäten der Männer – im Falle der Geheimgesellschaften das Streben nach Freiheit, Unabhängigkeit und Demokratie – wurden vor den Frauen verborgen gehalten. Und es ist gut möglich, daß einige liberale Verschwörer ihren Frauen und Kindern gegenüber hartherzige Gatten und Väter waren, die sie mit Gewalt – oder um ihr gesellschaftliches Ansehen zu stärken – in ein Kloster verbannten. Diese Anhänger der Demokratie, die ihr Land vom portugiesischen Joch befreien wollten, hatten gleichzeitig ihre eigene, monosexuelle Art, Demokraten und Liberale zu sein.

Zu Anfang des 18. Jahrhunderts schrieb der Gouverneur von Minas Gerais, Lourenço de Almeida, es gäbe in seinem Kapitanat zahlreiche Junggesellen, aber auch eine bedeutende Anzahl junger Mädchen, die von ihren tyrannischen Vätern in Klöster gesteckt wurden, wo sie in trübseliger Jungfräulichkeit dahinwelkten. Zum Teil geschah dies um der Ehre willen, eine Tochter geistlichen Standes zu haben, zum Teil wegen der Schwierigkeit, unter den unverheirateten Männern des Landes, die oft von zweifelhafter weißer Rasse waren, einen geeigneten Schwiegersohn zu finden, ganz besonders in Minas, das schon während der Kolonialzeit wegen der verbreiteten Rassenmischung berühmt war. Daher zogen die vornehmsten und ältesten Familien mit heiratsfähigen Töchtern Abenteurer aus Portugal an, sogar Männer, die dort als »Abschaum des Volkes« galten und »in ein weites Land voller Freiheiten kamen«, wo sie sich »frech gebärdeten und vorgaben, Edelleute zu sein«. Die Patriarchen der alteingesessenen Familien bemühten sich, die falschen Edelleute von den echten und die falschen Weißen von den echten Weißen zu unterscheiden. Dadurch wurde es zu einem schwierigen Problem, seine Töchter zu verheiraten.

In Pernambuco, in São Paulo und im Umkreis von Bahía wurde dieses Problem durch Heiraten von Vettern oder Onkeln mit Kusinen oder Nichten, also durch patriarchalische Endogamie, gelöst. Durch diese Heiraten verschmolzen die verschiedenen Familien aus der ersten Zeit der Besiedlung fast zu einer einzigen, so scharf abgegrenzten Familie, daß es den Abenteurern aus Portugal oder den Mulatten, die gesellschaftlich aufsteigen wollten, nur in Ausnahmefällen gelang, ein vornehmes Mädchen zu ehelichen. Trotzdem gab es noch im 17. Jahrhundert einige von ihnen, die in die höchsten Kreise von Pernambuco einheirateten und ebenso gute Edelleute wurden wie ihre Schwiegerväter.

De Freycinet beschreibt die Erziehungsanstalten, in denen die jungen Mädchen in Brasilien isoliert wurden. Die einen waren richtige Schulen oder Internate, die anderen Besserungsanstalten oder Klöster, »wo Frauen und Mädchen eingesperrt sind, die zwar nicht gerade einen schlechten Lebenswandel geführt haben, aber doch ihren Vätern oder Ehemännern ernsten Grund zur Unzufriedenheit gegeben hatten«. Dem ist allerdings hinzuzufügen, daß es sich nicht immer um einen ernsten Grund zur Unzufriedenheit handelte, sondern oft nur um den einfachen Verdacht einer Liebelei, um Mißtrauen. Bei einigen Ehemännern war es nicht einmal das. »Es ist bekannt«, schrieb ein deutscher Reisender, Hermann Burmeister, »daß viele Brasilianer ihre Frauen ohne stichhaltigen Grund jahrelang in ein Kloster sperren, ganz einfach, um in ihrem Hause nach Herzenslust mit einer Mätresse zusammen leben zu können. Das Gesetz unterstützt noch diesen Unfug; wer seine Frau loswerden will, geht zur Polizei und läßt sie von Beamten ins Kloster bringen. Er muß nur für die Kosten aufkommen.« Zur Kolonialzeit scheint dieses Verfahren nicht ganz so einfach gewesen zu sein, wie aus dem Text der Erledigungen von Gesuchen der Gatten oder Väter hervorgeht. Zweifellos hat aber das Gesetz während der Zeit des Patriarchats und noch darüber hinaus die Unterordnung der Frau unter den Mann mit allen Mitteln unterstützt.

Die halbpatriarchalische Bewohnerin des Stadthauses wurde auch weiterhin vom Vater und vom Gatten unterdrückt, wenn auch nicht mehr so stark wie die des ländlichen Herrenhauses. Das bedauernswerteste Opfer des im Niedergang befindlichen Patriarchats war vielleicht die alte Jungfer, die nicht nur von den Männern, sondern auch von den verheirateten Frauen ausgenutzt wurde. Sie war es, die an Werk- und Feiertagen zu Hause bleiben mußte, um sich, halb Gouvernante, halb arme Verwandte, um die Kinder und Sklavinnen zu kümmern, um zu nähen und Strümpfe zu stopfen, während die verheirateten Frauen und heiratsfähigen Töchter ins Theater oder in die Kirche gingen. An Geburtstagen oder bei Taufen zeigte sie sich den Gästen fast nie. Sie blieb in der Küche, um die Speisen anzurichten, oder im Innern des Hauses, um die Kinder zu baden und festlich zu kleiden. Sie sorgte auch am hingebungsvollsten für die Heiligenstatuen und schmückte das Jesuskind, den heiligen Antonius und den Heiland. Ihre völlige wirtschaftliche Abhängigkeit machte sie zum gehorsamsten Mitglied des Haushalts; sie

Brasilianerin Mitte des 19. Jahrhunderts. Kleid und Frisur weisen orientalische Einflüsse auf (Zeichnung von Lula Cardoso Ayres, nach einer Daguerreotypie im Besitz des Autors).

gehorchte sogar den kleinen Mädchen und wagte kaum, den Dienstmädchen Befehle zu erteilen.

Die Brasilianer befreiten sich schneller von den Vorurteilen gegenüber der Rasse als gegenüber dem anderen Geschlecht. Schon im ersten Jahrhundert der Besiedlung wurden die härtesten Tabus gegen die Indianer gebrochen, und im 17. Jahrhundert erhob der König seine Stimme zugunsten der Mulatten. Die »Minderwertigkeit der Frau« dagegen überlebte die »Minderwertigkeit der Rasse«, so daß die brasilianische Kultur weniger mit der nordamerikanischen und ihren Verschmelzungen als mit den orientalischen zu vergleichen ist, in denen viele ihrer wertvollsten Elemente durch das Tabu des schwachen oder schönen Geschlechts unterdrückt wurden.

In der Entwicklung der brasilianischen patriarchalischen Gesellschaft gerieten die sozialen Unterschiede der Geschlechter, die immer den Mann begünstigten, bisweilen in Konflikt mit den sozialen Unterschieden zwischen den Rassen, die den Weißen begünstigten. Diese gesellschaftlichen Unterschiede verwischten sich, wenn weiße Damen in Liebesbeziehungen zu Mulatten traten, was aber nur selten geschah.

Die Distanz, nicht nur die gesellschaftliche, sondern vor allem die psychische Distanz zwischen der weißen Frau und dem schwarzen Sklaven, war immer größer als die zwischen dem weißen Herrn und der schwarzen Sklavin. Andererseits fühlte sich die vornehme weiße Frau vom guten Aussehen und sexuellen Prestige des Mulatten angezogen, der stärker, lebhafter, fremdartiger und wohl auch leidenschaftlicher schien als der Weiße. Durch diese Schwäche der sentimentalen und oft sinnlichen Aristokratin, die sich um keine Rassenvorurteile kümmerte und die den Mulatten begehrenswerter fand als den ihr so ähnlichen und allzusehr vertrauten weißen Vetter, gelang es dem hellhäutigen Mulatten, dem Akademiker oder dem mittellosen Offizier, in die höchsten Schichten der brasilianischen Gesellschaft aufzusteigen. Die vornehmen Väter wollten in den meisten Fällen nichts von derartigen ethnisch, sozial und wirtschaftlich ungleichen Ehen wissen. Die Töchter aber, die jungen Damen aus den Stadthäusern und sogar aus den Gutshäusern, ließen sich mitunter von plebejischen oder farbigen Don Juans entführen und stellten sich damit schon seit Beginn des 19. Jahrhunderts gegen die patriarchalische und endogame Vorstellung von der Ehe.

Sellin weist auf die große Anzahl von Mädchen hin, die in der zweiten Hälfte des 19. Jahrhunderts entführt wurden, weil ihre Väter nicht damit einverstanden waren, daß sie sich mit den Männern ihrer sexuell oder gefühlsmäßig bedingten Wahl verheirateten, gegen die wegen ihrer Abstammung oder ihres Standes Einwände erhoben wurden. Die Mädchen fanden sich jedoch nicht mehr in altgewohnter Ergebenheit mit der Gattenwahl durch die Familie ab, sondern flohen auf romantische Art mit dem Geliebten, der oft gesellschaftlich unter ihnen stand und eine dunklere Hautfarbe hatte.

Diese Entführungen leiteten in dramatischer Weise den Untergang der patriarchalischen und den Beginn der unbeständigen und romantischen Familienverhältnisse ein. Aus dem hochfahrenden Patriarchen wurde fast ein König Lear. Durch diese Fälle von Frauenraub stiegen der Mulatte und der arme Akademiker auf, aber auch die Frau selbst. Sie errang das Recht auf Liebe, unabhängig von Erwägungen über Klasse, Rasse, Familie und Herkunft, und gewann den Mut, dem Vater und der Familie den Gehorsam zu verweigern, um dem Verlangen des Geschlechts, des »Herzens« oder der »wahren Liebe« nachzugeben.

Der Redakteur des »Wochenrückblicks« des *Diário de Pernambuco* stellte am 31. Juli 1854 fest, daß diese häufigen Entführungen das Fundament der väterlichen Autorität erschütterten, die durch das Eingreifen der Gerichte noch mehr geschwächt wurde. »Mitunter«, schreibt er, »wird das väterliche Einverständnis durch das der Richter ersetzt, die es sogar gegen die Bestimmungen des Gesetzes erteilen, weil sie der Meinung sind, es müsse alles geschehen, um eine Eheschließung zu ermöglichen. Und was ist die Folge? Die Schwächung der väterlichen Autorität, die Auflösung der stärksten Familienbande und damit die Demoralisierung und Zerstörung der Gesellschaft.« Einen Monat später berichtete dieselbe Zeitung über einen solchen Mädchenraub: »Am Morgen des 20. August fand wieder eine Entführung statt. Wie uns gemeldet wird, wurde ein junges Mädchen nach der Messe in der Livramento-Kirche mit Gewalt vom Arm ihres Vaters losgerissen. Um den Erfolg des Unternehmens zu sichern, ließ sich der Verlobte des Mädchens von einigen Helfern begleiten. Die Heiratslustigen beschränken sich also nicht mehr auf Entführungen, um das väterliche Einverständnis zu erpressen, sondern schreiten dabei zur offenen Gewaltanwendung. Die Familien geraten mit jedem Tag in eine schwierigere und beklagenswertere Lage.«

Um die Mitte und noch in der ganzen zweiten Hälfte des 19. Jahrhunderts berichteten die brasilianischen Zeitungen ständig über derartige Entführungen, die bisweilen noch von romantischen Don Juans durchge-

Tochter des Hauses (Zeichnung von Lula Cardoso Ayres, nach einem zeitgenössischen Porträt im Besitz des Autors).

führt wurden. Immer häufiger erfolgten sie jedoch, weil die Väter nicht mit dem Stand oder der Hautfarbe der Betreffenden einverstanden waren.

In seinem Essay *Die Republik in Südamerika* schrieb der berühmte Jurist der Kaiserzeit, Professor A. Coelho Rodrigues, daß die »Einmischung des Gesetzgebers« in die Angelegenheiten von Vater und Sohn – vor allem aber von Vater und Tochter – das »gegenseitige Vertrauen erschüttert, das die Familienmitglieder am stärksten aneinander bindet«. Seiner Ansicht nach sollte die Familie weiterhin patriarchalisch bleiben und auf der »moralischen Stärke des Vaters« basieren, der, wie in Portugal, dessen Kodex von 1603 noch immer die Grundlage des brasilianischen Zivilrechts bildete, »den Mittelpunkt der familiären Beziehungen« darstellt, ausgestattet mit »der Autorität des Vaters und des Ehemannes«.

Das kaiserliche Dekret vom 31. Oktober 1831, mit dem die Mündigkeit von 25 auf 21 Jahre herabgesetzt wurde, bedeutete eine regelrechte Revolution. Von diesem Datum an konnte der 21jährige Sohn »ohne Erlaubnis und Wissen des Vaters heiraten und ausgeben, was er verdiente, ohne darüber Rechenschaft ablegen zu müssen, mochte er den Vater auch noch soviel gekostet oder von ihm schon das bei dessen Hinscheiden fällige Erbe erhalten haben«. In Verteidigung des Vaters gegen seine Kinder und der patriarchalischen Familie gegen die Einmischung des Staates oder des liberalen Gesetzgebers fügte der Jurist hinzu: »Wenn er arm und die Kinder reich sind, muß er sich abrackern, während seine Kinder die Vorauszahlungen, Gewinne und die Mitgift des jeweiligen Ehegatten durchbringen; von drei Münzen, die er zusammensparen kann, schuldet er notgedrungenermaßen zwei seinen Kindern.« Einen solchen in seiner väterlichen Gewalt beschnittenen Vater nannte Professor Coelho Rodrigues einen »Galeerensklaven« und erinnerte daran, daß es immer üblicher wurde, sich von drückenden Schulden durch »den Tod dessen zu befreien, der einem das Leben geschenkt hat«.

Entsetzt über all die romantischen Neigungen der jungen Generation, insbesondere die Flucht der jungen Mädchen aus dem Elternhaus in Gesellschaft ihrer Anbeter, empfahl Ana Ribeiro de Góis Bettencourt, eine berühmte Mitarbeiterin des *Almanachs Luso-Brasilianischer Erinnerungen*, im Jahre 1885 den Eltern, sie sollten alle schlechten Einflüsse von ihren Töchtern fernhalten: das schlechte Theater, schlechte Romane, wie zum Beispiel die von José de Alencar mit ihren »ziemlich lockeren Szenen« und gewissen »herrschsüchtigen und launischen Frauengestalten, die ein unerfahrenes junges Mädchen dazu verleiten könnten, solche im wirklichen Leben wenig empfehlenswerten Typen nachzuahmen«.

Es erschienen aber noch gewagtere Romane und noch gefährlichere Autoren als Alencar, und sie behaupteten in ihren Büchern sogar, »die nur durch die Liebe herbeigeführte Vereinigung der Geschlechter sei ebenso rein und heilig wie die von der Religion und der Gesellschaft gesegnete«. Ja, sie gingen so weit, »den Ehebruch der Frau zu entschuldigen«. Dagegen empfahl Ana Ribeiro die Romane von Escrich oder ihre eigenen: *Die Tochter des Jephta* oder den *Engel der Vergebung*. Aber kein noch so moralisierender Roman konnte die Befreiung der Frau vom Despotismus des Vaters oder Ehemannes verhindern, wenn diese Befreiung auch hauptsächlich in der Ersetzung des Mannes durch die Frau nach den patriarchalischen Normen und Formen bestand. Diese althergebrachten Formen überlebten die juristischen, politischen und sogar wirtschaftlichen Veränderungen, die inzwischen stattgefunden hatten, wie sie auch das Verschwinden der orientalischen Frauenkleidung überlebten.

Ein so komplexes System wie das patriarchalische in Brasilien konnte nur ein System sein, dessen soziologische Form auf einer biologischen Grundlage aufgebaut war. Mehr als einmal wurde darin die *Frau*, soziologisch gesehen, zum *Mann*, wenn es darum ging, dem Haushalt und der Familie vorzustehen und die Besitzungen zu verwalten. Der Mestize wurde durch seine Stellung in sozialer und sogar in politischer Hinsicht zum Weißen. Das Patenkind oder der Neffe konnte an die Stelle des Sohnes treten. Auch der Schwiegersohn konnte mitunter dessen gesellschaftliche Vorrechte als Nachkomme des Familienoberhauptes übertreffen. Pate oder Patin konnte die Stellung der biologischen Eltern einnehmen, und die Patenkinder konnten sogar den abwesenden oder toten Ehegatten ersetzen, wie es bei Joaquim Nabuco der Fall war, der als einziges Kind von seiner verwitweten Patin Ana Rosa aufgezogen wurde; sie versuchte, ihm den Familiennamen ihres verstorbenen Mannes, Carvalho, zu geben. Hierher gehört auch das Führen des mütterlichen Mädchennamens, wenn er berühmter oder vornehmer war als der des Vaters.

In allen diesen Fällen siegte das soziologische Element über das biologische. Oft fand aber auch ein Prozeß der Verschleierung statt: Das Individuum mit einem obskuren oder verächtlichen Familiennamen von seiten des Vaters (eines Einwanderers, Afrikaners oder Plebejers) flüchtete sich in den Familiennamen der Mutter, des Großvaters oder des Paten, um sich, seine Zukunft und seine Nachkommen zu schützen.

Solche Fälle waren häufig in der Geschichte der patriarchalischen oder tutelarischen Gesellschaft, die durch einen Beschützungskomplex gekennzeichnet war. Sie waren so zahlreich, daß sie einige Forscher nicht nur an das Fortleben leicht matriarchalischer Züge, sondern an das Nebeneinanderbestehen von Matriarchat und Patriarchat in ein und derselben Gesellschaft glauben ließen. Es gab natürlich matriarchalische Erscheinungen, aber nur in der Form der Übernahme männlicher Aufgaben durch einzelne außergewöhnliche Frauen, aber nicht als Unterordnung des männlichen unter das weibliche Geschlecht.

Als sich das Patriarchat von den ländlichen Herrenhäusern in die Stadthäuser verlagerte, verringerte sich die räumliche und gesellschaftliche Distanz, die zwischen der Herrenschicht und den Ausübenden einer mechanischen, kommerziellen oder industriellen Tätigkeit bestanden hatte. Wenngleich sich diese Aktivitäten in verhältnismäßiger Unabhängigkeit von den Bewohnern der Stadthäuser entwickelten, wurde doch vor allem für sie gearbeitet.

In den brasilianischen Städten des 19. Jahrhunderts entstanden – mitunter in nächster Nähe oder sogar im Erdgeschoß der Häuser der Begüterten selbst – Tischler- und Zimmermannswerkstätten, wo Möbel, Särge und Katafalke hergestellt wurden; Apotheken oder Drogerien, in denen seit der Jahrhundertwende europäische und nordamerikanische Arzneien verkauft wurden, gegen die sich aber lange Zeit – und eigentlich heute noch – die alten patriarchalischen Hausmittel behaupten konnten, die zum Teil unter den altgewohnten indianischen Namen schon auf kommerzieller Basis fabriziert wurden; Eisdielen, wo es außer Sorbets und Kuchen, Gebäck, Krabbenpasteten und italienische und französische Konfitüren gab, die die Negerinnen in den herrschaftlichen Küchen nicht herstellen konnten. Ihr fast geheiligtes Prestige erlitt dadurch eine empfindliche Einbuße. Ferner Remisen, wo einfachere Hausbesitzer ohne eigene Wagen Kutschen für Spazierfahrten, Hochzeiten, Taufen und Promotionen mieten konnten; Kurzwaren-, Eisenwaren- und Lebensmittelgeschäfte, wo es neben anderen europäischen und nordamerikanischen Neuheiten für den bürgerlichen Komfort der Häuser sogenannte »belgische« Gaslampen und statt des alten, übelriechenden und rauchenden Fischöls das »Diamantlicht« gab, das »explosionssicher und frei von Rauch und schlechtem Geruch« war; dann gab es »Badehäuser«, wo sich der der häuslichen Badewanne oder gar des primitiven Bades im Fluß überdrüssige Bürger an den neumodischen warmen oder kalten Brausebädern erfreuen konnte, die später auch in den fortschrittlicheren Privathäusern installiert wurden; Ärzte, die zu jeder Tages- und Nachtzeit in die patriarchalischen Stadthäuser gerufen werden konnten, um Kranke zu behandeln oder Entbindungen vorzunehmen; Musikgeschäfte, wo die verschiedensten ausländischen Klaviere und Musiknoten für die jungen Damen zu finden waren, die keine Modinhas mehr sangen und nicht mehr Gitarre spielten; Schulen, in denen die Kinder aus gutem Hause nicht nur lesen und schreiben lernten, sondern auch mit ihresgleichen spielen konnten statt mit den Muleques der Zukkerrohrplantagen; Uhrmacherläden, die ganze mehrstöckige Häuser beanspruchten, auf deren Giebeln große Uhren die genaue Zeit anzeigten und damit den alten Kirchen- oder Klosterglocken ihr Prestige streitig machten; Banken, in denen die Ersparnisse deponiert werden konnten, die man so lange Zeit den Mönchen zur Aufbewahrung im Kloster anvertraut oder, wie auch den Schmuck, im eigenen Haus unter dem Fußboden oder in den Mauern verborgen hatte; Kaffeehäuser, wo in der zweiten Jahrhunderthälfte auch Jenipapo- und Cashewwein ausgeschenkt wurden, die den umständlich zu Hause hergestellten den Rang abliefen, ferner direkt aus Europa importierte Weine, Liköre und Cognac; dann wieder andere, die die Herren aus den großen Stadthäusern durch den Lärm von elektrischen oder sonstigen »modernen Apparaten« zum Mahlen und Rösten des Kaffees anlockten, der lange Zeit hindurch in den Privathäusern, genauso wie in den ländlichen Herrenhäusern, in genüßlich rustikaler Weise von geduldigen Negerinnen oder Sklavinnen mit der Hand zerstampft und gemahlen wurde; Tabakläden, in denen man nicht nur Zigarren für die Herren, sondern auch »zierliche kleine Zigarren« – Zigarrillos – für die Damen führte, die wie die elegantesten Herren eine »Vilar e Vilar« oder sogar eine »Barbacena« schätzten, von denen es um 1870 »sehr feine, für die Zerstreuung der Damen geeignete« gab, »die wohl wissen, wie gut, nützlich, angenehm und hygienisch das Rauchen ist«; Porträtmaler, die von den Großen ihrer Zeit »naturgetreue Ölgemälde und Miniaturen« anfertigten und »keine Bezahlung annahmen, wenn das Bildnis nicht zur Zufriedenheit ausfiel«; Geschäfte, in denen Sonnenschirme, Spazierstöcke und Herrenhüte verkauft wurden und wo es nur so von goldenen und silbernen Knäufen blitzte und von der Seide der Schirme glänzte; Schneiderateliers; Bahnhöfe; neumodische Operettentheater, in denen italienische, französische, spanische und portugiesische Truppen auftraten, wenn auch von der Jahrhundertmitte an in den Operetten Nummern zur Verherrlichung der Bahíanerinnen und Mulattinnen eingelegt wurden, die von so vielen Stadtherren ebenso geschätzt wurden wie die blonden Ausländerinnen. Die Schwäche des Publikums für alles Europäische ging eben nicht immer so weit, die Mulattinnen abzulehnen.

Es geschah vor allem auch im Interesse dieses Bevölkerungsteils, der täglich zahlreicher werdenden Bewohner der mehrstöckigen Stadhäuser, die nicht nur morgens zur Messe gingen oder nachmittags einen gelegentlichen Besuch machten, sondern immer häufiger auch abends ausgingen, ins Theater, in die Eisdiele oder zu einem Kirchenfest, daß die Beleuchtung der Straßen und Plätze verbessert wurde. Als gegen Ende der Kaiserzeit die Gasbeleuchtung aufkam, verringerte sich die Zahl der Überfälle in den Straßen des Zentrums. Aber auch die Erscheinungen von Gespenstern, armen Seelen und Werwölfen beschränkten sich jetzt auf das Land oder auf die Vorstädte; oder sie zogen sich in die vernachlässigten Häuser heruntergekommener Patrizier zurück, die zu weitläufig waren, um hinreichend mit Gaslampen, den sogenannten »belgischen« Lampen, versehen zu werden, oder in die Kirchen, auf die Friedhöfe und in die Ruinen alter Klöster.

Die Gasbeleuchtung trat um die Mitte des 19. Jahrhunderts ihren Siegeszug von Theatern aus an und drang erst später in die großen Stadthäuser. Am 28. Januar 1847 wies der Direktor des Teatro Público do Recife – eines der besten der Kaiserzeit – im *Diário de Pernambuco* auf die Vorteile dieses Beleuchtungssystems hin und empfahl es allen seinen Mitbürgern. Schon damals gab es einen Vergolder – Caumont –, der mit Kandelabern und Kronleuchtern handelte und sich damit befaßte, »Öllampen auf Gas umzustellen«. Bald führten auch die Stadthäuser die Gasbeleuchtung ein, und das Öl blieb auf die einstöckigen Häuser, die Mucambos und die Häuser im Landesinnern beschränkt.

Ein in Paris erzogener Brasilianer, Soares d'Azevedo, forderte im *Jornal do Recife* vom 4. Juni 1859 die Anlage einer »öffentlichen Promenade«, jetzt, da »der Glanz des Wasserstoffgases an die Stelle des trübseligen Lichts des Rizinusöls getreten ist«. Es gab freilich in Rio de Janeiro schon eine »öffentliche Promenade«, auch ohne »Wasserstoffgas«. Aber der Privatgarten mit Gemüse- und Obstgarten herrschte noch vor und nahm in einzelnen Fällen die Ausmaße eines richtigen Parks an, der mitunter so groß war, daß darin Prozessionen veranstaltet wurden. Wie die Häuser wurden auch diese Parks von der Reeuropäisierung ergriffen, die in der ersten Hälfte des 19. Jahrhunderts so starke Veränderungen hervorrief. Diese Reeuropäisierung fand aber immer im englischen oder französischen und nicht im portugiesischen Sinne statt. Sie war geradezu antiportugiesisch, so als betrachteten die wildesten Anglophilen und Frankophilen die portugiesische Tradition nur als scheinbar europäisch.

Um diese Zeit beobachtete Wetherell, daß in Bahía die Vorgärten in Mode kamen. Wo früher nur wenige Pflanzen zu sehen waren – vereinzelte Rosenstöcke und andere Blumen –, begannen nun Gärten im französischen Stil zu entstehen. Aus Frankreich kamen Gärtner mit europäischen und exotischen Pflanzen, hauptsächlich Rosen, aus Portugal die empfindlichen Kamelien. Die tropischen Orchideen dagegen, die dem Engländer so bezaubernd erschienen, fanden wenig Anklang. Wenn trotz dieser übertriebenen Vorliebe für europäische Pflanzen und Blumen die einheimischen oder schon vorher akklimatisierten Sorten überlebten, lag es an ihrer Zähigkeit. Fast alle begannen, wie die sogenannte »schamlose Marie«, neu zu sprießen, kaum daß man sie abgeschnitten oder ausgerissen hatte.

Am 2. Februar 1839 war im Anzeigenteil des *Diário de Pernambuco* die ausführliche Anzeige eines Herrn Ramel zu lesen, eines französischen Gärtners, der alle Arten europäischer Blumen, Stauden, Zwiebeln und Obstbäume anbot. Er war sehr um seine Kundschaft bemüht, warnte sie aber auch, ihn »mit jenen Scharlatanen zu verwechseln, die in so unwürdiger Weise das in sie gesetzte Vertrauen mißbrauchen«.

Solche feinen und teuren Pflanzen konnten natürlich nur von den Besitzern großer Stadthäuser oder ländlicher Herrenhäuser erworben werden und wurden zu einem Merkmal für die oberen Gesellschaftsschichten. Die Negerhütten begnügten sich mit einheimischen, afrikanischen oder asiatischen Nutz- oder Heilpflanzen, von denen viele unter dem Einfluß der Reeuropäisierung verächtlich als »Pflanzen kleiner Leute«, »Negerpflanzen«, »Macumba-Pflanzen« oder »Mucambo-Pflanzen« bezeichnet wurden. Damit verschwand auch der portugiesische Brauch, neben dem eigentlichen Garten auch einen Küchengarten anzulegen, in dem neben Tuberosen, Nelken und Lilien auch Kümmel, Pimpernell und Safran gediehen.

Von den Pflanzen, die nach Angaben des Historikers Augusto de Lima junior im Kapitanat Minas Gerais vorkamen – »der Jerusalem-Kaktus, die duftende Malve, Rosmarin, Basilienkraut, der Riesenkohl aus Portugal und der Indigo, der zum Bleichen der Wäsche und für den Anstrich von

Türen und Fenstern der Kolonialhäuser viel verwendet wurde«, dann Heilpflanzen wie »die unechte Kamille, der Polei, die Malve, das Kampferkraut, das Balsamkraut und die afrikanische Raute (letztere hauptsächlich gegen den bösen Blick) –, wurden viele von den einfachen Leuten in den Mucambos gezogen. Das schließt aber nicht aus, daß bestimmte Heilpflanzen, wie die Raute, von allen Bevölkerungsschichten und in allen Gegenden des Landes angepflanzt wurden. Unter den eßbaren Pflanzen trifft das auf die Bohne zu, die von Soziologen, Sozialanthropologen und modernen Ernährungswissenschaftlern wie Dr. Rui Coutinho geradezu als ein Faktor der brasilianischen Einheit betrachtet wird.

Die Tiere hatten vielleicht an der gesellschaftlichen Differenzierung geringeren Anteil als die Gartenpflanzen. Aber auch sie spielten dabei eine Rolle. Der reinrassige Hund – groß, wild, laut und wohlgenährt – war charakteristisch für das mehrstöckige Haus; er war sozusagen das lebendige, männliche und nützliche Abbild der Löwen oder Drachen aus Ton, die die Eingänge der herrschaftlichen Häuser bewachten. Auch die Katze, die Milchkuh, im Gegensatz zur Ziege, und das Pferd anstelle des Maulesels. Und der Pfau, dessen goldenes Rad für das vornehme Haus ebenso symbolisch wurde wie die Wedel der Königspalme. Pfau und Taube genossen den Ruf, »den Häusern Unglück zu bringen«, was sich wahrscheinlich daraus erklärt, daß sie typisch für reiche oder vornehme Häuser wurden, deren Größe und Reichtum in Brasilien so vergänglich waren.

Es gab nur wenige Stadthäuser, die von den Herrenhäusern des Landesinnern nicht den Brauch übernommen hatten, Käfige mit Singvögeln aufzuhängen. Diese Käfige verwandelten sich mitunter in große Volieren unter den Bäumen des Gartens, die nur von Männern und nie von Frauen betreut wurden. Die Herren entwickelten für die Singvögel eine ähnliche Leidenschaft wie die Damen für die Blumen und den Garten überhaupt. In den Zeitungsannoncen jener Zeit ist von »Turteltauben aus Angola, die gute Sänger sind«, von »Kaiser-Kanarienvögeln, Banguelinhas, brasilianischen Sperlingen, Patativas aus Parahyba« und »Bigodes« die Rede. Lauter teure und seltene Vögel, die den Stolz der herrschaftlichen Volieren bilden sollten. Manchmal waren diese aristokratischen Vögel aber auch in den Käfigen der Mucambos zu sehen, wo sie einen armen Liebhaber von Singvögeln oder Kampfhähnen erfreuten. Als Kind kannte ich einen alten, zur Zeit der Regentschaft geborenen Klempner, der stolz darauf war, in seinem armseligen Häuschen zwar Hunger gelitten, seine Patativa aber nicht an einen reichen Baron verkauft zu haben, dem mehr an ihr lag als an einem kostbaren Schmuckstück.

Fünftes Kapitel
Stadthaus und Mucambo

Das Haus, der Wohnungstypus, übt bekanntlich einen der stärksten sozialen Einflüsse auf den Menschen und ganz besonders auf die Frau aus, die sich stets mehr im Hause aufhält als der Mann. Das gilt vornehmlich für das patriarchalische System, das feindlich zur Straße eingestellt ist, wo es leicht zu einem Kontakt zwischen der Frau und einem Fremden kommen könnte.

Dieser so entscheidende Einfluß auf die Familie hatte sich schon im ländlichen Gutshaus, im Herrenhaus der Plantage gezeigt. Das große, mehrstöckige Stadthaus milderte einige übertriebene Aspekte der Isolierung und verschärfte andere. Das kleine Landhaus stellte den Übergang vom vornehmen Herrenhaus zum Stadthaus dar. Diese drei verschiedenen Häusertypen waren im Grunde ein und derselbe: das patriarchalische Haus mit seinen Sklavenhütten, seiner Hauskapelle, Schlafzimmern, einer Küche, die an Größe die so manchen Klosters übertraf, Schweinestall, Wagenremise, Pferdestall, Gemüsegarten und Ziergarten. Die Wohnhäuser der Plantagen oder der Bauernhöfe lagen an fast unbegehbaren Landstraßen oder an Flüssen. Die Stadthäuser gingen auf schmutzige Straßen und abschüssige Wege hinaus, die fast nur von barfüßigen Negern, von Muleques mit ihren Papageien und von Dirnen begangen wurden. Wenn ein Kind aus einem Stadthaus auf der Straße spielte, lief es Gefahr, für einen Muleque gehalten zu werden, und eine Dame, die sich allein auf die Straße wagte, geriet in den Verdacht, ein Freudenmädchen zu sein. Das Kind durfte nur im Hof oder im Hinterhof spielen; die Straße gehörte dem Muleque. Die Dame blieb auf ihr Schlafzimmer beschränkt, bestenfalls konnte sie sich am Fenster oder auf der Veranda zeigen.

Tatsächlich büßte das Herrenhaus, in der abgewandelten Form des eher herrschaftlichen als bürgerlichen Stadthauses, durch den Kontakt mit der Straße, mit anderen Häusern, der Pfarrkirche und dem Markt, allmählich seine soziale Bedeutung ein. Die Negersiedlungen der Gutshäuser schrumpften zu »Dienstbotenzimmern« oder einzelnen Gelassen zusammen. Dagegen wuchsen die aus Mucambos und Strohhütten bestehenden Dörfer in der Nähe der Stadthäuser und der Bauernhöfe immer mehr an, vor allem in den ärmeren Stadtvierteln.

Der Druck, dem das ländliche Patriarchat durch eine Reihe von Umständen ausgesetzt war, die der Erhaltung seines auf Latifundien gegründeten und, soziologisch gesehen, feudalen Charakters abträglich waren, bewirkte zunächst eine räumliche und soziale Einengung und nach und nach seinen Zerfall. Das System Herrenhaus–Sklavenhütten wurde sozusagen in der Mitte auseinandergebrochen, seine Elemente zerstreuten sich allmählich überallhin, und die Gegensätze zwischen europäischer, afrikanischer und einheimischer – indianischer – Kultur fanden nicht mehr zusammen. Auf den Plantagen und großen Gütern hatten sich diese Gegensätze einst im Gleichgewicht befunden.

Die Urbanisierung des Landes verschärfte diese Gegensätze. Das Gleichgewicht zwischen den weißen Bewohnern der Stadthäuser und den Schwarzen, den Caboclos und den Mulatten, die als freie Menschen in den Mucambos lebten, war nicht mehr dasselbe wie zwischen den Weißen der Herrenhäuser und den Negern der Sklavensiedlungen. Allerdings ergaben sich in den Städten für die Sklaven und Kinder von Sklaven bessere Chancen für einen sozialen Aufstieg, sofern sie mit außergewöhnlichen künstlerischen oder intellektuellen Fähigkeiten begabt waren oder über eine besondere sexuelle Anziehungskraft verfügten. Und die Vermischung, die in den Städten ebenso groß war wie auf den Landgütern, verwischte auf ihre Art die Gegensätze zwischen den beiden Extremen.

Die Zeit des ländlichen Patriarchats mit seinen Zuckerrohrplantagen, seinen vereinzelten, um Autarkie bemühten Herrenhäusern im Norden und den herrschaftlicheren Kaffeefazendas im Süden ging zu Ende. Es begann das industrielle Zeitalter der großen Fabriken und der von städtischen Handelsfirmen ausgebeuteten Landgüter. So wandelten sich auch auf dem Lande die Extreme – der Herr und der Sklave –, die einst eine einzige wirtschaftliche und soziale Struktur gebildet und einander in mancher Hinsicht ergänzt hatten, in gegnerische oder zumindest dem Schicksal der anderen gleichgültig gegenüberstehende Hälften. Im Landesinnern ging die Zahl der Sklavensiedlungen zurück, deren Bewohner in die Strohhütten, die Höhlen oder Mucambos zogen. Sie waren jetzt freie Arbeiter, ohne die Hilfe, die Unterstützung und den Schutz, die ihnen die Herrenhäuser gewährt hatten.

Auch die Beziehungen zwischen den Geschlechtern erfuhren eine tiefgreifende Änderung, als sich die im Rahmen des vollkommenen Patriarchats so eng miteinander verbundenen Herren und Sklaven voneinander distanzierten. In den immer umfangreicheren Mucambos herrschten außereuropäische Lebensgewohnheiten und Moralbegriffe vor. Ein Kapuzinerpater entdeckte voll Entsetzen, daß in einem dieser Dörfer die Männer seelenruhig ihre Frauen tauschten und in einem ausgesprochenen sexuellen Kommunismus lebten. In Brasilien hatten sich die Geistlichen daran gewöhnt, die Polygynie in den Herrenhäusern zu dulden und sich mit der Vorstellung abzufinden, daß die Frau Eigentum des reichen und mächtigen Mannes war. Der offen zur Schau getragene sexuelle Kommunismus der Plebejer jedoch erfüllte den italienischen Kapuziner mit Schaudern.

Das brasilianische Herrenhaus wurde sozusagen zu einem Häusertypus, der sich in fast Freudschem Sinne auf die Hortung von Frauen und Wertsachen spezialisierte. Die Frauen wurden hinter den Fenstergittern und Läden verborgen gehalten, im besten Fall im Hof oder im Garten, wo sie zwischen Immortellen und Jasmin dahinwelkten; die Schmuckstücke und Münzen wurden unter dem Fußboden oder im Innern der dicken Mauern versteckt.

Zwischen dem Haus und der Straße kam es zu wechselseitigen Beeinflussungen. Auch in der Stadt behielt das Haus der höheren Schichten nach Möglichkeit die Funktion des ländlichen Herrenhauses, die Frauen und Wertsachen zu bewahren. Die Flaschenscherben auf den Mauern sollten nicht nur vor Dieben, sondern auch vor Don Juans schützen; und die Fenstergitter trennten in so auffallender Weise das Haus von der Straße, als müßten sie zwei Feinde voneinander fernhalten.

Am schnellsten schritt die Desorientalisierung – die Europäisierung oder vielmehr Reeuropäisierung – der Frau in den Landhäusern mit ihren Galerien, Terrassen und Erkern und in den Stadthäusern mit ihren auf die Straße hinausgehenden Veranden, Fensterläden und Fenstern voran.

Die Veranda und die Sommerlaube bedeuten einen der Siege der Frau über die Eifersucht des Mannes und eine der Konzessionen, die das patriarchalische System der antipatriarchalischen Stadt machte. Diese Eifersucht hatte in der fast klösterlichen Bauweise der Herrenhäuser einen starken Ausdruck gefunden. Die Veranda und die Laube brachten den Flirt der jungen Dame mit dem Vetter und sogar mit einem beliebi-

gen Fremden mit sich. Einen harmlosen Flirt, gewiß, der sich auf das Winken mit dem Taschentuch und dem Fächer beschränkte, aber doch dazu beitrug, die Liebe romantisch erscheinen zu lassen, und die Exogamie förderte. Als man zur Zeit König Johanns in Rio de Janeiro, Recife und den reichsten Städten der schon beinahe von Portugal unabhängigen Kolonie die Fenstergitter der Stadthäuser mit Gewalt entfernte, begann eine neue Phase in den Beziehungen zwischen den Geschlechtern.

Aber auch zwischen dem Haus und der Straße. São Salvador besaß schon in seinen Anfängen, im 16. Jahrhundert, »sehr lange, sehr breite, von den Häusern ihrer Bewohner gesäumte Straßen«, wie Gabriel Soares schreibt. Aber diese Häuser schlossen sich inmitten »ihrer Höfe, die von Kokospalmen, Dattelpalmen, Orangenbäumen und anderen dornigen Bäumen sowie von Feigenbäumen, Granatbäumen und Birnbäumen bestanden waren, gegen die Straße ab«.

In Recife, einer Stadt, die sozial gesehen eine Insel und geographisch gesehen ein Mittelding zwischen Insel und Halbinsel ist, hatten die Stadthäuser aus Raummangel keinen Hinterhof oder Hausgarten. Sie waren in sich geschlossen und bildeten mit ihrer Fassade – mitunter auch ihrer Rückseite – zum Fluß den Typus der ökologischen Wohnstätte: schmale, in die Höhe gebaute Häuser.

Die Traditionen der holländischen Architektur, die der Entwicklung von Recife ihren Stempel aufgedrückt hatten, scheinen sich mit Bedingungen ökologischer Natur verbunden zu haben und ließen diesen schmalen, nachgerade hageren Häusertyp entstehen, der übrigens mit einem schmalen und hageren Menschentyp harmonisiert.

Morales de los Ríos stellte fest, daß sich die holländische Bauweise in Recife, die an den »seitlichen Giebeln der Gebäude« zu erkennen ist, nur wenig von der brasilianischen Umwelt beeinflussen ließ. Die Holländer zwangen der tropischen Stadt die unveränderte europäische Struktur des für den kalten Norden entworfenen Hauses auf. Tatsächlich bewahren auch heute noch die Dächer der ältesten Häuser von Recife die steile Form der flämischen Dächer.

Das ist nicht weiter verwunderlich. Die Holländer besaßen nicht die bewunderungswürdige Anpassungsfähigkeit der Portugiesen, die im-

Halbstädtisches patriarchalisches Palais, 2. Hälfte des 19. Jahrhunderts (Zeichnung von Lula Cardoso Ayres).

stande waren, neue, besondere Lebensbedingungen zu schaffen; sie führten in Brasilien ein durchaus künstliches Leben und importierten alle Lebensmittel aus Holland: Butter, Käse, Schinken, Büchsenfleisch, Stockfisch, Roggenmehl, Weizenmehl und Erbsen in Dosen. Dazu noch Wein, Bier, Öl, Essig, Brot und Speck. Aber nicht nur die Lebensmittel, fast das ganze Haus kam aus Europa: Kalk, Bausteine, Ziegel, Draht, Balken, Segeltuch, Eisenwaren – kurz, alles.

Bei alledem ist freilich die Topographie und die Bodenbeschaffenheit von Recife in Betracht zu ziehen, die sich von denen anderer Hafenstädte wie Rio de Janeiro unterschieden.

Während seiner achtjährigen Regierungszeit ließ der Graf von Nassau von einem seiner besten Baumeister, Peter Post, in Recife eine wohldurchdachte Urbanisierung durchführen. Zu den großen Wohltaten, die er der Stadt erwies, gehörte der Bau von Brücken; für die damalige Zeit waren es vermutlich die technisch vollkommensten Brücken im ganzen tropischen Amerika und die ersten paläotechnischen in Brasilien. Sie erlaubten einem Teil der Bevölkerung von der Halbinsel von Recife auf die Insel Antonio Vaz zu ziehen, wo vordem nur ein Mönchskloster und einige wenige Fischerhütten gestanden hatten.

Das nach wie vor ungelöste Wohnungsproblem hatte erschreckende Ausmaße angenommen. Die schmalen Häuser waren von einer Überzahl von Menschen bewohnt. Oft schliefen acht Personen in ein und demselben Raum, wo sie kaum Luft zum Atmen hatten und sich nicht rühren konnten. Es waren wahre Mietskasernen, die ersten in Brasilien.

Zu Anfang des Jahres 1640 gab es nicht genug Platz für die Neuankömmlinge aus Europa, und vielfach mußte improvisiert werden. Graf Moritz und seine Ratgeber taten ihr Möglichstes, um die Bautätigkeit auf Antonio Vaz zu fördern; aber »einige mächtige Persönlichkeiten«, die zweifellos in den zukünftigen Vorstädten Grundstücke gekauft hatten, profitierten von diesem Häusermangel. Die Mieten von Häusern und einzelnen Zimmern kletterten ins Ungemessene: Für zwei Zimmer und ein kleines Wohnzimmer mußten monatlich 120 Gulden bezahlt werden.

Da die reichen Bürger Landhäuser auf Antonio Vaz bezogen, wurde die Halbinsel von Recife zu einer Stadt von Händlern und Juden, von kleinen Beamten und Angestellten der Westindischen Kompanie, von Handwerkern, Soldaten, Matrosen und Dirnen. Manche von ihnen wohnten in wahren Schweineställen, zwischen schmutzigen Hafentavernen und den »widerlichsten Bordellen der Welt«. »Wehe dem Jüng-

ling, der sich dorthin verirrt! Sein Los wäre das unheilbare Verderben!«
schreibt ein holländischer Berichterstatter aus jener Zeit, dessen Beobachtungen vom Franzosen Moreau bestätigt wurden. Viele Jugendliche
wurden von diesem Sodom der Juden und Mulattinnen, Portugiesen und
Negerinnen, Soldaten und Matrosen aus aller Welt verschlungen.

Recife mit seinen Mietskasernen und seinen Bordellen war eines der
Zentren der Verbreitung der Syphilis in Brasilien. Die »Hafendirnen« hatten einen erschreckenden Anteil daran. Aber nicht nur Farbige – Negerinnen, Mulattinnen, Cabrochas – erregten die Neugier der blonden
Männer, unter denen es sogar Pastoren der reformierten Kirche gab; in
Recife lebte eine Unmenge von holländischen Prostituierten, die in ganzen Schiffsladungen eintrafen. Für manche Flamen sollte hier alles wie zu
Hause sein: das Haus, das Essen, die Frau. Nur nichts Exotisches! Im
Jahre 1636 bat jedoch ein einsichtiger holländischer Ratsherr von Recife
die Behörden seiner Heimat, diese Schande zu unterbinden. Das Direktorium – sagte er – hatte als erstes empfohlen, die sexuellen Ausschreitungen streng zu ahnden; und doch ließ es zu, daß »jene Trägerinnen des
Unglücks« in hellen Scharen in die Kolonie kamen.

Neu-Holland, der erste Versuch einer städtischen Besiedlung Brasiliens, wo die Stockwerkhäuser die ebenerdigen Häuser und die Strohhütten an Zahl übertrafen, hatte noch mehr sexuelle Verbrechen und allerlei
Verstöße gegen die Moral zu verzeichnen als Neu-Lusitanien. Für den
Erforscher der brasilianischen Sozialgeschichte ist Pernambuco das
ideale Objekt, um die Einflüsse der beiden Besiedlungstypen zu untersuchen und zu vergleichen: des städtischen und des ländlichen, des überwiegend feudalen und des überwiegend kapitalistischen, des holländischen und des portugiesischen; der Besiedlung rund um das Herrenhaus
der Plantage mit seinen Sklavenhütten und der anderen, um das Stadthaus herum, das sich mitunter in eine Mietskaserne verwandelte.

Aus dem Übergewicht der holländischen Kolonisierung über die portugiesische und der städtischen über die ländliche darf nicht auf das Vorherrschen einer bestimmten Rasse oder nationalen Kultur geschlossen
werden. Die Besiedlungsaktion der Flamen bediente sich nicht nur holländischer oder nur nordeuropäischer Elemente; sie nutzte wie keine
andere das jüdische Element und bemühte sich, auch Portugiesen, Neger,
Inder, Deutsche, Franzosen, Engländer, kurz, das ganze kosmopolitische
Sammelsurium einzubeziehen, das von der Abenteuerlust an den tropischen Strand gespült wurde.

In Neu-Holland war der Stand der Moral keineswegs höher als im ländlichen portugiesischen Brasilien. Obwohl ehebrecherische Frauen streng bestraft wurden, waren Fälle von Untreue doch häufig, besonders unter den Ehefrauen von Soldaten. Aus den Protokollen des Kirchenrates geht hervor, daß viele auf dem Marktplatz von Recife am Wippgalgen aufgehängt wurden. Zahlreich waren auch die Fälle von Bigamie und, wie Moreau berichtet, von Sodomie und »Verbrechen wider die Natur«. Das Duell war zwar verboten, aber die Zusammenstöße von Widersachern nahmen oft den Charakter von Kämpfen auf Leben und Tod an. Neben der schon erwähnten Syphilis breiteten sich Dysenterie und Grippe aus, zweifellos infolge des verschmutzten Wassers und der unhygienischen Wohnungsverhältnisse und Lebensbedingungen in den bürgerlichen Stadthäusern und Mietskasernen.

Recife war vielleicht die erste Stadt in einer ganzen Reihe von kleinen Sodoms und Gomorrhas, die am Rande des patriarchalischen Systems zur Blüte gelangte. Hier wie auch in einzelnen Städten von Minas Gerais, in São Salvador und Rio de Janeiro, gab es Häuser, in denen der christliche Familiensinn korrumpiert wurde. Das ist nicht weiter verwunderlich, nachdem schon ländliche Herrenhäuser von ihren Besitzern, die sich das Recht anmaßten, die Zahl ihrer ehelichen Kinder durch uneheliche zu vermehren, zu Bordellen oder Serails degradiert worden waren. Auch die Kirche blieb davon nicht verschont. Im Jahre 1733 wurde Pater Francisco da Silva aus Olinda seiner Weihen verlustig erklärt, weil er den Beichtstuhl dazu mißbraucht hatte, junge Mädchen zu verführen. Nicht wenige solcher Geständnisse und Denunziationen liefen bei der Heiligen Inquisition ein.

Im Jahre 1798 erklärte der Oberarzt Bernardino Antonio Gomes in Beantwortung einer Rundfrage des Stadtrats von Rio de Janeiro, die Prostitution sei »in Brasilien größer als in Europa, eine unweigerliche Folge des Nichtstuns und des ohne Arbeit angehäuften Reichtums, gefördert durch das ständige Beispiel der Sklaven«. Der Arzt Pires de Almeida schätzt die Zahl der Freudenmädchen in Rio de Janeiro zu Ende des 18. Jahrhunderts auf 225, ohne die sicherlich bedeutende geheime Prostitution der Sklavinnen in Rechnung zu stellen.

In der ersten Hälfte des 19. Jahrhunderts nahm diese Zahl gewaltig zu, vor allem durch zugewanderte Frauen von den Azoren. Dr. Lassance Cunha schrieb 1845 in seiner Untersuchung *Die Prostitution, insbesondere in der Stadt Rio de Janeiro*, die Hauptstadt des Kaiserreichs besitze drei

Arten von Dirnen: a) die »aristokratischen« (in den Stadthäusern), b) die in kleinen Häuschen und hinter Fenstergittern lebenden und c) den »Abschaum«. Der »Abschaum« waren Frauen aus Hütten oder Mucambos, die in Freudenhäusern oder Mietskasernen untergebracht waren, das heißt in »Übelkeit erregenden Räumen, die schwarzen Budenbesitzern gehörten«, oder in »Hinterzimmern von Barbierstuben, die zu diesem Zweck von freigelassenen Schwarzen billig vermietet wurden«. In Rio de Janeiro gab es noch die »Ateliers der Schneiderinnen«, die »Hotels« in Botafogo und am Botanischen Garten und die Bordelle der »Barbada«. Dort konnte der reiche Pflanzer, der Sohn des Plantagenbesitzers oder der vermögende junge Mann aus der Stadt nicht nur Ausländerinnen finden, sondern auch hübsche Mulattinnen, die noch in kurzen Kleidchen herumliefen. Die »Barbada« war selber eine Farbige: dick, mit einem »dichten Schnurrbart und fast einem Bart«.

Beträchtliche Ausmaße nahm im Rio de Janeiro der ersten Hälfte des 19. Jahrhunderts die Päderastie an, und zwar hauptsächlich unter den portugiesischen Kleinhändlern, die ziemlich für sich lebten und aus Ersparnisgründen ihre sexuellen Gelüste an ihren Angestellten statt an Frauen abreagierten. Um diese männliche Prostitution zu bekämpfen, förderte der portugiesische Konsul, Baron de Moreira, vom Jahre 1846 an die Einwanderung von Frauen von den Azoren. Ihnen folgten später Polinnen und Französinnen, die auf diesem Gebiet schließlich die Farbigen und die Frauen von den portugiesischen Inseln verdrängten.

Auch die Verbreitung der Syphilis nahm in Rio de Janeiro immer größere Ausmaße an, wie Pires de Almeida schreibt. Er berichtet auch über den Sittenverfall in den höchsten Kreisen und erwähnt Marquisen, die sich ihren Kutschern hingaben. Aus den Chroniken jener Zeit geht hervor, daß die Kaleschen und die Kutschen plötzlich eine wichtige Rolle im galanten Leben der brasilianischen Städte zu spielen begannen. In Recife ist zwischen dem alten Coupé eines Bischofs und der mit silbernen Laternen versehenen Viktoria, in der der Marquis de Herval im Triumph durch die Straßen fuhr, noch ein geschlossener Wagen zu sehen, der von einer edlen Dame für ihre galanten Abenteuer benutzt wurde. Ihr Kuppler wird wohl der Kutscher-Sklave gewesen sein. Die Luxuswagen waren mitunter richtige fahrbare Alkoven. Sie sind auch in den Annoncen zu finden, wie in dieser vom 27. Juni 1849 im *Jornal do Commercio* von Rio de Janeiro: »... ein wunderschönes Coupé Marke Wurst, mit kirschrotem Seidendamast ausgeschlagen, mit Spiegeln, silbernen Speichen usw.«

Die Kuppelei bediente sich noch anderer Neger oder Sklaven, die für das Zusammenleben in der Stadt charakteristische Berufe ausübten, wie die Verkäufer von Süßigkeiten und Blumen, die ungehinderten Zutritt zu den vornehmen Stadthäusern hatten. Um die Mitte des 19. Jahrhunderts gelangte in Rio de Janeiro ein gewisser »marchand de fleurs« zu Berühmtheit, den ein Chronist als »geschwätzigen Burschen« bezeichnet, »der einigermaßen Französisch radebrechen konnte, weil er in einem französischen Haus Diener gewesen war«. Diese Kuppler oder Händler in Liebe, die sich mit Blumen, Süßigkeiten oder anderen Dingen tarnten, rückten sogar Anzeigen in die Zeitungen ein, wo die Lebemänner, die zwischen den Zeilen zu lesen verstanden, auch Angebote von Mulattinnen oder Negerinnen mit aufreizenden Formen fanden. Und schließlich gab es die »Hebammen«, die sogenannten »Engelmacherinnen«, die imstande waren, die schwierigen Probleme der reichen Bürgersfrauen zu lösen, denen eine unerlaubte oder uneingestandene Liebesbeziehung den Leib gerundet hatte.

»Die Lockerung der Sitten scheint eines der vorherrschenden Symptome jener Zeit gewesen zu sein«, schreibt Elisio de Araújo, der Autor der Historischen Studie über die Polizei der Bundeshauptstadt von 1808 bis 1831, und fügt hinzu, »das zügellose Leben des ersten Kaisers, sein höchst verdammenswertes Verhältnis mit der Marquise von Santos, die skandalösen Vorfälle bei Hof, in den höchsten Gesellschaftskreisen und sogar im Klerus« habe »alle Gesellschaftsschichten« beeinflußt und »die Sittenverderbnis in so manches Heim getragen, wo die Bande der gegenseitigen Achtung und Wertschätzung zwischen Ehegatten sowie Eltern und Kindern gelockert wurden«. Diese »Lockerung der Sitten« spiegelte sich auch in skandalösen Zeitungsinseraten wie dem folgenden, am 22. August 1825 im Diário do Rio de Janeiro erschienenen: »Es ist allgemein bekannt, daß sich gewisse verheiratete Damen, wie aus Zivilprozessen hervorgeht, als Jungfrauen ausgeben wollen, auch wenn sie es gar nicht mehr sein können. Sollten sie es aber bestimmten Personen gegenüber scheinen oder vorgeben wollen, so kann dem leicht abgeholfen werden. Da in solchen Fällen eine Untersuchung durch einen Arzt oder Geburtshelfer üblich ist, so wird ihnen ein neues Mittel appliziert, aus dem ein neues Hymen von leichter Anwendung und mäßigem Preis entsteht, das ich aus einem Linderungsmittel zusammengesetzt habe. (Vorausgesetzt, daß sie noch kein anderes Mittel mit derselben Wirkung angewandt haben, wie sie die Herren Ärzte und sogar einige Geburtshelfer kennen.)« Diese Annonce bewog den Präfekten Aragão, sich an den Staatsanwalt zu wenden, damit dieser Anzeige gegen ihren Verfasser erstatte.

Während der Kaiserzeit wurden in den Zeitungen auch zahlreiche Heilmittel gegen Geschlechtskrankheiten angepriesen. Schon seit der Kolonialzeit datierte der Gebrauch und Mißbrauch von Quecksilber und von blutjungen jungfräulichen Negermädchen, mit denen die syphilis- verseuchten Edelleute ihr Blut zu reinigen trachteten.

Ein Laster, das in Recife während der holländischen Besetzung beun- ruhigende Ausmaße annahm, war die Trunksucht – vielleicht weil die Nordländer besonders zum Alkohol neigten. Im Jahre 1667 stellten die Kapuzinermissionare Miguel Angelo de Gattina und Dionysio de Carli aus Piacenza mit Verwunderung fest, daß die Einwohner nicht dem Wein zusprachen, sondern daß fast alle Welt Wasser trank. Nur die Neger und die Caboclos tranken Zuckerrohrschnaps. Aber als Recife holländisch wurde, verwandelte es sich in eine Stadt der Säufer. Auf den Straßen konnte man hochgestellte Persönlichkeiten in betrunkenem Zustand antreffen, und die Holländer selbst waren gelegentlich über den Unter- schied zwischen ihren Landsleuten und den nüchternen Luso-Brasilia- nern entsetzt, die nur Wasser tranken, das sie bisweilen mit Zucker und Fruchtsaft versetzten, woraus eine dünne Limonade entstand.

Das will aber nicht heißen, daß es damals auf dem Lande – und ohne jeden nordischen Einfluß – nicht auch Alkoholismus gegeben hätte. Um die Mitte des 19. Jahrhunderts fand Burton Anzeichen eines derartigen Mißbrauchs von Alkohol in Form von Zuckerrohrschnaps, daß er nicht zögerte, die Einwohner des Landesinnern mit denen von Schottland zu vergleichen: »*The consumption of ardent spirits exceeds, I believe, that of Scot- land.*« Er wunderte sich über die Feststellung Saint-Hilaires und Gard- ners, daß man in Brasilien nur selten Betrunkene antreffe. Er traf oft welche, und auch Prinz Maximilian zu Neuwied sah viele Landbewohner unter der Einwirkung des Zuckerrohrschnapses.

Es gab kaum einen Viehhirten oder Schiffer, der nicht schon am frühen Morgen Schnaps trank, um »den Teufel zu vertreiben« oder »den Wurm zu töten«, und abends mit seinen Gefährten zusammenkam, um zum Klang der Gitarre große Flaschen voll Schnaps zu leeren. Wenn sich ein Ausländer über die Riesenmengen entrüstete, die davon vertilgt wurden, so erinnerte man ihn daran, daß ein Großteil davon für das Badewasser bestimmt war.

Die von Gardner so gelobte Enthaltsamkeit war wider jedes Erwarten in den Hafenstädten zu beobachten, wenn auch mehr unter den Großbürgern der Stadthäuser als unter dem Proletariat der Mucambos und Mietskasernen. Die Oberschicht beschränkte sich auf ein Gläschen Porto oder auf den hausgemachten Cashewlikör, auf den Morgentrunk, der den Körper gegen das Bad im Fluß feien sollte, oder auf ein Glas vor dem üblichen Bohnengericht mit Kalbshaxe, um den Appetit anzuregen. Exzesse waren selten und kamen höchstens einmal bei den großen Familienfesten in den ländlichen und städtischen Herrenhäusern vor, wenn mit Gesang auf das Wohl des Gefeierten getrunken und die Gläser an der Wand zerschmettert wurden.

Bei den Banketten der reichen Gutsbesitzer – über deren Üppigkeit sich die Europäer schon im 16. Jahrhundert aufregten – floß der Wein in Strömen, buchstäblich bis auf den Fußboden. Der alte Major Santos Dias auf Jundiá war einer der letzten Plantagenbesitzer, die durch ihre reichgedeckte Tafel zu Berühmtheit gelangten. Englische Lords, die zur Jaguarjagd nach Pernambuco gekommen waren, wurden nach Jundiá eingeladen, wo sie in die Geheimnisse der brasilianischen Küche eindrangen. Der portugiesische Admiral Ferreira do Amaral, der im alten Landhaus von Escada, damals im Besitz der Albuquerque Melo, mit großem Aufwand an Speise und Trank empfangen wurde, schrieb in seinem Bericht an die Regierung, der alte Major habe eine wahre »Gastfreundlichkeitssucht«.

Zu Beginn des 19. Jahrhunderts gaben auch Bento José da Costa und Maciel Monteiro – der Vater des Dichters – in ihren Stadthäusern üppige Gastmähler, bei denen der Wein nicht so sinnlos verschwendet wurde wie in Jundiá. Nur so erklärt es sich, daß Bento José und der Generalkapitän Seiner Majestät, Luís do Rêgo Barreto, nach einer solchen Mahlzeit, angeregt vom genossenen – und nicht vergossenen – Wein, zur Parkmauer gingen und von dort aus wie zwei Schulbuben Obstkerne auf die Vorübergehenden warfen.

Um dieselbe Zeit bewirtete der Oberrichter Manuel Ferreira da Câmara Bittencourt Aguiare Sá seine Freunde in seinem Landhaus bei Tijuco im Kapitanat Minas Gerais mit Wein aus einem für diese Gegend typischen Keller, der aus den Granitfelsen gesprengt worden war und steinerne Regale besaß. Nur das riesige, acht Spannen hohe Tor bestand aus Holz. In einem solchen Keller hielt sich, wie der Chronist sagt, »durch die aus den Poren des Granits dringende Feuchtigkeit« der Wein frisch.

Aber neben diesen luxuriösen Stadt- und Landhäusern von Pernambuco, Minas Gerais, Rio de Janeiro oder der Umgebung von Bahía gab es viele, in denen die Ernährung aus Maniok, Trockenfleisch, Farinha, Zwieback und Kabeljau mit Jenipapo- oder Cashewwein bestand. Häuser, in denen das Geld weder für Schinken noch für Erbsen in Dosen, eingemachte Pflaumen, Rosinen und französischen Wein reichte. Seit dem 16. Jahrhundert kamen die Tafelweine für die reichen Häuser direkt aus Europa, so daß sie nicht, wie sonst üblich, verfälscht werden konnten. Wenn aber ein Armer einmal statt Zuckerrohrschnaps Wein trinken wollte, mußte er mit irgendeinem verfälschten Zeug vorliebnehmen. Sousa Costa schrieb 1865, die besitzlosen Einwohner der Hauptstadt tränken Wein, der mit Honig, Blauholz und verschiedenen Salzen versetzt war.

Dasselbe stellte Eduardo Ferreira França in seinem Essay über den *Einfluß der Nahrungsmittel und Getränke auf die Moral des Menschen* fest. Diese Verfälschungen beschränkten sich nicht nur auf Wein oder Essig, sie waren ganz allgemein. Dazu kam noch der Mangel. Die Privatwirtschaft der Stadthäuser, in denen, soweit möglich, die alte, autonome und patriarchalische Wirtschaft der ländlichen Herrenhäuser ihre Fortsetzung fand, machte aus der Versorgung ein Problem, das seine häusliche Lösung fand: Das Vieh wurde im Hause geschlachtet, das Obst im Garten gepflückt, die Ziegen und Kühe, die im nahen Gutshof gehalten wurden, lieferten die Milch. Die Ernährung der ärmeren Stadtbewohner, der Weißen, der Mulatten, der freien Neger und der Bewohner der Mietshäuser, Mucambos und kleineren Häuser bekümmerte niemanden. Unter ihnen fanden sich mitunter die Söhne und Enkel eines großen Herrn vom Lande, dessen plötzlicher Tod die Witwe und ihre Kinder in der Lage von Schiffbrüchigen zurückgelassen hatte. So erging es auch Felix Cavalcanti de Albuquerque.

Mit Ausnahme der Haussklaven, die in der Stadt wie in den Herrenhäusern der Plantagen an der patriarchalischen Ernährung teilhatten, mußten sich die freien Armen schon seit der Kolonialzeit mit der einfachsten Nahrung begnügen, vor allem mit einem Minimum an frischem Rindfleisch. Im Jahre 1785, als Rio de Janeiro etwa 50 000 Einwohner zählte, wurden 21 871 Stück Vieh geschlachtet, was pro Kopf 59,6 Kilogramm und pro Tag 165 Gramm ausmachte. Dieser Durchschnitt sank durch die Bevölkerungszunahme noch mehr ab. In den statistischen Angaben von 1789 über die 19 162 500 Kilogramm Fleisch, die im Jahr verzehrt wurden, waren nämlich auch alle Arten von Gepökeltem, Kaldaunen, Zunge, Mettwurst und sogar Trockenfleisch inbegriffen, von denen sich der ärmste und zahlenmäßig größte Teil der Bevölkerung ernährte. Ebenso waren in den 184 934 553 Kilogramm Getreide auch Gemüsekonserven, getrocknetes und gedörrtes Obst, Weizenmehl, stärkehaltige Lebensmittel, Pulver und Nährmittel sowie Zwieback, Hackfrüchte, Tee, Zucker, Zwiebeln, Knoblauch, Zimt und Kartoffeln enthalten. Unter Berücksichtigung der tatsächlich genießbaren Bestandteile des »Fleisches« kam eine zeitgenössische Statistik auf eine Tagesration von 140 Gramm.

Aus den Briefen der Jesuiten geht hervor, daß es im ersten Jahrhundert der Besiedlung keine Schlachthöfe gab und die Patres selber Vieh halten und schlachten mußten, um ihre Novizen, Seminaristen und Internatszöglinge zu ernähren. Und die Akten der Gemeindeverwaltung von São Paulo zeigen, daß es auch dort Schwierigkeiten bei der Frischfleischversorgung gab.

Wenn der Arme oder der einfache Mann, der keine eigenen Fischteiche besaß, einmal statt des ewigen Stockfischs frischen Fisch essen wollte, war er auf eine ganze Reihe von Zwischenhändlern angewiesen. Diese waren aber weder Juden noch Zigeuner, sondern waschechte Altchristen, Edelleute und sogar Offiziere, in denen die Tugenden der herrschenden Klasse verkörpert waren. Vilhena klagte im 18. Jahrhundert, daß frischer Fisch in Salvador de Todos os Santos so teuer war, weil er »durch vier oder fünf Hände ging, bevor er zum Verbraucher gelangte«. »Alle kennen diese Mißstände«, bemerkte er, »aber niemand tut etwas dagegen, weil dieses Geschäft ausschließlich von Verkäuferinnen betrieben wird, die Sklavinnen der reichen und sogenannten vornehmen Häuser sind oder waren, mit denen sich niemand streiten will, weil man gegen die gemeinsamen Interessen dieser Herren doch nicht aufkommt. Die Verkäuferinnen geben den Fisch an andere Negerinnen ab, die ihn wieder weiterverkaufen – eine Kette, die Carambola genannt wird.«

Das gleiche geschah mit dem Fleisch, dem Gemüse und jeder Art Nahrungsmittel, das der arme Stadtbewohner für teures Geld kaufen mußte. Die Schuld lag weniger am Boden als an seinen Herren, den Besitzern der Latifundien und unbebauten Ländereien aus der ersten Zeit der Kolonisierung, die noch im 18. Jahrhundert »Tummelplatz von Jaguaren und Tigern vor den Toren der Städte waren«. Auf diesen brachliegenden Ländereien hätte man Vieh halten können, um die städtische Bevölkerung mit Fleisch zu versorgen. Aber São Salvador de Todos os Santos mußte schlechtes und mageres Rindfleisch dreihundert Meilen weit aus Piauí herbeischaffen; in dieser damals bedeutendsten Bischofsstadt Brasiliens fehlte es auch an Geflügel, Obst und Gemüse.

Dieses Mißverhältnis zwischen der Stadtbevölkerung und den ländlichen Nahrungsmitteln europäischen Ursprungs verschärfte sich noch, als im 17. Jahrhundert der Goldrausch ausbrach. Die Städte des Bergbaugebietes wuchsen mit ihrer armen Bevölkerung, die gegen den Mangel an Lebensmitteln und die hohen Preise ankämpfte. Die glücklicheren Abenteurer verwandelten sich in Gutsbesitzer oder wohlhabende Bürger. Ihre Stadthäuser betrieben genau wie die Herrenhäuser der Zuckerrohrplantagen ihre eigene patriarchalische Privatwirtschaft und versorgten sich mit allem selbst. Die übrige Bevölkerung konnte sehen, wo sie blieb.

Und wie im Norden die Militärs die kleinen Leute in den Städten mit ihren Fleischlieferungen ausbeuteten, so taten es in Minas Gerais nicht etwa Juden, Zigeuner oder Gringos, sondern Priester, darunter Pater Francisco de Meneses vom Dreifaltigkeitsorden.

Anfangs lagen die Lieferungen von Vieh an die Schlachthöfe des Diamantengebiets in den Händen von Francisco do Amaral, einem reichen Kaufmann, der dieses Privileg im Jahre 1701 von der Regierung erworben hatte. Das Geschäft ging so gut, daß er den Vertrag über die vereinbarten fünf Jahre hinaus mit dem Hinweis auf »die gebrachten Opfer, den geringen Gewinn und das Wohl des Volkes« verlängern wollte. Er bestach die Behörden, aber die Paulistaner, die sich »nie mit Handel befaßt, sondern nur ihrer Arbeit hingegeben hatten«, begehrten dagegen auf. Hierzu muß angemerkt werden, daß sie ihrer Arbeit – wie die Indianer – nomadenhaft nachgingen, ohne eine feste Basis, wie sie in Bahía, Pernambuco und Paraíba do Sul das Zuckerrohr darstellte.

Von diesem Konflikt zwischen Amaral und den Arbeitern sowie der Unentschlossenheit Fernando Mascarenhas, ihn beizulegen, profitierte Frei Francisco de Meneses, der eines der für die damalige Zeit größten Unternehmen aufzog. Sein Plan war die Errichtung eines Monopols zur Fleischbelieferung der Bevölkerung von Minas Gerais, wobei er von einem Konfrater und reichen Viehzüchtern unterstützt wurde.

Aber die Paulistas gaben nicht nach, und es kam zu einem dramatischen Zusammenstoß, bei dem die Wucherer und Geschäftsleute den Sieg davontrugen und es beinahe zum Sturz des Gouverneurs gekommen wäre. Wie so oft in der Entwicklung Brasiliens zeigte sich wieder einmal das Übergewicht der Privatwirtschaft über das öffentliche Wohl. Es darf jedoch nicht vergessen werden, daß bei derartigen Konflikten die Gouverneure der Kolonialzeit fast immer die Partei des Volkes ergriffen. In Rio de Janeiro stellte sich Luís Vaía Monteiro gegen die geistlichen Schmuggler und verbannte sogar den Abt von São Bento, eine Kühnheit, die ihn dann freilich seinen Posten kostete. Auch der Graf da Cunha gehörte zu diesen tapferen Verteidigern des Volkswohls.

Gegen Ende des 18. Jahrhunderts (1787) berichtete der Gouverneur von Pernambuco, Thomaz de Mello, er habe in Recife einen »großen Mangel an lebenswichtigen Waren«, auch an Maniokmehl, vorgefunden. Er sah sich gezwungen, »streng gegen die Monopole vorzugehen« und, wie Graf Moritz von Nassau ein Jahrhundert früher, »das Anpflanzen von Maniok mit aller Wärme zu empfehlen«, von dem die Landleute, durch die hohen Baumwollpreise verführt, abgegangen waren. Denselben Effekt hatte hundert Jahre früher – und erneut im 19. Jahrhundert – die Zuckerrohrkonjunktur gehabt.

»Es mußten auch energische Maßnahmen bezüglich des frischen und gesalzenen Fleisches ergriffen werden, an dem schon seit Jahren Mangel bestand«, schreibt er in seinem Bericht weiter, der, wie so manche andere Dokumente, die politische Weisheit einiger portugiesischer Gouverneure der Kolonialzeit beweist. »Ich habe festgestellt, daß in den Häfen von Assú und Mossoró, von wo das Vieh leicht hierhergetrieben werden könnte, Salz- und Trockenfleisch hergestellt und per Schiff in andere Kapitanate transportiert wird, so daß für den hiesigen Jahresverbrauch nur drei oder vier Schiffe übrigbleiben. Ich habe deshalb angeordnet, daß die Schiffe zuerst nach Recife kommen, um die Versorgung der Stadt und der Zuckerfabriken sicherzustellen. Ich bin der Meinung, daß man nicht im eigenen Hause Hunger leiden sollte, damit Fremde im Überfluß leben können . . .«

Aber die mächtigen Gruppen, die sich in Pernambuco (wie auch in Bahía, Minas Gerais und Rio de Janeiro) mit der schamlosen Ausbeutung des Volkes befaßten, dem sie Mehl und Frischfleisch lieferten, fanden sich nicht mit dieser Initiative ab, die man heute »Dirigismus« nennen würde.

»Böswillige Individuen, die nur ihr eigenes Interesse und das Streben nach unbegrenzter Freiheit im Auge haben, können mir das nicht verzeihen und haben es gewagt, meine Bemühungen um das Volkswohl unter dem Vorwand des ihnen erwachsenen Schadens beim Ministerium anzuschwärzen.« Der Schaden, den »drei oder vier Menschen« erlitten, stand »dem Nutzen für zwanzig- bis dreißigtausend gegenüber, die Abhilfe von dem großen Übel verlangen, das ihnen zugefügt wird«.

Gouverneure von diesem Mut und dieser Voraussicht taten mehr in den Kapitanaten für das Volk, besonders für die ärmsten der Stadtbewohner, als die Gemeinderäte, die sich oft auf die Seite der Zwischenhändler und ihrer Privatinteressen stellten. Wenn es unter den Gouverneuren und den Abgesandten des Königs einige gab, die sich bestechen ließen und an der Ausbeutung des Volkes durch die großen Herren teilnahmen, so darf doch nicht vergessen werden, daß andere mit ihrer ganzen Autorität und sogar unter Lebensgefahr gegen diese Privilegien und Monopole auftraten.

Ein Dokument aus dem Jahre 1800 geißelt die Gleichgültigkeit der Stadtverwaltungen von Olinda und Recife angesichts des Mangels an Frischfleisch in diesen beiden bedeutendsten Städten des Kapitanats Pernambuco; und in einer Eingabe an den Marquis de Aguiar hebt der Generalkapitän Caetano Pinto de Miranda Montenegro im Jahre 1814 hervor, daß einige Gemeinderäte von den Ausbeutern beherrscht wurden.

Zu den Ursachen der unregelmäßigen Versorgung und der schwankenden Fleischpreise zählt Caetano Pinto »die Dürrekatastrophen, die die Kapitanate von Pernambuco, Parahyba, Rio Grande und Ceará heimsuchen, von denen einige, wie die von 1790 und 1793, den gesamten Viehbestand des Hinterlandes vernichtet und andere ihn in den Jahren 1800 und 1803 stark in Mitleidenschaft gezogen haben«. Aber auch die Abgaben, die auf jeden geschlachteten Ochsen erhoben wurden und sein Fleisch verteuerten, dürfen nicht vergessen werden: 800 Reis an den königlichen Fiskus, 600 für das Militär, 320 zugunsten des öffentlichen Unterrichts und im Jahre 1809 eine neue Steuer von 1 600 Reis. Wenn das Gewicht eines Ochsen mit zehn Arrobas (145 kg) angenommen wird, »da das Vieh hier klein ist«, und er auf dem Markt mit 800 Reis gehandelt wurde, blieb dem armen Viehhändler nur ein geringer oder auch gar kein Gewinn; die Kosten und Abgaben beliefen sich auf 11 520 Reis, im Schlachthof bekam er nur vier Patacas (1 280 Reis) pro Arroba. In anderen Kapitanaten wurden weniger Abgaben erhoben, in Pernambuco aber machten sie den ehrlichen Handel mit Frischfleisch fast unmöglich. Caetano Pinto wollte diesen Handel in den Händen von zuverlässigen Leuten sehen, die sich verpflichteten, das Fleisch zu einem festen Preis zu liefern, und rebellierte gegen die Gemeindeverwaltungen, die nichts anderes taten, als die Abgaben zu erhöhen, so als ob sie die privilegierten Händler begünstigen wollten.

Fast ebenso war es mit dem Fisch, von dem man annehmen sollte, daß er ein für die armen Städter leicht zugängliches Nahrungsmittel war. Aber auch dieses Geschäft beherrschten die Großgrundbesitzer, die Wucherer und sogar die Bürger, die im Nordosten des Landes Fischbänke zwischen dem Strand und den Felsen und auf ihren Besitzungen Zuchtteiche hatten. In Pernambuco kamen sie zu Beginn des 19. Jahrhunderts ohne Netze und sonstige Gerätschaften aus. Es wurde vom Floß aus oder in den Bänken gefischt, die »aus in den Grund gerammten, mit Gerten verbundenen und mit Lianen festgemachten Stangen« bestanden. Sie wurden in drei Abteilungen unterteilt: die erste, geräumige, »die die Fischer den Saal nennen« und wo die Fische ungehindert hinein- und hinausschwimmen konnten; die zweite, die sogenannte »mittlere Umzäunung«, die schon enger, aber immer noch frei zugänglich war; und schließlich die dritte, die »Umzäunung zum Töten«, die so gebaut war, daß die Fische nicht mehr hinausfinden konnten. Dann gab es noch den schmalen Zugang, »eine Art Rohrgeflecht oder Wehr von vierzig, fünfzig oder hundert Klafter Länge, der ebenfalls aus Stangen und Gerten bestand und dazu diente, die Fische zur Bank zu lenken«. Diese großen Fischteiche gehörten nicht einzelnen Fischern, sondern Gruppen, die sie von den Grundbesitzern gepachtet hatten und dort auch ihre Mucambos errichteten.

Erst die königliche Verordnung vom 17. Juli 1815 erklärte »alles, was sich auf die Nutzung des Meeres und des Strandes bezog, einen ungerechten Mißbrauch«. Es kam zu einem Aufstand der Fischer gegen die Grundbesitzer und zum Beschluß, für die Umzäunungen und sogar für die Grundstücke keine Pacht mehr zu zahlen. Das war vielleicht der erste Aufruhr der Mucambo-Bewohner gegen die städtischen Bürger, aber er blieb in den Anfängen stecken, und die Ausbeutung wurde, allerdings in gemäßigterer Form, fortgesetzt. In der Cabanagem*, der Balaiada** und

---

* Cabanagem (cabana = Hütte) – Aufstand in der Provinz Pará, 1835/36 *(Anm. d. Übers.)*.
** Balaiada (nach Balaio, dem Spitznamen ihres Anführers Manuel dos Anjos Ferreira) – Aufruhr von den Ausmaßen eines Bürgerkriegs in Maranhão, 1838 bis 1840 *(Anm. d. Übers.)*.

der Revolta Praieira* fand der Widerstand der Bewohner von Mucambos und Strohhütten gegen die Ausbeutung durch die Städter seinen stärksten Ausdruck.

Als mit der Unabhängigkeitserklärung Brasiliens die Vizekönige und Generalkapitäne aus dem wirtschaftlichen und politischen Panorama verschwanden – sie, die während des 18. Jahrhunderts so oft die großen Herren und die Stadträte in ihre Schranken gewiesen hatten –, wurde es für die Ärmsten, besonders für die Bewohner der Mucambos und Mietskasernen, noch schwieriger, ihr Leben zu fristen.

Im Jahre 1823 registriert sogar die Gemeindeverwaltung von Recife selbst die Klagen über den Handel mit Frischfleisch, der sich vertraglich »in den Händen eines einzigen Mannes befindet«. Dieses System war so schlecht, daß »in den Städten, die keine Verträge abschließen, das Fleisch besser und billiger ist«. Und im Jahre 1824, am Vorabend der Revolution, die Frei Caneca zu ihren Märtyrern zählte, zeigte sich der Stadtrat von Recife »tiefbetrübt über die Übel, die diese unglückliche Provinz tyrannisieren, welche der wichtigsten Lebensmittel beraubt ist«. Das bezog sich hauptsächlich auf den Mangel an Fischen und die hohen Preise, die die Stadtbevölkerung besonders hart trafen.

All diesen Mißbräuchen gegenüber waren »die Stadtverwaltungen wehrlos«. Da jedoch »die Bewohner von Recife die Teuerung oder vielmehr die Räuberei mit den Fischen nicht länger ertragen konnten«, wandte sich der Stadtrat im Jahre 1824 an den Präsidenten der Provisorischen Regierungsjunta, damit er unverzüglich Maßnahmen gegen die »verruchten Blutsauger« ergreife. Nach Ansicht des Stadtrats war eine der Ursachen der hohen Fleischpreise die Faulheit der Fischer, »die sich damit begnügen, einen Tag auf Fischfang zu gehen, um sich Fleisch und Mehl kaufen zu können, während sie den Rest der Woche Karten spielen, am Strand ihre Gitarre erklingen lassen« etc. Aber diese Zerstreuungen werden wohl kaum die Wurzel des Übels gewesen sein, die vermutlich im Wirtschaftssystem lag: Die Eigentümer der Stadthäuser, der Herrenhäuser und der Bauernhöfe weiteten ihren Machtbereich bis aufs Meer aus, oder sie bemächtigten sich des Fischereiertrags durch ihre Negersklaven, die für sie Handel trieben. So beherrschten oder beeinträchtigten sie den Handel mit Fischen, wie sie es bei dem mit Frischfleisch, Getreide,

* Siehe Fußnote S. 59.

Gemüse, Milch und sogar Trinkwasser taten, das einzelne Gutsbesitzer den Armen aus den Mucambos oder anderen elenden Behausungen eimerweise verkauften.

Andrew Grant schreibt in seiner 1809 in London erschienenen *History of Brazil*, die Fischerboote an der Küste von Bahía seien zur Kolonialzeit »Eigentum einiger weniger verhältnismäßig reicher Leute« gewesen. Diese verkauften die Fische oder tauschten sie gegen Nahrungsmittel und Kleidungsstücke ein, die sie dann wieder im Einzelhandel denjenigen Armen verkauften, die imstande waren, dafür zu zahlen. Die Bewohner von Bahía, das heißt die freie Bevölkerung, die sich nicht den Luxus erlauben konnte, das – übrigens recht schlechte – Fleisch und aus Europa importierte Konserven zu kaufen, lebten hauptsächlich von Fisch und Maniokmehl. Allerdings konnten sie sich Obst leisten, das in Europa nur auf die Tafeln der Reichen kam: Orangen, Bananen, Kokosnüsse – vorausgesetzt, daß der Eigenbedarf der Pflanzer und ihrer Sklaven ihnen etwas übrigließ.

Es ist schon in einem früher erschienenen Buch* darauf hingewiesen worden, wie sehr die Monokultur – zuerst die Anpflanzung von Zuckerrohr, später von Kakao und eine Zeitlang von Baumwolle – den Anbau von Getreide und Gemüse sowie das Halten von Kühen, Schafen und Ziegen für die Fleisch- und Milchversorgung erschwerte. Das war nicht einmal in dem Ausmaß möglich, der, zum Vorteil der Landbevölkerung, einer Butter- und Käseerzeugung zum Verkauf an die nächsten Städte und Dörfer als Grundlage hätte dienen können. Statt dessen mußte wie seit eh und je die aus Europa eingeführte ranzige Butter verzehrt werden.

Mit der steigenden Verstädterung des brasilianischen Lebens verschlechterte sich die Lage, und die hohen Preise für Fleisch, Gemüse und Milch wurden zu einem schwerwiegenden Problem für die Wirtschaftler der damaligen Zeit, die sie den verschiedensten Ursachen zuschrieben: die einen der »Verringerung der Produktion und Erhöhung des Verbrauchs«, die anderen dem Mangel an Arbeitskräften infolge des Verbots des Sklavenhandels und der Dezimierung der Sklaven durch die Choleraepidemie. Sebastião Ferreira Soares bezeichnete zwar in seinen *Statistischen Anmerkungen über die landwirtschaftliche Produktion und den Mangel an Lebensmitteln im Kaiserreich Brasilien* die Monopolstellung der Spekulanten als Hauptursache für Mangel und Teuerung, erfaßte aber doch in-

---

* Gilberto Freyre, *Herrenhaus und Sklavenhütte*, Klett-Cotta, Stuttgart 1982.

tuitiv den Grund, der uns heute als der ernsteste erscheint: die Konzentration der Arbeitskräfte im Anbau exportfähiger Produkte, nämlich des Zuckerrohrs und später des Kaffees. Diese Situation war absurd für eine Gesellschaft, die auf der Landwirtschaft basierte und sich allmählich mit Hilfe der von Professor Normano »königliche Produkte« genannten Erzeugnisse verstädterte, ohne die landwirtschaftlichen Grundlagen ihrer Ernährung zu entwickeln oder zumindest zu sichern.

Gerade in den großen Monokultur betreibenden Provinzen machte sich um die Mitte des 19. Jahrhunderts der Mangel an Lebensmitteln bemerkbar. Aber auch in den Städten Rio de Janeiro, Bahía und Pernambuco. »Die schrecklichen Auswirkungen dieser Geißel haben sich bis jetzt nur in den Küstenprovinzen mit starkem Handel gezeigt«, schrieb Soares im Jahr 1860. Diese Behauptung wird von einer eingehenden Untersuchung der Zentralregierung bestätigt.

Soares zeigt die Tatsachen ganz richtig auf, irrt aber in ihrer Auslegung: Diese Plage war in jenen Provinzen nicht deshalb so hart, weil sie am Meer lagen, sondern vor allem, weil dort die Monokultur vorherrschte. Pernambuco und Bahía widmeten sich fast ausschließlich der Zuckerproduktion, die Provinz Rio de Janeiro und ein Teil der von São Paulo der Kaffee-Erzeugung; und die bedeutendsten Städte – Rio de Janeiro, Recife, São Salvador, São Paulo – lebten nicht von ihrem eigenen ländlichen Hinterland, sondern von entfernten Gebieten: Rio Grande do Sul, Santa Catarina, Mato Grosso und Piauí. Gar nicht zu reden von Tee, Käse, Wein und Öl, die aus dem Ausland eingeführt und von einigen Stadthäusern und Gutshäusern in größerem Umfang konsumiert wurden als die Landesprodukte. Für die Armen wurden aus Europa Kabeljau und aus Montevideo und Buenos Aires Trockenfleisch importiert. Aber trotz aller Ermäßigungen der Verbrauchssteuer blieben die Nahrungsmittel und das Weizenmehl immer noch teuer. Das lag an der Freiheit, Spekulationsgeschäfte zu machen und unerlaubte Gewinne einzustreichen. Kein Provinzpräsident oder Regierungschef setzte seine Zukunft aufs Spiel, indem er gegen die Preistreiber im Fleischhandel mit der Entschlossenheit auftrat, die Thomaz de Mello zur Zeit der »alten Könige« gezeigt hatte. Aber auch im Kaiserreich trat keine Behörde gegen die Ausbeuter so energisch auf wie beispielsweise die von São Salvador im 17. Jahrhundert.

Im Jahre 1865 stellte der Arzt Manuel da Gama Lôbo fest, daß die Ernährungsweise der Sklaven – und er hätte hinzufügen können: bis zu einem gewissen Grade auch die der Herren – nicht nur zwischen Stadt und Land verschieden war, sondern auch zwischen den Zuckerrohr- und Kaffeegebieten und denen mit vielfältigerer Produktion wie Rio Grande do Sul, Mato Grosso, Pará und Amazonas. In den Provinzen mit Monokultur, deren Bewohner – besonders die der Mucambos – nur selten Fleisch und Fisch aßen, waren Fehlgeburten häufiger und chronische Geschwüre und Nachtblindheit weit verbreitet. Dort, wo die Neger eine abwechslungsreichere Kost hatten und sogar hinreichend Obst bekamen, schienen weniger Krankheiten aufzutreten, die Geburtenrate war hoch und die Lebenserwartung höher.

Es wird oft angenommen, daß die Ernährung in den ländlichen Herrenhäusern besser war als in den Stadthäusern. Das war jedoch nicht der Fall. Viele Stadthäuser erhielten aus Europa eine Vielfalt feiner Lebensmittel, die auf den Tafeln der weniger begüterten Plantagenbesitzer fehlten, wo es auch an Obst und Gemüse mangelte, während in den Stadt- und Vorstadtbesitzungen das selbstproduzierte Obst und Gemüse auch den Negern zugute kam.

Ebenso wie auf den Plantagen und Landgütern erhielten die Negersklaven in der Stadt eine regelmäßigere und reichhaltigere Verpflegung als die Freien in ihren Mietskasernen, Mucambos und Häuschen. Das gilt freilich nur ganz allgemein, denn es darf nicht vergessen werden, daß manche Eigentümer von Gütern oder Plantagen erst ein Vermögen zu erwerben begannen und rasch reich werden wollten. Dort wurden die Sklaven schamlos ausgebeutet und ihre Arbeitskraft bis zum letzten ausgepreßt. Dasselbe geschah in den kleinen Pflanzungen der ärmeren Besitzer, die in Ermangelung anderer Hilfsmittel den größtmöglichen Nutzen aus dem menschlichen Kapital ziehen wollten. Die Sklaven bekamen nur einen Brei aus Maniokmehl mit gekochten Bohnen, einen Happen Speck und gekochten Kürbis. Mit dieser schmalen Kost mußten sich Menschen begnügen, die im Kaffeegebiet um drei Uhr früh aufstehen mußten, um bis neun oder zehn Uhr abends zu arbeiten, also nicht mehr als fünf oder sechs Stunden schliefen. Sogar bei Regenwetter mußte der Plantagensklave noch im Dunkeln aufstehen, um Kaffee zu pflücken. »Die übermäßige Arbeit, die ungenügende Ernährung und die übertriebenen körperlichen Züchtigungen«, schrieb Dr. David Gomes Jardim, ein Beobachter der Arbeitsverhältnisse auf den Kaffeeplantagen, »machen aus diesen elenden Wesen wahre Maschinen zur Geldproduktion ohne jede innere Bindung an den Boden, den sie bearbeiten.«

Der Aufschwung des Kaffees bedeutete in Brasilien den Übergang von der patriarchalischen zur industriellen Wirtschaft, wobei der Sklave nicht mehr als zur Familie gehörig, sondern als einfacher Arbeiter, als »Maschine« betrachtet wurde. Dr. Jardim fragte einen Pflanzer, warum so viele Neger erkrankten und starben, und erhielt die folgende Antwort: »Die Sterblichkeit stellt keinen Schaden dar, da beim Ankauf eines Sklaven damit gerechnet wird, ihn nur ein Jahr lang ausnutzen zu können. Nur wenige überleben diese Zeitspanne, trotzdem läßt man sie so arbeiten, daß sie nicht nur das angelegte Kapital hereinbringen, sondern auch noch einen bedeutenden Gewinn einbringen.«

Auf dieselbe Phase der Industrialisierung der Negerarbeit bezieht sich Sebastião Ferreira Soares in seinen schon erwähnten *Statistischen Anmerkungen*: »Wenn ein Gutsherr hundert Sklaven kauft, rechnet er damit, nach drei Jahren noch 25 in seinen Diensten zu haben.« Die übrigen waren dann schon gestorben oder geflohen. Das Entsetzen, das die Sklaven des patriarchalischen Nordostens oder der Umgebung von Bahía befiel, wenn ihre Herren ihnen in einem Wutausbruch androhten, sie nach den Pflanzungen von São Paulo, in die Bergwerke oder nach den kümmerlichen Plantagen von Maranhão oder Pará zu verkaufen, zeigt deutlich die Furcht der Neger vor einer industriellen Versklavung und vor der Arbeit für arme oder erst angehende Pflanzer.

Viele Sklaven flohen von den Plantagen armer oder geiziger Herren zu reicheren und liberaleren, auf deren großen Besitzungen die Arbeit besser verteilt und damit weniger hart war.

Die Flucht von Negern und besonders von Mulatten in die Städte hatte vermutlich einen anderen Grund: Sie wollten frei werden. Die besten Handwerker unter ihnen – Klempner, Tischler, Schlosser – errangen bei diesem Abenteuer nicht nur die Freiheit, sondern beruflichen und sozialen Aufstieg. Die geschickteren Mulattinnen und Negerinnen freundeten sich mit portugiesischen und italienischen Einwanderern an, denen farbige Frauen, die als Wäscherinnen, Büglerinnen, Kuchenverkäuferinnen oder Obsthändlerinnen mitverdienen konnten, höchst willkommen waren. Und einige von ihnen, die ihren ersten Liebhabern die Treue bewahrten, wurden schließlich die Ehefrauen von reichen Händlern und sogar von Komturen und Eigentümern von Stadthäusern.

Wenn diese Mulatten und Mulattinnen im Beruf oder in der Liebe kein Glück hatten, so waren sie nicht besser dran als die Sklaven in den Plantagen, deren Behausungen oft aus Stein gemauert waren und Fenster und einen überdachten Eingang aufwiesen. In Pernambuco stellte Tollenare fest, daß diese Unterkünfte besser waren als die der Landarbeiter in Frankreich. Jedenfalls fehlte es ihnen weder an Nahrung, mochte sie auch noch so eintönig sein, noch an Sirup und Zuckerrohrschnaps.

Die Freiheit allein garantierte diesen Negern kein besseres Leben. Sie gingen im Proletariat der Mucambos und Mietshäuser auf, und häufig sank ihr Lebensstandard. Ihre Einkünfte wurden unregelmäßig und kümmerlich, die Wohnverhältnisse oft unwürdig, und so mancher freie Exsklave wurde zum Taugenichts, Capoeira, Dieb oder sogar Mörder, so manche Frau zur Prostituierten.

Wer Erfolg hatte, stieg langsam auf, wohnte in einem kleinen, ebenerdigen Haus und wurde zum Kleinbürger. Über die Wohnverhältnisse dieses Kleinbürgertums, das sich zum größten Teil aus Handwerkern oder kleinen europäischen Händlern, aus heruntergekommenen Weißen und Farbigen zusammensetzte, die es in einer Kunstfertigkeit zu etwas gebracht hatten, hat uns Dr. Antonio Correia de Sousa Costa um die Mitte des 19. Jahrhunderts interessante Details hinterlassen. Aus ihren Häusern, die weniger Luft und Sonne erhielten als die Mucambos oder die Strohhütten der Ärmsten, zogen immer wieder Leichenbegängnisse von »Engelchen«, das heißt von ganz kleinen Kindern, zum Friedhof. »Die Häuser sind im allgemeinen von sehr bescheidenen Ausmaßen, niedrig, haben nur wenige Fenster, keinen Fußboden und sind nur mit Dachziegeln gedeckt«, berichtet Sousa Costa. Das waren aber noch die besseren und wohnlicheren Behausungen. Die übrigen waren Lehmhütten mit schwarzer, feuchter und klebriger Erde als Fußboden und einem Dach aus Wellblech, »die gegen alle Regeln der Hygiene verstoßen und von viel zu vielen Menschen bewohnt sind«.

In vielen Mucambos waren die Bewohner besser untergebracht. Bei einigen bestand das Dach aus zwei oder drei Schichten Sapégras, das einen ausgezeichneten Schutz gegen den Regen und sogar gegen die Hitze bot. Sie ähnelten dadurch den Strohhütten der Indianer, wie sie schon die ersten Portugiesen bei ihrer Landung gesehen hatten, die stets weit eher als andere Europäer bereit waren, von den Eingeborenen die dem Klima angepaßten Einrichtungen zu übernehmen.

Der Typ der einheimischen Strohhütte wurde allerdings nach dem Muster der in Europa und besonders in Portugal üblichen Strohhütten abgewandelt und von solchen Portugiesen errichtet, die noch nicht die Mittel besaßen, ein Haus aus Steinen oder Lehmziegeln zu bauen.

Später wurde die indianische Strohhütte vom Mucambo afrikanischen Ursprungs beeinflußt. Die Verwendung von Stroh der Kokospalme oder, im Norden, der Karnaubapalme beim Bau der ländlichen und sogar städtischen Strohhütten geht hauptsächlich auf die Afrikaner der Mucambos und Quilombos – Siedlungen entlaufener Negersklaven –, auf die Neger von Palmares, die ins unwegsame Innere geflohenen Sklaven, zurück.

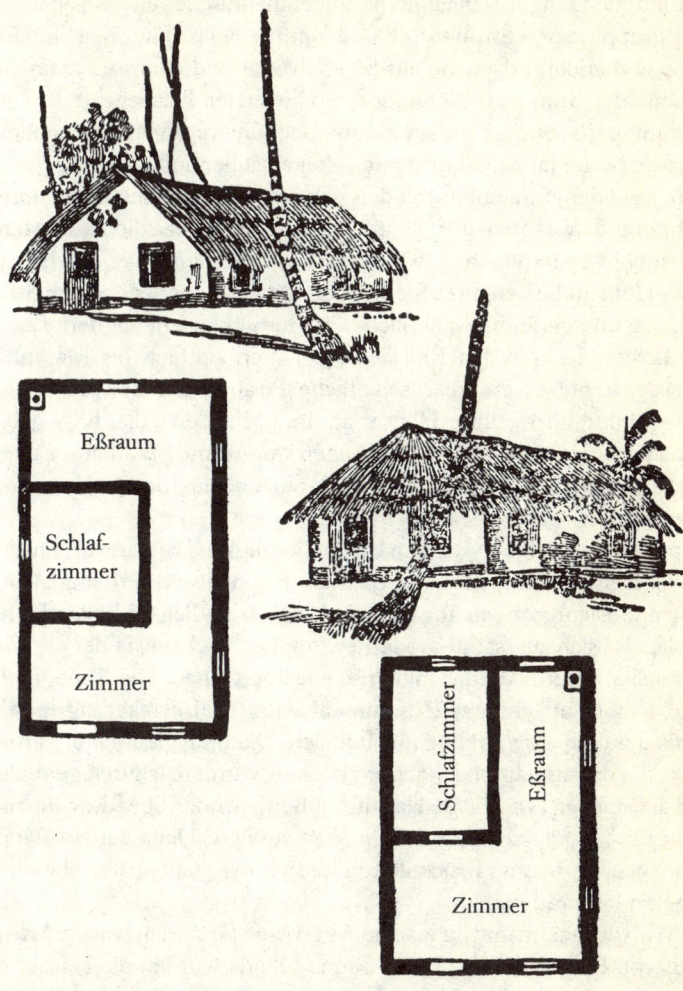

Zwei Mucambo-Typen (Zeichnung von M. Bandeira).

In der ersten Zeit scheint es allgemein üblich gewesen zu sein, die Hütten mit Capim-, Guinea- oder Sapégras abzudecken. Sapé wurde anfangs auch für die Häuser der reichsten Siedler, in São Paulo sogar für die Rathäuser, Kirchen und größeren Gebäude verwendet. Den ersten Guts- und Stadthäusern haftete noch etwas von den Mucambos an: Sie waren durchweg mit Sapé überdacht. Morales de los Ríos nimmt an, daß sich um die Pranger »einfache Bauten einheimischer und europäischer Art« gruppierten – Strohhütten und kümmerliche Häuschen. Teodoro Sampaio berichtet dasselbe aus São Salvador und Afonso Taunay und Ernâni Silva Bruno aus Piratininga, wo die ersten Häuser mit Sapégras oder mit dem »Stroh der Aguarirana- oder Guaricangapalme« gedeckt wurden, bis im Jahr 1590 die ersten Ziegeldächer auftauchten.

Im Lauf der Jahre unterschieden sich die vermögenden Leute immer mehr von den Armen. Ihre Häuser hatten keine pflanzlichen Bestandteile mehr, sondern man verwandte Stein, Kalk, Luftziegel, Dachziegel, gutes Holz und Eisengitter. Sie wurden höher, zu mehrstöckigen Stadthäusern, und geräumiger, ähnlich den Herrenhäusern auf dem Lande. Als Koster den Norden Brasiliens, von Pernambuco bis Maranhão, bereiste, lernte er, die gesellschaftliche Position der Bewohner nach Material und Größe ihrer Häuser zu unterscheiden. Allerdings gab es damals schon Herrenhäuser, die Ruinen waren, und Stadthäuser, die zu Mietskasernen degradiert worden waren und in Rio de Janeiro die Bezeichnung »Schweinekopf« trugen.

Im Verlauf der zunehmenden Urbanisierung des Landes wurden diese Mietskasernen von dem europäisch beeinflußten Proletariat den Mucambos vorgezogen. Ihr Ursprung lag vermutlich im holländischen Recife, das sich zuerst zur modernen Stadt entwickelte, in der die kommerziellen Interessen die militärischen überwogen. Die Topographie brachte dort zunächst eine Zusammenballung der Bevölkerung und eine vertikal aufragende Architektur mit sich. Die unhygienischen Verhältnisse, die daraus hätten erwachsen können, wurden dadurch gemildert, daß die Stadt an zwei Flüssen lag und außerdem noch über die vom Ingenieur Post angelegten künstlichen Seen verfügte. Dank der von Moritz von Nassau erbauten Brücken konnte sich die Stadt später obendrein ungehindert ausdehnen.

In Rio de Janeiro und bis zu einem gewissen Grade auch in der Hauptstadt von Bahía, in Ouro Prêto und in Olinda wurden die Häuser der armen Leute anfangs zu Füßen der Hügel errichtet. Dieser Erhebungen bemächtigten sich die Reichen, die Jesuiten und die Mönche, um auf ihnen ihre Herrenhäuser, ihre Kirchen und ihre Klöster zu bauen. Das Wohnen auf den Berghängen war durchaus nicht unbequem, denn es gab genug Sklaven für die Arbeiten in den Häusern und Klöstern. Für die Armen blieb als Wohngebiet die Niederung mit ihren »Morasten, deren schädliche Eigenschaften oft noch durch den täglichen Anfall von Exkrementen verschlimmert wurden«. Erst als diese versumpften und schlammigen Stadtteile mit Erde aufgeschüttet wurden, stiegen die Reichen von ihren Hügeln herab und bemächtigten sich auch der Unterstadt. Diese Einebnung war freilich weniger das Werk systematischer Bemühungen von seiten der Regierung als die Folge der allmählichen Besiedlung mit Hütten, die fast im Schlamm selbst und am Rande der Abfallhaufen errichtet wurden.

Als Rio de Janeiro sich im Jahre 1871 auf der Höhe seiner kaiserlichen Glorie befand, behauptete der Arzt Luís Correia de Azevedo, seit Jahrhunderten, seit den Anfängen der Kolonialzeit, seien schwerwiegende Fehler beim Bau der Stadt begangen worden. Der Stadtrat hätte sich nie darum gekümmert, diese Fehler zu korrigieren oder auch nur zu mildern. So sei eine Reihe von Straßen mit elenden Behausungen entstanden, Mietskasernen mit menschenunwürdigen Lebensbedingungen.

Aber die Stadt wuchs, und mit ihr nahmen diese alten »Höhlen« zu, die immer mehr zur »Geißel« wurden, zu »einer ständigen Gefahr für die Volksgesundheit«. »Ihre natürliche Folge war die Übertragung von mehr oder weniger schweren Krankheiten.« Wie, fragte der Arzt, konnte man erwarten, daß aus Kindern, die in einer »so schlecht angelegten, schlecht gebauten, schlecht durchlüfteten, feuchten, heißen, stinkenden, ungesunden, engen und jeder hygienischen Einrichtung baren Stadt heranwuchsen, eine kräftige, energische Jugend entstünde, eine Rasse, fähig, das Kaiserreich einer herrlichen Zukunft entgegenzuführen«? Die Stadthäuser der Edelleute und der Reichen waren zwar gut gebaut und hygienisch, aber ihre Besitzer stellten nicht »das Volk dar, dieses heiße Blut in den großen Arterien der Arbeit«, das Volk, von dem »alle Kraft, alles patriotische Talent kommen müßte, um ein großes und gesegnetes Land zu schaffen«.

Tatsächlich gab es in Rio de Janeiro, wo die Priester, die Mönche und die Reichen inmitten der Stadt regelrechte Güter besaßen und die arme Bevölkerung gezwungen war, auf engstem Raum zusammen zu leben, im Jahre 1869 642 Mietskasernen, in deren 9 671 Zimmern 21 929 Personen wohnten, das heißt 9,65 % der Einwohnerschaft. Im Jahre 1888 war diese Zahl auf 11,72 % gestiegen.

Alte, einst von Edelleuten bewohnte Stadthäuser wurden zu Mietskasernen, an die schon die Mucambos grenzten, die selbst die Hügel hochkletterten. Die großen Stadthäuser erlebten alle ein ähnliches Schicksal: Im besten Fall wurden sie in Kaufläden, Hotels, Schulen, Pensionen, Kasernen, Ämter oder Sitze von Karnevalsgesellschaften verwandelt. Im schlimmsten in Mietskasernen, »Schweineköpfe«, oder Freudenhäuser.

Im Gegensatz zwischen den Behausungen der Reichen und denen der Armen lag der Vorteil durchaus nicht immer auf seiten des Stadthauses. Man kann sogar sagen, daß der Bewohner des Mucambo, der mit seinem doppelten Regenschutz auf trockenem Boden errichtet war, hygienischer untergebracht war als der Bürger im Stadthaus oder der Kleinbürger in seinem ebenerdigen Häuschen.

Das alte Stadthaus bot immer unhygienische Lebensbedingungen. Das lag nicht so sehr am Baumaterial oder an der Bauweise als am patriarchalischen Lebenszuschnitt, der den Bürger, besonders aber die Frau und mehr noch das Mädchen, in übertriebenem Maße von der Straße, der Luft und der Sonne fernhielt.

Was das Baumaterial angeht, so bestanden seit dem ersten Jahrhundert der Besiedlung Unterschiede, die sich aus den finanziellen Mitteln der Bewohner, aus ihrem engeren oder nur losen Kontakt mit der europäischen Zivilisation und vor allem aus der jeweiligen Topographie ergaben. Gabriel Soares berichtet, daß die Siedler in Bahía den Kalk für die ersten Häuser aus Austernschalen gewannen. Martius fand zu Beginn des 19. Jahrhunderts in Brasilien brauchbares Material für dauerhafte Bauten, und der nordamerikanische Forscher Roy Nash sah in Penedo (Alagôas) und Diamantina (Minas Gerais) Städte mit ein- und mehrstökkigen Steinhäusern. Er stellte fest, daß der Brasilianer, im Gegensatz zum Fellachen vom Nildelta, dem jegliches feste Baumaterial fehlte, über ausreichende Mengen von Stein, Holz, Kalk und Brennholz zur Herstellung von Backsteinen verfügte. Das auch heute noch zu beobachtende ärmliche Aussehen der Stroh- und Lehmhütten liegt somit nicht an der Armut des Bodens, sondern der der Bewohner und an ihrem nomadenhaften Leben.

Wenn Prinz Maximilian zu Neuwied reiche Landbewohner in schäbigen Hütten antraf, so erklärt sich das auch aus dem Mangel jeglichen Kontakts mit Europa und dem daraus folgenden indianischen oder halbindianischen Lebensstil. Ausschlaggebend ist jedoch die Herrschaft einer verschwindenden Minderheit, die so weit ging, daß gegen Ende des 19. Jahrhunderts Millionen von Brasilianern nicht eine Handbreit Bodens ihr eigen nannten, während ein paar Tausend die Fabriken, Landgüter, Kautschuk-, Kaffee- und Zuckerrohrplantagen besaßen; einige waren Eigentümer von ganzen Gruppen von Mietskasernen, von riesigen Mucambo-Dörfern und von Dutzenden ebenerdiger Häuser.

Es wird oft darüber diskutiert, welches wohl das erste in europäischem Stil gebaute Haus eines Weißen in Brasilien gewesen sein mag, das sich von der indianischen Strohhütte oder dem afrikanischen Mucambo unterschied. Einige meinen, es sei das *Haus der Carioca* gewesen. Es heißt, Gonçalo Coelho habe im Jahr 1504 am Ufer eines Flüßchens, vielleicht in einem kleinen Dorf, ein Haus gebaut, das die Eingeborenen das »Haus des weißen Mannes« nannten.

Die französischen Protestanten versuchten später, sich in der Nähe der portugiesischen Dörfer und so bürgerlich wie nur möglich anzusiedeln: in »Häusern der Weißen«, wo sich dasselbe Familienleben abspielen konnte wie in den Dörfern Frankreichs und der Schweiz, mit Hausfrauen aus Europa. Von Verbindungen mit Indianerinnen oder Negerinnen wollten sie nichts wissen: Das »Haus des weißen Mannes« sollte auch das Haus der weißen Frau sein.

Die weiße Frau war in der Besiedlung Amerikas, Afrikas oder Asiens immer der ruhende Pol. Ihre Gegenwart gab dem Familienleben Halt. Dieses Stimulans fehlte auch den französischen Kolonisatoren von Rio de Janeiro nicht; wenn ihre Anstrengungen nie zum Erfolg führten, lag es am Fehlen anderer Faktoren.

In São Vicente, Iguaraçu, Olinda und São Salvador wirkte die Anwesenheit der weißen Frau als stabilisierendes Element der Kolonisation und schenkte den Anfängen der städtischen Besiedlung Brasiliens den noblen und dauerhaften Typ des »Hauses des weißen Mannes« aus Lehm, Stein, Kalk und Holz.

Von solchen Häusern gab es in Olinda im Jahr 1575 schon siebenhundert; vermutlich wurde dort wie in São Salvador der Kalk aus Muscheln gewonnen. Duarte Coelho, der Erbauer von Olinda, gab dem Neuen Lusitanien jenen halbstädtischen Charakter, den es noch lange bewahren sollte; viele Plantagenbesitzer verbrachten eine Hälfte des Jahres in ihrem Stadthaus in Olinda. Die Handwerker, die Duarte Coelho aus Europa holte, wurden auch zum Bau von »Häusern des weißen Mannes«

herbeigezogen und nicht nur zur Errichtung von Zuckerrohrmühlen und Kirchen. Sie werden daran wohl ebensoviel verdient haben wie jene portugiesischen Meister, die nach Bahía kamen, um dort die »vornehmen Häuser« zu bauen, von denen Gabriel Soares spricht. Und der reiche Siedler des 16. Jahrhunderts wird dafür so manchen Batzen bezahlt haben.

Für den Bau der Stadthäuser verwandte man oft die Steine aus Lissabon, die die Schiffe als Ballast geladen hatten. In Rio de Janeiro nahm man häufig den Granit der nahen Hügel, während der Mörtel an der Küste aus Muschelkalk und Meersand, im Landesinnern jedoch mit Lehm gemischt wurde. In Piratininga nahm man den Tabatinga genannten weißen Ton.

Die Reisenden, die im 16. und 17. Jahrhundert die ersten brasilianischen Städte besuchten, lobten die Festigkeit der Häuser. Froger bewunderte im São Salvador des 17. Jahrhunderts nicht nur die Festungen, die öffentlichen Gebäude und die Schulen der Jesuiten, sondern auch die großen und hohen Privathäuser. Dagegen sagte Pater Mancilla von den Häusern »aus Erde und Lehm« im Landesinnern: »Derlei kann man überall wieder aufbauen, weshalb es ihren Eigentümern nichts ausmachte, sie aufzugeben.«

Fast um dieselbe Zeit befanden sich ein anderer Franzose, Frézier, und der Engländer William Dampier in der brasilianischen Hauptstadt. Beide hoben die Zahl der Häuser hervor: an die zweitausend. Dampier fand sie schlecht eingerichtet, mit nackten Wänden und ohne den Komfort, der für den englischen Bürger das wichtigste Merkmal der Zivilisation darstellte. Dagegen machten ihm die zwei- und dreistöckigen Häuser von São Salvador den Eindruck von Dauerhaftigkeit und Qualität: Fassaden aus Quadersteinen, dicke Mauern, lange Balkons, Ziegeldächer. Umgeben waren diese Bürgerhäuser von teils einheimischen, teils aus Indien oder Afrika eingeführten Obstbäumen und Pflanzen.

Um die Mitte des 18. Jahrhunderts sah der Skandinavier Johan Brelin in Rio de Janeiro gut gebaute Häuser »aus Stein, nach spanischer oder portugiesischer Art, mit Balkons vor den Fensterläden, die mit Gittern versehen sind, da die Fensterscheiben dort sehr kostspielig sind und deshalb nur an den vornehmsten Häusern sowie an Kirchen und Klöstern anzutreffen sind«.

São Salvador scheint im 17. und 18. Jahrhundert das von Gabriel Soares beschriebene halb ländliche Aussehen bewahrt zu haben. Johan Brelin sah viele schöne Gärten und Parks inmitten der Stadt. Die großen Häuser der Reichen wetteiferten mit den Herrenhäusern der Plantagen nicht nur an räumlicher Ausdehnung der Gebäude, sondern auch des Geländes, das dem Anbau von Maniok und Obst und der Haltung von Schlachtvieh vorbehalten war. Die Bewohner der Stadthäuser konnten in der Versorgung mit frischen Lebensmitteln weder von den – ohnehin sehr spärlichen – Schlachthöfen noch von den Plantagen und Gütern des Landesinnern abhängen.

Sie mußten also soviel wie nur möglich selber erzeugen. Zwieback, Käse und Trockenfisch kamen per Schiff. Aber es gab Häuser, die sogar Butter, Wein, Hüte, englische Strümpfe und afrikanische Neger direkt aus Europa beziehungsweise Afrika und von den Azoren bezogen. Das Meer lieferte ihnen Walfischtran zum Anrühren des Mörtels, Fischöl für ihre Lampen, frischen Fisch für die Tafel und Muscheln, die zu Kalk für den Hausbau verarbeitet wurden. Die brasilianischen Städte konnten gar nicht stärker vom Meer und weniger vom Festland abhängen.

Zu Beginn des 19. Jahrhunderts wurden die Landhäuser und sogar die patriarchalischen Stadthäuser in den Zeitungsanzeigen als »Herrenhäuser« angepriesen. »Zu verpachten ist ein Besitz in Piranga mit stattlichem Herrenhaus aus Stein und Kalk, Pferdestallungen, guter Trinkwasserleitung, vielen gut tragenden Obstbäumen und genügend Platz, um Rosen oder beliebige andere Blumen zu pflanzen«, heißt es in einem Inserat des *Diário de Pernambuco* vom 17. September 1835. In anderen ist sogar von Apfelsinenpflanzungen und Kaffeeplantagen die Rede, woraus hervorgeht, daß diese fast an der Küste, in der Nähe oder geradezu in der Stadt gelegenen Besitzungen richtige Landgüter waren.

Daraus erklärt sich – zumindest teilweise – die große Ausdehnung der brasilianischen Städte. Im Verlauf ihres Wachstums wurde die städtische Konzentration durch die wirtschaftliche Autonomie der Reichen behindert, um deren Häuser herum ungeheuer viel Platz für die Sklavenunterkünfte, den Schweinestall, die Stallungen, die Wagenremise, den Gemüsegarten, die Heuwiese, den Obstgarten, die Weinlaube, die großen Bäume, in deren Schatten man an heißen Tagen die Mahlzeiten einnahm, den Schlachthof, den Fischteich und die strohgedeckte Badehütte am Fluß gebraucht wurde. Zu dieser Selbstversorgung waren die Bürgerhäuser durch die unzureichende Urbanisierung und die schlechten Verbindungen zwischen den Städten und dem landwirtschaftlichen Hinterland gezwungen.

In den Städten, deren Topographie eine horizontale Ausdehnung erschwerte, ging das Wachstum in vertikaler Richtung vor sich. In Recife zum Beispiel waren schon im 17. Jahrhundert dreistöckige Häuser häufig anzutreffen. Nur so konnten die Häuser auch weiterhin viele der patriarchalischen Bedürfnisse befriedigen, ohne sich allzusehr nach den Seiten hin auszudehnen.

In São Salvador, Rio de Janeiro, São Paulo und Ouro Prêto scheinen die Häuser ein bis zwei Stockwerke gehabt zu haben, in Rio mitunter auch drei. In Bahía gab es vereinzelte mit vier oder fünf, in Recife mit fünf und sogar sechs Etagen, vielfach solide aus Stein errichtet. Deutsche Reisende vermerkten die althergebrachte Vorliebe für den Blick auf das Meer »aus langen Holzveranden«. Um die frei stehenden Häuser herum erhoben sich Bananenstauden und Orangenbäume. Nur selten grenzten die Seitenwände aneinander, wie man es noch heute bei kleineren Häusern, selbst im Landesinnern, sehen kann.

Der Nordamerikaner Roy Nash – ein scharfer und immer gut unterrichteter Beobachter – glaubt eine psychologische Erklärung für dieses Aneinanderdrängen der kleinen Bürgerhäuser in Brasilien gefunden zu haben: Er hält es für eine Art Ausgleich gegen das drückende Schweigen der weiten Räume zwischen den Städten, für eine Reaktion auf die riesigen Entfernungen, die besonders im Landesinnern eine Ortschaft von der anderen trennen.

In den großen Städten gehorcht diese Tendenz des Aneinanderrückens wohl eher wirtschaftlichen als psychologischen Ursachen. In den Städten von Minas Gerais läßt sich jedoch die Annahme Nashs auch auf die großen Stadthäuser anwenden, die sich genauso aneinanderklammern wie die kleinen. In Recife geht der Hang zur stärkeren Konzentration und zur vertikalen Entwicklung auf das holländische Konzept einer Stadt zurück. Immerhin hat sie sich über die Halbinsel hinaus ausgedehnt und größere Häuser auf Erdaufschüttungen und in den mittlerweile durch die Fischerhütten sanierten Sümpfen entstehen lassen.

In São Paulo scheinen die im allgemeinen aus Lehmmauern errichteten zweistöckigen Wohnhäuser nie das soziale Prestige der in den Vorstädten gelegenen Landhäuser erlangt zu haben. Die wohlhabenderen Paulistas zogen es vor, in diesen einstöckigen, weißgekalkten Landhäusern zu wohnen, die von Jabotikabeira-, Zitronen- und Orangenbäumen umgeben waren. Ihre Bewohner waren menschenscheuer als die eigentlichen Städter und gingen fast nur zur Messe und zu kirchlichen Festen aus. Einzelne mögen auch ins Theater gegangen sein, wo Stücke von der Art des *Geizigen* mit Mulatten-Schauspielern gegeben wurden. Fast alle werden aber das Haus verlassen haben, um von den Balkons von Bekannten oder Verwandten aus die Prozessionen zu beobachten, die soviel Volk anzogen: Weiße, Caboclos, Neger und Mulatten. John Mawe, ein englischer Weltreisender, sah übrigens in São Paulo viele Neger und Mulatten und widerlegt damit die Theorie, nach der die Paulistas der Kolonialzeit kein Negerblut und höchstens durch den »edlen Wilden«, das heißt den Indianer, eine dunklere Tönung gehabt hätten. Aber schon vor dem Höhepunkt des Kaffeeanbaus, der in die zweite Hälfte des 19. Jahrhunderts fiel, gab es in São Paulo eine beträchtliche Anzahl von Negern und Mulatten.

Saint-Hilaire weiß zu berichten, daß um einige Landhäuser von São Paulo nicht nur Orangenbäume und Jabotikabeiras, sondern auch Kaffeesträucher wuchsen, die schon fast kleine Plantagen waren. In einer dieser Besitzungen, die eine halbe Meile vor der Stadt lag und einem General gehörte, gab es auch viele Apfel- und Birnbäume, Kastanien, Pfirsichbäume und eine Weinlaube. Dazu – wie auf einem richtigen Landgut – Weiden für das Vieh. Im Landhaus von Joaquim Roberto de Carvalho fühlte man sich wie im Herrenhaus einer Plantage: Es gab da eine Terrasse, um ein Mittagsschläfchen zu halten, einen Obstgarten, und um die Messe zu hören, mußte man nicht in die Kirche gehen, sondern begab sich in die Hauskapelle.

Solche Landhäuser gab es auch in der näheren Umgebung von Rio de Janeiro und Recife. Dort wurden sie aber in den letzten Jahren der Kolonialzeit und den ersten der Unabhängigkeit weniger als ständiger Wohnsitz denn als Sommerhaus verwendet, wo die reichen Besitzer, ohne sich allzu weit von ihren Stadthäusern entfernen zu müssen, die Festtage verbringen, Flußbäder nehmen und die blutreinigenden Cashewnüsse kauen konnten. Dieser Brauch erhielt sich mit geringfügigen Änderungen bis zum Ende des 19. Jahrhunderts.

Wie in São Paulo hatten diese Häuser auch hier nur ein Stockwerk, Walmdächer wie die Gutshäuser der Plantagen, Terrassen und gedeckte Eingänge. Umstanden wurden sie im Norden meistens von Guajaven-, Araçazeiro-, Cashew- und Orangenbäumen sowie von Kokospalmen; später zog man Mangobäume, Jaqueiras und Brotfruchtbäume vor.

Auf der Terrasse spielten die Männer Karten, und unter den Mangobäumen wurden fröhliche Gelage abgehalten. Die Salons wurden mit

Hühner-hof

Waschhaus

Obstgarten

Weide

Obstgarten

Remise

Pferde-stall

Garten

Springbrunnen

Garten

Garten

Garten

Studier-zimmer

Frühstücks-zimmer

Anrichte

Küche

männl. Haus-angestellte

Bad

Wein-keller

Bad

Gäste-zimmer

weibl. Haus-angestellte

Garten

Garten

Blaues Zimmer

Halle

Billard-zimmer

Einfahrt

Praia de Botafogo

Einfahrt

162

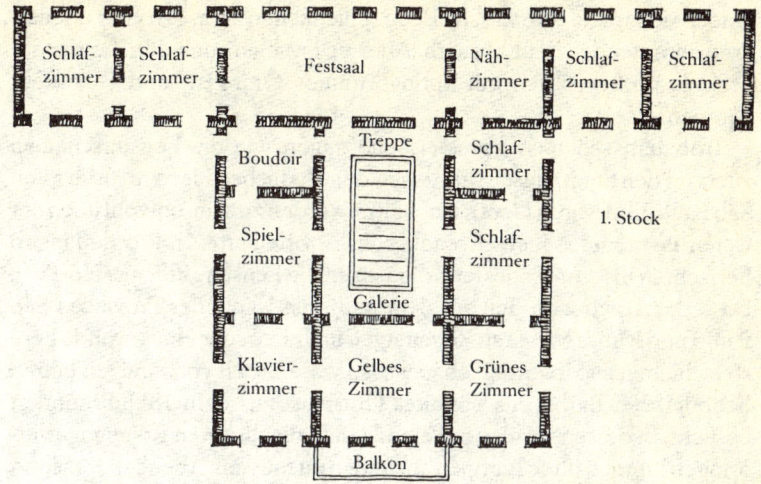

Adliges Stadtpalais in Rio de Janeiro (1850). Wohnsitz des Barons von Itambi an der Praia de Botafogo.

Kerzen in großen Glaszylindern erleuchtet, und die jungen Mädchen im Reifrock spielten Frage-und-Antwort-Spiele mit den Jünglingen in ihren enganliegenden Hosen oder tanzten Quadrille, die ihnen die französischen Tanzlehrer beigebracht hatten. Aus den Beschreibungen von James Henderson, Maria Graham und Pater Lopes Gama geht hervor, daß das Leben in den Landhäusern von Recife nicht so trübselig war wie in São Paulo. Sogar die Beleuchtung war üppiger und heller: Fischöl statt des von den Paulistas bevorzugten billigeren Rizinusöls.

Was nun die Stadthäuser anbelangt, so hat uns Robert Burford eine Schilderung von Rio de Janeiro hinterlassen, wie es 1823 aussah. Danach sah das Innere der ein-, zwei- und dreistöckigen Häuser folgendermaßen aus: ein in lebhaften Farben ausgemaltes Empfangszimmer, die Veranda, wo gelegentlich die Mahlzeiten eingenommen wurden, mehrere Schlafzimmer, die Küche und der Stall, der nur vom Haus aus betreten werden konnte. Das Baumaterial war Granit oder Backstein, Fensterscheiben waren an die Stelle der Jalousien getreten. In den besseren Landhäusern fanden sich mehr europäische Bequemlichkeiten als in den eher orientalisch anmutenden Stadthäusern. Aber sie besaßen auch den Zauber der Tropen: große Gärten mit Springbrunnen, Orangen- und Guajavenbäumen.

Trotzdem scheinen gewisse Neuerungen wie die Fensterscheiben zuerst in den Stadthäusern und sogar den ländlichen Herrenhäusern von São Paulo und Minas Gerais eingeführt worden zu sein, obwohl doch der Osten des Landes mehr Kontakt mit Europa hatte. In Rio de Janeiro herrschten bis zum Ende der Kolonialzeit die Fenstergitter aus Holz vor. Das erklärt sich zum Teil aus dem rauheren Klima der Provinzen São Paulo und Minas, wo es an Regentagen im Innern der Häuser ohne Fensterscheiben fast unerträglich gewesen wäre. Noch vor wenigen Jahren habe ich bei Barbacena ein altes Gutshaus aus dem 18. Jahrhundert besucht, in dessen verglaster Veranda man die düsteren Regentage verbringen konnte, ohne Lampen anzünden zu müssen. Aber der Transport des Glases ins Innere von Minas Gerais muß damals umständlich und kostspielig gewesen sein.

In São Paulo hatten, nach Saint-Hilaire, nur die kleineren Häuser Gitterfenster; die großen Stadthäuser hatten Glasfenster. Gitter und Balkons waren meist grün gestrichen. Die Dachvorsprünge waren nicht so ausladend wie in anderen brasilianischen Städten und kaum breit genug, um die Passanten vor dem Regen zu schützen.

In Bahía gab es zwar weniger Fensterscheiben, dafür hatten die Häuser jedoch Terrassen, die aufs Meer hinausgingen. Die Nächte waren durch die Fischöllampen besser erhellt, und bei Tag schien öfter die Sonne.

In São Paulo entwickelte sich das Stadthaus langsamer als in Recife. Immerhin erinnert Alcântara Machado daran, daß schon 1611 und 1617 solche vornehmen Häuser erwähnt wurden. Mitunter waren sie zur Hälfte ebenerdig, und nur die andere Hälfte oder gar ein einziger Raum waren überbaut. Zimmerdecken waren selten eingezogen, aber es gab Korridore, Stuben und Kammern mit handbeworfenen Lehmwänden. Das Sapégras- oder Strohdach wurde in den größeren Häusern gegen Ende des 16. Jahrhunderts durch ein Ziegeldach ersetzt. Die Dachziegel waren sehr teuer, so daß ein solches Dach ein sichtbares Zeichen des Wohlstandes war.

Die teils ebenerdigen, teils mehrstöckigen Häuser entstanden hauptsächlich in den Städten, die auf abschüssigen Hängen erbaut waren. In

Ouro Prêto und in der Hauptstadt von Bahía gab es Häuser, deren Front ebenerdig war, während sie hinten, wo sie auf Schluchten und sogar richtige Abgründe hinausgingen, mehrere Etagen hatten.

Zweifellos war es aber in Recife, wo sich infolge besonderer Umstände das patriarchalische Stadthaus von drei, vier und, in der ersten Hälfte des 19. Jahrhunderts, sogar von fünf und sechs Stockwerken entwickelte. Hier spielte sich das noch patriarchalische und schon bürgerliche Familienleben zwar in rein vertikaler Anordnung, aber in demselben Luxus und derselben Großräumigkeit ab wie in den Herrenhäusern der Plantagen. Im Erdgeschoß befanden sich die Lagerräume und die Wohnungen der Neger; im ersten Stock das Kontor; im zweiten und dritten das Wohnzimmer und die Schlafzimmer; im vierten die Speisezimmer und im fünften die Küche. Und darüber gab es noch einen Aussichtsturm, von wo man die ganze Stadt und ihre Umgebung bis aufs Meer hinaus überblicken und frische Luft schöpfen konnte.

Kidder, ein nordamerikanischer Missionar, hat diesen Aussichtsturm als den idealen Ort bezeichnet, um sich ein genaues Bild von der Stadt zu machen. Von dieser Höhe aus sah er den Hafen voller Segelboote, Schiffe, die an der schlammigen Küste vor Anker lagen, Olinda, das weiß durch die Baumkronen schimmerte, Landhäuser inmitten von Cashewbäumen, Mangobäumen und Palmen, geduckte, niedrige Häuser, die von den hohen Gebäuden abstachen wie von jenem, auf dem er stand. Statt dieser Aussichtstürme gab es mitunter in den dicken Mauern Dachfenster oder Luken, durch die der Blick über das Meer oder die Häuser und fernen Baumgruppen schweifen konnte.

Kidder unterstreicht die Vorteile einer im fünften Stock gelegenen Küche: Weder der Rauch noch der Geruch der Speisen konnte die Bewohner der tiefer liegenden Etagen belästigen. Zwar war es ein Nachteil, daß Wasser, Fleisch und alles, was in der Küche gebraucht wurde, mehrere Treppen hochgeschleppt werden mußte; aber wozu hatte man die vielen Neger und Muleques? In Rio beklagte sich eine Dame bei Reverend Fletcher, daß sie gar nicht mehr wisse, was sie alles erfinden solle, um ihre im ganzen Hause herumlungernden Diener zu beschäftigen. Dieser Überfluß an Negern erlaubte es um die Mitte des 19. Jahrhunderts, die Küche im fünften Stock und die Negerwohnungen im Erdgeschoß einzurichten. Genauso wie die Reichen und die Jesuiten im 16. und 17. Jahrhundert ihre Herrenhäuser und ihre riesigen Schulen auf hohen Hügeln erbauen konnten, da ja immer genug Sklaven zur Verfügung standen, um mit Lasten auf dem Kopf und Sänften in ihren kräftigen Händen hinauf- und hinunterzulaufen.

In Recife gelangte auch das mit bunten Kacheln geschmückte Stadthaus zu seinem höchsten Glanz. Nach Roy Nash wurden sie besonders an der Ostküste zwischen Maceió und São Luís do Maranhão beim Bau von Kirchen und Häusern verwendet. In diesem am meisten von der holländischen Zivilisation beeinflußten Gebiet mag sich das traditionelle Reinlichkeitsbedürfnis der Holländer in Form einer stärkeren Verwendung der Kacheln an den Bürgerhäusern des Nordostens ausgewirkt haben. Den Aufschwung, den sie nahm, kann man aber nicht nur darauf zurückführen, sondern vor allem auf die Tatsache, daß Kacheln schon in Portugal unter dem Einfluß der Mauren vielfach verwendet wurden und dieser Brauch in Brasilien fortgeführt wurde. Auf die Mauren geht auch die Vorliebe für die in den Gärten und Höfen der Stadthäuser von Recife so häufigen Brunnen, Springbrunnen und Wasserbecken zurück, an denen sich die Kleinbürger von São Salvador abends zu erfrischen pflegten, in denen sie badeten und sich die Füße wuschen. Der große Wasserverbrauch in den Städten, die Flußbäder an den Brücken – das ist nach Ansicht der einen auf den Einfluß der Caboclos zurückzuführen, viel stärker aber und viel nachhaltiger war wohl der Einfluß der Mauren auf dem Umweg über die Portugiesen.

Bei allen Fragen der Reinhaltung des Körpers und der Häuser darf weder der durch die Portugiesen übertragene Einfluß der Mauren noch der durch die Neger überkommene Einfluß der Muselmanen vergessen werden. Nur dadurch konnte der Mangel an öffentlicher Hygiene in den schmutzigen Ortschaften gemildert werden, wo die Reinigung der Straßen, Höfe, Strände und Dächer lange Zeit hindurch fast offiziell den Aasgeiern und den Gezeiten überlassen blieb. Die Geier kamen mit der Regelmäßigkeit von Gemeindeangestellten, um Speisereste, tote Tiere und sogar Leichen von Negern zu verzehren, die das Hospital weder am Strand noch im Friedhof angemessen beerdigen, sondern nur oberflächlich verscharren ließ, so daß oft noch ein Arm aus der Erde herausragte. Mit derselben verläßlichen Regelmäßigkeit stieg die Flut und wusch den Strand von jedem Unrat sauber; mitunter überschwemmte sie ganze Dörfer von Mucambos oder Strohhütten – und tut es noch heute.

Noch in den ersten Jahren des 19. Jahrhunderts konnte man die Strände in der Nachbarschaft der Stadthäuser von Rio de Janeiro, São Salvador und Recife nicht aufsuchen, geschweige denn dort baden. Sie waren Sammelstellen für Abfälle, wo überlaufende Fässer mit Exkrementen abgeladen wurden, aller Abfall und Unrat aus den Häusern und Straßen, tote Tiere und Neger. Die Seebäder sind erst in jüngster Zeit in Mode gekommen, in der Kolonialzeit und den ersten Jahren der Unabhängigkeit zogen die Edelleute und Bürger das Bad im Fluß vor. »Strand« war damals gleichbedeutend mit Schmutz, nur der Fluß war sauber, und an seinen Ufern wurden viele große Stadthäuser erbaut. Hier wurde morgens und abends gebadet und Boot gefahren, und auf Booten fanden auch die so häufigen Übersiedlungen statt, die für die seßhaften Familien geradezu ein Vergnügen bedeuteten. Im Tagebuch des alten Felix Cavalcanti de Albuquerque werden diese Umzüge dauernd erwähnt. In der ganzen Rua Imperial von Recife wird es kaum ein Haus gegeben haben, in dem er nicht einmal gewohnt hat.

In den hellen Mondnächten fuhren die Studenten von Recife auf den Fluß hinaus, um den jungen Mädchen von Madalena und dem Ponte d'Uchoa Ständchen zu bringen, eine Sitte, die sich fast bis auf unsere Tage erhalten hat. Aus diesen Minnesängern, deren schöne Stimmen und poetisches Gefühl viel bewundert wurden, ist so mancher berühmte Dichter hervorgegangen.

Viele Landhäuser und sogar Stadthäuser besaßen am nächstgelegenen Flußufer ihre Badehütte aus Stroh. Besonders schamhafte Damen behielten ihren Kittel an, und fast alle bekreuzigten sich und empfahlen ihre Seele den Heiligen, wie es die Großmutter des Paters Lopes Gama zu tun pflegte. Die Männer genehmigten sich meist zur Abhärtung einen Schluck Zuckerrohrschnaps, der ebenso prophylaktisch war wie das Kreuzeszeichen der Frauen. Das Wasser übte eine besondere Anziehungskraft aus – vielleicht war dies ein Erbe der Eingeborenen oder der Mauren, jedenfalls der Heiden. Aber andererseits flößte es auch Angst ein und wirkte abstoßend, fast sündig. Das mochte ein Relikt des mittelalterlichen Christentums sein, das das Wasser verachtete und ein Bad im Fluß als Sünde betrachtete. Allmählich nur gewann in Brasilien das Flußbad einen christlichen Charakter, bis die Menschen schließlich unter Anrufung Unserer Lieben Frau von der Guten Gesundheit badeten und ihre Leiden und Fieber mit dem Wasser heilten.

Am bezeichnendsten für die Bewohner der Stadthäuser war jedoch das Wannen- oder Sitzbad im Hause selbst, bei dem sie sich aus einem Kürbis Wasser über den Körper gossen. Ältere Leute nahmen immer warme Bäder, und einige Reisende der Kolonialzeit – unter ihnen

Mawe – behaupteten, daß die Damen in den Stadthäusern übertriebenen Gebrauch von den warmen Bädern machten, der zu ihrer Schwächung beitrug, eine Ansicht, die auch von einigen Ärzten der Kaiserzeit geteilt wurde.

Einige vornehme Stadthäuser ließen das Badewasser in die Straße ablaufen, ein von feinen Seifen bläulich gefärbtes und nach Essenzen duftendes Wasser. Die Edelleute waren stolz darauf, nicht wie ein Neger oder ein Armer zu riechen.

Die Seife, die anfangs in den Häusern selbst hergestellt wurde, gehörte zu den Waren, die in Brasilien am schnellsten industrialisiert wurden. Feine Toilettenseifen wurden aus Europa eingeführt. Im 19. Jahrhundert importierten die reichen Neger afrikanische Seife. Der Verbrauch von Seife erreichte ein derartiges Ausmaß, daß um die Mitte des 19. Jahrhunderts ein Großteil der bestehenden Fabriken Seife produzierte.

In den Mucambos und Negersiedlungen wurde natürlich kein solcher Luxus mit der Seife getrieben. Die Ausdünstung, der Körpergeruch, der »Bocksgestank« der Neger, um den sich in Brasilien eine ganze Folklore rankte, war wohl nichts anderes als der durch den Mangel an Seife – nicht an Wasser – verstärkte typische Geruch der Rasse, der bei hart arbeitenden Menschen besonders hervortrat.

Denn der Neger und der Mulatte – und keineswegs nur die Mamelucos und die Caboclos – waren nicht wasserscheu. Die Freude am Baden oder zumindest am Füßewaschen findet sich nicht nur im Norden, sondern auch im Zentrum und im Süden des Landes. In den Zeitungen der ersten Hälfte des 19. Jahrhunderts wird oft über schamlose Muleques und erwachsene Männer Klage geführt, die sich in aller Öffentlichkeit entkleideten und völlig nackt badeten.

Hier wäre ein Wort über die sanitären Einrichtungen der Stadthäuser und der Mucambos zu sagen. Bekanntlich beschränkten sie sich in den brasilianischen Städten lange Zeit hindurch auf den »Tigre«, ein Faß, das unter der Haustreppe stand und den Inhalt der Nachtgeschirre aufnahm, bis es von den Negern zum Strand gebracht wurde. In dieser Hinsicht waren die Häuser der Städte denen auf dem Lande weit unterlegen.

Martius bewunderte zwar die schönen, großen, balkongeschmückten Häuser von São Salvador, beklagte jedoch ihren Mangel an »gewissen Bequemlichkeiten, wodurch die Reinlichkeit der Straßen keineswegs gewinnt«. Luccock zeigt sich davon angewidert und flüchtet sich in seine klassische Bildung, um diesen Ärger zu tarnen: »*Cloacina has no Altar erect-*

ed to her in Rio and a sort of Pot de Chambre is substituted for her Temple«. Es gab große Nachttöpfe, »Kapitäne« genannt, und andere, sehr hübsche aus rosa Fayence mit vergoldeten Ornamenten. Wie ältere Leute erzählen, rauchten und plauderten die Damen, während sie sie in ihren Schlafzimmern benutzten. Auch heute noch gibt es Menschen, die diese früher dem Adel und den vornehmen Bürgern vorbehaltenen Geräte für das Bequemste halten. Erst vor kurzem ist in Rio ein berühmter Arzt der älteren Generation gestorben, der jeden Morgen, auf seinem Nachttopf sitzend, las und studierte. Einige besonders anspruchsvolle Edelleute hatten in ihrem Stadt- oder Landhaus Leibstühle.

Die meisten Stadtbewohner erledigten ihr Verdauungsgeschäft zwischen Bäumen und Büschen, am Strand, im Hinterhof, an irgendeiner Mauer oder sogar auf öffentlichen Plätzen, wo man ständig frische Exkremente fand – *»thickly strewed with ever fresh abominations«*, wie Luccock schreibt. Die Männer hatten die Gewohnheit, auf der Straße ihr Wasser zu lassen, und aus den Häusern wurde der abgestandene Urin einfach auf die Straße geschüttet. Am 3. März 1825 erschien im *Diário do Rio de Janeiro* der folgende bezeichnende Aufruf: »Schon seit längerer Zeit werden die in der Rua da Moeda wohnenden Nachbarn der Kirche von S. Jorge gebeten, nicht nachts Schmutzwasser und abgestandenen Urin auf die Straße zu schütten, ohne daß sich daran etwas geändert hätte; deshalb wird mit diesem Aufruf die Bitte wiederholt und darauf aufmerksam gemacht, daß sonst der zuständige Richter davon in Kenntnis gesetzt werden wird, da in der gegenwärtigen heißen Jahreszeit die Gesundheit der Nachbarn durch diesen pestilenzialischen Geruch in Mitleidenschaft gezogen wird.«

Die Gewohnheit, die Notdurft nach indianischer Sitte hockend zu verrichten, verbreitete sich nicht nur unter der Landbevölkerung, sondern auch unter den ärmeren Stadtbewohnern, bis zu einem Grade, daß es auch heute noch Brasilianer vom Lande oder aus den unteren Volksschichten gibt, die einfach nicht imstande sind, sich auf ein WC zu setzen, und sich nur wohl fühlen, wenn sie auf der Brille hocken, die sie dabei völlig verschmutzen. Daraus erklärt sich, warum man in Brasilien so selten saubere öffentliche Bedürfnisanstalten findet. Sogar in einzelnen Privathäusern der bereits kanalisierten Städte begreift man nicht, daß ein WC rein gehalten werden kann – im Gegensatz zu seinem Vorgänger, dem »Häuschen«, in dem ein Faß ohne Boden bis zur Hälfte in einer Grube eingelassen war. In den Vororten der Städte waren in der zweiten Hälfte des 19. Jahrhunderts überall in gewisser Entfernung vom Hause diese »Häuschen« mit ihrem Faß zu finden.

Das Bürgerhaus in der Stadt oder Vorstadt, das Landhaus, der Bauernhof sowie das Herrenhaus auf den Plantagen haben immer Kritiker, aber auch überschwengliche und sentimentale Bewunderer gefunden. Wie viele in irgendeinem schäbigen kleinen Haus geborene und aufgewachsene Kinder haben doch bei ihren Spielen diese Dichterworte wiederholt: »Mein Haus, mein Häuschen, mein kleines, keines ist so schö wie meines«! Dem sentimentalen Traditionalisten kann man stets leichter verzeihen als dem gefühllosen Modernen, der die Vergangenheit verurteilt, ohne ihre spezifischen Bedingungen zur Kenntnis zu nehmen.

Um die Vorzüge und Nachteile des Stadt- oder Landhauses beurteilen zu können, müssen sein Grundriß und seine Einteilung in Betracht gezogen werden, und zwar nicht nur mit Rücksicht auf das Klima, sondern auch auf die sozialen Anforderungen jener Zeit, auf das verwendete, landesübliche Material und den wechselnden Einfluß des europäischen Lebensstils auf die vornehmen Stadtbewohner. Auch darf nicht vergessen werden, daß so manche Schäden an den alten Häusern nicht auf eine verfehlte Bauart, sondern auf das von unehrlichen Baumeistern gelieferte minderwertige Material zurückgehen.

Die Architektur der alten brasilianischen Stadthäuser war freilich für die Tropen keineswegs ideal. Die Wohnverhältnisse vernachlässigten die Forderungen der Hygiene zugunsten der für die damalige Zeit wichtigeren wirtschaftlichen und moralischen Prinzipien. Das patriarchalische System der Familie verlangte, daß die Frauen – und ganz besonders die jungen und auch die kleinen Mädchen – in Schlafzimmern arabischen Stils schliefen: in fensterlosen, im Innern des Hauses gelegenen Räumen, in die kein zudringlicher Blick eines Don Juan fallen konnte. Die Frauen durften nur auf die Straße hinausschauen, wenn sie selber nicht gesehen werden konnten, also durch Jalousien oder Holzgitter, wie sie in den Klöstern üblich waren. Auf die Straße hinausgehende Balkons und Veranden oder auch von Schlingpflanzen halb verborgene Lauben sind eine verhältnismäßig neue Erfindung. Die Hausbewohner, vor allem die Damen und Kinder, sollten vor der Sonne, dem Nachttau, der Zugluft, dem Wind, dem Regen, den üblen Gerüchen von der Straße, den bösen Hunden, den durchgegangenen Pferden, den betrunkenen Matrosen, den Dieben und den Zigeunern geschützt werden. Außerdem darf nicht vergessen werden, daß in den dicken Mauern der Stadthäuser Geld, Gold und

Schmucksachen versteckt wurden, die von den Zigeunern, Dieben und Vagabunden heiß begehrt wurden.

Aus alledem erklären sich der abweisende Charakter der Stadthäuser, die der Straße feindlich waren, die Flaschenscherben auf ihren Mauern, die spitzen Lanzen ihrer Tore und Eisengitter (an denen die kleinen Muleques, die nur Obst stibitzen wollten, Hautfetzen hinterließen, wenn sie von den Hunden verfolgt wurden). Zu diesem Aspekt der Häuser gehörten auch die dicken Mauern, die Feuchtigkeit in ihrem Innern, die stickige Luft, die Dunkelheit, die wilden Blicke der Drachen, Löwen und Hunde, die an den Toren das Haus gegen die Straße verteidigten und die kleinen Obstdiebe erschreckten – von denen sie freilich auch bei sich bietender Gelegenheit mit unanständigen Worten oder Zeichnungen bekritzelt wurden. Gegen diese Unsitte hatte der Stadtrat von São Salvador im Jahre 1828 eine Verordnung erlassen, in der sie mit vier Tagen Gefängnis bedroht wurde.

Aber seit den Tagen König Johanns VI. begann sich die Straße ihrerseits gegen die Bürgerhäuser zu verteidigen. Die Stadtverwaltungen wandten sich gegen die Übergriffe der Hausbesitzer, die auf der Straße Holz hacken oder Wasser ausschütten ließen. So verfügte der Stadtrat von Pernambuco im Jahre 1831: »Niemand darf bei Tage sauberes Wasser von Balkon herunterschütten, sondern muß dies ab 9 Uhr abends und nur nach dreimaliger, deutlicher Warnung ›Vorsicht, Wasser!‹ tun, widrigenfalls er eine Strafe von 1 Milreis zahlen und den Passanten zugefügten Schaden ersetzen muß.« Und der Stadtrat von São Salvador verkündete im Jahre 1844: »Der Unrat aus den Häusern ist nachts in geschlossenen Gefäßen ans Meer zu bringen; wer ihn auf der Straße entleert, wird mit einer Buße von 2 Milreis oder 24 Stunden Gefängnis bestraft.«

Fletcher fand die alten Häuser, die er in Rio de Janeiro kennenlernte, keineswegs anziehend. Sie waren häßlich, trübselig und sehr schlecht eingeteilt. Sie hatten zwar nicht mehr die Gitter der Kolonialzeit, waren aber nach wie vor düster. Im Erdgeschoß befanden sich die Wagenremise und der Pferdestall, die beide auf die Straße hinausgingen. Im ersten Stock das Empfangszimmer, die Schlafzimmer und die Küche. Ein Innenhof trennte im allgemeinen die Wagenremise von den Stallungen und, im ersten Stock, die Küche vom Speisezimmer. Dieser Hof, der oft U-Form hatte und ein wenig an die andalusischen Patios erinnert, ist noch heute in den alten Stadthäusern der Städte von Minas Gerais und sogar in einigen Herrenhäusern des Nordens anzutreffen, wie zum Beispiel auf der Plantage von Maçangana in Pernambuco. Hier, zwischen den Blumen eines kleinen Gartens, pflegten die den größten Teil des Tages eingeschlossenen Damen frische Luft zu schöpfen, mit den Dienerinnen zu schwätzen und mit den Papageien, den Äffchen und den kleinen Muleques zu spielen. Nicht alle Stadthäuser konnten sich den Luxus von üppigen Gärten erlauben, die sich mitunter terrassenförmig die Hügel hinaufzogen.

In Recife und in Rio de Janeiro bürgerten sich in den vornehmsten Häusern der Stadt Gärten mit maurischen Elementen ein, mit einem Brunnen, dessen Wasser den ganzen Tag aus einem Drachenmaul sprudelte, mit farbigen Kacheln, die zwischen den Pflanzen hervorleuchteten, mit Tonfiguren und Krügen.

Aus dem 19. Jahrhundert sind uns Lithographien von Gärten erhalten, die nicht nur von Brunnen und Fontänen belebt, sondern auch mit Figuren von bärtigen Zwergen, nackten Knäblein, dunklen, kräftigen Sklaven in respektvoller Haltung – den lebendigen zum Vorbild – und schönen Frauen, die die vier Jahreszeiten oder die zwölf Monate des Jahres darstellten, bevölkert waren. Manche trugen in feierlicher Pose Fackeln, die gegen Ende des 19. Jahrhunderts zu Gaslampen umgearbeitet wurden. Aber die Gärten füllten sich auch mit Pagoden oder Lauben, mit Hecken aus Pitangueiras oder Maracujás, mit Palmenalleen, Urnen und von Steinrauten bewachsenen Gartenhäuschen.

Solange der Garten der brasilianischen Häuser die portugiesische Tradition bewahrte, blieb er immer frei von der Steifheit der französischen oder italienischen Gärten; er war menschlich und nützlich, vor allem aber ästhetisch: unregelmäßig, abwechslungsreich, voll ungeahnter Überraschungen. Diese Vielfalt scheint den Chinesen entlehnt zu sein, und vielleicht waren es die Portugiesen, die die Mode der chinesischen Gärten in Europa einführten.

Charakteristisch für die alten Gärten waren auch die mit Seemuscheln eingefaßten Beete, in denen nicht zum Dekor bestimmte Pflanzen gezogen wurden wie Rosmarin und Raute, die das Haus gegen den bösen Blick schützen sollten. Aus demselben Grunde steckte man Ochsenhörner auf die Rosenstöcke. Andere Pflanzen wurden vor allem wegen ihres Duftes, ihres »hygienischen Aromas« gezogen, was in jener Zeit der übelriechenden Straßen und der Ställe im Haus selbst sehr wichtig war: Reseda, Jasmin, Tuberose, Minze, Kamelie, Nelke und Zimt. An Festtagen wurden in den Wohnzimmern Zimtblätter verstreut. Aus der geriebenen Rinde machte man ein Pulver, mit dem der Milchreis bestreut wurde. Wenn aus einem Haus Zimtduft drang, wußte ein jeder gleich: Hier wird eine Hochzeit gefeiert, eine Taufe oder die Rückkehr des zum Doktor promovierten Sohnes aus Europa oder der Hauptstadt. Der Geruch nach Lavendel verkündete eine Geburt, der Weihrauch eine Messe in der Hauskapelle oder einen Todesfall.

Und noch andere Pflanzen gab es im Garten, aus denen Hausmittel hergestellt wurden, Tees, schweißtreibende Mittel, Abführmittel, Erfrischungsgetränke, oder Eingemachtes: Orangenbäume, Zitronenbäume, Melissenkraut.

Andere wieder wurden nur wegen der lebhaften Farben ihrer Blüten angepflanzt, so der Mohn, der außerdem dazu diente, den schwarzen Schuhen und Stiefeletten der Bürger Glanz zu verleihen. Dann gab es verschiedene, die für den häuslichen Toten- und Heiligenkult bestimmt waren: die Kornblume, die Strohblume, die Immortelle. Diese Blumen schnitt man nur, um die Särge der »Engelchen« oder der an Tuberkulose gestorbenen jungen Mädchen zu schmücken. Zuweilen kam jemand von den Mucambos, um Blumen für den Schmuck der Hemdenkartons oder Tabletts zu erbitten, die von den Armen für die Beerdigung ihrer »Engelchen« benutzt wurden. Einzelne Hausbesitzer, die große Gärten hatten, verkauften Blumen und auch Wasser an die Leute aus den ärmlichen Behausungen.

Der patriarchalische Garten war immer durch eine Mauer vor den Blicken der Leute von der Straße geschützt. Diese Mauern waren oft mit Glasscherben bestückt, aber schon in der ersten Hälfte des 19. Jahrhunderts kamen an den Häusern der fortschrittlichen Bürger eiserne Gitter auf. Neben den Toren, auf hohen Säulen und auf den Häusern selbst befanden sich Steingutfiguren, die die Erdteile darstellten, Urnen und zapfenförmige Verzierungen oder Büsten von Camões und dem Marquis de Pombal, und nicht nur, wie früher, Drachen, Löwen und Hunde. Es darf nicht vergessen werden, daß um diese Zeit schon französische Gärtner in Rio auftauchten.

Innerhalb dieser Mauern ließen einige Herren mit bunten Kacheln verkleidete, gemauerte Kanapees und in einer gewissen Höhe Terrassen anlegen, wo die jungen Damen abends Luft schöpfen und das Treiben auf der Straße beobachten konnten: die vielen Neger, hin und wieder einen Engländer zu Pferde, dann wieder irgendeine bedeutende Persönlichkeit, die im Wagen aus der Stadt kam. In den ersten Jahrzehnten des 19. Jahrhunderts gab es allerdings fast nur geschlossene Wagen; nur ab

Stadtpalais in Rio de Janeiro, Mitte des 19. Jahrhunderts (Zeichnung von M. Bandeira nach einem zeitgenössischen Stich).

und zu war die englische Neuerung des aufklappbaren Daches zu sehen. Im Gegensatz zu den kleinen, fast ein wenig andalusisch anmutenden Gärten der alten Stadthäuser waren die der Gutshöfe und Landhäuser sehr ausgedehnt. Ouseley lieferte in der ersten Hälfte des 19. Jahrhunderts eine detaillierte Beschreibung des Landhauses »Vila das Mangueiras« in Botafogo, in dem er selbst wohnte und das später den Prinzen Adalbert von Preußen beherbergte. Er hebt besonders die verschiedenartigen Orangenbäume, die Zitronenbäume, Bananenstauden, Palmen und andere Obstbäume sowie Pflanzen hervor, die aus China und Indien eingeführt worden waren.

Im Gutshaus verschmolzen zwei Typen des patriarchalischen Wohnhauses: der städtische, mit Tor und Veranda zur Straße, und das Herrenhaus der Güter oder Plantagen. Diese Häuser lagen für Mansfield in den schönsten Gärten von Recife, dessen Umgebung ihm »ein einziger, etwas ungepflegter Garten« zu sein schien.

174

Die Bauweise dieser Landhäuser scheint lange Zeit hindurch eher ländlich als städtisch, horizontal und nicht vertikal gewesen zu sein; es handelte sich nicht um Etagenhäuser, wenngleich sie ein Stockwerk hatten.

Dieses einstöckige Haus, das weder ebenerdig noch mehrstöckig war, fand Allain bezeichnend für die Architektur der brasilianischen Wohnhäuser. Für Pereira da Costa besteht das Hauptmerkmal des Landhauses im Norden in seinem viereckigen Grundriß und dem Vordach, wie es im allgemeinen die Herrenhäuser hatten. Kidder bemerkte das auch bei den Landhäusern von Pará, und Araújo Viana hebt diese im Süden ebenfalls übliche Bauart hervor, bei der das Dach so weit vorspringt, daß es eine Art Veranda bildet, die auf Pfeilern oder Säulen aus verputztem Mauerwerk ruht.

Das Innere dieser Häuser wetteiferte mit den ländlichen Herrenhäusern an Raumverschwendung, nicht aber an Luftigkeit. Abgesehen von einem oder zwei großen Wohnzimmern, die auf die Straße hinausgingen, lag das ganze übrige Haus – Schlafzimmer und Korridore – fast immer im Dunkeln. De Freycinet schrieb diese schlechte Einteilung der Räume in den Stadthäusern von Rio de Janeiro der Tatsache zu, daß die Familie die meiste Zeit schlafend verbrachte und daher kein Licht brauchte und außerdem durch die Fenstergitter das Leben auf der Straße zu beobachten pflegte. Hin und wieder empfing man Besuch, und dafür hatte man ja die hellen Empfangszimmer. Die dunklen Schlafzimmer dagegen förderten den Schlaf. Diese Darstellung des Franzosen ist offenkundig eine boshafte Übertreibung.

Tatsächlich herrschte in diesen alten Häusern stets ein Halbdunkel wie in einer Kirche. Diese Düsternis zog Fledermäuse an, Mäuse, Kakerlaken, Grillen und sogar Eulen. Die Fledermäuse drangen auch in die Bauernhöfe ein, freilich weniger wegen der dunklen Räume als wegen der Sapotífrüchte und der Pferde. Die Hauskapellen der Land- und Stadthäuser lockten hauptsächlich die Käuzchen an.

Die dicken Mauern – richtige Festungsmauern nannte sie Fletcher – hielten die Häuser kühl, mitunter waren sie aber auch aus so schlechtem Material, daß sie feucht und klebrig wurden. Einzelne Häuser, die die Jahrhunderte überdauert haben, weisen zwei bis drei Spannen dicke Mauern auf.

Die patriarchalische Architektur der Portugiesen mußte sich natürlich den brasilianischen Gegebenheiten anpassen und das Problem des Übermaßes an Licht und Wärme lösen, was ihr auch zum Teil durch die Verwertung der in Asien und Afrika erworbenen Erfahrungen gelang. Der Schutz der Räume vor zuviel Licht und Wärme wurde freilich stark übertrieben, vor allem infolge moralischer und hygienischer Vorurteile und unter dem Druck der damals herrschenden Gesellschaftsordnung. Man bemühte sich, die Familie gegen eine Reihe äußerer Feinde abzuschirmen, von Luft und Sonne bis zu Entführern, Dieben und Muleques. Man schlief bei verriegelten Türen und Fenstern, so daß die Luft nur durch die Ritzen eindrang. Auf diese Weise waren die Schlafzimmer von einem Geruch durchdrungen, der von Geschlecht, Urin, Füßen, Achselhöhlen, Kakerlaken und Schimmel herrührte. Denn in den Schlafräumen wurden auch die Kleider aufbewahrt, die mitunter – wie bestimmte Lebensmittel in den Speisekammern – wegen der Ratten, des zahlreichen Ungeziefers und der Feuchtigkeit von der Decke herabhingen. Wenn der Gestank überhandnahm, wurden in den Zimmern wohlriechende Kräuter verbrannt.

Nur zu Zeiten Correias – gefürchteter Polizeichef des Gouverneurs Thomaz de Mello von Pernambuco –, der in einen Radmantel gehüllt und mit dem Degen in der Faust die ganze Nacht die Straßen nach Gaunern und Bösewichtern absuchte, konnten die Bürger ruhig schlafen, während »die Fenster den erfrischenden Winden geöffnet« waren, wie der Chronist berichtet. Wenn die Luft auch nicht bis in die Schlafzimmer drang, kühlten doch die Wohnzimmer ab.

Im Gegensatz zum Landhaus und zum Herrenhaus der Plantagen – die durch dicke Mauern, durch weite Dachvorsprünge, frei stehende Seitenmauern und mitunter Vordächer oder Höfe sowie durch Nachtwächter, die die Umgebung des Hauses abschritten, geschützt waren – wurde das Stadthaus in seinem Bestreben, sich gegen die Sonnenglut, den Luftzug und die Einbrecher zu verteidigen, zu einer feuchten, festverschlossenen Behausung, die schon fast einem Gefängnis glich.

Der Kommandant Vaillant fand, daß die Häuser von Rio de Janeiro zur Zeit Pedros I. für die Tropen architektonisch ungeeignet waren und ihnen die Durchlüftung fehlte, die in heißen Ländern das wichtigste ist.

Rugendas stellte an den sehr schmalen Häusern »einen unangenehmen Kontrast zwischen der Höhe und der geringen Ausdehnung« fest. Sowohl auf ihn wie auf Ida Pfeiffer machten diese Häuser mit ihren vergitterten Fenstern einen traurigen Eindruck. Es fehlten in Rio die Terrassen und schmucken Veranden, die Martius und Fletcher so sehr in São Salvador entzückten, dieser Stadt der Häuser mit freier Aussicht, in deren Empfangsräumen immer gefeiert und Klavier gespielt wurde.

Rugendas hatte nicht nur am Bau, sondern auch an der Lage der Häuser von Rio etwas auszusetzen: Sie waren ihm zu sehr zwischen Hügel und Meer eingezwängt. Immerhin gab es dort auch luftige Häuser mit breiten Veranden, wie sie in São Salvador kaum zu finden waren. Es waren die auf den Gipfeln der Hügel erbauten Häuser mit dem Blick über die Bucht und das Meer, erfüllt von der frischen Luft aus den Wäldern. Sie gehörten vielfach Ausländern, meistens Engländern, aber auch Brasilianern, die sich in der Stadt ihre Vorliebe für das Ländliche bewahrten. Fletcher war begeistert von den Häusern, die er in den Vororten Santa Teresa, Laranjeiras, Botafogo, Catumbí, Engenho Velho und Praia Grande vorfand. Schon Maria Graham hatte in Rio und der Umgebung von Recife, bei Monteiro und Poço da Panela denselben Eindruck gewonnen. Debret berichtet dasselbe von den patriarchalischen Häusern in Rio, James Henderson von Benfica, Madalena und Poço in Pernambuco, Saint-Hilaire von den inmitten von Jabotikabeiras und Orangenbäumen gelegenen Landhäusern von São Paulo und Mawe von den mehrstöckigen Häusern in Ouro Prêto.

Als zu Anfang noch der maurische Typ des vergitterten Hauses vorherrschte, war es die übertriebene Zurückgezogenheit der patriarchalischen Familie, die zu solchen Vorsichtsmaßnahmen zwang, um einen zu engen Kontakt mit der Straße zu vermeiden. Nach der Ankunft des Prinzregenten wurde das bürgerliche Stadthaus rasch und nicht immer im besten Sinne europäisiert, während dieser Prozeß in den Vororten langsamer vor sich ging. »Die Häuser von Rio de Janeiro«, schrieb 1851 der Arzt Paula Cândido, »scheinen eher für Lappland oder Grönland als für den 20. Breitengrad in den Tropen bestimmt zu sein.«

Schon Vaillant hatte festgestellt, daß in Rio alles europäisch und folglich für die Tropen ungeeignet war: das Haus, die Möbel, die Kleidung. Aber Paula Cândido beschreibt die einzelnen Nachteile noch anschaulicher: das »ungesunde Schlafzimmer, das bescheidene, dunkle Wohnzimmer mit seinem düsteren Flur, ein weiteres Zimmer, das zum Essen, zum Nähen, zu allem möglichen, nur nicht zu einem gesunden Wohnen geeignet und noch etwas finsterer als das nach vorne gelegene Wohnzimmer war, das aber unweigerlich einen Alkoven enthielt, mit oder ohne Flur, und die Küche im Erdgeschoß«. So sah die Wohnung einer nicht sehr wohlhabenden bürgerlichen Familie aus.

Aber auch die reicheren Leute wohnten in dunklen und schlecht eingeteilten Häusern. Paula Cândido fand es unverzeihlich, daß die besten Räume »den anderen«, nämlich den Besuchern, vorbehalten blieben, während die Hausbewohner in feuchten, fensterlosen Zimmern schliefen. Dort verbrachte der wohlhabende Bürger um die Mitte des 19. Jahrhunderts »zwischen 11 Uhr abend und 6 Uhr früh ein Viertel seines Lebens unter Moskitonetzen«, ganz abgesehen von der »den Schlagfluß fördernden Siesta«.

In den Häusern der Mittelschicht war die Einteilung dieselbe. Die Küche wird in Recife und Bahía ebenso schmutzig gewesen sein, wie sie Luccock in Rio de Janeiro und Mawe im Süden des Landes gefunden haben. Entflohene Sklaven wurden in den Suchanzeigen mitunter folgendermaßen beschrieben: »schmutzig, da sie als Köche gearbeitet haben« oder »weil sie in der Küche beschäftigt waren«. In Rio waren die Herde, so Luccock, aus Ziegeln gemauert und hatten keinen Rost, alles war sehr primitiv und sehr schmutzig. Das Feuer wurde mit Palmwedeln angefacht, das Wasser mit Kokosnußschalen aus den Krügen geschöpft. In reichen Häusern dienten dazu allerdings silberne Schöpflöffel.

Die Häuser wurden fast immer nach dem Geschmack ihrer Eigentümer gebaut, die selbst die Pläne entwarfen. Die Folge waren schwere Konstruktionsfehler, die Treppen waren, wie De Freycinet hervorhebt, fast immer sehr unbequem.

Noch ein halbes Jahrhundert später, schon im zweiten Kaiserreich, sagte Dr. Luís Correia de Azevedo in einer Rede vor der Kaiserlichen Medizinischen Akademie, die Architektur in Rio de Janeiro sei »die mangelhafteste von der ganzen Welt«. Er wiederholte fast die Worte des alten Paula Cândido: »Man möchte glauben, diese Häuser seien für Eskimos oder Grönländer bestimmt; die Fenster sind klein und schmal, die Türen niedrig und nicht breit genug, die Lüftung ungenügend, die Wohnzimmer heiß und stickig, die Schlafzimmer feucht, dunkel und luftlos, die Flure viel zu eng; in der Küche liegt der Ausguß immer neben dem Platz, wo die Speisen bereitet werden, und gleich daneben ein Übelkeit erregender Haufen verrotteten Abfalls, der alle Arten von Miasmen verursacht.«

Trotzdem gab es zur Kaiserzeit viele solid gebaute Häuser, vorausgesetzt, daß sie aus erstklassigem und nicht aus verfälschtem Material erbaut waren. Diese Verfälschungen wurden von den Lieferanten im großen betrieben und hatten eine Erhöhung der Feuchtigkeit zur Folge.

Die Häuser wurden zu »ewigen Wohnstätten des Rotlaufs« und anderer Krankheiten, die Paula Cândido betroffen aufzählt, zu »Grabstätten bei Lebzeiten«.

Die Bauherren und die Geldleute, die die Häuser erbauen ließen, sollen keineswegs entschuldigt werden, denn im Jahre 1871 bemerkte Correia de Azevedo, daß der Hausbau allein und in beschämendster Weise »der individualistischen Wirtschaft dient, die aus schlecht gebauten und noch schlechter eingeteilten Behausungen hohe Mieten herausschlagen will« und sie mit einem Mindestaufwand von »ungebildeten Baumeistern, schlechten Maurern oder miserablen Bautischlern« errichtete. Aber auch die Verantwortlichkeit der Baumaterialhändler darf nicht vergessen werden. In einer Denkschrift des Handelsministers vom Jahre 1884 stellte der Ingenieur Antonio de Paula Freitas nach eingehender Untersuchung der Angelegenheit fest, daß die seit Jahren verwendeten Ziegel »im allgemeinen von schlechter Qualität sind, was nicht nur auf die schlechte Bereitung des Lehms zurückgeht, aus dem nicht immer die schädlichen Fremdkörper entfernt werden, sondern auch auf die häufige Verwendung von Sand, der weder empfehlenswert noch notwendig, noch sorgfältig genug ausgesucht ist, da er meistens aus dem Meer gewonnen wird«. So erklärt es sich, daß beim Abbruch von alten Gebäuden »die Wände bis oben hin feucht sind«.

War vielleicht der Lehm in dieser Gegend nicht gut? Im Gegenteil, er gehörte »zum Besten, was man sich nur vorstellen kann«, schrieb Freitas in seinem Bericht. Und »oft lag die Lehmgrube neben dem Fluß, der Süßwasser lieferte«. Bei der Herstellung der Ziegel wurden Fehler gemacht, und zwar entweder aus mangelnder Sachkenntnis des Baumeisters oder des Arbeiters oder infolge der Unehrlichkeit des Lieferanten, der minderwertige Ziegel zum Preis von erstklassigen verkaufte. Unter den Auswirkungen von diesen und anderen Materialfehlern litt ein großer Teil der städtischen Bevölkerung. Nur wenige Ziegel- und Kalkfabrikanten kümmerten sich darum, »gutes Material zu bekommen«, sagt Paula Freitas, »sie trachten nur danach, viel und billig zu produzieren, denn im allgemeinen ist für die Käufer nur der Preis ausschlaggebend«.

Die Bewohner mußten sich mit der Feuchtigkeit der Wände, der schlechten Ziegel und der Dachpfannen abfinden, die unter einer klebrigen Schlammkruste verfaulten. An den Wänden lief ständig eine grünliche Flüssigkeit herunter. Die Feuchtigkeit zerstörte alles: das Holz, das Metall, den Ölfarbenanstrich oder die Tapeten. Das faserige Holz wurde körnig und zerfiel schließlich unter der Einwirkung »gewisser Protokokken und holzfressender Insekten«. In diesen feuchten Häusern waren die Ameisen in ihrem Element, arbeiteten sich durch die Dachsparren, drangen zu den Möbeln, den Büchern und den Kleidern vor, die in Truhen und Schränken verwahrt oder an Balken aufgehängt waren. Die Metalle rosteten, das Eisen verlor seine Festigkeit, Zink, Blei und Kupfer verdarben. Aber auch die patriarchalische Familie, die dazu verurteilt war, in diesen feuchten Häusern zu wohnen, litt darunter, denn ihr Fleisch war nicht kräftiger als die Metalle, ihre Knochen waren nicht widerstandsfähiger als das Eisen.

Daher die Empörung der Hygieniker wie Correia de Azevedo über die Gleichgültigkeit der Stadtverwaltungen, die sich um die verbrecherische Kommerzialisierung des Baugewerbes durch die auf übersteigerte Gewinne bedachte Privatwirtschaft nicht kümmerte. »Sie verlangt vom Baumeister keinen schriftlichen Nachweis seiner Befähigung«, sagt er von der Stadtverwaltung des kaiserlichen Rio de Janeiro, »sie interessiert sich weder für die Innenpläne noch für die Licht- und Luftverhältnisse der Räume. Sie genehmigt sogar Fenster und Türen, die in der Größe zu Käfigen oder Volieren passen. Meine Herren Akademiker«, fährt der Arzt beschwörend fort, »hier wird das Leben der Nation angegriffen, der brasilianische Volkskörper zerstört, die Erziehung zunichte gemacht und die öffentliche Moral verletzt.« Was habe es für einen Sinn, die Bevölkerung zu erziehen, wenn man sie andererseits in solchen feuchten Häusern verfaulen lasse. Denn das Haus sei, wie der Verfasser der Denkschrift in einer rhetorischen und fast an Freud gemahnenden Wendung sagt, der »zweite Uterus« des Menschen. »Diesen Uterus der Zirkulation und des Lebens berauben, die ihn befähigen, in diesem großen Körper zu funktionieren, den die Atmosphäre und der Boden darstellen, heißt das in seinem Wachstum fortgeschrittene Kind töten, seine Lebensfähigkeit verringern, es der Kraft berauben, die es braucht, um das Licht der Kindheit zu erblicken.«

Damit soll nicht gesagt sein, daß zu jener Zeit alle Stadtverwaltungen die Probleme der städtischen Hygiene und des Bauwesens ignorierten. Schon in der Kolonialzeit gab es einige, die eine strengere Kontrolle forderten. Und in den ersten Jahren der Unabhängigkeit erschienen Vorschläge im Sinne einer Einteilung der Städte in »Zonen«, wie sie der moderne Städtebau vorsieht, und der Überwachung des Hausbaus, zumindest der Fassaden, Bürgersteige und Dächer. Im Jahre 1798 stellte die Stadtverwaltung von Rio de Janeiro eine Umfrage unter den prominentesten Ärzten der Stadt an, um die Hauptursachen der ungesunden Lebensverhältnisse zu ermitteln. Einer dieser Ärzte, Dr. Manuel Joaquim Marreiros, erwähnte unter anderem »die falsche Bauweise der Häuser, mit schmaler Fassade und tiefem Hinterhof, wodurch die Berührungspunkte von Außenluft und Innenluft verringert werden«. Außerdem sei »das Grundstück« in Betracht zu ziehen, »auf dem ein Haus erbaut wird, da es meistens durch das rücksichtslos ausgeschüttete Schmutzwasser in schlechten Zustand gerät und weder einem senkrecht einfallenden Sonnenstrahl noch der frischen Luft Zugang bietet«. Ein anderer der befragten Ärzte, Bernardino Gomes, wies auf die vielen niedrigen, barackenähnlichen Häuser der ärmsten Bevölkerungsschicht hin, die noch »schlechter durchlüftet, feuchter und ungesünder« seien. Und Dr. Antonio Joaquim de Medeiros bestand schon damals darauf, daß »in Zukunft niemand bauen darf, ohne dem vom Stadtrat bestellten Architekten den Bauplan zur Prüfung vorgelegt zu haben«.

Andererseits gab es schon seit dem Ende des 18. Jahrhunderts in den größeren und fortschrittlicheren Städten Brasiliens große, bequem und aus gutem Material erbaute Häuser, die von den Eigentümern bewohnt wurden. Die portugiesischen Edelleute, die mit dem Prinzregenten ins Land kamen, bezogen derartige Stadtpalais. Der Graf von Belmonte zum Beispiel wohnte zehn Jahre in dem Haus, das sich ein Patriarch, »Vater einer kinderreichen Familie«, erbaut hatte, und bemächtigte sich sogar der dort vorgefundenen Sklaven. Und der Wohnsitz der königlichen Familie war nichts anderes als ein früheres Herrenhaus: das Landhaus von Boa Vista.

Bei einigen dieser besser gebauten Häuser wurden aus Portugal importierte Steine oder brasilianische Quadern verwendet. Bei den großen, mehrstöckigen Häusern waren die Fenster- und Türrahmen aus Stein, mitunter auch aus Holz. Diese Einrahmungen waren fast immer viereckig, Oberschwellen oder Rundbogen erschienen an Privathäusern »erst, nachdem die Kirchen sie eingeführt hatten«. Die Zeitungsinserate der ersten Hälfte des 19. Jahrhunderts geben eine gute Vorstellung von der vornehmen Architektur jener Zeit mit ihren Stuckdecken, Tapeten, eisernen Veranden, Wagenschuppen, Zier- und Obstgärten.

Im Lande selbst war das beste Bauholz zu finden. Koster sah gelegentlich in einer Hausruine alte Balken aus Eisenholz oder »Negerherz«. Die äußerste Schicht faulte mit der Zeit, berichtet er, aber darunter bewahrt das Holz seine Eisenhärte und scheint sogar immer härter zu werden. Ein sehr beliebtes Holz war auch das Arcoholz. Für Türen, Fenster und Fußböden wurde hauptsächlich Gelbholz verwendet, und in ganz alten Häusern konnte man noch die einheimische Zeder finden. Tollenare erwähnt das Brasilholz für Dachbalken, und Ouseley hatte den Eindruck, als wären die beim Bau des von ihm bewohnten Herrenhauses in Rio de Janeiro verwendeten Hölzer feuerfest.

Brasilien besaß einen solchen Überfluß an Edelhölzern, daß es – besonders von Pernambuco aus – Holz nach Portugal lieferte, wo es zum Bau von Schiffen, Palästen und Villen verwendet wurde. In Santo Amaro, der Residenz des Grafen von Sabugosa, gibt es einen Speisesaal, der ganz mit brasilianischen Hölzern getäfelt ist. Es erscheint unglaublich, daß Brasilien zu Beginn seiner Unabhängigkeit trotzdem »Bretter aus anderen Ländern« einführen und verarbeiten mußte. Das lag daran, daß in den zugänglicheren Waldregionen ein wahrer Raubbau getrieben worden war. Im Jahre 1835 bezeichnete es Präsident Manuel de Carvalho Pais de Andrade vor der Gesetzgebenden Versammlung von Pernambuco als »dringend notwendig, Maßnahmen zur Erhaltung der noch bestehenden Wälder und zur Anpflanzung von künstlichen Wäldern zu treffen«.

Die Außenwände der großen Stadthäuser hatten zur Kolonialzeit meistens einen ochsenblutroten Anstrich; andere wieder waren – besonders in Recife und São Luís do Maranhão – mit bunten Kacheln verkleidet. Nach den Zeitungsanzeigen der ersten Jahrzehnte des 19. Jahrhunderts zu schließen, waren viele Häuser rot oder gelb, einzelne auch grün oder blau gestrichen. Eine große Anzahl scheint einfach weiß gekalkt gewesen zu sein.

In den Empfangssälen herrschte die unhygienische Sitte der Tapeten vor, aber Luccock kannte auch Häuser, in denen die Wohnzimmer zum Teil in kräftigen Farben gestrichen waren, mit bunten Friesen und Borten. Auch die Decken waren bunt, mitunter mit Blumen bemalt, die Türen in der Regel gelb. In besonders frommen Häusern konnte man an den Zimmerdecken pausbäckige Engelchen mit Rosensträußen, aber auch Früchte und Vögelchen sehen. In einem Herrenhaus in der Umgebung von Rio fand Maria Graham die Wände der Empfangszimmer mit Landschaften aus der Region bemalt. Auf ihre Frage erfuhr sie, daß diese recht hübschen Wandgemälde das Werk eines Negerkünstlers waren.

Zur Kaiserzeit wurden Glastüren üblich, und zwar nicht nur als Haustüren, sondern auch im Innern des Hauses, sowie die verglasten und nicht nur die nach orientalischer Sitte in kleine Vierecke eingeteilten Fenster und die Oberlichte oder Glasziegel, die etwas mehr Licht in die Innenräume einließen. Diese Verfeinerungen, zu denen auch die Stuckdecken in den Salons gehörten, waren eine Folge des europäischen Einflusses, der sich nach der Ankunft König Johanns VI. in verschiedenen Bereichen des täglichen Lebens durchsetzte: in den Tafelsitten, der Möblierung, den Vergnügungen und der häuslichen Hygiene. Andererseits gab es Dinge, wie die Spucknäpfe in den Empfangsräumen und die Zahnstocherbecher in den Speisezimmern, die sich noch lange Zeit hindurch behaupteten.

Die Spucknäpfe, von denen manche, wie die patriarchalischen Nachttöpfe, goldene Verzierungen trugen oder sogar aus Silber waren, empfingen den Gast fast an der Schwelle des Hauses. Ausländische Besucher, die um die Wende des 18. Jahrhunderts nach Brasilien kamen, kritisierten die schlechte Gewohnheit des ständigen Spuckens und die Wohnzimmer voller Spucknäpfe und Auswurf. Einzelne Beobachter führten das Ausspucken auf den Boden oder in die vergoldeten Spucknäpfe auf das viele Rauchen zurück, wobei angemerkt werden muß, daß nicht wenige Frauen Zigarren und sogar Pfeife rauchten. Dr. José Martins da Cruz Jobim gab in einem 1835 gehaltenen Vortrag noch eine andere Erklärung dafür: den typisch brasilianischen Mißbrauch quecksilberhaltiger Arzneien gegen die Syphilis. Er wies darauf hin, daß schon kleine Mengen dieses Metalls die Speicheldrüsen reizen. An der »Reizbarkeit« der Speicheldrüsen scheint sich bis heute nichts geändert zu haben, wenngleich sie nicht nur auf den Tabak und die erwähnten Medikamente, sondern auf eine schlechte Angewohnheit zurückzuführen sein dürfte.

Die Wissenschaftler, die im Jahre 1918 an einer Expedition der Schule für Tropenmedizin von Harvard nach dem Norden Brasiliens teilnahmen, beobachteten, daß die Menschen im oberen Pará- und Amazonasgebiet – wie übrigens auch im Süden der Vereinigten Staaten – ständig husteten und spuckten. Auf den Flußdampfern sahen sie unter den Hängematten der Reisenden große feuchte Stellen. Dasselbe hätten sie auch in den Landhäusern beobachten und sogar in Gouverneurspalästen die Nützlichkeit der eleganten Spucknäpfe registrieren können. Die Harvarder Ärzte erklärten dieses Übermaß an Auswurf mit dem starken Tabak, vor allem aber sahen sie darin eine Angewohnheit.

Im Süden Brasiliens beobachtete Burton, daß die Leute mit der größten Selbstverständlichkeit ausspuckten, die einen fast unbewußt, die anderen, weil sie diese Gewohnheit für gesund hielten. Burton fand dies übrigens ebenso selbstverständlich und natürlich wie den Gebrauch des Zahnstochers, ohne den eine gut gedeckte Tafel nicht vollständig gewesen wäre. Mitunter verbrachten die alten Herren in den Land- und Stadthäusern ihre Mußestunden damit, eigenhändig Zahnstocher zu schnitzen, wenn sie nicht, wie der alte Manuel da Rocha Wanderley, der Herr der Mangueira-Plantage in Pernambuco, Vogelkäfige bastelten.

Auf den patriarchalischen Eßtischen standen riesige Behälter mit Zahnstochern, die oft aus Silber oder Steingut waren und die phantastischsten Formen hatten: Tiere, fliegende Vögel, radschlagende Pfauen, Lämmchen, Ferkel oder auch Hirten, Indianer, Neptune. Jedenfalls fehlte dieses von den Portugiesen übernommene Instrument auf keiner Tafel, und selbst Pedro I. benutzte zum Entsetzen von Taunay seinen Zahnstocher ausgiebig. Es scheint, daß die Edelleute oder Patrizier vor der Einführung des Zigarrenrauchens während der Unterhaltungen nach Tisch genüßlich in ihren Zähnen herumzustochern pflegten.

Bevor es in den großen Bürgerhäusern allgemein üblich wurde, von dem in England hergestellten Steingut- oder Glasgeschirr zu speisen, wurde holländisches Steingut oder der portugiesische Napf mit breiter Öffnung und schmalem Boden verwendet und statt Becher und Tasse die einheimische Kokosnußschale. Zur Primitivität dieser Gefäße bildeten die schwerversilberten Gabeln und Löffel einen merkwürdigen Kontrast. Das Messer brachte ein jeder selber mit, benutzte es aber meist nur zum Schneiden des Fleisches und aß mit den Fingern.

Luccock sah aber nicht nur holländisches Geschirr im Süden. Der Kontakt mit dem Orient brachte es mit sich, daß in den Schränken und auf den Buffets der großen Häuser, zumindest in Recife und São Salvador, auch Platten aus Indien, Schüsseln aus Macau und chinesisches Porzellan zu finden waren. Ein Chronist berichtet, daß in hellen Mondnächten die einfacheren Bürger von Recife auf dem Bürgersteig vor ihrem Haus saßen, um ihre Fischgerichte, ihr Fleisch in pikanter Sauce oder ihre gebackenen Sirímuscheln zu essen, und dazu chinesische oder indische Teller benutzten, deren blaue oder rote Tönungen im Mondlicht schimmerten.

Die Mahlzeiten hatten patriarchalischen Zuschnitt. Am Kopfende saß der Hausherr, der auch oft selbst vorlegte. Wenn Damen geladen waren, saßen Mann und Frau immer nebeneinander. Ursprünglich, bevor die europäischen Sitten eingeführt wurden, waren die Frauen und Kinder selten bei Tisch zu sehen. Wenn die Familie für sich war, bediente sich der Hausherr zuerst und mit den besten Stücken. Gab es zum Beispiel nur eine einzige Ananasfrucht, so gehörte das beste Stück ihm und der Rest seiner Frau, den Kindern und den Verwandten.

Die Tische waren riesengroß, aber auch stets zu hoch, um bequem zu sein. Diese schweren, soliden Tische aus Palisanderholz schienen im Boden zu wurzeln, denn es gab Herren, die sich damit brüsteten, daß bei ihnen das Tischtuch niemals entfernt wurde. Der Baron de Catas Altas, aus Minas Gerais, tat sich etwas darauf zugute, daß in seinem Hause der Tisch wie in einem Hotel immer gedeckt war. Allerdings wurde er schließlich von seinen vielen Schmarotzern ruiniert.

In den nicht so exzessiv gastfreundlichen Häusern wurde die Haupt- mahlzeit zu ganz bestimmten Stunden – zwischen zwei und vier Uhr nachmittags – eingenommen. Es gab meistens Kraftbrühe, gebratenes oder gekochtes Fleisch und ein Maniokgericht mit Paprikasauce. Als Getränk fast nur Wasser, das in großen, dem Luftzug ausgesetzten Ton- gefäßen frisch gehalten wurde. An Alkohol kam nur ein Gläschen Port- wein zum Dessert auf den Tisch, und vor dem Bohnengericht nahm man einige Schluck Zuckerrohrschnaps, um den Appetit anzuregen. Der indische Tee wurde, wie jeder andere Tee auch, lange Zeit fast als Medizin betrachtet und in den Apotheken verkauft. Erst zu Beginn des 19. Jahr- hunderts galt in den englisch beeinflußten Gebieten das Teetrinken als elegant. Später konnte man häufig Zeitungsanzeigen wie die folgende lesen, die am 25. Oktober 1848 im *Jornal do Commercio* erschien: »Zu ver- kaufen eine afrikanische Negerin: Sie kann Herrenhemden und die kom- plizierteste Damenbekleidung zuschneiden und nähen, bügeln, waschen, kochen, alle Arten flüssige Konfitüren zubereiten, eine Dame ankleiden und schmücken, Tee kochen und alles, was ein perfektes Dienstmädchen machen muß.« In Provinzen wie Rio de Janeiro, Pernam- buco oder Bahía war es also nicht nur für eine vollkommene Dame, sondern auch für ein perfektes Hausmädchen unerläßlich, Tee zuberei- ten zu können.

Der Kaffee wurde erst um die Mitte des 19. Jahrhunderts populär. Als Nachtisch wurden Milchreis mit Zimt, Pfannkuchen, mit Zucker und Butter angerührter Maisbrei, Minas-Käse mit Konfitüre oder Sirup mit Mehl oder Käse gereicht. An Obst gab es Ananas, Pinha, Mango und die kirschgroße Pitanga, die auch zu Konfitüre und Pudding verarbeitet wur- den. Manchmal wurden große Bohnengerichte zubereitet, deren klassischer Hauptbestandteil schwarze Bohnen waren. Bohnen gehörten zur täglichen Nahrung, und in Pernambuco und Bahía wurde der Fisch immer mit Bohnen in Kokosmilch gereicht. Das große Bohnengericht enthielt außerdem noch Lendenbraten, Salzfleisch, Speck, Schweinekopf und Bratwurst. Das Ganze wurde mit Farinha verrührt, bis es einen Brei bildete, der mit pikanter Sauce übergossen wurde. Aus Krabben, Austern und anderen Muscheltieren wurden in den Stadthäusern verschiedene scharfe Ragouts zubereitet, »die ein Übermaß an anregenden Gewürzen, vor allem an Paprika, enthielten und die mittags und abends häufig auf den Tisch kamen«, wie Dr. José Luciano Pereira schreibt. Frisches Fleisch kam, nach demselben Autor, nicht in ausreichender Menge auf den Markt und mußte durch gepökeltes Fleisch aus dem Norden oder durch Schweinebraten aus Minas Gerais ersetzt werden. Französische Reisende berichten dasselbe aus Bahía, wo überdies Mangel an Geflügel und Hammelfleisch herrschte. Luccock beobachtete in Rio de Janeiro einen seltsamen, religiös fundierten Widerwillen gegen Hammelfleisch: Das Lamm symbolisiert Christus und durfte deshalb von guten Christen nicht gegessen werden.

Statt Brot – das vor dem 19. Jahrhundert selten war – wurde in Brasilien zum Frühstück eine Art Tapiokapastete gegessen und zum Mittagessen Kuchen aus Maniokmehl, das mit Fleisch- oder Fischbrühe versetzt wurde. Ein weiterer Brotersatz war in früheren Zeiten auch der Reis, der mit Krabben, Fischköpfen, Fleisch oder Sardinen gemischt oder als süßer Milchreis serviert wurde. Der Reis wurde in Brasilien ebenso heimisch wie in Indien. Er war vom Marquis de Lavradio, der Brasilien von 1769 bis 1779 verwaltete, in die Kolonie eingeführt worden und nach Ansicht von Franzosen, die als Feinschmecker etwas davon verstanden, dem indischen Reis weit überlegen: Unbegreiflich, daß er gegen Ende der Kaiserzeit vom minderwertigen Produkt aus den englischen Besitzungen verdrängt wurde, dessen Einfuhr man mit protektionistischen Maßnahmen hätte verhindern können.

Butter wurde wenig gegessen und war auch kaum auf dem Markt. Dafür gab es Käse aus Minas Gerais im Überfluß.

Was in den See- oder Flußhäfen wie São Salvador, Olinda, Recife, Rio de Janeiro, São Luís oder Destêrro am meisten gegessen wurde, waren Fische und Krabben; viele Landhäuser hatten eigene Fischteiche, die den Haushalt versorgten, wobei die als plebejisch betrachteten Fische an die armen Leute verkauft wurden. Auch heute gilt noch dieselbe Einteilung, so daß manche an sich schmackhafte Fische als gewöhnlich gelten und zu niedrigeren Preisen verkauft werden. Es gibt Fische erster, zweiter bis sechster Klasse, Kategorien, die von den Präfekturen einiger Städte offiziell anerkannt sind. In den vornehmen Stadthäusern kamen im Norden die Makrele, besonders die »Mädchenbein-Makrele«, die Sioba, der Camorim, die Carapeba, die Curimã und der Merlan auf den Tisch. Auch die barschähnliche Garoupa, der Kaulkopf, der großköpfige Pampo, die Sardelle, die Bicuda, die Carapitonga, der Serigado, der Beijupirá und sogar der Camarupim, der Aribebéu und der Knurrhahn fanden noch Gnade. Alles übrige wurde und wird als minderwertig betrachtet. Der Schwertfisch, die Bapuruna, der Pirambu, die Palombeta, die Arraça, der Bodeão und der Wels waren Fische für Mucambos und den Jahrmarkt, mit der einzigen Ausnahme des Hornfisches, der nicht nur im Mucambo gegessen und auf offener Straße gebraten, sondern auch in vornehmen Häusern mit Öl und in Butter geröstetem Maniokmehl verzehrt wurde, wenn auch mehr aus Freude am Extravaganten. In Rio de Janeiro zählten der Stockfisch, die Garoupa und der Beijupirá zu den vornehmen Fischen, wogegen die Tainha, die Sardine und der Xarelete als plebejisch betrachtet und zu niedrigen Preisen verkauft wurden. Bei den Fischen war die soziale Rangordnung strenger als bei Fleisch, Obst, Gemüse und Getränken.

Mehrere Ausländer, darunter Tollenare und Saint-Hilaire, stellten fest, daß die Brasilianer sehr schnell aßen und infolgedessen schlecht kauten – was sie auch heute noch tun. Daraus mögen sich so manche Leiden der damaligen Zeit erklären. Die Einwohner von Minas Gerais sprachen während der Mahlzeiten kein Wort, die Bahíaner dagegen aßen langsamer und waren auch gesprächiger und fröhlicher, wie sie überhaupt aufgeschlossener und städtischer waren. Nicht ohne Grund sang das Volk von São Salvador im Jahre 1817, als die »Republikaner« von Pernambuco* dort landeten, den folgenden Vierzeiler:

> *Bahía ist eine Stadt,*
> *Pernambuco eine Höhle.*
> *Es lebe der Graf von Arcos,*
> *nieder mit dem Patrioten!*

* Teilnehmer an der »Revolution von Pernambuco« von 1817, einem Aufstand gegen die portugiesische Herrschaft, der zur Ausrufung einer kurzlebigen Republik (bis 1818) führte *(Anm. d. Übers.).*

Auch in der Art, wie die Damen die Stadthäuser einrichteten, sowie in der Qualität der Möbel zeigte sich eine patriarchalische Rangordnung. Um den Eßtisch standen Stühle nur für den Hausherrn und die Gäste; alle übrigen mußten sich im allgemeinen mit Hockern oder Schemeln begnügen. Es kam auch vor, daß auf dem Boden, von Matten, gegessen wurde. Nur in den vornehmsten Häusern scheint alles auf Stühlen gesessen zu haben, der Patriarch am Kopfende der Tafel hatte jedoch stets einen größeren Sessel mit Armlehnen, eine Art Thron, wie ihn die Schulmeister in den Klassenzimmern hatten. Er war meist so breit, als sollte er einen veritablen Fleischkoloß beherbergen. Solche Fleischkolosse waren aber auch oft die reichen Damen in den Stadthäusern von Bahía oder den ländlichen Herrenhäusern von Pernambuco.

In den Empfangsräumen der großen Stadthäuser waren die Möbel streng symmetrisch aufgestellt: in der Mitte das Sofa, flankiert von zwei Sesseln und mehreren Stühlen. Manchmal kam ein Tisch dazu, auf dem ein großer Leuchter stand. Im 18. und zu Beginn des 19. Jahrhunderts waren diese Sitzmöbel nicht etwa schwarz, braun oder naturfarben, schreibt Luccock, sondern nach orientalischem Geschmack rot und weiß gestrichen und mit kleinen Blumensträußen bemalt. Manche von diesen steifen, schweren Möbeln waren schon hundert Jahre alt.

Saint-Hilaire gefielen die brasilianischen Salons besser. Die Wände waren in hellen Farben gehalten; in den älteren Häusern waren sie mit Figuren und Arabesken bemalt, in den neueren sollte mit dem Anstrich der Eindruck von Tapeten erweckt werden. Die Tische spielten dieselbe Rolle wie in Europa die Kamine, das heißt, auf ihnen wurden die Lampen mit ihren Glaszylindern, die Armleuchter und die Uhren aufgestellt. Mitunter waren an den Wänden Bilder zu sehen: die vier Jahreszeiten, Schlachtengemälde oder Bildnisse französischer oder englischer Kriegshelden. In Zeitungsanzeigen vom Oktober 1848 ist von Tisch-, Wand- und Hängelampen die Rede, und in den elegantesten Häusern gab es prächtige Kronleuchter.

Den Brauch, die Sitzmöbel nach der Rangordnung aufzustellen, fand Fletcher noch 1850 vor, dagegen wurden die Palisandermöbel nicht mehr angestrichen. Nur in Kirchen findet man noch ganz selten solche Möbel und sogar bunte Kacheln, die weiß übermalt sind. Im 19. Jahrhundert kam dann die Mode auf, die Lehnen der Stühle mit Spitzen und roten oder blauen Schleifchen zu verzieren, eine Mode, die sich bis zur Jahrhundertwende gehalten hat.

In den Schlafzimmern standen riesige Ehebetten. »Gut gearbeitete, aber keineswegs moderne Betten«, bemerkte Luccock, der jedoch zugeben mußte, daß die Leintücher von bester Qualität waren. Die Matratzen und Kopfkissen waren meistens mit Wolle vom Wollbaum gefüllt. Schmutzige Bettwäsche war nur in Häusern ohne Hausfrau oder aufmerksames weibliches Personal zu finden. In den Stadthäusern der Reichen konnte man indische oder chinesische Bettdecken sehen, wie sie in Pernambuco schon seit dem 16. Jahrhundert üblich waren.

Neben dem Palisanderholz wurde in der Möbeltischlerei noch Brasilholz, Pockenholz und Condurúholz verwendet. Das patriarchalische System legte auch für das Bau- und Möbelholz eine bestimmte Rangordnung fest. Vornehme Häuser erforderten edle Hölzer. Von den Möbeln wurden einige in Brasilien hergestellt, andere aus brasilianischen Hölzern in Europa, von Meistern ihres Handwerks. Im *Diário do Rio de Janeiro* aus den Jahren 1821 und 1822 finden sich Angebote von Palisandermöbeln, die »in London gebaut« oder »nach der letzten französischen Mode poliert« waren. Es war jedoch stets brasilianisches Holz, mit dem sich das Mahagoniholz oder die europäische Eiche nicht vergleichen ließ.

Moskitonetze wurden viel verwendet. Die verschiedenen Arten von Stechmücken und die Fliegen müssen in jener Zeit, als es noch in nächster Nähe der Städte viele Sümpfe gab, eine schreckliche Plage gewesen sein. Aber auch die Flöhe und sogar die Wanzen. Kleine Muleques und Negermädchen hatten die Aufgabe, mit Fächern die Fliegen zu vertreiben, die sich auf die Gesichter der Weißen setzen wollten, während diese aßen, schliefen oder spielten. In den Zimmern wurden Kräuter verbrannt, um die Insekten zu vertreiben.

Die Einrichtung des patriarchalischen Schlafzimmers in den Stadthäusern von Rio de Janeiro, São Salvador oder Recife wurde durch fellüberzogene Körbe und Truhen vervollständigt, in denen die besseren Kleider aufbewahrt wurden. Oft hingen jedoch die Kleidungsstücke an den Wänden und von der Decke herab, um sie vor den Kakerlaken und Ratten zu schützen. Luccock sah zu Anfang des 19. Jahrhunderts nur selten ein Möbelstück, das einem Schrank ähnlich sah.

Vor dem Schlafengehen war es Sitte, sich die Füße zu waschen, vor und nach dem Mittagessen die Hände. Saint-Hilaire erzählt, im Innern von Minas Gerais sei es bei den Farbigen Sitte gewesen, daß der Hausherr selbst mit einer an die frühchristlichen Zeiten gemahnenden Schlichtheit dem Gast die Füße wusch. In den großen Land- oder Stadthäusern

brachte ein Muleque das Wasser in einem großen, oftmals silbernen Bek-
ken. Vor dem Mittagessen wurde dem Besucher häufig angeboten, seinen schweren Rock mit einem leichteren aus Alpaka oder einem anderen ähnlichen Stoff zu vertauschen. Die Damen blieben häufig über den
ganzen Tag zu Besuch und kleideten sich dann auch in ein leichtes *mati-
née* und schlüpften mit den bloßen Füßen in bequeme Pantoffeln.

Mit dem Leben im Hause war im patriarchalischen Brasilien auch
allerlei Aberglauben verknüpft, der oft aus Portugal stammte. Wenn
jemand nach orientalischer Sitte an der Haustür in die Hände klatschte
und »Ist jemand zu Hause?« rief, wurde von drinnen »Wer ist da?« geant-
wortet. Wenn dann der Muleque öffnete, mußte der Besucher mit dem
rechten Fuß eintreten. Im Hause durfte kein Sonnenschirm geöffnet werden, das wäre ein böses Vorzeichen gewesen. Ein Pantoffel, der verkehrt
herum dalag, kündigte den Tod der Mutter des Pantoffelbesitzers an. Niemand wollte in einem Eckhaus wohnen, denn das bedeutete Tod oder
Ruin.

In Recife und in Rio de Janeiro werden verschiedene Eckhäuser
gezeigt, wo Tod oder Ruin eingezogen war: Feuersbrunst und Plünderung in dem einen, Mord am Fuße der Treppe in dem anderen, und aus
dem dritten war ein Mädchen geraubt worden, das später sehr unglücklich wurde. Es ist klar, daß Eckhäuser mehr Gefahren ausgesetzt sind,
nicht gerade einem unbestimmten bösen Geschick, aber doch Überfäl-
len, Entführungen und Racheakten.

Auch bestimmte Vögel sollten Unglück bringen, sobald sie ins Haus
eindrangen oder sich auch nur auf dem Dach niederließen. Das Käuzchen kündigte den Tod eines Kranken an. Dasselbe tat der sperberähn-
liche Acanã, und von böser Vorbedeutung war es, wenn sich der Anum
auf einen nahen Baum setzte. Wenn ein Alma-de-gato, ein Jacamim oder
ein Kolibri beim Morgengrauen ins Haus flog, so verhieß er Unglück.
Ebenso ein schwarzer Schmetterling. Bei der Heuschrecke hing alles von
der Farbe des Mauls ab: War es schwarz, brachte sie Unglück, war es rot,
brachte sie Glück. Von übler Vorbedeutung waren auch Kröten, fliegende
Ameisen und schwarze Katzen. Am schlimmsten war wohl der Mangan-
gá-Käfer. Es gibt auch heute noch Menschen, die ein Vorurteil gegen
Pfauen und Tauben hegen, obwohl nicht wenige Landhäuser ihren Taubenschlag und ihren Pfau haben, der mitten im Garten sein Rad schlägt.
Andere Tiere, die sich immer in der Nähe der Häuser aufhielten, wie die
Eidechse und der Frosch, hatten dagegen keine Bedeutung. Die Kröte

wurde zum Behexen der Häuser benutzt, vor denen mitunter frühmorgens eine Kröte mit zugenähtem Maul saß oder irgendein »böser Zauber«, neben dem ein düsteres Kerzenlicht brannte, aus der Vorstellungswelt der Macumba oder des Candomblé.

Manche Pflanzen schützten Menschen, Tiere und Bäume vor dem bösen Blick. Wenn er auf einen Säugling fiel, mußte dieser dahinsiechen und sterben, eine Paprikapflanze mußte vertrocknen, eine Rose sich entblättern. Andere Pflanzen wieder brachten Unglück und wurden deshalb nicht um das Haus herum angepflanzt: Efeu zum Beispiel, Tannen, die so hoch wie das Haus werden, oder bestimmte Kletterpflanzen. Die Passionsblume hat eine gewisse mystische Bedeutung, weil ihre Kreuzesform und ihre Blütenteile an die Marterwerkzeuge der Passion Christi erinnern.

Die Mystik erstreckte sich in den Stadthäusern merkwürdigerweise auf eine Reihe von Schlachttieren, denen eine religiöse Bedeutung zugeschrieben wurde, so daß sie für die streng patriarchalische Tafel ganz oder teilweise tabu waren. Schon die ersten Chronisten erzählten, der alte Tomé de Sousa habe in Erinnerung an das Haupt Johannes des Täufers niemals den Kopf von einem Fisch gegessen. Hierher gehört auch das Hammelfleisch, das verschmäht wurde, weil es an »das Lamm Gottes« erinnerte, »das die Sünden der Welt hinwegnimmt«. Schweinefleisch wurde von vielen besonders gern gegessen, um zu zeigen, daß sie keine Juden waren. Was die Bananen anbelangt, so beobachtete Luccock, daß »kein guter brasilianischer Katholik eine Banane quer durchschneidet, weil sich dann in der Mitte das Kreuz zeigt«.

Nicht zu vergessen sind auch die Zettel mit vorbeugenden Gebeten, die an die Türen und Wände des Hauses geklebt wurden, um es vor Dieben, Krankheit und Übeltätern zu schützen. Oder das Johannisfeuer, das vor dem Haustor entzündet wurde, um den Teufel zu vertreiben. Wenn ein Bewohner des Hauses starb, trug es Trauer wie die Menschen: Seine Fassade wurde für eine Woche mit schweren schwarzen Tüchern verhängt. Es hatte ja auch an der Fröhlichkeit seiner Bewohner teil und wurde an Festtagen mit indischen Decken, Orangenzweigen, Palmblättern, Pitangueirazweigen, Papierfahnen und Lampions geschmückt. Außerdem wurde der Fußboden mit wohlriechenden Zimtblättern bestreut.

In den Patrizierhäusern gab es immer einige mehr oder weniger bissige Hunde, die das Haus bewachten und nachts im Hof oder im Garten von der Kette gelassen wurden. Beim geringsten Geräusch bellten sie wie wild. Manchmal starben sie an einem der »Klöße«, die gerissene Einbrecher oder unduldsame Nachbarn aus irgendeinem Futter kneteten, das Gift oder gemahlenes Glas enthielt.

Diese Haushunde hatten fast immer furchteinflößende Namen: Eisenbrecher, Wolkenbrecher, Nero. Trotz dieser und anderer Schreckensnamen begnügten sie sich meistens damit, ein Stück aus dem Hosenboden oder der Haut der Muleques zu reißen, die eine Mangobaumfrucht, andere, halbverfaulte Früchte oder unreife Cashewnüsse oder Araçá stibitzen wollten. In manchen Gärten war der Boden derart mit faulendem Fallobst bedeckt, daß er fast einem Sumpf glich. Dieser Überfluß hinderte aber so manchen Hausbesitzer nicht, ihre wildesten Hunde auf die frechen Straßenjungen zu hetzen.

In den Stallungen des Landhauses standen immer Reitpferde. Oft gab es auch Milchkühe, Ziegen und Schafe, und ein Schäfchen mit einem Band um den Hals durfte nirgends fehlen; es wurde immer sehr gut und reinlich gehalten und nachmittags vor das Wägelchen der Kinder gespannt. Im Geflügelhof gab es Hühner und Truthühner, mitunter auch Enten und Perlhühner. Dann gab es noch die Kaninchenzucht, den Schweinestall und das Becken, in dem Krebse gemästet wurden; und all das wurde von den »Eisenbrechern« oder »Donnerern« gegen Einbrecher verteidigt.

Am engsten mit dem Haus verbunden war jedoch die Katze, die von den Damen des Hauses und den Dienstmädchen verwöhnt wurde. Sie hatte zu allen Schlafzimmern Zutritt und schlief auf den Steppdecken der Betten aus Palisanderholz, auf den Sofas, den Kanapees, den Matten und in den Körben. Sie kletterte auf die Dächer, verschwand in Schlupfwinkeln, strich um die Vogelkäfige und Volieren herum. Ab und zu erwischte sie so nebenbei einen Kardinalsvogel oder einen Kanarienvogel, um etwas Abwechslung in ihre Diät von Fischen, Mäusen, Fleisch oder sonstigen ungewürzten Fleischresten zu bringen. Sie hatte eine wichtige Aufgabe zu erfüllen, indem sie die Kleider und Nahrungsmittel gegen die Mäuse, Kakerlaken und sonstiges Ungeziefer verteidigte, diese inneren Feinde des Hauses, die ständig die Speiseschränke und Truhen belagerten, um die Kleider, die Möbel und die Bücher zu benagen, die auch noch andere Feinde hatten: den Schimmel, die Kleidermotte und die Ameise. Daraus erklärt sich, daß Bücher und Manuskripte so selten von den Großeltern auf die Enkel vererbt wurden und daß die jungen Leute so wenig an

Büchern, Papieren und sogar alten Bildern hingen, die oft im Hinterhof in einem kleinen Autodafé verbrannt wurden. Morais, der Autor des berühmten *Dicionário*, sah sich im Jahr 1817 aus Furcht vor den Revolutionären gezwungen, das Archiv seines Herrenhauses von Muribeca, sicherlich eine der wertvollsten Dokumentensammlungen über die patriarchalische Kultur Brasiliens, in den Fluß zu werfen.

Auch der Schimmel richtete große Verwüstungen an und war ebenso schwer zu bekämpfen wie die Ameisen und die Motten. Gegen die Ameisen wußte man sich nicht anders zu helfen als durch Gebete zum heiligen Blasius, die man auf Zettel schrieb und auf die Einmachgläser klebte.

In den Herrenhäusern der Plantagen waren die beliebtesten Hausheiligen Antonius, Johannes und Petrus. Dazu kamen noch die heilige Engratia und der heilige Longinus, die – neben dem heiligen Antonius – bei der Suche nach verlorenen Gegenständen besonders hilfreich waren. In den riesigen Häusern mit den vielen Räumen und den finsteren Gängen ging immer irgendein Gegenstand verloren, so daß die drei Heiligen stets voll beschäftigt waren. Der heilige Longinus war als »Freund des Lärms« bekannt, weshalb er mit drei lauten Rufen um seinen Beistand gebeten werden mußte. In São Salvador genossen die heiligen Kosmas und Damian besondere Verehrung. Die Edelleute in der Hauptstadt sahen lange Zeit hindurch im heiligen Georg nicht nur den Patron der Ritter, sondern auch eine Art Beschützer der Vorrechte ihrer Klasse gegen die Landarbeiter.

Mit der Zeit gerieten fast alle großen Häuser in den Ruf, Gespenster zu beherbergen. Rio de Janeiro, São Salvador, São Paulo, Recife, Ouro Prêto, Sabará, Olinda, São Cristóbal, São Luís, Penedo – alle diese alten Städte haben noch heute verwunschene Häuser. In einem knarrt und klagt die Treppe die ganze Nacht, weil an ihrem Fuß ein Jüngling seine Braut erdolcht hat. In einem anderen ist das unter seinem Fußboden oder in der Wand verborgene Geld der Grund für das Erscheinen einer armen Seele. Oder man hört nachts die Neger wimmern, die der Hausherr einst mißhandelt hat. Wenn so ein altes Haus aus der Zeit der Patriarchen einstürzt oder abgerissen wird, findet man zuweilen Menschenknochen, Gefäße voll Geld und Goldmünzen aus der Zeit des Königs Joseph oder des Königs Johann.

Das Stockwerkhaus, das schon im 17. Jahrhundert an den belebtesten Plätzen der brasilianischen Küste die Landschaft beherrschte und ihr einen europäischen Charakter verlieh, hat in diesen drei Jahrhunderten seine Aufteilung und sein Aussehen in mancher Hinsicht verändert. Bis zu einem gewissen Grade gilt das auch für das einstöckige Haus oder die Vorstadtvilla der Reichen.

Der Mucambo oder die Strohhütte ist dagegen fast der gleiche geblieben. Er weist, je nach dem verwendeten Baumaterial – Buritíblätter, Kokospalmenstroh, Zuckerrohrstroh, Capimgras, Sapégras, alte Kanister, Wellblech, Bretter, Lianen und Nägel –, eher regionale Unterschiede auf als verschiedene Typen, die in einigen Gegenden mehr afrikanisch, in anderen indianisch sind. Die ersten Chronisten fanden, daß der aus Stroh gefertigte Indianer-Mucambo der Hütte des nordportugiesischen Bauern ähnelte, die teils mit Stroh gedeckt war, teils aus Holz oder Lehm bestand. Das Strohdach war noch bis ins 18. Jahrhundert üblich. Die Tradition der Mucambos geht also auf Portugal zurück.

Dagegen hat das riesige Herrenhaus, das auf dem Lande in Brasilien entstand, kein portugiesisches Vorbild. Die vornehmen Häuser des 16. Jahrhunderts mit vier oder fünf Komplexen und die Stadthäuser der Edelleute mit Balkons auf der Straßenseite waren weder Paläste noch Schlösser. Die Paläste waren in Portugal fast immer den Königen vorbehalten, und monumental waren nur die Klöster.

Sobald sich in Brasilien der Anbau des Zuckerrohrs und die Zuckerindustrie ausbreiteten (eine Industrie, die im ersten Jahrhundert von der Wirtschaftspolitik des Königs mit feudalen Privilegien ausgestattet wurde), zerfiel die Bevölkerung in Herren und Sklaven; demzufolge entwickelte das koloniale Haus zwei Typen: das aus Stein oder Lehmziegeln erbaute »Haus des weißen Mannes« und das mit Sapégras oder Stroh gedeckte Haus des Negers oder Caboclos, der Mucambo.

Was die Anpassung an die Tropen betrifft, war der Mucambo im Vorteil vor allem gegenüber den kleineren Häusern, die dicht aneinandergebaut waren und wo man in Zimmern ohne Fenster oder Oberlicht schlafen mußte. Damit soll nicht dem Mucambo als Wohnungstyp das Wort geredet werden; er hat zahlreiche Mängel, denn die Strohhütten und selbst die unverputzten Lehmhäuschen, die sogenannten »Höhlen« von Minas Gerais, sind gefährliche Infektionsherde. Belisario Pena hat festgestellt, daß die Chagassche Krankheit, die amerikanische Trypanosomiasis, in Sete Lagoas und in Curvelo in den »Höhlen« heimisch ist. Ebenso leicht ließe sich ein Zusammenhang zwischen dem Mucambo und der Ankylostomiasis im feuchten Innern Brasiliens herstellen. Die Ursache ist nicht das verwendete Stroh, sondern der schmutzige Boden, über dem sich das Strohdach erhebt.

Durch sein Material und seinen Grundriß ist der Mucambo für das heiße Klima besser geeignet als so manches Haus mit einem oder mehreren Stockwerken. Die Nachteile – die vielen Mucambos gemeinsame Latrine auf dem Hof, wo sie oft dicht neben dem Trinkwasserbrunnen liegt – das Schlafen auf dem nackten Boden und der mangelnde Verputz – sind weder auf das Baumaterial noch auf den Grundriß zurückzuführen. Sie sind beide in gewisser Hinsicht ideal und liefern dem Mucambo eine bessere Belüftung und Beleuchtung, als sie die typisch patriarchalischen Häuser mit ihren abgeschlossenen Schlafzimmern, ihren dunklen Korridoren und ihren ewig feuchten Wänden besitzen.

»Die Beleuchtung und Belüftung«, schrieb Professor Aluísio Bezerra Coutinho über das Strohhaus im Innern des brasilianischen Nordostens, das seiner Ansicht nach der von Gerbault so gelobten Strohhütte der Eingeborenen von Ozeanien gleicht, »erfolgt durch große Öffnungen an der Vorderseite, und zwar weitaus besser, als dies durch noch so hohe Fenster möglich wäre.« Das gilt auch für den Mucambo, der den mit Ziegeln oder Wellblech gedeckten Häusern überlegen ist, deren Material »schon nach kurzer Zeit von der Sonne erhitzt wird und als guter Wärmeleiter auch die Luft im Innern aufheizt«. Dieselben Beobachtungen hatten andere Forscher auch auf den Philippinen gemacht, wo nach M. Manosa der Fehler begangen wurde, die Wohnverhältnisse der Armen zu »modernisieren«, das heißt, durch Verwendung von Eisen und anderen »ausgezeichneten Wärmeleitern« zu amerikanisieren und zu europäisieren. Der Gebrauch von Schindeln und nach Möglichkeit auch von Holz wurde als veraltet verboten, obwohl es in jenen Gegenden das einzig richtige gewesen wäre, die Erfahrungen der Eingeborenen und der Afrikaner zu verwerten.

Wer aus Unkenntnis oder naivem Missionseifer den Mucambo oder die Strohhütte als den größten Schandfleck beseitigen will und das Wohnungsproblem der Proletarier in Nordbrasilien durch das Verbot der Verwendung von Stroh lösen will, hat zu diesem Problem eine völlig falsche, antibrasilianische und antiökologische Einstellung. Ein sauberer und mit einem Fußboden versehener Mucambo ist die ökologisch und wirtschaftlich beste, der Umwelt, dem Klima und der Landschaft angepaßte Lösung dieses Problems. Im Süden Brasiliens ist es schwieriger und nur mit größerem Aufwand zu bewältigen, da dort Material erforderlich ist, das den Bewohner besser gegen die Kälte und den Reif schützt als Stroh. Die Mucambos haben innerhalb der sozialen Landschaft Brasiliens noch heute die Primitivität der ersten Zeiten der Besiedlung. In ihnen fand der Caboclo, der entlaufene Negersklave, der freie Neger ebenso Zuflucht wie der Weiße, der sich dem sozialen Niveau des Caboclos angepaßt hatte. Für den freiheitsdurstigen Neger oder Mulatten war der Mucambo besser als die gemauerte Sklavensiedlung, die zum ländlichen Herrenhaus gehörte. Denn wenn sich die Behausungen der Sklaven auch oft durch die Verwendung von Stroh von den steinernen Gutshäusern unterschieden, so waren sie doch in zahlreichen Fällen aus demselben Material wie diese gebaut.

José Rodrigues de Lima Duarte beschreibt in seinem 1849 erschienenen Essay über die hygienischen Bedingungen, in denen die Sklaven in den brasilianischen Sklavensiedlungen lebten, daß diese aus regelrechten Mucambos bestanden: einzelnen, mit Sapégras oder Palmenzweigen gedeckten, fensterlosen Häuschen von dreieinhalb Metern im Quadrat. Meistens waren diese Wohnstätten jedoch zur Sicherung der Sklaven und zum Schutz gegen etwaige Fluchtversuche aus festem Material gebaut. In einem einzigen Bau war eine Zelle an die andere gereiht, so daß sie, wie in einem Gefängnis oder einem Internat, leicht zu überwachen waren. Jede einzelne Zelle hatte an der Frontseite Tür und Fenster, oft auch nur eine Tür.

Zwischen dem Herrenhaus und der Strohhütte des Freigelassenen, dessen Leben oft viel schwerer war als das des Sklaven, bestand derselbe gewaltige Unterschied bezüglich des Materials und der Lage wie zwischen dem Stadthaus und dem Mucambo im Zentrum oder im Vorort einer Großstadt.

In einer seiner Untersuchungen spricht Azevedo Pimentel von »Strohhütten, die auf Sümpfen errichtet waren« und wo, wie in Valongo seit den Zeiten des Marquis de Lavradio, die Neger untergebracht wurden, die aus Afrika kamen und oft an »Skorbut, Krätze, Schanker und Diarrhöe mit Schließmuskelschwäche« litten. Diese Strohhütten waren vermutlich die erste Ansammlung von städtischen Mucambos, die in Brasilien auf einem sumpfigen Gelände erbaut wurden, das für hygienische Wohnstätten völlig ungeeignet war.

Auch in Rio de Janeiro suchte der ärmste Teil der freien Bevölkerung ein Obdach in auf Sümpfen errichteten Strohhütten, bevor er sich auf den Hügeln ansiedelte. Die Neger dagegen, die sich am wenigsten anpassen konnten, fanden sich nicht nur in der Umgebung der Städte, sondern auch in Mucambos wie in denen von Palmares, im Mato Grosso, im Innern des Landes und sogar im Amazonasgebiet zusammen.

Ganz am Anfang waren die Hügel eine aristokratische Wohngegend, zu der sich Edelleute, Priester und feine Damen von den Negern in der Sänfte oder der Hängematte hinauftragen ließen. Seither haben sich auf dem Gebiet der Städte und Vorstädte große Unterschiede herausgebildet: Auf der Höhe der Hügel entstanden frei stehende, große, mehrstökkige Häuser, die riesige Flächen beherrschten; zu ihren Füßen dagegen wuchsen ganze Dörfer von Mucambos und Ansammlungen von Strohhütten aus dem Boden, Hütte an Hütte und Mensch an Mensch in unhygienischer Beengtheit. Diese räumlichen Unterschiede gab es in Städten, die sich, wie Rio de Janeiro und die Hauptstadt von Bahía, auf Höhen und Niederungen ausdehnten. In Recife siedelte sich alles auf derselben Ebene an, wenngleich sich die Unterschiede hier aus dem gesunden, trockenen Boden einerseits und dem Überschwemmungsgebiet andererseits ergaben: Die Mucambo- und Strohhüttendörfer mußten natürlich mit dem schlechteren Boden vorliebnehmen.

Im Jahre 1884 fand Azevedo Pimentel in Rio de Janeiro Mietskasernen, wie es sie nicht einmal in den übervölkerten europäischen Städten gab. In diesen großen Häusern drängten sich die Menschen in so entsetzlicher Enge, daß man kaum atmen konnte. Auf kleinstem Raum wurde die Wäsche gewaschen, wurden Schweine, Hühner, Enten und Singvögel gehalten. Eine Latrine mußte für ein Dutzend Menschen genügen.

Daneben lebten in der Stadt Leute in einstöckigen Häusern, die von Kaffeeplantagen und Hainen umgeben waren, mit eigenen Quellen und eigenem Vieh. Dort hatte jeder nach seinem Stand ein rosenfarbenes Nachtgeschirr aus Steingut oder den Strunk einer Bananenstaude auf dem ausgedehnten Bauernhof zur Verfügung, um in aller Bequemlichkeit seine Notdurft verrichten zu können.

Sechstes Kapitel
Noch mehr über Stadthaus und Mucambo

Francisco de Sierra y Mariscal, der in seinen *Allgemeinen Gedanken über die Revolution in Brasilien und ihre Folgen* noch frische Eindrücke von der ersten Zeit der politischen Unabhängigkeit des Landes wiedergab, behauptete: »Die Geschäftsleute sind, recht besehen, die einzige Aristokratie. Die Vorrechte der Plantagenbesitzer dienen nur dazu, sie in Mißkredit zu bringen, da sie bis zu einem gewissen Grad ermächtigt sind, niemandem etwas zu zahlen . . .« Er sprach sich auch gegen die allgemein verbreitete Vorstellung aus, die Plantagenbesitzer bildeten eine Klasse für sich, die zudem noch in besten Verhältnissen lebte: »Jeder beliebige kann Plantagenbesitzer werden, und es gibt auch Plantagen sehr verschiedener Art. Mit den meisten dieser Gutsbesitzer«, fügt er hinzu, »ist es so weit gekommen, daß sie, um zweimal in der Woche Fleisch essen und ein einziges Pferd im Stall haben zu können, zweihundert Menschen Hunger leiden lassen müssen; es sind dies die Sklaven der Plantage, denen sie nur den Samstag freigeben, damit sie für ihren Unterhalt sorgen können, denn die übrige Woche müssen sie für ihre Herren arbeiten.«

Auf diese Weise wurde aus den Plantagenbesitzern – zumindest aus den meisten von ihnen – zu Beginn des 19. Jahrhunderts ein unruhiges Element, das sich allen Bemühungen um Ordnung entzog. »Diese Klasse bildet keine Gesellschaft«, schreibt Sierra und meint damit eine aristokratische, konservative Gesellschaft. Im Gegenteil, sie gehörten fast alle der demokratischen Partei jener an, die »nichts zu verlieren haben. Die Plantagenbesitzer haben sich auf diese Seite geschlagen, weil sie die Partei der Revolutionen ist und sie sich dadurch von ihren Gläubigern befreien können.« In derselben Lage befand sich »aus demselben Grunde die Mehrheit des Klerus und auch der öffentlichen Angestellten, die danach trachten, sich der Reste des Vermögens der Europäer zu bemächtigen«. Sie alle waren unsichere Existenzen, denn selbst die scheinbar Reichen kümmerten sich selten darum, ihre Reichtümer zu erhalten oder zu vermehren.

Das Ergebnis davon war, daß viele im Reichtum Geborene ihr Alter in trostloser Armut verbrachten. Trotzdem verachteten sie jede Arbeit, die sie den Europäern und den Sklaven überließen. So entstand der gewaltige Gegensatz zwischen den Europäern, die arm ins Land kamen und reich starben, und den Brasilianern, die reich geboren waren und in Armut alterten und starben.

Sierra y Mariscal hat den Kontrast zwischen dem Sohn des reichen Brasilianers, der verkam, »weil ihm der zärtliche Vater jede Freiheit ließ«, kaum daß er den Kinderschuhen entwachsen war, und dem Sohn des Portugiesen beschrieben, der sein Vaterhaus verlassen und nur »mit seinen eigenen schwachen Kräften« nach Brasilien gekommen war. Da er hier weder Verwandte noch Bekannte hatte, »schlug er im Portikus einer Kirche sein erstes Lager auf« und begann als »Verkäufer oder Lehrling, denn es gab keine Arbeit, die er nicht angenommen hätte . . . Durch Sparen und Arbeiten gelangte er zu einem großen Vermögen.« Die Brasilianer verachteten ihn, weil er bei seiner Ankunft arm und elend gewesen war; jetzt, da er zu Reichtum gelangt war, war er es, der die Brasilianer verachtete, weil sie »schlapp, unmoralisch, faul und arm« waren. In seiner ärmlichen Jugend hatte er Beziehungen zu »armen Frauen« unterhalten – vielfach zu farbigen armen Frauen, hätte Sierra y Mariscal hinzufügen können, und in einzelnen Fällen auch zu Mestizinnen, den Töchtern reicher portugiesischer Brotherren – und »auch das war ein Anlaß zu gegenseitigen Vorwürfen«. Und da der bei seiner Ankunft im Lande zehn- oder zwölfjährige kleine Portugiese keine besondere Bildung genossen hatte, konnte er auch seinen Kindern nur selten eine solche angedeihen lassen.

Aber auch so wurde die Geschäftswelt in Brasilien für Beobachter wie Sierra y Mariscal zur »einzigen aristokratischen Gesellschaft«, da ihre Verhältnisse einigermaßen stabil waren und sie an der Erhaltung des Staates interessiert war, wie ihn in Brasilien das damalige, in seinen entscheidenden Tendenzen eher städtische als ländliche Patriarchat konzipiert hatte. Für diese patriarchalische Weltanschauung war der Staat der Vater der Familienväter, vor allem der vermögendsten, der konformistischsten, die am meisten mit der bestehenden Ordnung einverstanden und – allerdings nur in den Grenzen dieser Ordnung – am fortschrittlichsten waren. Das waren aber schon im 18. Jahrhundert nicht in erster Linie die Großgrundbesitzer, von denen so viele verschuldet waren und, wie alle Verschuldeten, zu Unruhe, Aufruhr und Unordnung neigten. An ihre Stelle waren die Großen des Handels, der Industrie und sogar des Handwerks getreten.

Besonders die erfolgreichen Geschäftsleute und Industriellen in den großen Städten wurden zu begeisterten Verteidigern der »Ordnung«. Bei diesen neuen Konturen, neuen Baronen und neuen Viscondes schmeckte der Champagner zwar immer ein wenig nach Kabeljau – wie ein Humorist von einem reich gewordenen Fischhändler aus Recife behauptete –, aber in ihrer Gesamtheit bildeten sie doch einen solideren Wirtschaftsfaktor als der Landadel, bei dem alles, vom Boden bis zu den ehemals fast heiligen Herren nach Sirup roch. Sie waren so unantastbar, daß sie sich in der Kolonialzeit das Recht anmaßten, keine Schulden zu zahlen, ihre Gläubiger zu beschimpfen und ihre Produkte zu verfälschen. Dabei fühlten sie sich aber den »Straßenhändlern«, den »Kneipenwirten« oder den »Handwerkern« turmhoch überlegen. Damals konnten sie sich noch nicht vorstellen, daß einmal eine Zeit kommen könnte, in der sie um Kredit betteln und ihn nirgends erhalten würden, wie dies die Zeitung *A Provincia* vom 4. Dezember 1875 feststellte.

In dieser Zeit, in der sich das Schwergewicht des Patriarchats von den ländlichen Herrenhäusern in die Stadthäuser der Provinzhauptstädte verlagerte, das heißt in jene Teile des Landes, die in der entscheidenden Übergangszeit eine größere soziale und kulturelle Bedeutung erlangt hatten, war der Pflanzer oder der Landwirt aber keineswegs ein passives oder wehrloses Opfer der neuen Herren; er selber trug viel zu seiner eigenen Entmachtung bei.

Um die Mitte des 19. Jahrhunderts gab ein Chronist zwar zu, daß die »schlechte Verwaltung« des Kaiserreichs die Landwirtschaft durch ein Übermaß an Steuern ruinierte, die der Hauptstadt und den Städten überhaupt zugute kamen, meinte aber: »Unsere Landwirte haben noch mehr schuld daran und wegen der Nachlässigkeit und der blödsinnigen Primitivität, mit der sie arbeiten, die schärfsten Vorwürfe verdient.« Zur Sklavenarbeit kamen noch Heimsuchungen wie »Ameisen, Käfer und Heuschrecken«. »Dies alles wird jedoch von der arroganten Faulheit übertroffen, in der der größte Teil unserer Grundbesitzer lebt, die auf alles mit dünkelhafter Prahlerei antworten.« Sie hielten sich für »Provinzedelleute«, für »reiche Gutsbesitzer« und »Beschützer des Handels«, während sie in Wirklichkeit die »Provinzbetrüger, die armen Landbesitzer und die Blutsauger des Handels« waren. »Die Steuern, die sie dem Staat zahlen, sind nichts im Vergleich zu den Beträgen, die sie selber anderen abschwindeln, von einigen Ausnahmen abgesehen, die so selten sind wie ein sonniger Wintertag.« Es wurde, wie der Chronist behauptet, besonders in der Provinz Bahía, viel über die Anschaffung von Maschinen und Apparaten gesprochen, um Sklaven und Zugtiere zu ersetzen. Aber es blieb bei leeren Worten, und man nutzte weiterhin beide aus, ohne allerdings für ihr Wohl zu sorgen, wie es die Landwirte früherer Zeiten getan hatten. Die Neger erhielten »eine karge Ration von verfaultem Trockenfleisch«, wurden geprügelt, und »an die Stelle der Apotheke und des Arztes trat das Abführsalz und das Brechmittel von Leroy, Arzneien, die ohne Sinn und Verstand von einer Negerin verabreicht wurden, die für die Arbeit in der Plantage zu ungeschickt war und deshalb zur Spitalsleiterin befördert wurde. Die Ochsen ziehen die Karren unter dem Druck des Jochs, angetrieben von Stöcken mit eisernen Spitzen. Nach beendeter Arbeit werden sie aufs Feld getrieben, wo sie bei Tag und Nacht den Unbilden des Regens, der Sonne und des Taus ausgesetzt sind. Ein junger Ochse, der sich noch nicht auskennt und nicht weiß, wo die Wasserpfütze ist, kann so lange vor Durst brüllen, bis er verendet. Und dabei beklagt man sich noch, daß so viele Neger sterben und Mangel an Vieh herrscht!« Wie eine übertriebene Karikatur mutet die sarkastische Bemerkung an: Auf den Gütern von Bahía wurden »die Gegenstände und Geräte aus Eisen und Holz sorgfältig verwahrt, weil sie verderben könnten«; der Ochse dagegen, »der im Freien stirbt, muß unverzüglich abgebalgt und seine Haut dem Herrn der Plantage umgehängt werden, damit er, auf allen vieren laufend, den *bumba-meu-boi* spielen kann«.

Diese in der *Marmota Pernambucana* vom 30. Juli 1850 erschienene Kritik an der Landwirtschaft bezog sich auf das gesamte Gebiet des Kaiserreichs, wo die alten patriarchalischen Grundlagen der Wirtschaft ebenso zerstört und untergraben waren wie in Bahía. Es wurde auch die sogenannte »Landwirtschaft der Hinterhöfe, der kleinen Grundstücke und Bauernhöfe« kritisiert, wo man sich »darauf beschränkt, Gras anzupflanzen, was den Fremden einen sehr ungünstigen Eindruck von der Stadt São Salvador vermitteln muß«. Dagegen gab es in diesen Häusern und auf der Straße eine Unmenge »müßiger und überflüssiger Sklaven, eine Million afrikanischer und brasilianischer Negerinnen, die überreife Papayafrüchte und viel zu süßes Kokosgebäck verkaufen, deren Ertrag kaum ausreicht, um die Reparatur des Kessels zu bezahlen«. Dabei sind die herumstreunenden Kinder und die »fetten Frauen gar nicht mitgezählt, die sich Näherinnen, Spitzenklöpplerinnen und Stickerinnen nennen« und von denen es im damaligen Salvador »in jedem Hause eine Menge« gab. Der Kritiker hebt hervor, daß im Gegensatz zu den Plantagennegern der

Umgebung, in der Stadt selbst und in den Vorstädten sehr viele müßige, gut genährte und oft geradezu von den Herren der Stadthäuser gemästete Neger lebten. Diese schon bürgerlichen und noch patriarchalischen Stadthäuser entwickelten einen Luxus, der nur mehr von wenigen Herrenhäusern erreicht wurde, die zu einfachen Landhäusern herabsanken, während die Stadthäuser zu kleinen Palais wurden, in denen sich die Eigentümer länger aufhielten als auf dem Lande. »Ich glaube, daß es auf der ganzen Welt keine Stadt gibt, wo, im Verhältnis zu den Lebensbedingungen, ein solcher Aufwand getrieben wird wie in unserem Pernambuco«, schrieb im Jahre 1843 der Verfasser des *O Carapuceiro*. Es war der Luxus der Plantagenbesitzer, die in ihren Stadthäusern mit den reichen Kaufleuten wetteifern wollten.

Um dieselbe Zeit, am 25. Juni 1850, erschien im *O Conciliador* von Recife ein Artikel, in dem die Landwirtschaft des Kaiserreichs als »völlig vom Handel abhängig« bezeichnet wurde. Die Händler, Kaufleute und Gastwirte wurden in Übertreibung der tatsächlichen Verhältnisse sämtlich als Portugiesen betrachtet und mit Ausnahme einiger »ehrlicher Geldleute und großer Kaufleute« mit dem Sammelnamen »Falschmünzer« bedacht. Jedenfalls schien Recife um die Mitte des 19. Jahrhunderts trotz der »Revolta Praieira« wieder in die Zeit der ersten Händler zurückgefallen zu sein. Die Portugiesen waren die »absoluten Beherrscher des Handels«, neben denen noch ein paar Cavalcanti, Rego Barros, Albuquerque Melo, Wanderley, Acioli, Sousa Leão und Carneiro da Cunha existierten – freilich nur unter dem Schutz einiger reicher Portugiesen, die hin und wieder den Regierungsmitgliedern Häuser zum Geschenk machten und hoch über den ebenerdigen Häusern und Mucambos residierten.

Der *Almanaque Comercial de Pernambuco* für das Jahr 1850 enthielt eine »Liste der Geschäftsleute«, aus der hervorgeht, daß die wirtschaftliche Macht tatsächlich wieder in die Hände der Portugiesen übergegangen war, Besitzer von Lagerschuppen und Händler, von denen ein Großteil des nur mehr scheinbar souveränen Landadels abhing. Die Textilwarengeschäfte, Eisen- und Kurzwarenhandlungen, die Läden, in denen Trockenfleisch oder Zucker verkauft wurde, gehörten fast ausschließlich Portugiesen. Ebenso Wirtshäuser und Bäckereien. In Brasilien kamen die öffentlichen Bäckereien erst im 19. Jahrhundert auf, denn zur Kolonialzeit wurde fast immer im Hause gebacken. Das Weizenbrot wurde ohnehin nur für die wenigen Europäer hergestellt, die Maniokpasteten, Maniok-

und Maismehl oder Kuskus aus Mais nicht mochten. Fast alle diese Wirtshäuser, Bäckereien und Läden waren in großen Häusern in den Hauptstraßen untergebracht, während sich die Brasilianer mit schäbigen Häuschen in Sackgassen, Querstraßen und kleinen Gäßchen begnügen mußten.

Die Brasilianer hatten ihr früheres Vorurteil gegen den Handel abgelegt. Der Kritiker des *O Conciliador* fand es durchaus nicht erstrebenswert, daß sich die Portugiesen mit den Töchtern des Landes verheirateten – viele, ihrer alten Vorliebe entsprechend, mit Mestizinnen oder Mulattinnen. Brasilien, meinte er, nehme die Ausländer nicht auf, damit sie sich in den Städten niederließen und Einheimische heirateten, sondern damit sie aufs Land gingen, wo ihnen die Landwirtschaft große Möglichkeiten biete. In den Städten sollte man diese »Ausländer« nicht aufnehmen, die »nichts anderes mitbringen als Hunger, Zwiebeln und Dummheit«. Erwünscht waren Portugiesinnen »von zwölf bis zwanzig Jahren, damit sie als Kindermädchen die Afrikanerinnen ersetzen, die in der Erziehung unserer Kinder soviel Schaden anrichten«. Nicht aber Portugiesen, die sich im Klein- und Küstenhandel festsetzten und die Brasilianer »zu Sklaven degradierten«, die sich mit Politik befaßten, bei den Wahlen die Brasilianer bekämpften, den Leuten, die gerade an der Macht waren, schmeichelten, wenn sie sie nur an diesem Born der Größe teilhaben ließen«. Die Sprache, die die Redakteure des *O Conciliador* im Jahre 1850 führten, unterschied sich in bezug auf die Ausländer kaum von der Pamphletisten der blutigen Tage der »Revolta Praieira«. Es gab aber noch andere Verfechter des »Nativismus«: Am 24. Dezember 1840 hatte *O Homem do Povo Fluminense* in Rio de Janeiro die Portugiesen »diese Rasse von Juden« genannt, und an dieser portugiesenfeindlichen Kampagne hatten sich auch *O Pavilhão Nacional* (1850), *O Sino dos Barbadinhos* (1840) und *A Sinêta da Misericordia* (1849) beteiligt. Viele Brasilianer waren der Ansicht, daß der Handel – eine in früheren Zeiten verachtete Betätigung – von den Einheimischen und nicht von den Fremden betrieben werden sollte, deren Macht immer mehr anwuchs.

Die Zeitung *A Revolução de Novembro* wies in ihrer Ausgabe vom 29. September 1850 darauf hin, daß sich die »Klasse der Landwirte in eine Klasse von Menschen verwandelt, die durch die riesigen Schulden, die sie bei den Portugiesen machen, völlig ruiniert ist«. Im selben Artikel wird noch ein weiterer Punkt erwähnt, der für unsere Untersuchung von ganz besonderem Interesse ist: »Die Söhne der Portugiesen« wurden von ihren Vätern als Feinde betrachtet und »in ihren Häusern, in ihrem Heim und in ihrem Reichtum durch andere Portugiesen ersetzt, die ihre Töchter heirateten«. Die eigenen Söhne – Brasilianer oder Mestizen – wurden zum »Abschaum der Gesellschaft«, das heißt der von den portugiesischen Vätern aufgebauten kommerziellen Gesellschaft. Diese Väter begünstigten aufgrund eines wirtschaftlich und soziologisch erklärlichen Hangs – um nicht zu sagen »Instinkts« im Sinne von Veblen – zur Fortsetzung der patriarchalischen Macht die Töchter in der Person der als Ladengehilfen aus Portugal eingewanderten Schwiegersöhne. Da sie dort geboren waren, bestand für sie kaum eine Möglichkeit, das »Vermögen des Hauses« zu vergeuden, so daß sie zu brasilianischen Dichtern, Politikern, Rechtsanwälten, Doktoren, Akademikern und Intellektuellen wurden.

Die Portugiesen hatten eine Vorliebe für Mestizinnen und Mulattinnen, aber sie lehnten bei den Mestizen und Mulatten – auch wenn es ihre eigenen Söhne waren – das romantische Bohemientum der Brasilianer ab, die den Handel verachteten und eine Vorliebe für die freien Berufe, die schönen Künste und den *belcanto* hatten. Damit gefährdeten sie die Kontinuität des schwer und oft geradezu mit heldenhafter, aber immer prosaischer Anstrengung erworbenen Reichtums, der mit so poetischen Dingen wie Gitarren und Modinhas nichts zu tun hatte. Die blieben, ebenso wie Bad, Seife und Parfum, den Brasilianern vorbehalten. Der portugiesische Handelsgehilfe wurde auf Kosten der Körperpflege reich, die der Brasilianer oft übertrieb.

Die Portugiesen fürchteten den Haß, den die farbige Plebs, besonders die Taugenichtse und Landstreicher – zum Beispiel die Capoeiras von Rio de Janeiro, São Salvador und Recife – gegen sie hegten, die als Geschäftsleute oder sogar nur als Verkäufer durch den Handel mit Dörrfleisch, Stockfisch, Öl und Wein, aber nicht mit Sklaven, unter Entbehrungen reich geworden waren.

Die heftige Rivalität, die in den zugleich kommerziell und akademisch orientierten Städten zwischen Studenten und Kommis bestand, erfaßte mitunter auch die Söhne der portugiesischen Kaufleute – Weiße oder Mestizen –, die gemeinsam mit den Söhnen von Plantagenbesitzern, Offizieren und hohen Beamten Jura oder Medizin studierten, sowie die zukünftigen Schwäger dieser jungen Leute, das heißt Angestellte, die in den Geschäften, Läden oder Lagerhäusern arbeiteten und die später fast immer an die Stelle ihrer zu Schwiegervätern gewordenen Brotgeber traten. Diese Rivalität nahm manchmal groteske Formen an: So behaupteten die Studenten, das alleinige Recht zu haben, wie die Akademiker Gehrock, Zylinder, schwarze Stiefeletten und Spazierstock zu tragen – im Gegensatz zu den Handlungsgehilfen, die wegen ihrer harten Arbeit gezwungen waren, in Hemdsärmeln oder gar Holzschuhen herumzulaufen. Nur sonntags bewegten sich die Studenten in ihren »Republiken« – meistens im zweiten oder dritten Stock eines Stadthauses – in leichter Kleidung, bisweilen sogar in skandalöser Nacktheit. Gerade an diesen Tagen stiegen die Kommis von ihren »Burgen« herab, das heißt von den Bodenkammern oder den obersten Stockwerken der Häuser, in denen sich ihre Geschäfte befanden. Während der Woche bekamen sie von den großzügigeren Brotherren an deren Tisch gute und reichliche Mahlzeiten vorgesetzt (bessere als die meisten Studenten, deren Monatswechsel bald verbraucht war, so daß sie am Essen sparen mußten). Am Sonntag erschienen die Kommis am Strand, in den Cafés und Gastwirtschaften, die während der Woche von Studenten, Akademikern und Offizieren besetzt waren. Dann waren sie gut gekleidet, sorgfältig parfümiert und manchmal auch sauber gewaschen; einige von ihnen trugen Ringe und Manschettenknöpfe mit Brillanten und Stöcke mit goldenen oder silbernen Knäufen, als wären sie Studenten oder schon Doktoren. Mit Stockschlägen wurde auch mancher Wettstreit zwischen den beiden Gruppen um die Gunst kleiner Schauspielerinnen ausgetragen. Ein solcher Streit zwischen einem portugiesischen Handlungsgehilfen und einem brasilianischen Studenten löste in Recife den Aufruhr von 1848 aus: einer der Aspekte der »Revolta Praieira«, die so komplex war, daß sie in ihrer fanatischen Fremdenfeindlichkeit auch sozialistische, nivellierende oder volksfreundliche Facetten hatte.

Es ist bis zu einem gewissen Grad begreiflich, daß der portugiesische Kaufmann lieber den portugiesischen Schwiegersohn als Gehilfen einsetzte als den eigenen Sohn, der ein Mestize oder doch in Brasilien geboren war. Der kleine, eben erst eingewanderte Stift wurde in den Kaufläden einer so strengen Disziplin unterworfen, daß er schon fast ein Sklave war. Diese despotische und monosexuelle Disziplin fehlte dem eigenen Sohn, der von der Mutter verwöhnt und von ihr, und oft auch vom Vater, so erzogen wurde, daß er eher dem Sohn eines Gutsbesitzers glich als dem eines Geschäftsmanns oder Gastwirts. Aber ein Handelshaus konnte keinen Gutsbesitzersohn brauchen, wenn es vorwärtskommen oder ganz einfach bestehen wollte. Wohl aber diese blonden Beinahe-Sklaven, die als unschuldige Acht- oder Neunjährige aus den portugiesischen Dörfern ins Land gekommen waren. In einem Artikel »Portugal und Brasilien«, der am 6. September 1849 in der *Revista Universal Lisbonense* erschien, wurde festgestellt, daß »fast die Gesamtheit der portugiesischen Einwanderer bis vor wenigen Jahren aus Personen im Kindesalter« bestanden hatte und daß in Brasilien Knaben von zehn bis vierzehn Jahren für die Arbeit in den Kaufläden und sogar in den Fabriken sehr gesucht waren. Anzeigen von Stellungsuchenden im *Diário de Pernambuco* bestätigen dies. In derselben Zeitung klagte »Ein Portugiese« im Jahre 1844: »Es ist mir unmöglich, ruhigen Blutes den skandalösen Handel anzusehen, den gewisse Geschäftsleute seit längerer Zeit betreiben, indem sie ungeheure Mengen von Passagieren, meistens ›ohne Paß‹, von den Azoren kommen lassen, um sie als ›elende Sklaven‹ zu verkaufen.«

Manchmal freilich flohen die Handlungsgehilfen wie die Sklaven, und auch die entsprechenden Suchanzeigen in den Zeitungen ähnelten einander. Aber trotz dieses Fluchtrisikos zogen die Kaufleute die portugiesischen Kinder als Kommis für ihre Läden vor.

Am 11. März 1852 begann die *Revista Universal Lisbonense* mit der Veröffentlichung einer Artikelserie unter dem bezeichnenden Titel »Die Verteidigung der Portugiesen in Brasilien«. Im ersten Artikel hieß es: »Der brasilianische Landwirt schickt dem portugiesischen Kaufmann seine Erzeugnisse aus dem Landesinnern. Sobald er aber versucht, für seinen Sohn eine Stellung als Verkäufer zu bekommen, erhält er eine brüske und unfreundliche Absage: Die Brasilianer eigneten sich nicht für den Handel.« Der portugiesische Geschäftsmann zog die kleinen Einwanderer aus seiner Heimat vor, die »mit dem Pflug und der Hacke aufgewachsen waren und die von klein auf arbeiten mußten, um ihr tägliches Brot zu verdienen, von der Geburt an an Entbehrungen gewöhnt ...« Sie konnten nicht im Innern Brasiliens Ackerbau oder Viehzucht treiben, denn sie hatten ja nur ihre Körper mitgebracht – die mitunter von sparsamen Brotherren als Ersatz für Frauenkörper betrachtet wurden. Mit welchen Mitteln sollten sie eine Farm aufziehen? »Dazu gehören Land und Arbeitskräfte, sie aber können weder das eine noch das andere erwerben. Folglich müssen sie notgedrungen den für sie geeignetsten Beruf ergreifen, und das ist der Handel, in dem sie als Kommis anfangen können.« So schreibt João Antonio de Carvalho e Oliveira in seinem zweiten Artikel der »Verteidigung«, als Erwiderung auf Angriffe gegen die portugiesischen Kaufleute, die 1851 in *O Argos Maranhense* erschienen waren.

Interessant ist der am 25. März 1852 erschienene dritte Artikel, in dem der Verteidiger der Portugiesen die Behauptung des *O Argos Maranhense* zurückweist, wonach die portugiesischen Kaufleute und Handwerker die Farbigen verachteten, die in ihren Berufen arbeiten. »Wenn die Redakteure des *Argos* die Werkstätten der Schmiede, Schuster, Schneider, Tischler und anderer mehr aufsuchen wollten, würden sie dort viele Portugiesen vorfinden, die mit Farbigen zusammen arbeiten, dagegen aber nur wenige oder gar keine weißen Brasilianer. Auch in den Kneipen werden sie genug Portugiesen sehen, die fast ausschließlich mit den untersten Klassen zusammen leben. Und nicht wenige dieser Portugiesen sind von Kindern, sogar von ehelichen Kindern, umgeben, die mütterlicherseits der afrikanischen Rasse angehören.«

Dagegen gab es viele arme weiße Brasilianer, die nicht in der Nationalgarde dienen wollten – es sei denn als Offiziere –, um nicht mit Farbigen in Berührung zu kommen. In dieser Hinsicht scheint es wenige arme Portugiesen gegeben zu haben, die sich nicht mit den Farbigen verbrüderten. Sie blieben auch in Brasilien Europäer, die eher bereit waren, ihre Rasse in einer Nachkommenschaft von Mestizen aufgehen zu lassen. Ihre Vorliebe für einen portugiesischen Schwiegersohn als Nachfolger im Geschäft ging offensichtlich auf wirtschaftliche Erwägungen zurück und nicht auf eine starre Solidarität der europäischen Rasse. Was sie beim Brasilianer fürchteten – sogar bei den eigenen in Brasilien geborenen Söhnen –, war der Widerwille gegen die geschäftliche Routine, gegen die harte, eintönige und oft schmutzige Arbeit in den Läden und Speichern.

So mancher Portugiese wurde in Brasilien von seinem eigenen Sohn umgebracht, was auch der Autor der »Verteidigung« erwähnt. Es waren gewiß seltene, sehr seltene Fälle, die nicht eine verallgemeinernde Behauptung rechtfertigen können, die Söhne von portugiesischen Geschäftsleuten wären notorische Vatermörder gewesen. Immerhin kam es vor und scheint zu beweisen, daß in vielen jungen und auf ihre Art romantischen Brasilianern eine Auflehnung bestanden hat, die freilich nur in den seltensten Fällen zu dem Extrem führte, gegen die Bevorzugung der in Portugal geborenen Schwäger zu rebellieren. Es gab nicht wenige Akademiker und Intellektuelle unter den von Portugiesen abstammenden Brasilianern, die sich geradezu durch ihren Portugiesenhaß auszeichneten – einen Ersatz oder eine Kompensation für den Vatermord. Wie Casimiro de Abreu im 19. Jahrhundert lehnten sich viele junge Brasilianer unter dem Einfluß »romantischer Leidenschaften«, die von der französischen, englischen oder deutschen Literatur genährt wurden, gegen das städtische und kommerzielle Patriarchat auf. Sie waren unzufrieden mit ihrem Dasein als Kommis und entsetzt angesichts der Aussicht, schließlich zu dicken, soliden und prosaischen Kaufleuten zu werden. Deshalb verfielen sie in das entgegengesetzte Extrem: Sie entwickelten sich zu Bohemiens, die in den Cafés herumlungerten, sich dem Spiel und den Frauen ergaben und sich sogar von der Schwindsucht, der Krankheit der Romantiker, der Dichter und der Bohemiens, faszinieren ließen.

Dabei darf nicht vergessen werden, daß es seit dem Ende des 18. Jahrhunderts Kommis gab – und nicht nur Geschäftsleute, Industrielle und Handwerker –, die sich durchaus bewußt waren, welche Bedeutung ihrem Stand durch den engeren Kontakt der brasilianischen Städte mit dem industrialisierten, kommerziellen, bürgerlichen und sogar proletarischen Europa zukam, und sich über die Möglichkeiten klar waren, ihre wirtschaftliche Macht auf politischem Gebiet geltend zu machen und für ihre eigene Person eine höhere gesellschaftliche Stellung zu erlangen, wie sie bisher nur Personen oder ganzen Familien zuteil geworden war, die ausgedehnte Ländereien oder zahlreiche Sklaven besaßen.

»Die Landwirtschaft ist die Quelle des Reichtums, aber der Handel setzt ihre Erzeugnisse in Umlauf«, hieß es in einer im Jahre 1808 von den Kaufleuten von Bahía dem Prinzregenten überreichten Denkschrift, in der verlangt wurde, die Ausländer dürften in Brasilien keine Kaufhäuser errichten, um sie nicht zu schädigen. Und im Jahre 1822 wurde in den von einer »Philotechnischen Gesellschaft« von Rio de Janeiro herausgegebenen *Annalen für Wissenschaft, Kunst und Literatur* bereits die »ärgerniserregende Unterscheidung zwischen Handwerkern und freien Berufen« bekämpft. Denn »jedes Handwerk ist um so vornehmer, je notwendiger es für den Unterhalt der Gesellschaft ist«. Dieselbe Aufwertung wurde auch für den Handel verlangt: »Ihm ist der Schmuck der Fassaden der prächtigsten Gebäude zu verdanken, die Wasserleitungen, die kostbaren Möbel, die Utensilien ...« Deshalb sollte das Gold und Silber in Umlauf gebracht werden, statt es nach alter Sitte im Hause, unter den Ziegeln, in den Mauern oder sogar in den hohlen Heiligenstatuen der Oratorien oder Hauskapellen zu verstecken.

Schon zu Beginn des 18. Jahrhunderts hatten die Könige von Portugal die Kaufleute gegen die übertriebene wirtschaftliche und politische Macht der feudalen brasilianischen Gutsherren in Schutz genommen.

Jetzt – am Anfang des 19. Jahrhunderts – warf sich die brasilianische Presse selbst zum Verteidiger des Geschäftsmannes, des Industriellen und des Handwerkers auf, denen eine überaus wichtige Funktion im schon fast nationalen Leben Brasiliens zuerkannt wurde.

Schon 1821 wurden in Rio de Janeiro Stimmen laut, die »dringend eine Belebung der einheimischen Industrie dieses Vereinigten Königreichs« wünschten und vorschlugen, »mit Genehmigung Seiner Königlichen Hoheit eine jährliche Subskription zu eröffnen, um von ihrem Ertrag Maschinen oder Modelle zu kaufen«. Der Pionier dieser vom Despotismus ausländischer Erzeuger unabhängigen Industrialisierung war Inácio Pinto de Almeida.

Gleichzeitig mit seinem diesbezüglichen Manifest im *Diário do Rio de Janeiro* erschien in derselben Zeitung ein »Aufruf an die Damen«, in dem die »schlechte Gewohnheit« verurteilt wurde, »nur das anzuziehen, was die Ausländer herstellen, die das Brot verdienen, das dem einheimischen Handwerker verweigert wird; in ferne Länder wird das bare Geld geschickt, das ihn von seiner abgrundtiefen Not befreien könnte«. Die Damen sollten etwas dagegen tun, indem sie darauf verzichteten, »eine Unmenge Sachen zu kaufen, die sie reizen und die noch nicht oder nur schlecht bei uns hergestellt werden«.

Das sind bedeutsame Dokumente einer gesellschaftlichen Aufwertung derjenigen Brasilianer, die durch den Handel, das Handwerk und das Gewerbe dazu beitrugen, das Land groß zu machen, und die so lange Zeit wirtschaftlich unbedeutend und sozial verachtet gewesen waren, während stets nur die Figur des Großgrundbesitzers glorifiziert wurde, der als vom König ernannter Major oder kommandierende General auch einen hohen militärischen Rang innehatte. Diese Aufwertung zeigte sich auch in der Verleihung von kaiserlichen Adelstiteln an Industrielle und Geschäftsleute, die fast immer als einfache Kommis angefangen hatten, die den Laden gefegt, im Morgengrauen aufgestanden waren oder in den Lagerschuppen geschuftet hatten. Der Handlungsgehilfe hatte jetzt die Möglichkeit, Komtur, Visconde oder Baron zu werden, sogar wenn er – wie der spätere Baron von Mauá – im Lande geboren und nicht aus irgendeinem gottverlassenen portugiesischen Dorf nach Rio de Janeiro, São Salvador, São Luís do Maranhão oder Recife gebracht worden war.

Um die Mitte des 19. Jahrhunderts war der einheimische Kommis bereits ein etwas romantisches Wesen, zu dessen Gunsten der Gesetzentwurf von 1848 in der Deputiertenkammer eingebracht wurde. Die

Sache des Kommis wurde zur Sache der nationalen Souveränität: Wie der brasilianische Handwerker mußte auch der brasilianische Kommis vom Gesetz gegen die ausländischen Rivalen verteidigt werden. Diese Verteidigung trug zu seiner sozialen Aufwertung bei, obwohl sich die Zeitung *O Conservador* von Recife noch im Jahre 1867 darüber beklagte, daß die Tätigkeit des Handlungsgehilfen und Buchhalters in Brasilien als »tief unter dem Rang der Akademiker und Doktoren« eingeschätzt wurde.

Seit 1835 verteidigten Zeitungen wie *O Defensor do Commercio* von Rio de Janeiro den Kommis. »In diesem Lande, das sich etwas darauf zugute hält, eines der ersten und christlichsten Länder zu sein, ist dieses göttliche Gebot [die Sonntagsruhe] vollständig in Vergessenheit geraten«, denn »an kirchlichen Feiertagen sieht man die Läden geöffnet und in vollem Betrieb; die weltliche und geistliche Obrigkeit ist stummer Zeuge dieses Unfugs, der um so gefährlicher ist, als er von einem so bedeutenden Stand ausgeht«. »Der beklagenswerte Kommis«, schrieb der *Defensor* etwas später, »ist ein Gefangener seines Ladens, den er nicht verlassen darf, oft nicht einmal, um zur Messe zu gehen, denn sein Herr will nicht auf einen möglichen Gewinn verzichten.«

Ich kann nicht, Liebste, ich kann nicht,
es ist mir unmöglich, zu gehen,
denn der Teufel in diesem Laden
erlaubt mir nicht, fortzugehen,

klagt der Kommis seiner Angebeteten.

Tatsächlich fanden viele von ihnen im Haus des Kaufmanns, bei dem sie arbeiteten, eine Angebetete, aus der später eine Ehefrau wurde. Es war die Tochter oder das Patenkind des Brotherrn.

Das brasilianische Handelssystem wurde zu einer städtischen Form des Agrarsystems, das heißt, es wurde auf seine Art patriarchalisch und sogar endogam; die Firmenbezeichnungen rückten an die Stelle der alten Gutsnamen – Suaçuma oder Cedro zum Beispiel –, die oft sogar die vornehmsten Familiennamen wie Cavalcanti, Holanda, Marques oder Carneiro Leão verdrängten. Aus Silvas wurden Ferreiras – zu Ehren des Firmennamens, der wichtiger war als der Familienname.

Ladislas Paridant gibt in seinem 1856 in Lüttich erschienenen, fast unbekannten, aber sehr aufschlußreichen Buch *Du Système Commercial à Rio de Janeiro* seiner Verwunderung über den patriarchalischen, familiären und von der Persönlichkeit bestimmten Charakter des Großhandels in Rio de Janeiro Ausdruck, der übrigens in allen großen und kleinen Städten des Kaiserreichs derselbe war: »*La matière commerciale, à Rio de Janeiro, est régie par un ensemble d'us et de coutumes abusifs et surannés que les Portugals, dans leur état de décadence, n'ont pas su reviser, et que les autres étrangers traficants au Brésil, peu nombreux à côté des premiers, n'ont pu encore réformer.*«

Die Gesamtheit dieser archaischen Sitten war für den Nordeuropäer hauptsächlich gekennzeichnet durch »*un caractère tout particulier de familiarité, un goût très prononcé pour les longues et bruyantes causeries*«. Das war aber noch nicht alles: Dem Käufer wurden Konfitüren und Wein angeboten, wie in den patriarchalischen Herrenhäusern den Reisenden und sogar den Vertretern, denen die großzügigen Plantagenbesitzer nachts junge Negerinnen oder Mulattinnen schickten, damit sie den ledigen – oder auch verheirateten – Händlern Gesellschaft leisteten und ihr sexuelles Verlangen stillten. In den großen Handelshäusern des noch patriarchalischen Rio de Janeiro um die Mitte des 19. Jahrhunderts gab es neben dem Verkaufsraum, wie Paridant schreibt, »*une table couverte de pâtisseries et de vins, parmi lesquels les plus fumeux sont les plus abondants*«. Nicht zu vergessen die ebenfalls patriarchalische, üppige Tafel, die im oberen Stockwerk der Stadthäuser für den Kaufmann, die Kommis, die Auftraggeber aus dem Landesinnern und die ausländischen Käufer gedeckt war.

Diese Tendenz, die Manieren, das Verhalten und die Sitten der ländlichen Patriarchen nachzuahmen, zeigte sich zuallererst in Minas Gerais. Der Graf von Assumar schrieb schon zu Beginn des 18. Jahrhunderts, daß sich die zu Reichtum gelangten Männer dunkler Herkunft Titel wie Oberst oder Brigadier anmaßten, um es dem ältesten Landadel gleichzutun, der auch die höchsten militärischen Würden bekleidete. In *A Revolta de 1720 – Discurso Historico-Politico* schilderte dieser Staatsmann, wie diese Leute eine solche Vielfalt von Insignien trugen, daß niemand mehr wußte, was sie eigentlich waren: »Wenn einer den Stab des Mars führt, so bedeutet das, daß er ein Oberst ist; der Hammer des Vulkan weist auf einen Schmied hin, der Merkurstab auf einen Richter und der Dreizack des Neptun auf einen Schiffer. Ich kenne in diesem Lande einen redlichen Mann, der von der Veranda seines Hauses aus einige arme Portugiesen mit einem Bündel auf dem Buckel hinter ihren Pferden hergehen sah und mit folgenden Worten auf sie zeigte: Das sind zwei Richter, hier gehen drei Oberste und dort fünf weitere hohe Offiziere.«

So manche Händler, Gewerbetreibende und sogar besonders geschickte Handwerker wurden im 19. Jahrhundert so vornehm wie die Gutsbesitzer oder übertrafen sogar manche an Vornehmheit. Sie besaßen prächtige Stadtpalais, elegante Equipagen, Tafelporzellan mit der Freiherrn- oder Grafenkrone, goldstrotzende Uniformen und glitzernde militärische Ehrenzeichen. Dieselben Umstände, die in Brasilien den sozialen Aufstieg von Mestizen und Mulatten begünstigten, ermöglichten auch die Erhebung von Kaufleuten, Gewerbetreibenden und Handwerkern, die bescheiden angefangen hatten, in den Adelsstand.

Im schlimmsten Fall bekam ein solcher Triumphator boshafte und oft sogar beleidigende Kommentare von jenen zu hören, die dem Mestizen oder einstigen Plebejer seinen Sieg mißgönnten. Da hieß es: »Sohn der Mulattin Soundso oder des Kneipenwirts Manuel«, »Enkel der Negerin XY« oder »Nachkomme der Sklavin Eva, der Mulattin«. Tatsächlich veröffentlichte die Zeitung *A Contrariedade pelo Povo* von Rio de Janeiro am 13. Mai 1848 einen Artikel gegen einen bedeutenden Brasilianer jener Tage, der von einer »in Taubaté oder nicht weit davon geborenen Mulattin Eva« abstammte, wo diese vom Kommandanten der dortigen Indianersiedlung eine Tochter »namens Anna, eine ausgesprochene Mestizin von ganz dunkler Hautfarbe« bekommen hatte. Beide wurden dann nach Rio de Janeiro verkauft, wo sie »vom Kaufmann José Francisco Cardoso, einem sogenannten Kommissar, erworben wurden, der in der Direita-Straße Nr. 73 (nach der gegenwärtigen Numerierung) wohnte. Da es in der Familie noch eine Mischlingssklavin desselben Namens gab, erhielt die neue den Beinamen ›Eva vom Berge‹.« Anna, oder Anica, gebar 1783 oder Ende 1782 eine Tochter Maria, »einen sehr hellen Mischling, die später Maria Patricia genannt wurde«. Cardoso, der im Jahre 1804 oder 1805 starb, gab allen seinen Sklaven die Freiheit; diese Sklaven, »die von ihrer Herrschaft eine gute Erziehung erhalten hatten, zogen alle in das Haus der Fisco-Gasse, das heute die Nummer 23 trägt, und lebten gemeinsam von ihrer Arbeit«. Maria Patricia wurde bekannt unter dem Namen *Maria-du-bringst-mich-um*, »weil ihre Liebhaber diese Worte in ihren Armen hervorzustoßen pflegten«. *Maria-du-bringst-mich-um* lebte mit einem gewissen Apolinario zusammen, einem Pater – oder doch zumindest als solcher vom Kanonikus Vilas Boas, dem Generalvikar und Verwalter des Erzbistums Rio de Janeiro, anerkannt. Dieser Vereinigung entsproß – wie das Blatt abschließend behauptete – der später vom Kaiser geadelte Politiker oder Staatsmann.

Anderen – Handwerkern oder Gastwirten –, die zu improvisierten Guts- und Plantagenbesitzern, Baronen oder Viscondes wurden, verzieh der Volksspott ihre bürgerliche Herkunft nicht und warf sie ihnen stets vor. Wie Alexandre Rodrigues Ferreira in seiner *Notícia Histórica Sôbre a Ilha do Marajó* schreibt, soll beispielsweise auf Marajó Francisco Rodrigues Pereira die erste Fazenda mit seinem als Tischler in der Stadt erworbenen Vermögen gegründet haben. Deshalb wurde er »der Städter« genannt und blieb es in gewisser Hinsicht auch als Herr über Ländereien und Ochsen, da er Fleisch für zwei Kupfermünzen das Pfund in die Stadt lieferte. Freilich schon in seiner Eigenschaft als »Oberst« oder »Hauptmann«, als Städter in Reitstiefeln, der Land, Vieh und Sklaven besaß.

In Pernambuco lebte ein anderer »Städter«, Gabriel Antonio, der Plantagenbesitzer wurde, ohne daß es ihm jedoch gelang, die Holzschuhe eines in einer Taverne reich gewordenen Portugiesen mit den Reitstiefeln zu vertauschen. In anderen Provinzen gab es sogar »Barone mit Holzschuhen«. Tatsächlich befreiten sich seit Ende des 18. Jahrhunderts immer mehr Angehörige des Landadels von ihren Vorurteilen und widmeten sich, in den europäisierten Gebieten, in beträchtlichem Ausmaß dem Gewerbe und sogar dem Handel.

Andrew Grant beobachtete zu Beginn des 19. Jahrhunderts, daß sich die Einstellung der vornehmen Brasilianer zu einer industriellen Betätigung »in den letzten Jahren« allmählich geändert hatte. Sogar die »eingefleischten Vorurteile« der Edelleute gegen den Handel schwanden unter dem Einfluß des »wachsenden Liberalismus« ihrer Zeit. Mehrere von ihnen waren an Fabriken beteiligt, die in Rio de Janeiro errichtet wurden, und ein *gentleman of high rank* gründete ein Unternehmen zur Verarbeitung von Reis, in dem er rund hundert Sklaven beschäftigte.

Dieser englische Beobachter beklagte, daß Brasilien trotz des Aufschwungs von Industrie, Handwerk und Handel nach wie vor Sklaven einführte, als wären sie Vieh. In Wirklichkeit war der weiße Herr, mochte er auch in prächtigen Herrenhäusern auf dem Lande oder in der Stadt wohnen, eine niedrigere und unglücklichere Kreatur als der Sklave.

Die Annäherung der intellektuelleren Elemente des Landadels an Gewerbe, Handwerk und sogar Handel fand in Minas Gerais und bis zu einem gewissen Grade in Pernambuco im 18. und sogar schon im 17. Jahrhundert statt, ohne daß das Sklavensystem aufgegeben wurde. Am augenfälligsten war dieser Kontrast in Maranhão zu Beginn des 19. Jahrhunderts, das zugleich sehr konventionell und sehr fortschrittlich war.

»An landwirtschaftlichen Geräten gibt es nur die Hacke und an Maschinen nur die elenden Sklaven ... Der Transport findet im allgemeinen nur auf dem Flußweg statt; in einzelnen Fällen zu Lande mit Ochsenkarren, die schäbiger sind als die in Portugal verwendeten«, schrieb 1822 Antonio Bernardino Pereira do Lago in seiner in Lissabon erschienenen *Historisch-Geographischen Statistik der Provinz Maranhão*. Im damaligen Brasilien fand er trotz der Verordnung vom 5. Januar 1785, die die Errichtung von Fabriken oder Industrien verbot, »Reisschäl- und Baumwollentkernungsanlagen, Zuckerfabriken, Destillieranlagen und Baumwollwebereien«. Alle diese Fabriken wurden weniger von Maschinen als von Sklaven angetrieben, so daß sie »eher einem afrikanischen Kerker glichen als einem interessanten und angenehmen Industriegebäude«.

Aus solchen Zeugnissen geht hervor, daß das Gebiet von Maranhão, dessen Stockwerkhäuser seit Beginn des 19. Jahrhunderts mit denen von Bahía und Pernambuco wetteiferten, durch seine frühzeitige Industrialisierung São Paulo mit seinem Kaffee den Rang abgelaufen und Minas Gerais fast eingeholt hatte. Die ländliche und mehr noch die städtische Wirtschaft basierte jedoch nach wie vor auf der Arbeitskraft der Sklaven. Die soziale Organisation hatte allerdings viel von ihrer tutelären Familiarität und ihrer patriarchalischen Fürsorglichkeit verloren. So erklärt es sich, daß diese drei Gebiete in den Etappen ihrer frühzeitigen Industrialisierung durch die Vernachlässigung des Sklaven durch den Herrn bzw. durch die Ausbeutung des Arbeiters gekennzeichnet sind, der zu einem Maschinenersatz degradiert wurde. Diese Merkmale treffen weder auf den landwirtschaftlichen Nordosten noch auf Rio Grande do Sul, noch das viehzuchttreibende Hinterland zu: Hier gehörten die Sklaven sozusagen zur Familie.

Diese Entwicklung mußte ihren Niederschlag in der Ernährung der Sklaven finden, die in den Industriegebieten schlechter wurde, da der Industrielle mehr an einer raschen, kommerziellen und wirksamen Ausnutzung der Arbeitskraft des Sklaven interessiert war (der nicht nur das Tier, sondern auch die Maschine ersetzte) als an einer Verlängerung seines Lebens durch eine kräftige, wenn auch primitiv scheinende Kost und an einer schützenden Unterkunft, die freilich etwas von einem Gefängnis an sich hatte: die aus Stein und Kalk erbauten Sklavensiedlungen.

Diese Sklaven, die zur Kolonialzeit und in den ersten Jahrzehnten des Kaiserreichs, als das orthodox patriarchalische Brasilien noch hauptsächlich auf Ackerbau und Viehzucht eingestellt war, die Mehrheit bildeten, versetzten die kritischsten und objektivsten ausländischen Beobachter in Erstaunen; manche von ihnen – Tollenare, Pfeiffer und Hamlet Clark – fanden, daß ihre Lebensbedingungen und ihre Ernährung besser waren als die der zeitgenössischen europäischen Arbeiter oder Bauern.

Im allgemeinen läßt sich sagen, daß diese für das patriarchalische System typischen Sklaven – die der Herrschaftshäuser in Stadt und Land – besser ernährt waren als jede andere Klasse der damaligen brasilianischen Gesellschaft. Ihre Kost setzte sich aus Bohnen mit Speck, aus Mais oder Maniokbrei, Maniokpastete, Yamswurzel und Reis zusammen. Nach dem deutschen Geographen A. W. Sellin war der Reis in einigen Gegenden das »Grundnahrungsmittel für die Sklaven«, also keineswegs nur für die Herren.

Andere für die Ernährung des typischen Sklaven wichtige Lebensmittel waren der Quiabo, eine Hülsenfrucht, die Dendênuß, die Taioba und andere »Blätter« oder »Kräuter«, die leicht anzubauen waren und von der Herrschaft verschmäht wurden. Die Einführung dieser »Kräuter« in die den Gemüsen gleichgültig oder ablehnend gegenüberstehende brasilianische Küche ist den Afrikanern zu verdanken. Als Zuckerbäcker oder Köche trugen sie zur Bereicherung der brasilianischen und besonders der sogenannten »bahianischen« Küche durch Öle, Gemüse und »grüne Blätter« bei. Die Malês, Muselmanen afrikanischer Herkunft, führten sogar die Milch und den Bienenhonig ein. Der afrikanische Sklave war meist besser ernährt als der freie Neger, Mestize oder arme Weiße der Mucambos und Strohhütten in den Städten und im Landesinnern, deren Kost sich in der Regel auf Dörrfleisch oder Stockfisch mit Farinha beschränkte. Auf dem Tisch des Gutsbesitzers gab es zwar frisches oder blutiges Fleisch im Überfluß – Gemüse jedoch und lange Zeit hindurch auch Reis scheinen gefehlt zu haben. Das gilt auch für den Bewohner des nördlichen Hinterlandes, wo es dafür viel Käse und Trockenfleisch gab.

Auf den Tisch der Reichen in Stadt und Land kam ein schädliches Übermaß an europäischen Konserven, deren Transport sich nicht entfernt mit den in unserem Jahrhundert vorherrschenden hygienischen und technischen Bedingungen vergleichen läßt. Die vornehmen Hauseigentümer verzehrten das frische Gemüse oder die Kräuter, die von den Negern oder Sklaven gegessen wurden.

Es lohnt sich, solche Details in Erinnerung zu rufen, da es immer Stimmen gibt, die behaupten, der Sklave sei ein »unterernährter Märtyrer« gewesen. In Wirklichkeit waren seine Behandlung, seine Ernährung und sein Lebenszuschnitt besser als die des Sklaven in bereits industrialisierten Gebieten.

Interessanterweise waren diese Gebiete weder die ländlichsten noch die »orientalischsten« – im Sinne einer größeren sozialen und kulturellen Entfernung von Europa und einer stärkeren Bewahrung orientalischer Kulturmerkmale –, sondern die am meisten europäisierten: Minas Gerais oder Maranhão zum Beispiel. Von Maranhão weiß man, daß es in der Frühzeit seiner Industrialisierung, die durch eine schlechte Behandlung und Ernährung der Sklaven gekennzeichnet war, mehr als andere Teile Brasiliens in engem Kontakt mit England, der bedeutendsten Industriemacht des 19. Jahrhunderts, stand. Pereira do Lago spricht in seinem Buch von Damen, die in England erzogen worden waren, was in anderen Gebieten nicht der Fall war. Die farbigen Frauen dagegen fielen in Maranhão durch ihre Ungepflegtheit auf: »Fast alle unförmig, dumm, mit schlechten Manieren, schlecht angezogen, immer barfuß laufend, unanständig, ohne jede Spur von Schamhaftigkeit; im Haus wie auf der Straße trugen sie nur einen Rock aus Kattun oder Baumwollstoff, aber weder Hemd noch Halstuch.« Sie unterschieden sich somit sehr stark von den Mulattinnen oder Negerinnen von Pernambuco und Rio de Janeiro und vor allem von denen von Bahía, die für ihre feine Kleidung, ihren kostbaren Schmuck, ihre Halstücher, Schals, Schuhe oder Pantoffeln berühmt waren. Solche Erscheinungen waren in Maranhão infolge der Distanz zwischen Herren und Sklaven selten; diese Distanz war die Frucht eines Systems, das nicht mehr das echte tuteläre patriarchalische System war, sondern eines, das durch die überstürzte Nachahmung des bürgerlichen und kommerziellen Industrialismus verdorben war, in dem die Sklaven nicht nur die Tiere, sondern auch die Maschinen ersetzten.

Vor dieser Ersetzung der Maschine und des Haustiers durch den Sklaven – die in Gebieten wie in dem von Maranhão eine ganze Übergangsepoche kennzeichnete – wurde im allgemeinen gut für ihn und seine Gesundheit gesorgt, und seine Riten, Sitten und Gebräuche wurden respektiert, was im Interesse des Patriarchen des ländlichen Herrenhauses oder des Stadthauses lag. Seine Ernährung war deshalb sehr gut und wurde nur dort beeinträchtigt, wo viel Vieh mit Gras und neue Maschinen mit Holz und Kohle zu füttern waren.

Eine Tatsache ist bezeichnend: Im Brasilien der Kolonialzeit erhielten sogar die Soldaten eine Verpflegung, die viel schlechter als die der Sklaven in den Plantagen, Gütern und Stadthäusern war. Wenn wir den Angaben von Lindley glauben sollen, die von Andrew Grant bestätigt sind, ernährten sich die Artilleristen in den Kasernen der wohlhabenden Stadt Salvador ausschließlich von »Bananen und Maniokmehl«, wozu hin und wieder eine Fischration kam, »ein oder zwei Fischchen«, wie der Engländer schreibt; dabei handelte es sich hauptsächlich um junge Burschen, die eine kräftige Kost brauchten, und nicht um erwachsene Männer, die sich den Luxus der Askese hätten erlauben können. Aus derselben Quelle stammt die Information, wonach in den Vororten von Bahía *the more opulent part of the inhabitants possess each a country house ... generally situated on the banks of a river ... They are well stored with poultry and domestic cattle, but from total deficiency in the art of cookery, their tables are not much better supplied here than in the city; and indeed they may be said, in a great measure, to exist in poverty and want in the midst of abundance.* « Diese Beobachtung wurde einige Jahrzehnte später von einem anderen Engländer, James Wetherell, in seinen *Stray Notes from Bahia* bestätigt, in denen er wiederholt die Unschmackhaftigkeit und Kargheit des Essens hervorhebt, das für gewöhnlich auf die Tafel der Herrschaft kam, im Gegensatz zu den köstlichen Gerichten, die, wie der Carurú, ein Spinatgericht, in den Unterkünften der Sklaven gereicht wurden.

Der Markt von São Salvador – einer Stadt, die einen zahlreicheren und sicher auch einflußreicheren afrikanischen Bevölkerungsanteil hatte als Rio de Janeiro – scheint zu Anfang des 19. Jahrhunderts mehr Gemüse geliefert zu haben als jede andere große Stadt in Brasilien. Das geht zumindest aus dem Überfluß an Yam, Maniok, grünen und anderen Bohnen und Gurken hervor, den Andrew Grant in seiner *History of Brazil* unterstreicht.

Den Berichten anderer Beobachter ist jedoch zu entnehmen, daß in der Umgebung von Städten wie Rio de Janeiro, Recife und sogar Salvador in der ersten Hälfte des 19. Jahrhunderts hauptsächlich Capimgras oder Futtermittel für die ständig anwachsende Anzahl von Tieren angepflanzt wurden, die im Dienst der reichen Bürger standen; dann auch Gemüse und Früchte, die keine besondere Pflege brauchten und die mehr von den Sklaven als von den Herren, mehr von den Schwarzen als von den Weißen gegessen wurden: Yam, Taioba, Quiabo, Kürbis und Bananen. Auf den Anbau europäischer und auf tropischem Boden schlecht oder nur unter großen Kosten gedeihender feiner Gemüse wurde verzichtet. Grant selber beobachtete, wie umfangreich in den ersten Jahren des 19. Jahrhunderts die Einfuhr von Lebensmitteln aus Europa war: Trockenfisch, Schinken, Wurst, Käse, Butter, Biskuits, Öl, Essig, Nudeln, Nüsse, Pflaumen, Oliven, Zwiebeln, Knoblauch usw. Alles Nahrungsmittel für die reichen Bewohner der Stadthäuser.

Grant hörte auch häufig die Ansicht, das heiße Klima Brasiliens sei der Butterbereitung ungünstig. Dem hielt er entgegen, daß man in Indien, einem Land mit »viel heißerem« Klima, »ausgezeichnete Butter« finden könne. Tatsächlich scheute der Brasilianer die Mühe des Butterns oder des Zwiebelanbaus und zog es vor, aus Europa zu importieren.

Natürlich eignete sich das Klima besser für den Anbau tropischer als europäischer Nährpflanzen. Aber der Sklave baute auch lieber die Pflanzen an, die ihm selber schmeckten, und nicht die europäischen, für die die Herrschaft in den städtischen und ländlichen Herrenhäusern eine Vorliebe hatte.

Über die Ernährungsweise des brasilianischen Sklaven auf den von ihm als typisch betrachteten Landgütern zu Beginn des 19. Jahrhunderts schrieb Rugendas in seiner berühmten *Malerischen Reise durch Brasilien*: »Auf jedem Gut gibt es ein Stück Land, das den Negersklaven zur Verfügung gestellt wird und dessen Ausdehnung von der Anzahl der Sklaven abhängt, die darauf anbauen können, was sie wollen. Auf diese Weise verschafft sich der Sklave mit dem Ertrag seiner Arbeit nicht nur eine gesunde und ausreichende Ernährung, sondern kann ihn auch günstig verkaufen.« Rugendas sah auch mit einem fast soziologisch-kritischen Blick die situationsbedingten Unterschiede. »Die Situation der Sklaven«, schrieb er, »hängt auch vielfach von den Anbaumethoden des Gutes ab, zu dem sie gehören; ihre Lage ist viel schlechter, wenn es darum geht, zu roden und neue Pflanzungen anzulegen, als wenn sie auf bereits bestehenden Gütern arbeiten. Das ist besonders der Fall, wenn die Güter weitab von besiedelten Regionen liegen und die Sklaven den Unbilden des Klimas und etwa benachbarter Sümpfe ausgesetzt sind. Auch werden die Sklaven auf den kleinen Gütern besser behandelt als auf den großen, da die gemeinsame Arbeit, die gleiche Ernährung und die Teilnahme an denselben Unterhaltungen fast jeden Unterschied zwischen Herrn und Sklaven verschwinden lassen.«

Es muß allerdings bestritten werden, daß es der Sklave eines armen Herrn stets besser hatte als der eines reichen Herrn, denn wenn der arme Herr vom Ehrgeiz nach einem sozialen oder wirtschaftlichen Aufstieg besessen war, versuchte er, aus seinen wenigen Sklaven ein Höchstmaß an Leistung herauszupressen. So kam es dann dazu, daß Sklaven von armen Herren zu reichen Herren flohen, die für ihre Großzügigkeit in der Behandlung der Sklaven bekannt waren.

»Der kleine Sklave ist fast sicher, von seinem Paten die Freiheit zu erhalten«, schreibt Rugendas über den kleinen Muleque, der das Patenkind eines reichen Herrn ist; dieser fühlte sich im allgemeinen verpflichtet, seinem Patenkind fast ein Vater zu sein – Bestätigung der patriarchalischen Macht, die zugleich eine Zurschaustellung der wirtschaftlichen Macht war. Diese Möglichkeit fehlte dem armen Herrn, dessen Ausübung der patriarchalischen Macht in der Form der Patenschaft mitunter zu wahrhaft väterlicher Zärtlichkeit wurde, so daß der Sklave als Patenkind fast den Status eines leiblichen Kindes erhielt: fast dieselbe Ernährung, fast das gleiche Spielzeug, fast die gleiche Bekleidung. Sklave war er nur bis zu einem bestimmten Alter.

Die Figuren des Paten oder der Patin innerhalb des brasilianischen patriarchalischen Systems verdienen übrigens eine gesonderte Untersuchung, denn einerseits entfaltete sich in ihnen die Bestätigung der patriarchalischen Macht oder der tutelären Funktionen, andererseits fanden sie eine Kompensierung für ihre Enttäuschungen als Vater oder Mutter. Das konnte bis zu einem scheinbaren Matriarchat gehen, wenn die Mutter – vor allem die maskulinoide Mutter – in Wirklichkeit nur an die Stelle des abwesenden, schwächlichen oder toten Vaters trat, der freilich nicht immer vergessen zu sein brauchte, wie es bei der Herrin der Maçangana-Plantage, der Patin von Joaquim Nabuco, der Fall war. Die Entwicklung der Persönlichkeit dieses Pernambucaners war ganz offensichtlich mehr von der reichen Patin geprägt – einer dominierenden Frau, die den Wunsch hegte, einen Ersatz für den toten Gatten heranzuziehen – als von Vater oder Mutter.

Es gab zahlreiche Sklaven, die durch ihre Eigenschaft als Patenkinder von Eigentümern von Herrenhäusern oder Stadthäusern einen besonderen Status erlangten und Vergünstigungen in der Gesundheitspflege, Bekleidung und Erziehung genossen. Aber auch in der Ernährung, die oft der Ernährung vieler Personen mit höherem sozialem Status überlegen war, da sich in ihr afrikanische Vorzüge mit europäischen vereinigten. Diese Sklaven dürfen jedoch nicht als typisch betrachtet werden. Typische Sklaven waren jene, die keinen anderen Schutz genossen als den, der im eigenen Interesse des patriarchalischen Systems lag.

»Die Beköstigung, die die Herren den Sklaven (auf den Gütern und Plantagen) gewähren, besteht in Maniokmehl, Bohnen, Trockenfleisch,

Speck und Bananen«, bemerkte Rugendas. Diese Ernährung wäre karg gewesen, hätten die Neger nicht die Möglichkeit gehabt, sie »durch Obst, wildwachsendes Gemüse und sogar Wild« aufzubessern. Die Sklaven der patriarchalisch gebliebenen Stadthäuser bekamen ein Essen, das Rugendas nicht zögert, als »gut« zu bezeichnen; die Dienstboten arbeiteten wenig, und jene, die auf der Straße für ihre Herrschaft verkauften, genossen »im allgemeinen große Freiheit«.

»Große Freiheit« genossen auch die freien Neger und Mulatten, aber nicht die gleiche »gute« Kost und auch nicht dieselbe Unterstützung, obwohl diese interessanterweise von seiten der noch patriarchalischen, aber schon bürgerlichen Herren der Stadthäuser besser war. Bedeutsam in dieser Hinsicht ist eine von den Eigentümern der Lagerhäuser von São Salvador am 25. September 1818 in der *Idade d'Ouro do Brazil* veröffentlichte Erklärung. Diese Besitzer von Stadthäusern hatten noch nicht das patriarchalische Gefühl ihrer Verantwortlichkeit für das Zusammenleben in der Stadt verloren, das stark durch die Konkurrenz zwischen den Geschäftsleuten gekennzeichnet war. Da zu Ende des 18. und zu Beginn des 19. Jahrhunderts die Wirtschaft Salvadors noch nicht so industrialisiert und das Gewerbe noch nicht so mechanisiert war wie in São Luís do Maranhão, bewahrte die Aristokratie der Stadthäuser den Sinn für einen patriarchalischen Lebenszuschnitt, der nur allmählich von den kommerziellen und internationalen Formen des Zusammenlebens verändert wurde. Das Verantwortlichkeitsbewußtsein geht aus dem erwähnten Manifest hervor: »Die Eigentümer der Lagerhäuser in dieser Stadt und ihrer Umgebung wenden sich an die Herren Plantagenbesitzer und Verarbeiter des Zuckerrohrs, damit sie, entsprechend dem bereits bestehenden Gesetz, keine Kisten von vierzig oder fünfzig Arrobas herstellen, da dieses Gewicht für den Kran zu groß ist und das Leben der Matrosen und sonstiger Personen gefährdet, die mit ihrer Verladung und Löschung zu tun haben. Es besteht auch für die Schiffe, die sie in diese Stadt befördern, eine Gefahr, so daß die Eigentümer der Kisten mit Übergewicht bei Eintreten eines Unglücksfalles für den Schaden aufzukommen haben.«

Hier zeichnet sich der Anfang einer Gesetzgebung für Arbeitsunfälle ab, ein Anfang, der eher städtischen als ländlichen Ursprungs ist. Es ging aber dabei mehr um einen Schutz des Arbeiters durch seinen Herrn im Interesse von dessen Ware als um eine Geltendmachung der Rechte durch den Arbeiter selbst, der in seiner Sicherheit und seinem Leben bedroht und nicht nur durch das patriarchalische System, von dem er übrigens ein Teil war, in seiner Religion, seinen Riten und anderen Werten seiner heimatlichen Kultur unterdrückt war. Diese Unterdrückung war wahrscheinlich in den Stadthäusern stärker als in den Herrenhäusern auf dem Lande. Trotzdem konnte es dem Afrikaner in beiden gelingen, durch Diplomatie, Schlauheit und sanften passiven Widerstand, mit dem sich der Unterdrückte meistens auf unmerkliche und geradezu weibliche Art zu verteidigen wußte, seinen brasilianischen Herrn mit vielen seiner Eigenheiten vertraut zu machen. Sogar mit denen seiner Ernährung, was aus verschiedenen Gründen in Bahía und seiner Umgebung besonders gut gelang, und auch da besser in den Stadt- als in den Landhäusern.

In einem seiner Essays hebt Professor Tales de Azevedo hervor, wie vorteilhaft es für die Bevölkerung der Kolonialzeit war, »in ihrem Kuchen, Zuckerwerk, Reisbrei, Spinatgericht und anderen Speisen nicht nur die in ihrer Zusammensetzung dem Fleisch so ähnlichen Cashewnüsse und Erdnüsse zu essen, sondern auch den grünen Amarant, der von allen brasilianischen Gemüsen am meisten Kalk enthält, mehr sogar als der so geschätzte Spinat. Dazu kamen noch verschiedene Paprikaarten mit ihrem Vitamin-C-Gehalt, die Milch der Kokosnuß und das Dendêöl, diese reiche Quelle eines Pigments der Karotinserie, das der Organismus in Vitamin A verwandelt, welches für den Schutz der Haut und der Schleimhäute unerläßlich ist und andererseits eine wichtige Funktion bei der Bildung des Sehpurpurs hat.«

Nachdem er noch an die Feststellung von Professor Josué de Castro erinnert, wonach die Saucen aus Dendêöl und Paprika »wahre Konzentrate der Vitamine A und C sind«, fährt er fort: »Das kräftige Gebiß der Schwarzen, das als Erbteil dieses ethnischen Typs angesehen und mit den diesen unter den afrikanischen Negern so häufigen athletischen und langgliedrigen Typen eigenen Drüsenfunktionen in Zusammenhang gebracht wird, kann durchaus auf den Konsum von Dendêöl in ihrem heimatlichen Kontinent zurückzuführen sein.«

Der Forscher aus Bahía hebt außerdem den Konsum von Nahrungsmitteln hervor, die, wie Cará oder Yam, »reich an Elementen der B-Konstellation sind, Vitamine, die nachweislich in hohem Maße zur Aufrechterhaltung der Körperkräfte und zur Widerstandsfähigkeit gegen Ermüdung der Muskeln beitragen und sogar die Entschlußkraft, die Lebhaftigkeit und die gute Laune fördern«. Außerdem wirken sie den »Nachteilen einer Ernährung entgegen, die, wie die des Volkes, infolge des relativ geringen Konsums von frischem Fleisch, arm an Proteinen ist«.

Professor Tales de Azevedo kommt dem von mir bereits in *Herren-haus und Sklavenhütte* und anderen Essays skizzierten Kriterium nahe, obwohl er keinen Unterschied zwischen Sklaven und Freien macht. So sagt er, daß die Verwendung solcher Nahrungsmittel wie Cará »durch die Sklaven und armen Leute die Erklärung dafür liefert, wieso diese Gesellschaftsschicht – abgesehen von sozialen und wirtschaftlichen Faktoren – die kräftigste und widerstandsfähigste ist, wogegen die Weißen dem Fremden durch ihre Trägheit auffielen, durch die Gewohnheit der Männer und Frauen der Oberschicht, immer im Hause zu bleiben, wo sie in den Fensternischen und auf Matten herumsitzen oder in Hängematten und auf Feldbetten liegen«.

Auch dieser Forscher erkennt die Vorteile der Ernährung der Menschen in den Sklavensiedlungen und den Mucambos gegenüber der der Weißen oder der Herrschaft in den vornehmen Häusern an; nach Möglichkeit behielt dieser afrikanische Bevölkerungsteil die afrikanischen Ernährungsgewohnheiten bei, die von den meisten Gutsherren und sogar in den Stadthäusern respektiert wurden, weil sie den Vorteil der Billigkeit hatten. Die Weißen oder die Mischlinge, die in den ebenerdigen Häusern wohnten, bemühten sich dagegen, die Sitten der vornehmen Leute nachzuahmen.

Bei ihnen fand Wetherell in Bahía eine wenig schmackhafte Kost, die der europäischen glich. Er konnte sich nur für die Speisen afrikanischen Ursprungs begeistern, die, entweder aus rituellen oder traditionellen Gründen, fast alle aus Gemüse und Kräutern bestanden, so vor allem aus Gartenmeldekraut oder Spinat.

Die Folgen davon lassen den modernen Ernährungswissenschaftler einzig die Kost der Mehrheit der afrikanischen Sklaven in jenen Gebieten empfehlen, wo der Furor der Monokultur nicht so weit ging, die Verwendung von Yam, Dendêöl oder Gartenmeldekraut zu verhindern oder zu erschweren. Zu diesen Folgen gehört die von Euclydes da Cunha hervorgehobene und von Professor Rui Coutinho und anderen modernen Ernährungswissenschaftlern bestätigte Tatsache, daß bei den Bewohnern des Hinterlandes von Bahía – als einer typisch freien und nicht versklavten Bevölkerungsschicht – Fälle von Hemeralopie oder Nachtblindheit festgestellt wurden, die bei den Sklaven der Umgebung von Bahía mit ihren ländlichen Herrenhäusern nicht vorkam. Nach Professor Tales de Azevedo ist das Nichtvorkommen von Nachtblindheit in diesem typischen Sklavengebiet dem Verbrauch von Dendêöl durch die Sklaven, ihre Nachkommen und andere Bevölkerungselemente zuzuschreiben, die mit ihnen in Berührung kamen.

Ein weiterer Vorteil, den der Sklave dem nach europäischer Sitte dick angezogenen weißen oder fast weißen Herrn aus den Stadt- und Gutshäusern voraushatte, war der, daß er fast nackt arbeitete. Für den Arzt aus Bahía »mag die Erklärung für das seltene Auftreten der Karies unter den Negern darin liegen, daß die Gewohnheit, nackt herumzulaufen und ständig der Sonne ausgesetzt zu sein, zusammen mit dem tausendjährigen Konsum von Fetten wie dem Dendêöl, dazu beigetragen haben, diese Widerstandsfähigkeit erblich werden zu lassen«.

Zu diesem von den meisten Herren aus wirtschaftlichen Gründen begünstigten Hang der Sklaven zur Nacktheit und zur Sonne stand der sozial bedingte Widerwillen gegen Nacktheit und Sonne im Widerspruch, den die höher stehende Gesellschaftsklasse und Rasse – der Weiße, der Gutsherr oder der Bewohner des Stadthauses und sogar des ebenerdigen Hauses – an den Tag legte. Der Sonnenschirm wurde nicht nur zum Zeichen der Superiorität, sondern auch zum Schutz der weißen oder auch nur helleren Haut gegen die brennende tropische Sonne, die sie bräunen konnte. Der schwarze oder dunkelbraune Afrikaner brauchte diesen Sonnenschutz nicht, sobald er jedoch frei und einigermaßen zu Geld gekommen war, bestand seine erste Sorge darin, sich einen Sonnenschirm anzuschaffen, Schuhe und nach Möglichkeit einen seidenen Gehrock oder eine Uniform mit vergoldeten und glänzenden Epauletten.

Der freie Neger oder Mulatte hielt es im allgemeinen für einen Vorteil, sich wie der weiße Herr zu kleiden und zu ernähren, dem er sich durch seine Stellung als freier Mann verbunden fühlte. Er vertauschte den Zuckerrohrschnaps gegen Wein, das Gemüse gegen Schweinefleisch, die Barfüßigkeit oder Sandalen gegen Stiefel – mochten ihm die Füße auch noch so weh tun – und die Strohhütte gegen das Steinhaus.

Was er eigentlich suchte, war die Befreiung vom Komplex des Sklaven und des Afrikaners; er wollte dem weißen Herrn in Kleidung, Benehmen und sogar Ernährung gleichen. Niemand konnte glücklicher sein als ein früherer Sklave oder Sohn eines Sklaven im Gehrock des Doktors oder in der Uniform der Nationalgarde oder der Armee, auch wenn ihn die Uniform in den Augen der weißen Herren oder der Straßenjungen lächerlich erscheinen ließ. In seinem Tagebuch erzählt Francisco José do Nascimento – ein Neger aus Ceará, der bei der Sklavenbefreiung Berühmtheit erlangte –, er hätte eine entsetzliche Scham empfunden, als er in Fortaleza auf der Straße verspottet wurde, weil er die Uniform der Nationalgarde trug. »Ich hätte nie gedacht«, schreibt er, »daß ich mich einmal so schämen würde wie heute. Als ich in der Uniform eines höheren Offiziers der glorreichen Nationalgarde über die Praça do Ferreira ging, lachte mich eine Gruppe von Herren aus.«

Andere Neger wurden auf der Straße verspottet, weil sie Gehrock und Zylinder oder Handschuhe und Sonnenschirm trugen; andere wieder wegen ihrer spitzen Schuhe, die ihnen beim Gehen ein lächerliches oder groteskes Aussehen verliehen, oder weil sie in ihrer Frisur, ihrer Barttracht und den langen Fingernägeln die Weißen aus den Stadthäusern nachahmten. Den Negerinnen erging es ebenso, weil sie statt afrikanischer Turbane französische Hüte trugen oder europäische Schleier statt der üblichen Tücher. Tatsächlich waren diese freien und zu etwas Geld gekommenen Neger, die herrschaftliche und europäische Sitten annahmen, den Sklaven mit ihren afrikanischen Gewohnheiten gegenüber im Vorteil, büßten jedoch das ökologische Gleichgewicht von Menschen ein, die sich besser als die Europäer der tropischen Umwelt Brasiliens anpaßten, die derjenigen Afrikas ähnlich war.

Die »Mucambarías«, das heißt die aus Mucambos, Strohhütten und Häuschen bestehenden Dörfer, die in den Städten des Kaiserreichs und nicht, wie Palmares, nur in der Einöde gegründet wurden, verkörperten den Wunsch der freien oder von den Gütern und Plantagen entlaufenen Neger, den afrikanischen Lebensstil im Wohnungsbau und in der Art des Zusammenlebens neu erstehen zu lassen. In einigen dieser Dörfer scheint das Zusammenleben gewisse Aspekte der Organisation der afrikanischen Familie angenommen zu haben, mit soziologisch afrikanischen »Vätern«, »Onkeln« und »Malungos«, die über die Mucambos der »Republiken« oder der Familie übergeordneten Gemeinschaften verstreut waren. Andererseits machte sich, unter dem Einfluß der patriarchalischen Herrenhäuser, auch mancher Sklave europäische und christliche Anschauungen über die Familie zu eigen und verband sie mit den grundlegend oder traditionell afrikanischen. Diese Tatsache erklärt vielleicht das Bestreben vieler freier Neger und Mulatten, die in den Städten wohnten, den weißen europäischen Herren der Bürgerhäuser nachzueifern, die ja ebenfalls frei waren. Auch sie wollten richtige Häuser bewohnen, wenn sie auch klein waren und aus recht kümmerlichem Material bestanden – aus Stroh, Brettern, Wellblech, Capim- oder Sapégras, Palmenblättern und Lehm. Aber die Negerbehausungen der Herrenhäuser, die zum großen Teil Lehmmauern hatten oder sogar aus Stein gebaut waren, stellten doch eigentlich nicht nur kollektive Wohnstätten, sondern richtige Gefängnisse dar.

Bezeichnend ist ein Ausspruch, den die freien Neger von Sergipe taten, wenn sie von den Sklavenhütten in die Mucambos umzogen. Der junge Forscher Felte Bezerra hat diesen Satz in seinem interessanten Buch *Etnias sergipanas* festgehalten. »Jetzt werde ich ein Fenster und eine Tür zum Hof hinaus haben«, sagten die Neger, die in der typischen Sklavenunterkunft, entsprechend ihrem Charakter als Gefängnis oder »Taubenschlag«, wie Joaquim Nabuco es nannte, keines von beiden gehabt hatten.

Erwähnenswert ist auch die Tatsache, daß sich manche freie Mulatten oder Neger den Luxus eines gedeckten Eingangs vor ihrem Mucambo leisteten, wo sie ostentativ wie die Herren in der Hängematte faulenzten. Und ihre Frauen genossen es, sich – auch wieder nach Art der Damen in den Guts- und Stadthäusern – von ihren Töchtern die Läuse absuchen zu lassen.

Eine noch kühnere Nachahmung der patriarchalischen und europäischen Architektur waren die Mucambo-Häuser, das heißt Mucambos mit Keller und erstem Stock. Aber der patriarchalische überdachte Eingang – der sogar die Architektur der Kapellen und Kirchen des Landesinnern veränderte und sie häuslicher, weltlicher, brasilianischer erscheinen ließ – war vielleicht dasjenige Element, das am deutlichsten die Umwandlung der Mucambos in patriarchalische Häuser kennzeichnete. Hand in Hand damit vollzog sich die Übernahme der europäischen Familienorganisation, wie sie in Brasilien von den portugiesischen Siedlern in ihren Herrenhäusern entwickelt und von den freien Negern und Mulatten nachgeahmt wurde, die begierig waren, in ihren Wohnverhältnissen den freien Weißen nachzueifern.

Der überdachte Eingang war ein Vorteil, den die Häuser in der Stadt, mit ihren Türen und Fenstern, nicht hatten, diese »Häuser mit schmalen Fassaden und großen Hinterhöfen, die schlecht durchlüftet waren und von Bewohnern nur so wimmelten«, wie Miguel Antonio Heredia de Sá in seinem Essay *Einige Überlegungen über Paarung, Onanie und Prostitution* ziemlich verallgemeinernd die Häuser von Rio de Janeiro beschreibt. »In dieser Stadt«, fährt er fort, »kümmert sich niemand um die öffentliche Hygiene, die hier geradezu unbekannt ist.«

Inmitten dieser ungesunden Umwelt wuchsen die Menschen so auf, daß in den »Körpern der Zehn- und Zwölfjährigen schon alte Seelen wohnten«. Das war auf den Mangel an öffentlicher Hygiene, häuslicher Hygiene, »Hygiene der Ernährung und Gymnastik« zurückzuführen. Alle diese Mängel sowie das »feuchte, heiße Klima, die verschmutzte, von Wasserdämpfen, Miasmen usw. geschwängerte Luft, die sitzende Lebensweise, die Syphilis, die Onanie und die Sodomie« erklären, warum die Einwohner von Rio de Janeiro für die Schwindsucht so bemerkenswert anfällig waren.

In Rio de Janeiro war die »Zerstörung des schönen Geschlechts entsetzlich«. Dieses schöne Geschlecht konnte als das erste Opfer des »Luxus und seiner schrecklichen Folgeerscheinungen« und des »despotischen Tyrannen, genannt Mode«, betrachtet werden. Denn »wir Brasilianer, die immer alles nachahmen, die alles Schlechte annehmen, die richtige Affen sind, wie uns die Ausländer mit Recht nennen, wir kümmern uns wenig darum, ob die Mode unserem Klima und unserer körperlichen Konstitution entspricht. In Rio de Janeiro, wo das feuchte und heiße Klima in so hohem Maße zu Krankheiten der Verdauungsorgane und der Lunge neigen läßt, schnüren die Damen die Mieder und Leibchen in so übertriebener Weise, daß es nicht verwunderlich ist, wenn so manche von ihnen dabei ohnmächtig wird. Sie verbringen ganze Nächte auf Bällen und Festen, wo sie schnelle Walzer tanzen, die nur für kalte Länder geeignet sind, und erfrischen sich dann mit eisgekühlter Mandelmilch und ähnlichem.«

Das war aber nicht alles. Die Frauen von Rio de Janeiro – der Autor bezog sich hauptsächlich auf die Damen aus den Stadthäusern – lasen übertrieben viele Romane, die in großer Zahl erschienen, »Bücher, die nur dazu geeignet waren, die Herzen zu vulkanisieren«, wie er die schon von den Moralisten verurteilten Romane charakterisierte. Zum Romanlesen kamen noch »der häufige Genuß von Tee und die wiederholten lauen und warmen Bäder, schwächende Faktoren, unter deren Einfluß sich der besondere Charakter und der ausgesprochene Typ der Einwohnerinnen von Rio herausgebildet hat, die sich dadurch von den übrigen Brasilianerinnen unterscheiden«: üppige Frauen, die sich eng schnüren mußten, und zarte Mädchen, die ganz im Gegenteil, um stärker zu erscheinen, Hüftpolster aus Stoff oder aus Roßhaar tragen mußten, wie die Zeitung *O Boticário* von Rio de Janeiro in ihrer Ausgabe vom 22. Mai 1852 berichtet.

Das bezieht sich alles auf die Damen der patriarchalischen Stadthäuser. Aber in den Häusern der Geschäftsstraßen, wie der Alfândega-, Sabão- und einem Teil der São Pedro-Straße, gab es noch andere Vertreterinnen des »schönen Geschlechts«: Prostituierte, die nicht nur an vielen Leiden der ehrbaren Frauen in den mehrstöckigen und ebenerdigen Häusern litten, sondern die männliche Bevölkerung mit einigen der schrecklichsten Krankheiten infizierten, in erster Linie mit der Syphilis. »Es gibt kein Gesetz, das sie am Geschlechtsverkehr hindern kann, wenn sie sich mit Syphilis angesteckt haben«, schrieb der Arzt in höchster Besorgnis dar- über, die »öffentliche Hygiene« in der Hauptstadt eines Landes, das zum größten Teil noch eine »Plantagenkolonie« war, sträflich vernachlässigt zu sehen.

Um dieselbe Zeit befaßte sich Herculano Augusto Lassance Cunha in einer medizinischen Abhandlung mit der *Prostitution, unter besonderer Berücksichtigung der Stadt Rio de Janeiro*. Dasselbe Thema sollte einige Jahrzehnte später Francisco Ferraz de Macedo beschäftigen, der der Medizinischen Fakultät von Rio de Janeiro eine entsprechende Unter- suchung vorlegte.

Nach der Ankunft König Johanns VI. nahm die Prostitution in Rio de Janeiro derartige Ausmaße an, daß es im Jahre 1845 schon die drei in einem früheren Kapitel erwähnten Kategorien von Dirnen gab: die »ari- stokratischen« der Stadthäuser und sogar der Stadtpalais, die in »kleinen Häusern« untergebrachten und der Abschaum, der in den Strohhütten und Mucambos lebte. Die ersten wurden von »seriösen Herren« frequen- tiert, die zweiten von Männern, die »arm waren oder gerade noch ihr Auskommen fanden«, und die dritten von »unbestreitbar niedrigen« Leu- ten.

Treffpunkte der Lebewelt waren in Rio um die Mitte des 19. Jahrhun- derts ehemalige Patrizierhäuser, das *Hotel Pharouxs*, der *Chico Caroço* und der *Caçador*, in denen getanzt werden konnte. Im letzteren, in dem es auch ein Spielkasino gab, wurde im Jahre 1865 ein Mann ermordet und die Leiche aus dem Fenster geworfen.

Ferraz de Macedo erweitert die von Lassance Cunha vorgenommene Klassifizierung, indem er die Prostitution in eine *öffentliche* und eine *heim- liche* einteilt und die öffentliche noch weiter unterteilt: Dazu gehören die problematischen Frauen, in erster Linie Blumenverkäuferinnen, Nähe- rinnen, Zigarrenverkäuferinnen, Statistinnen, Komparsen usw. und in zweiter Linie die *beschäftigungslosen* Frauen, die einzeln in vornehmen

Häusern oder teuren Hotels wohnten; dann die *leichten* Frauen, die in Stadthäusern, Gasthäusern oder Bordellen lebten; und schließlich die *ganz leichten,* die »abgetakelten oder verbrauchten«, die Frauen aus den Mietskasernen und die Dirnen. Die häusliche Prostitution wurde in Frauen erster Klasse eingeteilt, zu denen wieder Frauen »in guten Verhältnissen« (verwitwete, verheiratete, geschiedene und unverheiratete) gehörten, und solche »niedriger Kategorie« (freie, freigelassene und Sklavinnen) und schließlich Individuen beiderlei Geschlechts, mit widernatürlichen Neigungen oder dem Hang zur Onanie, zur lesbischen Liebe oder zur Päderastie.

Um dieselbe Zeit wurde in Brasilien die Figur der Luxusprostituierten bekannt, Schauspielerinnen meist italienischer, spanischer oder französischer Herkunft. Einige wohnten in eigenen Häusern, andere in teuren Hotels und zeigten sich auf der Straße in eleganten Equipagen mit zurückgeschlagenem Verdeck, mit Kutscher und Lakai, in Toiletten, Hüten und Schuhen nach der letzten Mode. Sie beeinflußten sogar die Kleidung der ehrbaren Frauen, die sie von ihren Stadthäusern aus vorbeifahren sahen. Diese Beeinflussung, die sich zwar schon um die Mitte des 19. Jahrhunderts bemerkbar machte, trat erst um die Jahrhundertwende wirklich in Erscheinung. Lange Zeit hindurch war die Trennung zwischen den ehrbaren Frauen und den Prostituierten so streng, daß sich daraus erklären läßt, warum die Damen in Brasilien so spät dazu übergingen, Hüte zu tragen: Die Hüte waren nämlich Accessoire der Dirnen. Eine wirklich anständige Frau ging nur mit einer Mantilha aus.

Die Zeitungsinserate scheinen dazu beigetragen zu haben, daß gewisse Dinge, die bis zu Beginn des 19. Jahrhunderts nur bestimmten Gesellschaftsklassen oder Gruppen vorbehalten waren, ganz allgemein Verwendung fanden. Bis dahin wurden genaue Unterschiede zwischen Damen und Frauen gemacht, und dasselbe galt für die Männer. Einen großen Anteil an dieser Nivellierung hatten die nordamerikanischen Anzeigen von Medikamenten, die gegen zahlreiche verschiedene Krankheiten empfohlen wurden, ohne zwischen denen der »Edelleute« und der »Sklaven« zu unterscheiden. Von den Lampen, die aus den Vereinigten Staaten kamen und im Jahre 1850 im *Jornal do Commercio* von Rio de Janeiro angepriesen wurden, hieß es: »Diese Lampen sind alle nach demselben Prinzip hergestellt und deshalb sehr billig, geben aber genauso gutes Licht wie die teuren.« Solche Erzeugnisse – Heilmittel, Lampen, Kinderspielzeug – mußten unweigerlich die Grenzen zwischen den verschiedenen Gesellschaftsklassen wie auch zwischen Damen und Weibern verwischen. Die Pastillen des Dr. Sherman zum Beispiel, die anfangs nur von einer bestimmten Sorte Frauen gebraucht wurden, scheinen von der Jahrhundertwende an ganz allgemeine Verwendung gefunden zu haben, zumindest in Rio de Janeiro. Sie waren dazu bestimmt, gewisse Beschwerden zu heilen, wurden nun aber jeder Frau mit »ungesunder Gesichtsfarbe« oder »schlechter Gesundheit« und nicht nur den »Damen« empfohlen, wie dies früher der Fall gewesen war.

Bei den Parfums lebt diese für die patriarchalische Gesellschaft charakteristische Hierarchie noch heute fort: Gewisse Parfums werden nur von Schauspielerinnen, aber niemals von ehrbaren Damen benutzt, andere nur von Mulattinnen, nie von anständigen Weißen. In geringerem Maße gilt diese Unterscheidung auch für die Männer, die sich, vermutlich unter orientalischen Einflüssen, in Brasilien fast immer ebenso stark parfümierten wie die Frauen. Die Frauen übertrafen sie aber im Gebrauch von Duftwässern und Pomaden, von denen noch um 1830 so manche aus dem Orient eingeführt wurden. Francisco Bonifacio de Abreu hob in einer der Medizinischen Fakultät von Rio de Janeiro vorgelegten Arbeit hervor, daß die Damen in der ersten Hälfte des 19. Jahrhunderts übertrieben parfümiert die Bälle besuchten. Sie bekamen davon selbst »Herzklopfen, Benommenheit, Schwindel, Brechreiz usw.«. Unverständlich war auch, daß manche Damen auf Bälle gingen, »obwohl sie unwohl waren«, und junge Mädchen Feste besuchten, auch wenn sie krank waren, wobei sie vorher vor der Statue des heiligen Antonius oder Gonçalo niederknieten und ihn anflehten, sie vor dem Nachttau oder der Zugluft zu behüten. Junge Mädchen und junge Männer wurden schwindsüchtig, was Abreu auf den übertriebenen Genuß von Eis, aber auch auf »das Laster Onans« zurückführte.

Das war aber nicht alles. Für die patriarchalische Stadtgesellschaft war, besonders in Rio de Janeiro, der Mißbrauch von Tee und warmen Bädern charakteristisch, und nach Melo Franco hatten die Nervosität und das »Zittern der Hände« ihren Grund im vielen Kaffeetrinken, eine Feststellung, die Joaquim Pedro de Melo in seinen 1846 erschienenen *Allgemeinen Betrachtungen über die Körpererziehung der Kinder* bestätigte.

Für die Brasilianer der ersten Hälfte des 19. Jahrhunderts waren Tee, Kaffee und Eis sowie Weizenbrot und Bier, die lange Zeit in unbedeutenden Mengen konsumiert wurden, etwas ganz Neues. Natürlich wurde mit diesen Neuheiten Mißbrauch getrieben und ihnen zuliebe auf andere

Getränke und Erfrischungen, Maisbrot, Kuskus aus Maniok und Konfitüren aus einheimischen Früchten, die in diesem Klima verträglicher waren, verzichtet. Übertrieben wurde auch die Gewohnheit, das Wasser über Nacht in Tongefäßen abkühlen zu lassen, die man auf den Fenstersimsen dem Nachttau aussetzte. Oft wurden diese Krüge – oder auch Blumenvasen – so unachtsam und ohne Rücksicht auf die Passanten auf den Fenstersims gestellt, daß sich die Stadtverwaltung von São Salvador in ihrer Verordnung vom 17. Juni 1844 ernstlich dieser Angelegenheit annehmen und diesen patriarchalischen Brauch verbieten mußte; wer kalte oder auch nur kühle Getränke zu sich nehmen wollte, sollte in eine Eisdiele gehen, wo er nicht nur eisgekühlte Erfrischungen, sondern auch Sorbet finden würde.

Schwieriger war es, das warme Bad im Hause durch Seebäder zu ersetzen, wofür brasilianische Ärzte eintraten, da damals nicht jedes Patrizierhaus über einen eigenen Privatstrand verfügte. In seinen *Allgemeinen Betrachtungen* weist Joaquim Pedro de Melo darauf hin, daß »die Seebäder nicht ohne weiteres von den Bewohnern des Stadtzentrums genommen werden konnten, da die nahe gelegenen Strände völlig verschmutzt sind und jedermann dort hinwerfen kann, was er will«.

Aber auch so war es im damaligen, bereits stark bebauten Rio de Janeiro ein Vorteil, auf den Hügeln oder an der Küste zu wohnen, »ein höchst wertvoller Vorteil für ein Gebäude in dieser Stadt, wo es keine Kanalisation gibt«, wie *O Boticário* am 26. Mai 1852 schreibt.

Seit 1825 trat José Maria Bomtempo in den *Seiner Majestät Dom Pedro I. überreichten medizinischen Untersuchungen* für ein den Meereswinden oder »einer freien Ventilation« geöffnetes Rio de Janeiro ein, um den Gefahren der »unreinen Ausdünstungen« der Abzugsgräben, Kirchen und Friedhöfe und der Feuchtigkeit des Bodens entgegenzuwirken. Er ging so weit, die Abtragung der Hügel Santo Antonio und Castelo zu empfehlen, und betrachtete es als seine »ärztliche Pflicht«, zu sagen und zu schreiben, daß man »in möglichst hohen und nicht in ebenerdigen Häusern wohnen« müse, obwohl er zugab, »daß gewichtige Gründe dafür sprechen«, nämlich für das Verbleiben in den flachen Häusern. Das Ideal war ein mehrstöckiges, am Meer gelegenes und dem reinigenden Wind ausgesetztes Haus, aber nicht jeder konnte sich diesen Luxus leisten. Viele mußten sich damit begnügen, schlecht und recht in ebenerdigen Häusern und sogar in Mucambos oder Strohhütten in den schlechtesten Gegenden der Stadt oder in den Sümpfen zu wohnen.

Nicht wenige Brasilianer waren der Ansicht, daß die guten, patriarchalischen Familien in ein- oder mehrstöckigen Häusern wohnen und die ebenerdigen den sozial weniger gesicherten überlassen sollten. Einige gingen dabei von hygienischen Erwägungen aus, andere wieder von rein gesellschaftlichen.

In seiner *Denkschrift über die Errichtung des Kaiserreichs Brasilien oder des Neuen Lusitanischen Kaiserreichs* erklärte Antonio Luís de Brito Aragão e Vasconcelos, die Pflicht des Staates bestünde darin, »den Stand der Ehe begehrenswerter, weniger langweilig und vorteilhafter erscheinen zu lassen als den Stand der Ehelosigkeit«. Und aufgrund der damals vorherrschenden patriarchalischen Vorstellung, wonach »ein Monarch der Vater seiner Untertanen ist«, vertrat Aragão Vasconcelos die Ansicht, der Souverän müsse in erster Linie »den Bedürftigsten, das heißt den Familienvätern« helfen und sie bei der Verteilung von »Boden zur Bebauung« den Junggesellen vorziehen. Seine Vorliebe für die Verheirateten erklärt sich aus dem Wunsch, Brasilien möge sich in geordneter Weise entwickeln, wozu seßhafte Ehepaare und feste, gut gebaute Häuser unentbehrlich waren, nach Möglichkeit mehrstöckige und nicht ebenerdige Häuser, die in gerader Linie angeordnet sein sollten. Er regte sogar an, daß die Eigentümer ebenerdiger Häuser, die nicht in der Lage waren, diese aufzustokken, gezwungen werden sollten, sie an leistungsfähigere Erwerber zu verkaufen, um zu vermeiden, daß die besten Straßen nur mit unansehnlichen, flachen Häusern bebaut seien.

Diese Vorstellung – daß das noch patriarchalische und schon bürgerliche Haus mit mehreren Etagen der höchste Ausdruck der brasilianischen Zivilisation sei – scheint unter den aufgeklärten Männern zu Ende des 18. und Beginn des 19. Jahrhunderts sehr verbreitet gewesen zu sein.

In dem Werk *Voyage dans les Deux Amériques Publié sous la Direction de M. Alcide d'Orbigny* wird Ouro Prêto, das weit davon entfernt war, eine üppige Architektur zu besitzen, als »dürftig« bezeichnet: »*la plupart d'entre elles sont d'une mesquine apparence*«, heißt es dort von den Häusern der damals schon im Niedergang begriffenen Stadt. São Luís do Maranhão kommt besser weg: »*Les maisons, hautes de deux à trois étages, sont, pour la plupart, bâties en pierres de grès taillées et bien distribuées à l'intérieur.*« Die dreistöckigen Häuser von São Luís waren Beweise eines engen Kontakts mit der vollkommensten europäischen Zivilisation der damaligen Zeit, wie sie Minas Gerais, das sich als industrielle Gesellschaft schon im Niedergang befand, nicht mehr aufzuweisen hatte.

Kennzeichnend für die Eleganz und das moderne Leben in der Hauptstadt von Maranhão war zweifellos auch die Bedeutung, die der Frau in dieser kleinen Stadt im äußersten Norden eingeräumt wurde: »*Aussi ont-elles fait les mœurs de cette ville, en prenant sur les hommes cet ascendant domestique, plus doux à suivre qu'à combattre.*« Einige von ihnen waren in Europa erzogen worden, und fast alle schickten ihre Söhne nach Frankreich oder England zur Schule. So gelangte in São Luís do Maranhão der »Europäismus« in der ersten Hälfte des 19. Jahrhunderts zur Blüte, als er in Ouro Prêto bereits von ländlichen, patriarchalischen Einflüssen überwuchert worden war. Im großen und ganzen blieben diese Einflüsse, aller Reeuropäisierung der Mode und der Sitten zum Trotz, immer noch die stärksten.

Diese Reeuropäisierung vollzog sich nicht in allen Gebieten zu gleicher Zeit. Im Nordosten Brasiliens fand sie – im Zeichen der Urbanisierung – im 17., in Minas Gerais im 18. Jahrhundert und in Rio de Janeiro, São Salvador, São Luís, São Paulo und, zum zweitenmal, in Recife in der ersten Hälfte des 19. Jahrhunderts statt.

In Vila Rica beobachtete Rugendas einen merkwürdigen Aspekt des europäischen nichtportugiesischen Einflusses, der den portugiesischen oder luso-brasilianischen überwog: Die Dächer der mehrstöckigen Häuser waren »spitz wie in Nordeuropa, was in Vila Rica angesichts des Klimas und der Höhenlage verständlicher ist als in den Hafenstädten, wo sie jedoch auch häufig vorkommen«.

Dieses steile, »spitze« Dach fand sich in der Altstadt von Rio, für die schmale, drei- bis vierstöckige Häuser mit nur drei Fenstern in jeder Etage charakteristisch waren, im Gegensatz dazu standen die »niedrigen Häuser der modernen Stadtteile« und die hohen Häuser von Salvador, die jedoch »flache Dächer« trugen. In Recife kam dieses spitze Dach hauptsächlich bei »alten, ganz und gar im europäischen Stil gebauten Häusern« vor. Diese »hohen, schmalen, spitzdachigen« Gebäude erinnerten vielleicht noch mehr an den Norden Europas als die von Vila Rica.

Zu Beginn des 19. Jahrhunderts sagte Andrew Grant, die Häuser von São Salvador seien überwiegend im Stil des 17. Jahrhunderts erbaut: im allgemeinen weitläufig, aber ohne jede Eleganz oder Bequemlichkeit. Erst in den »letzten Jahren« seien in der Umgebung »elegante Wohnhäuser der oberen Klassen« entstanden. Die »unteren Klassen« lebten in »*low tiled huts or cabins*«, das heißt in kleinen, ebenerdigen Häusern, in Hütten oder Mucambos. Die besten Häuser waren aus Stein, einige allerdings aus Lehmmauern erbaut; die der Armen waren aus Stroh.

Im Kapitel »Die ersten Häuser« seines Buches *Geschichte der Gründung von Bahía* hebt Professor Pedro Calmon hervor, daß die Bauart aus Lehmmauern im alten Bahía allgemein üblich war und eine Verbindung zwischen dem portugiesischen Lehmbau und der aus Stangen und Palmblättern errichteten Hütte der Indianer darstellte, die die afrikanischen Neger noch durch ihr System vervollständigten, sie mit Schlamm oder Lehmbewurf zu decken. Wie Costa Lôbo in seiner 1904 in Lissabon erschienenen *Geschichte der portugiesischen Gesellschaft im 15. Jahrhundert* schreibt, war diese Bauart auf der Iberischen Halbinsel schon seit den Zeiten der Römer üblich und wurde auch von den Arabern gepflegt. Die Lehmwand wurde genauso beim Bau von großen Häusern wie von Hütten, auf dem Lande und in der Stadt verwendet und war nicht ausschließlich »ländlich« und »volkshaft«.

James Wetherell, der in der ersten Hälfte des 19. Jahrhunderts fünfzehn Jahre lang in Bahía lebte, hat in seinen *Stray Notes from Bahia* eine eingehende Beschreibung eines Mucambo oder einer Hütte in der Stadt gegeben: »*built of stakes of bamboo etc., interwoven with pliant twigs. These net-like walls are built double, and the interstices are filled up with mud and clay. The roof is thatched with palm leaves, and this is frequently finished previous to the walls being commenced, so as to preserve the earthen walls from destruction by rain during the process of building . . . The floor is the natural earth.*«

Die Bewohner der Mucambos hielten im allgemeinen Hühner und manchmal magere Hunde, die die Beuteltiere und Füchse verjagten. In einigen Gegenden waren die Beuteltiere häufiger, in anderen die Füchse, denn es darf nicht vergessen werden, daß sich in einem Lande von der Ausdehnung Brasiliens die natürlichen und künstlichen Elemente der Landschaft sehr veränderten, während die durch die beiden Haupttypen der Behausung, der der Herren und der der Sklaven, gekennzeichneten soziologischen Formen fast unverändert blieben. Veränderlich waren aber auch die moralischen, sozusagen unsichtbaren Elemente.

Schon Emile Adet versuchte in seinem Buch *Das Kaiserreich Brasilien und die brasilianische Gesellschaft um 1850* die Brasilianer der wichtigsten Gebiete des Landes zu charakterisieren. Über die Menschen südlich von Rio de Janeiro schrieb er, sie hätten bis zu einem gewissen Grad »den kriegerischen Geist der ersten europäischen Siedler geerbt« und seien darin den Pernambucanern mit ihren »wechselhaften Launen« ähnlich, die von einem »revolutionären Geist« besessen seien, der »ihnen oft zum Verderben wird«. Bei den Einwohnern von Bahía und Maranhão dagegen werde die »kreolische Indolenz durch einen erfreulichen Fleiß kompensiert, der zu langsamen, aber sicheren Fortschritten auf dem Gebiet intellektueller Betätigung führt«. In Minas Gerais zeichneten sich die Leute durch ihre Tatkraft und Stärke aus. Allen diesen Gruppen gemeinsam schien ihm das »religiöse Gefühl« zu sein. Eine Art nationaler Synthese sah er in Rio de Janeiro, wo, ebenso wie in den anderen Großstädten, das Oberhaupt der patriarchalischen Familie noch um die Mitte des 19. Jahrhunderts die »ursprüngliche Autorität« bewahrte.

Einen großen Teil der »ursprünglichen Autorität« – hätte er richtiger sagen müssen. Denn für die brasilianischen Beobachter, die noch in der Kolonialzeit geboren oder aufgewachsen waren, bestand eine der auffallendsten Veränderungen in der sozialen Struktur des Landes seit der Ankunft König Johanns in Rio de Janeiro gerade in dem Niedergang der patriarchalischen Gewalt innerhalb der Familie. In den Städten wurde sie durch die überpatriarchalische Macht des Bischofs, des Regenten, des Königs und schließlich des Kaisers abgelöst, obwohl auch diese noch in mancher Hinsicht patriarchalisch war. Oder durch die Macht des Staates, die unter anderem von den Richtern repräsentiert wurde, die sich in orientalische Talare hüllten, um der patriarchalischen Gewalt der Familienoberhäupter wirksam entgegentreten zu können.

Siebentes Kapitel
Der Brasilianer und der Europäer

Es wird erzählt, daß König Johann VI. nach seiner Ankunft in Bahía im Jahre 1808 den Befehl gab, die Stadt zu beleuchten, um »es dem Engländer zu zeigen«. Andere behaupten, dieser berühmte Ausspruch gehe auf die Tage des Verbots des Sklavenhandels zurück, als in Brasilien die Gesetze weniger im Hinblick auf ihre Einhaltung als auf die Befriedigung britischer Forderungen erlassen wurden. Diese Version hörte Emile Allain in Rio de Janeiro und setzte sie dem französischen Ausdruck »pour jeter de la poudre aux yeus« gleich. Jedenfalls ging diese Phrase in den allgemeinen Sprachgebrauch über. Sie ist sehr bezeichnend für die Neigung des Brasilianers – und übrigens auch des Portugiesen –, vor einem Ausländer »anzugeben«. Ganz besonders vor einem Engländer, der im Jahre 1808 nicht mehr der Ketzer oder das »Untier« war, das man mit Weihwasser besprengen mußte, bevor man es im Hause empfangen konnte, sondern im Gegenteil ein Wesen, das in vieler Hinsicht als überlegen betrachtet wurde.

Unter dem beobachtenden Blick dieser höheren Wesen gab der Brasilianer des 19. Jahrhunderts viele seiner traditionellen Bräuche auf – so zum Beispiel das Tanzen in der Kirche am Tag des heiligen Gonçalo –, um dafür die Sitten, das Benehmen und den Lebensstil der neuen Schicht von Europäern anzunehmen, die sich in den Städten niederließen. Das ging von der Verwendung falscher Gebisse bis zum Genuß von Brot und Bier.

In den drei Jahrhunderten, in denen Brasilien vom nichtiberischen Europa verhältnismäßig isoliert gewesen war und in einigen Gebieten – in São Paulo, Bahía und Pernambuco – eine weitgehende wirtschaftliche Spezialisierung und eine intensive Endogamie entwickelt hatte, waren bestimmte Typen des brasilianischen Mannes und der brasilianischen Frau entstanden. Der Typ des Herrn und der des Sklaven, aber auch ein Zwischenglied: der Mulatte, der bald die Würde eines Akademikers, eines Geistlichen oder eines Doktors erlangte und bei dem das Hochschuldiplom oder der Titel eines Hauptmanns der Miliz die weiße Hautfarbe ersetzte. Diese Mischrasse stellte den im brasilianischen System so schwachen Mittelstand.

Es entstand aber auch ein Sozialgefüge, das viel Asiatisches, Maurisches und Afrikanisches in sich vereinte. Die einheimischen Elemente wurden in einem ausgesprochen orientalischen und nicht rein portugiesischen Sinn verändert. Das Haus mit seinem roten Dach, das in taubenflügelähnlichen Spitzen ausschwang, gemahnte an asiatische Vorbilder, durch seine vorspringenden Balkons und die in engmaschigem Rautenmuster ausgeschnittenen Fenstergitter jedoch auch an den Nahen Osten. Die Fortbewegungsmittel der Begüterten – Tragsessel und Sänften – waren die gleichen wie in Asien. Die hübsche, üppige Frau mit mächtigem Busen und ausladendem Hinterteil war das weibliche Schönheitsideal der Mauren, und denselben Ursprung hatte die Sitte der Frauen, sich zu Hause und sogar in der Kirche mit gekreuzten Beinen auf Decken oder Matten zu setzen. Maurisch war auch der Brauch, beim Verlassen des Hauses zum Kirchgang das Gesicht bis auf die Augen zu verhüllen, sowie die Vorliebe für die Verwendung bunter Kacheln an der Hausfront, den Sockeln der Korridore, den Brunnen und den Springbrunnen. Das Tafelporzellan stammte aus Indien und Macau, die Bettdecken der Reichen kamen ebenfalls aus dem Orient. Asiatisch und afrikanisch waren viele Gewürze und Pflanzen und sogar bestimmte Gerichte wie der Kuskus. Aus Asien und Afrika kamen auch viele der Obstbäume, die die Häuser umstanden: die indische Kokospalme, der Mangobaum, der Brotfruchtbaum, die Dendêpalme und die Gameleira. Asiatisch oder afrikanisch war die Vorliebe der vornehmen Leute für die großen Sonnenschirme, die sie auf der Straße trugen. Von diesen außereuropäischen Kulturen wurden sozusagen lebendige Teile und nicht nur Bruchstücke oder Überreste nach Brasilien verpflanzt. Das eingeborene – indianische – Element diente nur als menschliches Bindemittel, mit dem diese afrikanischen und asiatischen und nicht nur europäischen Zugaben mit dem Land verschmolzen wurden.

Die portugiesische Kolonie in Amerika hatte – vom europäischen Standpunkt aus gesehen – so exotische Eigenschaften und Lebensweisen angenommen, daß der im 19. Jahrhundert erneut hergestellte Kontakt zu Europa, das jetzt schon ein anderes, ein industrielles, kommerzielles, mechanisches, durch und durch bürgerliches Europa war, den Charakter einer Reeuropäisierung oder sogar einer Wiedereroberung, einer Renaissance, trug.

Gegen Ende des 18. und zu Beginn des 19. Jahrhunderts fand diese Reeuropäisierung zum geringeren Teil in Form einer Assimilierung, zum größeren in Form einer Nachahmung – in dem zuerst von Tarde festgelegten soziologischen Sinn – statt. Oder aber auch infolge eines Zwanges, den zum Beispiel die Engländer ausübten, indem sie der portugiesischen Kolonie in Amerika, die durch den Vertrag von Methuen fast eine englische Kolonie geworden war, ein bestimmtes moralisches Verhalten und einen Lebensstil aufzwangen, die die Brasilianer nicht von sich aus oder jedenfalls nicht so schnell angenommen hätten. Portugal beherrschte damals Brasilien nur in politischer Hinsicht.

Die Wiedereroberung mußte jedoch mit aller Vorsicht durchgeführt werden, denn es gab teils natürliche, teils durch die Kultur bedingte Widerstände. Gegen die Europäer arbeitete das Klima und, von diesem begünstigt, die Malaria und das Gelbfieber. Die schlechten hygienischen Verhältnisse förderten die Beulenpest, die Syphilis, die Blattern und die Verbreitung des Sandflohs. Alle diese Elemente, von denen einige asiatischen oder afrikanischen Ursprungs waren, zeigten sich geradezu antieuropäisch. Sie wirkten sich in einer Abschwächung der Reeuropäisierung Brasiliens und in der größtmöglichen Bewahrung der außereuropäischen, durch Jahrhunderte der Trennung vertieften Züge und Eigenheiten des Landes aus.

Es gab sogar Nativisten, die sich über die heftige, antieuropäische Auswirkung des Gelbfiebers freuten, dieses schrecklichen Fiebers, das den Eingeborenen nichts anhaben konnte, den Ausländer aber nicht verschonte, besonders nicht den blonden, blauäugigen und sommersprossigen.

Aber der blonde Ausländer beharrte mit einem noch nicht genügend gewürdigten Heldentum darauf, in diesem ihm so feindlich gesinnten Land Fuß zu fassen. Nur wer heute die alten, aus dem Anfang des 19. Jahrhunderts stammenden protestantischen Friedhöfe von Recife, São Salvador oder Rio de Janeiro besucht und gewahr wird, wie viele Opfer des Fiebers in diesem feuchten Boden voll Würmern, unter mächtigen, über den nordischen Eindringling triumphierenden Palmen liegen, kann sich ein genaues Bild von der Zähigkeit machen, mit der die Engländer den Tod durch das tückische Tropenfieber auf sich nahmen, um den brasilianischen Markt zu erobern und einen neuen Einflußbereich für ihren Imperialismus zu schaffen. Die Grabschriften weisen eine melancholische Eintönigkeit auf: »*James Adcock, architect of civil engineer who after nearly three*

243

years of residence died here of yellow fever in the 39th year of his age...« – »In
memory of Robert Short, fifth son of William Short of Harrowgate, died of yellow
fever, aged 19 years...« – »In loving memory of my beloved husband Ernest Renge
Williams who died of yellow fever, aged 26...«

In São Salvador gehörte im Jahre 1849 der 32 Jahre alte Erste Offizier
der *Whitecloud* zu den am Gelbfieber Gestorbenen; im selben Jahre starben fünf Mann von der Besatzung der *Dorcas* am Gelbfieber; die *Hopewell*
verlor vier junge Leute; die *Wanderer* ebenfalls vier; Alex Frazer, Angestellter einer Handelsfirma, verschied mit 42 Jahren; J. Williamson, ein
anglikanischer Geistlicher, mit 26. Dutzende von Technikern fielen dem
Fieber zum Opfer. W. H. Chapman beging Selbstmord.

Sobald die Wiedereroberung Brasiliens durch Europa begonnen
hatte, hörte sie auch nicht mehr auf; und auch heute noch übt sie einen
gewissen Druck aus, wenn auch an die Stelle des Europäers aus Europa
der Quasi-Europäer aus den Vereinigten Staaten getreten ist. Die blonden Märtyrer haben – wenigstens zum Teil – die Schlacht zwischen
Nordländern und Tropen gewonnen. Am Ende mußte sich das Gelbfieber geschlagen geben. Die Wiedereroberung veränderte das Antlitz Brasiliens in allen seinen Zügen und reeuropäisierte oder europäisierte es, so
weit sie nur konnte.

Die Reeuropäisierung begann die lebhaften Farben des asiatischen,
afrikanischen oder indianischen Elements verblassen zu lassen, die der
Landschaft, der Kleidung und den Bräuchen der Menschen ihren Stempel aufgedrückt hatten. Die Farben der Häuser, die in der Mehrzahl och-
senblutrot oder aber violett, grün, gelb oder mit bunten Kacheln geschmückt waren; die Farben der Sänften, die fast immer in Rot und
Gold gehalten waren, die der Teppiche, die die Tragbetten und Tragnetze
bedeckten, sowie der Vorhänge an den Sänften; die Farben der Schals der
Frauen und der Ponchos der Männer, der Gewänder, der im Hause hergestellten, geflochtenen Pantoffeln, der Bänder an den Männerhüten, der
reich mit Blattwerk bestickten Westen, der Morgenröcke aus feinem Kattun, die im Hause nur über den Unterhosen getragen wurden, und der
Blumen, die sich die Mädchen ins Haar steckten; die Farben im Innern
der Kirchen – all das leuchtende Violett, Gold und Rot (in Minas Gerais
gab es eine Kirche, die auf ausgesprochen orientalische Weise
geschmückt war); die Farben der Federn, der Schüsseln aus Indien und
China, der rotgelben Decken auf den Ehebetten und der Möbel, die,
selbst wenn sie aus Palisanderholz waren, rot oder weiß bemalt wurden.

All das hatte dem brasilianischen Alltag einen so orientalischen Anstrich gegeben und verblaßte immer mehr durch die Berührung mit dem neuen Europa. Er wurde immer grauer, und die Farben blieben außergewöhnlichen Gelegenheiten vorbehalten, den Festtagen, den Prozessionen, dem Karneval und den Militärparaden. Das neue Europa zwang dem lyrisch-ländlichen Brasilien, das auf Holzfeuer kochte und Holz bearbeitete, die schwarzen, braunen, grauen und dunkelblauen Farbtöne seiner Kohlenzivilisation auf. Die Farben des Eisens und der Kohle, das Schwarz und Grau der »paläotechnischen Kulturen«, wie Professor Mumford es nennt, das Schwarz und Grau der Eisenöfen, der Zylinderhüte, der Schuhe und der Wagen des 19. Jahrhunderts. Der nordamerikanische Soziologe spricht von einer »Schutzfärbung«, um dieses Übermaß an Schwarz an den Gegenständen und Kleidern des bürgerlichen und besonders des viktorianischen Europa zu erklären. Oder war es die Wirkung »einer Depression der Sinne« unter dem kapitalistischen Industrialismus? Jedenfalls überfiel dieses Grau Brasilien mit erschreckender Geschwindigkeit, noch bevor die Kohle und das Eisen in den wirtschaftlich entwickelteren Gebieten das gute alte Holz verdrängten, mit dem die Öfen im Haus und in der Fabrik gefüttert worden waren, das treffliche Bauholz, das feste Holz, aus dem das Räderwerk der Zuckermühlen und die Spindeln der Maniokpressen gemacht waren.

Der schwarze Gehrock, die schwarzen Schuhe, die schwarzen Zylinderhüte und die schwarzen Wagen machten das Leben der Brasilianer fast im Handumdrehen schwarz; durch sie wurde die Kleidung in den Städten des Kaiserreichs beinahe zur tiefen Trauer. Diese Zeit der Europäisierung durch das Schwarz und das Grau – zivilisierte, städtische, bürgerliche Farben, im Gegensatz zu den ländlichen, orientalischen, afrikanischen, plebejischen – begann mit König Johann VI. und erreichte ihren Höhepunkt unter Kaiser Pedro II. Der zweite Kaiser von Brasilien kleidete sich und dachte schon als Fünfzehnjähriger wie ein Alter; mit zwanzig und etwas darüber war er nach Ansicht eines europäischen Reisenden der »traurigste Monarch der Welt«. Nur in seinem zweireihigen Rock und mit seinem schwarzen Zylinder scheint er sich wohl gefühlt zu haben; ungemütlich, lächerlich, ausgefallen kam er sich dagegen unter dem Königsmantel und der Kaiserkrone vor. Zur altväterischen und militärischen, zur katholischen und kirchlichen Kultur hatte Pedro II. nur sehr vage Beziehungen. Sogar das Reiten war ihm zuwider – er war der Typus des europäischen Städters.

Dieser Kaiser im Gehrock, einer der ersten Menschen, die sich des Telefons bedienten, durch das er mit seiner zarten, fast weiblichen Stimme sprach, über die sich die Republikaner so lustig machten, dieser Kaiser wurde zum Leitbild für die junge Generation Brasiliens; er war eine lebende Reklame für die neueste europäische Mode, und das in einem Lande, das sich durch seine dreihundertjährige Abgrenzung von Europa, durch seine Kontakte mit dem Orient und Afrika, durch sein ländliches und ziemlich urwüchsiges patriarchalisches System und durch die Entwicklung eines eigenen, dem Klima angepaßten Lebensstils von allem, was europäisch war, weit entfernt hatte. Einrichtungen und Gewohnheiten wie der überdachte Eingang der Herrenhäuser und Bauernhöfe, die leichten, spärlichen Hauskleider, die Pantoffeln, die an den nackten Füßen getragen wurden, entsprachen nicht nur den jeweiligen klimatischen, sondern auch den physischen und physiologischen Bedingungen, die durch die Rasse gegeben waren: Die Menschen waren zum größten Teil von dunkler Hautfarbe, ja sogar negroid. Was die Vorliebe für bestimmte Farben betrifft, wird angenommen, daß dunkelhäutige Individuen zu Rot neigen, wogegen blonde eher für Blau und natürlich für Grau sind. Rivers hat Untersuchungen in dieser Richtung angestellt, deren Ergebnisse zwar noch nicht als endgültig feststehend betrachtet werden können, aber doch viele Anregungen bieten.

Es ist keine leere Redensart, wenn wir sagen, daß das Schwarz der Kleider, der Maschinen, der Schuhe, der Wagen und der Hüte Brasilien das Aussehen eines Landes in tiefer Trauer verlieh. Alles weist darauf hin, daß mit dieser Reeuropäisierung des Lebens und der Gewohnheiten die Sterblichkeit anstieg. Die Tuberkulose nahm beängstigende Ausmaße an. Die Männer in ihren schwarzen Anzügen, schwarzen Zylinderhüten und schwarzen Stiefeletten mußten in ihren ebenfalls schwarzen und düsteren Wagen ständig an irgendeinem Begräbnis teilnehmen.

Im Jahre 1849 erhob Dr. Joaquim de Aquino Fonseca seine Stimme, um auf das Zunehmen der Tuberkulose aufmerksam zu machen. Unter den Ursachen erwähnte er die engeren Beziehungen des Kaiserreichs zu Europa, die die Ernährungsweise und die Art, sich zu kleiden, erheblich geändert hatten. Diese neuen Gewohnheiten waren eine passive Nachahmung des im kalten Klima und in der Kohlezivilisation mit ihren dunklen Farben Üblichen. Diese Ersetzung der lebhaften Farben durch das feierliche Schwarz und das schicke Grau war nicht nur eine Frage der Ästhetik, sondern auch der Hygiene, zumindest der geistigen Hygiene, da der traditionelle und möglicherweise auch physiologische Geschmack verdrängt wurde. Die Einführung dicker, warmer Stoffe, die für kalte Länder hergestellt wurden, in einem heißen Land wie Brasilien, lag im Interesse des neuen europäischen Industrialismus auf kapitalistischer Basis, der die Bekleidungssitten normen und vereinheitlichen und auch auf die Bevölkerung der Tropen anwenden wollte. Diese Sucht, diesen Hunger nach neuen Märkten, hätte ein orthodoxer Marxist »kolonialistischen Imperialismus« genannt.

»In früheren Zeiten«, sagte Dr. Aquino – der übrigens in Frankreich Medizin studiert hatte –, »waren die Kleider leicht und weit geschnitten. Das war durchaus dem heißen Klima in den Städten angepaßt und erleichterte die Atmung und damit die Blutbildung und verhinderte eine zu starke Transpiration. Die französische Mode mit ihrem gewaltsamen Bestreben, die unregelmäßigen Körperformen der einen zu korrigieren und die regelmäßigen der anderen zu betonen, beengt die Atembewegungen der Rippen und des Zwerchfells und beeinflußt die Blutbildung. Die dicken Wollstoffe, die die Kleider zu wahren Öfen machen, lassen die Menschen für Erkrankungen der Atemwege anfällig werden.«

Im 18. Jahrhundert, in dem die Sitten vielleicht unabhängiger, ungeschliffener und brasilianischer waren als jemals in der Sozialgeschichte des Landes, wies Vilhena die Kritik einiger europäischer Reisender zurück, die die leichte Kleidung beanstandeten, welche die Brasilianer im Hause trugen. Er bewies, daß diese für jeden, der aus einem kalten Klima kam, abstoßende Ungezwungenheit dem tropischen Klima völlig entsprach. Ein so strenger Kritiker der brasilianischen Sitten am Ausgang der eigentlichen Kolonialzeit wie Luccock brachte die Tatsache, daß die Kinder zu Hause nackt oder nur mit einem Höschen bekleidet herumliefen, mit dem heißen Klima in Verbindung, das Kleider aus dicken Stoffen ausschloß.

Mit der Reeuropäisierung des Landes wurden sogar die Kinder zu kleinen Märtyrern der europäischen Mode, besonders die Mädchen. In den Modeheften aus der Mitte des 19. Jahrhunderts gab es eine Menge Modelle von Kleidern für fünf-, sieben- und neunjährige Mädchen, die wahre Zwangsjacken aus Seide, Taft oder »poil de chèvre« waren. Schon fünfjährige Mädchen mußten über ihren Höschen zwei oder drei Unterröcke tragen, die bestickt und mit »Tom-Pouce«-Borten besetzt waren. Dazu kamen Häubchen aus schwarzem Samt mit Fasanenfedern und hohe Stiefelchen aus teurem schwarzem Leder.

Es war ganz umsonst, daß Aquino Fonseca, Correia de Azevedo und später Tôrres Homem dagegen protestierten. Correia de Azevedo meinte, die Kleidung brauche »den Körper des brasilianischen Kindes lediglich vor den Temperaturschwankungen zu bewahren«. In einem tropischen Klima könnten und dürften die Kinder »weder auf englische noch auf deutsche oder russische Art« aufgezogen werden. Aber die brasilianischen Eltern, besonders die in den Städten, hörten nicht auf die Ratschläge dieser ausgezeichneten Ärzte und zogen ihre Kinder weiterhin streng europäisch an. Sie sollten kleinen Engländern oder Franzosen gleichen, mochten sie auch unter Hitzepickeln am ganzen Körper und wunden Stellen zwischen den Beinen leiden.

Aber nicht nur die Kleidung der Kinder, ihre ganze Erziehung wurde in dem Maße reeuropäisiert, in dem der Kontakt der Kolonie und später des Kaiserreichs zu den englischen und französischen Anschauungen und Moden enger wurde. Hier zeichnet sich nun ein Kontrast ab: Die Beziehung zur englischen und französischen Mode machte das Leben der Brasilianer künstlich, unterdrückte die Sinne und nahm ihnen den Geschmack an den einfachen und natürlichen Dingen; die Beziehung zu den Ideen Europas dagegen vermittelte ihnen in vieler Hinsicht eine genauere Erkenntnis der Welt und der eigenen tropischen Natur, eine unmittelbare Anschauung, die die portugiesische und klerikale Erziehung hatte verkümmern lassen.

Wie die Monokultur die physische Landschaft um die Häuser herum zerstörte, so zerstörte der Unterricht in den Schulen der Jesuitenpatres die intellektuelle Landschaft um den Menschen herum und ließ im Individuum nur noch orthodox katholische Gedanken aufkommen. Dadurch verlor der Brasilianer, vor allem der gebildete Brasilianer, den Kontakt zur Natur, was sich noch heute in der Unkenntnis der Namen von Pflanzen und Tieren der eigenen Umwelt mit ihren Gewohnheiten und Eigentümlichkeiten zeigt, aber auch die Wißbegierde, den Wunsch, alles kennenzulernen, die Freude an den Abenteuern des Geistes und der wissenschaftlichen Erforschung der Natur weckte. Diese Neugier, diese Neigung und diese Freude wurden den Brasilianern zu Ende des 18. und während des ganzen 19. Jahrhunderts durch die Enzyklopädisten und die französischen und angloamerikanischen Revolutionäre vermittelt, im Verlaufe des 19. Jahrhunderts auch noch durch französische und englische Lehrer, die, zur größten Empörung der Patres, in Brasilien Schulen gründeten.

Wie die Enzyklopädisten brachten auch diese Lehrer den Brasilianern nur einen falschen Liberalismus. Aber sie hatten auch ihr Gutes: Sie öffneten ihnen neue kulturelle Horizonte und weckten ein wenig jene intellektuelle Unmittelbarkeit, die nicht weniger durch die Inquisition als durch den nivellierenden Unterricht der Jesuiten unterdrückt worden war. Dieser vereinheitlichende Unterricht war nützlich, sehr nützlich sogar für die soziale Integrierung Brasiliens; aber er hatte eine verzögernde Wirkung und fügte der Intelligenz sowie der Fähigkeit zur Differenzierung, zur Initiative, zur Kritik und zum Schöpferischen eine fast tödliche Wunde zu.

Es gibt für die Intelligenz nichts Erschlaffenderes als den ausschließlichen oder fast ausschließlichen Unterricht im Lateinischen oder irgendeiner anderen toten Sprache. Diese Art Unterricht wurde in Brasilien unter dem Einfluß der geistlichen Schulen entwickelt.

In dem Maße, in dem der Unterricht der Jesuiten in den Städten der Kolonie kleine Eliten von Gebildeten schuf, die fast alle nichts anderes waren als salbungsvolle, seraphische Lateiner mit dem Gebetbuch in der Tasche, unter denen es freilich auch einzelne eigenwillige Temperamente wie einen Gregorio de Matos gab, wurden die Bücher der lateinischen Autoren – Vergil, Titus Livius, Horaz, Ovid – als einzige anspruchsvolle und angemessene Lektüre betrachtet. Wer *Diana* oder irgendeinen anderen portugiesisch geschriebenen Roman las, zog das Mißtrauen der Heiligen Inquisition und der Jesuiten auf sich, deren wachsames Auge ihn bis in die Intimität seines Hauses verfolgte. Den von den Jesuiten ausgebildeten Akademikern blieb kein anderes intellektuelles Vergnügen, als die alten lateinischen Dichter zu lesen und zu deklamieren. Einige konnten derart endlose Passagen der klassischen Autoren auswendig, daß sie in der Beherrschung der offiziellen Kirchensprache mit den Patres wetteiferten. Der Zugang, den sie dadurch zu den Schätzen des Altertums erlangten, trennte sie völlig von der lebendigen, modernen Literatur ihrer Zeit.

Auch in den zu Beginn des 18. Jahrhunderts in Rio, Mariana und Olinda gegründeten Seminaren – die sich in pädagogischer Hinsicht von den Schulen der Jesuiten unterschieden und sogar eine entgegengesetzte Einstellung hatten – wurde dem Studium des Lateinischen eine fast ausschließliche Bedeutung beigemessen. Nur in Olinda wurde bereits die Beschäftigung mit den Wissenschaften und den lebenden Sprachen gepflegt. Das Lateinstudium war von Pater Pereira durch seine Grammatik, die »Neue Methode«, systematisiert worden; es begann mit den Fabeln des Phädrus und ging bis Ovid und Horaz. Es war eine strenge und ausgezeichnete Disziplin, wenn sie nur nicht so ausschließlich gewesen wäre! Der Schüler mußte die Deklinationen und Konjugationen in der Furcht vor schlechten Noten und dem Holzprügel des Lehrers lernen, war aber nicht imstande, eine einfache Mitteilung zu schreiben, es sei denn mit feierlichen und toten Worten. Sogar im Gespräch vermied er eine lebendige Ausdrucksweise.

Die Rhetorik wurde an den lateinischen Autoren einstudiert: Man las Quintilian, rezitierte Horaz und sagte die Reden Ciceros auswendig auf, die auch die Grundlage für das Studium der Logik und der Philosophie bildeten. Es war freilich die oratorische Philosophie der Patres. Der Wortschwall erdrückte oft die echte Analyse und ehrliche Kritik. Daher rührt der Hang des Brasilianers zum Deklamatorischen. Auch wenn es sich um Angelegenheiten handelt, die eine klare, knappe Sprache, Genauigkeit, einen gewöhnlichen Umgangston und höchste Objektivität verlangen, wird der Brasilianer unwillkürlich die Stimme erheben und Phrasen drechseln, als müsse er vor den Patres ein Examen in Rhetorik ablegen.

Das Studium des Griechischen, das dem Stil der Akademiker vielleicht einen anderen Rhythmus verliehen hätte, erreichte niemals die Bedeutung des Lateinunterrichts. Die Franziskaner, die aufgrund der königlichen Verordnung von 1772 in Rio de Janeiro gegen Ende des 18. Jahrhunderts die erste universitätsähnliche Institution Brasiliens gründeten, schufen auch einen Lehrstuhl für Griechisch und Hebräisch. Aber ihre Bemühungen führten nie zum erhofften Erfolg, denn neben den methodischen Jesuiten waren die guten Jünger des heiligen Franziskus allenfalls Bohemiens der religiösen Aktion. Immerhin geht der Unterricht des Englischen und Französischen an öffentlichen Schulen auf die Franziskaner zurück.

Diesen Sprachen sollte noch lange Zeit der Geruch der politischen oder religiösen Ketzerei, der intellektuellen Sünde anhaften. Trotzdem revolutionierten sie das Leben der brasilianischen Elite, die bis dahin durch das fast ausschließliche Studium des Lateinischen von den neuen geistigen Strömungen unberührt geblieben war. Durch die Beschäftigung mit der französischen Sprache, die übrigens leichte Spuren im volkstümlichen Portugiesisch von Maranhão hinterlassen haben soll, begann die Ansteckung mit jenen neuen Lehren, die sich später brasilianische Studenten der Medizin und der Philosophie in Frankreich selbst zu eigen machten. Diese Lehren lösten die von französisch und anglo-amerikanisch orientierten Akademikern gelenkte Revolution in Minas Gerais sowie 1817 den Aufstand von Pernambuco aus. Das alles war jenen Patres zu verdanken, die sich nicht mehr mit der Lektüre des Lateinischen begnügten, sondern französisch lasen und sogar das Englische mühsam entzifferten. Luccock beobachtete zu Beginn des 19. Jahrhunderts in Rio de Janeiro, daß französische Bücher sehr begehrt waren; englische allerdings nicht, was seiner Ansicht nach darauf zurückzuführen war, daß diese Sprache noch immer als eine Sprache von Ketzern betrachtet wurde, die gefährlicher waren als die Franzosen. Dieselbe Abneigung scheint während der Besetzung des Nordens durch die Holländer gegen das Flämische bestanden zu haben.

Im 17. Jahrhundert wurden in Recife dreißig Jahre lang verschiedene lebende Sprachen in der Öffentlichkeit, aber auch in den Häusern gesprochen. Dennoch finden die Philologen keine Spuren des Holländischen in der Sprache der Bewohner des brasilianischen Nordens, von ganz vereinzelten Wörtern abgesehen, wie »brote« für Zwieback.

Aus den niederländischen Chroniken geht jedoch eindeutig hervor, daß kalvinistische Pastoren und Missionare in ihren Schulen den Indianern Holländisch beibrachten. Der Katechismus und die Glaubenslehre waren allerdings nicht nur in holländisch, sondern auch in portugiesisch und tupí geschrieben, so daß die Missionare auch diese Sprachen beherrschen mußten. Die Familiennamen von Holländern, die in Brasilien blieben und Portugiesinnen heirateten, erhielten eine portugiesische Form oder verschwanden ganz. Die von den Holländern angestrebte Differenzierung verlor sich weitgehend in der von den Portugiesen praktizierten Anpassung. Trotz alledem wirkte sich der holländische Einfluß seit dem 17. Jahrhundert im Kulturleben des Nordostens aus.

Mehrere Züge dieser holländischen Europäisierung blieben auch noch nach der Wiedereroberung des Nordens durch die katholischen Portugiesen bestehen. Diese Unterscheidung ist notwendig, da während der holländischen Herrschaft ein mächtiger Strom sephardischer Kultur ins Land kam: portugiesische Juden aus Amsterdam mit ursprünglich hebräischen Namen – Isaak, Jacob, Abraham – und Familiennamen, die von den portugiesischen nicht zu unterscheiden waren – Campos, Cardoso, Castro, Deslgado, Pinto, Fonseca. Sie fanden übrigens zahlreiche Neuchristen vor, die sich vor allem in Bahía als Ärzte, im Handel und sogar in der Zuckerindustrie betätigten.

Wenn sich Bahía bereits im 17. Jahrhundert zu einem Zentrum der ärztlichen Kunst entwickelte, dann deshalb, weil sich im Schatten der Kirchen voll mütterlich dicker Madonnen und triumphierender Heiliger jüdische Heilkundige niedergelassen hatten, die ihren Patienten Schweinefleisch empfahlen, um das Mißtrauen antijüdischer Spitzel zu zerstreuen. Die Medizin war schon immer eine Spezialität der Sephardim und ein Mittel im Konkurrenzkampf mit den Beichtvätern und Hauskaplänen um die Beeinflussung der großen Familien und mächtigen Regierungsmitglieder gewesen. Tatsächlich führten sie die Medizin in ihrer fortschrittlichsten Form in Brasilien ein und entwickelten sie in Bahía und Recife weiter. Hier wirkte Velozino, einer der bedeutendsten jüdischen Ärzte des 17. Jahrhunderts.

Das jüdisch-holländische Recife wurde zum Zentrum der intellektuellen Differenzierung in der portugiesischen Kolonie, die sich im Interesse der Integration darum bemühte, die Katholiken von den neuen Wissenschaften und den neuen Sprachen fernzuhalten. Unter Graf Moritz von Nassau wurde inmitten von Cashewbäumen das erste astronomische Observatorium Amerikas erbaut; zwischen Manguebäumen erstreckten sich ein botanischer und ein zoologischer Garten; es kamen Piso und Marcgraf, die ersten Wissenschaftler, die systematisch die Eingeborenen, die Flora und Fauna Brasiliens studierten; kalvinistische Pastoren predigten neue Formen des Christentums; Franz Post und Zacharias Wagner malten Herrenhäuser in den Plantagen, Indianer-Strohhütten, Neger-Mucambos, Cashewbäume am Flußufer, Negerinnen, die Bündel schmutziger Wäsche auf dem Kopf trugen, Porträts von Indianern, Mestizen und Negern; Peter Post entwarf Pläne für eine Großstadt mit mehrstöckigen Häusern und tiefen Kanälen, die man wie in Holland mit Booten befahren konnte. Die intellektuelle, künstlerische, wissenschaftliche und religiöse Differenzierung erreichte ihren Höhepunkt. Der portugiesische und katholische Alleinanspruch in der Architektur, der Religion und der Lebensführung war gebrochen, eine Zeitlang sogar der Alleinanspruch der Sprache.

In diesem Recife, das sich durch seinen Lebensstil und seine aus Holländern, Franzosen, Deutschen, Juden, Katholiken, Protestanten, Negern und Caboclos zusammengewürfelte Bevölkerung so stark von anderen Städten der Kolonie unterschied, wurden nicht nur dreißig Jahre hindurch fast alle europäischen Sprachen und mehrere afrikanische gesprochen; in den Synagogen wurde auch ein Hebräisch gelehrt und geschrieben, das sehr von dem durch die Aschkenasim verdorbenen verschieden war: das alte, edle Hebräisch, das in seiner ganzen Reinheit von den schwarzbärtigen und traurig blickenden Rabbinern bewahrt worden war, die die Amsterdamer Gemeinde nach Pernambuco entsandte. In der freiheitlichen Atmosphäre, die Moritz von Nassau für die Juden geschaffen hatte, wurden in den Küchen der Stadthäuser sicher viele israelitische Leckerbissen zubereitet, und es ist gut möglich, daß die Sitte des sogenannten »ruhenden« Bohnengerichts von den Hebräern stammt. Sie besteht darin, daß das Gericht abends vorgekocht und dann zugedeckt und aufbewahrt wird: Es »ruht« über Nacht bis zum nächsten Tag. In den Hinterhöfen wurden unter den Cashewbäumen Schafe gehalten und Hühner gemästet, die man nach mosaischem Ritus schlachtete und zubereitete, um sie an Festtagen mit Mazze und würzigen Kräutern zu essen. In den Hinterzimmern der Läden und sogar in der Öffentlichkeit wurde der Gott Israels angebetet und nicht nur die jüdische Religion, sondern vermutlich auch die Kabbala praktiziert, die den Sephardim mit ihrer glühenden Einbildungskraft so teuer war.

Die Knaben konnten beschnitten, die melancholischen Pijutim gesprochen werden, ohne daß man die Stimme ängstlich zu dämpfen brauchte. Vielleicht zur selben Stunde, da in den papistischen Kirchen und sogar auf der Straße von den mit Erlaubnis des Grafen veranstalteten Prozessionen lateinische Lobgesänge auf die Muttergottes und das Jesuskind angestimmt wurden und in den Kapellen der Reformierten die Gläubigen auf holländisch, französisch oder englisch Hymnen sangen, in denen ein anderer Gott verherrlicht wurde: der Gott Calvins und des heiligen Paulus. Gleichzeitig drangen aus den Mucambos inmitten der Sümpfe des nahen Urwalds zu den steinernen Kirchen und Synagogen die dumpfen Läute irgendeines Indianerkults oder die Schreie einer Gruppe von Negern herüber, die Xangô oder die heilige Barbara auf ihre afrikanische Weise verehrten; der Himmel wurde angefleht, die Gefäße aus Kokosnußschalen mit Mais zu füllen, ein kürzlich Verstorbener dem Schutz der Heiligen empfohlen, und die Kühnsten riefen Exu an.

Inmitten der Sümpfe, an einsamen und öden Orten, vielleicht gerade an der Stelle der Landenge, die Olinda mit Recife verbindet und wo es häufig zu Mord und Totschlag kam, in der Nähe des Strandes, wo die heidnischen Neger verscharrt wurden, dort blühten die primitivsten Formen von Religion. An Sonntagen soll es dort zu riesigen Tumulten gekommen sein. Verwegene Banden sangen und tanzten dicht neben den Kirchen und Häusern. Die Gemeinde der Reformierten in Recife beschwerte sich wiederholt über diese Exzesse von Negern, Papisten und Juden. Am Sonntag wollten sie einzig Gott den Herrn loben und hielten den lautstarken Kult der Papisten für eine Profanierung dieses Tages. Die Gesänge und das Gehüpfe der Neger forderten den göttlichen Zorn heraus, und der Lärm auf der Straße störte den Gottesdienst in den Kirchen des wahren Gottes, der ihrer Meinung nach nur der ihre sein konnte: der der holländischen oder nordischen Reformierten.

Die holländische Regierung stellte sich allerdings fast immer, wenigstens zu Moritz von Nassaus Zeiten, diesen überflüssigen Klagen und dieser Aufhetzung zum Glaubenskampf gegenüber taub. Sie duldete jeden Mißbrauch, den Papisten, Juden und sogar Neger mit der ihnen gewährten Religionsfreiheit trieben. Mißbraucht wurde diese Freiheit, wenn die einheimischen Hebammen die Kinder von Protestanten nach dem katholischen Ritus taufen ließen oder wenn sich die Juden öffentlich auf dem Markt versammelten, um Christen zu ihrer Religion zu bekehren und die Kühnsten sogar so weit gingen, Christenkinder zu beschneiden. Als sich in Serinhaém einige Protestanten weigerten, vor den Heiligenstatuen einer Prozession niederzuknien, wurden sie von den Papisten beschimpft und sogar verprügelt. Fast alle holländischen Plantagenbesitzer übernahmen den portugiesischen Brauch, am Sonntag das Zuckerrohr zu mahlen, und einige von ihnen ließen sogar ihre Zuckermühlen von einem Priester weihen. In den Städten ahmten viele Kalvinisten die landesübliche Sitte nach, sich beim Gebetläuten zu bekreuzigen. Das lyrische und auf poetische Weise mit dem Leben und der Arbeit verschmolzene Christentum besiegte allmählich den prosaischen Puritanismus der Reformierten.

Die holländische Herrschaft war also eine Zeit der Vermischung verschiedenster Einflüsse. Die Eroberer waren den unterworfenen Völkern gegenüber sehr großzügig, die niemals vergaßen, wie sehr die Flamen ihr Leben im ökumenischen Sinne beeinflußt hatten. Nie wieder vermochten sie sich dem portugiesischen Reich in Amerika vollkommen anzupassen.

Was die Differenzierung betrifft, war der Norden Brasiliens ganz besonders dem Einfluß der sephardischen Kultur und des jüdischen Handels unterworfen, der schon immer weltweite Beziehungen gepflegt hatte. Dieser kosmopolitische Handel beeinflußte dann auch eine so ausgesprochene Binnenregion wie Minas Gerais, die im 18. und zu Beginn des 19. Jahrhunderts viele Beziehungen zu Europa anknüpfen sollte. Damit schwächte sich die Wirksamkeit des statischen, geographischen Determinismus merklich ab, während sich die Wirksamkeit des dynamischen kulturellen Faktors oder, richtiger, der kulturellen Faktoren auf den Charakter der Gesellschaft verstärkte.

Der Osten der Kolonie zeigte schon früh Anzeichen der Absonderung oder der sozialen Stagnation, wie sie im allgemeinen den Binnenregionen eigen sind, obwohl die Küste dem über den Ozean kommenden europäischen Einfluß leichter zugänglich sein mußte. Minas Gerais war infolge der Vielfalt der kulturellen Kontakte, die durch die Entwicklung der Diamantenindustrie entstanden waren, weitaus aufgeschlossener. Im Gegensatz zur goldverarbeitenden Industrie unterwarf sich die der Diamanten und anderer Edelsteine aufgrund ihrer wirtschaftlichen Struktur und Handelsmethoden dem Mutterland nicht. Sie suchte eigene Märkte und fand sie vor allem unter der technischen und finanziellen Kontrolle der Juden in Holland. Darauf sind die Handelsbeziehungen von Minas mit dem nichtiberischen Europa zurückzuführen; dazu kamen noch die intellektuellen und – vom Liberalismus geprägten – politischen Beziehungen sowie die technischen, die sich im Lebensstil auswirkten, wie zum Beispiel der größere Verbrauch von Fensterglas in den Guts- und Stadthäusern während des 18. Jahrhunderts. Dieser Luxus erforderte wahre Wunder an Geschicklichkeit beim Transport auf den schlechten und gefährlichen Wegen und verursachte sehr hohe Kosten. Glas konnten sich nur die reichen Leute leisten, die auch andere wertvolle Dinge aus Europa kommen ließen: Betten mit Bettvorhängen – die man den Hängematten oder Feldbetten vorzog –, Anzüge für die Männer und sogar Kleider für die Damen. Diese Neuheiten sowie die Ideen und die Lektüre der Gebildetsten unter ihnen zeigen, wie sehr diese Gesellschaft, von Europa nicht nur durch den Ozean, sondern auch durch weites Land und Berge getrennt, die Gesellschaft der Europa viel näheren Küstenregionen mit ihrem Lebensstil übertraf.

Die einfache Tatsache des Reichtums von Minas Gerais und seiner Bewohner kann deren glänzende Lebensführung und fortschrittliche Ideen im 18. Jahrhundert nicht erklären. Zu Beginn des 19. Jahrhunderts lernte Prinz Maximilian zu Neuwied in Campo dos Goitacases steinreiche Leute kennen, die in elenden Lehmhütten, fast in Mucambos, wohnten. Es fehlte dort an jeglichem Anreiz intellektueller oder psychologischer Art, der den wirtschaftlichen ergänzt hätte. In Brasilien entsprach das Herrenhaus oder das Stadthaus mit seinem Aufwand an Kleidung, Möbeln, Pferden, Equipagen und modischem Beiwerk nicht immer nur der wirtschaftlichen Lage seiner Bewohner. Die am meisten europäisierten Gebiete waren nicht immer die reichsten. Der wirtschaftliche Determinismus allein versagt bei der Interpretation einer langen Reihe sozialer Prozesse ebenso wie der geographische Determinismus, wenn er allein so komplexe und dynamische Tatsachen wie die des menschlichen Verhaltens erklären soll. In der Sozialgeschichte der brasilianischen Familie, die seit dem 16. Jahrhundert so verschiedenartige Typen und Zivilisationsstufen und so große Unterschiede der Wohnformen, der Kleidung und der Transportmittel aufweist, lassen sich vielfältige Kontakte der patriarchalischen Bevölkerung zu dem seit dem 17. Jahrhundert schon bürgerlichen Europa feststellen. Diese Kontakte entstanden fast immer durch wirtschaftliche Voraussetzungen oder eine günstige geographische Lage. Doch in einzelnen Fällen, wie in dem von Minas Gerais, siegte der kulturelle Faktor über die geographischen Hindernisse und half, sie zu überwinden. In anderen wieder, wie in dem der reichen Leute von Goitacases, ließ die soziale Absonderung – deren Ursachen noch zu klären wären, die aber wahrscheinlich psychologische Hintergründe hatten – einen Lebensstil entstehen, der aufgrund der rein wirtschaftlichen Voraussetzungen ein anderer hätte sein müssen.

Die gesellschaftliche Absonderung macht den Menschen oder die Gruppe von Menschen unkreativ und hat eine Verzögerung in der Entwicklung des Lebensstils zur Folge. Im Fall Brasiliens darf nicht angenommen werden, daß die Degradierung der rückständigen Kultur, die sich beim Kontakt mit der fortgeschrittenen ergab, die Tatsache der sogenannten *cross-fertilization* ausschloß. Es ist lediglich zu beobachten, daß es zwischen Zivilisationen, die zwar nicht grundsätzlich verschieden sind, jedoch ungleiche technische und militärische Hilfsmittel besitzen, niemals zu einer völlig erfolgreichen Wechselwirkung kommt. Die unterlegene Zivilisation verfügt nicht immer über die notwendigen Mittel, den moralischen Prestigeverlust von Elementen zu verhindern, die dem Anschein nach dekorativ oder rein äußerlich, in Wirklichkeit jedoch für ihr Leben und ihre Wirtschaft von grundlegender Bedeutung sind. Diese Elemente werden von der Wissenschaft – vor allem von der Medizin –, von der Religion und der Ethik des Imperialismus angegriffen, der, wie bereits gesagt, aus wirtschaftlichen Gründen daran interessiert ist, das Leben in allen Breiten und unter allen Klimaten zu standardisieren; er braucht größere Märkte für seine Industrieerzeugnisse: Baumaterial, Möbel, Kleider, pharmazeutische Produkte, Lebensmittelkonserven, Schmuck für Menschen und Häuser. Die Nacktheit der Primitiven oder die Unterschiede in Kleidung und Beschuhung der Zivilisierten – wie etwa die verkrüppelten Füße oder der Zopf der alten Chinesen – sind für die imperialistischen Europäer moralisch abstoßend. Dieser Widerwille ist jedoch vermutlich fast immer indirekt von dem Wunsch beeinflußt, neue Märkte für die eigenen Standardindustrien zu erobern, für die in England oder Frankreich hergestellten Schuhe, Strümpfe und Hüte.

Dasselbe gilt für die Hütte aus Palmstroh der Eingeborenen in den Tropen oder für den afro-brasilianischen Mucambo. Die Abneigung des europäischen Imperialisten gegen den Mucambo wird nicht immer nur moralische oder hygienische, sondern wohl auch wirtschaftliche Beweggründe gehabt haben.

Prinz Maximilian zu Neuwied verachtete die reichen Gutsbesitzer von Campo dos Goitacases, weil sie so uneuropäisch lebten. In seinen Augen mußten sie richtige Geizhälse oder geradezu krank sein. Möglicherweise war aber seine Verachtung der Ausdruck eines wirtschaftlichen und kulturellen Überlegenheitsgefühls, das der europäische Imperialismus sogar in Gelehrten und Wissenschaftlern weckte. Der Prinz beklagte, daß diese reichen Leute in einem so fruchtbaren Tropengebiet ohne die Bequemlichkeiten auskamen, die ihnen die Glas-, Porzellan- und Holzindustrie der Länder Europas hätte bieten können.

Demselben Gefühl scheint Saint-Hilaire Ausdruck zu geben, wenn er die außergewöhnliche Einfachheit der Häuser der reichsten Gutsbesitzer von Rio Grande do Sul beschreibt, gewöhnliche Hütten, die den Herren kaum mehr Komfort boten, als ihre Arbeiter ihn hatten: niedrige, strohgedeckte Häuser aus Fachwerk und Lehm, das Wohnzimmer ohne Fenster, anstelle der Türen Vorhänge aus rauhem, meist selbstgewebtem Stoff. An Möbeln gab es nur zwei oder drei Stühle mit Sitzen aus rohem Leder und Betten aus demselben Material, ein Brettergestell, an dem die Hausfrau arbeitete, und einen Holztisch, von dem die Gutsbesitzer ein auf dem Rost gebratenes Stück Fleisch aßen – nicht anders als die Bewohner der etwas einfacheren Häuser: ihre Arbeiter.

Aber sogar in den Gegenden, wo Sklaven gehalten wurden und es größere Unterschiede in der Lebenshaltung von Herren und Arbeitern gab, bemerkte Saint-Hilaire – wie schon vor ihm Dampier zu Beginn des 17. Jahrhunderts –, daß die Reichen auf häuslichen Komfort keinen Wert legten. In den Städten prahlten sie mit ihrer Kleidung, auf dem Lande mit ihren Pferden und deren silbernem Zaumzeug. Vor allem aber mit der Anzahl ihrer Sklaven und der Ausdehnung ihres Grundbesitzes. In Rio Grande do Sul, dem Lande der umherschweifenden Gauchos, wurde besonders mit der Zahl des Viehs und der Qualität der Pferde geprahlt.

Die Ausnahmen, die es im Osten und im Norden gab, wo die Besiedlung im 16. Jahrhundert von vornherein mit großen, befestigten Herrenhäusern und Kapellen aus Stein begonnen hatte, oder weiter im Innern, in Minas Gerais, wo Mawe noch im 19. Jahrhundert in den Häusern Relikte europäischer Bequemlichkeit, um nicht zu sagen, Luxus, fand, diese Ausnahmen spiegeln nicht nur den wirtschaftlichen Wohlstand und die Vorzüge des Bodens wider, sondern auch den engeren Kontakt mit Europa.

Die Diamanten von Minas Gerais hatten eine Reihe ganz besonderer Beziehungen zwischen dem reichen Bürgertum von Ouro Prêto, Sabará und Santa Luzia und der industriellen und städtischen Zivilisation Nordeuropas hergestellt. Die dadurch entstandenen Kräfte der sozialen Differenzierung hatten es nicht schwer, die Integration aufzuheben. So wurden die Revolution in Minas Gerais – die »Inconfidência Mineira« – und die Revolutionen in Pernambuco von 1710, 1717 und 1724, die sogenannte »Revolta Praieira«, zum deutlichen Ausdruck wirtschaftlicher und mehr noch kultureller Differenzierung.

In diesen beiden Gebieten, die durch ihre Lage und die Umstände ihrer Besiedlung so verschieden waren – dem von Recife und São Salvador beherrschten im Norden sowie Minas Gerais in der Mitte des Landes –, wurde Brasilien wie wenige andere Länder nicht nur vom internationalen Handel der Juden, sondern auch von ihrem kulturellen Einfluß begünstigt, der durchaus einen Anreiz für die intellektuelle Entwicklung bot.

Durch die Doktoren und Lehrer, die die Amsterdamer Judengemeinde nach Recife und Salvador schickte, empfing Brasilien von der alten sephardischen Kultur eine beachtliche Summe von wissenschaftlichen, intellektuellen und technischen Werten.

Die Sephardim, die aus Holland kamen, standen übrigens der in Brasilien vorherrschenden Kultur, das heißt der iberischen oder hispanischen, nicht ganz fremd gegenüber. Die Hymnen, die sie sangen, waren von spanischen und portugiesischen Dichtern inspirierte *Pijutim*. Im Gegensatz zum Geiz, zur Kleinlichkeit und zur Habsucht der Aschkenasim zeichnete sich das Gebaren der Sephardim durch eine gewisse echt spanische und portugiesische *grandeza* aus. Sie liebten es, auf der Straße aufzufallen und auf Festlichkeiten in Samt und Seide zu prunken, sie legten Wert auf eine reichgedeckte Tafel, auf Gelehrsamkeit und Intellektualismus.

Diese Züge, die sich noch heute, nach Jahrhunderten, wenn auch abgeschwächt, bei den Juden spanischer Herkunft in Istanbul, Smyrna oder Saloniki finden, waren frisch und lebendig, als die Sephardim nach Brasilien kamen. Das kurze Exil in Holland hatte ihr tiefverwurzeltes spanisches Wesen nicht auslöschen können. So war die scheinbar exotische Besiedlung durch die Sephardim – deren portugiesische Namen mit der Zeit grotesk verstümmelt wurden, obwohl sie sich sogar in Neu-Amsterdam, dem späteren New York, erhielten – in Wirklichkeit gleichsam eine Ansiedlung von Landsleuten, die den Prozeß der sozialen Integration nicht störte. Im Gegenteil, sie stellte beinahe das Gleichgewicht zwischen Differenzierung und Integration her.

Die Spiele ihrer Kinder, einige ihrer schmackhaftesten Speisen, bestimmte Ausdrücke, darunter jene, die intime Körperteile bezeichneten, erinnerten noch lebhaft an Spanien und Portugal. Die Sephardim waren, fast wie die echten Spanier oder Portugiesen, keine Kosmopoliten geblieben, sondern paßten sich so sehr an, daß sie sich in Portugal als Portugiesen und in Kastilien als Kastilier fühlten.

Was die Juden als Element der Differenzierung nach Brasilien brachten, war in erster Linie die Begabung für den internationalen Handel, aus dem sich eine Vielfalt von Kontakten ergab, wie sie die portugiesische Exklusivität nie erreicht hätte. Auch die daraus entstandene wissenschaftliche und literarische Spezialisierung unterschied sie von den auf dem Lande lebenden Portugiesen und Altchristen. Diese Spezialisierung hatte sich schon vor dem Exil in Spanien selbst ergeben, als die Juden von der politischen und militärischen Laufbahn ausgeschlossen wurden und in der Beschäftigung mit den Wissenschaften – der Medizin, dem Lehrberuf, der Literatur und in geringerem Maße auch mit der Mathematik und der Philosophie – einen Ausgleich fanden. Der Vater Kaufmann, der Sohn Doktor: So vollzog sich in Portugal ihr sozialer Aufstieg.

Wo immer sich die von der Inquisition aus Spanien vertriebenen Sephardim auch niederließen – in Nordeuropa, in den italienischen Republiken, in der Levante oder in Afrika –, überall knüpften sie untereinander geschäftliche Beziehungen an und entwickelten damit einen umfangreichen internationalen Handel. Im 17. und 18. Jahrhundert profitierte Brasilien von diesem weltweiten System und trat durch Vermittlung der Juden in Handelsbeziehungen zu Holland, England, der Levante und den italienischen Republiken.

Daraus erklärt sich zum großen Teil der kulturelle Aufschwung im Pernambuco des ersten Jahrhunderts der Besiedlung. Die starke Neigung der Juden zur Differenzierung vereinigte sich mit der der Holländer oder, genauer gesagt, mit der Moritz von Nassaus; bis zu einem gewissen Grade geschah dies auch im 18. Jahrhundert in den Städten von Minas Gerais, wo die jüdische Infiltration allerdings weniger ins Auge sprang und wohl mehr kommerziellen als sozialen und intellektuellen Charakter hatte. In Pernambuco wird sogar vielfach angenommen, daß Bento Teixeira Pinto, der erste Dichter, der im 16. Jahrhundert die Schönheiten Brasiliens und den Ruhm Portugals besang, Jude gewesen sei.

Weiter südlich – hauptsächlich in Minas Gerais – lassen sich in einigen der besten und ältesten Familien die klassischen physiognomischen Merkmale der Semiten feststellen, woraus auf einen starken Zustrom jüdischen Blutes im alten Diamantengebiet geschlossen werden kann. Den Chroniken ist zu entnehmen, daß im Kapitanat von Minas, vor allem in Vila Rica, Sêrro Frio und Paracatu, viele Personen und sogar ganze Familien wegen ihres jüdischen Glaubens von der Heiligen Inquisition verurteilt wurden.

Manuel de Albuquerque e Aguilar – Aguilar ist ein ausgesprochen jüdischer Name – wird mit einem Dutzend anderer im königlichen Brief vom 12. August 1732 an den Grafen von Galvêas erwähnt, in dem die Herstellung von Falschgeld in »Paraopeba« und später in Itoubrava zur Anzeige gebracht wird. Es handelte sich um Goldmünzen von tadelloser Legierung und Prägung, die kaum von den echten zu unterscheiden waren.

In diesem vermutlich von jüdischen Technikern geleiteten ungesetzlichen Unternehmen darf nicht nur der illegale Aspekt gesehen werden, denn es war eines der Mittel, mit denen die Industrie auf die überhöhten Steuerforderungen des ausbeuterischen Mutterlandes reagierte. Auf indirektem und nicht immer gesetzlichem Wege scheint die Kunstfertigkeit der Juden zur Entwicklung des städtischen Reichtums in dieser Region beigetragen zu haben, so daß die Städte in der Lage waren, ihre auf dem Bewußtsein der eigenen wirtschaftlichen Unabhängigkeit und der Auflehnung gegen die portugiesische Ausbeutung fußenden Autonomiebestrebungen voranzutreiben.

Die mögliche politische Auswirkung der Ausländeraktivitäten im Brasilien der Kolonialzeit ist ein Aspekt, der mit der vorliegenden Untersuchung nichts zu tun hat. Es soll nur daran erinnert werden, daß dem Iren Nicolau Jorge, der gegen Ende des 18. Jahrhunderts im Diamantengebiet lebte und sich für die Revolten von 1789 begeisterte, die folgenden Worte zugeschrieben wurden: »Brasilien wäre eines der ersten Länder der Welt, wenn es frei wäre!« Und in Pernambuco identifizierte sich der Engländer Bowen derart mit den Revolutionären von 1817, daß die Verschwörer ihn als ersten Abgesandten nach den Vereinigten Staaten schickten. Der Hang zur politischen Unbotmäßigkeit und zu liberalen Regierungsformen, der beim Pernambucaner ausgeprägter war als bei den übrigen Brasilianern, wird auch dem Einfluß des nassauischen Liberalismus auf die Mentalität der Siedler des 17. Jahrhunderts im Norden des Landes zugeschrieben.

Die europäische Mode, die sich im 16. und 17. Jahrhundert in Olinda, Recife, Salvador und sogar in São Luís do Maranhão durchsetzte, verlor dort im 18. Jahrhundert an Einfluß und wurde dafür im Bergland von Minas Gerais um so bereitwilliger übernommen, wo die Akademiker, die Händler und sogar die Engländer die neuen europäischen Moden und Ideen eingeführt hatten. Dort wurde jetzt der Lebensstil und der Komfort gepflegt, der Europäer wie Mawe und Saint-Hilaire so entzückte: elegante Betten aus kostbarem Holz mit ledernem Einsatz, Baumwollmatratzen, Bettücher und Kopfkissen aus feinem, mit Spitzen besetztem Leinen und Bettdecken aus gelbem Damast, Himmelbetten ohne Vorhänge. »Nie habe ich so herrliche Betten gesehen wie die der reichen Leute in diesem Kapitanat, nicht einmal in Europa«, schrieb Mawe über die Betten der Bürger von Ouro Prêto.

Im Gegensatz zu diesen in ihren Gewohnheiten so europäischen Stadtbewohnern schliefen die reichen Gutsbesitzer, die Herren über Sklaven und Ländereien, in Hängematten oder Feldbetten. »In den Häusern der Gutsbesitzer«, bemerkte Saint-Hilaire mit Bezug auf die Leute von Minas Gerais, »kennt man keines der Möbel, an die wir gewöhnt sind. Die Kleider werden in Truhen aufbewahrt oder an Stricken aufgehängt, um sie vor der Feuchtigkeit und den Insekten zu schützen. Stühle sind selten, die Menschen sitzen auf Bänken oder Hockern...« In einigen Gutshäusern waren die Betten mit Damast und Spitzen geschmückt, die vielleicht den Luxus der Großbürger von Vila Rica nachahmen sollten.

In dieser Stadt stellte Mawe zu Beginn des 19. Jahrhunderts fest, daß die Damen besonders der englischen Mode nacheiferten. Und Saint-Hilaire konnte auf einem Ball, den der Gouverneur Manuel de Castro Portugal der Gesellschaft von Minas gab, keinen großen Unterschied zwischen der Kleidung der dortigen Damen und der europäischen Mode entdecken. Aus dem Rahmen schien ihm, in einer Pause zwischen den europäischen Kontertänzen, ein Fandango zu fallen, den eine Mulattin mit übertriebenem Röckeschwenken und Wiegen des Körpers tanzte, was den französischen Wissenschaftler entsetzte. In dieser angenehm europäischen und bürgerlichen Atmosphäre glaubte er plötzlich einen heißen afrikanischen Hauch zu verspüren.

In der Kirche trugen die Damen Hauben, Schals und Mantillen, mit denen sie das Gesicht zur Hälfte bedeckten. Diese aus Portugal und Spanien übernommenen Hauben lebten in Brasilien noch lange Zeit fort und waren ein Indiz für den Widerstand der arabischen Mode gegen das Eindringen der europäischen Mode, die schon in den Theatern und Ballsälen triumphierte.

Die Füße, die die Damen von Pernambuco zur Zeit der Holländer wie einen intimen, fast sexuellen Körperteil verbargen, wurden allmählich gezeigt – wenn auch zunächst nur den Vettern, die sie in Sonetten besangen. Die Beine freilich niemals – ganz im Gegensatz zu den Engländerinnen, die zwar nie von Tischbeinen sprachen, die eigenen aber mit der größten Unbekümmertheit zur Schau stellten. Wenn sie durch eine Pfütze gehen mußten, fehlte nicht viel und sie hätten die Röcke bis zum Knie geschürzt.

In Fragen der Moral und der Keuschheit widerstand die noch von arabischen Traditionen durchdrungene Brasilianerin am stärksten dem englischen oder französischen Einfluß. In der Kolonialzeit und noch lange Zeit während des Kaiserreichs wurde der Ausländer übrigens immer als potentieller Don Juan betrachtet und nach Möglichkeit nicht ins Haus gelassen. Tollenare machte sich über diese übertriebene Zurückhaltung der Damen von Recife lustig und rächte sich sogar für ihre maurische Reserviertheit, indem er die Töchter des Herrn N. nackt beim Baden überraschte. Wenn er in einem Hause einen Besuch machte, flüchteten die Damen in ihre Zimmer und ließen ihr Nähzeug und ihre Spitzen liegen. Saint-Hilaire machte in Minas Gerais dieselben Erfahrungen. Vor dem Fremden versanken die Frauen vor Scham in den Erdboden, und keineswegs nur die Hinterwäldlerinnen in den Gutshäusern, sondern auch die vornehmen Damen in der Stadt, die auf den Bällen nach der letzten französischen Mode gekleidet erschienen und zwischen den Kontertänzen unbekümmert sangen und musizierten.

Auf alten Porträts aus der Kaiserzeit, auf Familienfotos, die auf dem Grund der Schubladen oder in den Alben mit perlmuttbesetzten Deckeln vergilben, kann man die merkwürdige Feststellung machen, daß die Männer in der Kleidung und sogar im Gesichtsausdruck viel europäischer wirken. Die Frauen sehen neben ihren Männern oder die Mädchen neben ihren Vätern und Brüdern wie Malaiinnen oder Chinesinnen neben schnurrbärtigen englischen Missionaren oder nordamerikanischen Ärzten mit langen Bärten aus. Die tiefgehende soziale Differenzierung der Geschlechter schuf zwei verschiedene Rassen, zumindest dem Anschein nach. Der Mann sah in allem europäischer aus, die Frau orientalischer, asiatischer, wenn auch nicht in der Kleidung, so doch durch den traurigen Ausdruck eines unterdrückten und isolierten Wesens.

Die stärkere Europäisierung der Kleidung bedeutete aber noch keineswegs die Befreiung der Frau von der Beherrschung durch den Mann oder die Befreiung des Mannes von den Vorurteilen und Traditionen, die ihn vom bürgerlichen, industriellen, nordischen Europa trennten.

Im Jahre 1872 klagte Correia de Azevedo darüber, daß sich bei den Männern seit Jahren das »schwere Sakko aus London oder Paris« eingebürgert habe und daß der Strohhut von »dieser unförmigen, plumpen, heißen und schweren schwarzen Röhre«, dem Zylinder, abgelöst worden sei. Bei den Damen der Hauptstadt und der anderen großen Städte stellte er geradezu französische Manieren fest, die er »nur mit dem Wort *coquetterie*« definieren könne. Sie bestanden darin, nach französischer Sitte zu grüßen, sich nach der französischen Mode zu kleiden, ein wenig Französisch oder Englisch zu sprechen und auf dem Klavier sentimentale Walzer zu spielen, französische oder italienische Musik, statt des alten portugiesischen Fado mit seiner arabischen Melancholie oder der süßlichen halbafrikanischen Modinha, die im 18. Jahrhundert soviel zur Gitarre gesungen wurde. Das Klavier war an die Stelle der Gitarre und der Harfe getreten. Die Zeitungsinserate belegen in reichem Maße diese Wandlungen des Geschmacks, der sich in der umwälzenden ersten Hälfte des 19. Jahrhunderts von den ursprünglichen luso-brasilianischen Gewohnheiten entfernte, um sich den französischen, englischen, italienischen, deutschen und slawischen Bräuchen und sogar den nordamerikanischen zu nähern, die damals mit dem europäischen zu wetteifern begannen. So wurde, nach einer Anzeige im *Jornal do Commercio* zu schließen, im Jahre 1848 Bier aus den Vereinigten Staaten eingeführt, ein Bier, das »in fast allen tropischen Gebieten das englische Bier verdrängt hat und ihm auch vorzuziehen ist«. Das gleiche gilt für die Tänze. Im selben Jahr bringt dieselbe Zeitung die Annonce einer Mme. Degremonte, »Schülerin des Pariser Konservatoriums«, die Unterricht in »allen Gesellschaftstänzen sowie auch Polka, Mazurka, Cracovienne, Tarantella und Bolero erteilt«. Für Brasilien exotische Tänze.

Mit dem Niedergang der auf Sklavenhaltung gegründeten Wirtschaft stieg die Bedeutung der europäischen Einwanderer. Es waren nicht mehr die englischen Kaufleute, die seit der Kolonialzeit aufgrund des Vertrags von Methuen ins Land gekommen waren, oder die Schneider, die die Kleidung der Damen europäisiert, oder die Zahnärzte, die die stets verdorbenen Zähne der Brasilianer in Ordnung gebracht hatten. Und nicht nur Ärzte, Hebammen, Tanzlehrer, Professoren oder Gouvernanten, sondern Handwerker, Baumeister, Maurer, Zimmerleute, Tischler, Kleinbauern und Landarbeiter. Die Arbeiter und Handwerker lösten die Neger und die Heimarbeit ab und befriedigten gleichzeitig das immer stärkere Bedürfnis der fortschrittlichsten Bürger, ihre Häuser, Möbel, Küchen, Zuckerbäckereien und Verkehrsmittel europäisieren zu lassen.

So kamen Deutsche, Iren, Italiener und Schweizer, die sich auf dem Lande, und zwar mit Vorliebe in höher gelegenen Gegenden mit milderem Klima, ansiedelten, wo sie Butter und Käse oder andere landwirtschaftliche Produkte herstellten. Einige gingen sogar in die Kaffeeplantagen von São Paulo oder die Zuckerrohrpflanzungen von Bahía – wie jene Gruppe von Iren, die dort am Schnaps zugrunde ging. Die kühnsten oder verrücktesten wagten sich sogar in den Urwald der Nordprovinzen: Eine stattliche Anzahl blonder Abenteurer zog nach Catucá in Pernambuco, um dort Kohle zu produzieren. Da jedoch der Urwald das Terrain von entlaufenen Negern war, wurden die blonden Eindringlinge eines Tages von ihnen niedergemetzelt.

Andere Europäer ließen sich als Arbeiter oder Handwerker in den Städten nieder; zum Beispiel die Gruppe von Handwerkern, Maurern, Bautischlern und Steinmetzen, die im Jahr 1839 mit August Koersting auf Veranlassung des Provinzpräsidenten, des franzosenfreundlichen Barons von Boa Vista, nach Recife kam. Aus dieser Zeit stammen die Villen und Häuser in gotischem oder toskanischem Stil, die allmählich den alten Kolonialstil verdrängten, der so gut in die Landschaft paßte: quadratische

Häuser mit Walmdächern, deren Traufen an den Ecken orientalisch geschwungenen Taubenflügeln oder Halbmonden glichen. Aus dem frühen 19. Jahrhundert stammen auch die Häuser mit gegossenen Karniesen, Stuck und Gartenmauern. Die Europäisierung der Architektur begann in den Städten, in erster Linie bei den öffentlichen Gebäuden, und endete auf dem Lande, wo so manches orientalisch behäbige Gutshaus in eine hoch aufragende zweistöckige Villa umgewandelt wurde.

In Rio de Janeiro setzte die Europäisierung der öffentlichen Gebäude und der Stadthäuser einiger reicher Bürger mit der Abordnung französischer Künstler ein, die zur Zeit König Johanns VI. nach Brasilien kamen.

Grandjean de Montigny entwarf die Pläne für Paläste, Schulen und Herrenhäuser in französischem Stil. Die Vorliebe für alles Französische beschränkte sich aber nicht nur auf die Architektur, sondern zeigte sich auch in der Wahl der Speisen und Weine, in der Anwendung feiner Möbelpolitur, in den Heiligenstatuen und in der Kleidung der gebildeten und wohlhabenden Bürger. Diese Vorliebe sowie die Neigung zu den Ideen der französischen und englischen Philosophen – Montesquieu beeinflußte Frei Caneca, der sich schon von der portugiesischen intellektuellen Tradition gelöst hatte – traf mit dem Hang zum Separatismus und zur Unabhängigkeit zusammen und bildete eine scharfe Reaktion gegen alles Portugiesische, das nun als »geschmacklos« bezeichnet wurde, während alles, was französisch, englisch, italienisch oder deutsch war, als »geschmackvoll« galt.

Die Zeitungen der Kolonialzeit und später des Kaiserreichs waren voll von Reklame für europäische Techniker und Künstler, vor allem englische, französische und italienische. Es wurden auch nicht mehr nur die lateinischen Klassiker angepriesen, sondern Voltaires »Gesammelte Werke«, »Gullivers Reisen«, die Gedichte von Bocage, die Opern von Bellini, die »Englische Grammatik« von Jonathan Abbot, die Novellen von Saavedra und Bücher von Say, Adam Smith, Bentham und Milton. Im *Almanach do Rio de Janeiro* häuften sich französische, englische und italienische Namen von Hebammen, Friseuren und Zuckerbäckern; Teissier mit seinem »großen Sortiment von falschen Haaren«, Franccioni mit »Sorbets zu jeder Tageszeit«, andere mit neuen europäischen Verfahren, Zähne »auf die Wurzeln der von Karies befallenen aufzupropfen« und »Gebisse an Ober- und Unterkiefern zu befestigen«, und schließlich eine »wunderbare Entdeckung, um Trinker zu heilen«, die schon 1 900 Personen geholfen haben sollte.

Im Jahre 1818 wurde in der *Idade d'Ouro do Brazil* von São Salvador eine englische Tanztruppe angekündigt, deren Vorführung als soziale Ersatzhandlung bedeutsam war: Sie trat nämlich in der alten Stierkampfarena auf. Statt wie zu König Josephs Zeiten die Stiere kämpfen zu sehen, konnte sich das Volk von Salvador da Bahía de Todos os Santos jetzt an englischen Tänzern ergötzen. Es waren wohl eher Artisten, da sie »eine Maschine hochzogen, auf der ein Mann mit dem Kopf nach unten balancierte und darunter noch zwei andere«. Den Abschluß dieser Vorstellung bildete ein »wunderbares Feuerwerk«, das das königliche Wappen und die Worte »Es lebe König Johann VI.« zeigte.

Etwa um dieselbe Zeit – 1809, 1810, 1811 – pries die *Gazeta do Rio de Janeiro* Wagen aus London mit den dazugehörigen Geschirren an, »sehr leichte«, vierrädrige Wagen mit »Patentlaternen und Kissen aus Marroquinleder« als besondere Neuheiten. Es war der Sieg des Rades, des Fahrzeugs, des Pferdes über die Sänfte, die Muskelkraft der Neger und den trägen, vor den Karren gespannten Ochsen. Jorge Thomaz, der Engländer, der diese vierrädrigen Wagen annoncierte, hatte in seinem Hause, Rua Direita Nr. 35 auch »einige Fässer mit Butter und erstklassigen Käse« zu verkaufen. Eine anonyme Engländerin bot sich an, Mädchen das Lesen, Schreiben, Rechnen, Nähen, Sticken sowie Englisch und Portugiesisch beizubringen. In derselben Zeitung kündigte ein Mr. Gardner, »Doktor der Medizin, Mitglied der Mathematischen und Philosophischen Gesellschaften von London«, den Beginn seiner »Vorlesungen über Chemie und Naturphilosophie« für Freitag, den 29. Juni 1810, Punkt 6 Uhr abends an. Er hoffte, »von einer Zuhörerschaft beehrt zu werden, die ihn für seine große Arbeit und die Ausgaben für chemische Apparate entschädigen wird«. Ein Jahr später ist einer anderen Anzeige zu entnehmen, daß Dr. Gardner großen Zulauf hatte und sogar die Anwesenheit »S. K. H. des Herrn Prinzregenten und Seiner Erhabenen Königlichen Familie« verzeichnen konnte.

Im *Jornal do Commercio* vom 16. Oktober 1827 pries ein Mr. Blake »neue chemische Präparate« aus seinem Laboratorium an. Das war der Triumph über die patriarchalischen Hausmittel, die nach Rezepten einer Indianerin oder einer alten Negerin in der Küche des ländlichen Herrenhauses oder des Stadthauses in einem einfachen Suppentopf hergestellt wurden.

In der späten Kolonialzeit und in der Kaiserzeit wurden in den Zeitungen auch viele importierte Lebensmittel angeboten. Westfälischer Schinken, Schildkrötensuppe, Rosinen, Burgunder, Portwein, Champagner, Sardinen aus Nantes, englische Saucen, Senf und Konserven, Parmesan, aber auch holländischer, Schweizer oder Londoner Käse, Speck aus Lissabon und Kekse in Dosen. Ein »genuesischer Koch«, Thomas Galinho, nahm in seinem Hause im Beco do Piolho – dem Läusegäßchen – »Bestellungen auf rohe oder gekochte Ravioli, gefüllte Puter, Hühner und Hähnchen sowie verschiedene Kuchen, Obst- und Milchcremetorten« entgegen.

Bartfärbemittel, Stoffe, Schuhe, Kleider, Hüte, Arzneien, Nahrungsmittel, Schmuck, Wagen – alles wurde aus Europa und in einzelnen Fällen auch aus den Vereinigten Staaten eingeführt. Es waren nicht immer erstklassige Waren, und die Kleider, Schuhe und Hüte entsprachen auch nicht immer der letzten Mode, obwohl sie dreimal soviel kosteten wie in Paris. Auch das Tafelporzellan – meistens weiß mit Gold verziert – kam aus England oder Frankreich.

Nach 1830 waren in den Zeitungen nicht mehr so viele Anzeigen über »Porzellan aus Indien« zu lesen wie früher, obwohl es für Liebhaber der alten Tradition immer noch eingeführt wurde, genauso wie das chinesische Porzellan aus Nanking und Kanton. Die verschiedenen orientalischen Waren ließen sich nicht so ohne weiteres von den Einfuhren aus Europa verdrängen, schließlich beherrschte aber doch das aus England und Frankreich importierte Porzellan den brasilianischen Markt.

Frankreich machte England bald Konkurrenz und überschwemmte die Häfen Brasiliens mit riesigen Ladungen von Stoffen, Möbeln, Porzellan und Luxusartikeln. Ein Franzose, d'Assier, schrieb damals die für seine Landsleute wenig schmeichelhaften Worte: »*Nous ne croyons pas qu'il existe dans les annales du commerce une époque ou la fièvre du gain se soit étalée d'une manière aussi scandaleuse.*«

Schon vor d'Assier hatte Denis festgestellt, daß der englische Handel dem französischen überlegen war, und Charles Expilly ließ in seinem Buch *Le Brésil tel qu'il est* am französischen Handel in der ersten Hälfte des 19. Jahrhunderts kein gutes Haar. Die Brasilianer wollten unter keinen Umständen mehr etwas von den portugiesischen »Geschmacklosigkeiten« wissen und verschmähten die Dinge, die gelbe, braune oder schwarze Hände in Heimarbeit herstellten. Sie wollten nur noch das, was rosige Pariser Hände in den Fabriken, Werkstätten oder Laboratorien erzeugten. »*Les alliances de cuivre et de zinc furent vendues pour l'or*« oder »*le cuivre blanc de l'Allemagne passe pour de l'argent*«, schreibt Expilly. Der großangelegte Betrug ging so weit, daß in Rio de Janeiro Kleider aus der Zeit des Directoire noch Jahrzehnte später als Pariser »*dernier goût*« verkauft wurden.

Der eben erst dem patriarchalischen System und der Hausindustrie entwachsene Brasilianer ließ sich leicht vom Glanz der europäischen Industrieerzeugnisse blenden, der so oft ein falscher Glanz war. Durch den Wettbewerb, an dem sich bald auch Deutsche und Schweizer beteiligten, wurde die Lage besser, aber die Ausbeutung ging noch bis zur Jahrhundertmitte weiter. In den zahlreichen Angeboten war auch viel Scharlatanerie verborgen, die die Gutgläubigkeit der von den europäischen Waren faszinierten Brasilianer weidlich ausnützte.

Nach d'Assier und Arsène Isabelle, der besonders den äußersten Süden des Landes bereist hatte, wurde der Ausdruck »französische Geschäfte« zum Synonym für die *fides punica* der alten Römer. Die französischen Weine und Konserven, die in der ersten Hälfte des 19. Jahrhunderts in Pôrto Alegre eingeführt wurden, bezeichnete Arsène Isabelle als »abscheulich«. Und im Norden Brasiliens war »Franzose« gleichbedeutend mit falsch und heuchlerisch.

D'Assier weiß von einem vertraulichen Gespräch französischer Kaufleute über Brasilien zu berichten, das er auf einem Schiff belauscht hatte. Der eine erzählte, wie er Uhren ins Land schmuggelte. Ein anderer war mit knappen »40 Sous« in der Tasche angekommen und besaß bereits ein stattliches Vermögen, das er mit dem Verkauf von Sonnenschirmen gemacht hatte. Sie waren zwar nur aus Baumwolle und hatten ein ganz gewöhnliches Gestell, waren aber so hübsch, daß ihnen kein Brasilianer widerstehen konnte. Wenn sich nachträglich jemand bei ihm über die schlechte Qualität der Ware beschwerte, spielte er den Entsetzten: Die Schirme kamen doch aus Paris! Im gemäßigten Klima trotzten sie jedem Wetter, aber auch die beste Seide hätte das brasilianische Klima, die tropischen Regen und die sengende Sonne nicht ausgehalten. Ein anderer Kaufmann wandte ein, es wäre doch eigentlich Raub, soviel zu verdienen. Empört verwahrten sich die übrigen dagegen. Sie selber fühlten sich übervorteilt, die sie sich der Gefahr aussetzten, das Gelbfieber zu bekommen, Moskitostiche ertragen und zwischen übelriechenden Negern leben mußten. Und dann war alles so teuer in Brasilien, kein Wunder bei der Monokultur. Wenn die europäischen Kaufleute ihre Waren nicht zu hohen Preisen verkauften, wären sie bald ruiniert. »Und die Brasilianer«, fragte einer aus der Gruppe, »plündern die vielleicht nicht ihre Neger?«

Mit der verstärkten Europäisierung und Verstädterung des Lebensstils mußte Brasilien eine Reihe alter oder verfälschter Waren akzeptieren, die in den Läden von Rio de Janeiro, Recife, Salvador, São Paulo, São Luís do Maranhão und Pôrto Alegre als gut, neu und direkt aus Paris gekommen verkauft wurden. Die Küchen der Land- und Stadthäuser starrten zwar vor Schmutz, aber das Essen, das in ihnen zubereitet wurde, war gesünder als der größte Teil der Konserven aus Europa oder der Mahlzeiten, die man in französischen Hotels oder von italienischen Köchen vorgesetzt bekam. Trotz allem war es *chic*, französisch, italienisch oder englisch zu speisen. Der Tee und das Bier der Engländer, die italienischen Kuchen, der holländische oder Schweizer Käse bürgerten sich in den vornehmen Stadthäusern ein, und die französischen und italienischen Süßigkeiten verdrängten die im Hause von alten Tanten, Klosterfrauen oder Negern hergestellten.

Wie bei den Kleidern setzte sich auch bei den Möbeln die französische Mode durch. Französische Handwerksmeister bearbeiteten Palisanderholz und andere Edelhölzer. Aus den Empfangszimmern verschwanden die alten, schweren portugiesischen Stühle und aus den Kapellen die handgeschnitzten Heiligenstatuen. Dafür kamen Louis-quinze-Sofas, feine, elegante Sessel, Eichenschränke aus Hamburg, Mahagonimöbel, Nürnberger Spiegel, französische und italienische Statuen.

Damit verstärkte sich die Rivalität zwischen den einheimischen Handwerkern – freien Negern und Mulatten – und den Ausländern. Aber auch zwischen den kleinen Beamten, den Kleinbürgern, dem Proletariat von Caboclos und Mulatten und den durchweg als Schmutzfinken und Geizhälse verachteten portugiesischen Händlern, die mit Negerinnen zusammen lebten und sie oft sitzenließen, wenn sie sie genügend ausgebeutet hatten. Diese fliegenden Händler jedoch verkauften den mageren, kränklichen, aber vornehm tuenden kleinen Beamten, die sich kein frisches Fleisch leisten konnten, Kabeljau und Dörrfleisch.

Der Verfasser eines Artikels in der Zeitschrift *O Progresso* fragte schon 1846, warum »die Söhne weniger begüterter Familien« lieber kleine Beamte wurden, »statt das Handwerk des Schneiders, des Maurers oder des Tischlers« zu erlernen. Er gab zu, daß es schwierig war, vom Bebauen einer kleinen Bodenparzelle oder vom Verkauf von Kabeljau oder Trockenfleisch zu leben. Als kleiner, unabhängiger Bauer zu leben war unmöglich. Im Handel könnte der gebürtige Brasilianer nur dann weiterkommen, wenn ein Gesetz die Ausländer davon ausschlösse.

Tatsächlich führte diese Rivalität zwischen dem Brasilianer und dem europäischen Händler oder Handwerker zu einem sozialen Drama, das schließlich in Blut erstickt wurde: zur sogenannten »Revolta Praieira« von 1848, die von oberflächlichen Beobachtern auch heute noch als einfacher politischer Aufruhr betrachtet wird. Auch die »Cabanada« hatte einen ähnlichen Charakter: den der Rivalität zwischen den einheimischen Caboclos und den zugewanderten Ausländern.

Die Vorstellung, daß der ausländische Handwerker dem Mulatten Konkurrenz machte und daß der portugiesische Händler dem Sohn aus armer Familie die Möglichkeit nahm, im Einzelhandel reich zu werden, gewann in den Städten so sehr an Boden, daß es in einigen – in Rio de Janeiro, Recife und Belém do Pará – zu heftigen Reaktionen der Einheimischen gegen die Europäer kam.

Aber der Niedergang der streng patriarchalischen Wirtschaft und die zunehmende Industrialisierung des brasilianischen Lebens brachte die Europäisierung der Arbeit und bis zu einem gewissen Grade auch des Handels mit sich. Der neue Lebensrhythmus, der den Gebrauch der Uhr erforderte, während man früher weder nach Stunden noch nach Minuten gerechnet hatte, sondern nur nach Sonnenaufgang und Sonnenuntergang, war nicht mehr mit den alten Handwerkern, Arbeitern und freien Mulatten zu bewältigen. Nur mit Hilfe der Ausländer, wie sie schon der Baron von Boa Vista zu seiner Zeit nach Pernambuco gebracht hatte, eine Maßnahme, die seiner Regierungszeit zum Ruhm, ihm persönlich unter den Politikern jedoch keine Popularität eingebracht hatte.

Schnupftabak, Essig, Kerzen, Tuch, Bürsten, Bettdecken, Besen, Kohle, Cashewwein, Seife, Holzschuhe und Schuhe wurden nicht mehr von Negern, Mulatten oder bestenfalls von portugiesischen Handwerksmeistern im Hause hergestellt, sondern nach neuen Verfahren in den Städten. Im neuen Wirtschaftsgefüge mit seinen Fabriken zur Erzeugung von Eis, Tabak, Seife, Nudeln, Wacholderschnaps, Pappschachteln, Klavieren, Orgeln, Sonnenschirmen, Glas, Schokolade und Sägen, mit seinen Eisenbahnzügen, der Kanalisierung, der städtischen Beleuchtung, dem Gas – fast alles das Werk englischer Ingenieure – wurden der europäische Arbeiter, der weiße Handwerker, der ausländische Techniker für den Aufbau der Industrie und die bürgerlichere, städtischere und mechanisiertere Struktur des brasilianischen Lebens unentbehrlich.

Der blonde Einwanderer hatte sich nicht nur gegen die Einheimischen, sondern auch gegen das Gelbfieber und andere Krankheiten zu behaupten – schließlich aber triumphierte er. Von ihm lernte der Mulatte, Lokomotiven, Drehbänke und andere Maschinen zu bedienen, Glas, Makkaroni und Nudeln herzustellen. Der nordamerikanische Gelehrte John Casper Branner, der gegen Ende des 19. Jahrhunderts das Landesinnere bereiste, war verblüfft, mit welcher Geschwindigkeit ein einfacher Mulatte aus Minas die Räder der riesigen Lokomotive reparierte. Der einheimische Mulatte hatte die Technik des Europäers oder des Angelsachsen assimiliert. So entstand eine neue Ära der Beziehungen zwischen Europäern und Brasilianern, aber auch eine neue Ära der Wirtschaft und des Zusammenlebens, aus der sich eine Aufwertung der technisch geschickten Nachkommen des Sklaven, des Farbigen, des Mucambo-Bewohners ergab, während der Abkömmling des Gutsherrn, des Edelmannes aus dem Stadthaus und des Majoratsherrn der Zuckerrohrplantagen wegen seiner Untüchtigkeit seinen gesellschaftlichen Status einbüßte.

Achtes Kapitel
Rasse, Klasse und Region

In einer patriarchalischen und sogar feudalen Gesellschaft, wie sie Brasilien während fast der gesamten Epoche der Sklaverei aufzuweisen hatte, stellten nicht die Bürger oder Untertanen die grundlegenden Elemente der Bevölkerung dar, sondern die Familien und Klassen. Diese Familien und Klassen wurden jedoch bis zu einem gewissen Grade von den Rassen getrennt, die an der Zusammensetzung des brasilianischen Volkes mit seinen Unterschieden in physischer und kultureller Hinsicht – vor allem aber mit seinem unterschiedlichen Status oder unterschiedlichen Ausgangspositionen – beteiligt waren.

Mit der Zeit nahmen aber diese Rassen auch unterschiedliche regionale Färbungen an, je nach der Beschaffenheit des Bodens, der Landschaft oder des Klimas und nicht nur aufgrund kultureller, gesellschaftlicher Faktoren. Beherrschend waren die weißen bzw. europäischen Eindringlinge und ihre reinblütigen oder geringfügig mit Farbigen vermischten Nachkommen; beherrscht und als Werkzeuge der Produktion, des Transports und der Arbeit verwendet wurden die Eingeborenen und – infolge ihrer eher kulturellen als physischen Unterlegenheit – die Afrikaner und ihre reinblütigen oder mit den Indianern vermischten Nachkommen. Mitunter floß in ihren Adern sogar das Blut ihrer portugiesischen Herren, von denen Pater Antonio Vieira im 17. Jahrhundert sagte: »Im Vergleich zu den Holländern sind wir so schwarz wie die Indianer im Vergleich zu uns.« Und von so manchen Herren von »Braunen« oder »Schwarzen« hieß es, sie hätten in ihrem Hause Sklavinnen, die »weißer waren als sie selbst«.

Das Prestige der Familien, die sich um die leiblichen und sozialen Eltern oder auch nur um die sozialen Eltern (Paten, patriarchalische Gutsherren) scharten, beruhte mehr auf der jeweiligen wirtschaftlichen Lage und den regional verschiedenen räumlichen Verhältnissen als auf der gesellschaftlichen oder ethnischen Herkunft. Die Klassen bestanden aus Beherrschern und Beherrschten: aus Herren und Sklaven. Innerhalb dieser Zweiteilung kam es nicht nur häufig zu Verschiebungen von Elementen, die durch ihre Zugehörigkeit zu einer Familie, einer Klasse, einer Rasse oder einem Gebiet gekennzeichnet waren, sondern auch von Produkten der Kreuzungen, die es vom ersten Tage an zwischen Herrschern und Beherrschten oder zwischen Bewohnern der Küste und des Hinterlandes gegeben hatte und die sich nicht selten im Wechsel einzelner Individuen und sogar ganzer Familien von einer Klasse zur anderen und, sozial gesehen, von einer Rasse zur anderen auswirkten, wobei die biologischen und selbst die kulturellen Merkmale eines bestimmten ethnischen oder regionalen Typus keine Rolle spielten. Daher rührt die weitgehende Amalgamierung, die sich in Brasilien vollzogen hat und die manche am grundlegend feudalen Charakter der patriarchalischen oder totalitären Organisation der Wirtschaft und Gesellschaft während der Sklavenzeit zweifeln läßt. Wie konnte denn angesichts dieser sozialen und ethischen Fluktuationen an der Existenz eines brasilianischen Feudalismus festgehalten werden, da doch sein Hauptmerkmal die Immobilität ist?

Es ist zu Beginn dieser Untersuchung schon einmal festgestellt worden, daß es sich in Brasilien um Fluktuationen des Inhalts und der Substanz, nicht aber der Form handelte. In ihren Formen war die brasilianische Gesellschaft jahrhundertelang überwiegend feudal, freilich auch von Anfang an weitgehend kapitalistisch. Vom soziologischen Standpunkt aus, das heißt, was die Formen und Prozesse dieser Organisation betraf, war sie durch das Patriarchat gekennzeichnet, wenngleich wirtschaftliche und geographische Schwerpunkte und das Vorherrschen bestimmter ethnischer und kultureller Faktoren wechselten, wodurch verschiedene regionale Varianten entstanden. Das gilt für alle Regionen und Perioden der Reife, zu der die brasilianische patriarchalische Gesellschaft in der Umgebung von Bahía, in Pernambuco, Maranhão, Rio de Janeiro, Minas Gerais und den Landgütern von Rio Grande do Sul nicht immer gleichzeitig gelangte. Der Prozeß der Integrierung, des Heranreifens und des Zerfalls der patriarchalischen oder tutelären Form, der Familienorganisation, der Wirtschaft und der Kultur vollzog sich nie unabhängig von einem anderen, für die brasilianische Entwicklung gleicherweise charakteristischen Prozeß: dem der Verschmelzung der Rassen und Kulturen, der den größten Anteil an der Auflösung der strengen, vom mehr oder weniger feudalen System der Beziehungen zwischen den Menschen gesteckten Grenzen hatte, die weniger die Rassen als die Klassen, Gruppen und Individuen betrafen.

Diese beiden Prozesse waren stets ineinander verzahnt. Es gab zwar auch Konflikte zwischen ihnen, aber nur selten entluden sie sich gewaltsam. Die seit den ersten Tagen der portugiesischen Besiedlung Amerikas bestehende Verquickung dieser Prozesse ging so weit, daß selbst das, was es in der patriarchalischen Organisation der Familie, der Wirtschaft und der Kultur an hartnäckig Aristokratischem gab, von dem ergriffen wurde, was es in der Verschmelzung der Rassen und Kulturen und – bis zu einem gewissen Grade – auch der Regionaltypen an ansteckend Demokratischem oder Demokratisierendem, ja Anarchisierendem gab, woraus sich schließlich eine Zerstörung der härtesten oder zumindest unelastischsten Formen durch das Übermaß an Erschütterung ihres Inhalts ergab.

Damit begann das, was bei einer soziologischen Untersuchung der brasilianischen Geschichte als Niedergang des Patriarchats betrachtet werden kann: erst des ländlichen – des starrsten und vielleicht charakteristischsten –, dann des halbländlichen, des halbstädtischen und schließlich des städtischen Patriarchats. Und mit diesem Verfall entwickelten sich in der Organisation der Familie, der Wirtschaft und der Kultur Formen, die von einigen als partikularistisch oder individualistisch bezeichnet werden. Es bildeten sich die Gestalten des *Untertanen*, später des *Bürgers* heraus, die früher fast unbekannt gewesen waren, da die Treue des einzelnen zu seinem leiblichen oder sozialen Vater, zum Patriarchen, Vormund, Paten oder Familienoberhaupt alles absorbierte; daher rührte auch das starke Übergewicht dieser leiblichen oder sozialen Väter gegenüber dem politischen Vater aller: dem König, unserem Herrn – nach Gott –, später dem Kaiser, der der politische Vater der Patriarchen und ihrer Söhne, der Weißen und Farbigen, der Reichen und Armen, der Bewohner der Küste wie des Landesinnern war. Die Vorrechte des Patriarchen wurden in gewisser Hinsicht vom König absorbiert, so daß es durchaus verständlich erscheint, daß João Pinto Ribeiro im Jahre 1646 in Lissabon folgende Zeilen schreiben konnte: »Denn der König ist der Vater seiner Vasallen; Verwandten und Nicht-Verwandten, Freunden und Nicht-Freunden, allen seinen Söhnen hilft er gleicherweise. Denn im Hause des Königs haben die Vasallen die Rechte von Söhnen.« Diese Anschauung wurde vom Marquis von Penalva wiederholt, für den die »wahren« Vorbilder der Könige »die Patriarchen der alten Zeiten, die Familienväter« waren. Von diesen portugiesischen absoluten Feudalherren hatten die Patriarchen in Brasilien den Mißbrauch der väterlichen Gewalt über Frauen, Kinder und Sklaven übernommen.

Als diese Gewalt von der königlichen – in Brasilien von der kaiserlichen – Gewalt aufgesogen wurde, hatte sie sich hier bereits ausgeweitet, während ihr in Portugal nur die Mauren und Afrikaner unterworfen gewesen waren: Ein weißer Patriarch konnte nicht nur der Vater von Weißen, sondern auch von Farbigen sein, nicht nur von Personen seines eigenen wirtschaftlichen, sondern auch von Personen eines niedrigeren Status. Jedoch noch bevor die Könige von Portugal sich den Schutz all ihrer Untertanen angelegen sein ließen – nicht nur der Weißen, sondern auch der Farbigen, da ja alle »die Rechte von Söhnen« besaßen –, erweiterten in Brasilien etliche Patriarchen und Familienväter, wie schon Jerônimo de Albuquerque im 16. Jahrhundert, ihren väterlichen Schutz auch auf ihre natürlichen – und farbigen – Kinder. Dieses Beispiel mag die Könige, die politischen Väter, zu einer ähnlichen Einstellung gegenüber ihren armen oder farbigen Untertanen bewogen, aber auch gegen gewisse natürliche oder soziale Väter eingenommen haben: so manche Jesuiten etwa, die sich im 17. Jahrhundert in Brasilien niedergelassen hatten und ihren Vaterpflichten nicht mit soviel Einsicht nachkamen wie Jerônimo de Albuquerque. Jedenfalls haben Männer wie er die gegenseitige Durchdringung von Rassen und Klassen erheblich gefördert.

Seit Beginn des 18., vor allem aber im Verlauf des 19. Jahrhunderts gab diese Verpflanzung einzelner und sogar ganzer Gruppen von einer gesellschaftlichen Ebene auf die andere einen der stärksten Impulse für die Entwicklung der sogenannten individuellen und zugleich ethnisch und kulturell gemischten Formen der Familie, der Wirtschaft und der Kultur, die sich seither in zunehmendem Maße neben den immer mehr Macht einbüßenden, ethnisch und kulturell weniger reinen patriarchalischen Familien portugiesischen Ursprungs behaupteten.

So entstanden Familien, wie sie Prinz Maximilian zu Neuwied im frühen 19. Jahrhundert in Brasilien kennenlernte: Familien von Caboclos, die in Dörfern wohnten, geschart um eine katholische Kirche und einen portugiesischen Pfarrer. Wie ihre Religion waren auch ihre Kleidung und ihre Sprache, ja sogar die Frisur der Frauen mit ihren aufgesteckten Haaren portugiesisch. An indianischer Überlieferung hatten sie vor allem die Technik des Hausbaus, aber auch den Gebrauch der Hängematten zum Schlafen bewahrt, die Töpferei und die Steinschleudern, in deren Handhabung ihre Kinder eine bemerkenswerte Geschicklichkeit bewiesen. Dazu kamen noch einige Grundnahrungsmittel und Speisen, wie das Maniokmehl oder der aus ihm hergestellte, Mingau genannte Brei.

Ihr größter Ehrgeiz jedoch bestand – nach den Beobachtungen des Prinzen – darin, für Portugiesen gehalten zu werden, deren Vornamen und Familiennamen sie sich zulegten. Viele Jahre später sollten zahlreiche Brasilianer, vor allem Weiße oder sogar Portugiesen, ihrerseits Indianernamen annehmen. Aus dem Wunsch, den Portugiesen zu ähneln, erklärt sich die Verachtung, mit der sie von ihren »wilden« Brüdern sprachen, die sie Caboclos oder Tapuias nannten.

Sie hatten einen militärischen Führer ihrer eigenen Rasse, der, wie der der Weißen oder Mestizen, die Funktionen eines Superpatriarchen ausübte. Aber der Lebensstil solcher Volksgruppen – wie der von São Paulo dos Indios, die Prinz Maximilian besuchte, und anderer, die um dieselbe Zeit von Maria Graham beschrieben wurden – wies noch Relikte des übertriebenen Paternalismus der Jesuiten auf, die ja die meisten Dörfer gegründet hatten, und unterschied sich deutlich von den orthodoxen Normen des Patriarchats der ländlichen und städtischen Herrenhäuser. In den Augen der Indianer waren diese Patriarchen längst nicht mehr die übermächtigen Herren, als die sie jenen erschienen waren, die im strengen Rahmen des Patriarchats aufgewachsen waren. So erklärt sich vielleicht die Neigung zum Aufruhr gegen diese Herren, wie er in den Revolten zu Beginn des 19. Jahrhunderts zum Ausdruck kam: in den Balaiadas, Tapuiadas und Cabanadas. Andererseits rührte daher das Bestreben der mehr oder weniger zivilisierten Nachkommen dieser Caboclos, Soldaten des Königs zu werden, einer – freilich oft nur theoretischen – Macht, die noch über den Herren der Landhäuser stand.

Diese Ansiedlungen von Caboclos oder Nachfahren zivilisierter Indianer scharten sich weniger um die Herrenhäuser als um die Kirchen der Jesuiten oder Franziskaner oder um die Ortsvorsteher, die ebenso paternalistisch und ein Produkt der Reform des Marquis von Pombal waren; in gewisser Hinsicht wurde in Brasilien das Beispiel der portugiesischen Wehrdörfer nachgeahmt, wenngleich sie nicht im Schutz halbfeudaler Burgen lagen, sondern um die Glockentürme der Kirchen herum gebaut waren. Der Historiker Alberto Sampaio weist darauf hin, wie wichtig diese neue Bindung für den Zusammenhalt der kleinen Gemeinden von Landleuten war.

Was waren das nun für Landleute? Sie waren weder Sklaven noch Leibeigene, weder Bauern noch kleine Landarbeiter, die dem Schein nach von den Großgrundbesitzern freigelassen worden waren. Zwar bereitete sie der Paternalismus der Missionare nicht auf das Leben als freie Untertanen des Königs vor, erzog sie aber auch nicht dazu, sich den Gutsherren zu unterwerfen. Sie besaßen eine ganz spezifische gesellschaftliche Kondition: Zur wirklichen Freiheit fehlten ihnen Tatkraft und eigene Initiative oder die Fähigkeit, wirtschaftliche Unabhängigkeit zu erlangen. Denn ihre Unterwerfung unter die Priester, die in manchen Fällen an die Stelle der Missionare der Societas Jesu getreten waren – ohne den strengen und allumfassenden Paternalismus, den diese den Indianern gegenüber ausgeübt hatten –, war eher geistig und politisch als wirtschaftlich und materiell begründet.

In anderen Fällen folgten auf die Missionare die Ortsvorsteher der jesuitenfeindlichen Pombal-Reform, die im allgemeinen eher Entdecker waren als Lehrer der Indianer, die jetzt in Dörfern von Strohhütten und Mucambos und nicht mehr wie früher in kollektiven und die Promiskuität fördernden Behausungen lebten. So entstand im Gegensatz zur freien Vereinigung der Eingeborenen die monogame, katholische Familie. Allerdings gab es auch Indianer, die sich gegen die Beschränkungen der altgewohnten sexuellen Freizügigkeit auflehnten, indem sie ihre Frauen tauschten, ein Brauch, der den italienischen Kapuziner mit Entsetzen erfüllte, als er ihn in der ersten Hälfte des 19. Jahrhunderts in den Caboclo-Dörfern des Hinterlandes von Pernambuco entdeckte.

Andere Dorfgemeinschaften wiederum ließen sich nicht von dem Komplex beherrschen, »Portugiesen sein zu wollen« und dennoch indianische Sitten und Gebräuche weiterzupflegen, und entzogen sich der Katechese, die sie entwurzelte und sie in der Nähe der großen Ortschaften europäischen Stils ansiedelte, indem sie in den Busch zurückkehrten und auf ihre ursprüngliche Kulturstufe zurückfielen. Dem versuchte die Krone entgegenzuwirken: Sie erleichterte die Eingliederung der Indianer in die portugiesische und christliche Gesellschaft, die die Könige von Portugal in Brasilien schaffen wollten. Aus den Bestimmungen des Gesetzes vom 6. Juni 1755 geht hervor, daß die Bekehrung der Indianer von Grão Pará und Maranhão so gut wie keine Fortschritte machte, daß sie in ihren neuen Dörfern »keineswegs zu Wohlstand gelangten, so daß die Bequemlichkeiten und das Vermögen, das sie hätten erwerben können, ihren im Urwald verstreut lebenden Artgenossen hätte zum Anreiz dienen können, in den Siedlungen das zeitliche Glück mit dem höheren Ziel der ewigen Glückseligkeit im Schoße der heiligen Kirche zu suchen. Dagegen konnte häufig beobachtet werden, wie ungezählte Indianer ausstarben, so daß die Zahl der Dörfer und ihrer Bewohner sehr gering ist; und auch diese wenigen leben in so großem Elend, daß sie die anderen, unzivilisierten Indianer nicht bewegen können, ihrem Beispiel zu folgen, sondern geradezu abschreckend wirken, was zur Folge hat, daß sich diese in ihre Waldesbehausungen zurückziehen, sehr zum Schaden der Rettung ihrer Seelen und zum großen Nachteil für den Staat, dessen Einwohner niemanden haben, der ihnen dient und bei der Einbringung der reichen Ernten an wertvollen Früchten hilft ...«

Angesichts dieser Lage »war man sich allgemein darüber einig, daß die Ursache dieser schädlichen Auswirkungen darin bestand und noch besteht, daß den Indianern die von den Päpsten und den Königen, meinen Vorgängern, erklärte Freiheit nicht gewährt wurde, da die Gesetze stets so verdreht wurden, daß sie die Privatinteressen schützten«. Deshalb erließ der König die folgende Verfügung: »Die Indianer erlangen durch das Gesetz vom 1. April 1680 volle Freiheit; sie können aufgrund des Gesetzes vom 10. November 1647 dienen, wem sie wollen; sie sind Staatsbürger wie alle anderen Untertanen des Königs und können wie diese aller Ehren, Privilegien und Freiheiten teilhaftig werden; nach dem Gesetz vom 10. September 1611 kann kein Indianer als Sklave gehalten werden, mit der einzigen Ausnahme der Nachkommen schwarzer Sklavinnen, die bis zur Erlassung einer weiteren Verfügung ihren Herren unterstellt bleiben; die Indianer, die in der Landwirtschaft oder der Industrie arbeiten, erhalten die im Staat oder in der Region (Grão Pará und Maranhão) allgemein üblichen Löhne, die am Ende der Woche als Wochenlohn in barem Geld, Tuch, Werkzeugen oder anderen Gegenständen nach Wahl der Arbeiter gezahlt werden; die Indianer erhalten das freie Verfügungsrecht über ihren Besitz zurück; das Land in der Umgebung der Dörfer ist unter die Indianer zu verteilen, denen das Eigentum daran für sie und ihre Erben garantiert wird; sie sind nach ihrem Wunsch im Hinterland in Dörfern anzusiedeln, in denen Kirchen zu errichten sind, wo Missionare sie im Glauben zu unterweisen und auch für ihre Heranbildung zu Bürgern zu sorgen haben.«

Dieses soziale Gesetz zeichnete sich durch seine Klarheit und die umfassenden Bestimmungen aus, mit denen es den Paternalismus der Missionare durch den des Königs zu ersetzen suchte und den in Vergessenheit geratenen Erlaß vom 1. April 1680 wieder in Kraft setzen wollte, um die Indianer vor dem herrschenden Wirtschaftssystem der Latifundien, der Monokultur und der Sklavenhaltung sowie vor den weißen Herren über Land und Menschen zu schützen. »Die Indianer«, hieß es darin, »brauchen für ihren Landbesitz keine Steuern oder Abgaben zu entrichten, selbst wenn es sich um Verteilung von unbebautem Land an Privatpersonen gehandelt hatte, da bei einer solchen Vergebung immer die Rechte Dritter gewahrt werden müssen, ganz besonders aber die der Indianer, der ursprünglichen und natürlichen Herren des Landes.«

Mit dem Erlaß vom 7. Juli 1735 wurde die weltliche Macht der Missionare als mit den Pflichten der Seelsorge unvereinbar abgeschafft. Wie sollten aber diese Missionare ersetzt werden, denen man so oft den Mißbrauch ihrer Gewalt über die Eingeborenen vorgeworfen hatte? Der König versuchte das Problem dadurch zu lösen, daß er in diesen Dörfern die Verwaltung und Gerichtsbarkeit in die Hände der »dort ansässigen Indianer« legte, denen »Majore, Hauptleute, Leutnants und Gerichtsvögte ihrer eigenen Stämme« unterstanden. Dadurch wurden die Indianer in den Rang von Untertanen erhoben, die ihrem König für die Verwaltung ihrer Gemeinden verantwortlich waren und dafür von diesem vor anderen sozialen Vätern geschützt wurden, die danach trachteten, sie zu beherrschen und auszubeuten: die Patres und Patriarchen. Sie waren nicht mehr besitzlose Sklaven, die keine Ämter und Würden bekleiden konnten, sondern Kleinbauern mit denselben Rechten und Möglichkeiten wie die Weißen. Ihre Rasse war kein Hindernis mehr, Ämter zu übernehmen. Der Erlaß vom 4. April 1755 ließ in dieser Hinsicht an Deutlichkeit nichts zu wünschen übrig. Ehen zwischen Portugiesen oder Weißen überhaupt und Indianerinnen wurden nicht mehr als diffamierend, sondern, im Gegenteil, als vorteilhaft für den Staat betrachtet. Die Nachkommen solcher Mischehen sollten bei der Vergebung von Ämtern besonders bevorzugt und jede Beleidigung durch die Bezeichnung Caboclo oder ähnliches untersagt werden. Als einzige Bedingung für die Verleihung des Untertanenstatus wurde die Bekehrung zum Christentum verlangt.

Während Gesetze wie das von 1755 zunächst nur auf jene Regionen Anwendung fanden, in denen zwischen Weißen und Eingeborenen ein engerer Kontakt bestand – wie im äußersten Norden des Landes –, bewirkte der Erlaß vom 17. August 1758 eine Ausdehnung der Bestimmungen auf ganz Brasilien.

Es ist verwunderlich, daß die in einzelnen Regionen durchgeführten Experimente zur Eingliederung der Indianer in die von den Portugiesen geschaffene Gesellschaft die mit diesem Problem befaßten Staatsmänner bewog, ihnen dieselben Rechte und Pflichten einzuräumen wie den

Europäern. Denn tatsächlich waren sie nicht imstande, sich selbst zu verwalten, wie einige romantisch veranlagte portugiesische Staatsmänner angenommen hatten. Sie waren so sehr an die übertriebene Bevormundung durch die Jesuiten und andere Priester gewöhnt, daß sie große Kinder blieben, die zur Selbstverwaltung ebenso unfähig waren wie ihre Artgenossen, die im Schatten der feudalen Herrenhäuser aufwuchsen, wo die Indianer fast wie Sklaven gehalten wurden. Sie wurden nicht, wie von Anfang an die Neger, in der Landwirtschaft, sondern mit weniger anstrengenden Arbeiten beschäftigt: »um für uns zu jagen und zu fischen«, wie es im 17. Jahrhundert der Prokurator von Maranhão, Manuel Guedes Aranha, ausdrückte. Die Eingeborenen, die ihre Dörfer selbst verwalteten und sich bemühten, es den Portugiesen in allem gleichzutun, waren seltene Ausnahmen.

Bei dieser Gelegenheit muß darauf hingewiesen werden, daß nicht von *dem* brasilianischen Indianer gesprochen werden kann, denn es gab viele regionale Unterschiede – in der Kultur wie der Rasse und sogar der Klasse. Die hierarchischen Unterschiede zeigte Mendes de Almeida sehr deutlich auf, als er schrieb: »Die Eingeborenen kannten die Begriffe Edelmann – ›moacara‹ – und Adelsstand – ›moacaraetá‹.« Der scharfsinnige Vieira erkannte die Bedeutung der einheimischen Standesunterschiede, als er am 5. Oktober 1653 dem Pater Provinzial Francisco Gonçalves berichtete, die Eingeborenen hätten eine dem europäischen Ritterschlag entsprechende Zeremonie und eine Gesellschaftsschicht, die dem Geburts- oder Beamtenadel gleichkam. Aus dieser Schicht wurden die Führungskräfte ausgewählt.

Für die überwiegende Mehrheit der weißen Siedler scheint es aber nur *den* Indianer gegeben zu haben. Sie schenkten den erwähnten Unterschieden keine Beachtung, und die Fehlschläge bei den Versuchen, den Eingeborenen die Verwaltung ihrer eigenen Dörfer zu übertragen, sind vermutlich darauf zurückzuführen, daß die bestehende Hierarchie nicht berücksichtigt und sogar durch eine rein willkürliche ersetzt wurde.

Eine realistische Betrachtung dieses Problems zwang die portugiesischen Verwaltungsbeamten in Brasilien zu einer Revision des Gedankens der indianischen Selbstverwaltung, wodurch der ursprünglich so großzügige und demokratische Plan völlig umgeworfen wurde. Es wurde beschlossen, den Indianern, solange sie sich nicht fähig zeigten, sich selbst zu verwalten, einen vom Kapitanatsgouverneur ernannten weißen oder portugiesischen Ortsvorsteher zu geben. Diese Ortsvorsteher wurden in zahlreichen Fällen bald zu Unterdrückern und Ausbeutern der Eingeborenen, trotz aller Bemühungen, deren Würde zu respektieren und sie zu ebenso freien und zur Ausübung eines jeglichen Amtes fähigen Mitgliedern der portugiesischen Gesellschaft und Teilhabern der christlichen Kultur zu machen wie die freien weißen Christen. So durften sie nicht mehr »Neger« genannt werden, wegen der »Niedertracht, die darin bestand, sie den von der afrikanischen Küste als Sklaven der Weißen geholten Negern gleichzustellen«. Die Könige von Portugal unterstützten das Bestreben der meisten Portugiesen, die brasilianischen Eingeborenen ebenso wie seinerzeit die Mauren in gesellschaftlicher Hinsicht – dazu gehörte auch die Ehe – als Weiße zu betrachten. Diese Tendenz, die auch von einigen Päpsten geteilt wurde, stieß jedoch im ersten Jahrhundert der Kolonisierung auf den Widerstand gewisser Kreise, die daran interessiert waren, die Indianer den Negern gleichzustellen und sie auch in Urkunden als solche zu bezeichnen. Ebenso wie keine Unterschiede zwischen den verschiedenen Afrikanern gemacht wurden, schufen die ersten Europäer in Brasilien auch die Gestalt des Indianers schlechthin, die gar nicht existierte. Und das wirtschaftliche Interesse, beide zu versklaven, führte zu der ebenso willkürlichen Bezeichnung »Neger« für Afrikaner und Indianer.

Darauf geht zweifellos der Widerwille der Indianer gegen die Feldarbeit zurück, die ihrer Ansicht nach nur den wirklichen Negern zukam. Sie widerstrebte aber auch ihrem Nomadentum, das sie zu einer beständigen und seßhaften Lebensweise unfähig machte. Darauf war sicherlich auch das Bestreben der eben erst zivilisierten Caboclos zurückzuführen, sich wie die portugiesischen Damen zu frisieren und das Haar hochzukämmen, was den Negerinnen oder Mulattinnen bei ihrem gekräuselten Haar nicht gelang. Sogar den elegantesten unter ihnen blieb nichts anderes übrig, als diesen Makel unter einem prächtigen Turban zu verbergen, der zum Merkmal der dienenden oder Sklavenrasse und -klasse wurde. Dieselbe Ursache hatte wahrscheinlich die Gewohnheit der Caboclos – vor allem der »vornehmen« –, sich möglichst nur zu Pferde zu zeigen. Viele dieser Nachkommen von Indianern oder Viehhirten wetteiferten in der Reitkunst mit den Weißen, für die das Reiten eine ausgesprochen aristokratische, den höheren Schichten vorbehaltene Tradition darstellte. Prinz Maximilian zu Neuwied beobachtete in Brasilien, daß die Portugiesen gute Reiter waren, die einen langsamen Schritt liebten, was sie dadurch erreichten, daß sie den Pferden Holzpflöcke an die Beine banden. Trotzdem trugen sie riesige Sporen und fanden auch darin Nachahmer unter den Caboclos und Mulatten, die mit dem Degen und Sporen an den bloßen Füßen zu Pferde saßen. Diese Männer waren noch so ungeschliffen, daß sie auf die Vorliebe ihrer Rasse für das Barfußlaufen nicht einmal verzichten wollten, wenn sie sich mit den Insignien der herrschenden Klasse schmückten.

Die eben erst zivilisierten Caboclos nahmen noch eine andere Gewohnheit der Oberschicht an, um zu zeigen, daß sie freie Männer waren: Sie hatten stets Jagdhunde mit sich, wie sie die Weißen als eine Art Polizeihunde ausgebildet hatten, um entflohene Neger zu jagen. Denn wie der Gebrauch von Feuerwaffen war auch die Jagd eines der Vorrechte des freien Mannes und keine Beschäftigung für Sklaven oder Neger, die die Herren bei den großen Jagden als Diener und nicht – wie die Indianer – als Führer oder Gefährten der Europäer und ihrer Söhne begleiteten. So erklärt es sich, daß die Caboclos nicht nur mit Pfeil und Bogen, sondern auch mit den Feuerwaffen gut umzugehen verstanden, die sie tragen durften, um den Weißen während der Jagd auf Tiere und mitunter auch auf Menschen beizustehen, die als schädlich galten. Das waren die Cabras, wilde Gesellen, die sich gegen die von den Europäern und ihren Nachfahren eingeführte Ordnung empörten.

Die Indianer konnten sich auch den Luxus leisten, mit den weißen Herren im Rauchen zu wetteifern, dieser einheimischen Sitte, die in ihren verfeinerten Formen den meisten Sklaven während der langen Arbeitsstunden verwehrt war. Vor allem weil sie den verachteten »Negertabak« rauchten, wenngleich viele Sklaven den Schnupf- und sogar den Pfeifentabak dem afrikanischen Kraut vorzogen. Bei den zivilisierten Caboclos war es Tradition, wie ein Schlot zu rauchen; einige verbrachten den ganzen Tag damit, diesem Laster zu frönen, das ursprünglich eine Sitte der indianischen Rasse gewesen war, bald aber, in verfeinerten Formen, zum Zeitvertreib der Oberschicht wurde. Die handgedrehte Zigarre verwandelte sich in die aus dem Orient importierte, die Tonpfeife wich der Holzpfeife, und auch der aromatische Schnupftabak wurde in prächtigen, oft sogar goldenen Dosen aus dem Orient eingeführt. So manchem ausländischen Beobachter fiel der allgemeine Brauch auf, Tabak zu schnupfen. Der Unterschied zwischen den Rassen und Klassen bestand nur in der Qualität des Tabaks, den die Edelleute in goldenen Dosen, die kleinen Pflanzer, die Sklaven oder die Armen in der Stadt in Rinderhörnern oder in Blechschachteln bei sich trugen.

Die Christianisierung oder Europäisierung der Indianer und Afrikaner und ihrer Nachkommen war in zahllosen Fällen nur oberflächlich und verdrängte nur scheinbar die Bräuche der »niedrigeren Rassen«, die zu dienenden Klassen geworden waren. In anderen Fällen machte sie die Nachkommen von Wilden oder Primitiven fast zu Fanatikern der orthodoxen Ordnung, Moral und Religion, die sie von den Europäern übernommen, aber nur unvollständig assimiliert hatten. Einzelne Gruppen hielten mit Gewalt und sogar gegen die Einmischungen der von der Küste her vordringenden Weißen an diesen orthodoxen Einstellungen fest – weniger aus Gründen, die in ihrer »Rasse« oder Klasse lagen, als aus Anhänglichkeit an ihren ländlichen Lebensbereich, das Landesinnere. Dadurch erklärt sich auch ihre nicht immer logische Beteiligung an den Bürgerkriegen, nachdem sich schon feste, patriarchalische Formen des Zusammenlebens herausgebildet hatten. Statt gegen die von den Weißen eingeführte Ordnung anzukämpfen, verteidigten die Caboclos und die Farbigen mehr als einmal die orthodoxen oder in Brasilien schon zur Tradition gewordenen europäischen Werte, die sie durch Neuerungen bedroht sahen.

Damit rechtfertigten auch die Cabanos und Papa-mel des Nordens ihren Kampf bis aufs Messer gegen die Liberalen, Fortschrittlichen und Neuerer, die in den städtischen Herrenhäusern saßen. Verlockt durch die Hoffnung auf Freiheit, hatten sich den indianischen Hinterwäldlern in diesem Kampf viele Neger und Mulatten aus den Zuckerrohrplantagen angeschlossen. »Die Liberalen wollen keine Ungleichheit mehr, obwohl die Ungleichheit doch seit der Menschwerdung Christi besteht«, sagten die Papa-mel von Alagôas als Erwiderung auf die legalistische Proklamation vom 11. September 1832. So bewiesen sich diese Männer, die praktisch Mucambos entstammten, selbst ihre Neigung zur absoluten Monarchie und zu einem strengen – auf ihre ländliche Art verstandenen – hierarchischen Patriarchat. »Die Liberalen«, fuhren sie fort, »wollen, daß weder Söhne ihren Vätern noch die Neffen ihren Onkeln, noch die Patenkinder ihren Paten gehorchen. Dagegen wollen sie die Tochter eines anderen oder die hübscheste Frau entführen ... Schließlich wollen sie auch dem Monarchen nicht gehorchen, obwohl doch Gott selber dem König gesagt hat, er werde die Völker, die diesem den Gehorsam verweigern, mit Pest, Hunger und Krieg vernichten.«

An dieser zugleich patriarchalistischen und monarchistischen Bewegung der Leute vom Lande gegen die liberalen und fortschrittlichen

Städter nahmen nicht nur kleine Bauern und Viehzüchter teil, von denen viele von Caboclos abstammten, sowie Neger und andere Farbige, die als Sklaven auf den kleinen Zuckerrohrplantagen arbeiteten. Auch Indianer wie die erst kurz zuvor zivilisierten von Jacuípe beteiligten sich unter ihrem Oberbefehlshaber an diesem Kampf der Absolutisten gegen die Konstitutionellen, der Anhänger der Restauration Pedros I. gegen die nationalistischen Anhänger Pedros II. Es mag sie die Solidarität der Landbewohner gegen die Küstenbewohner geleitet haben, vielleicht aber auch ein vages Loyalitätsgefühl gegenüber der Monarchie, da die Könige von Portugal in Brasilien als Freunde der Einheimischen – wie der Farbigen überhaupt – auftraten. Tatsächlich verteidigte die Krone die Farbigen mehr als einmal gegen die Interessen der Reichen, gegen die Ausbeutung durch mächtige Priester oder gegen die rassische Diskriminierung durch die Jesuiten.

Wir dürfen nicht vergessen, daß die Krise von Pedra Bonita – wo Einwohner von Pajeú das Flores in der Provinz Pernambuco, in der Mehrzahl Caboclos unter der Führung eines Mystikers, der ein blutiges Abbild des Fanatikers oder Mönchs von Canudos zu sein schien, sogar Menschenopfer darbrachten – in ihrer Art »sebastianistisch« war. Das heißt, daß sie vom Wunsch nach der Rückkehr zur absoluten Monarchie beseelt war, zugleich aber von der Geringschätzung der herrschenden Form des Großgrundbesitzes – der ländlichen Herrenhäuser – getragen wurde, die mit der Unabhängigkeit der Caboclos unvereinbar war, von denen die meisten nichts anderes besaßen als ein paar Milchziegen. Noch bevor es in Brasilien eine »Negergarde« gab – Afrikaner und Abkömmlinge von Afrikanern, Messerstecher, Gauner und gedungene Mörder –, die die paternalistische oder maternalistische Monarchie der Braganças verteidigten und die antimonarchistischen Aktivitäten der weißen Akademiker, wie Silva Jardim, oder der für die Republik werbenden Mestizen, wie Saldanha Marinho e Glycerio, ernstlich behinderten, gab es schon zahlreiche Gruppen von Caboclos und Nachkommen von Caboclos, Mestizen und Cafuzos, die sich für die älteren, von Europa nach Brasilien verpflanzten Institutionen einsetzten. Zu diesen gehörten so ausgesprochen hierarchische Institutionen wie die absolute Monarchie oder die streng patriarchalische Form der Familie. Dagegen wurde jede Neuerung abgelehnt, auch wenn sie von einem Geist der Gleichheit erfüllt war, der ihnen in der Praxis nur Vorteile bringen konnte. Als unterjochte Rassen sehnten sie sich eben weniger nach abstrakten Freiheiten als nach einem wirksamen Schutz, den ihnen offensichtlich nur die Könige und Päpste gewähren konnten. Sie wollten vor den weißen Herren und katholischen Patres geschützt werden, die die Farbigen auf wirtschaftlichem, politischem und religiösem Gebiet beherrschten. Und in der Tat hatten die Könige und Päpste die brasilianischen Eingeborenen und die aus Afrika gekommenen Neger gegen die Übergriffe von Privatleuten und sogar von Priestern verteidigt. Daraus entstand bei den Indianern und Negern sowie ihren Nachkommen ein Klassenbewußtsein, das stärker war als das Rassenbewußtsein. Sie fühlten sich genauso als Kinder Gottes und der Jungfrau Maria wie die Weißen und ebenso als Untertanen des Königs wie die Portugiesen. Bei der Kolonisierung Brasiliens durch Portugal war ja auch nicht die Rasse ausschlaggebend gewesen, sondern der religiöse Status, nicht die Farbe, sondern der politische Status.

Von Anfang an wurde der zivilisierte und christianisierte Farbige in sozialer Hinsicht als Portugiese und Christ betrachtet und konnte auch das Priesteramt ausüben. In außergewöhnlichen Fällen, wie in dem des großen Antonio Vieira, wurden auch die Nachfahren von Afrikanern zu Priestern geweiht. Seit unvordenklichen Zeiten hatten diese beiden außereuropäischen Elemente, durch die Notwendigkeit der Verteidigung der Kolonie, auch Zugang zur militärischen Laufbahn, in der sie, wie Camarão oder Henrique Dias, zu hohen Würden gelangen und das Vertrauen des Königs erwerben konnten.

Aufgrund dieser altgewohnten Einstellung ist es nur natürlich, daß sich die Farbigen nicht so sehr als Angehörige von zwei von den Weißen unterdrückten Rassen verhielten, sondern entsprechend dem Status eines jeden einzelnen oder seiner Familie innerhalb der Gesellschaft oder der kulturellen Umgebung. Es darf nicht vergessen werden, welche wichtige Rolle die Umwelt des Individuums oder der Familie bei seiner von Hautfarbe, Rasse oder Klasse unabhängigen Integrierung in bestimmte Milieus spielte, wie dem der Hinterwäldler, der Caipiras oder der Gauchos. Das beweist – unter vielen anderen – das Beispiel von Canudos, wo sich Menschen der verschiedensten ethnischen Herkunft um Antonio Conselheiro scharten. Ihr »Artbewußtsein« war hauptsächlich das von Bewohnern des abgelegenen Hinterlandes, die seit der Zeit des Überganges von der primitiven zur europäischen und katholischen Zivilisation auf einer Stufe stehengeblieben waren, die zugleich ländlich und patriarchalisch war. Ein weiterer Beweis ist die Lage der Indianer und sogar der Neger auf den Landgütern von Rio Grande do Sul, wo, um mit dem bekannten Historiker Dante de Laytano zu sprechen, »der Neger eher Gefährte als Sklave« war. Dieses Verhältnis trat noch stärker hervor, als die Neger in diesem ständig in Kriege verwickelten Gebiet zu Fuß oder zu Pferde an Kampfhandlungen teilnahmen und dadurch sozial aufgewertet wurden. Dasselbe geschah im 17. Jahrhundert im Nordosten des Landes während des Krieges gegen die holländischen Eindringlinge, in dem sich Portugiesen und Brasilianer aller Klassen, Rassen und Regionen – die Paulistaner inbegriffen – im Kampf gegen den gemeinsamen Feind verbrüderten.

Im Gegensatz zu den Behauptungen anderer Historiker hat Professor Dante de Laytano nachgewiesen, daß Rio Grande do Sul eine zahlenmäßig starke Bevölkerung afrikanischen Ursprungs hatte: Die Landkarte von Córdova (1780) zeigt, daß damals der Anteil der Neger in Cachoeira, Triunfo und Anjos da Aldeia dem der Weißen überlegen und ihm in Rio Pardo, Mostardas und Viamão fast gleich war. Dieses Übergewicht schwand in der Folge durch die »Vermischung«, die »Zerstreuung« (zu der auch die »Flucht zum Rio de la Plata« gehörte) und das »Ausbleiben von Neuzugängen«. Die Vermischung von Negern und Indianern scheint in diesem Gebiet beträchtlich gewesen zu sein. In diesem Zusammenhang erinnert Professor Laytano an die eindrucksvolle Formulierung von Saint-Hilaire: »Es heißt, daß sich die Indianerinnen den Männern ihrer eigenen Rasse aus Pflichtgefühl hingegeben haben, den Weißen aus Berechnung und den Negern zum Vergnügen.« Im Verlauf von zwei Jahrhunderten, die von Kriegen, Zwistigkeiten und Scharmützeln erfüllt waren, gelang es dem Neger in Rio Grande do Sul durch eine gewisse Überlegenheit über die Einheimischen die Aufmerksamkeit und sogar die Begeisterung der Mestizinnen, das heißt der Caboclas, zu erregen. Dazu gehörte die Tapferkeit vor dem Feind und die Tatsache, daß er auf den Gütern zum Gefährten der Weißen wurde. Er stand über dem Sklaven und wurde zum Viehhirten gemacht oder zum Militärdienst eingezogen. Daher rührte, zumindest zum Teil, die Anziehungskraft, die er auf die Indianerin ausübte, die vermutlich von der Trägheit ihrer Artgenossen enttäuscht und von der Vitalität der Afrikaner entzückt war.

Diese regional bedingte Situation veränderte die der dienenden Rasse und Klasse, die jedoch in anderen Gebieten, wo das ländliche Patriarchat vorherrschte, nicht nur in den Augen der Weißen, sondern auch der Eingeborenen verächtlich war. Deshalb mußten zum Beispiel die in Palmares konzentrierten Afrikaner Caboclas rauben, die sich ihnen nur unter Zwang und keineswegs aus Lust hingaben. Das bedeutet freilich noch nicht, daß sich die gesellschaftliche Entwicklung in Rio Grande do Sul ohne jede Distanz zwischen Gutsbesitzern und Arbeitern vollzog. Auf den großen Besitzungen gab es immer einen Unterschied zwischen den Weißen oder fast weißen Bewohnern der Herrenhäuser und den Sklaven – Negern oder Mischlingen. Dabei dürfen diese Landgüter nicht mit den kleineren Klitschen verwechselt werden, die den kleinen, primitiven Zuckermühlen oder Schnapsbrennereien des Nordens entsprachen. Die alten Herrenhäuser der großen Viehzüchter des Südens waren genaue Ebenbilder der Herrenhäuser der Landgüter und Zuckerrohrplantagen. In diesen Gutshäusern des Südens gab es mitunter »schöne Möbel, Klaviere, und in einigen, wie auf dem Gut des Obersten Macedo, richtige Musikkapellen«. Der Unterschied zwischen den weißen Herren und den farbigen Sklaven, der sich in den kleinen Besitzungen verwischte, zeigte sich auf den großen Gütern und Plantagen in der Kleidung, der Ernährung, dem Verhalten und den jeweils üblichen Tänzen. Der Fandango zum Beispiel, der anfangs der Tanz der Oberschicht war und erst in der zweiten Hälfte des 19. Jahrhunderts in die Sklavensiedlungen eindrang, wurde durch andere Tänze ersetzt, die nicht nur vornehm, sondern auch ausgesprochen europäisch waren: Gavotte, Montenegro, Walzer und Polka. In diesem Gaucho-Gebiet trug der anhaltende Kriegs- und Bürgerkriegszustand, in dem die Bevölkerung jahrelang lebte, dazu bei, den Unterschied zwischen Klassen und Rassen zu beseitigen, und schuf von der Farbe oder der gesellschaftlichen Stellung unabhängige Aristokratie der Tapferkeit.

»Bis heute hat man den Indianer ausschließlich als Verkörperung des kriegerischen Gaucho-Elements angesehen, wogegen Saint-Hilaire ihn als dem Neger weit unterlegen betrachtet«, bemerkt Professor Dante de Laytano zu wiederholten Malen in einer Arbeit, die sich auf eine von den konventionellen Historikern vernachlässigte, gründliche Dokumentation stützt und in der er sich gegen die systematische Verächtlichmachung der Rolle ausspricht, die der Neger in der Entwicklung der Gesellschaft von Rio Grande do Sul gespielt hat. Er wirkte dort nicht weniger intensiv als in anderen Regionen. Wenn der Neger im Nordosten mit den »Henriques« und in Bahía mit den »Malês« und »Alfaiates« der Revolution von 1798 stärkere Beweise seines aufrührerischen oder kriegerischen Sinns lieferte, tat er es auch, in weniger dramatischer Weise, in anderen Regionen – in Minas Gerais, Rio de Janeiro und São Paulo, vorausgesetzt, daß die Umstände die Entfaltung seines Stolzes, seiner Tapferkeit und seiner Widerstandsfähigkeit begünstigten, Eigenschaften, die im allgemeinen den Indianern zugeschrieben wurden. Diese Eigenschaften dürfen aber weniger als Merkmale einer bestimmten Rasse oder Klasse betrachtet denn aus den regional bedingten Umständen erklärt werden.

Bei einer Untersuchung der verschiedenen Spielarten oder Veränderungen des Status in der Geschichte der brasilianischen Gesellschaft darf die regionale Situation des Individuums oder der Gruppe nicht vernachlässigt werden. Sie hat ihn oft in günstigem oder ungünstigem Sinn beeinflußt.

Der Stand des Plantagenbesitzers verlieh in der patriarchalischen oder tutelären Gesellschaft Brasiliens seinem Inhaber im allgemeinen einen würdigen oder vornehmen Rang, der allerdings starken regionalen Schwankungen unterworfen war. Es war nicht dasselbe, Besitzer einer kleinen Zuckermühle in Piauí zu sein, wo der Zucker nicht einmal raffiniert wurde, oder einer Maniokplantage in Santa Catarina – oder aber Herr einer Zuckerrohrplantage in Pernambuco oder der Umgebung von Bahía, den Landstrichen mit dem geeignetsten Boden. Und der Einwohner von São Salvador, der Hauptstadt von Bahía – und damals von ganz Brasilien –, sah allein in seinem Wohnsitz einen Grund zur Überbewertung, als stamme er aus der einzigen zivilisierten, städtischen Region des Landes und als wäre alles übrige Urwald.

Auf diese städtische oder großstädtische Überbewertung reagierte der Gaucho auf seine Art: Er verachtete jeden Nordbrasilianer, der kein so geschickter Reiter war wie der Bewohner des äußersten Südens. Ein Bahíaner war für ihn ein Ignorant der männlichen Reitkunst, ein allzu zivilisiertes, schon beinahe weibisches Wesen, das nur in der Sänfte, dem Tragsessel oder der Hängematte reiste, die auf den Schultern der Negersklaven ruhte. Die Bezeichnung Bahíaner erhielt in Brasilien einen zugleich aufwertenden und abwertenden Sinn, was andererseits auch wieder auf den Gaucho zutraf.

Wie der Generalkapitän Caetano Pinto de Miranda Montenegro im Jahre 1806 von Pernambuco an den Vicomte von Anadia schrieb, nannte man die portugiesischen Bauern, die nicht in Recife oder Olinda lebten, Hinterwäldler, was sie ebenso ungern hörten wie die Bewohner von Rio de Janeiro die Bezeichnung Carioca, die damals noch nicht den heute allgemein üblichen, sondern einen verächtlichen Sinn hatte. Ebenso wurden die Leute von Recife eine Zeitlang verächtlich »Hausierer« genannt, und das von ihren Nachbarn aus Olinda, die später zum großen Teil ihre alten Häuser mit den mehrstöckigen Stadthäusern von Recife vertauschten.

In Brasilien gibt es zahlreiche verächtliche Beinamen, die die Bewohner bestimmter Gebiete von denen anderer erhielten, die mit ihnen um wirtschaftliche oder politische Macht oder um kulturelles Prestige konkurrierten. Derartige Bezeichnungen bezogen sich nur selten auf die Zugehörigkeit zu einer Rasse oder Klasse, sondern vielmehr auf regional bedingte Voraussetzungen, die den Status des Individuums oder der Gruppe veränderten. Um den Status des Brasilianers innerhalb einer Gesellschaft, die fast bis in die Gegenwart hinein durch die Familie oder den Patriarchen bestimmt war, soziologisch zu kennzeichnen, muß – außer Rasse, Klasse und Familienbeziehungen – der regionale Faktor ermittelt werden. Nur so wird man beispielsweise die Position eines Andrada aus Santos oder eines Diogo Antonio Feijó aus Itu innerhalb der Gesellschaft von São Paulo bestimmen können; beide sind Paulistaner, stammen aber aus verschiedenen, in sozialer und kultureller Hinsicht gegensätzlichen Regionen.

Von dem hier dargelegten Kriterium sind die politischen, administrativen oder geographischen Gegebenheiten des betreffenden Staates, der Provinz oder des Kapitanats zu trennen. Denn gemäß diesem soziologischen Kriterium ist die Ähnlichkeit zwischen den Hinterwäldlern aus verschiedenen Provinzen oder Kapitanaten oder zwischen den Bewohnern der Kleinstädte im Landesinnern – wie dem Pater Feijó aus Itu und dem Ibiapina aus Ceará – größer als zwischen Feijó und irgendeinem Andrada, obwohl beide aus Santos stammen; oder zwischen Ibiapina und dem weltgewandten Maciel Monteiro aus Recife zu der Zeit, als er in dieser Stadt studierte, die nicht nur die Hauptstadt von Pernambuco, sondern des ganzen Nordostens war.

Das heißt jedoch keineswegs, daß wir die kulturell oder politisch bedingte regionale Situation des Individuums oder der Gruppe bei der Charakterisierung des Status für besonders gewichtig oder für grundsätzlich ausschlaggebend halten. Entscheidend scheint vor allem die gesellschaftliche und wirtschaftliche Lage der jeweiligen Klasse zu sein. Lange Zeit hindurch gab es in Brasilien die Klasse des Sklaven und – im Gegensatz dazu – die des Herrn sowie die Symbiose dieser beiden, die sich innerhalb der patriarchalischen Familie ergab, in der der Patriarch, dessen Frau, Kinder und Kindeskinder, arme Verwandte, Hausgenossen und Sklaven zusammen lebten.

Seit dem Bestehen der auf dem Familiensystem aufgebauten brasilianischen Gesellschaft gab es allerdings auch in den ersten städtischen Siedlungen Gruppen, die nicht zu diesen beiden Extremen gehörten und die dieselbe Funktion innehatten wie die Mittelschicht in komplizierter zusammengesetzten Gesellschaften. Es waren dies die aus Portugal oder dem übrigen Europa eingewanderten Handwerker, denen sich viele geschickte Mestizen anschlossen, die von den Weißen irgendeine Handfertigkeit, Kalligraphie oder eine Bürotätigkeit gelernt hatten und die von den ersten Tagen der Besiedlung an aus den patriarchalischen Herrenhäusern und vor allem aus den geistlichen Schulen hervorgegangen waren.

Edmundo Zenha bemerkt in einem seiner Essays, daß diese Handwerker und die ganz allgemein und etwas vage als »Verbannte, Juden und Ausländer« Bezeichneten nicht systematisch von den öffentlichen Ämtern ausgeschlossen blieben – im Gegensatz zu Portugal, wo die Institution der *homens-bons*, der »Leute von Stand«, eine in sich geschlossene Gesellschaft bildete. Es war nur natürlich, daß diese – wie andere aus Europa importierte – Institutionen, Lebensstile und Architekturen in Brasilien eine Veränderung erfuhren. Nach Edmundo Zenha wurde der Verbannte, sobald er sich als aktives und nützliches Mitglied der Kolonie erwiesen hatte, nur noch nach seinem Wert und nicht nach seiner belasteten Herkunft eingeschätzt. Das war auch der Fall von Filipe de Campos, einem »nützlichen Bürger der Stadt Piratiningana«, dem Taques »feines Benehmen, große Höflichkeit, Klugheit und Bildung« nachsagte, Charakterzüge, die in einem aufstrebenden Gemeinwesen als mildernde Umstände für einen wegen Mordes Verbannten galten. Das Verbrechen war nur infolge »zeitlich bedingter Ursachen und studentischen Übermuts« begangen worden, hieß es dann zur Entschuldigung. Noch drastischer waren die Fälle von Simão de Toledo Piza, der in São Paulo von portugiesischen Gerichten gesucht wurde, und von Antonio Cubas, der in Santo André Gehilfe des Richters war, während er in der brasilianischen Verbannung lebte, wie der Historiker Afonso de Taunay erwähnt. Taunay hat auch den Fall von Antonio Proença festgehalten, der zum Richter gewählt wurde und die Annahme dieses Amtes mit Rücksicht auf seine Situation als Verbannter ablehnte. Der Stadtrat hielt ihn aber offensichtlich – so wie Taques den Campos – für so »sittsam«, »höflich«, »klug« und »gebildet«, daß er seine Einwände nicht gelten ließ und dem Verbannten dieses hohe Amt übertrug.

Aber auch die Handwerker, die aufgrund »gesetzlicher Bestimmungen und städtischen Brauchs kein wie immer geartetes Amt im Stadtrat ausüben konnten«, wurden, wie Zenha und Taunay berichten, mehr als einmal gewählt. Die brasilianische Umwelt hat in den ersten städtischen Gemeinwesen auch mit dieser starren Norm aufgeräumt und demokratische Nachsicht geübt.

Der Historiker Taunay erzählt, daß Manuel Fernandes Gigante, als er am 8. August 1637 zum Stadtverordneten von São Paulo gewählt wurde, »im Verdacht stand, Handwerker zu sein«. Er erklärte jedoch, daß das nicht stimme und daß er, sollte es doch wahr sein, »von heute an für alle Zeiten auf die Ausübung verzichte«. Daraufhin »wurde er angenommen«. In diesem wie in anderen Fällen zeigt sich, daß der Handwerker oder Schankwirt nach Erreichen eines bestimmten wirtschaftlichen Niveaus sein Handwerk oder seine Schenke aufgeben und in den Gemeinderat gewählt oder zum Bürgermeister gemacht werden konnte. Der Verzicht wurde freilich nicht immer praktisch vollzogen, sondern häufig nur verbal.

Im Jahre 1636 sah sich der Stadtrat von São Paulo gezwungen, dem Bürgermeister Domingos Machado eine Rüge zu erteilen, weil er auch als Bürgermeister fortfuhr, Brot und Wein zu verkaufen. Er solle »dem vornehmen Stand, den Seine Majestät ihm verliehen hatte, Ehre machen«, sagte der Stadtrat und bekundete damit klar und deutlich, daß der Handwerker oder der kleine Kneipenwirt im Brasilien des 17. Jahrhunderts einen Prozeß der Nobilitierung durchmachte, sobald er seinen als niedrig betrachteten Beruf aufgab, wenn er in irgendein königliches Amt gewählt wurde. Es gab freilich so manche, die auch als Bürgermeister Schankwirte bleiben wollten, eine Kombination, die die von europäischem Klassenbewußtsein beseelten orthodoxen Elemente der Gemeinde schlicht als skandalös empfanden.

Diese Einstellung beschränkte sich jedoch nicht auf São Paulo. Der Engländer Robert Southey berichtet, daß 1685 in der Stadt São Luís »mehr als tausend Portugiesen lebten«. »Viele von ihnen waren Edelleute«, fährt er fort, »denn wer auch nur drei Monate lang als Ordonnanz gedient hat, erwirbt dadurch den Adelsstand, erhebt sich über das Volk und genießt Vorrechte, die schließlich zum Nachteil des Staates ausschlagen.« Und in Tapuitapera, »auf der anderen Seite der Bucht hatte sich die Zahl der Edelleute durch den Militärdienst derart vermehrt, daß die aus Handwerkern und Leuten niedrigen Standes bestehende ›Bruderschaft der Barmherzigkeit‹ aufgelöst werden mußte, als alle Brüder geadelt worden waren«.

In den Städten des Nordens, wo im Krieg gegen die Holländer sogar Neger zu Edelleuten werden konnten, gelang es Menschen einfacher Herkunft, durch den Militärdienst oder durch besondere Tapferkeit Zugang zum vornehmen Stand zu erlangen. Ebenso scheinen Mitglieder der Handwerkerbruderschaften zu denen der Edelleute übergegangen zu sein. Diese Bruderschaften hatten in den ersten brasilianischen Städten die Aufgabe, ihren Mitgliedern, die in den Gemeinderat gewählt oder mit einem königlichen Amt betraut wurden, die Stellung eines Edelmanns zu verleihen, statt umgekehrt, wie es vom theoretischen oder orthodoxen Standpunkt aus hätte der Fall sein müssen. Wenn in Pernambuco der Konflikt zwischen den kleinen, erst kurz zuvor aus Portugal eingewanderten Kaufleuten von Recife und den schon länger in Brasilien ansässigen Grund- und Plantagenbesitzern von Olinda – von denen manche indianisches Blut hatten und auch stolz darauf waren – die Dimensionen eines Bürgerkriegs annahm, so erklärt sich das wohl aus der stärkeren Vitalität des Landadels von Pernambuco, das von Anfang an von Portugiesen aus dem niedrigen Provinzadel besiedelt worden war, die den ersten Bewohnern anderer Regionen Brasiliens überlegen gewesen sein mögen. Diese Gruppe, die sich durch Inzucht verhältnismäßig rein erhielt und über genügend Menschen verfügte, um sich auch in den Gemeinderäten vertreten zu lassen, scheint sich hier mehr als anderswo gegen die Handwerker und Kneipenwirte abgeschlossen zu haben. Deshalb erhoben sich die Herren von Olinda auch gegen die wirtschaftliche und politische Macht der sogenannten Mascates, von denen sie sich in ihren geheiligten Privilegien verraten fühlten: als geborene Herren von Grund und Boden, und nicht nur von Sklaven, sowie als Inhaber politischer Ämter und nicht bloßer militärischer Würden.

In den Stadtrat von Olinda scheint in den ersten Jahrhunderten der Kolonisierung niemand gewählt worden zu sein, der im Verdacht stand, Handwerker oder Gastwirt zu sein. Ganz im Gegenteil soll sich diese Körperschaft ausschließlich aus Edelleuten zusammengesetzt haben. Daran änderte auch der Krieg gegen die Holländer nichts. Wenn einzelne besonders qualifizierte Angehörige von Rassen und Klassen mit niedrigerem Status in den vornehmen Stand erhoben wurden, wurden diese Rassen oder Klassen jedoch nicht mit der herrschenden gleichgesetzt, die aus Weißen oder Fast-Weißen, aus Herren über Land, Sklaven und Zukkerrohrplantagen bestand. Dieser vornehme oder adlige Stand wurde lange Jahre hindurch vom König und von den Vizekönigen durch Erlässe wie den des Vizekönigs des Staates Brasilien von 1714 geschützt, nach dem »die Einwohner dieses Kapitanats Pernambuco nicht gepfändet werden dürfen«.

In kaum einem anderen von Anfang an von den Portugiesen kolonisierten Teil Brasiliens wurden so strenge Unterscheidungen zwischen den Klassen – weniger zwischen den Hautfarben – getroffen wie in Pernambuco oder Nova Lusitânia. Das zeigte sich ganz besonders in den Satzungen der Bruderschaften und Zünfte, die hier sowie in den benachbarten Regionen – besonders in Bahía – viel zahlreicher gewesen zu sein scheinen als beispielsweise im Gebiet von São Paulo. Die Silberschmiede hatten nicht nur einen Altmeister, der vom Gemeinderat bestätigt wurde, sondern auch eine eigene Bruderschaft: die vom heiligen Eloi, die im 18. Jahrhundert in der Kirche des Hospital do Paraiso von Recife gegründet worden war. Die Schuster waren in der Bruderschaft der heiligen Crispim und Crispiniano zusammengeschlossen, die Tischler und Zimmerleute in der des heiligen Josef. Alljährlich wählten die verschiedenen Handwerke ihre Altmeister vor dem Gemeinderat, ohne jedoch in diesem vertreten zu sein. Dagegen bildeten sie Zünfte, die, nach Pereira da Costa, über die in Bruderschaften zusammengefaßten oder von selbstgewählten Altmeistern angeführten Handwerker »eine gewisse Autorität ausübten und auch einige Vorrechte wie das der Beteiligung an der Festlegung der Handwerksordnung oder der Festsetzung der Preise für die jeweiligen Arbeiten genossen«. Im Gemeindearchiv von Olinda fand derselbe Historiker eine Verordnung über das Zimmermannshandwerk vom 15. Juni 1793, nach dem die Zimmerleute fast bis ins 19. Jahrhundert hinein organisiert waren. Noch bis 1770 bestimmte ein Gesetz, daß niemand ohne ein vom örtlichen Gemeinderat ausgestelltes Diplom ein Handwerk ausüben dürfe. Auf diese Art wurde die Würde des Berufs, aber auch seine technische Qualität garantiert.

Bis zur Mitte des 18. Jahrhunderts sind aber auch Fälle bekannt, in denen sich Altmeister – oft sehr energisch – dem Wunsch reich gewordener Handwerker widersetzten, ihre schwarzen und braunen Sklaven die Meisterprüfung ablegen zu lassen. Sie hatten ihnen ihr Handwerk beigebracht, um es als freie weiße Männer nicht mehr selbst ausüben zu müssen, nachdem sie durch diese als niedrig geltende Arbeit reich geworden waren. Die Ausbeutung der Sklavenarbeit hatte so manchem den Weg in die bürgerliche und sogar adlige Gesellschaft geöffnet. Als Koster zu Beginn des 19. Jahrhunderts in Pernambuco weilte, stellte er fest, daß die besten Handwerker überwiegend Mulatten waren. Er fand aber auch Farbige unter den »reichen Plantagenbesitzern« – den Bewohnern der Herrenhäuser im Landesinnern – sowie unter den »reichen Bewohnern« der Stadthäuser von Recife. Damit zählten sie auch zu den *ricos homens* oder *homens bons*, den »Leuten von Stand«, die dem Stadtrat und den vornehmen Bruderschaften angehören konnten. Eine einzige Grenze war diesem Aufstieg gezogen: Den Negern blieb er verwehrt, nur hellhäutige Mulatten durften ihm angehören.

Daraus erklärt sich wohl auch die Tatsache, daß im 18. Jahrhundert fast alle alten Handwerkerbruderschaften verschwanden. Sie wurden vom Typ der Bruderschaft des Allerheiligsten Altarsakraments abgelöst, in die ausschließlich Weiße aufgenommen wurden, die außerdem noch beträchtliche Spenden oder »Almosen« beisteuern mußten. Diese Bruderschaften boten den weißen oder fast weißen Handwerkern die Möglichkeit, sich durch ihr erfolgreiches Wirken in Sklavenhalter oder sogar in Mitglieder des Stadtrats zu verwandeln. Sobald sie Stadtverordnete waren, verwendeten sie sich im Gemeinderat zugunsten der farbigen Handwerker, die sich persönlich oder über ihre Herren an sie wandten, um zu den Prüfungen zugelassen zu werden, die die Altmeister der Zünfte ihnen verweigerten.

Unter den Altchristen gab es natürlich Weiße oder Fast-Weiße, die sich in ihrer Eigenschaft als Herren und Christen in der Gesellschaft der Neuhinzugekommenen nicht wohl fühlten, deren Hände noch die Schwielen des als niedrig geltenden Handwerks aufwiesen oder die die ebenfalls als minderwertig erachteten Riten praktizierten. Aus dieser Einstellung entstandenen Bruderschaften, die bei ihren Anwärtern ebenso eifersüchtig über die Reinheit der Rasse wie über die des katholischen Glaubens und die Zugehörigkeit zur Herrenschicht wachten, das heißt zur Aristokratie und nicht etwa zur Plutokratie. Die Bruderschaft von Nossa Senhora do Amparo von Olinda zum Beispiel, die im 16. Jahrhundert von »Junggesellen« gegründet und im Jahre 1783, zur Zeit der Königin Maria I., reorganisiert wurde, verlangte von ihren Anwärtern, daß sie nicht nur Junggesellen sein sollten, sondern außerdem weder Neger noch Juden, noch

Mulatten »bis ins dritte Glied« sein durften, daß sie kein »niedriges Handwerk« ausübten und keine »öffentlichen oder ärgerniserregenden Sünder« waren. Die letzten drei Bedingungen waren für die ausgesprochen aristokratischen Bruderschaften der Kolonialzeit charakteristisch. Viele Bruderschaften vom Allerheiligsten Altarsakrament, die in ihrer Zusammensetzung ebenfalls aristokratisch oder eher plutokratisch waren, beschränkten sich darauf, von ihren Kandidaten außer guten Sitten die weiße Hautfarbe und die Bereitschaft zu verlangen, »Almosen« in beträchtlicher Höhe zu zahlen. Sie nahmen übrigens Verheiratete wie Unverheiratete, Frauen wie Männer auf. Im ersten Kapitel der Satzungen der Bruderschaft vom Allerheiligsten Altarsakrament von Nossa Senhora dos Remédios in Vila Nova de Sousa, die am 16. Juli 1809 vom Prinzregenten bestätigt wurden, heißt es: »Dem Beispiel unseres im Altarsakrament gegenwärtigen Herrn folgend, der niemanden von seinem Tisch ausschließt, kann in diese Bruderschaft ein jeder, Mann oder Frau, aufgenommen werden, der es wünscht, da man dem Nächsten die unschätzbare Ehre nicht verweigern darf, dem Herrn zu dienen, der im Allerheiligsten Altarsakrament gegenwärtig ist, vorausgesetzt, daß der Anwärter von weißer Hautfarbe und so guten Sitten ist, daß er der Bruderschaft keine Schande macht. Jeder neu Eintretende, ob Bruder oder Schwester, hat ein Almosen von 6 000 Reis zu geben . . .«

Die Bedingungen für die Zulassung neuer Brüder in vornehme Bruderschaften schwankten je nach der ethnischen Zusammensetzung und den sozialen, ja sogar wirtschaftlichen Verhältnissen der Bevölkerung in den einzelnen Regionen. In Sousa konnte eine Bruderschaft vom Allerheiligsten Altarsakrament keine so strengen Ansprüche bezüglich des Nachweises weißer Ahnen stellen wie in Olinda, São Salvador oder Recife, wo sich die betreffenden Nachforschungen über drei Generationen erstreckten, um die Bruderschaft vor Mitgliedern mit Neger-, Mulatten- oder jüdischem Blut und in einzelnen Fällen auch vor Personen mit maurischem Einschlag zu bewahren.

In seinem Essay *Das Kapitanat von Minas Gerais* berichtet der Historiker Augusto de Lima junior, daß der Stadtrat von Vila Rica im Jahre 1736 bei der Überprüfung der Satzungen des Hospitals beschlossen hatte, die Unterscheidung zwischen Vornehmen und Handwerkern oder Kaufleuten aufzuheben, da eine solche »in Minas Gerais undurchführbar ist, weil viele glaubenseifrige und wohlanständige Männer, die nach Landesbrauch einen Laden führen, nicht der Bruderschaft dienen wollten«.

Lima kommt auch auf die Unterschiede zwischen Weißen und Schwarzen und zwischen »Altchristen« und »Neuchristen« zu sprechen: Diese, die Judenchristen, »bildeten ganze Ortschaften, wahre Gettos, die heute noch daran zu erkennen sind, daß sich in ihren Ruinen keine Kapellen finden«. In den größeren Städten waren die Neuchristen jedoch durch ihr Geld oder durch Heirat in die Kreise der Altchristen eingedrungen und beherrschten schließlich »durch ihre Schlauheit die Bruderschaften vom Allerheiligsten Altarsakrament, die dem höchsten Adel vorbehalten waren«. Der Historiker Augusto de Lima junior spricht sogar von »Barfüßern«, wie zur Kolonialzeit in Minas Gerais die »Schwarzen, Weißen oder Mulatten genannt wurden, deren Armut den Erwerb von Schuhwerk ausschloß«. Natürlich konnten diese »Barfüßer« nicht den vornehmen Bruderschaften angehören, selbst wenn sie Weiße waren, es sei denn, sie trugen Holzschuhe, wie es in Recife von gewissen portugiesischen Bruderschaftsmitgliedern überliefert ist.

Der königliche Erlaß vom 27. September 1693, der die Satzungen der Bruderschaft vom Allerheiligsten Altarsakrament von São Frei Pedro Gonçalves in Recife bestätigte, ist ein Beweis dafür, daß diese Körperschaft seit 1680 »adlige Vorrechte besaß, die ihr durch königliche Gesetze verliehen worden waren und nach denen nur solche Personen Altmeister werden konnten, die mit Orden ausgezeichnet waren und dadurch besondere Ehren, Vorrechte und Privilegien genossen«. Die Krone scheint also jene Bewohner der brasilianischen Städte besonders begünstigt zu haben, die im Handel Erfolg hatten; diese Tätigkeit, die den Gutsbesitzern als beinahe ebenso niedrig galt wie die eines Handwerkers, genoß seit dem 17. Jahrhundert so großes Ansehen bei den Königen, daß diese sie aller Ehren und sogar adliger Vorrechte für würdig erachteten. In Salvador da Bahía ernannte der König schon im 16. Jahrhundert den Baumeister Luís Dias zum Ritter. Dias verdiente im Jahr nicht weniger als 72 Milreis, während der Meister einer Kalkgrube 54 und der Maurerpolier Diogo Peres 36 Milreis jährlich verdiente.

Eine genaue Untersuchung der sozialen und ethnischen Zusammensetzung der Bruderschaften trägt wie wenige zur Aufhellung der durch Rasse, Klasse und Region bedingten Phänomene bei, die nur in ihrer Gesamtheit die Entwicklung der brasilianischen Gesellschaft kennzeichnen, da sie, einzeln betrachtet, leicht zu falschen Verallgemeinerungen führen. So kann beispielsweise nicht gesagt werden, daß diese Entwicklung in bezug auf eine bestimmte Rasse, Klasse oder einer bestimmten

Region eindeutig aristokratisch war. Und doch war sie aristokratisch in der Form, wobei innerhalb der Form die Substanzen oder Elemente der Rasse, der Klasse oder der Region wechselten. Einmal wurde der Weiße als vornehm hingestellt (und dem Eingeborenen das Recht eingeräumt, alte portugiesische Eigen- oder Familiennamen anzunehmen), dann wieder der Caboclo (dessen Namen in einer bestimmten Zeit die europäischen ersetzten). Entweder galt der Plantagenbesitzer aus dem Anbaugebiet des Zuckerrohrs oder der vornehme Bewohner der Stadtpalais als höchstes Vorbild. (Die Tendenz ging dahin, daß der reiche Gutsbesitzer immer ein Haus in der seinen Besitzungen nächstgelegenen Stadt besaß und umgekehrt der reiche Stadtherr eine Plantage oder ein Gut, was seine wirtschaftliche und bürgerliche Stellung unterstreichen sollte.) Der Küstenbewohner wurde als Held der nationalen Entwicklung hingestellt – oder aber auch der Paulistaner, der Bewohner des Hinterlandes oder des Gebirges. Einmal wurde der Zucker zum König der nationalen Wirtschaft ausgerufen, dann wieder erhielt der Kaffee diesen majestätischen Rang.

Das Wort »Bahíaner« hatte, wie bereits erwähnt, einen doppelten Sinn: Für die einen bedeutete es den höchsten Ausdruck feiner Lebensart und aristokratischer Höflichkeit, für die anderen Unfähigkeit zu jeder männlichen und militärischen Tat, die als wahres Kennzeichen des Adels betrachtet wurde. Auch die Bezeichnungen »Carioca« und »Mascate« hatten zu bestimmten Zeiten einen verächtlichen Sinn.

Das ist aber noch nicht alles: Die Geschichte des brasilianischen Parlaments enthält eine lebhafte Diskussion zwischen einem berühmten Parlamentarier des Nordens und einem glänzenden Journalisten aus Rio de Janeiro, der den anderen als »Plantagenbesitzer« etikettierte. Das geschah in den ersten Jahren der Ersten Republik, als der sogenannte »Landadel« des Nordens immer mehr an Prestige verlor und von den Kaffeekönigen aus São Paulo und den städtischen Großkaufleuten überflügelt wurde, die in den letzten Jahren des Kaiserreichs mit Orden und Adelstiteln und ganz besonders mit der Toga des Richters oder der Amtstracht des Magistratsbeamten ausgezeichnet wurden. So erklärt sich die Antwort des Parlamentariers: »Ich bin Akademiker, mein Lieber! Akademiker – und nicht Plantagenbesitzer!« Als Zeichen seines Standes trug er einen untadeligen Frack mit seidener Krawatte, Lackschuhe, Zylinder, Regenschirm mit goldenem Griff und einen Rubinring und wollte nicht mit den rauhen Pflanzern seiner Heimatprovinz verwechselt werden.

Gewiß, er besaß eine Plantage, die er von seinem Vater geerbt hatte. Aber weniger, um Zuckerrohr zu pflanzen und Zucker zu fabrizieren, als um dort die Ferientage mit seiner Familie zu verbringen und Reit- und Wagenpferde zu züchten. Seinen Lebensunterhalt bezog er jedoch aus seinem Anwaltsbüro in der Stadt. Er verwahrte sich dagegen, von dem Journalisten »Plantagenbesitzer« genannt zu werden, weil die Öffentlichkeit dadurch einen falschen Eindruck von seiner Person, seiner Bildung und seinem Denken gewinnen könnte.

Die Konstante in der sozialen Ökologie Brasiliens war die Stellung, die der Sklave in seiner ländlichen Behausung im Gutshof einnahm, eine Erscheinung, die später durch den zu niedrigen Arbeiten gezwungenen Paria der städtischen Mucambos oder Strohhütten abgelöst wurde. Von ihnen versuchten sich die übrigen Elemente der Gesellschaft stets zu unterscheiden und wollten, auf welche Art auch immer, vornehme oder zumindest freie Menschen werden oder ihnen wenigstens gleichen. Der weiße oder fast weiße Landedelmann stellte zwar die dominierende Figur des Herrn, im Gegensatz zum dienenden Neger, dar, war aber für den Brasilianer keineswegs die einzige Verkörperung der Vornehmheit – und ist es auch heute nicht.

In der gesellschaftlichen Entwicklung des Landes hat es eine Reihe von Herrentypen gegeben, die aus der Gesamtheit der durch die Herkunftsregion, die Klasse oder die Rasse bedingten Umstände entstanden oder aber aus einer bestimmten zeitlich bedingten Superiorität, einem bestimmten Prestige hervorgingen: der Weiße im Gegensatz zu den Farbigen; der Großgrundbesitzer, der im Herrenhaus wohnte, im Gegensatz zu den besitzlosen Bewohnern seiner Ländereien und den Sklaven, die als Arbeitskräfte für die Landwirtschaft, die Viehzucht und den Bergbau nötig waren; der Altchrist im Gegensatz zum Neuchristen und anderen Nichtkatholiken; der gebürtige Brasilianer im Gegensatz zum Portugiesen oder dem naturalisierten Brasilianer; der Küstenbewohner im Gegensatz zu dem weit weniger europäisierten Bewohner des rauhen Landesinnern. Aber keine dieser Gruppen erlangte ein absolutes Übergewicht und besitzt es noch viel weniger heute. Dagegen traten Fälle von Umkehrungen und Vermischungen auf: Herren mit der dunklen Hautfarbe der dienenden und im allgemeinen als inferior betrachteten Rasse; Hinterwäldler, die mit ihrer wirtschaftlichen Macht und ihrem politischen Prestige die Küstenbewohner weit überragten; und Gutsbesitzer, die in einem derartig hohen Maße von den städtischen

Kommissionären abhingen, daß sie nachgerade zu ihren wirtschaftlichen Vasallen wurden.

Trotz dieser Umkehrungen und Vermischungen ragen aus der Gesamtheit der Werte, Bräuche und Stile des brasilianischen Lebens und der brasilianischen Kultur Elemente hervor, die auch heute noch für bestimmte Klassen, Rassen und Regionen charakteristisch sind: der Stil von Häusern, Betten und Grabstätten, ferner Verkehrsmittel, Haustiere, Vieh, Speisen, Heilmittel, Kleidung, Schuhe, Hüte, Bräuche, Laster, die Art, sich hinzusetzen, Vergnügungen, Spielzeug und die für die Gärten bevorzugten Blumen. So ist in Brasilien Sankt Benedikt von alters her der »Heilige der Neger« und Sankt Onofrius der »Heilige der Armen«. Die Samba stellte lange Zeit eine Unterhaltung der Sklaven oder Neger dar, an der die Vornehmen oder auch nur Weißen nicht teilnahmen. Zahlreiche Heilmittel der Neger und sogar der Caboclos, der Hinterwäldler, der Caipiras oder der Bewohner des Landesinnern wurden von den »Gebildeten« als unwürdig und unfein betrachtet. Die besonders von der europäischen Kultur beeinflußte Schicht legte immer größeren, sogar übertriebenen Wert auf teure, aus Europa importierte Lebensmittel, Getränke und Arzneien, deren Verwendung sozusagen die Zugehörigkeit zu einer höheren Klasse und verfeinerten Rasse dokumentierte – zu einer Menschengattung, der die landläufigen Speisen, Getränke und Medikamente mehr schaden konnten als eine Krankheit. In den Zeitungen der ersten Hälfte des 19. Jahrhunderts finden sich häufig Anzeigen von Arzneien für »empfindliche«, »vornehme« oder »hochstehende« Personen, die sie aber bald verschmähten, so daß sie in großen Flaschen nur »für kleine Pflanzer und Neger« verkauft werden mußten.

An Lebensmitteln wurden in diesen Anzeigen den »vornehmen Leuten« Schinken, Rosinen und *petits pois* angeboten – niemals aber Trockenfleisch, Kabeljau und Kürbisse, die als plebejisch, gewöhnlich oder bäurisch galten. Die Fische werden noch heute in Rangklassen eingeteilt, die gesellschaftlichen Klassen entsprechen, eine veritable Hierarchie, die besonders in der Karwoche genaue Beachtung findet. So wurde der Bagrewels, ein als minderwertig eingeschätzter Fisch, während der Kolonialzeit bezeichnenderweise »alter Mulatte« genannt.

Die Verachtung des »fortschrittlichen« Brasilianers für die Strohhütte oder den Mucambo – eine in mancher Hinsicht für das tropische Klima besonders gut geeignete Behausung – scheint darauf zurückzugehen, daß diese Wohnstätte durch Jahrhunderte hindurch mit einer Klasse, einer Rasse oder einer Region assoziiert wurde, die als minderwertig galten und denen gerade diese »Fortschrittlichen« oder »Reformatoren« entstammten, die eifrig darauf bedacht waren, die Spuren dieser Herkunft auszulöschen. Die Kinder der Bewohner des Landesinnern, aber auch die der Armen oder doch Bedürftigen in den Städten, wurden lange Zeit hindurch mit Ziegenmilch aufgezogen, während die wohlhabenden Kreise in den Städten und den reicheren ländlichen Gebieten ihre Kinder mit Kuhmilch oder von Ammen ernähren ließen. In den Zeitungsinseraten der ersten Hälfte des 19. Jahrhunderts geht die Unterscheidung zwischen *cabra-bicho* (Ziegen-Tier) und *cabra-mulher* (Ziegen-Frau = Amme) oft nur aus dem Sinn hervor.

Auch der Gebrauch des Bettes war lange Zeit ein soziales Unterscheidungsmerkmal; im allgemeinen wurde die Hängematte als Schlafgelegenheit und nicht nur als Transportmittel benutzt. In Ermangelung eines Tragsessels ließen sich darin vor allem die Damen von einem Haus zum andern oder auf das Landgut tragen. Der Historiker Sérgio Buarque de Holanda hat festgestellt, daß Betten auch im Gebiet von São Paulo während der ersten Jahrhunderte der Kolonialzeit selten waren und nur sehr reiche Leute welche besaßen.

Sogar in den Gefängnissen spiegelten sich die Unterscheidungen zwischen den Klassen und Rassen wider. Individuen verschiedener Herkunft oder Zugehörigkeit wurden wegen des gleichen Verbrechens nicht in die gleichen Gefängnisse gesperrt. Im Jahre 1729 wehrte sich der Bischof von Pernambuco, José Fialho, wie ein Löwe gegen die Zumutung, daß in Olinda und Recife Kleriker in Haft gehalten wurden, weil »die Ehrfurcht vor dem priesterlichen Gewand in skandalöser Weise verletzt wird, wenn sich diese Kleriker in Gesellschaft von Verbrechern aus dem Laienstande befinden, die in ihrer Mehrzahl Mulatten und Neger sind«. Jahrelang waren die Titel eines Hauptmanns oder Feldwebels der Miliz und später der Nationalgarde unter anderem deshalb so begehrt, weil ihre Träger – wie übrigens auch die eines akademischen Titels – das Recht oder das Privileg genossen, im Falle einer Anklageerhebung mit militärischen Ehren in einem besonderen Gefängnis gehalten zu werden.

Dasselbe ließ sich bei den ersten allgemeinen Krankenhäusern beobachten, die der Exklusivität der Hospitäler des Dritten Ordens für die Reichen und der Spitäler für die Armen und Sklaven sowie der Lazarette für die Soldaten ein Ende bereiteten. In diesen neuen, in ehemaligen Patrizierhäusern eingerichteten Spitälern konnten – wie im Krankenhaus

Santo Amaro in Recife – Kranke der unterschiedlichsten Herkunft untergebracht werden, gleichgültig, woher sie stammten: Hinterwäldler, Plan-
tagenbewohner, Ausländer, die in Läden und Werkstätten arbeiteten, und
Seeleute; gleichgültig auch, welcher Rasse oder Klasse sie angehörten:
wohlhabende Leute, Arme, Freie, Sklaven, Weiße, Schwarze und
Braune. Die Eigentümer dieses Krankenhauses verwahrten sich im *Diário de Pernambuco* vom 21. Februar 1857 energisch gegen »das Gerücht«,
wonach »weiße Kranke mit Sklaven zusammen lagen«. Sie erklärten, es
bestünden »in dieser Anstalt die besten Möglichkeiten, um die Kranken
nach ihrem Stand und ihren Leiden zu trennen, so daß niemals ein Weißer im selben Zimmer mit einem Sklaven untergebracht worden ist«.
Ebenso seien »die Wäsche, die Betten, das Geschirr und sonstige von den
Kranken benutzte Gegenstände nach den Kategorien und Krankheiten
derselben getrennt«. Die sozialen und ethnischen »Kategorien« hatten
unbedingt Vorrang vor den Krankheiten.

In jener Zeit gab es übrigens Krankenhäuser, die ausschließlich für
Neger bestimmt waren, und andere, die seit Anfang des Jahrhunderts von
den Engländern in den bedeutendsten Handelsstädten Brasiliens neben
ihren privaten Kapellen und Friedhöfen erbaut wurden und ihre Seeleute, unverheirateten Kaufleute, Techniker und Gießereiarbeiter aufnehmen sollten. Die verschiedenen Hospitäler unterschieden sich nicht
nur nach der Rasse, der Klasse und der Herkunftsregion der jeweiligen
Patienten, sondern auch in der Behandlung und den verwendeten Arzneien sowie in der Art des geistlichen Beistandes, der den Sterbenden
gewährt wurde, zu einer Zeit, in der tiefgreifende Unterschiede zwischen
Katholiken und Protestanten, aber auch zwischen der englischen und der
romanischen Heilkunst bestanden.

Die Engländer und die Brasilianer portugiesischer Herkunft unterschieden sich obendrein sehr stark in der Art des Schuhwerks, das der
Mittelstand und das Proletariat der beiden Völker trug, in der Art, zu
spucken und Haare und Zähne zu pflegen – Gewohnheiten, die ein
Zusammenleben im selben Krankenhaus erheblich erschweren mußten.
Die Briten empfanden einen heftigen Abscheu vor dem häufigen Ausspucken, dem Gebrauch des Zahnstochers und der Holzschuhe. Diese
Holzschuhe, die portugiesischen und ländlichen Ursprungs waren, wurden in Brasilien, wo sich ihre Träger in Stadtmenschen verwandelten,
zum vorherrschenden Schuhwerk der kleinen, mittleren und sogar großen portugiesischen und brasilianischen Kaufleute sowie der Arbeiter,

der Stauer und der freien Neger und Mulatten. Um die Mitte des 19. Jahrhunderts wurde der Handel mit Holzschuhen zu einem der bedeutendsten Handelszweige der brasilianischen Städte. Aus – zumindest mündlicher – Überlieferung ist bekannt, daß sogar Mitglieder der Bruderschaft vom Allerheiligsten Altarsakrament in Holzschuhen an den Prozessionen teilnahmen. Kaufleute, und nicht etwa nur Verkäufer, gingen in Rio de Janeiro, São Salvador und Recife in Holzschuhen zur Messe. Handelsherren, die sich wie Gabriel Antonio in Serinhaém in Plantagenbesitzer verwandelt hatten, stiegen in Holzschuhen aufs Pferd, während die alteingesessenen, aber verarmten Gutsbesitzer selbst innerhalb ihrer eigenen vier Wände Reitstiefel trugen, auch wenn sie mit nacktem Oberkörper herumliefen.

Wie in Rio de Janeiro besaß auch Recife »große Holzschuhfabriken«. Im *Diário de Pernambuco* vom 30. Januar 1858 finden sich Anzeigen von »Holzschuhen jeglicher Qualität, hauptsächlich solche, die für die winterliche Jahreszeit geeignet sind«. Das Klappern der zahlreichen Holzschuhe auf dem Pflaster von Recife, São Salvador und Rio de Janeiro muß die empfindlichen Ohren der Engländer, die dort in ihren Kontoren saßen, arg gepeinigt haben. Die Reaktion dieser Fanatiker der Stille auf diesen Lärm mag die Verbreitung einer englischen Erfindung erklären, die im Grunde nur die Verbesserung eines brasilianischen Brauches war: die Schuhe mit Gummisohlen, die eine Zeitlang hauptsächlich vom schottischen Fabrikanten Clark hergestellt wurden. Diese Gummisohlen bildeten einen ausgesprochenen Gegensatz zu den Holzschuhen, deren Klappern an den Füßen der Kranken und ihrer Pfleger selbst das beste brasilianische Krankenhaus in eine wahre Hölle für die englischen Patienten und Rekonvaleszenten verwandelten – und vielleicht sogar für die einheimischen aus dem Hinterland, die an die weichen Hanfsohlen gewöhnt waren.

Wetherell berichtet in seinen *Stray Notes from Bahia*, daß in der ersten Hälfte des 19. Jahrhunderts »viele Patres und die meisten Bauern« Sandalen trugen, während in der Stadt viele Leute Holzschuhe benutzten.

Die Tatsache, daß bestimmte Hospitäler nur den Engländern vorbehalten waren und daß in anderen Krankenhäusern Abteilungen nach »Kategorien« bestanden, scheint nicht nur auf die Vorurteile der Briten gegenüber einer Rasse oder Hautfarbe oder auf die Vorurteile einer Klasse gegenüber einer anderen, sondern auch auf die regional und national bedingten Zivilisationsunterschiede zurückzugehen. Denn das

Zusammenleben von Menschen sehr verschiedener Kulturen ist in einem Krankenhaus noch schwerer als in einem Hotel, einem Restaurant oder einer Kirche. Ein Kranker oder Rekonvaleszent ist gegenüber den Unterschieden von Rasse, Klasse und regionaler oder nationaler Kultur so empfindlich, daß eine gegenseitige Toleranz fast unmöglich ist.

Diese Unterschiede zwischen den Rassen, Klassen und Regionen zeigten sich am deutlichsten in der Kleidung. Mit dem Niedergang des ländlichen Patriarchats, der bisher größten wirtschaftlichen und nicht nur moralischen Macht, begann sich das Vordringen der Kleidung der verschiedenen Regionen, Rassen und Klassen in die Stadt abzuzeichnen. Aber auch des bürgerlichen Westeuropa, zu dessen Kolonie Brasilien nach der Loslösung vom halbmaurischen Portugal nicht nur in wirtschaftlicher, sondern vielfach auch in kultureller Hinsicht geworden war; die reichsten Plantagen- und Gutsbesitzer kamen nur noch bürgerlich gekleidet – in Gehrock, Zylinder und Stiefeletten – in die Stadt. Die ersten Panamahüte scheinen auf den Köpfen aufgeklärter Menschen gesessen zu haben. Der Bauer aus den Waldgebieten, der Ziegenzüchter aus dem Hinterland, der kleine Pflanzer, kurz, Leute, die in ihrer Art zwar unabhängige, aber durch ihre große Rückständigkeit benachteiligte kleine Herren waren, kamen mit Hüten aus Leder oder grobem Stroh, den sogenannten Ouricuri-Hüten, und mit bäurischen Aracatí-Schuhen in die Stadt. Diesen einfachen Menschen konnte die Stadt nur allmählich ihren Kleidungsstil aufzwingen, denn sie bestanden darauf, sich den Bürgern in ihrer hinterwäldlerischen Mode zu zeigen: mit dem Hemd über der Hose, auf dem Kopf den groben Hut aus Stroh oder Leder.

So kam es, daß in der ersten Hälfte des 19. Jahrhunderts die Gemeinden eine Reihe einschneidender Bekleidungsvorschriften erließen, die schließlich zu einem Sieg des städtischen über den ländlichen Stil führten. Sie riefen aber auch unter der Bevölkerung, die sich der Tyrannei der Küstenstädte energisch widersetzte, eine Reihe von Reaktionen hervor: Revolten wie die der »Cabanos«, der »Balaios«, »Quebra-Quilos« und »Farroupilhas«, deren Anhänger in ihrer Kleidung Tarnfarben verwendeten, die sich kaum vom Wald, von den Bäumen und dem trockenen Laub abhoben.

Im Jahre 1831 verurteilte der Stadtrat von Recife den Brauch der Bauern, in Hemd und Unterhosen herumzulaufen, als Beleidigung der städtischen Würde: »Niemand darf durch die Straßen dieser Stadt und ihrer Vororte in Hemd und Unterhosen gehen, sondern es müssen Hosen getragen werden ...« Auch durften die Bewohner des Hinterlandes nicht im Sattel ihrer Packpferde in die Stadt einziehen, sondern mußten sie »am Koppelstrick oder am Halfter hinter sich herziehen«.

Auf jeden Fall durfte man nur im Schritt in die Stadt reiten, keinesfalls im Trab oder im Galopp. Wer es doch tat, mußte, sofern er ein freier Mann war, eine Strafe von dreißig Milreis zahlen; ein Sklave dagegen erhielt drei Dutzend Schläge mit der Rute. Die einzige Ausnahme bildeten die berittenen Boten sowie Offiziere und Soldaten im Dienst. Angesichts der für jene Zeit charakteristischen Privilegien ist anzunehmen, daß dazu auch alle Herren mit Reitstiefeln und silbernen Sporen zählten, die fast alle Offiziere der Miliz oder der Nationalgarde waren. Die meisten größeren Plantagen- oder Gutsbesitzer nahmen ehrenhalber einen Offiziersrang in diesen Milizen ein und genossen die entsprechenden Vorrechte. Zwischen ihnen und den einfachen Landleuten, die nur Leinenschuhe mit Hanfsohlen oder Schuhe aus Rohleder trugen und nicht mit silbernen Sporen umzugehen wußten, bestand ein immenses Sozial- und Bildungsgefälle. Und das, obwohl viele dieser Hinterwäldler blonde, blauäugige Weiße waren, während die europäische Reinblütigkeit der Gutsherren angesichts des afrikanischen oder von Sklaven herrührenden Einschlags recht zweifelhaft war.

Ausschlaggebender als die Rassenzugehörigkeit war für das Prestige die Klasse oder die Region, aus der der Betreffende stammte oder in der er wohnte. Es darf nicht vergessen werden, daß der Besitzer ausgedehnter Zuckerrohrplantagen in Pernambuco oder in der Umgebung von Bahía ebenso wie der große Viehzüchter von Rio Grande do Sul allein durch die Region, in der er lebte, und den gesellschaftlichen Rang, den ihm sein Gutsbesitz verlieh, zu den Privilegierten gehörte. Zu diesem Vorteil kam die Zugehörigkeit zur weißen Rasse, zur höherstehenden Klasse und zum sogenannten starken Geschlecht, alles ideale Vorbedingungen, um als Mitglied der besten Gesellschaft zu gelten. Das war der Fall von Araújo Lima in Pernambuco, von Saraiva in Bahía, von Paulino de Sousa in Rio de Janeiro und, vor allem, von Joaquim Nabuco.

Aber kehren wir zu den Verfügungen der brasilianischen Gemeindevertretungen in der ersten Hälfte des 19. Jahrhunderts zurück, die auf die Herkunft der Menschen nach Rasse, Klasse und Region Bezug nehmen – wie die von Recife aus dem Jahre 1831 oder von Salvador aus dem Jahre 1844 – und in ihren Definitionen des Staates und ihren Einschränkungen der persönlichen Freiheit das Übergewicht der Weißen über die Schwarzen, der Herren über die Sklaven und, infolge des Übergangs vom ländlichen zum städtischen Patriarchat, das der städtischen Bevölkerung – insbesondere ihrer beherrschenden Elite, der Bewohner der Stadthäuser – über die ländliche erkennen lassen. Eine Ausnahme bildeten hier natürlich die mächtigsten und reichsten Gutsherren, die vielfach einstöckige Herrenhäuser besaßen, sowie die vom Kaiser zu Baronen oder Vicomtes Geadelten oder zu Hauptleuten der Miliz und der Nationalgarde Ernannten. Obwohl in der Armee Farbige dienten, wurde sie doch von den ersten Tagen des Kaiserreichs an zu einem Exponenten der vorherrschend europäischen Macht und Kultur sowie sonstiger Interessen in der Landeshauptstadt und den Provinzhauptstädten, womit sie das Übergewicht über die zusammengewürfelte, halb anarchische und mehr oder weniger enteuropäisierte Bevölkerung des Landesinnern erlangte. Ein profilierter Repräsentant dieser Richtung war Caxias, dessen Degen nicht nur die nationale Einheit gegen die regionalen Aufstände, sondern auch die Vorherrschaft der europäischen Kultur der weißen Herren – hauptsächlich der ländlichen Gutsherren, aber auch schon der städtischen Großkaufleute – über diejenigen Elemente verteidigte, die diese Vorherrschaft zu bestreiten oder anzugreifen suchten.

Besonders bezeichnend sind die Verfügungen des Stadtrats von Recife, die die Neger mit ausgesprochen afrikanischen Gewohnheiten sowie die Sklaven betrafen, deren Verhalten und Kleidung ihrer dienenden Stellung in auffallender oder gefährlicher Weise unangemessen erschienen und daher die Angehörigen der herrschenden Rasse, Klasse und Kultur, denen die Verwaltung der Städte und die Regierung des Landes anvertraut waren, in Unruhe versetzten.

Wenn Recife in diesem Kapitel so oft erwähnt wird, dann deshalb, weil diese Stadt zu jener Zeit mehr als andere die Merkmale des Prozesses der Reeuropäisierung oder Europäisierung aufwies – abgesehen von Rio de Janeiro, das in mancher Hinsicht atypisch war.

Vom 10. Dezember 1831 an war es in Recife verboten, »auf den Straßen zu lärmen und zu schreien«, was sich ganz besonders auf die Afrikaner und ihre religiösen Bräuche und ihre spontanen Lebensäußerungen bezog. Ebenso war es den schwarzen Lastträgern untersagt, »von Abend bis Sonnenaufgang« auf der Straße zu singen, eine Einschränkung, die sie angesichts ihrer Gewohnheit, sich die Arbeit mit Gesang zu versüßen, hart traf. In São Salvador verboten die Verordnungen von 1844 »Negertänze, Lärm und Geschrei« nur während der »Ruhestunden«.

Auch durfte sich kein Sklave in Recife »bei Tage oder bei Nacht mit einem Stock oder sonst einer offen oder versteckt getragenen Waffe auf der Straße sehen lassen, bei Strafe von 50 bis 150 Schlägen im Gefängnis, je nach der Gefährlichkeit der Waffe, wonach er seinem Herrn zu übergeben ist«. Lediglich die »Träger von Hängematten dürfen die zum Ausruhen erforderlichen Gabelstöcke und die Brennholzträger kleine Stöcke tragen, mit denen sie die Last stützen«.

Seit den Anfängen der Kolonialzeit verboten die Behörden den Sklaven und Negern nicht nur das Tragen von Schmuck, sondern auch von Waffen, die beide als Kennzeichen der herrschenden Rasse und Klasse galten. Die Waffen galten jedoch darüber hinaus als technische Hilfsmittel im Kampf zwischen Herren und Sklaven. Daraus erklärt sich wahrscheinlich, daß sich unter den freien Negern und Mulatten der Städte – besonders in Rio de Janeiro und Recife – die Kunst der Capoeira entwickelte, die es unbewaffneten Menschen möglich machte, im Kampf mit bewaffneten Polizisten und Privatleuten das Übergewicht über den Gegner zu erlangen.

Ferner waren in Recife, durch Beschluß seiner Stadtverordneten vom Jahre 1831, »die Spiele auf Straßen, Plätzen, Stränden oder Treppen verboten, wie sie die Schwarzen und Herumtreiber zu spielen pflegen, bei Strafe von 2 bis 6 Tagen Gefängnis für die Freien und von 12 bis 36 Schlägen auf die Hand für die Sklaven, die anschließend ihren Herren zu übergeben sind«. Interessanterweise richtete sich diese »Abstufung der Strafe« nach dem Alter der Schuldigen.

Der Gemeinderat von Recife bemühte sich damals, der Stadt einen möglichst europäischen Anstrich zu geben. Wer immer »in der Nähe des Strandes nackt angetroffen« wurde oder »ohne den gebotenen Anstand mit bloßem Körper badete«, wurde mit Gefängnis oder Schlägen auf die Hand bestraft. Angehörige von »militärischen Verbänden« mußten »ihren jeweiligen Vorgesetzten übergeben werden, damit diese die entsprechenden Gefängnisstrafen über sie verhängen . . .«

Trotz dieser strengen Verbote scheint es nach zeitgenössischen Berichten sogar noch in der zweiten Hälfte des 19. Jahrhunderts üblich gewesen zu sein, daß arme oder bedürftige Bürger nackt badeten, mitunter sogar in der Nähe der großen Brücken und unter den Augen der Damen, die sie aus den vornehmsten Stadthäusern sehen konnten. Als der Nordamerikaner Warren im Jahre 1850 nach Belém do Pará kam, sah er Männer, Frauen und Kinder aus dem Volke in völliger Unbekümmertheit nackt baden. Übrigens bestand im Norden des Landes unter vornehmen Leuten fast bis in unsere Tage hinein die Sitte, nackt im Fluß zu baden, sei es in der Nähe der Vorortvillen, sei es im Stadtinnern. Züchtig zogen sie sich am Ufer in Badekabinen aus Stroh oder auch im Wasser selbst aus. Damen und Herren gingen zu verschiedenen Stunden an den Fluß. So hatte das Bad alle Vorteile eines Freibads, ohne daß der Körper die schweren Badeanzüge aus dunklem Flanell ertragen mußte, die mit der Sitte der Seebäder in Mode gekommen waren.

Die Leute aus dem Volk, die über keine Auskleidekabinen aus Stroh verfügten, mußten sich im Gebüsch ausziehen und gingen dann nackt zum Fluß oder ins Meer, sehr zum Entsetzen der Bewohner der Stadthäuser, die sich durch die braunen, schwarzen oder gelben Flecken plebejischer Nacktheit im Genuß der Landschaft beeinträchtigt sahen. Abgesehen von der »Gefährdung der Gesundheit der Einwohner«, die das von der badenden Plebs verschmutzte Wasser des Flusses trinken mußten. Schließlich wurden gegen die Armen und Farbigen, die »die öffentliche Moral beleidigten«, auch noch die Bestimmungen des Strafrechts angewandt.

Mehrere dieser Verbote im Interesse einer Gruppe, Klasse, Rasse oder kulturellen Minderheit zeigen, daß im Verlauf der Europäisierung oder Reeuropäisierung, die für das Brasilien der ersten Hälfte des 19. Jahrhunderts bezeichnend war, der alte Prozeß der Unterdrückung der Sklaven durch ihre Herren, der Armen durch die Reichen, der Afrikaner und Eingeborenen durch die Repräsentanten der europäischen Kultur – in erster Linie der Städter – immer schärfere Formen annahm. Diese Unterdrückung mußte zwangsläufig zu Revolten und Aufständen wie den bereits erwähnten der »Cabanos«, »Baianos«, »Quebra-Quilos« und der »Malês« in Bahia im Jahre 1835 führen.

Volksgruppen, denen mit so primitiven Polizeimethoden ihre auf alten Traditionen und Bräuchen beruhenden religiösen Kundgebungen und Vergnügungen wie das Singen bei der Arbeit, das Tragen von Volkstrachten, Schmuck und sonstigem Zierat verboten wurden, mußten geradezu in einem Zustand des Geducktseins, des Ressentiments und der Auflehnung dahinleben. Die angeblich freien Bewohner des Hinterlandes wurden – eine besondere Demütigung – gezwungen, vor dem Betreten der Städte von ihren Reit- oder Lasttieren abzusteigen und zu Fuß weiterzugehen, als wären sie unwürdig, sich den Bewohnern der Stadthäuser hoch zu Roß zu zeigen.

Das Recht, in den Straßen der Städte zu galoppieren, im Trab oder Schritt zu reiten, blieb den Angehörigen des Militärs und der Miliz vorbehalten. Sonst war das Reiten nur das Vorrecht der auf europäische Art gekleideten und beschuhten Herren.

Die nichteuropäischen Kulturen wurden von den europäischen unterdrückt, die ländlichen Sitten durch die städtischen, und die religiösen und sonstigen Äußerungen des Volkes waren der Herrenschicht, die die Stadträte, Friedensrichter und Polizeichefs stellten, ein Dorn im Auge. So zeichnete sich die erste Hälfte des 19. Jahrhunderts durch häufige soziale und kulturelle Konflikte zwischen den einzelnen Bevölkerungsgruppen aus, die sich oft als einfache politische Konflikte darstellten.

In früheren Jahrhunderten hatten die weltliche Obrigkeit (wenn auch nicht immer die geistliche) und die großen, patriarchalischen Grundbesitzer den von ihnen als minderwertig betrachteten Schichten gegenüber vielleicht eine größere Klugheit und Weisheit, einen schärferen Sinn für das nötige Entgegenkommen walten lassen. Aber auch damals verachteten die Weißen, die Altchristen, die Städter oder Großgrundbesitzer diese Schicht von unterdrückten und geknechteten Menschen wegen der ihrer Rasse und Klasse, ihrer Kultur oder ihrer Herkunftsregion eigenen Besonderheiten.

Im späten 18. Jahrhundert fand der frühere Kapitanatsgouverneur Graf von Povolide, daß die Tänze der brasilianischen Neger nicht unanständiger seien als »die Fandangos von Kastilien, die Fofas von Portugal oder die Lunduns der Weißen und Braunen jenes Landes«. Die Neger tanzten »nach Stämmen getrennt zu den jeweiligen Instrumenten« und »drehten und wendeten sich wie Harlekine«. Scharf unterschieden von diesen zulässigen Tänzen und »streng verurteilt« wurden diejenigen, die »die Schwarzen von der Costa da Mina im geheimen in ihren Häusern oder ihren Pflanzungen unter der Anleitung einer schwarzen Meisterin tanzten. Vor einem Altar mit Idolen beteten sie lebendige oder aus Lehm geformte Ziegenböcke an, rieben ihre Körper mit verschiedenen Ölen oder mit Hahnenblut ein und gaben den Landleuten nach einer Reihe abergläubischer Segenssprüche Maiskuchen zu essen, die Glück, ganz besonders aber Erfolg beim anderen Geschlecht bringen sollten. Die Leichtgläubigkeit einzelner Personen, sogar von Klerikern, war so groß, daß es sich, wenn sie nach einer Razzia in solchen Häusern vor mich gebracht wurden, als notwendig erwies, die schwarzen Hausbesitzer ihren Schwindel aufdecken zu lassen, um sie zu überzeugen. Sie wurden dann zur verdienten Bestrafung ihren geistlichen Oberen übergeben, während die Neger harte Prügelstrafen erhielten und ihre Herren angewiesen wurden, sie nach auswärts zu verkaufen.«

Der Graf war der Ansicht, daß die Heilige Inquisition die verschiedenen Tänze nicht miteinander verwechseln dürfe. Auf diesen gründlichen Kenner brasilianischer Verhältnisse berief sich der Minister Melo e Castro, als er dem Gouverneur von Pernambuco schrieb, man könne »die nicht gerade unschuldigen Tänze der Schwarzen noch dulden, um mit diesen kleineren Übeln andere, größere Übel zu vermeiden und mit aller Geduld und Klugheit allmählich ein den guten Sitten so sehr entgegenstehendes Vergnügen zu unterbinden«. Als von Goiana gegen die Batuques der Neger protestiert wurde, erwiderte der Gouverneur Tomás José de Melo in einem amtlichen Schreiben vom 10. November 1796: »Die Neger der Zuckerrohrplantagen und dieser Stadt dürfen nicht gehindert werden, an den kirchlichen Feiertagen ihre Batuques zu tanzen, da diese für sie in ihrer Sklaverei das höchste Vergnügen darstellen.«

Diese Weisheit und kluge Toleranz der Unterschiede im Verhalten der Rassen, Klassen und regionalen Kulturen fehlte den Gemeinderäten des kaiserlichen Brasilien, den Friedensrichtern, den Provinzpräsidenten, den Polizeichefs und den Kirchenfürsten, die den Batuques, Candomblés und Maracatús der Sklaven und Afrikaner geradezu einen heiligen Krieg ansagten. In São Salvador verbot 1844 der Stadtrat »die Batuques, Tänze und Versammlungen von Sklaven an jeglichem Ort und zu jeglicher Stunde . . .«

Und im Jahre 1856 begrüßte das beste und aufgeklärteste Blatt jener Zeit, der *Diário de Pernambuco*, das Vorgehen der Polizei, die in Recife den Maracatú der »kleinen Schwarzen vom Rosenkranz« auflöste. Nicht etwa – schrieb die Zeitung – »weil sie in diesem harmlosen Vergnügen einen Verstoß gegen die öffentliche Ordnung gesehen hätte, sondern weil ein Maracatú in allgemeine Betrunkenheit und schließlich in Ausschreitungen ausarten könnte . . .«

Dieselbe Zeitung gab ihrer Genugtuung über noch gewalttätigere Handlungen der Polizei gegenüber Negern und Sklaven Ausdruck. Als sich zwei schwarze Sklaven beim Subdelegierten von Boa Vista darüber beklagten, daß ihnen ihre Herren Schläge auf die Hand verabreicht hatten, die sie für ungerechtfertigt hielten, wurden sie zu einer »doppelten Dosis« verurteilt, ein Vorgehen, das der *Diário de Pernambuco* als »vortreffliche Erledigung derartiger Klagen« pries. Der Neger habe nicht das

Recht, sich bei der Polizei über eine von seinem weißen Herrn verhängte Strafe zu beklagen. Nach Meinung der Moralisten dieser gestrengen Zeitung – die als repräsentativ für die besten Blätter jener Zeit gelten kann – war es eine Schande, daß die Polizei die sogenannten »Umzüge von Banden« duldete, bei denen »ganze Horden von Mädchen nach der Mode von Guinea trällern und singen«. Eine solche Sitte mußte die Brasilianer »in den Augen der Ausländer als Wilde erscheinen lassen«.

Das waren die Augen, die seit der Mitte des 19. Jahrhunderts, oder richtiger, seit der Öffnung der Häfen, fast mehr noch als das Auge Gottes gefürchtet wurden: »die Augen der Ausländer«. Die Augen der Engländer, der Franzosen – der Europäer schlechthin.

Vor diesen Augen mußten die afrikanischen Bräuche, die Batuques der Neger, die Tänze aus Guinea auf offener Straße und die nach der Landessitte gekleideten Hinterwäldler versteckt werden, die in den großen Städten des Kaiserreichs auftauchten. Mit Befriedigung berichtete eine Zeitung am 26. November 1856 über eine »Zusammenkunft schwarzer Afrikaner« auf der Alten Brücke von Recife, bei der sich die Neger »salonfähig benommen hatten und in bester Ordnung tanzten, Musik machten, sich unterhielten, aßen und tranken«. Das war natürlich richtig, das konnten die Engländer und Franzosen sehen: afrikanische Neger in Brasilien, die die Manieren der Weißen nachäfften. Weder Tänze aus Guinea noch Batuques oder Xangós. Alles ging wie bei patriarchalischen Bürgern zu, mit Tänzen und Musik der Weißen, europäischen Getränken und Speisen nach europäischen Rezepten.

Aus Rücksicht oder Angst vor diesen »fremden Augen« wurden während des ganzen 19. Jahrhunderts so manche Relikte ländlicher oder orientalisch-patriarchalischer Bräuche zerstört, darunter mancher überaus lebendige Ausdruck der Unterschiede zwischen den Kulturen, Rassen, Klassen und Regionen, wie sie unter der keineswegs despotischen Herrschaft des europäischen, das heißt des lusitanisch-katholischen, Elements nebeneinander bestanden hatten. Dieses Gleichgewicht wurde gestört und dafür ein Übergewicht des vornehmen und städtischen europäischen Elements geschaffen, das jetzt jedoch einen ausgesprochen bürgerlichen und kapitalistischen Charakter, überwiegend französischer und englischer Prägung, hatte.

Sehr bezeichnend für diese Zeit war die Vernachlässigung ästhetischer Ausdrucksformen, die einer rein brasilianischen – und nicht nur patriarchalischen – Kultur angehörten: die Kunst der Modinhas, der Lieder, die auf Familienfesten, bei Serenaden oder Ständchen zur Gitarre gesungen wurden; das Schnupfen einheimischen oder aus Lissabon oder sogar aus London eingeführten feinen Rapés, das in den vornehmen Kreisen der ländlichen und städtischen Herrenhäuser allgemein verbreitet war; die Küche und die Zuckerbäckerkunst der Mischlinge, die plötzlich als »afrikanisch«, »ordinär« und »eines verwöhnten Gaumens unwürdig« abgelehnt und unterdrückt wurden; die Heiligenstatuen aus Cajáholz, wie sie von ländlichen Bildschnitzern mit einer Technik aus europäischen, asiatischen und afrikanischen Elementen hergestellt wurden, die an die Skulpturen des Aleijadinho* erinnerte; die von den Eingeborenen aus Baumwollschnur geknüpften und mit Federn geschmückten Hängematten; die aus einheimischen Hölzern von Mulatten geschnitzten Möbel, in denen die europäische Machart der patriarchalischen oder klösterlichen Möbel durch weiche Rundungen gemildert wurde, Formen, die von portugiesischen Künstlern übernommen waren, die wieder ihrerseits Einflüsse aus dem Fernen Osten und Afrika – und nicht nur aus Westeuropa – verarbeitet hatten; die Kunstfertigkeit der Frauen aus dem Landesinnern im Spitzenklöppeln; die Herstellung von Krügen und bauchigen Gefäßen, in denen sich das Wasser frisch hielt, von Körben der verschiedensten Art, von silbernen Schmuckstücken und Geräten, die ebenfalls ein Werk der Hände von Mestizinnen waren, die ja auch die von Portugal übernommenen Süßigkeiten und Speisen derart abwandelten, daß sie je nach der Region bzw. der Hinzufügung bestimmter Ingredienzien einen völlig neuen, typisch brasilianischen Geschmack erhielten: mit Kokosmilch zubereiteter süßer Reis, Kuskus aus Maniokmehl oder Pfannkuchen mit Sirup.

Die Zeitungsanzeigen jener Zeit lassen deutlich erkennen, wie schnell in den Häusern der Vornehmen die Gitarre durch das Klavier verdrängt wurde, die Modinha durch die italienische oder französische Musik, der Schnupftabak aus Bahía und Rio de Janeiro durch die Zigarre aus Manila und später aus Havanna. An die Stelle der hausgemachten brasilianischen Konfitüren traten die aus Europa importierten; ebenso erging es den alten Hausmitteln, und die Hängematte wurde durch das Kanapee und den Schaukelstuhl ersetzt. Die von einheimischen Bildschnitzern

---

* »Krüppelchen«. Beiname des Mulatten Antonio Francisco da Costa Lisboa (1730–1814), autodidaktischer Bildhauer und Baumeister, Schöpfer des brasilianischen Barocks *(Anm. d. Übers.)*.

verfertigten Heiligenstatuen aus Cajáholz mußten den aus Europa eingeführten und europäisch aussehenden Figuren weichen, die Möbel der brasilianischen Tischler denen aus Portugal, Hamburg, England, Frankreich und sogar den Vereinigten Staaten, die einheimischen Spitzen den in Europa fabrizierten, das Tongeschirr den Eisentöpfen und dem Glasgeschirr, die im Lande aus massivem Gold und Silber hergestellten Schmuckstücke denen, die aus Europa eingeführt und mit enormem Gewinn dagegen eingetauscht wurden.

Diese in höheren oder vornehmen Schichten vollzogene Anpassung führte zu einer Abwertung der einheimischen Künste und Gebräuche, die einst einer als aristokratisch geltenden Rasse, Klasse und Region angehört hatten und zu Künsten und Bräuchen minderwertiger oder plebejischer Klassen, Rassen und Regionen wurden. Es gab mehrere derartige Abwertungen, von denen einige sehr rasch vonstatten gingen.

Der Schnupftabak, der bis zur Mitte des 19. Jahrhunderts in den großen Städten und den vornehmsten Herrenhäusern nur den Edelleuten vorbehalten war, wurde zur Gewohnheit kleiner Landbesitzer, ins Innere des Landes verbannter Richter oder Pfarrer, alter Neger, Caipiras, Landstreicher und Waldbewohner. Bei ihnen wurden die großen Baumwolltaschentücher geradezu zu einem Symbol eines lächerlichen und beklagenswerten Lasters, das zu Zeiten des Königs und in den ersten Jahrzehnten des Kaiserreichs bei den Großen des Landes als elegante Sitte gegolten hatte.

Ebenso erging es der Gitarre, die vom englischen Flügel so weitgehend verdrängt wurde, daß es für Angehörige einer vornehmen Rasse und Klasse als Schande galt, eine Gitarre im Hause zu haben. So wurde auch sie zu einem Symbol gesellschaftlicher und kultureller Minderwertigkeit und riß dabei die Modinha mit sich in den Untergang. Beide verschwanden aus den Häusern der Vornehmen, der Weißen und der Reichen, um sich in die Strohhütten der Neger und anderer Farbiger zu flüchten, zu den Gaunern, Messerstechern und Stromern, die sich an ihnen zusammen mit anderen althergebrachten Dingen erfreuten: rohen Tongefäßen, Hängematten aus Baumwollschnur, Heiligenfiguren aus Cajáholz, Spitzen vom Lande, Töpfen, um Carurú, ein Spinatgericht, zu kochen, und süßem, mit Zuckerrohrschnaps versetztem Maracujásaft, an dem sich das Volk an Festtagen gütlich tat.

Es mußten viele Jahre vergehen, bis man sich wieder auf den nationalen Wert dieser Bräuche, Künste und Kunstfertigkeiten besann, die in der ersten Hälfte des 19. Jahrhunderts so grausam von denen einer »höheren« Rasse, Klasse oder Region verdrängt worden waren.

Diese Unterschiede verstärkten nur noch andere, die vom patriarchalischen System mit seiner strengen Hierarchie und seinen Sklaven untrennbar waren: Unterschiede zwischen Alten und Kindern, Männern und Frauen, Herren und Sklaven, die sich in der Stimme, den Gesten und den Merkmalen der Beherrscher und der Beherrschten zeigten. Auf der einen Seite die Kommandostimme: So manche ausländische Beobachter bemerkten, daß die brasilianischen Damen in der Zeit der Sklaverei die Gewohnheit hatten, stets mit überlauter Stimme zu sprechen, was sich daraus erklärt, daß sie ihren Sklaven oder Dienern aus großer Entfernung Befehle zuriefen. Auf der anderen Seite die »demütigen«, »sanften«, »feinen« und sogar »poetischen« Stimmen, die in den Suchanzeigen nach entlaufenen Sklaven oft erwähnt wurden. Der Gang des Herrn unterschied sich von dem des Sklaven, obwohl dieser sich bemühte, den Gang und die Bewegungen der Herrschaft nachzuahmen, zu der er in soziologischer Hinsicht gehörte. Das Verhalten der Alten war wieder ganz anders als das der Kinder oder Halbwüchsigen, die in Gegenwart der Älteren nicht die Stimme zu erheben, zu lachen oder zu rauchen wagten. Die Gesten der Männer unterschieden sich von denen der Frauen, die sich durch Grazie, Anmut und Sanftheit, durch die Unterwerfung unter den Willen des Vaters oder des Gatten auszeichnen mußten.

Auch in den Krankheiten gab es Unterschiede. Obwohl logischerweise die durch eine sitzende Lebensweise verursachten Krankheiten die vornehme Rasse und Klasse befielen und die Folgen übertriebener körperlicher Anstrengung die dienende Rasse und Klasse trafen, litten doch vornehmlich die Herren an der sogenannten »Kavalierskrankheit«, dem Ischias. Bei ausgedehnten Ritten erhitzte sich der Körper des Pferdes und mehr noch der des Maultiers, und diese Hitze teilte sich den Beinen des Reiters mit. Die Neger dagegen zogen sich in ihren Wohnstätten auf den Plantagen durch das Schlafen auf dem kalten nackten Boden die damals »intertropikale Hypoämie« genannte Krankheit zu, die ausschließlich die Plantagensklaven befiel, sie blaß und aschgrau werden ließ und sie schließlich dahinraffte. Oder die »Verstopfung«, die Dr. Wucherer, ein Arzt aus Bahía, im Jahre 1860 bei der Autopsie von Negern auf den Zwölffingerdarm-Hakenwurm zurückführte, wie dies schon in Ägypten bei der Bleichsucht der barfuß gehenden Sklaven geschehen war. Ein anderer Arzt, Lima Santos, hatte in seinem am

9. August 1835 im *Diário de Pernambuco* veröffentlichten Artikel »Betrachtungen über Brasilien, sein Klima und seine charakteristischen Krankheiten« dieses Leiden weniger dem Klima als den Lebensbedingungen zugeschrieben. »Am häufigsten werden die Kinder davon befallen« – schrieb er –, »und die schwarzen Sklaven nicht weniger, vor allem im Waldgebiet. Eines der Symptome dieser Krankheit wird im Volk als Laster betrachtet, das nur von der eigenen Willenskraft abhängt und das es als *Laster des Erdessens* bezeichnet. Das ist aber ein Irrtum, der verhängnisvollerweise eine Vernachlässigung des Leidens und ein barbarisches Vorgehen gegen die daran Erkrankten nach sich zieht. Da die Verstopfung auf einer Veränderung und schlechten Zusammensetzung des Blutes beruht, kann sie natürlich nur durch die ärztliche Kunst und nicht, wie üblich, durch Strenge und Gewalt bekämpft werden. Die Ursachen der Verstopfung können den klimatischen und hygienischen Verhältnissen zugeschrieben werden, in denen die Bewohner feuchter Gegenden, bedürftige Kinder und schwarze Sklaven schlechter Herren leben. Dieses Leiden tritt besonders häufig an Orten mit sehr starker Hitze und Feuchtigkeit auf, von Rio de Janeiro bis zum Amazonas. Aber abgesehen von den klimatischen Bedingungen, glauben wir, daß die Hauptursachen in der Bodenbeschaffenheit und der Ernährungsweise liegen.« Im patriarchalischen Brasilien war die wahre Verheerungen anrichtende »Verstopfung« gleichzeitig die Krankheit einer Rasse – der afrikanischen –, einer Klasse – der dienenden – und einer Region – nämlich der landwirtschaftlichen Latifundien –, hauptsächlich der Zone des Kaffeeanbaus. Dr. Peçanha da Silva, ein Arzt aus Rio de Janeiro, der diese Krankheit in der zweiten Hälfte des 19. Jahrhunderts eingehend studierte, fand, daß sie am häufigsten dort auftrat, wo die Sklavenarbeit am härtesten war und unter Regen und Sonne ausgeführt werden mußte, wie in den Kaffeeplantagen, wo auch die Wohnverhältnisse am schlechtesten waren. Außer dem »Schlafen auf feuchtem Lehmboden« machte Dr. Peçanha da Silva für die Verbreitung des Leidens auch die mangelhafte Bekleidung der Plantagensklaven verantwortlich, die »halbnackt oder in groben, dunkelblauen Flanell gekleidet herumliefen«, sowie die Ernährung: Im Süden des Landes bestand sie aus Maniokmehl und schwarzen Bohnen, »nur mit ein wenig Schweineschmalz«, oder Maismehl, Süßkartoffeln, Yam und Kürbis, ohne jede »tierische Nahrung«. Auf Gütern wie dem der Marquise von Paraná, wo die Sklaven außer Pflanzenkost auch tierische Nahrungsmittel bekamen, war die Verstopfung unbekannt.

Die Laster, Erde, Lehm, Asche oder Kaffeepulver zu essen, Tabak zu kauen, Maconha zu rauchen oder Zuckerrohrschnaps zu trinken, blieben fast ausschließlich den Menschen einer »minderwertigen« Klasse, Rasse oder Region vorbehalten, den Sklaven, Negern und Landstreichern. Die Krankheiten, die daraus entstanden, galten als Schande – im Gegensatz zu den Geschlechtskrankheiten, mit denen sich die Söhne der Weißen und der vornehmen Familien in den Landwirtschaftsgebieten als Ausdruck der Männlichkeit und der Zugehörigkeit zu einer höheren Rasse und Klasse brüsteten, denen die Frauen untertan waren. Das Laster des Schnupfens, die Leidenschaft für Hahnen- und Kanarienvogelkämpfe, der Tauschhandel mit Pferden, das waren alles Gewohnheiten der gehobenen Klasse und der weißen Rasse, die aber schließlich auch auf die unteren Klassen und die Farbigen übertragen wurden. Von diesen wieder übernahmen die Bewohner der ländlichen und städtischen Herrenhäuser zum Ausgleich so manche Gewohnheiten der Ernährung, der Vergnügungen, der Frömmigkeit und sogar des Schmucks und der Pflege des Körpers wie der ganzen Erscheinung, Bräuche, die lange Zeit hindurch als verachtete Charakteristika der Neger oder Sklaven gegolten hatten. So erklärt sich die Aufwertung des Carurú, des Vatapá, des Efô, des Samba, der Figa genannten Gebärde zur Abwehr des bösen Blicks, des Silberschmucks, der Salben und Tees aus afrikanischen oder einheimischen Kräutern und des spitzen Messers als Verteidigungswaffe, die mit der Zeit zum Dolch mit silbernem Griff der Herren und Edelleute wurde. Salonfähig wurde auch das bei Sklaven und Negern so beliebte Läuseknacken und die Gewohnheit der Damen und sogar der Landedelleute, sich genüßlich von den Fingern und Nägeln der Dienstmädchen die Kopfhaut kraulen zu lassen. Das Läuseknacken war dabei mehr symbolisch als real und lieferte Professor Roger Bastide Anlaß zu einer interessanten psychoanalytischen Auslegung.

Zur gleichen Zeit wurde den Negern und Sklaven sowie deren Nachkommen die Gnade erwiesen, Krankheiten und nicht etwa nur Laster haben zu dürfen, die bisher den Weißen oder den Herren vorbehalten waren: das Recht, blutarm zu sein, an Rheuma zu leiden, an einem Herzleiden oder sogar am Gelbfieber zu sterben. Sie durften sich auch wie die Weißen kleiden, sich mit Spazierstock, Reitstiefeln, Reitpeitschen mit silbernem Knauf, Pistole, Zylinderhut, Stiefeletten, weitem Überrock, Handschuhen und Ringen zeigen. Diese Zugeständnisse der Herren an die Sklaven, der Weißen an die Schwarzen setzten sich in Brasilien am langsamsten durch, da mit ihnen Neger und Sklaven als Wesen anerkannt wurden, die würdig waren, an der von den weißen Herren als angeborenes Recht betrachteten Macht und Befehlsgewalt oder auch am herrschaftlichen Nichtstun teilzuhaben.

Was zum Beispiel den Rohrstock betrifft, so weiß man, daß sich manche Herren der patriarchalischen Ära nie von ihm trennten und ihn auch unter keinen Umständen in der Hand eines Negers, eines Sklaven, einer Frau oder eines Untergebenen sehen wollten. Er war für sie so etwas wie das Zepter des weißen Herrn. Von einem berühmten Staatsmann der Kaiserzeit, einem vornehmen Großgrundbesitzer aus Bahía, wird erzählt, daß er sich zutiefst beleidigt und in seiner Würde getroffen fühlte, als er beim Betreten eines berühmten Londoner Museums aufgefordert wurde, seinen Stock beim Portier abzugeben. Kein Herr, der auf diese Bezeichnung Anspruch erhob, ließ sich seines Spazierstocks berauben, als wäre er ein Neger, dem die brasilianischen Gesetze das Tragen von Prügeln und Stöcken auf der Straße verboten. Aus diesem Grunde verzichtete der Staatsrat Saraiva zu Ende des 19. Jahrhunderts darauf, die *National Gallery* in London zu betreten.

Diese aristokratischen Spazierstöcke, Sonnenschirme und Regenschirme des patriarchalischen Brasilien verdienen wirklich eine gesonderte Untersuchung. Sie waren aus Edelhölzern hergestellt und mit goldenem oder elfenbeinernem Knauf versehen, der in seiner Form oft die Macht oder die Autorität versinnbildlichte: durch den Kopf eines Löwen, eines Adlers, eines Tigers, einer Schlange oder eines Drachen. Einer meiner stärksten Kindheitseindrücke war das Geschäft in Recife, in dem unsere Verwandten, João und José de Sousa e Melo, Hüte, Regenschirme und Spazierstöcke verkauften. Sie waren zugleich Besitzer der Plantage São Severino dos Ramos in Pernambuco, schämten sich aber nicht, in einem so angesehenen Geschäftszweig tätig zu sein. Ihr Laden wurde von Kunden ihrer eigenen Klasse aufgesucht, die sie jahrelang beim Einkauf von Hüten, Spazierstöcken und Regenschirmen berieten. Das war eine wichtige Angelegenheit, zu einer Zeit als die Herren noch eifersüchtig auf die Bestätigung ihrer gesellschaftlichen Stellung bedacht waren, die am verwendeten Holz und am Griff aus Gold oder Elfenbein abzulesen war.

Erst im 20. Jahrhundert begann der Niedergang von Stock und Schirm als Kennzeichen der herrschenden Klasse und Rasse und ihre allgemeine Verwendung ohne Rücksicht auf die soziale Stellung des Trägers. Das

Volkslied hielt diese zunächst als skandalös empfundene Dekadenz dieser Gegenstände fest, die lange Zeit als Attribute der Herrenklasse und Herrenrasse gegolten hatten. Zum Beispiel:

Zieht der Neger Handschuh' an,
kündigt sich ein Regen an.

Als die ersten farbigen Frauen begannen, sich wie die weißen Damen zu kleiden, wurden sie von den Gassenjungen, also von ihrer eigenen Rasse, verspottet, die nicht damit einverstanden war, daß die Neger der dienenden Klasse in eine höhere aufstiegen. Genauso erging es den Negern im Gehrock, mit Zylinderhut, Handschuhen und Spazierstock. Der Historiker Otávio Tarqüínio de Sousa fand in der Zeitung *Nova Luz Brasileira* vom 9. März 1830 eine Notiz, wonach in Rio de Janeiro ein »farbiger freier Bürger« beim Betreten einer Theaterloge von den Weißen oder Fast-Weißen »mit den Rufen *Raus mit den Schwarzen, raus mit den Kohlenmännern,* mit Pfeifen und Lärmen« vertrieben wurde. Die Zeitung beobachtete auch, daß sich die Leute von Rio, die dauernd ihre Zivilisation im Munde führten und Ausdrücke wie »die Zivilisation von Rio de Janeiro« oder »wir, die Zivilisierten der Hauptstadt« gebrauchten, recht unzivilisiert benahmen. Wenn sich in einer Theaterloge eine »Braune« zeigte, wurde sie gleich mit Schimpfworten bedacht, die gebildeten Leuten ein Greuel waren. »Das rührt daher«, schrieb das Blatt, »daß unvernünftige Verkäufer und andere junge Leute so tun, als hätten sie eine weiße Haut wie die Konquistadoren oder die Herren . . .« Diese Ausfälle gegen die Farbigen kamen jedoch nicht von den Gebildeten, den »Konquistadoren« oder den »Herren«, sondern von der ungebildeten, unteren Schicht, die sich noch im Aufstieg befand und deshalb in den ebenfalls im Aufstieg befindlichen Farbigen eine Konkurrenz sah.

Es muß jedoch noch auf andere Rassen- und Klassenmerkmale hingewiesen werden, die sich der Verwischung der Grenzen zwischen den Klassen, Rassen und Regionen innerhalb der brasilianischen Gesellschaft widersetzten. Dazu gehört das Gebärdenspiel, die Art, zu gehen, zu sprechen, zu lachen oder zu singen, die nicht für die Sklaven, sondern für die Capoeiras oder Gauner der Städte, die Totschläger des Landesinnern, die Hinterwäldler, die Caboclos, die Landstreicher von Rio de Janeiro und die Bahianerinnen charakteristisch waren, nachdem es zu einer Trennung zwischen weißen Sklavenhaltern und Negern, zwischen Europäern und

Eingeborenen sowie Afrikanern, zwischen Reichen und Armen gekommen war. Zahlreiche in den üppigen Herrenhäusern aufgewachsene Neger hatten jedoch von ihrer Herrschaft die Art, sich zu bewegen, zu sprechen und zu lachen, angenommen, die für die vornehme Klasse und die »höherstehende« Rasse so bezeichnend war. So wurden sie, vom kulturellen und soziologischen Standpunkt aus gesehen, Mitglieder dieser Familien, und ihre Manieren unterschieden sich deutlich von denen der meisten Menschen ihrer eigenen Rasse und Klasse. Daraus erklärt sich auch, daß Redewendungen der gehobenen und sogar gelehrten Sprache von den Salons in die Küche und die Sklavenbehausungen drangen und dort Allgemeingut wurden.

In solchen Fällen vermischten sich, unter dem entscheidenden Einfluß der Gewohnheiten und Wesenszüge der beherrschenden Familie, die Merkmale der einzelnen Rassen und Klassen. Die gesellschaftliche und kulturelle Überlegenheit prägte nicht nur die eigenen Kinder, sondern alle im selben Hause Aufgewachsenen. Diesen, den Patenkindern und den unehelichen Kindern wurde oft das Recht eingeräumt, die europäischen und adligen Familiennamen ihrer weißen Väter, Paten oder Herren zu führen. Auch hier entstand eine Vermischung zwischen Plebejern und Edelleuten, die aufgrund des patriarchalischen Systems selbst eine Demokratisierung der brasilianischen Gesellschaft nach sich zog, eines Systems, das in manchen seiner sozialen Auswirkungen widersprüchlich war.

Neuntes Kapitel
Orient und Okzident

Die Bedeutung, die wir der Rolle des Orients in der Entwicklung der brasilianischen Kultur zumessen, mag von manchen für übertrieben gehalten werden – einer Kultur, die sich mit der patriarchalischen Gesellschaft entwickelte und die in mancher Hinsicht durch den das Patriarchat kennzeichnenden dominierenden Charakter nicht nur des engeren Bereichs der Familie, sondern auch der wirtschaftlichen und politischen Ordnung, der Kunst und der Muße, der Religion und der sozialen Fürsorge, der Erziehung und des Verkehrswesens geprägt wurde. Tatsache ist, daß es dem Orient gelang, der Kultur und dem sozialen Gefüge, die hier unter den vorherrschend patriarchalischen Bedingungen des menschlichen Zusammenlebens entstanden, einen beträchtlichen Teil seiner Substanz und nicht nur einige seiner hervorstechenden farbigen Glanzlichter zu vermitteln. Und diese Kultur empfing nicht nur Substanz und Färbung: Der Orient ließ die Lebensformen von Herren einerseits und Sklaven andererseits in Familie und Gesellschaft schärfer hervortreten. Natürlich konnten diese Lebensformen, die Art, sich zu kleiden, und der Charakter der Fortbewegungsmittel nicht ohne Einfluß auf das Denken der Menschen bleiben.

Erst der unverwüstlichen Kraft des englischen industriellen Kapitalismus in seinem oft unstillbaren Verlangen nach kolonialen und halbkolonialen Märkten für seine plötzlich ins Ungemessene ansteigende Produktion von Glas- und Eisenwaren, Kohle, Wolle, Geschirr und Messern, die über ein wahrhaft revolutionäres Transportsystem abgesetzt wurde, gelang es in verhältnismäßig kurzer Zeit, den orientalischen Einfluß auf Leben, Gesellschaftsstruktur und Kultur in Brasilien verblassen zu lassen und ihnen ihr orientalisches Kolorit zu nehmen. Offenbar hatten sich gegen Ende des 18. und zu Beginn des 19. Jahrhunderts nirgendwo in der Neuen Welt Orientalismen mit derselben Selbstverständlichkeit eingebürgert wie in Brasilien: Sänfte, Matte, Gartenhäuschen, Springbrunnen, Feuerwerk, Kehlziegel, Tragsessel, Holzgitter vor den Fenstern, Schal und Turban für die Frauen, weißgetünchte oder hellgestrichene und pagodenartige Häuser, an den Enden nach oben ausschwingende Dachtraufen, bunte Kacheln, Kokospalme und Mangobaum aus Indien, arabische Elephantiasis, Kuskus, Zuckerwerk, süßer Reis mit Zimt, Gewürznelken von den Molukken, Zimt aus Ceylon, Pfeffer aus Cochin, chinesischer Tee, Kampfer aus Borneo, Muskatbaum aus Bandu, Stoffe und Geschirr aus China und Indien, Parfums aus dem Morgenland – nirgends waren sie mit einheimischen, europäischen und anderen Elementen dieselbe enge und ungezwungene Symbiose eingegangen wie in Brasilien. Man konnte den Eindruck gewinnen, das Land sei ökologisch mehr mit dem Orient als mit dem Okzident verwandt. Dieser Okzident sollte mit seiner Ideologie von der Reinerhaltung seiner angeblich überlegenen Kultur und seiner systematischen Unduldsamkeit allem Exotischen gegenüber in Brasilien erst später mit einigen französischen und englischen Kulturelementen in Erscheinung treten, die sich nach der Ankunft König Johanns VI. in Rio de Janeiro in den Küstenstädten einbürgerten. Vielleicht spielte dabei hier und da auch der orthodoxe Europäerstolz auf seiten der Portugiesen eine Rolle, der jedoch dem Geist und auch der Praxis der auf Verschmelzung morgen- und abendländischer Kulturelemente gerichteten portugiesischen Expansionspolitik widersprach.

Bis zur Übersiedlung des portugiesischen Hofes nach Rio de Janeiro hat der Primat der europäischen Kultur in Brasilien praktisch den Primat der portugiesischen Kultur bedeutet, wenn man von den kurzlebigen Kolonien der Franzosen in Rio de Janeiro und Maranhão, der Holländer im Nordosten und der Engländer im Amazonasgebiet absieht. Der Primat der iberischen Kultur aber war in Brasilien nie rein europäisch, sondern in hohem Maße mit maurischen, arabischen, jüdischen und mohammedanischen Elementen durchsetzt, das heißt starken Resten morgenländischer Kultur, welche die jahrhundertelange Herrschaft des Abendlandes über die Iberische Halbinsel nicht gänzlich aufzulösen vermocht hatte.

Im Jahre 1809 bezeichnete ein eifriger Verfechter der Verwestlichung Brasiliens die Sitten überwiegend orientalischer Herkunft, aus denen mittlerweile charakteristische brasilianische Gewohnheiten geworden waren, als »primitive und veraltete Sitten, die nur geduldet werden konnten, als dieser Teil Amerikas noch als eine portugiesische Kolonie angesehen wurde«, denn es seien Bräuche, die »seit langer Zeit bei gebildeten und vollkommen zivilisierten Völkern verpönt sind«. Ein solches »vollkommen zivilisiertes«, das heißt westliches, christliches und europäisches Land sollte auch Brasilien werden. Und diese Höhe menschlicher Vollkommenheit konnte es offensichtlich nur erlangen, wenn es sich von den asiatischen und afrikanischen Relikten in seiner Kultur, im täglichen Leben, im Verhalten seiner Bewohner und sogar in seiner Landschaft befreite. Denn wie schon im vorigen Kapitel erwähnt, waren die führenden Männer und vornehmen Kreise darauf erpicht – im Gegensatz zu den Portugiesen, die aus Asien, Afrika und den südatlantischen Inseln Bäume, Pflanzen und Tiere nach Amerika brachten –, Bäume und Pflanzen aus Europa einzuführen. Zu diesen »primitiven, einer vollkommenen Zivilisation unwürdigen Sitten« zählte ein beredter Anwalt der Europäisierung, Pater Gonçalves dos Sanctos, natürlich auch die Holzgitter vor den Fenstern, vor allem in Rio de Janeiro. Er nannte diese Einrichtung eine Unsitte, die »unsere Stadt verschandelt und ihr viel von ihrem Glanz nimmt«. Denn »abgesehen davon, daß sie unbequem sind und der Volksgesundheit schaden, indem sie die Luftzirkulation behindern, zeigen sie den Mangel an Zivilisation unter der städtischen Bevölkerung...« Daher obliege es den Einwohnern von Rio de Janeiro selbst, diese »Zeugen der primitiven Lebensbedingungen aus der Zeit der Kolonisierung und der Conquista zu entfernen« und so dazu beizutragen, der Hauptstadt einen »vornehmeren Charakter zu verleihen«, das heißt, sie zu verwestlichen und zu europäisieren. Dadurch würde sie in den Augen der Ausländer, die sie bereits in großer Zahl besuchen, »bedeutender und prächtiger...«

Hier sehen wir bestätigt, was wir schon im vorigen Kapitel hervorgehoben haben, nämlich die Tatsache, daß die Brasilianer aus den Küstengebieten und den Städten in der ersten Hälfte des 19. Jahrhunderts, ja eigentlich das ganze 19. Jahrhundert hindurch, unter der Zwangsvorstellung von den »Augen der Ausländer« litten. Diese Augen erfüllten sie mit Besorgnis und Furcht, vergleichbar nur mit dem Schrecken, in dem sie seinerzeit unter den Augen der Jesuiten oder der Heiligen Inquisition gelebt hatten. Und die »Augen der Ausländer« waren die Augen Europas, die Augen des Abendlandes mit seinem aufstrebenden Bürgertum, seiner Industrie, seiner Kohlenzivilisation, dessen Kultur, Lebensformen und Sozialstruktur hart mit den in Brasilien herrschenden orientalisch geprägten Verhältnissen zusammenstießen. Es schien, als habe sich der von Portugal bezwungene und vergewaltigte Orient an dem kühnen halbwestlichen Eroberer rächen wollen, indem er in diesem schon verblichene orientalische kulturelle und sogar ethnische Merkmale zu neuem

Leben erweckte und den alten afrikanischen und asiatischen Zügen der Portugiesen mehrere neue hinzufügte. Diese Züge brachten viele schon zu Beginn der Kolonisierung mit nach Brasilien, wo sie sich ungestört entwickeln konnten, begünstigt durch die Politik der Isolierung von Europa, die Portugal seiner amerikanischen Kolonie gegenüber betrieb, nachdem man in Brasilien außer dem Gold von Minas Gerais auch Smaragde und Diamanten gefunden hatte.

Sogar in Portugal überlebten die orientalischen Elemente bis zum 19. Jahrhundert mit einer Frische, die innerhalb Europas wohl nur noch von der kleinasiatischen Türkei oder dem asiatischen Teil Rußlands übertroffen wurde. Diese Züge heben sich scharf von denen des eigentlich abendländischen Europa ab, dem sich der Prinzregent und seine Berater nach ihrer Ankunft in Rio de Janeiro Brasilien mit aller Kraft anzunähern versuchten, selbst um den Preis einer Entfremdung von Portugal. Die Berater des Regenten und er selbst handelten nämlich Brasilien gegenüber weniger im Sinne einer rein portugiesischen oder iberischen Politik als vielmehr im Sinne einer englischen beziehungsweise britischen Großmachtpolitik, deren Ziel es war, die außereuropäischen Völker und Kulturen für sich mit Beschlag zu belegen und zu beherrschen, um für die englische Industrie neue Absatzmärkte zu erschließen. Die »Augen der Ausländer« regierten Brasilien allmählich weniger mit Hilfe von Konsuln und Handelsreisenden als mit Hilfe jener anglophilen Portugiesen und Brasilianer wie dem Grafen von Linhares und dem Wirtschaftler Silva Lisboa, für die das Heil Portugals und Brasiliens darin bestand, so schnell wie möglich alles, was ihre Kultur an orientalischen Formen und orientalischer Färbung besaß, abzustoßen und dafür die vorherrschenden Formen, das Kolorit und die Verhaltensweisen des vollkommen zivilisierten Abendlandes zu übernehmen, das für sie durch England und Frankreich repräsentiert wurde, vor allem aber durch England. Daher rührt auch die soziologische Bedeutung der Redensart »um es den Engländern zu zeigen«, die seit Anfang des 19. Jahrhunderts allgemein gebraucht wurde. Interessant, wie der Anglophile, den wir schon im Zusammenhang mit der sehr bezeichnenden Zerstörung der Holzjalousien an den Stadthäusern von Rio de Janeiro erwähnten, das gewaltsame Vorgehen der Polizei gegen deren Besitzer zu rechtfertigen suchte: Er berief sich auf »zahlreiche Gründe moralischer und politischer Art«. Zu den politischen Gründen werden auch solche wirtschaftspolitischer Art gehört haben. Wie verschiedene Umstände erkennen lassen, waren wirtschaftliche

Das „Kolonial"haus wird durch ein zweistöckiges Stadthaus ersetzt: ein für die Mitte des 19. Jahrhunderts charakteristisches Phänomen der Reeuropäisierung (Zeichnung von M. Bandeira nach Skizzen des Autors).

Interessen Ursache des englischen Wunsches, die hölzernen Fensterläden an den Stadthäusern der größeren Städte Brasiliens – und nur an den Stadthäusern – durch Glasfenster und Eisengitter ersetzt zu sehen.

Daß von dieser Maßnahme nur die Stadthäuser betroffen wurden, scheint darauf hinzuweisen, daß Holzgitter vor den Fenstern ausschließlich bei diesen vornehmen Häusern als »primitiv« galten. Die »Gründe moralischer und politischer Art« verloren offenbar ihre Gültigkeit, wenn die bekämpften Holzgitter am, allerdings sehr verbreiteten, mittleren Typ des städtischen Hauses angebracht waren, das heißt am Haus, das nur ein Erdgeschoß hat: einem Mittelding zwischen Stadthaus und Mucambo, zwischen dem Palast der Reichen und der Strohhütte der Armen und Elenden. Aufgrund der strengen polizeilichen Anordnung gegen die Holzgitter in Rio de Janeiro hatten diese von den »Fenstern der Stadtpalais binnen acht Tagen« zu verschwinden.

Nach Ansicht der Verfasser der Polizeiverordnung war die große Zahl der flachen Häuser für das Panorama der Stadt bedeutungslos. Wenn diese Ansicht auch bestritten werden darf, so scheint es doch sicher zu

329

sein, daß die Bewohner oder Eigentümer dieser Häuser mittlerer Größe in ihrer Mehrzahl wirtschaftlich nicht in der Lage waren, kurzfristig die Holzgitter durch Glasfenster zu ersetzen, ein hinreichender Grund dafür, nur die Holzjalousien der vornehmen Stadthäuser als »plump« und »düster« zu bezeichnen.

Pater Sanctos berichtet, die Holzgitter seien in einer Atmosphäre »allgemeiner Genugtuung« zu Boden gestürzt. »Allgemeine Genugtuung«, wie es scheint, auf seiten der Parteigänger der Verwestlichung, welche die Reformer und die Avantgarde jener Zeit darstellten, die sich gegen »die Vorurteile, in denen uns unsere Väter erzogen haben«, auflehnten.

Für diese »Westler« bedeutete das Verschwinden einer so charakteristischen orientalischen Erscheinung wie der Holzjalousie aus den Wohnhäusern offenbar schon den entscheidenden Sieg des Okzidents über den Orient in der Auseinandersetzung zwischen den Kulturen und Zivilisationen, für die Brasilien schon seit Jahren den Schauplatz abgab. Auf der einen Seite wies Brasilien eindeutig orientalische Züge auf: in seinen Gebräuchen, im Verhalten der Menschen – was sich beispielsweise in der Sitzweise mit gekreuzten Beinen bei Frauen und sogar bei Männern äußerte –, in der Architektur, in der Beförderungsweise von Menschen und Gütern, in der Gartengestaltung und im Straßenbau. Auf der anderen Seite nahm Brasilien immer mehr westlich-europäische Züge an, die das orientalische Element allmählich zurückdrängten. Nach dem Wunsch der Parteigänger der westlichen Zivilisation jedoch sollte der Okzident im brasilianischen Leben vollständig über den Orient siegen: Brasilien sollte sich in den europäischen Kulturbereich eingliedern beziehungsweise zu einem Ableger Europas werden.

Sofern die Befürworter der Verwestlichung zugleich dieselben Haushaltswaren, Kleidungsstücke, Nahrungsmittel und Fahrzeuge herstellten wie die englischen und französischen Unternehmer der ersten Hälfte des 19. Jahrhunderts oder diese Artikel des privaten und öffentlichen Bedarfs einführten wie mehrere Brasilianer jener Zeit, gesellte sich zum frommen Wunsch das materielle Interesse. Dieses zielte auf die vollständige Verwestlichung des brasilianischen Lebens, auf die damit verbundene Abschaffung von orientalischen Gebrauchsartikeln und sogar auf deren Verschwinden aus der Mode und dem Bewußtsein der Bevölkerung. Daher auch das Bedürfnis der jungen Generation, sich gegen die »Vorurteile der Alten«, gegen die Spießer, aufzulehnen, die an Holzjalousien, Matten und Sänften aus dem Orient, an Seide, feinem Porzellan, Parfums und Fächern aus China und an der Unsitte festhielten, sich an orientalischem Feuerwerk zu vergnügen und Papierdrachen steigen zu lassen wie die Chinesen, was übrigens bis beinahe in unsere Zeit hinein als geachteter und vornehmer Zeitvertreib für Erwachsene galt.

Was Brasilien nach Meinung der »Westler« brauchte, war eine »völlige Aufhellung«, wie sich einer von ihnen voller Freude über die brutale Zerstörung der Holzläden an den Stadtpalais von Rio de Janeiro im Jahre 1809 ausdrückte. Aufhellung zum Beispiel durch die Verwendung von englischem Glas in Häusern und Kutschen, deren Fenster bisher nach orientalischer Sitte mit Holzläden oder Vorhängen verdunkelt wurden. Aufhellung im Städtebau, durch die Anlegung von breiten Straßen wie in Europa, welche die geradezu orientalisch engen Gäßchen von Rio de Janeiro, Salvador, Recife, São Luís do Maranhão, São Paulo, Olinda und den anderen alten Städten ablösen sollten. Aufhellung in den Kirchen durch den Tausch der in orientalischer Weise beengenden weiblichen Kleidungsstücke wie Umhang, Schleier, Mantilla oder Schal mit dem durchsichtigen französischen Schleier, der die Reize von Antlitz und Busen beim schönen Geschlecht nicht mehr verhüllen sollte. Aufhellung auch im Gesicht der Männer. Die überlangen, ebenso orientalischen wie orthodox patriarchalischen Bärte sollten nämlich gestutzt und durch bürgerlich-zivilisierten Bartschmuck ersetzt werden – und zwar mit Hilfe von englischen Messern und Scheren, die in der zweiten Hälfte des 19. Jahrhunderts die brasilianischen Läden füllten. Aufhellung mit Hilfe leistungsfähiger europäischer Beleuchtungsanlagen auf Straßen, Plätzen und in Häusern, die statt Fischöl, Unschlittkerzen, orientalischen Papierlaternen und den sogenannten »Pechköpfen« große Petroleumlampen und Gaslampen englischen und belgischen Ursprungs verwendeten. Aufhellung, das heißt Modernisierung, schließlich auch in Sitten, Gebräuchen, Verhaltensweisen und in den Beziehungen zwischen Mann und Frau, Vater und Sohn.

Wir werden weiter unten sehen, daß Brasilien in eine neue Ära eintrat, als es sich auf allen möglichen Lebensgebieten unter europäischem Einfluß »modernisierte« – sowohl was das rein materielle, als auch was das geistige Leben anging. Dabei kann keine Rede davon sein, daß diese neue Ära für das Volk und seine noch in der Entwicklung befindliche Kultur ausschließlich Vorteile mit sich gebracht hätte. Was Brasilien an orientalischen Elementen nachgeahmt, assimiliert oder ganz übernommen hatte, stellte in mancher Beziehung nichts anderes als einen tiefgreifenden und zum Teil gesunden Prozeß der Anpassung des Menschen an die tropische Umwelt dar, ein Vorgang, den jene »Modernisierung« fast schlagartig beendete oder unterbrach.

Denn das Leben in den Tropen ließ sich nur durch die Übernahme von arabischen und orientalischen Gepflogenheiten bewältigen: enge Gassen, Umhängetücher, Schals, orientalisch riesige Sonnenschirme bei Spaziergängen unter der sengenden Sonne in der heißen Jahreszeit; große, schattenspendende Bäume aus Afrika und Asien wie Mangobaum, Brotfruchtbaum oder Gameleirabaum um die Häuser herum, auf Plätzen und Straßenrändern; Hohlziegel im Hausbau; breite und an den Enden nach oben ausschwingende Dachtraufen; Häuser mit niedrigem Dach nach Art der chinesischen Pagoden; Veranda oder überdachter Eingang bei Landhäusern, wie man sie von den indischen Bungalows kennt; Vorhänge und hölzerne Fensterläden in den einfachen und vornehmen Häusern der Städte; Matten in den Wohnungen, um den Fußboden zu bedecken; indische Bettdecken in den Häusern der Reichen; Erfrischungsgetränke aus Tamarinde, Zitrone und Kokosmilch in der glühenden Mittagshitze; reichlich Olivenöl, Gewürznelke, Pfeffer und Safran – Zutaten, welche die Speisen farbiger, würziger und schärfer machten und den ein wenig schläfrigen Gaumen der durch die Hitze schlaff gewordenen Menschen belebten. Und alle diese orientalischen Errungenschaften wurden Brasilien von den Portugiesen, den Mauren, Juden und Negern vermittelt.

Brasilien machte sie sich so völlig zu eigen, daß aus ihnen gegen Ende des 18. Jahrhunderts feste Bestandteile der brasilianischen Zivilisation geworden waren, die eine enge gefühlsmäßige Bindung zwischen dem Menschen und seinem Heim sowie seiner neuen Umgebung im tropischen Amerika herstellten. Natürlich konnten diese äußeren Formen der Zivilisation das Fühlen und Denken der Menschen nicht unbeeinflußt lassen, wie ja auch die Kutte aus ihrem Träger allmählich einen Mönch macht. Äußere und innere Haltung sind immer und überall voneinander untrennbar.

Aber nicht nur ökologisch näherte sich das ja offiziell von Europa kolonisierte Brasilien dem Orient. Es paßte sich mit orientalischen Hilfsmitteln derart an die Tropen an, daß es in manchen seiner Züge zu einer Art Übergangszone zwischen Orient und Okzident wurde. Man konnte oft den Eindruck gewinnen, daß Brasilien mehr durch den orientalischen Kulturanteil charakterisiert wurde als durch den westlich-europäischen.

Es war eine Art Goa im großen, wo Ost und West sich trafen und eine neue Mischung von Menschentyp und Kultur schufen, wie sie Nordeuropäer schon im lusitanischen Indien erstaunt festgestellt hatten.

Auch wirtschaftlich hatten sich Brasilien und der Orient so weit einander angenähert, daß der beiderseitige legale und illegale Handelsverkehr während der Kolonialzeit zu einer der stärksten Stützen der agrarischen und patriarchalischen brasilianischen Gesellschaftsstruktur wurde. Für bestimmte orientalische Zentren der Textilindustrie wie Malabar war Brasilien ein keinesfalls zu unterschätzender Absatzmarkt geworden. Tatsächlich bezog Brasilien, bevor die Engländer den brasilianischen Markt für sich mit Beschlag belegten und beherrschten, große Mengen an Tuchen aus Asien, vor allem einfache Tuche aller Farben und Arten für die Sklaven und die unteren Klassen – und keineswegs nur Luxusware für die Wohlhabenden und Reichen. Außerdem versorgte sich das portugiesische Amerika im Orient mit asiatischen und afrikanischen Spiel- und Putzwaren, bevor sich die Franzosen dieser Branche bemächtigten: Glasperlen in allen möglichen Farben und Formen, Rosenkranzperlen, bunte Ziermuscheln, falscher Korallenschmuck. Ferner Zinnteller, Messer mit Holzgriffen, Bleiplatten, Pulver, Bleikugeln, Pistolen, Degen und Säbel.

Alle diese Handelsbeziehungen standen jedoch im Schatten des Sklavenhandels, mehr noch: Ihr ungestörtes Funktionieren war vom Sklavenhandel beziehungsweise von der Stabilität des agrarischen, patriarchalischen und auf Sklaverei beruhenden Gesellschaftssystems in Brasilien abhängig. Indem das industrielle Denken Englands dieses System bekämpfte, bekämpfte es zugleich weit mehr: den gesamten Warenaustausch mit dem Orient, an den sich die brasilianische Wirtschaft aufgrund einer Reihe von Vorteilen für beide Seiten gewöhnt hatte. Immerhin exportierte Brasilien zum Beispiel auch beträchtliche Mengen an Tabak und Branntwein nach Afrika.

Nicht wenige Brasilianer jener Zeit hielten die Verwandtschaft zwischen Brasilien und dem Orient, die von der Ähnlichkeit der jeweiligen patriarchalischen Systeme herrührte, für eine gemeinsame Basis der wirtschaftlichen Beziehungen, stark genug, selbst die Abschaffung des Sklavenhandels zu überdauern. Moniz Barreto befürwortete in einer Denkschrift aus dem Jahre 1837 die Einwanderung »freier Männer« aus Afrika, die »sich in der Landwirtschaft verdingen oder bei einem Meister eine Kunstfertigkeit oder ein Handwerk erlernen sollten«. Nach seiner

Meinung nämlich mußte die »krasse Ungleichheit in der Vermögensverteilung« – Kennzeichen von halbfeudalen Ländern wie Brasilien – den europäischen Arbeiter, Bauern oder Handwerker so sehr abstoßen, daß nicht mit freien Menschen dieser Art gerechnet werden könnte. Hingegen wäre dieser Umstand für einen Afrikaner der unteren Klassen, auch wenn er frei sei, nichts Besonderes; er würde sich, ganz im Gegenteil, sogar ohne Schwierigkeiten daran gewöhnen. Ähnliche Argumente sollten einige Jahre später von den Verfechtern der Einwanderung asiatischer Arbeiter nach Brasilien aufgegriffen werden, denn hier würden, so meinte man, die »krassen Vermögensunterschiede« auf Angehörige der niederen Klassen aus dem Orient nicht denselben abweisenden und unangenehmen Eindruck machen wie auf einen Handwerker aus England und Frankreich oder auf einen Bauern aus Deutschland, der Schweiz oder sogar aus Spanien und Portugal.

Worauf es diesen Verfechtern der Einwanderung von »freien Menschen« ankam, war, der englischen Forderung nach Abschaffung des Sklavenhandels zu genügen. Es konnte ihnen natürlich nicht entgehen, daß »freie« Afrikaner oder Chinesen in Brasilien im Grunde Sklaven sein würden, in einer Gesellschaft, deren patriarchalische Struktur sich kaum von derjenigen in der Heimat jener Afrikaner und Chinesen unterschied. Diese Menschen würden, so dachten sie, die faktische Leibeigenschaft in Brasilien nicht ablehnen; im Gegenteil, nichts würden sie außerhalb ihrer Heimat mehr vermissen als einen patriarchalisch regierenden Herrn, der ihnen als Entgelt für ihre Fronarbeit Schutz gewährte. In diesem Punkt hätten der Orient und Brasilien einander gut verstehend und vorteilhaft ergänzen können. Doch bei aller Ähnlichkeit der Wirtschafts- und Sozialstrukturen auf beiden Seiten hatten die Beziehungen zwischen Brasilien und dem Orient auch einen kulturellen und einen ethnischen Aspekt. Dem schon erwähnten Prestigegewinn Europas als Modell der »vollkommenen Zivilisation« mußte notwendigerweise die Abwertung von nichteuropäischen Menschen und Kulturwerten entsprechen, was dann auch tatsächlich der Fall war.

Hierdurch erklären sich die Kampagnen von Medizinern und anderen zeitgenössischen Wissenschaftlern in Brasilien gegen den Beitrag der »Gelben« und nicht nur der »Nigger« zur ethnischen und kulturellen Struktur und Entwicklung der brasilianischen Bevölkerung. Ihrer Meinung nach hatte sich Brasilien der ethnischen Zusammensetzung und der Kultur Europas anzunähern. Es sei ein Wahnsinn, die bereits große

Zahl von nach Brasilien eingeführten versklavten Afrikanern noch durch die Einführung von »freien« Afrikanern oder Asiaten zu erhöhen. Die asiatischen und afrikanischen Überreste, so meinten die Gegner der Farbigen, setzten die Brasilianer in den Augen der Europäer ohnehin genug herab. Sie müßten sich von diesen Resten vollständig befreien, statt sie auch noch durch die Einführung weiterer asiatischer und afrikanischer Elemente neu zu beleben. Brasiliens Entwicklung in Richtung auf eine weiße Bevölkerung – ein jedem aufgeklärten Brasilianer heiliges Anliegen – dürfe nicht gestört werden. Die Regierung solle nur ja nicht zulassen, daß noch mehr Orientalen unter dem Vorwand einwanderten, sie führten hier den Teeanbau oder die Seidenraupenzucht ein.

Seit den ersten Jahrzehnten der Kaiserzeit nahmen derartige Ansichten in einem Maße zu, daß im Jahre 1879 Dr. Costa Ferraz glaubte, als Arzt und Wissenschaftler zu folgendem alarmierendem Kriegsgeschrei verpflichtet zu sein: »Die gelbe Gefahr bedroht Brasilien!« Es gebe schon mehrere Übel, sagte er, die das Vaterland heimsuchten und die »überwiegend auf mangelnde Vorsorge und auf die Nichtbeachtung der wiederholten Warnungen der Wissenschaft zurückzuführen« seien. Und zu diesen Übeln geselle sich jetzt auch noch die gelbe Gefahr: »Brasilien, in das schon seine Entdecker den gräßlichen Krebs der Sklaverei, eine der wichtigsten Ursachen für seine Rückschrittlichkeit, eingeschleppt haben, dieses Brasilien ist nach mehr als einem halben Jahrhundert Unabhängigkeit von der größten aller Plagen der Menschheit bedroht, von der Einschleppung der gelben Gefahr.«

»Die medizinische Wissenschaft«, fügte Costa Ferraz hinzu, »kann angesichts eines so schwerwiegenden Problems für Gegenwart und Zukunft unseres Vaterlandes nicht gleichgültig bleiben, denn ihre Aufgabe besteht darin, mit größter Sorgfalt die Prinzipien für den Fortschritt und die Gesunderhaltung der Bevölkerung zu bestimmen. Ob man die mongolische Invasion, von der unser Land bedroht ist, nun als Arzt, Philosoph oder einfach als Patriot betrachtet, ihre Folgen werden jedenfalls äußerst unheilvoll sein.« Mit »finanziellen Vorteilen« seien die physischen und moralischen Schäden der »geplanten mongolischen Invasion« nicht aufzuwiegen. Daher könne der Arzt, der sich als Patriot fühle, nicht umhin, »die Stimme der allergerechtesten Empörung gegen die verbrecherische Überflutung des Landes durch eine Rasse zu erheben, deren moralische Dekadenz sich schon in ihren althergebrachten Sitten zeigt und als eines ihrer wichtigsten Merkmale hervorsticht«.

Dieser erbitterte Feind der orientalischen Einwanderung vergaß wohl, daß die chinesischen Siedlungen in Brasilien weit davon entfernt waren, den Zorn besonders hygienebesorgter Ärzte zu rechtfertigen. In Wahrheit lagen die Dinge nämlich wesentlich anders. Bei einem Kolonisationsexperiment mit Angehörigen verschiedener Nationen um die Mitte des 19. Jahrhunderts in Mucurí taten sich gerade die Chinesen durch besondere Sauberkeit hervor, sogar im Vergleich mit den Deutschen. »Bis auf eine Entfernung von 50 Klaftern strömte die deutsche Siedlung einen ekelerregenden Geruch aus«, weiß ein Beobachter zu berichten. Die weißhäutigen deutschen Siedler ließen Sandflöhe in ihre Füße eindringen, »denn ihre geringe Sauberkeit am Körper zog diese gefährlichen Insekten an . . . Vergeblich hielt man ihnen vor, daß das so entstehende Übel mit einer kleinen Schere und einer Stecknadel bekämpft werden könne und daß die beste Vorbeugung darin bestehe, täglich ein Fußbad zu nehmen und so den Körper von Schmutz zu befreien. Sie aber wollten sich von der Sandflohkrankheit mit Salben und Umschlägen heilen, und es war einfach unmöglich, eine größere Zahl von ihnen davon zu überzeugen, daß die brasilianische Sitte, sich jeden Abend zumindest die Füße zu waschen, zu den Bedürfnissen auch des kleinen Mannes gehört und nicht ein Spleen oder ein besonderes Vergnügen von Aristokraten und Lebemännern ist.« Hingegen »haben die Chinesen keine Abneigung gegen das Wasser, und sie litten daher in Mucurí auch niemals unter Sandflöhen. Nicht einen einzigen von ihnen sah ich deswegen hinken.«

Übrigens waren es nicht nur Chinesen, die seit der Kolonialzeit als Landarbeiter und Hausdiener mit den afrikanischen Sklaven konkurrierten, sondern auch Asiaten anderer Herkunft. Einige von ihnen wurden offenbar, wie aus Zeitungsanzeigen hervorgeht, mit Negern oder entflohenen Sklaven verwechselt. So beispielsweise der Koch »asiatischer Herkunft«, der im Jahre 1822 aus einem Hause in der Rua do Sabão Nr. 364 in Rio de Janeiro verschwand. Er sei – hieß es – ein Mann von 28 bis 30 Jahren, habe fast schwarze Hautfarbe, krauses Haar und sei ziemlich klein und mager. Außerdem habe er einen Matrosengang und gehöre einem asiatischen oder afrikanischen Stamm an. Auf den ersten Blick sei er durch seine keineswegs negroiden Gesichtszüge als Ausländer zu erkennen.

Die »Gründe physischer Art«, die patriotische brasilianische Mediziner für die Ablehnung der »asiatischen Invasion in Brasilien« geltend machten, waren vor allem solche eugenischer Art und nicht in erster

Linie von hygienischen oder kulturellen Erwägungen bestimmt. Das Experiment von Mucurí jedoch, das ausländische Beobachter als hervorragendes Versuchsfeld für gruppen- und verhaltenspsychologische Studien an verschiedenen Rassen in einer tropischen Umwelt lobten, fiel, vom hygienischen Standpunkt aus gesehen, für den asiatischen Siedler in Brasilien eindeutig günstig aus.

Der Artikel von Costa Ferraz ist wohl der erste heftige Protest gegen die »asiatische Invasion«, das heißt gegen die Einwanderung von asiatischen Arbeitern in großer Zahl, ein Problem, das im nun folgenden Jahrzehnt noch brennender werden sollte und auf das wir im nächsten Kapitel im Zusammenhang mit dem Übergang von der Sklavenarbeit zur freien Lohnarbeit zurückkommen werden. Hier wollen wir nur daran erinnern, daß in der ersten Hälfte des 19. Jahrhunderts verschiedene Gruppen von Orientalen nach Brasilien einwanderten und dazu beitrugen, die schon seit Beginn der portugiesischen Kolonisierung mit dem Eintreffen zahlreicher orientalischer Hausierer sichtbaren oder lediglich fühlbaren Einflüsse zu verstärken.

In seinem *Vocabulário Pernambucano* weist Pereira da Costa im Zusammenhang mit der asiatischen Herkunft des Wortes »mascate« (Hausierer) darauf hin, daß schon in der ersten Hälfte des 17. Jahrhunderts aus allen Teilen Asiens, vor allem aus Indien, »verschiedene Arten von Menschen« kamen, »die aus ihren weit entfernten Heimatländern Stoffe mitbrachten, um mit den Einheimischen Brasiliens Handel zu treiben«. Solche Hausierer müssen zu jener Zeit zahlreiche orientalische Elemente mitgebracht haben, die heute in der brasilianischen Kultur aufgegangen sind. Zu diesen kamen später weitere hinzu – Pyjama, Kimono, Bungalow –, diesmal jedoch nicht nur durch Vermittlung einfacher Hausierer, sondern prominenter Engländer und Franzosen.

Orientalischer Herkunft ist das Wort *khaki.* Es bezeichnet sowohl den groben Drillich, der seit langem in Brasilien für militärische Uniformen verwendet wird, als auch die Frucht des Khakibaums, der gleichfalls schon seit geraumer Zeit in Brasilien heimisch ist. Pereira da Costa zufolge wurde auch der Karambolabaum aus Indien eingeführt, der im Norden Brasiliens, im Hôrto del-Rei, dem »Garten des Königs« in Olinda, seine Heimstatt fand.

Ebenfalls aus dem Orient stammt der *Kiosk,* ein kleiner, achteckiger Pavillon, der unter dieser Bezeichnung oder der Bezeichnung *Pagode* zusammen mit der Holztribüne zu einem typischen Kennzeichen der öffentlichen Plätze in Brasilien der Kaiserzeit wurde. Manche dieser Plätze erhielten, mit Papierfähnchen, bunten Laternen und Zimtblättern geschmückt, an Festtagen ein unverwechselbar orientalisches Gepräge, vor allem im Schein des Feuerwerks und unter dem Zischen der Raketen. Der leicht gebaute Kiosk beziehungsweise Pavillon wurde gelegentlich nach orientalischer Sitte aus Bambusrohr und Zweigen von Kokospalmen errichtet, die sich in den brasilianischen Städten als malerisches und dekoratives Element einbürgerten.

Im Jahre 1848 war José dos Santos Tôrres Besitzer eines »wohlbekannten Imbißrestaurants« mit dem Namen »*Oh, welch schöne Abgeschiedenheit!*« in Pernambuco, das heißt eines »eleganten und geräumigen Kiosks«, in dem man »alle möglichen Sorten von alkoholischen und erfrischenden Getränken« und zahlreiche europäische und brasilianische Leckerbissen bekommen konnte. Der orientalische Pavillon diente so als Treffpunkt der verschiedensten Kulturelemente, von denen einige für Brasilien alt oder traditionell, andere dagegen neu waren, wie das Sorbett und die Brauselimonade. Im Kiosk bekam man »Champagner, Montebello, Château Margot, Ale, Porter, echten Maraschinolikör, verschiedene Limonaden, Sprudel und Sorbetts mit allen Früchten der Jahreszeit«. Außerdem gab es dort »Salami, gekochten Schinken, Roastbeef, Truthahn, Huhn, gebratenen Fisch und Fisch in Marinade, Kalbshaxe, Pasteten, Torten, Pudding und alle jene Leckerbissen, die eine gute Tafel und das Vergnügen des Schlemmers ausmachen«. Obwohl man im »Kiosk« von Herrn Tôrres sogar Kalbshaxe verzehren konnte, entwickelte er sich nach einiger Zeit zu einem ausgesprochen aristokratischen Pavillon.

In der zweiten Jahrhunderthälfte jedoch sollte aus dem Kiosk nahe der Brücke oder an der Straßenecke, dem Rivalen der Verkaufsbude – nicht zu verwechseln mit dem Pavillon oder der Pagode im Mittelpunkt von öffentlichen Parks –, ein plebejisches Element im brasilianischen Alltag werden. In ihm verkaufte man dann nicht mehr gekochten Schinken oder Champagner, sondern Zuckerrohrschnaps, billigen portugiesischen Wein, Kabeljau, Ragout aus Schweinefleisch, Maisbrei und Kalbshaxe – bis sich auch gegen diese keineswegs schlechten orientalischen Überreste der verwestlichende Übereifer der Städteplaner und Ingenieure des republikanischen Brasilien erhob.

Ein solches friedliches Nebeneinander von Champagner und Kalbshaxe, von Brauselimonade und Tamarindegetränk, von Archaischem und Modernem, von exotischen und einheimischen Elementen, wie sie der Kiosk von Herrn Tôrres bot, gab es zu jener Zeit, das heißt in der ersten Hälfte des 19. Jahrhunderts, in Brasilien auch auf anderen Gebieten. Dafür ein weiteres Beispiel: Im *Diário de Pernambuco* vom 12. Februar 1848 wird eine Veranstaltung im »Teatro Público« von Recife angekündigt, bei der in einem Krippenspiel vom reinsten traditionellen Stil zu den Klängen »einer schönen und himmlischen Abschiedsmusik der Hirtinnen« von ebendiesen auch »Polka, Mazurka, Polonaise, englischer Pas de deux und schottisches Menuett« aufgeführt werden sollten. Diese »Exotismen« wurden mit den althergebrachten Tänzen der Hirtinnen, des Satans, des Alten, der Engel und mit dem Kult des Jesuskindes verquickt.

In den öffentlichen Theatern ging man bereits von der »alten Sitte der Öllampen« zu Gaslampen über, die nicht nur »ausgezeichnetes Licht« spendeten, sondern auch »ohne jeden Zweifel von großer Sauberkeit waren«, wie im *Diário* vom 28. Januar desselben Jahres zu lesen ist.

Und doch beherbergten dieselben Theater noch Relikte des Mittelalters in ihren Mauern, vermischt mit Anklängen und Farbtupfen aus dem Orient, wie etwa die Krippen- und Hirtenspiele. Hier konnte man noch als Engel verkleidete junge Mädchen sehen, die, nach europäischer Tradition, eher dem okzidentalisch blonden als dem orientalisch dunklen Typ anzugehören hatten. Als Schäferinnen verkleidete Mädchen, die so dunkel sein konnten wie Maurinnen oder auch so hell wie Nordeuropäerinnen. Die Hirtinnen der »blauen Tanzgruppe« mußten möglichst blond, die der »roten« möglichst dunkel sein. Außer den Hirten- und Krippenspielen wurden gelegentlich Kämpfe zwischen »Christen« und »Mauren« aufgeführt, in denen die Zuschauer ebenfalls eine dramatische Darstellung der alten Auseinandersetzung zwischen Okzident und Orient verfolgen konnten.

Schon in der zweiten Hälfte des 19. Jahrhunderts gab es neben den Auftritten hellhäutiger, im allgemeinen ausländischer Schauspielerinnen Nummern mit »Bahíanerinnen« – eine erste öffentliche Glorifizierung der »dunklen Brasilianerin« und sogar der nach orientalischer Art gekleideten »einheimischen Mulattin«. Die Bahíanerinnen boten sich dieser Art von Verherrlichung schon durch ihre auffallende Alltagstracht an, die sehr farbenprächtig war, glänzend und voller orientalischer und islamischer Reminiszenzen. Zu diesen gesellten sich übrigens, wie Wetherell bemerkte, christliche Einflüsse, zum Beispiel die Sitte, diese schimmernde Farbenpracht während der Karwoche zu dämpfen.

Lange Jahre hindurch erhielten sich diese orientalischen Elemente in Brasilien über den legalen wie auch illegalen Handelsverkehr mit dem Orient lebendig. Durch den legalen Warenaustausch kamen orientalische Waren auf portugiesischen Schiffen aus Porto oder Lissabon in das koloniale Brasilien, nicht nur mit Wein, Weizenmehl, Stockfisch und Käse aus Portugal oder dem übrigen Europa, sondern auch mit orientalischen Waren beladen, die in brasilianischen Häfen zusammen mit den europäischen Gütern gegen Baumwolle, Zucker, Branntwein, Kaffee, Tabak, Holz und heilkräftige Wurzeln getauscht wurden. Bei diesem Warenaustausch war die Gewinnspanne für Lissabon beträchtlich – wie zu Beginn des 19. Jahrhunderts ein englischer Beobachter bemerkte –, obwohl den Brasilianern das Recht gewährt wurde, ihre Sklaven selbst aus Afrika einzuführen und auf den Sklavenschiffen zugleich von den afrikanischen Märkten Wachs, Goldstaub und andere Güter mitzubringen, die sie gegen grobe Baumwollstoffe, Branntwein und Tabak tauschten.

Da aufgrund der portugiesischen Politik der Isolierung und Monopolisierung, die das Mutterland seiner amerikanischen Kolonie gegenüber nach der Entdeckung der brasilianischen Gold- und später Diamanten- und Smaragdvorkommen betrieb, Brasilianern jeder andere Handelsverkehr mit dem Ausland verboten war, blieb es natürlich nicht aus, daß die am meisten zum illegalen Handel neigenden Bewohner der Kolonie wie auch die kühnsten und gerissensten Ausländer, die damals im Südatlantik zur See fuhren, einen ausgeprägten Geschmack am Abenteuer des Schmuggels – und entsprechend raffinierte Schmuggelmethoden – entwickelten. Der illegale Handel von Brasilianern mit dem Orient war eine große Versuchung, denn orientalische Artikel wurden von einer Bevölkerung hochgeschätzt, die, wie die brasilianische der Kolonialzeit, seit ihrer Entstehung durch orientalische Einflüsse geprägt war und deren orientalische Merkmale und Sitten zum Teil durch die ständige Versetzung von portugiesischen Beamten, Militärs und Ordensgeistlichen aus dem Orient nach Brasilien wie auch durch die ununterbrochene Einfuhr von ebenso beeinflußten Sklaven immer neu belebt wurden.

Die mit dem portugiesischen Handelsmonopol verbundenen Verbote waren im kolonialen Brasilien so zahlreich, daß ihre Wirkung den Schmuggel geradezu provozierte, wie Lindley bemerkte. In diesen Dingen darf Lindley als Autorität gelten, denn er lernte die illegale Tätigkeit der englischen Zwischenhändler im Verkehr zwischen Brasilien und dem Orient aus nächster Nähe kennen, nicht nur in einer Zeit der weitgehenden Duldung dieser Beziehungen durch die portugiesischen Behörden, sondern vor allem während ihrer unnachsichtigen und strengen Verfolgung, die mit zur feindlichen Einstellung der Engländer gegenüber dem brasilianischen Handel mit dem Orient beigetragen zu haben scheint. Einen solchen illegalen und sich weitgehend im verborgenen abspielenden Handel scheinen gegen Ende des 18. und zu Beginn des 19. Jahrhunderts auch die Rivalen der Engländer in der Technik und der Kunst der Seefahrt betrieben zu haben: die Nordamerikaner. Was, wie sich mehr als einmal gezeigt hat, zum Erfolg der britischen Politik der unumschränkten Beherrschung des brasilianischen Marktes im 19. Jahrhundert – sogar auf speziell afrikanischen und asiatischen Sektoren der Produktion – beigetragen haben muß, war seine Überschwemmung mit feinen Stoffen und Porzellan. Außerdem setzten sie in Brasilien einige Erzeugnisse aus dem Orient ab, die natürlich weit teurer waren als englische und auf englischen Schiffen befördert wurden.

Lindley berichtet, daß die englischen Schiffe nach Ostindien, China und anderen Ländern des Orients im 18. Jahrhundert aufgrund der extrem langen Reise fast regelmäßig gezwungen waren, unterwegs Häfen anzulaufen, um Wasser und frische Lebensmittel an Bord zu nehmen und kleinere, während der ersten Hälfte der Reise entstandene Schäden zu beheben. Ihnen boten sich Pernambuco, Bahía und Rio de Janeiro als günstige Zwischenstationen an, in denen man leicht gute Vorräte bekommen konnte. Deshalb wurden sie ständig von englischen Schiffen angelaufen, deren Besatzung unter dem Vorwand der Proviantaufnahme mit den Einheimischen Handel trieb.

So blieb lange Jahre hindurch der Kontakt Brasiliens mit den verbotenen Ländern Europas und vor allem mit dem Orient lebendig. Sogar als Portugal zu Beginn des 19. Jahrhunderts beschloß, jeden Handel zwischen Europa und Brasilien – mit Ausnahme des offiziellen, von Lissabon und Porto aus betriebenen – unnachsichtig zu verfolgen, gingen die Zwischenlandungen ausländischer und portugiesischer, auf dem Weg vom Orient nach Lissabon befindlicher Schiffe in brasilianischen Häfen weiter: »... *yet scarcely a ship arrives without making some contraband sales as the very persons appointed to prevent this are themselves smugglers*«, schreibt Lindley mit Bezug auf das Anlegen europäischer Schiffe.

Für Andrew Grant stellten sich nirgends in der Welt, von Japan und China abgesehen, dem Anlaufen ausländischer Schiffe so viele Hindernisse entgegen wie in Brasilien, wie er in seiner 1809 in London erschienenen *History of Brazil* vermerkt. Trotz dieser Hindernisse in Brasilien wie im Orient erreichte der Handel zwischen beiden Regionen das ganze 18. Jahrhundert hindurch und in den ersten Jahren des 19. Jahrhunderts beträchtliche Ausmaße.

Alle diese Zwischenstationen zum Zweck der vorgetäuschten Proviantaufnahme, die in Wirklichkeit dem Handel Brasiliens mit dem Orient und mit Europa dienten, hatte ihre Hintergründe. Den direkten Handel mit dem Orient lehnten die Behörden im Mutterland vor allem aus wirtschaftlichen Gründen ab, so wie sie Kontakte des kolonialen Brasilien mit Engländern und Franzosen, die nicht nur in religiöser Hinsicht Ketzer, sondern auch politisch liberal waren, aus politischen Gründen ablehnten. Verschiedene Behörden in der Kolonie jedoch scheinen den direkten Handel Brasiliens mit dem Orient nicht nur um ihres privaten Vorteils willen, sondern auch im Interesse der Kolonie geduldet zu haben. Die Hindernisse waren meist zum Schein aufgebaut oder doch von den Engländern leicht zu überwinden – und zwar mit dem Gold, das die Schmuggler unter Behörden und Beamte verteilten.

In einer 1922 in Salvador da Bahía erschienenen Studie über das *Zollwesen in Bahía – Seine Geschichte an Hand von Kopien der im Staatsarchiv aufbewahrten Handschriften* sind zahlreiche interessante Dokumente aus dieser unerschöpflichen Fundgrube zum Thema Schmuggel abgedruckt.

Eines von ihnen ist der königliche Erlaß vom 18. Februar 1711: »Wir, der König, tun kund und zu wissen denen, die diesen Unseren in Gesetzesform verkündeten Erlaß lesen, daß Uns zu Ohren gekommen ist, daß in Bahía de Todos os Santos vier englische Kriegsschiffe, aus Ostindien kommend, Anker geworfen haben und weitere in Rio de Janeiro und daß besagte Schiffe in besagten Häfen Waren aus Europa und aus Indien einführten und aus Brasilien viel Gold und Tabak ausführten. Um solchen beträchtlichen Schaden zu vermeiden, beschließen Wir, daß es den Gouverneuren der Kolonien verboten sei, irgendwelchen englischen Schiffen oder denen irgendeiner anderen ausländischen Nation die Einfahrt in die Häfen zu gestatten, es sei denn, diese Schiffe segelten auf der Hin- und Rückfahrt in einer Flotte dieses Königreichs, gemäß den Verträgen, oder sie wären durch irgendein Unwetter oder den Mangel an Lebensmitteln zum Anlaufen eines Hafens gezwungen, in welchen Fällen die Gouverneure sie mit allem Nötigen versehen und sie dann wegschicken sollen, ohne ihnen den geringsten Handel zu erlauben. Und weil solcher verbotener Handel nicht ohne Zustimmung oder Duldung der Gouverneure möglich ist, was schnelle und wirksame Abhilfe verlangt wegen der Folgen, die die Duldung oder Verschleierung dieses Handels haben können und die nach dem Eingreifen der Justiz verlangen, und damit solch großer Schaden vermieden werde und diejenigen, die in irgendeiner Weise bei einem derartigen Handel mit Ausländern mitwirken, bestraft werden, befinden Wir für gut und befehlen Wir, daß die Personen, die mit ihnen Handel treiben oder dem Handel zustimmen oder ihn, obwohl sie davon Kunde haben, nicht verhindern, auch wenn sie Gouverneure einer Unserer überseeischen Besitzungen sind, dazu verurteilt werden, das Sechsfache des Gehalts eines solchen Gouverneurspostens an den Fiskus zu zahlen, und der durch die Krone verliehenen Güter verlustig gehen und keine neuen mehr erwerben können und daß sie künftig von der Bekleidung von Gouverneursposten ausgeschlossen bleiben . . .«

Übrigens ist das veröffentlichte Dokumentenmaterial – und nicht nur Handschriften zu diesem Thema – überreichlich vorhanden. Der Band XX der Annalen des *Archivs und der Aufsichtsbehörde für den Verkehr im Staate Bahía* befaßt sich mit dem »Handel Bahías mit Afrika und Indien in der Kolonialzeit«, beginnend mit dem »Schwarzhandel«. Aus dem hier veröffentlichten Archivmaterial geht hervor, welche Waren im 18. Jahrhundert hauptsächlich aus Asien und Afrika nach Bahía eingeführt und in der vertrackten und gelegentlich konfusen Rechtschreibung jener Zeit registriert wurden: Ziermuscheln, unzählige Arten von Baumwoll- und anderen Stoffen, feine Baumwolltuche, grobe Tuche, Bänder, gewöhnliche Decken, Gewürznelken, Zimt, Tee, Schultertücher, Stiefeletten, farbige Baumwollstoffe, Futterstoffe, Weihrauch, gewöhnliche Bettücher, Geschirr aus Chinchen, Garn aus Indien und Moçambique, billige Baumwollgewebe, Kaffern-Tücher, Pfeffer, Seidenstoffe, Lack, Fächer, blauer Baumwollstoff. Außerdem: blaue und gelbe Tücher, weiße und blaue Wollstoffe, Segeltuch, Hüte mit gelber Tresse, Kämme, schwarze Wollbänder, Strümpfe, Messingknöpfe, Hüte mit weißem Rand, Zinnknöpfe, Bänder. Und auf der Ladeliste der *Santo Antonio e Justiça*, die aus Goa kam und, wie es scheint, typisch für die regelmäßig zwischen Bahía und Indien verkehrenden Schiffe war, erscheinen »Säcke mit Pfeffer, Fässer mit Pfeffer, Stoffballen, große und kleine, bis oben mit Geschirr angefüllte Kisten, Zimtballen, Fässer mit Wein aus Acquim, Truhen und Koffer mit Kleidern, Schmuckkästchen, Bahnen von Seidentuch, Porzellangefäße, Fässer mit Weihrauch, Taschen für Edelsteine, Decken und Stehpulte«.

Andere Dokumente des 18. und 19. Jahrhunderts – beispielsweise Erlasse über Zwischenstationen –, die in der Korrespondenz des Hofes mit den Vizekönigen in Brasilien ihren Niederschlag gefunden haben, zeigen, daß die legalen und illegalen Handelskontakte Bahías und anderer Teile Brasiliens mit dem Orient zahlreich waren und fast immer unter dem bequemen Vorwand von Zwischenlandungen von Schiffen aus Indien oder dem übrigen Ausland in brasilianischen Häfen genutzt wurden. Diese Schiffe versorgten Bewohner der Kolonie mit orientalischen Waren, für die die Bevölkerung – vor allem die Oberschicht – der Städte und der üppigen Plantagen der Küstengebiete ihre Vorliebe bewahrte, auch noch, nachdem die brasilianischen Märkte mit englischen und französischen Waren überschwemmt worden waren. Daher erklärt sich der nur zögernde Sieg des englischen Wagens über die Sänfte, der englischen oder französischen Textilwaren über Tuche aus Asien, des europäischen Porzellans über das orientalische, des Lacks über die gewöhnliche Farbe an den Möbeln, ein Siegeszug, den man in den am nachhaltigsten orientalisch geprägten Kreisen der zunächst in ein Königreich und später in ein Kaiserreich umgewandelten Kolonie beobachten konnte.

Besonders aufschlußreich zum Thema Zwischenlandungen ist die »Verfügung an den Oberaufseher betreffend die Untersuchung des Schmuggels von Stoffen aus Indien«, datiert vom 24. Mai 1675 in Bahía, die sich in den *Historischen Dokumenten* der Nationalbibliothek befindet. Mit Bezug auf ein von einem gewissen Dinis befehligtes und aus Indien kommendes Schiff heißt es: ». . . ist mir zu Ohren gekommen, daß im Hause eines Passagiers dieses Schiffes einige Waren aus Indien verkauft wurden«, ein Hinweis darauf, wie der Handel zwischen Brasilien und dem Orient trotz »aller Aufmerksamkeit und Umsicht« abgewickelt wurde.

Die Zeitungsanzeigen, von der Gründung der brasilianischen Presse an bis zum dritten Jahrzehnt des 19. Jahrhunderts, machen klar, wie hartnäckig sich die Bevölkerung dem Ansturm der europäischen Industrieerzeugnisse widersetzte und die Vorliebe für orientalische Waren bewahrte, deren Benutzung oder Genuß den Brasilianer während der Kolonialzeit geprägt hatten. Außerdem entsprachen sie besser als die europäischen Erzeugnisse, Produkte einer individualistischen, rationalistischen und säkularisierten Zivilisation, dem Lebensstil und der Kultur Brasiliens, die sich wie die des Orients durch Familiensinn, patriarchalische Grundordnung und religiöses oder mystisches Lebensgefühl auszeichneten. Die Substanz beider Zivilisationen war im Detail natürlich verschieden und sogar antagonistisch; doch die äußeren Formen der beiden Systeme, des brasilianischen wie des orientalischen, hatten große Ähnlichkeit miteinander. Daher konnten sich verwandte Züge in beiden Kulturbereichen so lange halten.

In den ersten Nummern der *Gazeta do Rio de Janeiro* und der Zeitung *Idade d'Ouro do Brazil* finden sich mitten unter Anzeigen europäischer Neuheiten auch Annoncen, die im damaligen Brasilien noch gebräuchliche Artikel orientalischer Herkunft oder orientalischen Charakters nennen: Sänften, Stoffe, Porzellan, Tee und sogar Diamanten. Am 11. April 1809 zeigte ein gewisser Claudio José Pereira da Silva in der *Gazeta do Rio de Janeiro* den Verlust »eines Ringes mit einem Brillanten aus Indien« an.

Aber nicht nur Luxuswaren kamen weiterhin aus dem Orient, sondern auch Gebrauchsartikel. Am 11. Februar stand in der erwähnten *Gazeta* zu lesen: »Aus dem Hause seines Herrn ist ein Schwarzer namens José geflohen, mager und gut gekleidet, mit blau-weiß gestreiften Schuhen und einem Hemd aus indischer Baumwolle.« Und im *Idade d'Ouro do Brazil* erschien am 20. Dezember 1822 das Angebot, »eine bestimmte Menge feinen Korallenschmucks« gegen Sklaven zu tauschen. Außerdem wurde aus dem Orient »gewöhnliches Geschirr« importiert. Am 13. April 1817 schrieb die *Gazeta do Rio de Janeiro* unter ihren »Ankündigungen«: »In der Rua da Alfândega Nr. 5 werden alle möglichen Kolonialwaren und Stoffe aus China im Groß- und Einzelhandel zum Verkauf angeboten, zum Beispiel Zimt, zahlreiche Teesorten, alle Arten von Baumwollstoffen, Lacke und Seiden, sowohl in Stoffbahnen als auch in Form von Schulter- und Kopftüchern. Im Lager desselben Geschäftshauses werden alle neuen Teesorten des Schiffes ›Maria I‹ im Einzelverkauf zu den gegenwärtig üblichen Preisen feilgeboten sowie auch gewöhnliches Geschirr und feines Porzellan für Tafel- und Teeservice.«

Tee aus dem Orient fehlte den Genießern am Hofe des Königs Johann keineswegs. In der Rua da Candelária Nr. 18 wurde im Jahre 1815 einer Anzeige in der *Gazeta* zufolge »der beste aller Tees en gros und en détail verkauft, der kürzlich mit dem Schiff ›Maria I‹ von Macau gekommen ist«. Allerdings hatte dieser Teeimporteur Konkurrenz, denn im Hause gegenüber wurde Tee aus Uxim und Sequim verkauft, der ebenfalls »kürzlich aus China angekommen« war, wie in einer Anzeige vom 16. August 1815 in der *Gazeta* zu lesen war. Auch nach Bahía und Pernambuco gelangte noch in der Kolonialzeit die verfeinerte Sitte, Tee aus dem Orient als Genußmittel und nicht nur als Heilmittel zu sich zu nehmen. Schon früh, im Jahre 1806, führte das Kapitanat Pernambuco für seine Adligen und die reichen Bewohner der Stadtpalais feines Teegeschirr wie übrigens auch Flaschenbier ein.

Vergessen wir nicht, daß noch im Jahre 1839 der Tee Monopol der Chinesen war, die, wie Carlos Augusto Taunay berichtet, nur »die minderwertigen Sorten« aus ihrem Land herausließen »und den bei weitem erlesensten Teil der aus zarten Knospen und Blättchen bestehenden Teeernte für den Gaumen ihrer Kaiser und Mandarine zurückbehielten...« Im Jahre 1828 wurde die Ernte des nach Brasilien verpflanzten Teestrauchs zum Verkauf angeboten, aber »ein unangenehmer Lackgeruch«, den die »für den Anbau und die Aufbereitung des Tees ungünstigen Bedingungen« in Brasilien verursacht hätten, brachte ihn in Verruf. Daher zog man den aus dem Orient eingeführten Tee vor, der zwar nicht mit dem der Kaiser und Mandarine identisch war, aber doch einen gewissen Hauch von Vornehmheit hatte. Nicht nur aus China kam übrigens Tee, sondern auch aus Indien, und zwar »von hervorragender Qualität«, wie in einer Anzeige im *Diário do Rio de Janeiro* vom 18. April 1822 zu lesen ist.

In den Anzeigen jener Zeit taucht auch der Macoubá-Schnupftabak auf, der sich besonders dadurch auszeichnete, daß er »vor allem in Asien genossen wird, wo man ihn anderen Sorten vorzieht, nicht nur, weil dieser Tabak dank seiner Qualität der einzige ist, der sich in diesem heißen und feuchten Klima hält, ohne im geringsten zu verderben, und ganz im Gegenteil mit der Zeit immer besser wird, sondern auch wegen des Nutzens, der mit seinem Genuß verbunden ist. Dadurch nämlich, daß der Schnupftabak die Nasenwege reinigt, ohne sie zu reizen, verringert er, wie man sagt, die Schärfe der Körpersäfte im Kopf, regt an, macht munter, belebt die Sinne und bringt auf diese Weise die nützlichsten Wirkungen hervor.« Der Genuß des Macoubá-Schnupftabaks bei asiatischen Völkern wird in dieser Anzeige der *Gazeta* vom 27. Oktober 1813 als Beweis für die Überlegenheit dieses Tabaks in ähnlichen Klimazonen wie der brasilianischen und bei Menschen, die in Dingen des Geschmacks- und Geruchssinns als kompetenter galten, angeführt.

Noch aus der Zeit, da Brasilien ein Königreich war, existieren Anzeigen, aus denen hervorgeht, daß die konservativeren Brasilianer trotz der Überschwemmung des Marktes mit neumodischen europäischen

Waren noch lange an ihrer Vorliebe für orientalische Artikel festhielten. Dazu gehörten zum Beispiel feine Matten aus Indien, die gelegentlich als Vorhänge dienten oder anstelle von Fensterscheiben verwendet wurden; dabei begnügte man sich nicht mit einfachen Matten aus Angola, die vor allem von Familien mit noch auf allen vieren krabbelnden Kleinkindern sowie als Leichentuch und Lagerstatt für jene Sklaven Verwendung fanden, die sich nicht an die Hängematten der Indianer gewöhnen konnten. Man fand weiterhin Gefallen an blauem, vergoldetem und buntbemaltem Porzellan, das noch in Inseraten aus dem Jahre 1821 »zu sehr günstigen Preisen« angeboten wurde.

Damals scheint das führende Kaufhaus von Rio, das sich auf den Import von auserlesenen orientalischen Waren »auf eigene Rechnung« spezialisiert hatte, dasjenige in der Travessa da Alfândega Nr. 5 gewesen zu sein, wo man auch »hochwertigen Tee aller Qualitäten« und »Tongking-Seide sowie Talare für Minister« kaufen konnte. Noch als Brasilien bereits unabhängig war, erschienen in den Zeitungen Anzeigen wie etwa die im *Diário de Pernambuco* vom 29. Juli 1842, in denen ein »prächtiger und neuer Talar aus Macau-Atlas, mit Samt verbrämt, und dazugehörigem Hut aus demselben Material für hohe Staatsbeamte« angepriesen wurde; und auf der Praça da Constituição wurden, so eine Anzeige vom 21. Januar 1825 im *Diário do Rio de Janeiro*, »prächtig bestickte Talare aus China für hohe Gerichtsbeamte« feilgeboten.

Es waren die Spitzen der brasilianischen Beamtenschaft und nicht nur die Minister, die in jener Zeit bei der Ausübung ihres Amtes »prächtig bestickte« Roben aus dem Orient trugen. Wenn es zutrifft, daß die Kutte den Mönch macht, so war das von brasilianischen Richtern gesprochene Recht eher vom Geist des Patriarchats als von dem des modernen Rechtsstaates beseelt, ein Recht, für das die Familie wichtiger war als das Individuum oder der Staat. Und nach den Gesetzen zu urteilen, die damals in einem patriarchalischen Land wie Brasilien vorherrschten, mußten sich die brasilianischen Justizbeamten der ersten Hälfte des 19. Jahrhunderts in jenen orientalischen Talaren bei ihrer Amtsausübung wohler fühlen als in den Togen englischer oder französischer Richter, deren Berufsethos vom Etatismus des modernen säkularisierten Staates geprägt war. Die damaligen brasilianischen Gesetze begünstigten zahlreiche Mißstände wie das Eigentum des Menschen am Menschen, die beinahe absolute Unterordnung der Frau unter ihren Gatten und der Kinder unter ihre Eltern sowie die Verteidigung der Religion als eines

Wertes für Staat und Familie und nicht nur für das Individuum. So entsprach der Import von Talaren für hohe Staatsbeamte der tiefen Verwandtschaft zwischen Gesellschaften und Kulturen in Brasilien und dem Orient, wobei der Orient vor allem von China und Indien repräsentiert wurde. Dasselbe traf auch auf andere Artikel zu, die damals von den Brasilianern aus dem Orient eingeführt wurden, wie mit Gold und Silber bestickte Kleider oder die in China in Auftrag gegebenen und bei Huldigungs- und Krönungsfeierlichkeiten verwendeten Fächer – ebenfalls Statussymbole –, von denen man noch einige bemerkenswerte Exemplare im Museum von Petrópolis sehen kann.

Noch nachdem Brasilien die Unabhängigkeit von Portugal erlangt hatte und in den Einflußbereich und unter die wirtschaftliche Vorherrschaft Großbritanniens geraten war, löste es keineswegs die alten Bande mit dem Orient – trotz aller Hindernisse, die die Engländer gegen den direkten Handel Brasiliens mit den orientalischen Häfen schufen, die von alters her eng mit der brasilianischen Kultur und Wirtschaft verbunden waren. In Rio de Janeiro war noch im Jahre 1827 in der Rua dos Pescadores Nr. 2 indisches Geschirr aus Macau erhältlich. Man bekam da Tafelporzellan aus Nanking und Kanton – alles blau bemalt oder glasiert. Außerdem gab es hier blauen Baumwollstoff aus Nanking von »erstklassiger Qualität«.

Noch im Jahre 1828 bezog man aus China »gutes Feuerwerk« für die kirchlichen Feste. In Rio de Janeiro konnte man so etwas in einem Laden der Rua do Sabão Nr. 100 kaufen, der sich, wie es scheint, auf Artikel orientalischer Herkunft spezialisiert hatte, denn dort bekam man auch Uxim-Tee und Perlmutt. Und vergessen wir nicht, daß, sofern die Ursprünge des brasilianischen Karnevals, wie Thomas Ewbank meinte, tatsächlich in Indien liegen, wir auch hier – und nicht nur an den Tagen des heiligen Antonius, des heiligen Johannes und des heiligen Petrus sowie an den nach orientalischer Sitte mit viel Feuerwerk begangenen kirchlichen Festen – einen ebenso tiefgreifenden orientalischen Einfluß auf die Art der brasilianischen Belustigungen feststellen können wie in der Kleidermode, den Fortbewegungsmitteln, dem Hausbau und dem individuellen Putz.

Im Jahre 1830 bekam man in der Rua da Alfândega Nr. 126, im Laden eines Mr. Hunt, japanische Tinte sowohl in kleinen Mengen als auch in Fässern, wie in einer Anzeige im *Jornal do Commercio* vom 31. März zu lesen war.

Im Jahre 1833 wurden in Recife »tabakfarbene und grüne Sonnen-schirme erstklassiger Qualität aus Seide« sowie »Hüte aus indischer Kamelhaarwolle« neben »bestickten weißen und farbigen Tüchern aus Batist indischer Herkunft, seidenen Schultertüchern, gold- und silberbe-stickten Kleidern, Damenkopftüchern, Mantillas mit Silberbesatz und Damastdecken aus Lissabon« verkauft, die nach orientalischer Machart hergestellt waren. Zehn Jahre später freilich glänzten Kleider, Mantillas oder Kopftücher aus dem Orient mit soviel Gold- und Silberstickerei nur noch selten in Anzeigen brasilianischer Zeitungen, nachdem noch im Jahre 1833 der Franzose Douville angesichts der orientalischen Pracht der Frauengewänder mit ihrer Gold- und Silberstickerei überrascht gewesen war. Die Einfuhr von Elfenbein, Porzellan und Seide, das heißt von Artikeln, die in den ersten fünfzehn oder zwanzig Jahren der Unab-hängigkeit noch so verbreitet gewesen waren, erlebte nun einen rapiden Rückgang.

Die Liste der en gros importierten Waren, die das *Jornal do Commercio* in Rio de Janeiro am 20. Dezember 1828 veröffentlichte, zeigt, daß Brasi-lien aus dem Orient weiterhin in großen Mengen Gewürznelken, gelbes Wachs, Tee, Baumwollstoffe aus Indien und Kanton, Elfenbein und Schildpatt aus Moçambique bezog. Und zu diesen Großimporten gesell-ten sich die Einfuhren von aparten und erlesenen Einzelartikeln wie kost-baren Tabletts, Porzellanwaren, Schmuckkästchen für Damen und Möbeln, wozu auch »Nähtische aus China« gehörten, von denen eine Anzeige im *Jornal do Commercio* vom 27. Januar 1831 spricht.

Obwohl die von uns untersuchten Zeitungsanzeigen darüber nichts aussagen, weiß man doch aus mündlicher Überlieferung, daß zu Beginn der Kolonisierung und noch in den ersten Jahren der Kaiserzeit Instru-mente zum Kratzen der Haut, »Kratzhände« genannte Geräte aus Elfen-bein, nach Brasilien gelangten, mit denen sich die Menschen mit verfei-nerter Lebensart den Rücken zu kratzen pflegten. Und vergessen wir nicht, daß ganz offensichtlich durch orientalischen Einfluß im Brasilien der Kolonialzeit die Sitte aufkam – die dann bis zum zweiten Königreich beibehalten wurde –, die Nägel der wichtigeren Finger der Hand unge-wöhnlich lang wachsen zu lassen. Damit und mit der ebenfalls orientali-schen Sitte, Ringe mit zum Teil aus Indien stammenden Diamanten, Smaragden und Rubinen zu tragen, demonstrierten die Angehörigen der Oberschicht und der Aristokratie ihre Klassenzugehörigkeit. Es handelte sich um Leute, die nicht zu arbeiten, keine plebejischen, deklassierenden

Werkzeuge zu handhaben brauchten und es sich leisten konnten, ihren Müßiggang zur Schau zu stellen. »*The singular custom*«, schrieb Lindley, der die koloniale Gesellschaft Brasiliens noch nahezu unberührt in ihren Lebensformen und Gebräuchen des 18. Jahrhunderts kennenlernen konnte, »*of permitting the nail of the thumb, or forefinger (sometimes both) to grow to a hideous length, and then paring it to a sharp point, is common to both sexes.*« Und er setzte hinzu, die merkwürdige und übertriebene Länge der Nägel habe, abgesehen davon, daß sie ihren Träger als Müßiggänger auswies, auch ihre Nützlichkeit in Verbindung mit anderen brasilianischen Sitten: Sie diene den Männern dazu, die Tabakfasern zu zerteilen und die Blätter in der gewünschten Form zu zerkleinern, Zigarren herzustellen, die sie so sehr schätzten, und beim Ritual des Desserts die ebenfalls von ihnen selbst hergestellten Zahnstocher zu ersetzen. Außerdem wurde diese Überlänge der Nägel beim Spielen der einheimischen Gitarre gebraucht, eines Instruments, das damals als aristokratisch galt, aber überraschend schnell durch englische Klaviere oder gar durch die ersten Spieluhren ersetzt wurde.

Ähnliches galt für die Sänften, die in den größeren Städten Brasiliens bis zu Beginn des 19. Jahrhunderts genauso verbreitet waren wie auf den Zuckerrohrplantagen die ebenfalls aus dem Orient stammenden Tragsessel. In Salvador da Bahía, einer Stadt, die jahrelang reich wie keine zweite in Brasilien, aber auch steil und verwinkelt wie keine zweite an der Küste war, gab es in der Kolonialzeit und sogar noch in den ersten Jahren der Unabhängigkeit die am üppigsten mit orientalischem Gold- und Silberzierat überladenen Sänften. Ihr Inneres verbarg sich hinter zum Teil aus Seide bestehenden Vorhängen, und sie waren mit Figuren von Cupidos, Engeln und Drachen geschmückt. Getragen wurden diese Sänften oder Tragsessel der vornehmeren und wohlhabenderen Kreise von phantasievoll und bunt gekleideten Negern, die Jacken, Pluderhosen und blaue und rote Röckchen trugen – obwohl sie barfuß liefen, genauso wie jene Neger, die Koster in Recife antraf. Es gab kein Schuhwerk, das der rauhen Oberfläche und dem Kot der Straße gewachsen gewesen wäre, ganz abgesehen davon, daß es die Rangordnung der Kleidermode nicht zuließ, daß Sklaven Schuhe trugen wie ihre Herren. Nur ausnahmsweise war dies den Mucamas und Hausdienern gestattet, die schon fast zur Familie gehörten; wenn die Mucamas Feste besuchten, waren sie mit dem Schmuck der Herrin derart überladen, daß ihre braunen oder schwarzen Ohren, Arme, Finger und Nacken nur so funkelten. Übrigens wurden im patriarchalischen Brasilien nicht nur vornehme Personen nach orientalischer Sitte in Sänften befördert, sondern auch bestimmte Waren und Stoffballen, und zwar auf einer Art Rikscha, die von »Wagenziehern« gefahren wurde, wie sie zeitgenössische Stiche zeigen: vier vorn und zwei hinten zum Schieben, »nach japanischer Sitte«. Ganz zu schweigen von dem Brauch, Lasten auf dem Kopf oder auf Tragen zu befördern.

Kidder bemerkte, daß bei den Sänften die Pracht der Vorhänge und Verzierungen sowie Trachten der Träger ein Indiz für die wirtschaftliche Lage, den gesellschaftlichen Rang und den Lebensstil ihrer Besitzer war. Lindley hatte fast ein halbes Jahrhundert vorher eine ähnliche Beobachtung gemacht und war von der übertriebenen Pracht der Sänften in Bahía entsetzt. Wo – wie im äußersten Süden Brasiliens – Sänften kaum üblich waren, stellten die Edelleute ihren Reichtum oder ihre Vornehmheit zur Schau, indem sie das Geschirr ihrer Pferde in orientalischer Weise mit Silber verzierten, so wie es auch die Portugiesen und ihre Nachkommen in Indien taten.

Der Sieg des Okzidents über den Orient vollzog sich übrigens in bestimmten Milieus und in bezug auf bestimmte Lebensformen weniger mühelos und weit langsamer, als es auf den ersten Blick den Anschein hat. Nicht nur, weil die Sänfte sich an manchem Ort lange Zeit gegen Pferd und Wagen behauptete, das chinesische Porzellan gegen das europäische, indische Stoffe gegen englische und französische, Schultertücher und Mäntel aus dem Orient gegen den europäischen Schleier für den Kirchgang und den Damenhut für weltliche Feste. Sogar der Sieg des Fensterglases in Häusern und Kutschen über das Holzgitter, die Jalousie, den Seidenvorhang oder die »indische Matte« war in weiten Teilen Brasiliens ein langwieriger Prozeß. Nur in den Stadtpalais von Rio de Janeiro scheint dieser Sieg wirklich überwältigend gewesen zu sein.

Doch nicht einmal in Rio ersetzte das Glas in allen Fällen die gekreuzten Holzstäbe der alten Jalousien. Für das Fenstergitter bot sich ein anderer orientalischer Ersatz an: die »Matte für das Fenster«. Noch im Jahre 1828 wurden diese Matten in der Rua dos Pescadores Nr. 51 verkauft: »Große und kleine indische Matten für Fenster; erstklassige Ware in Machart und Verarbeitung«, wie ein Inserat im *Jornal do Commercio* vom 7. Januar jenes Jahres anpries. In derselben Zeitung bot ein anderer Importeur von orientalischen Artikeln am 4. März 1830 »feine Fenstermatten aus Indien« an. Und in Recife verkaufte man im Jahre 1840 einer Anzeige vom 15. Juli im *Diário de Pernambuco* zufolge noch »Fenstermatten, die aus dem Orient stammen«. Diese Matten schützten das Innere der Wohnhäuser gegen die überstarke Sonneneinwirkung, wie es früher die Holzjalousien getan hatten; außerdem verschönerten sie die Wohnung und machten sie mit ihren Mustern und Farben lebendiger. Das gleiche trifft für die Markisen und Sonnenblenden zu, die die Geschäftshäuser in orientalischer Manier eine Zeitlang vor Sonnenlicht schützten, bis verwestlichende Gesetze sie verboten, wie etwa in Salvador die Verordnung vom 17. Juni 1844, die als Begründung anführte, allzuviel Schatten verhindere die im Innern notwendige Helligkeit und beeinträchtige den Publikumsverkehr.

Die durchgehende Benutzung von Messer und Gabel im brasilianischen Bürgertum stellte einen der glänzendsten Siege des Okzidents über den Orient dar und war eine Folge der Öffnung der Häfen und der raschen Beherrschung der brasilianischen Märkte durch die Engländer. Die mit Beginn des 19. Jahrhunderts einsetzende Überschwemmung Brasiliens mit westlichen Schneidewerkzeugen, die immer wieder in Zeitungsanzeigen auftauchen, würde eine gesonderte Untersuchung verdienen: Messer und Gabeln für die Tafel, Küchenmesser, Schlachtmesser, Scheren, Rasiermesser, Gartenscheren. Ferner Lanzetten und andere chirurgische Instrumente. Hinzu kamen Gegenstände aus Eisen oder Stahl mit Griffen aus Silber, Neusilber, Messing, Horn, Holz und verschiedentlich auch – als Verbindung von abendländischem mit morgenländischem Material – aus Elfenbein und Schildpatt.

Auch mit Gefäßen für die Küche wurde Brasilien anglisiert, mit Eisenherden und europäischen Bronze- und Messinglampen. Lederwaren, Pferdegeschirr und Sättel für Männer und sogar für Frauen zeigten den unweigerlichen Tod der Sänften und Tragsessel wie auch das Ende von Reisen an, die Frauen und Kinder auf weichen orientalischen Steppdecken und Matten ruhend unternahmen. Mit diesen Decken und Matten legte man sogar das Innere der Ochsenkarren zur Erhöhung der Bequemlichkeit der vornehmen Reisenden aus.

Man kann verstehen, daß die damaligen Importeure westlicher Waren versuchten, die Vorliebe der Brasilianer für die Annehmlichkeiten der Steppdecken und der Matten zu überwinden, indem sie die ungeahnten Bequemlichkeiten anpriesen, mit denen die Neuheiten der westlichen Industrie den Körper oder das Gesäß auch der empfindlichsten Menschen verwöhnten. Das spricht auch aus dem sehr bezeichnenden Inserat eines »Affonço St. Martin«, der in seinem »französischen Laden« in der Rua do Cabugá in Recife »ein großes Sortiment an Sätteln für Damen, Kinder und Herren«, darunter auch gummigepolsterte »Gesäßschoner«, zum Verkauf anbot, wie im *Diário de Pernambuco* vom 22. Mai 1840 zu lesen ist.

Selbst Recife, weniger konservativ als die Hauptstadt von Bahía und in mancher Hinsicht für überseeische Einflüsse aufgeschlossener als sogar Rio de Janeiro, ließ sich keineswegs sofort von allen Sirenenstimmen des Okzidents betören. Nur allmählich verzichtete es auf einige seiner engsten Anlehnungen an den Orient, zu denen beispielsweise die Beliebtheit bemalter Möbel gehörte, eine Nachahmung der Lackmöbel. Wenngleich sich der Sieg des europäischen Wagens über die orientalische Sänfte auf den ebenen Straßen rasch vollzog, lebten doch im Innern der Häuser zahlreiche orientalische Gewohnheiten und Gegenstände aus China oder Indien weiter. Noch 1840 fanden in Pernambuco »Lackkästchen mit vergoldeten Füßchen zum Aufbewahren von Teeblättern, lakkierte Körbchen für Damen und Lack- oder Papierfächer« aus Indien ihre Käufer, die sie den entsprechenden europäischen Produkten vorzogen. Alle diese Artikel wurden, wie eine Anzeige im *Diário de Pernambuco* vom 30. Juni vermuten läßt, in der Rua do Apolo in Recife zum Verkauf angeboten.

Aus demselben Jahr und derselben Zeitung stammen Inserate mit den verschiedensten orientalischen Artikeln, die auf einem spanischen Schiff aus Manila und Batavia kamen. Dieses Schiff sollte offenbar ursprünglich nach Santander segeln, jedoch scheint es den schon fast zur Routine gewordenen Brauch der Zwischenlandungen der früheren sogenannten indischen Schiffe wiederholt zu haben. Und wenn es ihn, immerhin achtzehn Jahre nach der Gewinnung der Unabhängigkeit, wiederaufnehmen konnte, dann deshalb, weil es in jenem Teil Brasiliens nach wie vor eine starke, ja stürmische Nachfrage nach orientalischen Waren gab, die bis etwa 1835 in Zeitungsanzeigen neben europäischen Industrieerzeugnissen angeboten wurden. Die Bedeutung, die der Ankunft des Schiffes in den Inseraten des Maklers Oliveira beigemessen wird, ist sehr aufschlußreich. Sowohl die Zahl als auch die Mannigfaltigkeit der vom Makler zum Verkauf angebotenen Artikel zeigen, daß mit Zwischenlandungen wie derjenigen der spanischen Brigg *Francisco José* in Recife im Jahre 1840 die Herrschaft des Westens über die brasilianischen Märkte keineswegs unbedeutende Einbußen hinnehmen mußte, in denen orientalisches

Kolorit und orientalische Züge in der brasilianischen Kultur wiederauflebten.

Man kann sagen, daß das Jahr 1840 in Recife von diesem Ereignis geprägt wurde, das an die noch nicht lange zurückliegenden alltäglichen Zwischenlandungen der aus Indien kommenden Schiffe erinnerte. Die erwähnte Brigg quoll förmlich über von orientalischen Waren, die bald in der Bevölkerung Eingang fanden, wie früher die Porzellanwaren und Stoffe der indischen Schiffe, die in brasilianischen Häfen wegen »Reparaturarbeiten« oder »Wasseraufnahme« einliefen.

Die spanische Brigg brachte bestickte und buntbedruckte Schultertücher aus Tongking, Umhänge, bunte seidene Taschentücher, verschiedene Arten von Seidenstoffen für Damenkleider, Moskitonetze für Betten, Nähkästchen für Damen, Tee- und Tabaksdosen aus Schildpatt und Elfenbein, Flaschenhalter, Teller, Tabletts, Trinkgläser und emaillierte Waschschüsseln, Spielmarken aus Perlmutt, Damespiele, Fächer in allen möglichen Ausführungen – sehr feine, sogar silberne wie solche »minderer Güte« –, Kämme aus Schildpatt und Elfenbein, Bücher mit zierlichen Miniaturen, erstklassige Stoffe aus Kanton für Hemden und Taschentücher, Tonfiguren von in Seide gekleideten chinesischen Edelleuten, Lacktische, Zigarrenetuis und Körbe für schmutzige Wäsche. Außerdem Kugeln und Fächer aus Elfenbein, Truhen aus Kampferholz, Taft, glänzende Seide, Damast, Umhänge aus Manila, zartflauschige Tücher, bestickte und buntbedruckte Schals, Schachteln, Flaschen, elfenbeinerne Kästchen, Krüge, Matten für Fenster, Figuren aus Manila und China, Seide für Moskitonetze, Körbe, Lacktellerchen, Schultertücher und Umhänge aus feinem, geflochtenem Stroh.

Man könnte sogar noch weiter ins Detail gehen und schildern, daß es beispielsweise »hochroten und grünen Taft« gab, daß von den Schultertüchern aus Stroh einige bestickt waren, daß es Taschentücher mit »Bildern darauf« gab, Lackfächer und -schachteln, Wasserkrüge aus Porzellan, Puppen, Bilder, Flöten, und »Fräcke für den Sommer, wie sie orientalische Paschas tragen«.

Andere Zeitungsanzeigen dieser Zeit, das heißt aus der Mitte oder schon der zweiten Hälfte des 19. Jahrhunderts, lassen erkennen, daß in Recife wie auch in Rio de Janeiro Kämme aus Elfenbein und Schildpatt orientalischer Herkunft – die später im Norden aus einheimischem Schildpatt hergestellt wurden –, ferner chinesische Fächer aus Perlmutt nach wie vor den entsprechenden englischen und französischen Erzeugnissen hartnäckig Widerstand leisteten, die immerhin seit den ersten Jahren des 19. Jahrhunderts in Zeitungen wie der *Idade d'Ouro do Brazil*, der *Gazeta* oder dem *Diário do Rio de Janeiro* massenhaft angeboten wurden. Im *Diário* erschienen sogar noch vor der Unabhängigkeit Brasiliens Stellungsgesuche von »weißen Hausgehilfinnen« aus Lissabon, die mit den farbigen Sklavinnen in Konkurrenz traten, sowie Angebote von »Wiegen aus Palisanderholz, hergestellt in London«, von »Nähtischen, Spieltischen und Teetischen« aus Hamburg, die mit denen aus dem Orient rivalisierten.

In der Mitte des Jahrhunderts kündigte eine »Madame Hardy« im *Diário de Pernambuco* an, sie erhalte demnächst aus Frankreich Seidenhüte für Damen in allen Farben, außerdem kleine Hüte aus Reisstroh für junge Damen und Mädchen, Seide für Hochzeitskleider, komplette Taufkleidchen, Handschuhe, Kopftücher und Strümpfe. Das Geschäft in der Rua do Queimado Nr. 33 verkündete, Korsetts – ebenfalls aus Frankreich – zu importieren. Und Bieber & Cie. teilten dem Publikum mit, sie hätten gerade aus England englisches Segeltuch erhalten; Bowman, Starr & Cie. und Low-Moor hatten soeben, auch aus England, Dampfmaschinen, Eisenkessel, Spritzpumpen zur Bewässerung von Gärten und Rasen sowie Eisengitter »nach dem allerneuesten Geschmack« für die Stadtpalais bekommen. Zugleich konnte man aber in Recife noch echte Fächer aus Perlmutt kaufen. »Kämme aus Schildpatt zur Befestigung von Haarknoten«, »Kämme gegen Läuse« sowie »Aufsteckkämme«. All diese Artikel waren jedoch Kleinigkeiten, die gegenüber der Fülle von westlichen Waren aus Knochen und Fischbein nicht ins Gewicht fielen, zumal man sie, nach Meinung der Inserenten, schließlich von orientalischen Artikeln nicht mehr zu unterscheiden vermochte, aber weit weniger kosteten. So machte ein Händler aus der Hauptstadt im *Diário do Rio de Janeiro* vom 3. Mai 1822 für große Kämme Reklame, »die aus Horn sind, aber wie Schildpatt aussehen«. Von der Mitte des 19. Jahrhunderts an nahm die Vielfalt der Seidenarten, Stoffe, Möbel, Porzellan-, Glas-, Eisenund Stahlwaren, die die europäischen Schiffe seit 1808 aus England, Hamburg und Frankreich mitbrachten, beständig zu. Die westlichen Ersatzstoffe für Elfenbein, Schildpatt, Seide, Kaschmir, Battist machten einer größeren Zahl von Menschen Gebrauchsgüter zugänglich, die, als sie noch echt und im Orient hergestellt waren, in Brasilien nur für die Adligen, Reichen oder zumindest Bemittelten existiert hatten und auf diese Weise äußere Kennzeichen und Vorrechte der herrschenden Klasse und Rasse sowie sozial aufstrebender Familien und Personen gewesen waren. Der Sieg des industriellen Westens über den handwerklich produzierenden Orient hatte in Brasilien eine eindeutig demokratisierende Wirkung. Der Gebrauch von Kämmen, Fächern und Parfums, der früher nur wenigen vorbehalten war, wurde allmählich allgemein üblich.

Der Orient verschwand nach und nach aus den Geschäftshäusern, den Zeitungsinseraten, aus dem Innern der Häuser, aus der Kleidung und auch aus dem Verhalten der Menschen – zumindest teilweise eine Folge dieser demokratischeren Verteilung von Gütern, die die westlichen Fabriken in größerer Quantität, wenngleich unter Einbuße von Qualität und Echtheit, zu produzieren vermochten. Und der Okzident bemächtigte sich Brasiliens fast wie einer Kolonie. Sogar die Landschaft begann er zu beherrschen, die doch seit ferner Vergangenheit durch orientalische Formen und Farben gekennzeichnet war.

In der ersten Hälfte des 19. Jahrhunderts setzt eine Art Reaktion gegen den orientalischen Einfluß auf die Natur, die Gartengestaltung, die Anpflanzung von Bäumen längs den Straßen in Brasilien ein; gleichzeitig beginnt so etwas wie eine Bewegung in Richtung auf eine Europäisierung beziehungsweise Reeuropäisierung der Gartenformen sowie der Dessert-Gewohnheiten, wobei in Brasilien schon heimisch gewordene Errungenschaften und Gewohnheiten wieder geopfert wurden. Anglisierte und französisierte Brasilianer schlossen sich Engländern und Franzosen an, die mit der Ansiedlung europäischer Bäume und Pflanzen experimentierten. Daher stammt etwa die Mode der Nußbäume wie auch die Sitte, Erdbeeren zum Nachtisch zu essen. Und schon seit 1799 kam der *morus papyrifera* nach Brasilien, und mit ihm wurden die libanesische Zeder sowie Kiefernsamen eingeführt. In den Regionen, die sich eines »europäischen Klimas« rühmen konnten, erschienen allmählich Apfel-und Birnbäume.

In diesem Bereich jedoch war der Widerstand des Orients gegen alle Angriffe des Westens in Brasilien besonders hartnäckig. Seine Bäume konkurrierten weiterhin mit den bodenständigen in Kraft und Fruchtbarkeit. In manchen Gegenden Brasiliens gelten alte, bodenständige Bäume wie das Brasilholz und das Arcoholz heute als exotische Pflanzen, so selten sind sie geworden. Dahingegen breiten sich der Mangobaum, Brotbaum, Zimtbaum, die indische Kokospalme sowie die Dattelpalme siegreich aus, als ob das Land ihnen schon immer gehört hätte. Dasselbe trifft für das indische Rind (*bos indicus*) zu, das schon früh nach Brasilien gekommen war, wo es mit dem europäischen Rind gekreuzt wurde. Das Ergebnis war eine Mischrasse, die C. A. Taunay 1839 als eine »kräftige und sehr schöne Rasse« bezeichnete, die »glatte und regelmäßig gewachsene Hörner und ein fettglänzendes Aussehen« habe; mehrere Viehzüchter hätten ihm versichert, sie zögen sie der gewöhnlichen Rasse wegen »ihrer Ausdauer bei der Arbeit« vor.

Es ist übrigens seltsam, daß in Brasilien der Nativismus, der zwar enthusiastisch für den Zuckerrohrschnaps eintrat und den Portwein ablehnte, der sich für Maniok begeisterte und von Weizen nichts wissen wollte, nicht bereit war, sich für einheimische Pflanzen und Bäume wie das Arcoholz und das Brasilholz zu engagieren und exotische Pflanzen abzulehnen. Weder gegen exotische Pflanzen aus Asien oder Afrika noch gegen Pflanzen europäischer Herkunft hat es, wie es scheint, eine Reaktion gegeben, die sich etwa in Form eines patriotischen oder nativistischen Kults der einheimischen Bäume geäußert hätte. Nur vereinzelte Stimmen wurden hin und wieder zu diesem Thema laut und plädierten für eine höhere Bewertung von brasilianischen Bäumen und Gartenpflanzen, die selten genug von Bürgermeistern oder Stadträten der Kaiserzeit für die Bepflanzung von Plätzen, Alleen und Landstraßen verwendet wurden. In der ersten Hälfte des 19. Jahrhunderts kam zwar der Kastanienbaum aus Pará in Mode, und in Belém bepflanzte Andrea eine Straße mit Mangabeirabäumen, die schon bald den Beifall der Ausländer fanden. Aber jene Zeit war auch die Ära des Nußbaums und der Gameleira. Unter diesen Gameleiras erholten sich die schwarzen Sklaven von der schweren Arbeit auf den Kaianlagen und auf den Straßen der Städte: von den harten Strapazen, für ihre weißen Herren Baumwollballen, Säcke mit Zucker und Kaffee, englische Flügel und Betten aus Palisanderholz sowie Fässer mit Exkrementen schleppen zu müssen. Dieser von vielen Afrikanern für heilig gehaltene Baum erweckte jedoch – vielleicht gerade deswegen – Mißfallen bei den Weißen, die sich am engsten mit Europa verbunden fühlten. Es war wohl eine Gameleira, die in Salvador als »Baum des Selbstmordes« Berühmtheit erlangte. Unter ihm suchten jene Neger und Sklaven den Freitod, die das Heimweh nach Afrika oder die Entwürdigung durch die Sklavenarbeit nicht mehr ertrugen. Der Baron Forth-Rouen erfuhr bei seinem Besuch in Bahía 1847, daß dieser Baum des Unheils gefällt worden war; freilich erst, nachdem er Zeuge einer großen Zahl von Verzweiflungstaten von Negern und Sklaven geworden war.

In der zweiten Hälfte des 19. Jahrhunderts ist in Brasilien – neben anderen Bestrebungen im Sinne einer Europäisierung des Aussehens der
Städte – die Geringschätzung von Bäumen, Pflanzen und Früchten asiatischer Herkunft charakteristisch, die in Brasilien bereits heimisch
geworden waren, deren sich jedoch viele kultivierte Brasilianer schämten. Sie schämten sich der Mangofrucht, der Brotbaumfrucht, der Den-
dêfrucht, sogar der indischen Kokosnuß. Man genoß sie ebenso wie die
Cashew- und Cajáfrucht und die Mangaba nur heimlich, beim einsamen
Bad im Fluß und nicht etwa bei Tisch oder in Restaurants. Daher mußten
die Bemühungen jener Ärzte vergeblich bleiben, die sich zu Patrioten
aufschwangen und in Rio de Janeiro »einen pharmazeutischen Garten«
gründen wollten, »der den einheimischen Arzneipflanzen vorbehalten
bleiben soll«.

Während die alten Gärten mit ihren orientalischen Bäumen und Pflanzen allmählich aufgegeben wurden, begannen um die Mitte des 19. Jahrhunderts Gärten – wie etwa der Jardim da Soledade in Recife – mit einer
großen Zahl von Blumen, vor allem Rosen und Dahlien, und Obstbäumen »aus Portugal, Frankreich und Hamburg« aufzuwarten. Diese Pflanzen wurden nicht nur in der Stadt selbst verkauft, sondern man lieferte sie
auch in »das Innere der Provinz sowie in die weiter nördlich und südlich
gelegenen Städte«. Es war der frische Wind aus dem Norden, der Brasilien seine Samenkörner mitbrachte. Damals begann die systematische
Verwestlichung sogar der Landschaft des noch unberührt patriarchalischen Innern Brasiliens, wo Rosen, Dahlien und Apfelbäume mit dem
Prestige ihrer Neuheit ankamen und tropische Blumen, Pflanzen und
Bäume, einheimische wie aus dem Orient importierte, als minderwertig
erscheinen ließen. Die Weißen mit dem am meisten von westlicher Zivilisation beeinflußtem Geruchs- oder Geschmackssinn entdeckten sehr
bald im Duft von einigen einheimischen Jasminarten Ähnlichkeiten mit
dem unangenehmen Schweißgeruch arbeitender Negerinnen, und den
Geschmack des Öls der Dendêpalme fanden sie barbarisch und vulgär,
erträglich nur für barbarische und vulgäre Menschen.

Subtilere Einflüsse aus dem Orient als auf den Gaumen, den Geruchs-
sinn, die Gesten, die Kleidung, die architektonischen Formen, die Moral
und selbst die Ästhetik sollten erheblich zögernder durch ähnliche oder
entgegengesetzte europäische Entsprechungen abgelöst werden. Diese
Ablösung allerdings war lange Jahre hindurch eher äußerlich als grundsätzlich.

Orientalisch war im kolonialen Brasilien und zu Beginn der Kaiserzeit nicht nur die Sitzweise mit gekreuzten Beinen auf Teppichen, Matten oder auf dem Fußboden – eine Sitte, die die Frauen sogar bei kirchlichen Festen befolgten –, sondern auch der Brauch, bei Besuchen vor der Haustür in die Hände zu klatschen, um sich anzukündigen, ein noch heute sehr brasilianischer Brauch. Orientalisch war die Vorliebe für Sonnenschirme, die Angewohnheit, die Fingernägel als äußeres Zeichen der sozialen Rangstufe lang zu lassen, die Sitte, die jungen Damen noch als blutjunge Mädchen an Männer zu verheiraten, die häufig älter als ihre eigenen Väter waren; orientalisch war die Sitte der Frauen, vor Fremden unsichtbar zu bleiben, die Angewohnheit, Mantillas und Umhänge zu tragen, die hohen Frisuren, die man europäischen Hüten vorzog, sowie die Sitte der Mucamas, ihren Kopf mit einem Turban zu schmücken. Orientalisch war auch die Vorliebe für grelle Farben, starke Parfums und scharf gewürzte Speisen.

Ebenfalls orientalischer Herkunft war die Sitte, sich bei offiziellen Feierlichkeiten vor den Monarchen und Prinzen und sogar vor ihren Bildern tief zu verbeugen, als Ausdruck der grenzenlosen Verehrung der Beherrschten für die Herrschenden – eine Sitte, die von den strengen Protestanten ebenso verachtet wurde wie der Handkuß in den königlichen Palästen. Orientalisch war auch die Sitte, daß bei Erscheinen der Königin oder irgendeines anderen Mitgliedes der königlichen Familie alle Anwesenden auf der Straße niederknieten, wie dies nach ihrer Übersiedlung von Lissabon nach Rio de Janeiro geschah. Orientalisch war die Sitte, nach der die Dienerschaft sich vor ihrer Herrschaft tief zu verbeugen hatte. Diese tiefen Bücklinge wurden sogar zwischen Gleichgestellten ausgetauscht.

»Bien des Portugais sont Nègres par cet usage«, schrieb der Franzose Arago über den Kniefall vor der Königin oder anderen Mitgliedern der königlichen Familie. Für ihn konnte sich nur eine minderwertige und unterwürfige Rasse wie die afrikanische demütig vor Fürsten auf die Knie werfen. In Wahrheit hatten nahezu im gesamten Orient – auch in den zivilisierten Teilen – die Fürsten im 19. Jahrhundert nach wie vor, trotz der Französischen Revolution und der Aufklärung, beinahe den Rang von Göttern für ihre Untertanen, die sich vor ihnen ebenso zu Boden warfen wie die abendländischen Katholiken vor dem Allerheiligsten Altarsakrament und vor dem Heiligen Vater. Von diesen Sitten hatten die Portugiesen so viel angenommen, daß die »Große Revolution« oder die »Aufklärung«

nur ganz allmählich auf ihre halborientalische Art der Ehrenbezeigung gegenüber Fürsten, Eltern und Großeltern einwirkte.

Den französischen Beobachter schockierte in Brasilien ein weiterer Orientalismus: das Vorhandensein von *castrati*, das heißt Eunuchen, die in den Kirchen sangen: »*Tous sont chanteurs de la chapelle royale et reçoivent de forts appointements. On les entend dans toutes les églises et jamais au théâtre.*« Überraschend war der Umstand, daß diese *castrati* aus Europa – aus Italien – kamen und nicht etwa, wie zu erwarten gewesen wäre, aus dem schon christianisierten Orient, zum Beispiel aus Goa oder aus den Reihen der zum katholischen Glauben bekehrten Afrikaner, denen ihre Herren Unterricht im Singen und Musizieren bei kirchlichen Festen geben zu lassen pflegten. In einem Land mit einer patriarchalischen, auf Sklaverei beruhenden Gesellschaftsordnung wie Brasilien war es jedoch für die Sklavenhalter alles andere als zweckmäßig, erwachsene oder heranwachsende Neger zu kastrieren, um ihre Männerstimmen in liebliche und sanfte Eunuchenstimmen zu verwandeln, so daß sie hinfort nur noch dazu taugten, Litaneien und heilige Gesänge anzustimmen. Denn auf diese Weise hätte man kräftige Männer daran gehindert, sich zu vermehren und weitere Neger, das heißt weitere Sklaven zu zeugen.

Vergessen wir nicht die Zigeuner – ein weiterer entfernt orientalisch getönter Farbtupfen im brasilianischen Panorama. Im patriarchalischen System konnten diese Nomaden nur ein Leben am Rande der Gesellschaft führen: als kleine und gelegentlich sadistische Sklavenhändler in den Städten und als Pferdehändler, Kesselflicker und Ausbesserer von landwirtschaftlichen Maschinen im Hinterland. Daher wurden sie vielleicht auch in einigen Regionen unter dem Namen *gringos* bekannt, wie man später auch die Engländer und andere Ausländer mit abstoßendem Äußeren nannte, die sich mit Handel und Technik abgaben.

Kidder lernte in Bahía die Vorstadt *Mouraría* noch als Reservat der Zigeuner kennen. Seit 1718 hatte der König von Portugal mehrere Zigeunerfamilien nach Brasilien verbannt und ihnen den Gebrauch ihrer Sprache verboten, um mit ihr den *gringos* auch das Leben abseits der Gesellschaft und das gelegentliche Schmarotzerdasein auszutreiben. Dreißig Jahre später stellte sich jedoch heraus, daß sie in Brasilien nicht weniger Schaden anrichteten, als dies in Portugal der Fall gewesen war. Den größten Schaden verursachten sie durch die Vieh- und Pferdediebstähle, die sie in Minas Gerais trotz aller Vorsichtsmaßnahmen gegen die so verschlagenen Diebe begingen, und es ist möglich, daß sie es auch waren, die kleine farbige Jungen entführten, um sie später als Sklaven zu verkaufen. Außerdem gab es unter ihnen berühmte Mörder wie Joaquim Alves Saião und Antônio da Costa in Rio de Janeiro, die für ihre Verbrechen »mit Silber beschlagene Waffen« benutzten. Dafür soll jedoch Zigeunerblut auch in den Adern des Dichters Castro Alves geflossen sein, der in einem seiner Gedichte die Schönheit der Morgenländerin besang, doch nicht etwa in Gestalt einer Zigeunerin, sondern der einer Jüdin, eine Verherrlichung, hinter der sich, vielleicht bewußt, seine Bewunderung oder seine zärtlichen Gefühle für den mütterlichen Typus der Frau verbargen. Nachdem die gesellschaftlich pathologische Phase ihrer Randexistenz vorüber war, gingen viele Zigeuner in bestimmten Regionen, wie etwa in Ceará, im brasilianischen Volk auf. Von ihnen übernahm die patriarchalische Gesellschaft Brasiliens in einigen Gegenden den Ritus der Brauthemdschau. Mit diesem Ritus erhob man das Hemd, das von der Braut in der Hochzeitsnacht getragen und mit Blut befleckt wurde, zur Trophäe ihrer Jungfräulichkeit. Debret, der sich für die Zigeuner Brasiliens sehr interessierte, erfuhr, daß noch zu Beginn des 19. Jahrhunderts bei ihnen der Brauch herrschte, das bestickte Brauthemd am Morgen nach der Hochzeitsnacht den ehrwürdigen Mitgliedern der Familie als *trophée de l'hymen* vorzuführen. Noch heute kann man in den kulturell und sozial am meisten der patriarchalisch-ländlichen Vergangenheit verhafteten Regionen Brasiliens Bräuche beobachten, wie sie Debret als typische Kennzeichen des Patriarchats der Zigeuner in Brasilien feststellte. Es war nur natürlich, daß die beiden Formen des Patriarchats einander in diesen und anderen Punkten durchdrangen, wie etwa auch im Schmücken der Heiligenbilder mit Bändern und Münzen, die Debret als malerischen Zigeunerbrauch registrierte. Damals konnte man noch von Volksbräuchen der Zigeuner sprechen; im heutigen Brasilien kann dieser Kult schon als ein echt brasilianischer Brauch betrachtet werden.

Judenviertel sind ein Orientalismus, den es offenbar weder in Salvador noch in anderen Städten des portugiesischen Brasilien im strengen Sinne des Wortes gegeben hat. Das holländische Recife hatte, wie schon im vorhergehenden Kapitel erwähnt, so etwas wie ein Judenviertel mit einer Rua dos Judeus, einer Synagoge und berühmten Rabbinern. Die Juden waren hier immer geheimnisumwitterte Menschen, die nur im verborgenen ihre Riten praktizierten, ihre Bräuche pflegten, ihre Speisen aßen und sich ihres Geldes, ihres Silbers und ihrer Edelsteine erfreuten, um so den harten Strafen, der Heiligen Inquisition zu entgehen. Sie verhielten sich genau umgekehrt wie die Zigeuner, die auf alle mögliche Weise, auf ihren Gürteln, in der Kleidung, im Haar, am Hals, an den Ohren, an den Armen, Fingern und an den Füßen ihren Besitz zur Schau stellten: Gold, Silber und Edelsteine. Daher dürfen und können die Juden auch keineswegs als mehr oder weniger geheime Agenten östlicher, nicht nur internationaler, Einflüsse verachtet werden – in einer Umwelt zumal, die wie die patriarchalische in Brasilien gegenüber allem, was offen nichtkatholisch war, verschlossen und feindlich eingestellt blieb. Bestimmte brasilianische, am Vortag zubereitete und dann weggestellte, sogenannte »schlafende« Gerichte freilich mögen auf orientalisch-jüdische Elemente zurückgehen, wie wir weiter oben andeuteten.

Gegenüber »Juden« und »Mauren« bewahrte der Brasilianer der patriarchalischen Ära, der noch stark von portugiesischen Reminiszenzen an die Kämpfe zwischen Christen und Ungläubigen auf der Iberischen Halbinsel und im Orient geprägt war, sowohl in den Städten als auch auf dem Lande eine gewisse Feindseligkeit. Diese Kämpfe lebten in volkstümlichen Theaterstücken weiter, zum Beispiel in den Kämpfen zwischen »Mauren« und »Christen«, die man früher auf brasilianischen Festen so sehr zu schätzen wußte, sowie in den Karsamstagsfeierlichkeiten auf den Straßen. Die Hauptsache dabei war, daß der Sieg den »Christen« zufiel und die »Mauren« am Schluß verprügelt und bestraft wurden. Der Karsamstag mußte damit aufhören oder beginnen, daß Judengestalten aus Stoff und Lumpen von den Gassenjungen in den Straßen zerrissen oder verbrannt wurden. Dabei brach sich im Volk der religiöse Haß des Katholiken gegen den Juden Bahn, der soziale Haß des Unterdrückten gegen den Unterdrücker, des armen Straßenjungen gegen den reichen und keineswegs immer israelitischen Bewohner der Stadthäuser der Geschäftsleute, der aber dennoch fast immer als »jüdisch« galt.

Hieraus erklären sich vielleicht auch die bis auf die ersten Jahre der Unabhängigkeit zurückgehenden Versuche, polizeilich gegen »die höchst traurige Volksbelustigung mit den Judasfiguren an den Karsamstagen« vorzugehen, die für einige der am weitesten französisierten oder anglisierten Politiker mit der nationalen Würde ebenso unvereinbar war wie die asiatischen Sänften, die orientalischen Fenstergitter und die Tänze der Afrikaner. »Diese Volksbelustigung«, stellte die Stadtverwaltung von Recife in ihren Verordnungen des Jahres 1831 fest, »werden ebenso wie die Karnevalsmasken, die Figuren von Toten und von Tyrannen in den Prozessionen, die die Kirche in der Fastenzeit veranstaltet, wegen ihrer Lächerlichkeit und Unschicklichkeit verboten; die Veranstalter, die dagegen verstoßen, zahlen 4 $ Strafe, und die Mitwirkenden haben 24 Stunden Haft zu gewärtigen.«

Sogar die in Gesittung und Weltoffenheit am weitesten fortgeschrittenen Bürger verprügelten Muleques, die sich von solchen überholten Bräuchen nicht abbringen lassen wollten, zur Strafe mit Spazierstöcken und Sonnenschirmen. Diese alten Bräuche ließen Brasilien in den Augen der Ausländer in einem ungünstigen Licht erscheinen – der Ausländer, die zum Teil nichtkatholisch, reich und angesehen waren und selbst vornehme Spazierstöcke und Sonnenschirme trugen: reiche Engländer, reiche Juden, Händler, Bankiers, Industrielle, die von Straßenjungen nicht beleidigt werden durften. Diese Frechheiten gegenüber erlauchten Ausländern verdienten kräftige Stockschläge.

In der Regierungszeit Kaiser Pedros I. bürgerte sich in Brasilien der Gebrauch von aus Indien importierten Spazierstöcken ein, die schon seit dem frühen 19. Jahrhundert die von den Adligen und sogar den vornehmen Bürgern des 18. und 17. Jahrhunderts getragenen Degen zu ersetzen begannen. Vom 15. Januar 1822 an fand man im *Diário do Rio de Janeiro* Angebote von »Spazierstöcken aus Indien«. Am 3. März 1825 wurde in derselben Zeitung unter den wichtigeren Anzeigen auch ein indischer Spazierstock annonciert, der ganz offensichtlich nach der Hand eines Adligen oder reichen Bürgers verlangte: »Ein prächtiger Spazierstock aus Indien mit Knauf, Beschlag und Quaste aus Gold.« Am folgenden Tag erschien die Annonce eines bescheideneren Bürgers in demselben Blatt: »Suche schlichten indischen Spazierstock mit Silberknauf.« Spazierstöcke aus Indien waren die große Mode.

Allmählich wurde der Wettbewerb zwischen dem Spazierstock aus Indien und dem Sonnenschirm, der ursprünglich auch aus dem Orient stammte und in Brasilien unter orientalischem Einfluß ein Symbol von Ansehen und Vornehmheit geworden war immer schärfer. In Zeitungsanzeigen aus der Regierungszeit Pedros I. und aus der Regentschaft erscheint der Sonnenschirm weniger mit seinem alten orientalischen Pomp denn vielmehr als schlichter und bürgerlicher Gebrauchsartikel englischer Herkunft oder nach englischer Mode gearbeitet; jedoch ohne deswegen vollständig den orientalischen Hinweis auf die Bedeutung des Trägers aufzugeben. Das ging so weit, daß sein Gebrauch den Sklaven und Plebejern untersagt war. Im Jahre 1847 wurden in Brasilien noch buntschillernde Sonnenschirme verkauft, außerdem schwarze mit verziertem Schirmstock – »die modernsten, die auf diesem Markt erschienen sind«, wie der Inhaber eines Schirmgeschäftes in Recife in einer Anzeige im *Diário* rühmte. Ferner gab es dort »vielfarbige Sonnenschirme nach der letzten Mode der schottischen Königin«. Die lebhaften orientalischen Farben vertrugen sich durchaus mit der westlichen Mode – mit Hilfe schottischer Kombinationen von hellen und dunklen Farben.

Nicht nur Geschirr brachten Zweimaster wie der *Novo Dourado* zu Beginn des 19. Jahrhunderts aus dem Orient nach Brasilien, darunter »blaue Schalen aus Nanking und Kanton« oder »Teetassen mit Glasur«, die sich vom faden Weiß des höchstens mit einem Goldrand verzierten europäischen Geschirrs deutlich abhoben und von denen die Zeitungen voll waren. Auch waren es nicht nur »Stoffe aus Asien«, die das Brasilien Johanns VI. und Pedros I. aus dem Orient importierte, Stoffe, die in scharfem Kontrast zu den schwarzen und dunklen Kaschmirstoffen aus Europa standen und aus denen nicht nur die reicheren Damen ihre Kleider, sondern auch die Herren ihre Fräcke anfertigen ließen. Diese blauen, violetten, grünen und rosmarinfarbenen Fräcke tauchen romantischerweise noch in den Zeitungsinseraten der Regierungszeit Pedros I. auf, obwohl sie damals schon vom neuen dunklen englischen Gehrock bedroht waren. Aus dem Orient kamen für die Edelleute der Stadthäuser auch chinesische Rasiermesser, mit denen man sich rasieren konnte, »ohne die Haut zu verletzen«, und die »die Gesichtshaut zart wie die eines Jünglings erscheinen lassen«; Hersteller dieser Rasiermesser waren »zwei der besten und hervorragendsten Messerschmieden der unübertroffenen und prächtigen Stadt Peking, der Hauptstadt des Chinesischen Reiches«.

Der Einfluß des Orients in Brasilien blieb stark bis zu Beginn der Regierungszeit Pedros II. Noch 1828 gab es, wie Walsh berichtet, in Rio Geschäftsleute, die sich ausschließlich mit dem Import orientalischer Waren befaßten. Aus den Zeitungsinseraten wird deutlich, mit welchen Anstrengungen der Orient dem Okzident in der ganzen ersten Hälfte des 19. Jahrhunderts Widerstand leistete, der bis etwa 1840 noch bemerkenswert kräftig war. Dann durchdringt der Westen Handel, Wirtschaft und geistige Kultur des noch patriarchalischen und schon bürgerlichen Brasilien so stark, daß schließlich vom Orient nur noch Spuren übrigbleiben.

Gestützt auf das Studium von Zeitungsanzeigen aus jener Ära des Übergangs vom Sippendenken zum Staatsdenken, vom Klerikalismus zum Laizismus, wagen wir zu behaupten, daß die Frau – die doch im allgemeinen für unbeständiger als der Mann gehalten wird – in Brasilien weit stärker als der gebildete Mann den neuen Kräften und Einflüssen widerstand, die auf eine Europäisierung und Verwestlichung ihrer Kleidung und ihres Putzes abzielten. Fast die gesamte erste Hälfte des 19. Jahrhunderts hindurch konkurrierte das gold- oder silberbestickte orientalische Kleid in Brasilien mit dem aus Paris kommenden oder dem in Brasilien von einer französischen Schneiderin hergestellten. Auch der europäische Damenhut siegte nur ganz allmählich über das Kopf- oder Schultertuch aus dem Orient, mit denen sich die Damen weiterhin mit Vorliebe gegen die Sonne wie gegen die Blicke der Neugierigen auf der Straße schützten, ohne dabei ihre ebenfalls orientalischen Frisuren zu gefährden.

Unter dem Druck neuer englischer und französischer Moden verschmolzen manche Bräuche vor allem orientalischer Herkunft mit Relikten aus dem vorbürgerlichen und vorindustriellen Zeitalter Europas und wurden als »veraltet«, »schimpflich« und einer Nation »unwürdig« bezeichnet, die, wie das Brasilien zu Beginn des 19. Jahrhunderts, nicht mehr eine reine Plantagenkolonie Portugals war, sondern ein König- und sogar ein Kaiserreich. Derartige Rückständigkeiten wurden teils von der Polizei unterbunden, teils von den Fortschrittlern und Westlern in den Zeitungen und Theaterpossen verspottet.

Dazu gehörte der Brauch der Frauen, Mantillas, Umhänge oder Mäntel mit Kapuze zu tragen. Dieses Phänomen, das zugleich moralisch und ästhetisch bedingt war und eng mit der Ideologie der patriarchalischen Familienstruktur zusammenhing, widerstand wie nur wenige andere den Neuerern und Reformern. Ihre Ablösung und Überwindung durch den westlichen Damenhut vollzog sich langsam und blieb lange Jahre hindurch unvollständig.

Mawe beobachtete, daß die Frauen von São Paulo – »in ganz Brasilien wegen ihrer Reize berühmt« – zu Beginn des 19. Jahrhunderts zur Messe oder auf der Straße in schwarze Seide gekleidet erschienen, mit einem langen, ebenfalls aus Seide bestehenden und mit Spitzen besetzten dichten Kopftuch. Umhang und Schultertuch wurden allmählich zum Teil durch eine lange Wolljacke ersetzt, die je nach der sozialen Stellung der Trägerin mit Samt, Spitzen und Goldfäden verziert war. Es gab Damen, die besonders beim Reiten zu dieser Jacke »runde Hüte« trugen wie die Männer. Auf den Bällen erschienen die Paulistas – wie Orientalinnen – mit goldenen Halsketten behängt und mit vielen Kämmen im Haar.

In Minas Gerais sah Mawe in englische Stoffe gekleidete Damen, »überladen mit goldenen Halsketten, die sie immer anlegen, wenn sie Besuche machen oder empfangen«. Hier zeigte sich echter Orientalismus, kombiniert mit westlicher Kleidung. Der englische Beobachter stellte ferner fest, daß die Frauen aus Minas Gerais selten Hüte trugen wie die Europäerinnen, wenn man von den meist schwarzen Hauben absieht, mit denen bejahrte Damen ihr Alter und ihre Zugehörigkeit zur Oberschicht zu erkennen gaben. Dagegen trugen die Armen und Leibeigenen Schultertücher, volkstümliche Umhänge oder Flanelltücher.

Die Mode der großen Aufsteckkämme im Haar anstelle von Hüten erklärt wohl, warum der Damenhut englischer oder französischer Herkunft erst in der Mitte des 19. Jahrhunderts den brasilianischen Markt wirklich eroberte und damit den Gebrauch von großen Kämmen aus Gold, Elfenbein und indischem oder moçambiquischem Schildpatt zurückgehen ließ. Damit kamen auch Mantillas, lange Schleier und Schultertücher bei den Damen der besseren Gesellschaft aus der Mode. Diese Kleidungsstücke wurden Kennzeichen der Unterklasse, der Negerinnen oder der Frauen vom Land. Die Spitzen aus Goldfäden oder Samt an Mantillas und Umhängen – früher ein Klassenmerkmal – verloren damit ihre alte Bedeutung. Orientalisch war auch der Brauch, an Festtagen die Veranden der Stadthäuser mit Tüchern und goldbestickten Samt- oder Seidendecken zu schmücken. Mit dieser Dekoration sahen die Häuser »prächtig« aus, berichtet Mawe vor allem aus Bahía. Orientalisch war der Trauerflor, der an ebendiesen Stadthäusern hing, wenn ein Bewohner des Hauses gestorben war.

Orientalisch war auch das Feuerwerk, das man in Stadt und Land an kirchlichen Festen wie dem Johannistag und sogar an Staatsfeiertagen abbrannte. Bei diesen Gelegenheiten war der Verbrauch an Pulver groß; größer noch aber war der an Wachs aus Indien oder Afrika, das in den Kirchen zerschmolz, sowie der Verbrauch an Weihrauch und Duftstoffen aus dem Orient, die in den Kirchen oder bei Prozessionen verbrannt wurden. Man konnte »in den Lüften den Wohlgeruch von Duftstoffen« wahrnehmen, »als ob das reich duftende Arabien aus dem Orient in den Okzident verpflanzt worden wäre«, schrieb ein Chronist von der feierlichen Prozession, an der im kolonialen Vila Rica neben der »äußerst prächtigen« Bruderschaft vom Göttlichen Altarsakrament mit ihrem Banner aus »karmesinfarbenem Damast mit goldenen Fransen an den Rändern« die »Bruderschaft der Mulatten vom der Kapelle des Heiligen Josef«, die

»Bruderschaft unserer Lieben Frau vom Rosenkranz der Schwarzen«, die Bruderschaft des »Heiligen Antonio von Lissabon«, der Klerus, der Gouverneur, eine Dragonerschwadron, »Türken« und »Christen« mit ihren charakteristischen Tänzen sowie schalmeispielende Neger teilnahmen.

Obwohl wir in Zeitungsanzeigen, Testamenten oder Inventarlisten nur wenige Hinweise auf Möbel orientalischer Herkunft oder Machart gefunden haben, gab es sie in Brasilien durchaus in ansehnlicher Zahl. Sie bestanden aus Sandel- oder Ebenholz mit Einlegearbeiten aus Elfenbein oder Perlmutt. Sicherlich nicht alle wurden unmittelbar aus dem Orient eingeführt: Vielleicht waren es vornehmlich Erzeugnisse, die indische Handwerker in Lissabonner Werkstätten hergestellt hatten, worauf Ramalho Ortigão hinweist. Ramalho spricht jedoch auch von Werkstätten portugiesischer Handwerker in Indien; und wir haben bereits gesehen, daß der legale und illegale Handel zwischen dem Brasilien der Kolonialzeit und dem Orient größer war, als man gemeinhin annimmt. Unter diesen Umständen ist es durchaus wahrscheinlich, daß von dort in ferner Vergangenheit außer chinesischen Wasserkrügen, Stickereiwaren und Malereien – wie sie Maria Graham im Empfangszimmer eines Stadthauses von Salvador sah – Möbel aus Indien und China kamen. Einige dieser Möbel erscheinen in Zeitungsanzeigen mit all der Pracht ihrer orientalischen Farben, auf die vielleicht der Brauch der Kolonialzeit zurückzuführen ist, unter Nachahmung des orientalischen Lacks Möbel aus Palisanderholz oder Brasilholz in den Herrenhäusern und Stadtpalais blau, rot und in anderen lebhaften Farben zu streichen. In einer Anzeige des *Diário do Rio de Janeiro* vom 5. Januar 1825 finden sich unter anderem: »ein Toilettetisch aus Indien« neben ebenfalls aus dem Orient stammenden Artikeln, zum Beispiel »Kämme aus Schildpatt«, »Korallenhalsbänder«, »sehr erfrischende und wohlriechende Pomaden«, »ein prächtiger und großer chinesischer Tisch in goldenen und blauen Farben mit Dessert-tellern und einem Service für Tee, Kaffee und Kakao«. Hierher gehören auch die »Lacktische«, für die im *Diário de Pernambuco* vom 20. Mai 1840 geworben wird.

Von unseren Kirchen aus der Kolonialzeit weiß man, daß sich so manche von ihnen mit Gegenständen orientalischer Herkunft schmückte, von denen einige in Museen wie etwa dem für Sakrale Kunst von Salvador besichtigt werden können. Als Schaeffer in Brasilien weilte, war er erstaunt, in einem Kloster von Rio, das, wie er sagt, 1671 erbaut wurde, »*a large China figure of our Saviour on the Cross*« zu sehen – in einer

Kapelle übrigens, die ganz in orientalischen Farben erstrahlte: »*the walls with porcelain and China squares relived by gilt and scarlet lines.*« In Sabará, im Staat Minas Gerais, prunkt eine Kirche, die wir 1936 in Begleitung des Historikers Afonso Arinos de Melo Franco besichtigten, mit orientalischem Dekor, das dem Innern des katholischen Gotteshauses fast die Farben einer Pagode verleiht. So ist es durchaus möglich, daß sich in Brasilien die Christianisierung oder Katechisierung der Eingeborenen über die »dekorative Malerei« in den Kirchen nicht selten orientalischer Ausschmückungen und Verzierungen bediente. Buddha und der Islam scheinen dazu beigetragen zu haben, in Brasilien vom orientalischen Rot, Gelb und Blau faszinierte Eingeborene Christus beziehungsweise der römischen Kirche zuzuführen.

Als orientalisch oder maurisch muß man vermutlich auch den von Portugal ererbten Brauch mit all seinen sinnlichen Verfeinerungen ansehen, nach dem sich die Damen, Kinder und sogar die Männer der Herrenhäuser und Stadtpalais das Haar von den Fingern ihrer Sklaven nach Läusen absuchen oder sich den Kopf kraulen ließen, wobei die Sklaven mit einem kleinen, charakteristischen Knipsen der Finger Läuse töteten oder zu töten vorgaben. Wenn nämlich keine Läuse da waren, ergötzten sich die verweichlichten Herren und Damen am Knipsen der Finger – das heißt, daß die Mulattinnen und Negerinnen oft nur zum Schein und in symbolischer Form Kopf und Haar mit ihren zarten Fingerspitzen nach Läusen absuchten. Manchmal trat auch der umgekehrte Fall ein: Dann suchte die weiße Herrin den Kopf der Mucama oder des Malungo ab. In seinem *Vocabulário Pernambucano* zitiert Pereira da Costa, auf dieses Kraulen anspielend, folgende volkstümliche Verse:

> *Ich verehre eine Iaiá,*
> *die, wenn sie gut aufgelegt ist,*
> *mich ganz heimlich zu sich ruft,*
> *um mir den Kopf zu kraulen.*
> *Ich weiß nicht, wie sie es macht,*
> *die Finger zu drehn und zu wenden,*
> *daß ich die Augen schließe und seufze,*
> *wenn ich das Knacken spüre.*

»Wenn man den bösen Zungen Glauben schenken soll, pflegten manche Damen diese Sitte des Kraulens aus ganz anderen Gründen als nur wegen des Wunsches nach einer wohltuenden Überreizung der Nerven, der eine bis zu Extase gehende Schwäche folgte«, schrieb Charles Expilly. Der von dieser wollüstigen orientalischen Sitte in Brasilien schockierte Europäer führte weiter aus: »In der Mittagshitze ziehen sich die Damen in das Innere ihrer Gemächer zurück und legen ihren Kopf in den Schoß ihrer Lieblingsmucama. Die Mucama fährt mit ihren Fingern langsam durch das dichte Haupthaar, das sich vor ihr ausbreitet. Sie durchpflügt diese üppige Haarpracht in allen Richtungen, reibt mit zartem Einfühlungsvermögen die Haarwurzeln, kneift geschickt die Haut und läßt dabei von Zeit zu Zeit ein trockenes Knipsen ertönen, das sie mit den Nägeln von Daumen und Mittelfinger erzeugt. Dieses Gefühl ist eine Quelle des Vergnügens für die Sinnlichkeit der weißen Herrin. Ein wollüstiger Schauer durchbebt ihre Glieder bei der Berührung der zärtlichen Finger. Einige erliegen, von der süßen Schwäche überwältigt, die ihren Körper durchströmt, diesen Gefühlen der Wollust und sinken bewußtlos vor Verzückung auf den Knien der Mucama nieder.« Eine geistreiche psychoanalytische Interpretation dieses Brauchs liefert Roger Bastide in seiner *Psychoanalyse des Kopfkraulens*. Von Charles Expilly, dem französischen Chronisten aus der Mitte des 19. Jahrhunderts, übernimmt er übrigens die Mitteilung, daß diese Sitte auch dem sinnlichen Vergnügen der Männer gedient habe, wenngleich sie in erster Linie von Frauen praktiziert wurde.

Hier muß man eine weitere Quelle des Vergnügens – vor allem für die Jungen aus den ländlichen und städtischen Herrenhäusern – nennen, nämlich den Brauch, sich die Füße von hübschen Mucamas absuchen zu lassen, die im Herausziehen von Sandflöhen aus der Haut viel Geschick bewiesen. Vor dieser Operation jedoch erzeugten sie fast immer ein wollüstiges Kitzeln, dem ihre Mulattenfinger Erleichterung zu schaffen wußten, indem sie es später zu einem sanften Kratzen milderten. Das Herausziehen des Sandflohs bei Jungen oder Mädchen durch die zarte Hand der Mucama aus dem Herrenhaus oder Stadtpalais entsprach durchaus dem Absuchen der Kopfhaut nach Läusen. Es bereitete ein ebenso wollüstiges Vergnügen wie das Kopfkraulen. Auf Reisen ließen sich in Regionen wie Minas Gerais sogar die Erwachsenen ihre Füße von Sklaven, die im Ausziehen von Sandflöhen Geschick hatten, absuchen: »*at which they* [die Einwohner von Minas Gerais] *are very expert*«, schrieb der Engländer James Holman, der als Blinder in den Zehenspitzen nicht nur einen empfindlichen Tastsinn, sondern auch Augen gehabt zu haben scheint:

Augen, mit denen er alle Vorgänge beim Herausziehen von Sandflöhen wahrnahm, dem eine Fußwaschung in einer Schüssel oder einer Schale durch einen Sklaven oder eine Sklavin vorausging. Dies, wie auch das tatsächliche oder symbolische Suchen nach Läusen im Haar von Frauen oder Männern, war offenkundig ein Brauch orientalischer Herkunft, wenngleich das Kopfkraulen wohl nicht nur orientalischen, sondern spezifisch maurischen Ursprungs ist.

Das Absuchen nach Sandflöhen kommt in mehr als einem Märchen von »maurischen Hexen« und »verzauberten Maurinnen« vor, und zwar gerade in entscheidenden Augenblicken – wenn nämlich die verzauberte Frau oder Prinzessin dadurch erlöst wird, daß eine Stecknadel oder ein Dorn, der im Kopf der Verzauberten steckt, von geschickter und sanfter Hand herausgezogen wird. Und in diesen Märchen spielen jedesmal das »schöne Haar« der Frau und ihre »goldenen Kämme« eine wichtige Rolle. Der Kult des langen Haars scheint ebenso typisch brasilianisch wie maurisch oder orientalisch gewesen zu sein, wenn man an die Beharrlichkeit der brasilianischen Damen der Kolonialzeit denkt, mit der sie an der Sitte festhielten, sich auf kirchlichen und sogar weltlichen Festen der ersten Hälfte des 19. Jahrhunderts mit hoch aufgestecktem Haar voller Kämme zu zeigen, die manchmal aus Gold, meist aber aus Elfenbein und Schildpatt orientalischer Herkunft oder orientalischen Charakters waren.

Dasselbe läßt sich vom Bad sagen, das außer der Reinigung auch dem sinnlichen Vergnügen diente: jenes heiße oder lauwarme Bad im Zuber zu Hause oder im Fluß, der sich an der Front – und nicht an der Rückseite – so manchen Herrenhauses und Stadtpalais dahinzog. Das Bad war für die brasilianischen Frauen der patriarchalischen Epoche fast immer eine »Abwechslung« und ein »Vergnügen«, wie es Expilly mit Bezug auf die orientalischen Frauen ausdrückt, »die dem orientalischen Despotismus unterworfen sind«. Der europäische Chronist, der die Zeremonie des Kopfkraulens bei den Brasilianerinnen der Patriarchen- und Sklavenzeit als soziales Gegenstück zum orientalischen Frauenbad darstellt, hat freilich übersehen, daß auch in Brasilien das Flußbad der Frauen, bei dem Mucamas sie aus- und ankleideten, ihnen das Haar lösten und sie kämmten, ein für das patriarchalische System des Landes bezeichnendes Phänomen war. Und wie die Zeremonie des Kraulens bot auch die des Flußbads den durch den männlichen Despotismus besonders unterdrückten Frauen Gelegenheit wenn nicht für lesbische Akte, so doch für Annähe-

rungen in dieser Richtung als Ersatz für heterosexuelle Akte, deren Ausübung vielfach schwierig war.

Solche Verirrungen – wie lesbische Akte – kamen in Brasilien durchaus
vor, wie aus den Akten der Inquisition hervorgeht, die schon von Professor Roger Bastide im Zusammenhang mit seiner geistreichen psychoanalytischen Interpretation des Kopfkraulens ausgewertet wurden. In
den Akten aus Pernambuco und Bahía tauchen weiße Frauen auf, etwa
eine gewisse Maria Lucena, die »in fleischlicher Weise« mit den »Negerinnen des Hauses« geschlafen hat, worüber die *Erste Visitation der Heiligen Inquisition in Brasilien, Denunziationen von Pernambuco* berichtet; eine
Madalena Pimentel, die »mit einer Mulattin«, und eine Catarina Barbosa,
die »mit einer Mestizin« geschlafen hat, wie in der *Ersten Visitation in Brasilien, Geständnisse aus Bahía* nachzulesen ist.

Mawe erwähnte am Anfang des 19. Jahrhunderts die verbreitete Sitte
heißer Bäder in Minas Gerais, nachdem er von der »sitzenden Lebensweise« der Frauen berichtet hatte, die in seinen Augen der Gesundheit
der zarten Damen abträglich waren. Zu ihrer Schlaffheit trugen vielleicht
auch die langen heißen Bäder in einem Holzzuber, einem Silberbecken
oder einer Badewanne aus Marmor bei. Auch diese Bäder werden, noch
mehr als die Flußbäder, Gelegenheit für bewußte oder unbewußte Annä-
herungen lesbischer Art geboten haben, ähnlich denen, die Expilly an
Festtagen bei den Frauen der Herrenhäuser beobachten konnte: Lässig
auf einem Stuhl sitzend, nach hinten gelehnt, überließen die Herrinnen
ihren Kopf jungen Sklavinnen, die Geschick im Kraulen besaßen, während die Unterhaltung dahinplätscherte. Diese Herrinnen gaben sich völlig unbewußt allem Sündhaften oder Wollüstigen hin, das im Genuß des
Kopfkraulens enthalten sein mochte. Das ging so weit, daß sie sich öffentlich von Mucamas nach Insekten absuchen oder von ihnen die Haut kratzen ließen. Die lauwarmen oder heißen Bäder, bei denen die besonders
verweichlichten Herrinnen in orientalischer Weise zuließen, daß die
Mucamas sie an- und auskleideten, ihnen die Schuhe an- und auszogen,
das Haar auflösten und frisierten, den Körper abrieben, einseiften, mit
Essenzen aus Jasmin salbten, mit feinen Handtüchern abtrockneten und
ihnen das gelöste Haar wuschen und trockneten, waren nicht nur »Feste
des Müßiggangs« – wie auch andere Riten im Leben der Herrinnen der
Patriarchen- und Sklavenzeit –, sondern vielleicht auch, weniger unbewußt als die Freuden des Kraulens, Augenblicke lesbischer Sinnenlust.
Vergessen wir nicht, wie sich der Charakter der Brasilianerin während der

entscheidendsten und wichtigsten Periode der patriarchalischen Epoche entwickelt hatte: unter der Wirkung der Idealvorstellung von der »dicken und hübschen« Frau – ein maurisches Ideal – und, mehr noch, der zarten weichen, hinfälligen Frau, die, vor Sonne und Wind beschützt und in einer Bettnische oder einem Kämmerchen aufgezogen, nur von Kindern und Mucamas umgeben war – ein typisch orientalisches Ideal. Hieraus erklärt sich der Konflikt dieses Typs der weichlichen, fast nur aus Fleisch bestehenden Frau mit der westlichen Kleidermode aus England und Frankreich, die nach der Öffnung der Häfen im Jahre 1808 wie in ein erobertes Land eindrang. Die englischen und französischen Moden entsprachen einem anderen Frauentyp – dem schon bürgerlichen und typisch westlichen: Das waren schlanke oder magere, zum Teil sogar knochige und eckige Gestalten – wie einige der dürrsten Engländerinnen des späten 18. und frühen 19. Jahrhunderts, die offenbar künstliche Hilfsmittel wie Hüftpolster und Reifröcke brauchten, um weibliche Rundungen zeigen zu können. Den neuen Moden entsprach auch ein neuer weiblicher Lebensstil: Diese Frauen gingen auf der Straße zu Fuß, kauften selbst in Geschäften und Kaufhäusern ein, begleiteten den Gatten ins Theater, zu Konzerten, zu Diners, Pferderennen und Ballspielen und konnten fast wie Männer reiten.

Als Koster gegen Ende des Jahres 1811 nach Recife zurückkehrte, das er schon 1809 kennengelernt hatte, bemerkte er, daß viele Einwohner der Stadt unter der Einwirkung engerer Kontakte mit Nordeuropäern »sich selbst, ihre Familien und ihre Häuser modernisierten«. Aber er bemerkte auch, daß »dieser Geist der Veränderung« beziehungsweise der Geist der Neuerungen – denn es handelte sich um nichts Geringeres als um revolutionäre Neuerungen, eine gewaltsame Loslösung von der orientalisch-patriarchalischen Lebensweise und um die Übernahme englischer und französischer Moden in Kleidung, Fortbewegung, Ernährung und in den zwischenmenschlichen Beziehungen – mitunter Folgen hatte, die nicht frei von Komik waren. So etwa im Falle einer Dame »von ansehnlicher Körperfülle«, die sich für die Neuheiten begeisterte und sie maßlos übertrieb. Obwohl dick und rund »*almost equal in circumference and height*«, bestand sie darauf, sich nach englischer Mode zu kleiden, und sie, die sicherlich nur an Mantilla und Umhang nach der orientalischen Mode gewöhnt war, mußte nun unbedingt als Kopfputz ein unter dem Kinn befestigtes Hütchen tragen. Obwohl es in Brasilien schon Mieder gab – eine westliche Neuheit –, hatte die beleibte Dame keinen Gebrauch davon gemacht. So kam es, daß man Partien, an denen ihre Fettleibigkeit besonders kraß hervortrat und die sonst verborgen geblieben wären, ohne weiteres sehen konnte. Ihr farbenfrohes Kleid war prächtig geschmückt, und ihre zierlichen Schuhe schnürten das an Knöcheln und Füßen schwellende Fleisch stark ein. Kurz: vom Scheitel bis zur Sohle ein Übermaß an Fettleibigkeit. Ganz offensichtlich haben wir hier einen besonders krassen Fall von orientalischer Körperfülle vor uns, der die Übernahme von Moden, die für westliche weibliche Formen geschaffen waren, in all ihrer Lächerlichkeit illustrierte. Tatsache bleibt jedoch, daß die Frauen im patriarchalischen Brasilien ganz allgemein dick oder rundlich waren. Oder auch korpulent, wie die Matronen, die Luccock zu Beginn des 19. Jahrhunderts kennenlernte. Nur die ganz jungen Damen waren gewöhnlich schlank und zartgliedrig.

Aber sie waren blutjunge Mädchen, und für sie gab es keine Kleider aus England oder Frankreich, wo man nur Kleidung für erwachsene Frauen kannte. Die französischen und englischen Kleider für Mädchen von dreizehn Jahren waren zu jener Zeit durchweg Kleider für kleine, noch als Kinder betrachtete Mädchen und nicht für bereits heiratsfähige junge Damen, die die Brasilianerinnen und Orientalinnen in diesem Alter schon waren. Wie die orientalischen Frauen heirateten auch die Brasilianerinnen sehr jung – nicht nur die Frauen aus den ländlichen Herrenhäusern, sondern auch die der Stadtpalais, die eine Zeitlang fast ganz im patriarchalischen Schatten der Herrenhäuser standen. Diese Frauen wurden sehr früh Mütter und begannen noch in ihrer Jugend zu altern. Ihre einzige Beschäftigung neben dem Gebären, dem Kirchgang und der Leitung des Haushalts bestand darin, Spitzen herzustellen und Marmelade einzukochen. Spitzen wurden nicht für Damenhüte benutzt, wie Luccock bemerkte – denn die Frauen in Brasilien trugen keine Hüte: »*they wear none*« –, sondern als Zierde an Hemden sowie an Ärmeln und Ausschnitten von Blusen, ein weiterer Orientalismus. Ebenso war auch die Angewohnheit fast aller Frauen orientalisch, sich nur zum Ausgehen gut anzuziehen und sich innerhalb des Hauses nur mit dem Unterrock oder der berühmten Spitzenbluse bekleidet zu bewegen – barfuß oder mit Pantoffeln und sogar Holzschuhen an den bloßen Füßen: »*no stockings and seldom either slippers or the wooden clogs with brown upper leathers called tamancos*«, schreibt Luccock.

Von demselben englischen Beobachter stammt die Bemerkung, die ständig gerunzelte Stirn der Brasilianerin gehe vielleicht darauf zurück, daß diese unter der Sonne einer heißen Klimazone ohne *covering on the head* oder *shade for the eye* lebten, das heißt, ohne europäischen Hut, der sie vor dem Übermaß des tropischen Lichts hätte schützen können. Er selbst stellte jedoch auch fest, unter den Frauen zumindest in Rio Grande do Sul seien Kopftücher anstelle von Hüten gebräuchlich: aus Seide und mit Spitzen besetzt bei den Frauen der Oberklasse; Hauben aus Kaschmir bei den Frauen der Mittelklasse; Flanelltücher unter den Frauen der »dritten Klasse«, das heißt den Sklavinnen.

Das Kopftuch nach orientalischer Mode stellte jedoch vielleicht einen besseren Schutz gegen das Übermaß an Licht und Sonne dar als die europäischen Hüte, für die Luccock als guter englischer Geschäftsmann bewußt oder unbewußt Reklame machte. Wie es scheint, gehörten die Frauen mit gerunzelter Stirn, die ihm auffielen, zu jenen, die die Mantilla in herkömmlicher Weise nur noch zum Kirchgang trugen und den Umhang aus dem Orient noch nicht durch den westlichen Hut ersetzt hatten.

Wenn wir auf diese Dinge zurückkommen, so vor allem, um die Ähnlichkeit dieser wie anderer Details zwischen dem patriarchalischen Brasilien und Portugiesisch-Indien deutlich zu machen, wo die Portugiesen, statt eine gewaltsame und vollständige Verwestlichung Asiens anzustreben, zahlreiche Gebräuche und Sitten übernahmen. Und von diesen Bräuchen kamen vielleicht mehrere aus Goa unmittelbar nach Brasilien. Tatsächlich erscheint einem das Bild, das Europäer wie Pyrard de Laval und John Fryer im 17. und 18. Jahrhundert von Portugiesisch-Indien entwarfen, gelegentlich wie ein Bild Brasiliens während der gesamten patriarchalischen Ära vor.

Es ist kein Wunder, daß die Ähnlichkeit des kolonialen Brasilien mit Portugiesisch-Indien im 17. und 18. Jahrhundert so weit ging. Wir haben bereits gesehen, wie lebhaft und umfangreich der legale und illegale Handel zwischen beiden Ländern war, als Brasilien noch eine einfache Kolonie beziehungsweise nur ein Vizekönigtum war. Die Übersiedlung des portugiesischen Hofes von Lissabon nach Rio hatte unter anderem zur Folge, daß ein großer Teil des Handels zwischen Indien und dem alten Mutterland jetzt von Brasilien übernommen wurde, was die Beziehungen Portugiesisch-Amerikas mit dem Orient sehr förderte. Der erwähnte Luccock, ein tüchtiger Geschäftsmann, erkannte mit dem Weitblick des Engländers sogleich die Bedeutung, die diese Verbindung gewinnen konnte, wenn Großbritannien sich nicht beeilte, sie zu stören. Das gelang

England tatsächlich mit dem Vertrag von 1810 und mit Hilfe der Handelsprivilegien, die es sogar gegenüber dem portugiesischen Handel erzielte. Seiner Meinung nach verdiente dieses Thema *the most particular attention*, wie er in seinem Buch über Brasilien, nachdem er von 1808 bis 1818 dort gelebt hatte, schrieb.

Da die auf der orientalischen Linie verkehrenden portugiesischen Schiffe Baumwollstoffe unterschiedlicher Qualität vor allem aus Indien mitbrachten – von denen ein Teil wiederum nach Portugal, den portugiesischen Kolonien an der afrikanischen Küste und nach amerikanischen Häfen im Süden der Linie weiterexportiert wurde –, das heißt Stoffe, die sehr gesucht waren und in scharfe Konkurrenz mit denen aus Irland traten, entstand für Großbritannien ein ernsteres Problem als seinerzeit durch die Einfuhren orientalischer Waren nach Brasilien auf nichtenglischen Schiffen oder mit Geleitzügen aus Lissabon. Die Sorgen der Engländer waren um so größer, als die portugiesischen Schiffe außer indischen Stoffen auch Tee, Tuche aus Nanking, Kupfer, Seide und diverse andere Artikel aus China nach Brasilien beförderten. Mawe konnte in seinem 1821 veröffentlichten Buch schreiben, daß es in Brasilien zu Beginn des 19. Jahrhunderts Waren aus China in Hülle und Fülle gab. Er hätte auch sagen können: aus Indien. Mit einem Wort: aus dem Orient.

Luccock möchte glauben machen, es gereiche Brasilien auch noch zum Vorteil, wenn die portugiesischen Schiffe auf der Linie zwischen Brasilien und dem Orient durch englische ersetzt würden. Tatsächlich konnte diese Absicht verwirklicht werden – zum Schaden der brasilianischen Interessen und mit immensen Vorteilen ausschließlich für die Engländer. Ebenso profitierte das machthungrige Großbritannien nicht nur von der Beschränkung des eine Zeitlang überaus regen Handels zwischen dem zum Königreich erhobenen Brasilien und dem portugiesischen Asien auf ein Minimum, sondern auch von der fast vollständigen Einschränkung der bis dahin stets zahlreichen anderen Verbindungen, die, wie wir bereits dargelegt haben, durch die Verwandtschaft der auf Patriarchat und Sklaverei gegründeten Strukturen der Familie, der Wirtschaft und des menschlichen Zusammenlebens in beiden Kulturbereichen begünstigt wurden.

Koster, ein anderer englischer Geschäftsmann, der sich zu Beginn des 19. Jahrhunderts in Brasilien aufhielt und wie Mawe und Luccock ein scharfsinniger Beobachter war, schrieb in seinem Kommentar über den Vertrag von 1810, der Artikel 21 dieses Vertrages – der sich auf die Erhebung von Schutzzöllen gegen englische Produkte aus Ostindien und Westindien bezog – sei eine Art Ausgleich für den vorhergehenden Artikel, der für bestimmte brasilianische Erzeugnisse, die es in ähnlicher Form auch in den britischen Kolonien gab, in England Schutzzölle vorsah. Damit sah er die Dinge allerdings wohl einseitig vom englischen Standpunkt. Denn es konnte nicht in demselben Maße im Interesse Brasiliens liegen, sich gegen Einfuhren aus Ostindien zu sperren – selbst aus den vom englischen Handel beherrschten Gebieten –, wie es im Interesse Englands lag, Zucker und Kaffee aus seinen eigenen tropischen Kolonien dem Zucker und Kaffee Portugiesisch-Amerikas vorzuziehen. Hier handelte es sich um zwei ganz verschiedene Dinge. Normalerweise wäre es für Brasilien durchaus zweckmäßig gewesen, den Handel und die zahllosen Beziehungen fortzusetzen, die das Land jahrhundertelang in engem Kontakt mit einem Teil der Welt gehalten hatten, mit dem Brasilien in ökonomischer und sozialer Hinsicht eng verwandt war. Verwandt durch sein Klima, durch die patriarchalische Struktur der Wirtschaft und der Beziehungen zwischen verschiedenen Rassen und Klassen. Das währte so lange, bis die intensive Reeuropäisierung der brasilianischen Gesellschaft seit Beginn des 19. Jahrhunderts – eine Reeuropäisierung, die zeitlich mit dem Niedergang des Patriarchats in den traditionellen Regionen der großen Landgüter zusammenfiel – den Orient für dieselbe Gesellschaft und ihre noch im Entstehen begriffene Kultur in eine undeutliche Ferne entrückte. So entfernt und undeutlich wurde der Orient, daß orientalische Werte, die früher Gemeingut gewesen waren, fast denselben Seltenheitswert erlangten und ebenso zu Museumsstücken, Archaismen und Kuriositäten wurden wie in jenen Ländern Amerikas, die der westlichen Zivilisation entschiedener angehörten.

Zehntes Kapitel
Sklave, Tier und Maschine

Der Sankt-Georgs-Kult in Brasilien war nicht zuletzt ein Kult des Mannes hoch zu Roß, der Kult des Adligen, des Kriegers, des Mächtigen, des Drachenbezwingers. Neben diesem Kult der obersten Gesellschaftsschicht der Weißen und der kulturell fortgeschrittensten Neger gab es den Kult des Rindes. Das Rind war ein treuer Begleiter und Helfer des passiven Sklaven und Negers, der sich mit seiner Leibeigenschaft abgefunden hatte, aber auch des kulturell rückständigsten Brasilianers der ländlichen Regionen, in denen auch die Ziege – die »Gevatterin Ziege« des ärmsten Bewohners des Hinterlandes – liebevoll gehegt wurde.

Der Kult des *bumba-meu-boi* und der Sankt-Georgs-Kult, ob rein oder unter der Form des Ogum-Kultes, erscheinen in Brasilien als Gegensätze und zugleich als dramatischer Ausdruck desselben Gefühls: einer Identifizierung des Menschen mit denjenigen Tieren, die seiner Stellung oder seinem sozialen Aufstiegsstreben am nächsten stehen. Das Pferd und das Rind, die Ziege und das Maultier halfen in der brasilianischen Gesellschaft sowohl dem Sklaven als auch dem freien, aber armen Mann seine Bürde zu tragen, während sie den Herrn vor der totalen Abhängigkeit von der Arbeit, der Energie der Sklaven oder der Milch der Ammen, der sogenannten »menschlichen Ziegen«, bewahrte, wie sie in Zeitungsanzeigen der ersten Hälfte des 19. Jahrhunderts oft ganz unbefangen im Unterschied zu den »tierischen Ziegen« genannt wurden.

Es ist klar, daß die Sklaven- und Zwangsarbeit erst mit dem zunehmenden Einsatz dieser Tiere auf den Plantagen und Landgütern zur Beförderung von Personen und Sachen und zur Milcherzeugung erträglicher wurde. Erst als die schwarzen und braunen Sklavinnen bei der Versorgung von Kindern, Kranken, Genesenden und sogar von Gesunden mit frischer, geronnener oder zu Käse verarbeiteter Milch durch Milchkühe und -ziegen ersetzt wurden, milderte sich ihr Fron. Hierbei ist allerdings zu berücksichtigen, daß noch die um die Mitte des 19. Jahrhunderts von der Bevölkerung von Rio de Janeiro konsumierte Milch vornehmlich von Sklavinnen kam, das heißt Muttermilch und keine Ziegen- oder Kuhmilch war. Die Sklavenarbeit sollte erst mit der Entwicklung der Maschine veralten, in einer Sublimierung der tierischen Energie in mechanische, auf der Dampfkraft beruhende Energie, eine umwälzende Neuerung, die in Brasilien von den Engländern eingeführt wurde. Vor allem handelte es sich um eine Sublimierung der Pferdeenergie, was sich noch heute in den Initialen PS für Pferdestärke widerspiegelt – dem Symbol und Maß der Motor- und Zugleistung. Erst mit dem Beginn der allgemeinen Benutzung der Maschine setzte tatsächlich die Befreiung des Negers von Sklaverei und Knechtung ein; und damit wurde auch eine Höherschätzung des Tiers ermöglicht, das lange Zeit hindurch in Brasilien mit einer Grausamkeit behandelt wurde, die auch bei den wohlwollendsten ausländischen Besuchern des Landes einen schlechten Eindruck hinterließ.

Von der Entwicklung der Maschine kann man die moralischen Motive oder den emotionalen Impuls nicht trennen und als unbedeutende oder zu vernachlässigende Nebenerscheinung abtun, wie es die rigiden historischen Materialisten in ihrer »ökonomischen Interpretation« der Geschichte tun. Keineswegs zu vernachlässigen ist daher das Faktum, daß die Engländer – von denen die Brasilianer übrigens den Kult des »Heiligen Georg zu Pferde« übernommen haben – anderen Völkern in der Liebe zum edlen Pferd weit voraus waren. Sie waren so sehr um das Pferd besorgt, daß sie den »englischen Trab« entwickelten, der, nach Aussage einer in diesen Dingen kompetenten Autorität, mehr als andere Gangarten verhindert, daß das Pferd vom Reiter verletzt oder schmerzhaft berührt wird. Daher ist der Historiker, der auch ein wenig Psychologe und kein reiner Ökonom ist, berechtigt, im »englischen Trab« die erste Stufe eines moralischen oder emotionalen Impulses zu sehen – wobei allerdings nicht übersehen werden darf, welche Rolle andere Beweggründe für die Erfindung von Maschinen gespielt haben, die das Pferd ersetzen und übertreffen sollten. Neben dem Pferd betrafen diese Erfindungen auch andere Transporttiere für Personen und Waren, Tiere für den Krieg und den Antrieb von Mühlen und Zuckermühlen, wie Esel, Maultier, Rind und Kamel. Diese Tiere wurden vom Menschen brutal ausgebeutet und gequält; darin unterschieden sich die in erster Linie auf Sklaverei beruhenden Gesellschaften wie die arabische in älterer Zeit und wie die brasilianische in neuerer Zeit nicht von denjenigen, die sich von der allergrößten menschlichen Arbeit schon durch verstärkte Nutzung der tierischen Arbeitskraft befreit hatten. Das galt beispielsweise für die englische Zivilisation, bevor mechanische Pferdestärken natürliche Pferdestärken ersetzten.

Gewiß hatte Livio de Castro das Rattern der großen Motoren *made in England* in den Ohren, als er sich in den letzten Jahren der Kaiserzeit begeistert über die »Ankunft des Dampfrosses« äußerte: »Das Dampfroß erscheint überall am Horizont wie eine furchteinflößende Flut ...« Diese Flut war es, die in Brasilien das patriarchalische System, das mehr auf menschlicher als auf tierischer Arbeit beruhte, weitgehend besiegte. Die neuen Strukturen in Familie und Gesellschaft mußten sich auf die Technik stützen, auf die Kohle, auf das »Dampfroß«.

Durch Verbesserungen der Produktions- und Transportmethoden trugen die Engländer dazu bei, das Weiterbestehen der Sklaverei zu erschweren. Diese Verbesserungen waren sowohl rein technischer wie geistiger Art und bedienten sich vor allem einer bestimmten technischen Erfindung, der Dampfkraft. Das heißt keineswegs, daß die Engländer bei der zunächst eher planlosen, später aber systematisierten Bekämpfung der Sklaverei nicht auch aus nüchternem Konkurrenzdenken gehandelt hätten: denn die noch teure mechanische und mit Dampfkraft betriebene Produktion stand in scharfer Konkurrenz zu der auf Sklavenarbeit beruhenden, die noch geraume Zeit billiger war als die neue Produktionsmethode. Dabei darf man nicht vergessen, daß die Arbeitskraft des Sklaven in den Tropen billiger war als die des Industriearbeiters in Zonen mit kaltem Klima und höheren Lebenshaltungskosten.

Zu den ersten Verbesserungen des Transportwesens, die in enger Beziehung zu den Verbesserungen der auf tierischer Arbeit beruhenden Produktion sowie zu denen des überregionalen Handels standen, gehörte der bereits erwähnte englische Trab. Eine weitere Verbesserung, die im 18. Jahrhundert auftauchte, war der englische Sattel. Damals wurden die englischen Pferde in zwei verschiedene Klassen unterteilt, in Reitpferde und Arbeitspferde. Die Reitpferde wurden zum einen für militärische und politische Zwecke verwendet, etwa auch als Kurierpferde, zum andern dienten sie der Erholung und dem Müßiggang und entwickelten dabei aristokratische Eigenschaften wie Geschmeidigkeit, Schnelligkeit, Eleganz in Gestalt, Haltung und Bewegung. Die Arbeitspferde dagegen zeichneten sich gegenüber dem Rind als Zugtier vor allem durch höhere Zuggeschwindigkeit aus wie auch durch die sichere Beförderung großer Gepäckstücke oder schwerer Lasten. Eine derartige Einteilung der Pferde in Klassen oder Rassen entsprechend ihrer Verwendung bildete sich auch in Portugal schon früh heraus. Hier wurden jedoch die großen Pferde im Gütertransport verwendet, während die kleineren und mittleren im Krieg oder als Reitpferde für den Adel bevorzugt wurden. Das Pferd der Adligen – das sich durchaus vom kleinen, stämmigen Lastpferd unterschied – sollte »sechseinhalb Spannen groß« sein, »denn auf diese Weise ist es leichter, auf- und abzusitzen, und wir sehen, daß diese Pferde in der Regel flinker sind als die großen, die weniger Verstand haben«. Das edle Pferd mußte auch »ein schwarzes oder dunkelbraunes Fell haben« und durfte nicht etwa »grau-weiß oder ein heller Fuchs« sein, »denn diese kann man schon von weitem leicht ausmachen«. Das große Pferd wurde, da man bei ihm »weniger Verstand«, jedoch größere Körperkraft voraussetzte als bei den kleinen und mittelgroßen Pferden, bei einigen Völkern zu einem reinen Arbeitspferd. Als solches ersetzte es allmählich in verschiedenen Arbeitsbereichen den menschlichen Sklaven. In Brasilien jedoch entpuppte sich das Maultier in seiner Eigenschaft als Lasttier als der beste Sklave des Menschen. Der beste und – abgesehen vom Rind – der am brutalsten ausgenutzte Sklave.

Zu seinen Gunsten erhoben sich niemals dieselben beredten Stimmen wie zugunsten des Pferdes, dieses »edlen Tieres«, das einige von Natur aus für niedrige Arbeiten ebenso ungeeignet hielten wie den »edlen Wilden« oder den »stolzen Indianer«. In diesem Sinne äußerte sich etwa der Redakteur des »Wochenrückblicks« im *Diário de Pernambuco*. Am 5. Februar 1859 schrieb er mit Bezug auf Pferde, die bei Fahrten mit dem Fuhrwerk oder der Reisekutsche zwischen den Zentren der Provinzhauptstädte und deren Vororten völlig erschöpft wurden, es sei »angebracht, Vorschriften für die Droschkenunternehmen zu erlassen, indem man zum Beispiel die Zahl der Reisen festsetzt, die ein Wagen täglich von hier nach Poço oder nach Monteiro zurücklegen darf«. Er fügte hinzu: »Daher ergibt sich auch die Notwendigkeit, Bestimmungen für die Behandlung von Pferden zu erlassen. Unsere Pferderasse ist im Grunde kräftig und gesund; vielleicht trägt die Sitte, sie mehr mit Zuckerwasser als mit kräftigem Futter wie Mais, Kürbis, Maniokstengeln usw. zu ernähren, dazu bei, sie zu schwächen und zum Ziehen schwerer Wagen untauglich zu machen.« Aus welchem Grunde auch immer, das Pferd war kein Tier, das man wie das Maultier ohne besondere Rücksichten dem Sklavendasein überantworten durfte.

In einem denkwürdigen Essay betont der Kommandant Lefebvre des Noëttes, alle nur moralischen Anstrengungen zur Abschaffung der Sklaverei – für die alten Zivilisationen eine Notwendigkeit – seien vergeblich und nutzlos geblieben. Die »für diese Zivilisation unerläßliche« Sklavenarbeit werde erst mit den Verbesserungen erträglicher, die dem Menschen bei der Verwendung von Pferd und Rind in Transportwesen, Landwirtschaft und Industrie gelängen. Wird damit eine absolute Abhängigkeit des moralischen Fortschritts vom materiellen Fortschritt behauptet, wie die engstirnigsten Vertreter des »historischen Materialismus« meinen, wenn sie auf die in der Studie des Kommandanten des Noëttes enthaltene Bestätigung ihrer Philosophie hinweisen? Für Jérôme Carcopino, der das Vorwort dieser bemerkenswerten französischen Studie schrieb – dies übrigens im September 1930 in Rio de Janeiro –, wäre eine solche Feststellung *trop éclatante et complète pour être acceptée sans résistance*. Er selbst führt die Vereinigten Staaten, wo die Sklaverei trotz Verbesserungen der Transportmöglichkeiten fortlebte, als Beispiel gegen den »deterministischen« beziehungsweise den anscheinend materialistisch-historischen Aspekt der These von des Noëttes an.

Allem Anschein nach gibt es keinen sogenannten moralischen Fortschritt ausschließlich als Folge von materiellen oder technischen Verbesserungen, ganz ohne ein gewisses moralisches Streben oder einen emotionalen Impuls. Es gab diesen Fortschritt nicht in den Vereinigten Staaten, und es gab ihn nicht in Brasilien. Hier behauptete sich die von Sklavenhänden getragene Sänfte lange gegen die europäische Kutsche, gegen den englischen oder französischen von einem Pferd oder einem Maultier gezogenen Wagen. Und solange sich in Brasilien gegen die Sänfte, das Tragnetz oder die Tragbahre für den Transport von Personen und Sachen im Innern des Landes keine allgemeine moralische Entrüstung erhob – wenn man von einer sehr geringen Zahl von Brasilianern mit einem besonders empfindlichen Gewissen absieht –, solange man sich dieses Brauches nicht als eines orientalischen Archaismus inmitten einer Zivilisation mit europäischen Ambitionen schämte, so lange behaupteten sich die Sänfte gegen den Pferdewagen in den Städten, das Tragnetz und die Tragbahre gegen den Ochsenkarren im Innern des Landes und die mit Ochsen betriebene Zuckermühle gegen die dampfgetriebene auf den Plantagen. Das geschah sicher zum großen Teil aus Trägheit; gewiß auch wegen topographischer Gegebenheiten, wie sie sich in Gestalt der reiter- und wagenfeindlichen abschüssigen Gassen von Salvador, Olinda und Rio de Janeiro sowie im Fehlen von Straßen im Innern des Landes zeigen. Ohne den beinahe vollständigen Mangel an Mitleid mit den von der Herrenschicht ausgebeuteten Leibeigenen und Haustieren wäre all dies jedoch ebenfalls nicht möglich gewesen. Solche Gefühle hätten in Brasilien zu Beginn des 19. Jahrhunderts zu einer sehr raschen Ablösung der menschlichen Arbeitskraft durch die des Tiers und der Arbeitskraft des Tiers durch die Dampfkraft beitragen können.

Gefühle des Mitleids beschränkte der patriarchalische Herr in Brasilien auf jene Sklaven oder Diener, die er irgendwie als zum Hause gehörig betrachtete: die Neger-Mammies, Mucamas und Malungos. Hinzu kamen bestimmte Haustiere, die er mit Verwandtschaftsnamen belegte: Gevatterin Ziege zum Beispiel. Allen anderen Lebewesen gegenüber war seine Gleichgültigkeit so groß, daß man sie gelegentlich mit Grausamkeit verwechseln konnte. »Völliges Fehlen der Vorstellung oder des Gefühls von einem Gewissen« nannte Prinz Maximilian zu Neuwied diese Haltung in der ersten Hälfte des 19. Jahrhunderts. Er führte dieses »Fehlen eines Gewissens« wie auch die Unbeständigkeit aller Dinge in Brasilien auf verschiedene Faktoren zurück; vor allem machte er jedoch die Natur, das Klima und das sorglose Leben, das kein Gefühl der Verantwortlichkeit bei den Menschen entstehen lasse, für die Unbeständigkeit der moralischen Ordnungen in Brasilien verantwortlich, wobei man auch das auf Sklavenarbeit beruhende wirtschaftliche System als Faktor nicht unberücksichtigt lassen dürfe.

Als Kidder zu Anfang der vierziger Jahre des letzten Jahrhunderts Brasilien bereiste, fiel ihm auf, daß man in der Hauptstadt von Bahía nicht einen einzigen Wagen, nicht eine Chaise, nicht eine Kutsche zur Beförderung von Personen und Gütern sah: »*no omnibus or cab or even chaise...*« Alles wurde auf den Köpfen oder auf den Schultern von Sklaven befördert. Er bemerkte nur, daß Zucker und Baumwolle in Bahía gewöhnlich auf den Schultern und nicht auf dem Kopf getragen wurden, wie etwa der Kaffee in Rio de Janeiro. In Bahía waren die Lastträger große und athletisch gebaute Neger. Und wie ihre Kollegen aus Rio oder Recife begleiteten die Neger in Bahía ihre Arbeit mit Gesang, als ob sie das Gewicht der schweren Lasten damit erträglicher hätten machen können. Im Gegensatz jedoch zum fröhlichen Rhythmus im Gesang ihrer Kameraden aus Rio war der ihrige düster und schwermütig.

Am meisten entsetzt aber war Kidder wohl darüber, daß in einer Stadt vom Rang Salvadors der Mensch als Transportmittel benutzt wurde – und das in einer Zeit, der in Europa und in den Vereinigten Staaten schon die sogenannten »Dampfrosse« ihren Stempel aufdrückten.

In einer Zeit, da in Nordeuropa und den Vereinigten Staaten Pferd, Esel und Rind bereits ihre alte Bedeutung als Zugtiere zu verlieren begannen und allmählich der Dampfkraft wichen, wurde in Salvador, der ehemaligen Hauptstadt Brasiliens – der Stadt mit der größten politischen und kommerziellen Bedeutung unter den Städten des Kaiserreiches –, der Mensch als Transportmittel nicht nur vom Zugtier abgelöst, sondern er blieb weiterhin das nahezu einzige Transportmittel. Man sah einfach keine Pferde oder Esel. Man sah Wagen weder für Personen noch für Waren. Nur Sänften. Keinen Menschen und keinen Gegenstand, der von Tieren oder Menschen auf Rädern gezogen worden wäre. Waren wurden auf den Schultern von Sklaven, Menschen von Menschen, Herren von Knechten getragen.

Das ist nicht verwunderlich. Sogar in Rio de Janeiro konnte man, wie Colton, damals noch Sänften sehen, die von zwei Sklaven getragen wurden und denen mehrere Diener folgten. »*A Brazilian lady of rank in her palanquin*«, notierte er in seinem Tagebuch. Er hatte schon bemerkt, daß zwar jedes vornehme Stadthaus zum Beweis seiner Eleganz im Wagenschuppen mehrere zwei- oder vierrädrige Kutschen zur Schau zu stellen hatte, für viele dieser Kutschen jedoch die entsprechenden Pferde fehlten. Diese Wagen waren also nur zur Zierde und als Statussymbol da: »*a quiet indication of rank*«. Da Neger weiterhin leichter zu haben waren als Pferde und sogar Maultiere, benutzten die weniger begüterten Damen eben die Sänfte, während die Kutschen daheim im Schuppen blieben.

Die patriarchalischen Familien, die sich in den Herrenhäusern ihrer Zuckerplantagen, ihrer Güter und ihrer Großgrundbesitze selbst genügten und einander nur selten, an Festtagen wie Geburtstagen, Kindtaufen, Hochzeiten, beim feierlichen Beginn der Zuckerrohrverarbeitung und zum großen Spießbratenessen besuchten, empfanden kein Bedürfnis nach guten Straßen und schnellen Fahrzeugen. Sie gaben sich mit den schlechten Wegen und den langsamen und seltenen Reisen in getragenen Hängematten oder Tragsesseln auf den Schultern von Sklaven zufrieden, oder sie reisten in Ochsenkarren, wobei die Ochsen für solche Reisen vornehmer Personen mit Laub oder Decken geschmückt wurden. Im Zuckeranbaugebiet kam es vor, daß einzelne amazonenhaftere Frauen ihre Männer bei deren Reisen zu Pferde begleiteten – eine Sitte, die man vor allem in den ländlicheren Staaten São Paulo und Rio Grande do Sul antreffen konnte, die nicht so aristokratisch waren wie Nordbrasilien. Die meisten Damen der Herrenhäuser und Stadtpalais im Norden zogen es dagegen vor, Geschicklichkeit und Eleganz im Reiten an den Männern zu bewundern, jedoch selten anläßlich von Festen oder Reitturnieren, sondern meist, indem sie durch maurische Fenstergitter lugten. In der Reitkunst beeindruckten die brasilianischen Herren der Zukkerzone sogar die Europäer aus Holland, England und Frankreich durch ihre Gewandtheit und ihre geschmeidige Eleganz. Niemand vermochte die akrobatischen Künste, die sie auf Reitturnieren im Galopp darboten, zu übertreffen, wenngleich die Pferde darunter vermutlich zu leiden hatten.

Bei dieser Gelegenheit müssen wir an das große Reitturnier erinnern, das Moritz von Nassau während seiner glänzenden Regierungszeit als Fürst des holländischen Brasilien neben anderen Festen veranstaltete. Er brachte es zuwege, daß bei diesem Turnier Nordeuropäer und einheimische portugiesische und brasilianische Edelleute in aller Freundschaft miteinander wetteiferten. Dieses Ereignis ist nicht einfach als malerischer Farbtupfen einer fernen Vergangenheit erwähnenswert, sondern wegen der Unterschiede und Gegensätze zwischen zwei Zivilisationen, die bei dieser Gelegenheit zutage traten. Auf der einen Seite stand eine patriarchalische und sogar orientalische oder maurische Zivilisation mit ihrem monosexuellen Charakter, auf der anderen eine bereits eher bürgerliche als patriarchalische und in ihrer Struktur eher bisexuelle als monosexuelle Zivilisation, die schon so fortgeschritten war, daß die Frauen zusammen mit den Männern speisten und tranken, nachdem sie mit ihnen den Reiterspielen beigewohnt hatten. Die Unterschiede zwischen beiden Zivilisationen spiegelten sich sogar in der Art, wie Nordländer und »Portugiesen aus Brasilien« das Pferd handhabten.

In seinem Buch *Der wackere Lucideno und der Triumph der Freiheit* liefert Frei Manuel Calado eine detaillierte Beschreibung der Festlichkeiten, mit denen Graf Moritz von Nassau in Pernambuco die Restauration in Portugal vom Jahre 1640 feierte. Da gab es ein Festbankett und viel Musik, der Fluß wimmelte nur so von Schiffen und Barken. Die Damen – Engländerinnen und Französinnen – zeigten sich mit ihrem prächtigsten Schmuck.

Am interessantesten jedoch war dieses Fest in seinem, wie wir heute sagen würden, sportlichen Teil, mit den beiden Reitergruppen, die Beweise ihrer Geschicklichkeit in der damals edelsten und männlichsten Kunst gaben, der Reitkunst. Die eine Gruppe bestand aus Nordländern: Holländern, Engländern, Deutschen und Franzosen, während die andere von Portugiesen und Brasilianern gebildet wurde. An der Spitze der ersten stand Moritz von Nassau selbst, die letztere wurde von Pedro Marinho, einem Edelmann aus Pernambuco, angeführt.

Zunächst zogen die Reiter mit ihren langen Lanzen in Zweierreihen durch die Straßen von Recife, wobei jeweils ein Portugiese oder Brasilianer und ein Nordländer nebeneinanderritten. Und schon in der Art des Reitens scheinen sich von Anfang an die Gegensätze zwischen den beiden Zivilisationen, der nordischen und der lusitanischen, offenbart zu haben, die der schlaue Politiker Moritz von Nassau mit der Ausnutzung der Nachricht von der Restauration in Portugal dazu gebracht hatte, auf einem Fest, das beinahe von Verbrüderung gekennzeichnet war, ihre charakteristischen Unterschiede zu demonstrieren. Daher auch die Bemerkung des geistlichen Chronisten, die von den Männern aus dem Norden auf bequemen Sätteln gerittenen Pferde könnten nichts anderes als Sprünge machen. Die Reiter verlören beim Spornen der Pferde jede Haltung. Sie beherrschten die Kunst der Portugiesen nicht, mit »kurzen Steigbügeln« und »mit dem Sattel fest verwachsen« zu reiten.

Auf die Parade der Reiter folgten das »Ringelstechen« und danach das Spiel *patos a mão*. Wenn die Berichte des Chronisten stimmen, fielen fast alle Siege den Portugiesen von Pernambuco zu, die stets »beherrscht und elegant« zu Pferde saßen und die erstaunlichsten Kunststücke vollbrachten, wie etwa mitten im Lauf vom Rücken eines Pferdes auf den eines anderen zu springen. Das nimmt unseren Pater nicht weiter wunder, denn damals gab es in Pernambuco, wie er zu berichten weiß, »viele und sehr geschickte Reitersleute«.

Die ausländischen Damen jedoch waren von diesen Glanzstücken der brasilianischen Reiter begeistert. Bruder Manuel berichtet, es habe »Engländerinnen und Französinnen« gegeben, die ihre Ringe von den Fingern gezogen und sie den Reitern des Pedro Marinho überbringen ließen, »nur um sie reiten zu sehen«. Und da am darauffolgenden Tag in Gegenwart dieser »Holländerinnen, Französinnen und Engländerinnen« zu Ehren der Reiter ein üppiges Bankett gegeben wurde, das bis in die frühen Morgenstunden dauerte – wobei man wissen muß, daß diese Frauen bei solchen Gelegenheiten »mehr tranken als die Männer« und sehr ausgelassen waren, »wie sie es in ihrer Heimat gewöhnt sind« –, ist nicht ausgeschlossen, daß sich, dem schon ermüdeten Blick Bruder Manuels dos Oculos entzogen, »Liebschaften« und einige »Gewagtheiten« zwischen den katholischen Portugiesen aus Pernambuco und ihren Verehrerinnen, den nichtkatholischen Frauen aus dem Norden, anbahnten. Doch wir wollen uns nicht von Vermutungen und bloßen Hypothesen verführen lassen.

Die Festlichkeiten, die der Graf von Nassau im April 1641 in Recife veranstaltete, scheinen zwei Gegensätze deutlich gemacht zu haben. Der erste betrifft den grundlegenden Unterschied zwischen dem von Angehörigen einer in manchen Punkten noch feudalen Zivilisation und dem von Männern einer schon bürgerlichen Zivilisation abgerichteten und gerittenen Pferd. Zweitens fällt der Gegensatz zwischen den Frauen einer nicht nur halbfeudalen, sondern auch katholischen und nicht nur katholischen, sondern auch ein wenig maurisch gefärbten Zivilisation und den Frauen der protestantischen und antikatholischen Zivilisation Nordeuropas auf. In diesen protestantischen Zivilisationen gab es schon im 17. Jahrhundert Damen, die sich von katholischer Züchtigkeit und maurischer Zurückhaltung so weit entfernt hatten, daß sie auf Banketten mehr als die Männer tranken, ausgelassen waren, an Festen teilnahmen und die Reiter, deren Glanzstücke sie am meisten bewunderten, ostentativ beschenkten. Trotz ihres Protestantismus waren ihnen die Papisten keineswegs zuwider. Dagegen sträubten sich die letzteren gegen eine Heirat mit Frauen aus den reformierten Ländern Nordeuropas; weniger wohl aus dogmatischen oder religiösen Gründen als aufgrund moralischer und sozialer Vorurteile. Die an sanfte und passive Frauen gewöhnten brasilianischen Männer fühlten sich von den freien Umgangsformen der Europäerinnen offenbar höchstens zu vorübergehenden Liebschaften animiert, nicht aber zu Heirat und ehelicher Liebe. Das galt jedoch keineswegs für das Verhältnis zwischen einheimischen Frauen und Ketzern. Einige Brasilianerinnen mögen in jenen Ketzern, die zwar in der Reitkunst weniger glänzten als die Portugiesen – vielleicht, weil sie ihre Tiere liebevoller behandelten und sie weniger als Werkzeuge für den Krieg denn als Helfer im Handel ansahen – und im Umgang mit dem schönen Geschlecht, das die bürgerliche und protestantische Zivilisation als dem starken fast ebenbürtig betrachtete, weniger tyrannisch waren als die Brasilianer oder Portugiesen, trotz allem echte Männlichkeit entdeckt oder erahnt haben.

Die Pferde in den für die allmähliche Verbürgerlichung des agrarischen und patriarchalischen Brasilien wichtigsten Regionen und Städten unterschieden sich, was Stärke und Haltung anbetraf, deutlich von den beinahe riesenhaften Pferden in den Städten Nordeuropas. Diese Tiere wurden beim Transport von Personen und Gütern auf Landstraßen und städtischen Straßen eingesetzt, deren Fahrbahnen aufgrund der durch die Industrialisierung geförderten Ausweitung des Handels viel von ihren früheren Unebenheiten verloren hatten und zum Teil sogar glatt und weich genug für Pferdehufe wurden. Von diesen Pferden verlangte man neben hoher Zugkraft auch die Fähigkeit, im Galopp oder Trab zu laufen. Dafür wurden diese guten und nützlichen Riesen mit derselben Sorgfalt behandelt, wie in Brasilien die besten Sklaven von den besten Herren behandelt wurden. Im Interesse der Geschwindigkeit und mit Rücksicht auf die *trotters* wurden die Straßen gegen Ende des 18. Jahrhunderts und vor allem zu Beginn des 19. Jahrhunderts durch die Leistungen des Erneuerers der Straßenbautechnik MacAdam wesentlich verbessert. Diesem Engländer verdanken die Pferde eine neue Ära ihres Daseins im Dienste der Menschheit.

Maria Graham sah in Rio de Janeiro zu Beginn des 19. Jahrhunderts hübsche, jedoch schwächliche Pferde, die mit Mais und Guineagras gefüttert wurden. Die gewöhnlichen Pferde erzielten längst nicht dieselben Preise wie die schönen Tiere aus Buenos Aires, die denen von Rio Grande do Sul ähnelten. Und für Kutschen benutzte man gewöhnlich Maultiere anstelle von Pferden, die zwar hübsche Tiere, dafür jedoch weniger widerstandsfähig als Maultiere und zu schwach für die alltäglich harte Arbeit waren. Außerdem vertrugen die Maultiere die hohen Sommertemperaturen in Städten wie Rio de Janeiro besser als die Pferde. So kam es, daß das Maultier im Brasilien der ersten Hälfte des 19. Jahrhunderts als Transporttier nicht nur auf dem Lande verwendet wurde, wo es mit dem Zugochsen konkurrierte, sondern auch in den Städten harte Transportdienste leisten mußte. Noch im Jahre 1865 bemerkte Codman beim Einzug einer Herde von Maultieren in Santos, als die Treiber ihnen die Traggestelle abnahmen, daß viele von ihnen Wunden hatten, die bis auf die Knochen gingen – eine Folge der langen Märsche auf schlechten Wegen, ohne daß sich irgendein Mensch um die Wunden der Tiere gekümmert hätte. Und beinahe dieselben Qualen hatten die Maultiere in den Städten zu erdulden, wenn sie über Straßen voller Schlaglöcher vorsintflutliche Wagen und Kaleschen ziehen mußten, in denen wohlbeleibte Priester, üppige Baronessen in Begleitung ebenfalls fülliger schwarzer Sklavinnen sowie durch den Genuß von Maniokkuchen und durch Untätigkeit maßlos korpulent gewordene oder durch die Elephantiasis ungeheuer aufgeschwemmte Adlige saßen.

Der Kommandant Wilkes sah 1838 in Rio de Janeiro, wie sich die von Maultieren gezogenen Kaleschen und Fuhrwerke, die schwerfällig durch die Straßen rumpelten, von den elegant durch Sklaven getragenen Sänften abhoben. Übrigens fiel es Wilkes auf, daß zu jener Zeit Fuhrwerke selten waren, da sich fast der gesamte Warentransport auf den Schultern oder den Köpfen von Sklaven abspielte.

Im Rio der Kolonialzeit und noch des frühen Kaiserreichs – also nach MacAdam und seinem triumphalen Fortschritt in der Pflasterung und Befestigung von Straßen – waren die »Straßendecken katastrophal«. Und »da die Gosse in der Mitte lag und die schlecht befestigten Pflastersteine sich schräg zu ihr hinneigten, bildeten sich bei Regenfällen beständig Pfützen, die ein Überqueren der Straßen unangenehm machten ...« Nur die Hufe widerstandsfähiger Maultiere und phlegmatischer Ochsen waren imstande, auf so »jämmerlich gepflasterten«, verschlammten und verschmutzten Straßen wie denen von Rio de Janeiro, Recife oder sogar São Paulo mit den nackten Füßen der ebenfalls kräftigen afrikanischen Sänftenträger als Transportmittel für Personen und Güter der Herrenklasse zu konkurrieren. Daher wurden in brasilianischen Städten schwere Lasten lange Zeit auf von trägen, aber widerstandsfähigen Ochsen gezogenen Fuhrwerken befördert, denn von diesen Tieren läßt sich mit Fug und Recht sagen, daß es für sie keinen schlechten Weg gab. Weder für sie noch für die schwarzen Lastträger. Neger und Sklaven schleppten auch von Quellen und Brunnen Wasser zum Trinken, Kochen und Baden in die Häuser, denn in Rio wie in den anderen bedeutenden brasilianischen Städten verzögerte die ständige Verfügbarkeit schwarzer Sklaven, die die bürgerlichen oder patriarchalischen Stadthäuser mit Wasser und Lebensmitteln versorgten, Kot und Abfälle beseitigten, die Installierung sanitärer Anlagen in den Häusern und Stadtpalais. Eine der Überraschungen für Schaeffer während seines Besuches in Brasilien um die Mitte des 19. Jahrhunderts war der Umstand, daß »*hydrants and pipes unknown to the Brazilians*« waren.

Für den Transport von Menschen und Gütern gab es auch Neger, die man von Fall zu Fall mieten konnte: stämmige Neger, die ständig ein Tragpolster auf dem Kopf hatten, manchmal nur mit einem Lendenschurz bekleidet waren und darauf warteten, mit dem *psiu* (dem charakteristischen brasilianischen Zischen) herbeizitiert zu werden, wenn ihre Dienste gebraucht wurden. Wie die Träger von Kaffeesäcken hatten auch sie ungeheure Gewichte zu schleppen. Selbst inmitten der Sklavinnen mit dem Weidenkorb auf dem Kopf, der schwarzen Verkäuferinnen von allerlei Plunder, der Verkäufer von Waren aus dem Hinterland, die an einem Koppelstrick ihre mit Tragkörben beladenen Esel hinter sich herzogen, der Bahíanerinnen mit Tabletts voller Obst und Leckerbissen und der Wäscherinnen mit Bündeln schmutziger Wäsche auf dem Kopf sahen diese mächtigen Schwarzen aus wie »die unter ihrer unsinnigen Last gebeugten Lastträger aus der asiatischen Türkei«. Von ihnen konnte man ohne Übertreibung sagen, daß sie härter als Lasttiere arbeiteten. Bis zum Abend hatten diese Sklaven ihrem Herrn ansehnliche Summen an verdientem Lohn mitzubringen. Taten sie dies nicht, wurden sie hart bestraft, »wie ich selbst mehr als einmal als Zeuge miterlebt habe«, berichtete der Holländer van Boelen. Wilkes, der sich 1838 in Brasilien aufhielt, schrieb, die Lastträger von Rio de Janeiro liefen in Gruppen durch die Straßen, und zwar hinter einem Anführer her, der mit einer Art Klapper die übrigen im Trab laufen ließ. Alle sangen. Dabei trug jeder von ihnen in der Regel eine Last von etwa zweihundert Pfund Gewicht. Zehn Jahre nach Wilkes war Schaeffer entsetzt, als er erfuhr, daß *these poor degraded blacks* – die Sack-, Kisten- und Ballenträger, die in Rio de Janeiro häufig die Stelle von Fuhrwerken und Lasttieren einnahmen – ein solches Leben nicht länger als sieben Jahre aushielten: *»about seven years it finishes them entirely«*. Die Räder der Ochsenkarren quietschten, als ob sie die Leiden der Tiere mildern wollten; die schwarzen Träger sangen, als ob sie dadurch das Gewicht der Last auf ihren Schultern oder auf ihrem Kopf leichter machen könnten. Die Gewohnheit, Fässer und Tabletts auf dem Kopf zu tragen, ließ sogenannte »Kränze« auf den Köpfen entstehen: »die Kränze vom Tragen von Lasten auf dem Kopf«, mit denen in Zeitungsanzeigen der ersten Hälfte des 19. Jahrhunderts so viele Sklaven neben Lasttieren erwähnt wurden, die auf dem Rücken dieselben Spuren der grausamen Arbeit trugen.

Ein großer Teil des noch patriarchalischen und schon bürgerlichen Reichtums in Städten wie Rio de Janeiro, Salvador, Recife und São Luís do Maranhão bestand, bis der Neger vom Tier abgelöst wurde, in diesen Mietsklaven, die von ihren Herren vermietet wurden wie Wagenpferde und andere Zugtiere. Sie bildeten eine Art Herde, die von dem »Leithammel«, dem Schwarzen mit der Klapper, angeführt wurde.

»This is one great cause that prevents the adoption of machinery in abridging manual labor, as so many persons have an interest in its being performed by the slaves alone«, stellte Walsh mit Bezug auf die zahlreichen »Mietneger« fest,

die in den Städten die Stelle von Zug- und Lasttieren einnahmen und im Hinterland zusammen mit den Maultieren, dem Hornvieh und zum Teil sogar im Verein mit Wind- und Wasserkraft die Zuckermühlen über Holzräder und Göpel antrieben. Der Sklavenhalter, in dessen Haus sich die Sklaven allabendlich einzufinden hatten, um ihm das auf der Straße verdiente Geld abzuliefern, konnte im Grunde kein Interesse daran haben, diese einträglichen Arbeitskräfte durch Wagen- oder Lastpferde zu ersetzen, die höhere Unkosten verursachen würden. Weniger noch konnte ihm daran liegen, diese Sklaven durch teure und komplizierte Maschinen aus England zu ersetzen, mit deren Technik ohnehin nur ausländische Mechaniker oder hochnäsige, findige Mulatten umgehen konnten.

Es war uns nicht möglich, zuverlässige Angaben über die Zahl der Sklaven zu finden, die während der Kolonialzeit und der ersten Jahrzehnte der Kaiserzeit in Brasilien beim Personen- und Gütertransport eingesetzt waren. Diese Zahl muß ungeheuer gewesen sein. Ungeheuer war auch die Sterblichkeit unter ihnen, ebenso wie unter den Maultieren. Man weiß, daß in Minas Gerais im Jahre 1837 260 000 Maultiere im Transportwesen eingesetzt waren, von denen nicht weniger als achtzehn- bis zwanzigtausend starben. Um ihre Zahl konstant zu halten, führte man jährlich etwa 60 000 Maultiere aus Sorocaba ein oder, wie Aluísio de Almeida errechnet hat, zwischen 1826 und 1845 über 30 000 Maultiere pro Jahr, zwischen 1845 und 1855 über 50 000 pro Jahr und zwischen 1855 und 1860 über 100 000 pro Jahr.

Von den Pferden waren vor allem die von den Reitern, Edelleuten, Behörden, dem starken Geschlecht, den Herren und Offizieren als Statussymbol benutzten gleichsam geheiligt. Für die Alltagsarbeiten auf den Plantagen und in den Städten, für schwere Lasten, für die Beförderung der Damen zur Kirche und zu Verwandtenbesuchen sowie zum Zeitvertreib für die Kinder genügten dem patriarchalischen Brasilianer vom Lande, dem schon bürgerlichen der Städte – und vor allem dem lange Zeit in den Hauptregionen vorherrschenden Mischtypus zwischen beiden – durchaus Ochsen, Maultiere, Esel, Hammel und vor allem Negersklaven. Diese Haltung erklärt auch den Widerstand vieler Brasilianer der Oberklasse gegen die englischen Dampfrosse, als diese weniger die ihnen ohnehin heiligen und von ihnen vergleichsweise schonend behandelten Pferde zu ersetzen als vielmehr die Ochsen, Maultiere und Sklaven abzulösen begannen, die auf dem Feld arbeiteten, Lasten zogen oder trugen und Göpel antrieben. Wozu die teure, schwierige, komplizierte Maschine, wenn es doch den bequemen, einfachen, billigen Sklaven gab, der die Arbeit ebenso gut verrichten konnte? Auf der anderen Seite: Warum den Gebrauch des Pferdes verallgemeinern – das ja in Ernährung, Pflege und Gesunderhaltung anspruchsvoller war als der Neger, der Ochse oder das Maultier –, da doch das Pferd ausschließlich dem Krieg sowie den Reisen und dem Müßiggang der Herren, Adligen und Offiziere vorbehalten war und es für die übrigen Klassen das Maultier, den Esel, den Ochsen und den Neger gab? So werden viele Brasilianer gedacht haben, die sich seit ferner Vergangenheit mit dem heiligen Georg als Schutzpatron und Heiligen einer bestimmten Klasse identifizierten: der herrschenden Klasse in der patriarchalischen Gesellschaft.

Eine Zeitungsanzeige im *Diário do Rio de Janeiro* vom 11. Juni 1822 zeigt, daß die Bruderschaft vom Heiligen Georg als eine Bruderschaft von Reitern und Edlen, zugleich aber auch von Schmieden und Schlossern, unter der Aufsicht des Stadtrates stand. Und da in jenem Jahr die Statue des heiligen Georg in der Fronleichnamsprozession gefehlt hatte, wurde diese Bruderschaft von Adligen und Schmieden, die der Kult der edlen Kraft einte, öffentlich vom Stadtrat getadelt und mit Nachdruck an den Artikel 5 der *Verpflichtungen* erinnert, der »diese Bruderschaft verpflichtet, jedes Jahr dafür zu sorgen, daß das Bildnis des heiligen Georg in der Fronleichnamsprozession mitreitet; dies hat mit größtmöglicher Sorgfalt zu geschehen, indem diese Heiligenstatue von einem wohlgeschmückten Pferd getragen wird. Vor ihm hat ein Bannerträger mit gezogenem Degen zu reiten, ihm hinterdrein ein leuchtendrot gekleideter Page ...«

In der öffentlichen Erklärung des Stadtrates von Rio de Janeiro, die der *Diário* in seiner Ausgabe vom 11. Juni 1822 brachte, hieß es weiter, dieselbe Bruderschaft pflege »im Königlichen Marstall um das weiße Pferd nachzusuchen, auf dem der heilige Georg reitet, und der Stadtrat selbst erbittet vom Marstall das prächtige Gefolge, das den Heiligen begleiten soll«. Die Bruderschaft hatte es jedoch unterlassen »den Sattel für die Figur des Heiligen« rechtzeitig bereitzustellen. Dies war ein »schuldhaftes Versäumnis«, das zweifelsohne Tadel verdiente. Immerhin handelte es sich um einen Kult, der offenkundig nicht nur dem Heiligen zu Pferde galt, sondern dem Pferd selbst, das heißt einem Tier, das dem Menschen seine Überlegenheit gegenüber seinen Mitmenschen und sogar gegenüber Drachen zu sichern vermochte.

Auch die Neger, die sich mit ihrer Leibeigenschaft und ihrer gesellschaftlichen Unterlegenheit nicht abgefunden hatten und danach strebten, selbst in die herrschende Schicht aufzusteigen, machten in Brasilien – vor allem in Rio de Janeiro – den heiligen Georg, alias Ogum, zu ihrem Schutzpatron. Der heilige Georg wurde damit zum Heiligen von Menschen, die zwar – außer als Hausdiener von Weißen oder in Prozessionen an Festtagen ihres Heiligen – nicht wie Vornehme hoch zu Roß saßen und den Blick über die Menschen zu Fuß schweifen ließen, im Alltag jedoch Kräfte und Energien entfalteten, die denen von Pferden durchaus ebenbürtig waren und ausreichten, die etablierte Ordnung in Frage zu stellen. Diese Kräfte schlummerten in ihren Muskeln, den Muskeln kräftiger Männer, Jünglinge, Knaben, die imstande waren, sich gegen die Weißen aufzulehnen, sie zu ermorden oder sie mit Hilfe eines Zaubers krank und schwach zu machen. Der heilige Georg vereinte in Brasilien also zwei einander entgegengesetzte Kulte: den der Herrenschicht, der Weißen und Fast-Weißen – und den jenes Teiles der Beherrschten und Farbigen, der sich nur scheinbar mit seiner Beherrschung durch Weiße zufriedengab; durch Weiße, die ihnen zum Teil an Bildung, Intelligenz, technischem Geschick, Körperkraft und körperlicher Schönheit unterlegen waren. Auf diese Herrschaft reagierten sie in einer Weise, die Marxisten »Klassenkampf«, andere »Kampf der Rassen« oder »Kampf der Kulturen« nennen würden, die aber in Wirklichkeit nicht Ausdruck eines einzigen, sondern verschiedener einander durchdringender Antagonismen war.

H. J. do Carmo Neto erinnert in einem interessanten Beitrag zur Geschichte der Polizei in Rio de Janeiro daran, daß im »Fetischismus« der Neger des kolonialen Brasilien Ogum unter den anderen afrikanischen Gottheiten eine Art »Kriegsgott« oder »Rachegott« darstellte. Sein Symbol war »ein Schwert« oder ein »Eisenspieß« und als »Opfertisch« diente ihm ein Stein »an einer Wegkreuzung«. Dort legten die Gläubigen ihre Votivgegenstände nieder, wie etwa »ein blutbeschmiertes Messer« oder andere Mordwerkzeuge, wenn sie einen Mord verübt oder ihn auch nur mit einem Auftraggeber endgültig vereinbart hatten.

Der erwähnte Gelehrte bringt mit dem Kult des Ogum beziehungsweise des heiligen Georg, den die Neger in Geheimsekten pflegten, den von van Boelen aus dem Rio de Janeiro der frühen Kaiserzeit überlieferten Fall eines Negers in Verbindung, den »abergläubische Vorstellungen daran gehindert hatten, ein in einer verbrecherischen Abmachung gegebenes Wort zu brechen, obwohl der Auftraggeber sein Vorhaben ausdrücklich bereut und um jeden Preis zu verhindern gesucht hatte. Erst seinen Priestern gelang es kraft ihrer Beschwörungen und kabbalistischen Riten, die sie auf einem Stein an einer Straßenecke vollführten, ihn dazu zu bringen, den einmal geleisteten Eid zu brechen«. Diesen Neger hatte van Boelen kennengelernt, und es scheint, daß er ein Miet-Lastträger war, auf jeden Fall aber mit dem Transport von Menschen und Waren zu tun hatte, denn mit Bezug auf die Mietträger gelangte der Holländer zu folgender allgemeiner Betrachtung: »Es ist angebracht, den Mietträgern keinen Augenblick zu trauen, denn da sie gezwungen sind, ihren Herren täglich eine bestimmte Summe abzuliefern, versuchen sie auf alle mögliche Weise, zu Geld zu kommen; man erzählt sich Fälle, in denen solche Neger abends oder nachts in der Bucht auf Ruderbooten Passagiere beförderten, die von ihnen beraubt und dann ertränkt wurden. Diese Neger lassen sich leicht zu einem lumpigen Lohn dafür gewinnen, jedem beliebigen Feind eines Dritten hinterrücks das Leben zu nehmen; und wenn sie einmal ihr Wort für ein solches Verbrechen verpfändet haben, halten sie es mit einer solchen Treue, daß sie selbst der Auftraggeber, wenn er seine Weisung zurückzieht, nicht mehr von der Ausführung des Verbrechens abbringen kann, denn das verbietet ihnen ihre Religion.«

Aus diesen wie auch anderen Zeugnissen über kriminelle Neger in den bedeutenderen Städten der Kolonialzeit und der frühen Kaiserzeit Brasiliens geht hervor, daß bei vielen dieser Straffälligen das Verbrechen weniger individuellen Charakter hatte als vielmehr das Verbrechen einer versklavten Rasse und einer unterdrückten Klasse und Kultur war, die aus dem Kult des »Heiligen Georg zu Pferde« Hoffnung und Ansporn für die Befreiung vom Joch der Weißen bezog. Es kam nur darauf an, daß sie, die Neger, mit dem mächtigen gewappneten Heiligen zusammenarbeiteten, indem jeder von ihnen mit Messer, Knüppel, Gift oder Zauber seinen kleinen Drachen tötete. Zauber und Gift, dem Weißen ein Buch mit sieben Siegeln, gehörten nämlich, daran wollen wir hier erinnern, im patriarchalischen Brasilien zu den Verteidigungs- und Angriffswaffen, die von Sklaven gegen Herren, von Negern gegen Weiße gebraucht wurden.

Man könnte ein ganzes Kapitel schreiben über den Zauber als Ausdruck komplexer rassischer, sozialer und kultureller Antagonismen, die die patriarchalische Gesellschaft Brasiliens in kleine, einander befehdende Gruppen schied. Von diesen Gruppen scheinen die am besten organisierten und lebenskräftigsten diejenigen gewesen zu sein, die sich den heiligen Georg beziehungsweise Ogum zum Schutzheiligen und Kampfsymbol gewählt hatten.

Der Antagonismus zwischen Ärzten mit europäischer Ausbildung und meist weißer Hautfarbe, wenn sie nicht überhaupt Europäer waren – denn in der ersten Hälfte des 19. Jahrhunderts gab es eine Reihe von englischen und französischen Ärzten in Brasilien –, auf der einen und Quacksalbern mit ihren afrikanischen oder einheimischen Rezepten auf der anderen Seite nahm in Brasilien gelegentlich ganz deutlich den Charakter eines Kampfes zwischen Klassen, Rassen und Kulturen an. Als typisch sei hier der Fall des »Schwarzen Manoel« angeführt, der in der Mitte des 19. Jahrhunderts in Pernambuco die Hauptfigur einer dramatischen Auseinandersetzung war, die sich scheinbar zwischen Weißen und Schwarzen abspielte. In Wahrheit jedoch handelte es sich um die Auseinandersetzung zwischen Relikten der afrikanischen Kultur, die von Kurpfuschern repräsentiert wurden, und neuen Methoden der Therapie. Vertreter dieser neuen Methoden waren die in Europa ausgebildeten Ärzte mit ihren Medizinen, ihren chirurgischen Instrumenten, ihren englischen oder französischen Apparaten zur Behandlung von Kranken, die bisher meist von Badern, Barbieren und Kurpfuschern mit einheimischen Heilkräutern oder den traditionellen Heilmitteln der Iberischen Halbinsel kuriert worden waren. Man erlaubte Manoel, dem afrikanischen Quacksalber, sogar Cholerakranke im Marinehospital in Recife zu behandeln. Nachdem jedoch einige seiner Patienten gestorben waren, wurde er »von der Polizei davor gewarnt, seine Heilmittel weiterhin anzuwenden«. Als er dieser Forderung nicht nachkam, brachte die Polizei ihn ins Gefängnis. Diese Informationen des Arztes und Vorsitzenden der Kommission für Öffentliche Hygiene werden zum Teil von einem anderen, in Frankreich ausgebildeten Arzt bestätigt: »Ein Schwarzer von der afrikanischen Küste taucht in der Plantage von Guararapes auf und erklärt, er wolle die Cholera heilen: Menschen, die von Medizin nichts verstehen und noch nicht einmal bedenken, daß, wenn diese Krankheit auch an der Guineaküste bekannt wäre und es hier tatsächlich jemanden gäbe, der sie heilen könnte, auch in Bahía, dem Zentrum der Schwarzen von der afrikanischen Küste, ebenfalls sehr bald jemand aufgetaucht wäre, der sie heilen könnte – solche Leute also rühmen die Heilkräfte von Kräutern, die dieser Schwarze für Einreibemittel und Heiltränke verwendet. Hochgestellte Persönlichkeiten stellten diesen Neger unter ihren besonderen Schutz; einer von ihnen wünschte sogar, er könnte an der Spitze einer

Volkserhebung Ärzte mit Kartätschen niederschießen; und endlich verkauft dieser Schwarze nicht nur seine Heilmittel zu hohen Preisen, sondern er wird auch von Haus zu Haus weitergereicht.«

Die Hygienekommission versuchte von Anfang an, der Lage Herr zu werden. Aber »die Gönner des Schwarzen verdoppelten ihren Enthusiasmus und protestierten an allen Ecken und Enden. Die Bevölkerung jubelte, und die Schwarzen wurden aufsässig: Die Unruhestifter begannen Gruppen zu bilden, die durch die Straßen zogen, wie das in zwei Nächten geschah, und von allen Seiten wurden Verwünschungen gegen die Ärzte ausgestoßen, die sich den Beleidigungen hilflos ausgeliefert sahen; und schließlich ergriff ein Priester in einer Predigt Partei für diesen Schwarzen und gegen die Ärzte und Apotheker, mit der Behauptung, diese wollten den Schwarzen töten, weil er Mulatten und Schwarze heile...« Man bildete schließlich Trupps, »um Apotheken zu demolieren und Ärzte zu mißhandeln...«

Eine Zeitlang gab es in Recife, der Hauptstadt von Pernambuco, einer der kultiviertesten Provinzen des Kaiserreiches – und nicht etwa tief im Innern der Provinz –, keinen Arzt, dessen Prestige sich mit dem des Schwarzen Manoel hätte messen können. Ihm liefen keineswegs nur seine Rassenbrüder, die Neger und Mulatten aus den Mucambos und Sklavenbehausungen, zu, sondern auch vornehme Weiße aus den Stadthäusern. Er sah aus wie ein dunkler Sankt Georg, denn natürlich hatte er ein Pferd. Die reichen Weißen schenkten ihm einen »Wagen für schnelle Fahrten«, berichtet der Arzt Cosme de Sá Pereira in seinem lesenswerten Bericht über das Wirken dieses Schwarzen, einen Pferdewagen, der damals ausschließliches Privileg und Vergnügen der Weißen, der Edelleute, der Herrenklasse war.

Diese ebenso dramatische wie typische Episode, die in Recife alle Gemüter erhitzte und die Stadt beinahe in ein Blutbad gestürzt hätte, zeigt eines mit aller Deutlichkeit: Eine ganze Reihe der Konflikte, die die patriarchalische Gesellschaft in Brasilien erschütterten und die heute von Anhängern strenger Systeme der Geschichtsdeutung vereinfachend als »Klassenkampf« oder »Kampf zwischen Rassen« interpretiert werden, waren in Wirklichkeit weder ausschließlich das eine noch das andere, sondern auf eine wirre und widersprüchliche Weise beides zugleich; vor allem aber waren diese Konflikte Zusammenstöße zwischen verschiedenen Kulturen. Ärzte mit europäischer Ausbildung, die sich bei Diagnose und Therapie europäischer – auf das kalte Klima und die Umwelt Europas zugeschnittener – Instrumente und Apparate bedienten, hatten harte Kämpfe mit afrikanischen und einheimischen Quacksalbern auszufechten, die intime Kenner tropischer Kräuter und Pflanzen waren und zuweilen, wie im Fall des »Schwarzen Manoel«, angesehene Bewohner von ländlichen und städtischen Herrenhäusern ihre Gönner nannten. Diesen ihren Beschützern mißfiel die Invasion ihrer ländlichen oder halbländlichen Besitzungen durch Ärzte, die sich keineswegs immer damit zufriedengaben, ähnlich wie die Hauskapläne, die angestellten Seelenhirten, auf diesen Besitzungen bloße »Sklavenchirurgen« oder gar angestellte »Hausärzte« zu sein. Die erdverbundenen Herren des Landes vertrauten mehr auf die Kräuter der einheimischen Sklaven und Caboclos als auf die französischen und englischen Medikamente aus den Apotheken. Sie wollten lieber die herkömmliche, im wesentlichen iberische Kultur konservieren, als etwas an ihr ändern oder sie gar durch eine andere ersetzen. Aufgrund kultureller Passivität verbündeten sich diese Weißen aus den patriarchalischen Herrenhäusern und sogar aus den Stadtpalais mit den Negern der Sklavenhütten und den freien Schwarzen und Mulatten der Mucambos gegen die am weitesten europäisierten Städter, in deren Augen die europäische Medizin mit ihren neumodischen englischen und französischen Methoden tatsächlich Kranke zu heilen und Krankheiten unter Kontrolle zu bringen vermochte.

Als überaus ungünstig für diese bereits europäisierten Brasilianer erwies sich die verheerende Wirkung des »Asiatischen Übels«, der Cholera, unter der afrikanischen Bevölkerung der Sklavensiedlungen und Mucambos. Was richtete die europäische Wissenschaft denn aus? Wozu taugten die Instrumente, Apparate und der ganze englische Firlefanz der in Europa ausgebildeten Ärzte, wenn trotz allem so viele Neger und Mulatten an der Cholera starben? Damals tauchte eine eher ethnozentrische als ökonomische Erklärung dieser Vorgänge auf: Die Weißen ließen zu, daß die fast durchweg weißen Ärzte die farbige Bevölkerung töteten. Aus wirtschaftlichen Gründen, das wußten die Verständigeren der Sklaven selbst, mußte den weißen Herren an der Gesundheit und nicht nur am Leben ihrer Leibeigenen gelegen sein. Da jedoch seit den ersten Jahrzehnten des 19. Jahrhunderts Europäer wie etwa die Iren, die vom Volksmund in Rio de Janeiro »weiße Sklaven« genannt wurden, in Brasilien einwanderten, war es nur natürlich, daß Neger und Mulatten argwöhnten, die mächtigen und reichen Weißen wünschten die Ablösung der Schwarzen und Mulatten durch weiße Arbeiter. Hieraus erklärt sich die Verklärung von Menschen zu »heiligen Georgs«, denen man die Macht zuschrieb, den Drachen der asiatischen Cholera bezwingen zu können, wie es im Fall des Kurpfuschers Manoel geschah, der stolz auf einem Pferd einherritt und der wie ein Lord in einer Kutsche durch die Straßen einer der kultiviertesten Städte des Kaiserreiches rollte. Solche Menschen wurden zu Erlösergestalten für Mulatten und Schwarze, denen ihre Kräuter im Kampf gegen das sogenannte asiatische Übel vielleicht tatsächlich mehr nützten als die nahezu unwirksamen europäischen Medikamente. Diese Entstellung verfestigte sich so sehr, daß sich in diesen für die orthodoxe europäische Medizin in Brasilien so kritischen Jahren unter den aufgeklärten Weißen die Homöopathie entwickelte.

Gegenüber diesem Verständnis des St.-Georgs-Kults bei den Schwarzen, die sich mit der Lage ihrer unterdrückten Rasse und Klasse am wenigsten abfanden, stellte der Kult des »Heiligen Georg zu Pferde« für die weißen Herren des Landes genau das Gegenteil dar: die Erhaltung der bestehenden sozialen Ordnung durch militärische Stärke, durch den Einsatz von Reiterei gegen den Pöbel zu Fuß, durch die Benutzung von Feuerwaffen gegen gewöhnliche Messer oder Klappmesser, durch Anwendung der auf den Militärakademien gelernten Kunst der Strategie gegen die Methoden der Capangas und des Gesindels auf den Straßen; durch das Ausspielen der größeren Geschwindigkeit des Reiters gegen die Langsamkeit des Fußvolks.

Wenn Arago überrascht war, die Prozession des »Heiligen Georg zu Pferde« sogar aus dem Königspalast in Rio de Janeiro herauskommen zu sehen, so beweist er damit nur, daß er die soziale Tragweite dieses so widersprüchlichen und im alten Brasilien so wichtigen Kults nicht verstanden hatte. Dieser Kult war ebenso der Kult der nach Freiheit dürstenden Neger auf der einen Seite – durch sozialen Aufstieg nicht nur als Krieger und Soldaten, sondern auch in ihrer Eigenschaft als Handwerker, Schmiede, Mechaniker, Wundärzte und Maschinisten – wie der Kult der auf die Erhaltung ihrer politischen Macht und ihrer sozialen Vormachtstellung bedachten Weißen auf der anderen Seite. Damit war er zugleich – wenn auch jeweils mit verschiedenen Motiven – der Kult von Königspalast einerseits und Sklavenhütte andererseits, von Stadthaus und Mucambo, von Kirche und Candomblé-Heiligtum, der Kult des Mitglieds einer katholischen Bruderschaft und der Kult des Malungo einer afrikanischen Sekte, des Großgrundbesitzers und städtischen Hausbesitzers wie der des Proletariats, das man für den Hausbau, die Tischlerei und

Stellmacherei und für die Bedienung von Maschinen, Sägen, Drehbänken und Ambossen brauchte.

Obwohl die Feindseligkeiten und Rivalitäten zwischen den verschiedenen Stämmen mit ihren Kasten, Sprachen und Kulten die Afrikaner und ihre Nachkommen in Brasilien in eine Vielzahl von Gruppen schieden, in Moçambiques und Congos, in Minas und Coromatis, in Ladinos und Negros da Costa, wirkten auf sie doch starke integrierende Kräfte ein. Vor allem die soziale Stellung als Sklaven, die den meisten von ihnen gemeinsam war, wenngleich es auch da zahlreiche Unterschiede nach Art und Ort der Arbeit gab. Das zweite einigende Band war ihre Zugehörigkeit zur afrikanischen Rasse, obwohl es innerhalb dieser Rasse ebenfalls Unterschiede gab, Unterschiede in Hautfarbe, Gesichtszügen und anderen charakteristischen ethnischen Merkmalen.

Auch andere Einflüsse schufen zwischen Afrikanern unterschiedlicher Hautfarbe, physischer Kondition und Lebensbedingungen als Sklave jene »Art von Verwandtschaft«, die Koster beobachtete und die unter anderem bewirkte, daß sie einander mit *Malungo* anredeten, »ein Name, der unter ihnen hohe Wertschätzung genießt«. Zu diesen anderen integrierenden Faktoren gehörten auch der gemeinsame Transport auf demselben Sklavenschiff von Afrika nach Brasilien, die Zugehörigkeit zu derselben katholischen Bruderschaft – meist zu der des heiligen Benedikt – oder zur selben Bande von Capoeiras oder Capangas in einer Stadt. Vor allem aber gehörte zu diesen einigenden Faktoren der Umstand, Anhänger und Eingeweihter des religiösen Kults zu sein, der sich zu der geheimen sozialrevolutionären Bewegung entwickelte, die der Kult des »Heiligen Georg zu Pferde« oder seine Entsprechung, der Kult des kriegerischen heiligen Antonius – von Negern und Sklaven als Travestie des Ogum-Kults praktiziert –, in Brasilien gewesen zu sein scheint.

Da ihnen Feuerwaffen, Degen und Stockdegen – Waffen für Edelleute, Herren und Weiße – untersagt waren, entwickelten die Sklaven, vor allem die Mietträger und die Stoffballenträger, die offenbar in Rio wie auch in Recife zusammen mit Hufschmieden, Schmieden, Schlossern und Maschinenschlossern sowie mit den freien Cabras und Straßenjungen die kriegerische Elite der unfreien Massen bildeten, andere Arten der Verteidigung und des Angriffs. Die einen bewiesen besondere Geschicklichkeit in der Handhabung von Messern und Klappmessern, vor allem im Kopfstoßen, im Beinstellen und in anderen Finten der Capoeira, die anderen in der Zauberei und der Herstellung geheimnisvoller Gifte, die

die Weißen lähmten und töteten. Die Kunst der Capoeira erlaubte ihnen mehr als einmal den Mangel an Feuerwaffen durch rasche Bewegungen des Körpers wettzumachen, die aussahen wie Bewegungen eines Tänzers. Behend setzten sich diese Ballettänzer der Capoeira mit ihren kleinen, flinken und zartgliedrigen, manchmal fast mädchenhaften Füßen, an denen sie wie die Bahíanerinnen meist orientalisch verzierte Pantoffeln trugen, gegen bewaffnete Soldaten, gegen kräftige Nordländer, englische Seeleute, hünenhafte und selbstbewußte brasilianische Portugiesen und Europäer mit festen Schuhen an großen Füßen zur Wehr. Dabei warfen sie ihre Feinde zu Boden, nahmen ihnen ihr Selbstvertrauen und stellten so die technische Überlegenheit von Soldaten und anderen Männern, die mit Pistolen, Degen und großen Messern bewaffnet waren, sowie die soziale Überlegenheit von Weißen, Herren und Portugiesen aus dem Mutterland in Frage. Vielleicht kam in solchen Zusammenstößen die tiefe gegenseitige Abneigung zwischen brasilianischen Mischlingen mit ihren meist zierlichen und behenden Füßen, »Ziegenfüße« genannt, und eingewanderten Portugiesen zum Ausdruck, deren Füße meist groß und manchmal platt und klobig waren und im Volkslied als »Bleifüße« verspottet wurden:

Fremder mit dem plumpen Fuß,
Ferse wie ein Pferdehuf;
wer gab dir die Frechheit ein,
unsre schönen Fraun zu frein?

Gegen diese Verse erfanden die Portugiesen das folgende ebenso aggressive Lied, in dem auf die »Ziegenfüße« der Mischlinge wie auch auf den Kaffeeanbau angespielt wurde, der die Brasilianer allmählich von der Bevormundung durch Portugal zu befreien begann:

Ziegen – Brasilianerpack
von den Heiden aus Guiné,
das für 'nen vollen Kaffeesack
gibt dem Teufel seine Seel'.

Wenn es richtig ist, daß in ferner kolonialer Vergangenheit die Portugiesen aus dem Mutterland die Brasilianer in der Pflege ihrer Füße und im Luxus ihres Schuhwerks übertrafen, so scheinen sich die Verhältnisse seither gründlich geändert zu haben, und zwar in Richtung auf einen wahren Kult der Füße, Schuhe und Reitstiefel auf seiten der Brasilianer mit patriarchalischer Erziehung. Es war schon von der Sitte der Fußwaschungen die Rede, die nicht nur in den Herrenhäusern geübt wurde, sondern sogar in den kleinen Häusern der Landarbeiter im Innern Brasiliens. Indem sich alle Gäste dieser Kulthandlung der Gastlichkeit und dieser hygienischen Maßnahme – möglicherweise orientalischer Herkunft – fügten, erkannten sie das patriarchalische Heim gleichsam als einen heiligen Bezirk der Reinheit an, vor dem die Unreinheit der Wege und Straßen haltzumachen hatte. Diesem hygienischen Ritus unterwarfen sich sogar die Bewohner des Hauses selbst, bevor sie ihre Betten oder Hängematten aufsuchten.

Wenn wir auf diese Dinge erneut zu sprechen kommen, dann nur, um die Tatsache hervorzuheben, daß die Klassenunterschiede in Brasilien eine ihrer charakteristischsten Äußerungen in der Pflege fanden, die man den Füßen und Schuhen angedeihen ließ. Die Füße der Vornehmen waren durch das Reiten gekennzeichnet, die Füße der Plebejer durch das Barfußlaufen in den Gassen und auf den Landstraßen. Vor allem erhoben die Männer die zierlichen, hübschen und geschmackvoll beschuhten Füße der vornehmen Damen zu Objekten ihrer Verehrung und Anbetung. Dieser Kult von sozialer und sexueller Bedeutung bekam in der Verehrung der sogenannten »Schuhe Unserer Lieben Frau« einen deutlich religiösen und symbolischen Akzent. Ewbank konnte noch im Rio de Janeiro der Mitte des 19. Jahrhunderts den Kult der »Schuhsohle Unserer Lieben Frau« beobachten, bei dem eine Schuhsohle gleicherweise von farbigen Männern wie von weißen und achtbaren Herren geküßt wurde. Ein frommer Gläubiger küßte, wie der nordamerikanische Beobachter sah, *»the framed pattern of Mary's shoe-sole, putting his hands against the white-washed wall, and pressed his mouth and rubbed his nose against it«.* Diesen Kult – vielleicht eine orientalische Reminiszenz in der portugiesischen Zivilisation Brasiliens – empfand Ewbank als »abstoßend«.

In den letzten Jahrzehnten der kolonialen Epoche stellten nicht nur die Damen der Stadtpalais und Herrenhäuser ihre zierlichen und in orientalischer Weise mit rosafarbenen und himmelblauen Schuhen bekleideten Füße zur Schau, sondern auch ihre Mucamas: *»les six ou sept négresses que la suivent à l'église ou à la promenade«,* wie Debret schreibt. Das galt auch für die Familienmütter in den kleinen ebenerdigen Häusern: *»La mère de* *famille moins fortunée a la même dépense pour ses trois ou quatre filles et ses deux négresses.«*

Auch die »*mulâtresse entretenue*« stand diesen Frauen nicht nach. Und schließlich müssen hier auch die Frau des Handwerkers sowie die freie Negerin genannt werden, die geradezu heroische Anstrengungen machten, um auf Festen mit guten Schuhen zu erscheinen und sich so von den Bahíanerinnen in Pantoffeln oder den barfüßigen Negerinnen abzuheben. »*La femme du pauvre*«, schreibt Debret, »*se prive presque du nécessaire pour paraître avec une chaussure neuve à toutes les fêtes; et enfin la négresse libre y ruine son amant pour satisfaire à cette dépense fréquemment renouvelée.*«

Mit diesen feinen Seidenschuhen zeigten sich die Frauen auf den Straßen; ansonsten nur auf dem kurzen Weg von der Sänfte bis ins Innere der Kirchen, wo sie niederknieten und allenfalls noch die Fußspitzen zeigten. Zu Hause jedoch trugen sie gewöhnlich alte ausgetretene Schuhe als Hauspantoffeln.

Erst nach der Übersiedlung des königlichen Hofs von Lissabon nach Rio de Janeiro wurden die nach mittelalterlichem und orientalischem Brauch in Schuhmacherwerkstätten angefertigten Schuhe von Schuhen aus London abgelöst, die bereits maschinell und zum Teil unter Verwendung von Tierhäuten hergestellt waren. Diese Schuhe waren braun, grau, dunkelfarben und nicht orientalisch farbenfroh wie die Schuhe, in denen sich die Damen bis dahin gezeigt hatten. Den Triumph der in ihrem Charakter bürgerlichen und auf mechanische oder halbmechanische Weise hergestellten Schuhe über die alten handgearbeiteten Damenschuhe, deren Material lange Fußwege über unebene Straßen nicht aushielt, kann man nicht einfach auf die Anglomanie der zu jener Zeit nach Brasilien gekommenen portugiesischen Hofleute zurückführen, wie Debret es offenbar möchte. Der neue Lebensstil und die neuen Fortbewegungsgewohnheiten der Damen waren durch die größere Freiheit, die man den Frauen beim Überschreiten der Straßen während des Kirchgangs und an Festtagen zugestand, und durch die Ablösung der Sänften (die sie fast bis mitten in die Zimmer transportiert hatten) durch von Pferden oder Maultieren gezogene Kutschen gekennzeichnet, die sie nur bis zu den Toreinfahrten brachten. Daraus ergab sich ganz offensichtlich die Notwendigkeit, widerstandsfähigeres Schuhwerk, als es die Seidenschuhe gewesen waren, zu benutzen.

Die Schuhe, in London mit Maschinen und mit Hilfe von Techniken hergestellt, die Serienproduktion und größere Haltbarkeit ermöglichten,

kamen diesem neuen Lebensstil entgegen. Die Anglomanie der fortschrittlichsten Brasilianer jener Zeit wird nur ein Stimulans gewesen sein,
das den Sieg der soliden und in diskreten Farben gehaltenen Schuhe über
die empfindlichen, farbenfrohen Seidenschuhe der Frauen sowie den
Sieg der bürgerlichen Herrenstiefeletten über die traditionellen Schuhe
mit Silberschnallen – Stolz der Vornehmen in der kolonialen Ära –
beschleunigte. Schuhangebote in Inseraten, die im späten Königreich
und im frühen Kaiserreich in brasilianischen Zeitungen auftauchen, lassen erkennen, daß vor allem von englischen Herstellern in bürgerlichem
Geschmack gehaltene Schuhe wie auch Reitstiefel und andere Lederwaren bezogen wurden, die damals in England mit einem hohen Grad an
technischer Vollkommenheit hergestellt wurden. Sogar der Handel mit
Seidenstrümpfen, ursprünglich eine Domäne der Franzosen, ging bald in
die Hände der Engländer über. Der Krieg zwischen Portugal und Frankreich in den ersten Jahren des 19. Jahrhunderts trug zum Niedergang dieses Handels sowie zum beinahe vollständigen Verschwinden französischer Seidenstrümpfe auf brasilianischen Märkten bei.

Ebenfalls in die erste Hälfte des 19. Jahrhunderts fällt das Auftauchen
von Schuhen mit weicher Gummisohle – die den Träger vor Erkältung
durch nasse Füße schützte –, als technische Neuheit vielleicht eher eine
brasilianische als englische Errungenschaft. Im Jahre 1849 wurden solche
Schuhe als »Herren- und Damenschuhe aus elastischem Gummi, die vor
Feuchtigkeit schützen« angepriesen. So zu lesen in einem Inserat des
Schuhgeschäftes in der Rua do Ouvidor Nr. 72 im *Jornal do Commercio*
vom 10. Juli dieses Jahres.

Wie man weiß, bestanden die Gummipräservative, deren Erfindung
die Engländer den Franzosen und die Franzosen den Engländern
zuschreiben, anfangs, noch im 19. Jahrhundert, aus brasilianischem Roh-
stoff, dem Kautschuk aus Pará, der übrigens – aufgrund orientalischer
Anregungen und chinesischer Verfahren – auch das Material für die
ersten dehn- und formbaren künstlichen männlichen Glieder abgegeben
zu haben scheint, die den Namen Pará und Maranhão weltweite
Berühmtheit verschafften. Pires de Almeida bezeichnet Pará als die erste
Gegend, die »der in- und ausländischen Industrie Rohstoffe für diese
Gegenstände« lieferte, wie auch für Schuhe aus »elastischem Gummi«.

Der intensive Kult des kleinen, zierlichen und hübschen Fußes der
Frau und sogar des Mannes im noch patriarchalischen und schon urbanen Brasilien mußte notwendigerweise den rein sozialen Bereich über-

schreiten und in Sexualfetischismus ausarten. Genau dazu kam es auch. Neben dem Fall jenes Brasilianers, der in der Doktorarbeit des Arztes Alberto da Cunha vorgestellt wird, da er sich zum Geschlechtsakt nur imstande fühlte, »wenn er den Halbstiefel der begehrten Frau mit heißen Küssen bedeckte«, ließe sich eine ganze Reihe weiterer Fälle von Brasilianern aufzählen, die vom Fuß oder Halbstiefel ihrer Angebeteten fasziniert waren und von denen mehrere der Nachwelt Sonette als Zeugen ihrer fixen Idee hinterließen. Ebenfalls nicht selten waren offenbar – und sind es noch heute – die Fälle von noch patriarchalisch erzogenen Brasilianern, bei denen ein leichtes Streifen mit dem Fuß schon genügte, um wollüstige Gefühle und Bereitschaft zum Orgasmus zu erzeugen. Bei solchen Menschen wurden die Füße gleichsam zu besonders leicht erregbaren Zonen, vielleicht darauf zurückzuführen, daß Mucamas und Mulattinnen ihnen, als sie noch Kinder waren, mit ihren behenden und sanften Fingern liebevoll Sandflöhe aus den Füßen gezogen hatten. Auf diese bereits geschilderte Sitte kommen wir hier zurück, um sie aus einem neuen Blickwinkel zu betrachten.

In der Tat fällt der Kult des zierlichen und hübschen Fußes und des diesen vornehmen Fuß elegant schützenden Schuhes dem Erforscher der Intimsphäre des Brasilianers als einer der hervorstechendsten Beweise für die Entwicklung der Persönlichkeit durch die soziale Stellung des Betreffenden auf. Der Persönlichkeit des Aristokraten aus dem Herrenhaus und vor allem aus dem Stadtpalais, der sich deutlich vom Schankwirt mit seinen großen, in Holzschuhen steckenden Füßen und vom Neger aus Sklavenhütte und Mucambo unterscheidet, der durch seine harte Arbeit auf dem Feld oder auf der Straße gezwungen war, barfuß oder nur mit Sandalen an den Füßen zu laufen, und dessen Füße daher ganz oder fast ganz den Sandflöhen, dem Schmutz und dem Kot ausgesetzt waren. Wenn man diesen Kult des Fußes, diese Schonung des vornehmen Fußes, dieses Bestreben der Vornehmen, den Fuß ebenso wie die Hände vor jeder Beanspruchung zu bewahren – für die grobe Arbeit gab es ja Sklaven und Tiere –, in seiner ganzen Bedeutung berücksichtigt, versteht man, daß der brasilianische Aristokrat in der kolonialen Epoche und zu Beginn der Kaiserzeit ein hervorragender Reiter war und es doch zugleich leidenschaftlich liebte, sich wie die Reichen und Mächtigen des Orients in der Stadt von wohlgestalteten und kräftigen Sklaven und Tieren in Sänften und Tragsesseln und auf dem Land in Hängematten oder auf Tragbahren befördern zu lassen.

Ebenso versteht man, daß, nachdem das »Zeitalter der Maschine« auch in Brasilien angebrochen war, hier die von schönen Pferden gezogenen Kutschen mit gutgewachsenen Sklaven auf dem Kutschbock große Beliebtheit erlangten: eine Verbindung von Maschine, Sklave und Tier im Dienste des vornehmen Herrn, der auf diese Weise weder seine Schuhe abnutzte noch seine Füße beschmutzte, auch wenn es über holprige Wege und schmutzige Straßen ging. Jedoch darf nicht vergessen werden, daß es – außer diesem Kult des bloß zierlichen und hübschen Fußes bei den an Sänfte und Wagen gewöhnten reichen Aristokraten – seit der Kolonialzeit auch den Kult des nicht nur zierlichen und hübschen, sondern auch behenden Fußes gab, wie es in Brasilien der Fuß des Capoeira war, des Landstreichers, des Bahíaners oder des Taugenichts, in seinen ausgetretenen Schuhen und mit seinem wiegenden Gang. Zierlich und hübsch war der Fuß jenes farbigen Aristokraten, der sich rühmen konnte, weder mit den Füßen noch mit den Händen regelmäßig arbeiten zu müssen, um in den großen Städten des patriarchalischen Brasilien ein mehr oder weniger auskömmliches Leben zu haben. In diesen Städten war der Hauptfeind des Capoeira weniger der Vornehme aus dem Stadthaus – dessen Verbündeter oder Capanga er so häufig wurde – als vielmehr der »Fremde mit dem Bleifuß« oder »Ochsenfuß«, das heißt der Portugiese, der in Kramläden, Kneipen, Geschäften, Warenlagern und Fuhrunternehmen arbeitete und durch einförmige und fast unmenschlich harte Arbeit zu Wohlstand gelangte und es aufgrund seiner größeren wirtschaftlichen Sicherheit mehr als einmal fertigbrachte, dem braunen Bohemien oder dem romantischen Mestizen, dem Gitarrespieler, Modinha-Sänger, Samba-Tänzer und Capoeira-Akrobaten die Mulattin seines Herzens abspenstig zu machen.

Den »Bleifüßen« gelang es nur selten, einen Kampf mit den »Ziegenfüßen« zu ihrem Vorteil zu entscheiden, jenen Burschen, die keine Schuhe oder doch nur eine Art Pantoffeln – beinahe Damenschuhe – trugen, jedoch in der Kunst der Capoeira stets überaus gewandt waren. Es war, als ob die schwarzen und braunen Capoeiras auf den unsichtbaren Pferden des Ogum oder des heiligen Georg ritten, wenn sie gegen weiße Schankwirte kämpften, die mit Pistolen bewaffnet waren, jedoch in bürgerlicher Weise zu Fuß gingen. Tatsächlich vermochte nur Reiterei, aber eine aus echten Pferden bestehende, diese teuflischen Capoeiras zu besiegen. Nur Weiße, Soldaten und Edelleute zu Pferde konnten forsche Muleques, entfesselte Capoeiras und tollkühne Landstreicher in die

Flucht schlagen. Beinahe bis zum heutigen Tag hat sich das Prestige des Ausrufs erhalten: »Da kommen die Berittenen!« – das heißt eine Truppe im Galopp, was genügte, um Unruhestifter und Aufwiegler auseinanderzutreiben.

Leider ging den engstirnigen Offizieren des brasilianischen Heers die Phantasie, Intelligenz und Begeisterungsfähigkeit ab, die notwendig gewesen wären, um die Kunst der Capoeira der doch so tapferen Cabras in den Dienst der nationalen Sicherheit zu stellen. Diese entflohenen Sklaven, die sich mit der Sklaverei nicht abgefunden hatten, und ihre Nachkommen, die sich nicht an routinemäßige, wenn auch freie Arbeit gewöhnen konnten, hätten hervorragende Capoeira-Soldaten abgegeben. Selbst die zeitgenössischen Historiker, die sich, wie etwa Araújo, ausschließlich auf Dokumente aus den Polizeiarchiven stützen, zeigen deutlich, daß das ganze Verbrechen der »Gecken«, »Landstreicher« und schwarzen oder braunen »Capoeiras« darin bestand, daß sie sich in den »Kneipen der tiefer gelegenen Straßen« oder »auf unbebauten Grundstücken« in Spielen übten, bei denen es auf Behendigkeit und körperliche Gewandtheit ankam; und das zum grenzenlosen Vergnügen der Seeleute, die sich in einer rauch- und alkoholgeschwängerten Atmosphäre »köstlich über diese Darbietungen amüsierten«.

Um sich vor der Verfolgung durch die Polizei zu schützen – die auch der eigentliche Grund dafür war, daß die Capoeira zu einem Verbrechen absank, statt sich zu einem charakteristischen afro-brasilianischen sportlichen Spiel zu entwickeln –, bildeten die Capoeiras, was nur allzu verständlich war, mit Messern und Rasiermessern bewaffnete Banden, die »in unaufhörlichen Streifzügen die friedliche bürgerliche Bevölkerung dieser alten und rückständigen Hauptstadt in Schrecken und Panik versetzten«. In seiner schon erwähnten Studie hebt Elísio de Araújo hervor, daß von 1814 an »die polizeilichen Ermittlungen gegen Personen, die im Besitz von Rasiermessern angetroffen oder der Täterschaft von mit solchen Waffen verursachten Verletzungen beschuldigt wurden, ständig und erschreckend zunahmen«. Dies scheint zu belegen, daß die Capoeiras erst angesichts der brutalen Verfolgung, die gegen sie wie auch gegen die arabischen Fenstergitter, die in orientalischer Weise an den Ecken nach oben ausschwingenden Dächer sowie gegen die afrikanischen Tänze und Arzneimittel entfesselt wurde, Rasiermesser und gewöhnliche Messer zur Verteidigung gegen die Polizei und sogar zum Angriff auf unduldsame Weiße zu Hilfe nahmen. Diese polizeilichen Untersuchungen verdienen ein minuziöses Studium, denn sie werfen, wie Araújo erklärt, »ein helles Licht auf die Übungen, aus denen die Capoeira besteht«, von denen die wichtigste vielleicht das Gegeneinanderrennen mit den Köpfen war.

Aus einer polizeilichen Untersuchung vom 22. April 1812 gegen den Soldaten Felício Novais vom 2. Regiment geht hervor, daß dieser »den Engländer Guilherme Lodgat mit einem Kopfstoß angegriffen hat«, der den guten *Mister* zu Boden gestreckt zu haben scheint. Dabei handelte es sich noch um einen Capoeira der alten Schule – einen von denen, die nicht mit Messer oder Rasiermesser kämpften, sondern mit dem Kopf, den Füßen und den Händen. Der größte dieser Art von Capoeiras war – noch im 18. Jahrhundert, zur Zeit des Marquis de Lavradío – wohl der Leutnant João Moreira, mit dem Spitznamen »der Rebell«, der meisterhaft mit Degen, Messer und Stock umzugehen verstand, jedoch den Kampf mit Kopfstößen und Fußtritten bevorzugte. Dies mag ein Indiz dafür sein, daß in der Kolonialzeit, in der zweiten Hälfte des 18. Jahrhunderts, einige Soldaten der Kunst der Capoeiras gegenüber eine noch fortschrittlichere Haltung einnahmen als die Generalkapitäne gegenüber den Tänzen der Neger: Sie tolerierten die Capoeiras nicht nur, sondern lernten von ihnen, zum Wohl der Allgemeinheit, einige Kniffe und Bewegungsabläufe. Der öffentlichen Sicherheit konnte es nur dienlich sein, wenn sich unter den Offizieren auch farbige Männer befanden, die zugleich Meister der Capoeira waren. Der Leutnant Moreira und der Soldat Novais scheinen in dieser Hinsicht durchaus keine Einzelfälle gewesen zu sein.

Wenn sich Engländer und Franzosen über diese unbequemen »Tänzer« bei der Polizei des Prinzregenten beschwerten, Ausländer also, die weder für arabische Fenstergitter, hinter denen sich ja Diebe verstecken konnten, noch für Capoeiras, die Spezialisten im Kopfstoßen waren, Verständnis hatten, so haben sie einige dieser Klagen ganz sicher eines Tages bereut. Denn – das sei hier wiederholt – erst die systematische Verfolgung durch die Polizei des Regenten machte die Capoeiras zu noch weit ungemütlicheren Tänzern: zu Tänzern, die nun mit Rasiermesser und spitzer Klinge kämpften. Tänzer, die mit lachendem Gesicht, mit wiegendem und sanftem Schritt urplötzlich über Weiße herfielen – vor allem über Europäer – und ihnen mit dem Messer oder Rasiermesser den Bauch aufschlitzten, während sie früher ihre Feinde nur mit ihren fürchterlichen Kopfstößen zu Boden gestreckt hatten. Sie hatten sie dabei zwar übel zugerichtet und kampfunfähig gemacht, jedoch ohne sie zu töten – ganz wie dies bei den englischen Boxkämpfen geschah.

Im Jahre 1821 sah die Lage in Rio de Janeiro schon ganz anders aus: Körperverletzungen und Morde wurden immer zahlreicher in der Stadt, und viele dieser Verbrechen wurden von Negern und Mulatten begangen. Das ist der Grund für die Eingabe, die der Militärausschuß am 26. Februar jenes Jahres an den Kriegsminister richtete, nach der die Polizei gegen gewalttätige Sklaven und Neger energischer vorgehen sollte, »in Anbetracht dessen, daß wegen fehlender Auspeitschungen, der einzigen Strafe, die diese Leute noch einschüchtert, Mord und Körperverletzung weiterhin an der Tagesordnung sind; so wurden noch kürzlich bei einem solchen Zwischenfall sechs Personen von besagten Capoeiras getötet und zahlreiche weitere durch Messerstiche verletzt . . .« Nach Ansicht des Militärausschusses ließ der damalige Polizeipräsident »hartes Durchgreifen« vermissen. Jedenfalls sei er »verantwortlich für die gefährlichen Folgen, die aus der milden Behandlung dieser Leute zu erwarten sind . . .« Daher empfahl der Ausschuß Seiner Königlichen Hoheit durch die Person des Kriegsministers, die Polizei solle – statt die aufrührerischen Sklaven zur Strafe einzusperren, als ob sie sich, wie die Weißen, aus Gefängnisstrafen etwas machten und wovon außerdem ihre »Gebieter nur Schaden« hätten, da sie ja die »Unkosten für die Haft bezahlen« müßten – die bei einem Krawall oder »mit einem Messer« oder »einem verdächtigen Gegenstand« angetroffenen Schwarzen auspeitschen; dies allein könne zur »Besserung der Neger« beitragen.

Am 8. Dezember 1823 wurde in einer Verfügung von Clemente Ferreira França angeordnet, der Chef der Polizei der Hauptstadt solle die Patrouillen auf den öffentlichen Plätzen und in den Schlachtereien verstärken, um jede Ansammlung von Capoeira-Negern zu unterbinden. Am 26. November 1821 wurde verfügt, alle Schlachtereien und Schenken hätten um zehn Uhr abends zu schließen, um derartige Ansammlungen nicht zustande kommen zu lassen. Und im Jahre 1825 bestimmte eine andere Verfügung, diesmal vom Polizeipräsidenten der Metropole, Francisco Alberto Teixeira do Aragão, die Sklaven dürften zu jeder beliebigen Tages- und Nachtzeit nach Waffen abgetastet werden, da es ihnen ja unter Androhung von Auspeitschung verboten sei, Waffen zu tragen, worunter »nicht nur jede beliebige Verteidigungswaffe« verstanden wurde, »sondern auch Knüppel«. Ebenfalls verboten war es den Sklaven – und nicht nur ihnen, sondern jedem Neger oder Farbigen –, an den Straßenecken »ohne erkennbaren Grund« stehenzubleiben oder gar »Pfiffe und andere Signale von sich zu geben«. Damit wurde der Muleque in einigen seiner ureigensten Freiheiten getroffen, beispielsweise in der Freiheit, an Ecken stehenzubleiben und zu pfeifen.

Diese Neger indessen, diese Sklaven, diese Capoeiras, diese Muleques, die in der Entfaltung ihrer jugendlichen Kraft und ihrer Kampfbereitschaft in Schranken gehalten und sogar unterdrückt wurden, als ob alle ihre körperlichen Übungen, alle ihre Tanzschritte, alle ihre Gesänge zum Preise Ogums und alle ihre Pfiffe ein Verbrechen oder eine Schande für die Kolonie beziehungsweise das Kaiserreich wären, eben diese Außenseiter waren es, die die Unruhen in Schranken hielten und die den Aufstandsversuch irischer und deutscher Söldner unterdrückten, als diese bewaffneten Europäer, die Lieblingssoldaten Pedros I., der wie sie ein Europäer war, im Jahre 1828 rebellierten. Zuerst, am Morgen des 9. Juni, legten deutsche Söldner, die im Stadtviertel São Cristóvão kaserniert waren, Feuer in die Kasernen und stürmten darauf wie rothaarige Dämonen durch die Straßen, plünderten Kneipen und mißhandelten alles, was ihnen an friedlichen und unbewaffneten Personen begegnete. Die im Viertel Praia Vermelha untergebrachten Deutschen taten es ihnen gleich: Nachdem sie den Major Benedito Teola, der versucht hatte, sie zurückzuhalten, getötet hatten, ergossen sie sich wie ein wilder Haufen auf die Straßen, drangen in Häuser ein, tranken und plünderten. Zwei Tage später versuchten die im Campo de Santana kasernierten Iren, sich den Deutschen anzuschließen. Bevor diese neuen Aufständischen jedoch ihre Kasernen verlassen konnten, wurden sie von Milizkräften umzingelt, die ihnen die Zugänge zu den Straßen abschnitten. Und als die zur Bewachung der öffentlichen Gebäude und Betriebe abgestellten irischen Soldaten sich ihren rebellierenden Kameraden anschließen wollten, wurden sie »von Schwarzen, sogenannten Capoeiras« angegriffen, »die mit ihnen Kämpfe auf Leben und Tod« begannen. Der Historiker Pereira da Silva zeigt im einzelnen, daß die Iren, obwohl »mit Gewehren bewaffnet«, den Capoeiras nicht standhalten konnten; mit Hilfe von »Steinen«, »Knüppeln« und »Brachialgewalt« überwältigt, stürzten die meisten Ausländer auf den Straßen und öffentlichen Plätzen verletzt oder tot zu Boden.

Es mag richtig sein, daß die Regierung den Aufstand der deutschen und irischen Söldner, die der Kaiser zu seinem persönlichen Schutz gegen Unruhen sowohl von Mischlingen und einheimischen Bürgern als auch von »exaltierten Portugiesen« aus Europa geholt hatte, letztlich nur mit

Hilfe der Mannschaften englischer und französischer, im Hafen vor Anker liegender Kriegsschiffe – die zur Bewachung von Waffenarsenalen und öffentlichen Einrichtungen eingesetzt waren – und mit Hilfe »prominenter Bürger«, die imstande waren, Trupps von kampfbereiten »Zivilisten« zusammenzustellen, niederschlagen konnte. Ebenso richtig ist aber auch, daß viele der Aufständischen sehr eindrucksvoll von »Capoeiras genannten Schwarzen« angegriffen wurden, die niemand anders waren als die kräftigsten Neger und die ungestümsten Muleques, die das eintönige tägliche Einerlei satt hatten und nicht mehr nur Sänften, Ballen, Steine, Holz, Wasser und Fässer mit den Exkrementen der Weißen tragen wollten. Neger, die es satt hatten, den Weißen als Lasttiere, Zugochsen, Wagenpferde zu dienen, ohne daß man ihnen erlaubte, ihre besten jugendlichen Energien in Spielen, körperlichen Übungen, Gesängen und rituellen Tänzen zu entfalten, die ihrem afrikanischen Kult und ihrer afrikanischen Sitte entsprachen.

Jedoch waren diese Neger und diese Mulatten von Natur aus keineswegs so zügellos oder blutrünstig, wie noch heute die oberflächlichsten Interpreten von Aufständen meinen, wie es etwa der Aufstand der »Alfaiates« im 18. Jahrhundert und jener der Malês im 19. Jahrhundert in Bahía waren, die Aufstände der entlaufenen Neger, oder die Rebellionen und Empörungen Farbiger, wie 1823 in Recife, oder auch die aufsehenerregenden Gewalttaten von Capoeiras dort und in Rio de Janeiro.

Was die jungen Neger und Mulatten taten und was gelegentlich in Unruhen ausartete, war nur die Entladung normaler Energien von kräftigen Männern und Jünglingen, denen die Herrenschicht immer seltener erlaubte, sich auf weniger gewaltsame Art auszuleben als durch die Flucht zu den Quilombos, durch die Ermordung weißer Gutsverwalter und durch Aufstände. Zu diesen weniger gewaltsamen vitalen Äußerungen gehörten etwa rituelle afrikanische Tänze, Samba, Capoeira, Pfiffe, der Ogum-Kult sowie die Praktizierung des Islams. Die Torheit der Unterdrückung bestand gerade darin, daß sie die Negertänze in vulgäre Zauberei, den Ogum-Kult in eine geschmacklose Nachäfferei des Freimaurerkultes mit mysteriösen Zeichen und Pfiffen, den Islam zum Todfeind der Religion der christlichen Herren, die Capoeira zu einer verbrecherischen und blutigen Angelegenheit, die Samba zu einem widerlichen und pöbelhaften Tanz umdeutete. Es ist interessant, zu beobachten, daß die Nachkommen der Akrobaten mit Messer und Rasiermesser heute – lange Jahre nach der heftigsten Unterdrückung solcher Afrikanismen – ihre Energien sublimiert haben, indem sie Akrobaten des Balls, das heißt des Fußballs, geworden sind, wie etwa unsere temperamentvollsten Fußballspieler vom Typ des Negers Leônidas. Eine andere Sublimierung hat auch die Samba erfaßt, aus deren kleinen Schritten der eher bahianische als afrikanische Tanz geworden ist, der der Künstlerin Carmen Miranda den Beifall eines internationalen Publikums von anspruchsvollen Kennern eingetragen hat. Und die Relikte des Ogum-Kults und der Verehrung Allahs lösten sich zu Randerscheinungen des römisch-katholischen Kults auf, wie etwa die feierliche Reinigung der Kirche Nosso Senhor do Bonfim in Bahía, die unlängst auch in einer der Kirchen von Rio de Janeiro eingeführt wurde.

Selbst die revoltierenden Neger im Brasilien des Patriarchats und der Sklaverei hatten stets das Bedürfnis nach väterlicher Führung und väterlichem Schutz durch Weiße oder durch mächtige Herren. Erst als die Weißen in ihrer gesellschaftlichen Vaterrolle gegenüber ihren Sklaven versagten und sie als bloße Arbeitstiere oder Arbeitsmaschinen behandelten, lehnten sich viele Neger gegen sie auf. Sie wollten auch als Sklaven gut behandelt werden – und nicht wie Tiere oder Maschinen. Fortschrittliche Grundbesitzer wie etwa der Visconde de Prados führten gegen den Import von Kulis als Ersatz für afrikanische Sklaven gerade dies als Argument an: daß nämlich die Kulis dazu neigten, lediglich lebendige Maschinen zu sein. Dieser Ansicht stimmte auch Joaquim Nabuco in seiner Rede vor dem Abgeordnetenhaus vom 1. September 1879 zu.

Von der sogenannten »Verschwörung der Alfaiates« in Bahía heißt es, sie hätte beinahe das alte Kapitanat und den früheren Sitz der Vizekönige in eine »Republik nach dem Muster Haitis« verwandelt, ein Plan, den auch die Neger und Mulatten gehabt hätten, die 1823 im Triumphzug durch die Straßen von Recife zogen und ein Haßgebrüll gegen die »Kalkgesichter«, das heißt gegen die weißen Unterdrücker, anstimmten und sich selbst als Nachfolger des Roi Christophe bezeichneten. Jedoch scheint aus einem Schreiben der Verschwörer an den Gouverneur jenes Kapitanats der Wunsch der Bahíaner hervorzugehen – »die sich fast vollständig aus Farbigen, Sklaven und Freigelassenen zusammensetzten« –, Fernando José de Portugal als »Präsidenten des Obersten Gerichtshofes der Demokratie von Bahía« in der Regierung zu belassen. Man wollte einen von der Bevölkerung selbst gewählten Präsidenten haben und nicht einen von einem fernen König eingesetzten. Was die jungen Verschwörer bewegte – einer von ihnen hatte offenbar, obwohl schon erwachsen – noch das Gesicht eines siebzehnjährigen Jungen, denn seine Verteidiger rieten ihm, sich als minderjährig zu bezeichnen –, war ein vager, französisch inspirierter Republikanismus; ein Republikanismus jedoch, der, statt in einen Krieg gegen alle Weißen und gegen alle Herren auszuarten, sich mit dem in Brasilien herrschenden patriarchalischen System so weit aussöhnte, daß Sklaven und Freigelassene keineswegs denjenigen Herren den Respekt aufkündigten, die die farbige und arbeitende Bevölkerung väterlich behandelten.

Es ist nicht verwunderlich, daß so etwas – nämlich der Versuch einer Synthese statt eines harten Aufeinanderprallens von Antithesen – im Brasilien des späten 18. Jahrhunderts geschehen konnte, wo die Sklaverei seit dem 16. Jahrhundert für den Sklaven weniger hart war als im englischen Amerika; immerhin gab es zu Beginn des 19. Jahrhunderts im Süden der Vereinigten Staaten sogar Leute, die das patriarchalische System, »so wie es in einigen Besitzungen und Kolonien in Amerika und den Vereinigten Staaten unter dem Namen Sklaverei existiert«, für ein kooperatives Gesellschaftssystem hielten. Dies ist die These, die »ein Bewohner Floridas« in einer heute schwer aufzutreibenden, 1829 im Selbstverlag erschienenen Broschüre vertritt, die den Titel *Treatise of the Patriarchal or Cooperative System of Society* trägt. Ihm erschien das System der Sklaverei, wenn es patriarchalisch ausgeübt wurde, nicht nur notwendig, sondern auch vorteilhaft für Herren und Sklaven – solange beide einander nur zu verstehen und zu ergänzen vermochten; außerdem erlaube es die Beteiligung der Sklaven am Gewinn ihrer eigenen Arbeit – ausgenommen diejenigen Gewinne, die mit dem Haupterzeugnis erzielt wurden, das heißt im Falle der vom Autor dieser wunderlichen Abhandlung betrachteten Sklaven: mit der Baumwolle der Plantagen im Süden der Vereinigten Staaten.

Aus der Vorstellung, das patriarchalische System sei auf seine Art ein kooperatives System, erklärt sich vielleicht auch die in Brasilien häufige Tatsache, daß Sklaven ihren Herren Kleinigkeiten mit der Begründung »Diebstahl beim Herrn ist kein Diebstahl« entwendeten. Das war genau dasselbe, wie wenn der Sohn den Vater bestahl. Derselben vagen Vorstellung entsprang wohl auch die Angewohnheit von Sklaven, die einen schlechten Herrn hatten und deshalb flohen, sich unter den Schutz eines Herrn mit gutem Ruf zu stellen, von dem sie eine väterliche Behandlung erwarten durften. Noch heute begegnet man in Brasilien Schwarzen, die erklären, sie könnten unmöglich in einem Hause bleiben, wo es keinen älteren Herrn oder keine ältere Herrin gäbe, von denen sie wie Kinder von ihren Eltern täglich den Abendsegen erbitten könnten. Und auch die mystischen Bezeichnungen, die heute noch brasilianischen Politikern zugelegt werden, wie »Vater der Armut«, »Vater der Armen«, »Vater der kleinen Leute«, entsprechen offensichtlich dieser alten Bereitschaft, sich einer Vaterfigur unterzuordnen.

Vielleicht dachten einige der Revolutionäre von 1798 in Bahía ähnlich wie der Ökonom und Soziologe aus Florida und hielten den Traum einer auf ihre Weise kooperativen und zugleich patriarchalischen Republik für realisierbar, einer Republik, in der von Sklaven und Freigelassenen kindlich verehrte Herren weiterhin eine Art Vormundschaft ausübten, legitimiert durch die Wahl und den Wunsch einer, politisch gesehen, freien Bevölkerung, die jedoch sozial patriarchalisch strukturiert wäre.

Es ist mehrfach belegt, daß der afrikanische oder von Afrikanern abstammende Sklave mit seinem Status mehr oder weniger einverstanden war, sofern er einen »väterlichen« Herrn hatte, dessen soziale und kulturelle Überlegenheit er anerkennen konnte. Die Ausnahmen scheinen selten gewesen zu sein. Der Neger, mit dem sich Saint-Hilaire in Minas Gerais unterhielt und der dem Franzosen bekannte, er sei mit seinem Sklavendasein zufrieden, scheint durchaus repräsentativ oder typisch für jene Sklaven seiner Zeit gewesen zu sein, die von ihren Herren väterlich, das heißt wie Menschen und nicht wie Arbeitstiere oder Produktionsmaschinen, behandelt wurden.

Die Unzufriedenheit der meisten Afrikaner mit ihrer Stellung als Sklaven und Leibeigene muß vor allem auf die Versachlichung der Beziehungen zwischen Herren und Sklaven zurückgeführt werden. Und diese Versachlichung, die in Brasilien mit den ersten, zu großen Fabriken entwickelten Zuckermühlen mit ihren Hunderten und nicht nur Dutzenden von Sklavenarbeitern begann, nahm mit dem Bergbau und – im 19. Jahrhundert – mit den häufigen Sklavenlieferungen aus Bahía und dem Nordosten nach dem Süden oder dem äußersten Norden immer schlimmere Formen an; dort wurden die Sklaven auf Kaffee- oder Kautschukplantagen eingesetzt, die nicht selten von abwesenden Besitzern und auf rasche Bereicherung versessenen Männern betrieben wurden, das heißt von Leuten, die keineswegs immer Herren alten patriarchalischen Stils waren. Diese Neger, die sich als Mitbewohner und sogar Kinder der Herrenhäuser fühlten und sich an das patriarchalische System der zwischenmenschlichen Beziehungen gewöhnt hatten, mußten sich, wenn sie so

414

auf demütigende Weise an Fremde verkauft wurden, die sie nur als Arbeitstiere oder Maschinen behandelten, auf das Niveau von Tieren oder Sachen erniedrigt fühlen. Es versteht sich, daß sie in der neuen Umgebung das Verhalten Entwurzelter an den Tag legten wie andere Außenseiter auch – etwa die neuangekommenen Afrikaner, sogar die noch nicht vollständig an die brasilianische Umwelt akklimatisierten Europäer, die weißen oder fast weißen abenteuerlustigen Brasilianer aus dem Norden während der ersten Jahre ihres Aufenthaltes in den südlichen Provinzen. Und wie alle Entwurzelten gerieten sie leichter als Menschen, die im Milieu ihrer Kindheit und Jugend verbleiben, auf die schiefe Bahn des Diebstahls, der Auflehnung, des Ungehorsams: Dies erklärt wohl auch die häufigen Widersetzlichkeiten von Negern, die aus dem Norden nach São Paulo exportiert wurden und häufig den Eindruck hatten, eher zu Tieren und Maschinen degradiert als wie Menschen behandelt zu werden. In diesem Zusammenhang ist auch der Umstand interessant, daß die Sklaven, die sich im Norden gegen ihre Herren auflehnten, fast immer Schwarze aus Afrika – vor allem aus vom Islam beeinflußten Regionen – waren und nicht im Lande geborene Sklaven, das heißt »Brasilianer«.

Als der Franzose Charles Wiener – bereits nach der Aufhebung der legalen Einfuhr von afrikanischen Sklaven nach Brasilien – sich in Rio de Janeiro aufhielt, war er bestürzt über die zahlreichen An- und Verkäufe von Menschen. Man kaufte oder verkaufte einen Menschen, wie man ein Tier kaufte oder verkaufte: wie ein Pferd oder einen Hammel, einen Ochsen oder einen Hund. Natürlich konnte sich das System der Beziehungen zwischen Herren und Sklaven als ein System von Beziehungen zwischen Menschen um so schwerer behaupten, je häufiger diese Transaktionen von Sklaven wurden, die vielfach bereits in Brasilien geboren waren und nun sämtlich zu Tieren herabgewürdigt wurden. Nur wenn er längere Zeit in einem Hause, einer Plantage oder einer Viehfarm bleiben und sich eng an eine Familie oder einen Herrn anschließen konnte, wurde der Sklave ein Teil des Hauses, ein Angehöriger der Familie und ein Mitglied der »patriarchalischen Kooperative«, von der der »Einwohner von Florida« spricht. Das aber war unmöglich, wenn er ohne weiteres verkauft oder getauscht werden konnte wie eine Sache, wie ein Tier, wie ein bloßes gewinnbringendes Handelsobjekt, wie es vielen Sklaven in Salvador in den Händen von Händlern aus den Stadthäusern erging, die nicht imstande waren, die patriarchalische Praxis der früheren bodenständigeren Herrenhäuser fortzusetzen. In der Zeitung *Idade d'Ouro do Brazil* tauchen diese Händler häufig auf, zum Beispiel, wenn sie Sklaven zum Tausch gegen »Trockenfleisch aus Montevideo« (12. Oktober 1822), »Talg aus Pôrto Alegre« (3. Dezember 1822) oder »feinen Korallenschmuck« (20. Dezember 1822) anbieten.

Was scharfsinnigere Beobachter als Wiener im Brasilien der zweiten Hälfte des 19. Jahrhunderts vor allem bestürzen mußte, war die Tatsache, daß die Sklaven manchmal weniger die Funktion von Pferden oder Ochsen hatten, deren Einsatz in Brasilien zum Teil bereits halb aus der Mode gekommen war, als vielmehr die Funktionen von Maschinen übernehmen mußten, deren Existenz das auf Patriarchat und Sklaverei beruhende Kaiserreich weiterhin hartnäckig ignorierte. In der ersten Hälfte des Jahrhunderts wunderte sich schon Walsh über die spärliche Benutzung der Maschine und sogar des Tiers in Brasilien – einem Land, in dem einfach alles von Sklavenhand getan wurde. Jedoch bemerkte er, daß viele Brasilianer eifrig nach der Kenntnis oder dem Besitz technischer Erfindungen strebten, die in Westeuropa bereits benutzt wurden und denen sie den Vorsprung der Nordeuropäer vor den übrigen Völkern zuschrieben.

Auf der anderen Seite gab es auch zahlreiche Brasilianer, die sich auf ihren Farmen oder Zuckerpflanzungen ohne weiteres Maschinen hätten leisten und auf die primitiven wackligen Geräte hätten verzichten können, mit denen sie Maniok, Kaffee und Zucker mahlten, oder in ihren Stadthäusern die primitiven Mörser durch Haushaltsmühlen hätten ersetzen können, sich aber dennoch mit diesen klapperigen Geräten und primitiven Mörsern begnügten. Hauptsache, sie hatten genug Neger und Ochsen. Vor allem Neger. Sogar die Pferde waren eher Prestigeobjekte und Standessymbole als zum Gebrauch bestimmt. Und die Ochsen waren nur dazu da, die Neger bei der Arbeit zu unterstützen.

Diese Abneigung der Besitzer von Zuckerrohrpflanzungen und Viehfarmen, Bauernhöfen und Plantagen – und sogar der Bewohner der Stadtpalais und mehrstöckigen vornehmen Häuser – gegen technische Verbesserungen in ihren Betrieben und Wohnhäusern war unter den Brasilianern der Herrenklasse ein verbreitetes Phänomen. *»This aversion to improvement I have often observed among the inhabitants of Brazil«*, merkte Mawe an. Er schrieb dies der Tatsache zu, daß die gesamte industrielle und nicht nur agrarische Organisation des Landes von den Sklaven abhängig war: die Ziegelherstellung ebenso wie die Zuckerproduktion, die Seifensiederei ebenso wie der Betrieb der Bergwerke. Und der Negersklave interessiert sich normalerweise nicht für technische Verbesserungen, von denen er argwöhnte, sie könnten, wenngleich nicht seine Arbeit, so doch seine Sorgen und seine Verantwortung vergrößern. Dieselbe Beobachtung machte Walsh einige Jahre später während der Kaiserzeit im Landesinnern, als er auf einer Plantage eine Maschine zum Mahlen von Mais zu Gesicht bekam; dabei handelte es sich um eine altertümliche und unrationelle Maschine, die Unmengen von Wasser verschwendete. Seine Diagnose lautete denn auch: »... *it is one of the effects of slavery.*« So kam es, daß nach den ausländischen Technikern und Handwerkern offenbar die freien Neger und Mulatten in den Städten das junge Bevölkerungselement bildeten, das die Mechanisierung der Arbeit in Brasilien mit der größten Begeisterung vorantrieb. Denn in der Beherrschung der Maschine erkannten sie ein Mittel für ihren sozialen Aufstieg und die Verbesserung ihres Status. Dabei konnten sie sich auch der sozialen Stellung der ausländischen Techniker und Mechaniker annähern und sich den einheimischen Weißen durch ihre Kenntnis jener technischen Neuerungen aus England unentbehrlich machen, auf die sich einzulassen Herren und Sklaven in ihrer Besorgnis, sie könnten den Rhythmus ihres Lebens und ihrer Arbeit sowie ihr patriarchalisches System der zwischenmenschlichen Beziehungen stören, tunlichst vermieden.

Walsh merkt an, daß die beträchtliche Zahl von Europäern, das heißt von Engländern, die als Techniker und Bergarbeiter in ein Land einwanderten, in dem das Übergewicht der Schwarzen seiner Meinung nach »alarmierend« geworden war, von weitreichender Bedeutung war, zumal die ausländische Bevölkerung noch ständig zunahm. Denn die technisch ausgeklügelten Instrumente aller Art, die die Weißen mitbrachten, die Maschinen, die sie in Betrieb setzten, ihre unglaubliche manuelle Geschicklichkeit im Umgang mit diesen Maschinen, die Arbeitsersparnis, die man mit den von ihnen bedienten Maschinen erzielte – all das war »eine Lehre von höchstem Wert für die Einheimischen«. Dem englischen Pater war bereits aufgefallen, daß es sogar im Innern Brasiliens – und nicht nur in den Städten – viele Leute gab, die an rasche, ja magische Verfahren glaubten, mit deren Hilfe die Engländer im Lande Schätze entdekken könnten, die die Brasilianer selbst nicht zu finden imstande waren. Daran glaubten sie, weil die englischen Maschinen, wie sie meinten, die Fähigkeit besaßen, sogar Flüsse aus den Ebenen in die Gebirge zu leiten und andere »Wunder dieser übernatürlichen Art« zu vollbringen.

Übrigens hatte Mawe schon in Minas Gerais, unter dem Eindruck der »Apathie der Bewohner«, an die Vorteile gedacht, die die Einführung englischer Methoden der Bodenbebauung und Tierzucht mit sich bringen mußte. Schon das Vorbild einer einzigen Farm nach englischem Muster, so meinte Mawe, könnte erheblich dazu beitragen, diese so apathischen Menschen aus ihrer Stumpfheit zu reißen. Dasselbe ging ihm durch den Kopf, als er Santa Catarina bereiste: Dieses Land war durchaus geeignet, sich in englischen Händen in ein »vollkommenes Paradies« zu verwandeln. Und was ihn in Curitiba am meisten beeindruckte, war die Entdeckung einer Region, die Weizen bester Qualität hätte hervorbringen können, der für die zusätzliche Versorgung der nördlichen Landesgebiete mit ihrem Anbau von Maniok, einem dem Weizen gegenüber minderwertigen Nahrungsmittel, von großer Bedeutung gewesen wäre. Das Fehlen des Weizenanbaues schrieb er der Tatsache zu, daß der Weizen eine Reihe von technischen Anlagen, einschließlich Mühlen und Backöfen, erfordere, während der Maniok, wenn er erst einmal reif sei, ohne weiteres innerhalb einer halben Stunde zu Mehl verarbeitet und gegessen werden könne – und das alles ohne einen großen Aufwand an Maschinen.

Hier begegnen wir erneut dem Widerwillen gegen mechanisierte Arbeit, gegen die Maschine, den Pflug und die Mühle; ein Widerwille, der sich immer dann bemerkbar machte, wenn die primitive Technik der Einheimischen und die leicht verfügbare Arbeitskraft des Sklaven ausreichten, um Lebensunterhalt und Annehmlichkeiten der Herren sicherzustellen.

Auch im Bergbau lag der technische Rückstand Brasiliens in den ersten Jahren des 19. Jahrhunderts auf der Hand – in einem Wirtschaftszweig, der in manchen Regionen dem Unternehmer, ähnlich wie in anderen der Anbau von Zucker, Kaffee und Baumwolle dem Plantagenbesitzer, ein höheres Sozialprestige verlieh, als etwa ein Bauer aufgrund seines gewöhnlichen Getreide- und Gemüseanbaus, den man »gemeine Landwirtschaft« nannte, für sich in Anspruch nehmen konnte. Mawe schenkte dem Hauptmann Ferreira die Skizze eines Apparats zum Waschen von erzhaltigem Gestein, der den allgemein in der Kolonie verwendeten überlegen war. Und mit seinen Bemühungen, die Menschen im Landesinneren neuzeitliche Methoden der Butter- und Käsezubereitung zu lehren, beeindruckte er viele Pflanzer ebenso wie mit seinem für sie neuartigen englischen Sattel, in dem er quer durch Brasilien ritt. Übrigens stammt von Mawe auch die Beobachtung, daß die Einführung der englischen Damensättel im Bezirk von Diamantina die Frauen der Oberklassen schließlich veranlaßte, die Sitte, das Haus nur zum Kirchenbesuch und in mit Gardinen verhängten und von zwei Sklaven getragenen Sänften zu verlassen, durch den gesundheitsfördernden Brauch der Spazierritte zu ersetzen.

Wir haben bereits darauf hingewiesen, daß bei der Mechanisierung der Produktions- und Transportmethoden wie auch der Kanalisierung der Städte die freien Neger und Mulatten tatkräftige Helfer der Techniker und Mechaniker aus England, Frankreich und anderen europäischen Ländern waren. Und wir haben die Rolle dieser freien Neger und Mulatten in der technischen Revolution, die Brasilien seit dem frühen 19. Jahrhundert durchmachte, dem Umstand zugeschrieben, daß die Beherrschung der Maschine Menschen wie den farbigen Freien, die damals den beweglichsten Teil der Bevölkerung ausmachten, Gelegenheit gab, durch die Ausübung neuer technischer Berufe sozial aufzusteigen. Die früheren handwerklichen Berufe bedeuteten gänzlich oder zum größten Teil manuelle Arbeit, genau die Art von Arbeit, die durch die Sklaverei entwertet worden war. Die neuen Berufe dagegen bedeuteten die Bedienung von Werkzeugen und Apparaten, die Brasilien von Weißen, von Männern, von *Misters* geschenkt worden waren, von Menschen, die den Portugiesen überlegen waren, deren Hände souverän Maschinen lenkten und die wie moderne heilige Georgs ihre Pferdestärken beherrschten.

Koster stellte in Pernambuco fest – dem Pernambuco der kolonialen Epoche, das jedoch bereits voller englischer und französischer Neuheiten steckte, als er es auf zwei denkwürdigen Reisen in den Jahren 1809 und 1811 kennenlernte –, *»the major part of the best mechanics«* seien Mischlinge, *»of mixed blood«*. Von ihnen gehörten viele gewiß zu dem neuen Typ von Mechanikern, das heißt von Maschinisten, deren Zahl in jener Gegend rasch wuchs, wobei man wissen muß, daß Pernambuco einer der ersten Brückenköpfe in Brasilien war, an denen sich englische Werkstätten und Gießereien mit ihren Werkmeistern und zahlreichen Arbeitern aus Europa etabliert hatten. Die Blütezeit dieser Betriebe begann mit der der Bergwerksgesellschaften in Minas Gerais und noch vor der Blütezeit der Industriebetriebe von Rio Grande do Sul und São Paulo. Diese europäischen Techniker und Arbeiter vermittelten ihre Kenntnisse von Maschinen, Apparaten, Werkzeugen, neuen Erfindungen, kurz, von allem englischen »neumodischen Kram« mit der Zeit ihrem aus Negern und vor allem aus Mulatten bestehenden Hilfspersonal: intelligenten und nach gesellschaftlichem Aufstieg strebenden Mischlingen. Diese Entwicklung vollzog sich ebenso in Minas Gerais wie in Pernambuco, den beiden wichtigsten Zentren der sozialen und technischen Revolution, die Brasilien in den ersten Jahrzehnten des 19. Jahrhunderts als Folge der von Engländern eingeführten modernen Maschinen durchmachte.

Ähnliches geschah auch in Rio de Janeiro – ein weiteres Gebiet, in dem sich die Revolution in den ersten Jahrzehnten des vergangenen Jahrhunderts kräftig bemerkbar machte und die Lebensweise sowie das Verhältnis zwischen Klassen und Rassen, Herren und Sklaven, Menschen und Tieren veränderte. Von Debret, der damals in der Hauptstadt weilte, stammt die Beobachtung, »la majeure partie des ouvriers recherchés pour leur habilité« gehöre der »classe mulâtre« an.

In diesem Zusammenhang ist auch interessant, daß etliche freie Mulattinnen oder Negerinnen und sogar Sklavinnen in ihren Fähigkeiten und ihrem Sozialprestige einen Aufstieg erlebten, wenn sie Geliebte europäischer Techniker, Arbeiter oder Hausierer wurden – zu deren Erfolg sie übrigens durch ihre Arbeit beitrugen. Nach dem Tod oder der Abreise ihrer »Freunde« genossen sie als ehemalige Gefährtinnen und Schülerinnen berühmter Lehrmeister ein gewisses Ansehen. A. Ferreira Moutinho berichtet von Europäern, die in der Kleinstadt, die die Hauptstadt von Mato Grosso um die Mitte des 19. Jahrhunderts noch war, bald nach ihrer Ankunft »Liebschaften mit den einheimischen farbigen Mädchen anzuknüpfen begannen, die ihnen als Gegenleistung für zahlreiche Zärtlichkeiten und Freilassungsversprechen ihr Essen kochten«; nachdem sie die Arbeitskraft und die Liebe dieser Mädchen ausgenutzt hatten, ließen sie sie im Stich, kehrten mit »einem halben Dutzend Contos de Réis« nach Europa zurück und »lachten über die armen Negerinnen«.

Aber nicht alle Negerinnen und Mulattinnen, die mit Ausländern verheiratet oder liiert waren, wurden durch deren Tod oder Abreise in einer bedauerns- oder bemitleidenswerten Lage zurückgelassen. In den Zeitungsinseraten der ersten Hälfte des 19. Jahrhunderts warben Witwen von Köchen und Zuckerbäckern, die sich dieses Umstandes rühmten, um sich als Köchinnen für Feinschmecker zu empfehlen. Dies war der Fall bei einer gewissen Joana Francisca do Rosário – der Name läßt an eine Schwarze oder Mulattin denken –, die sich in einer zeitgenössischen Zeitung als »Witwe von Meister Simão aus Frankreich« vorstellte und »Speisen für jeden beliebigen ausländischen Haushalt zuzubereiten« verstand.

Debret erinnert daran, daß eine Reihe französischer Handwerker vor ihrer Rückkehr nach Frankreich den geschicktesten ihrer Sklaven sowie den im Hause beschäftigten Sklavinnen ihre Freiheit gaben. Er schreibt: »... *formés avec plus de douceur et d'intelligence comme ouvriers et domestiques, ces nègres, à peine libres, étaient recherchés et assimilés aux blancs pour de salaire.*« Einige Mulattinnen stiegen, durch ihre europäischen Liebhaber und Lehrmeister aufgewertet, sogar zu Herrinnen von Stadthäusern auf.

Wenn die Beherrschung neuer Maschinen und Methoden schon Neger und Mulatten, die diese Techniken von europäischen Mechanikern und Handwerkern übernahmen, aufwertete, so verlieh sie den Europäern selbst ein Prestige, das es ihnen manchmal erlaubte, mit einheimischen Familien in nähere Verbindung zu treten, die aufgrund ihres Eigentums an Ländereien, Sklaven und Bergwerken zu Aristokraten geworden waren. Dieser aristokratische Charakter war keineswegs in allen Fällen gleichbedeutend mit ihrer Reinblütigkeit, obwohl diese Aristokraten fast immer Weiße und Fast-Weiße waren oder allenfalls einen Tropfen Eingeborenenblut in ihren Adern hatten, worauf manche sogar stolz waren.

Burton stellte bereits in der zweiten Hälfte des 19. Jahrhunderts fest, daß Mechaniker und einfache Büroangestellte der englischen Bergwerksgesellschaften in Minas Gerais, die sich hier seit dem Beginn des Jahrhunderts angesiedelt hatten, Leute aus bescheidenen Verhältnissen, in einige der »ersten Familien« des Landes einheirateten. Das veranlaßte ihn zu der Schlußfolgerung, in einem demokratischen Kaiserreich wie Brasilien seien alle Weißen gleichberechtigt. Allein die Hautfarbe schaffe in einem Land mit einer »minderwertigen Rasse« oder einer »Kaste von Leibeigenen« eine Art Aristokratie: die Aristokratie der Weißen. Und zu dieser Aristokratie oder Kaste hatte jeder Engländer mühelos Zutritt, selbst wenn er ein einfacher Arbeiter oder nur Kommis einer Bergwerksgesellschaft war.

Im gesamten Landesinnern von Brasilien und in den Kleinstädten, so schien es Burton in der zweiten Hälfte des 19. Jahrhunderts, konnte der europäische Techniker oder Arbeiter, »*whatever be his speciality or trick*«, mit Leichtigkeit rasch Karriere machen; in den größeren Städten war dies schon wesentlich schwieriger wegen der Abneigung, die sich hier gegen ausländische Handwerker und Kaufleute herausbildete. In den größeren Städten gab es nämlich bereits eine größere Anzahl von gebürtigen Brasilianern beziehungsweise Mulatten, die schon mit Maschinen und dem englischen »technischen Kram« umgehen konnten und daher das Recht für sich in Anspruch nahmen, die einzigen Gebieter über diese technischen Neuheiten zu sein. Sie sahen in diesen ausländischen Technikern, die ihnen Konkurrenz machen oder gar in der Handhabung der Maschinen überlegen sein konnten, nichts als Eindringlinge. Sie, die freien Mischlinge, waren jetzt die einzigen Maschinisten und Techniker; die alleinigen Herren der Werkstätten, die dunkelhäutigen heiligen Georgs der Pferdestärken.

Wenn die armen und freien Brasilianer – die in der Mehrzahl Mischlinge waren – anfänglich nur widerwillig in den Dienst der ersten Eisenbahngesellschaften Brasiliens eintraten, entdeckten sie doch sehr bald ihr Herz für solche Berufe, die nach kurzer Zeit ebenso wie die Bergwerke und Gießereien mit Mischlingen überlaufen waren. Nach jahrelanger leitender Tätigkeit im brasilianischen Eisenbahnwesen hob J. J. Aubertin hervor, daß er sich nicht über Mangel an brasilianischen Arbeitern beklagen konnte, denen die Eisenbahnen »Unterhalt und Unabhängigkeit sicherten«. Burton konnte daher bemerken, Bergbau und Eisenbahnen seien im Begriff, in Brasilien *a race of skilled and practiced hands . . .*« heranzubilden. Außerdem entstand auf diese Weise eine neue Bevölkerungsschicht von freien Menschen, meist Mulatten, die sozial aufgestiegen waren und durch den Umstand aufgewertet wurden, daß sie Maschinen und Motoren aus Europa zu handhaben und zu beherrschen verstanden. Maschinen, die an die Stelle der trägen Arbeit von Tieren und Sklaven traten und eine Kraft, Geschwindigkeit und Leistungsfähigkeit entfalteten, die für Tiere und Sklaven unerreichbar bleiben mußten.

Dieser neue Menschentyp, diese neue Schicht von Mechanikern, entwickelte sich nicht nur im Bergbau und im Eisenbahnbetrieb, sondern auch in den Gießereien. Und neben den Gießereien müssen auch jene Produktionszweige genannt werden, die dazu übergingen, Maschinen zu benutzen, und ebenfalls Maschinenfachleute, das heißt versierte Mechaniker neuen Schlags, benötigten. Wenn der brasilianische Produzent oder Industrielle anfangs gezwungen war, zusammen mit der komplizierteren Maschine aus Europa auch den ebenfalls europäischen Maschinisten kommen zu lassen, der sich des geheimnisvollen Apparates annehmen mußte, so folgte auf diese Phase der europäischen Alleinherrschaft in der technischen Revolution Brasiliens das Zeitalter der aus Europa oder Nordamerika stammenden, aber von einem einheimischen Mischling oder freien Neger bedienten Maschine.

Von der ersten Phase an – in der zusammen mit der Maschine auch der ausländische, meist englische Maschinist ins Land kam – war die durch den Einsatz europäischer Maschinen in den Städten, Bergwerken und Pflanzungen Brasiliens hervorgerufene Revolution zugleich auch eine soziale Revolution. Diese ergab sich aus der neuen Bewertung, die der Maschinist, der Techniker, der Mechaniker neuen Typs erfuhren, wie auch aus den veränderten Beziehungen zwischen dem Grundbesitzer und dem freien Techniker und Maschinenfachmann, der die Aufgabe hatte, für ihn mit Hilfe eines neuen Verfahrens Zuckerrohr oder Mais zu mahlen, ihm Holz zu sägen, Erzgestein zu waschen und Zucker und Schnaps herzustellen. Die Stellung des – zunächst ausländischen, später einheimischen – Technikers wurde in vielen Fällen derjenigen des Ministerpräsidenten einer nicht mehr absolutistischen, sondern konstitutionellen Monarchie vergleichbar, eines Ministerpräsidenten, der die frühere Allmacht des Herrn über Grund und Boden wie über die Sklaven immer mehr erschütterte.

Jetzt lagen die Dinge anders. Die Maschine war im Begriff, die Bedeutung von Sklaven wie von Herren, von weißen Grundbesitzern wie von schwarzen Leibeigenen zu verringern. Dagegen wertete sie vor allem den Mischling auf, den Mulatten, das Halbblut, aber auch den armen Weißen, der nichts anderes besaß als seine technischen Fertigkeiten, die von den Grundherren, Fabrikbesitzern und der Allgemeinheit benötigt wurden. Die Maschine trug dazu bei, aus einer Mischrasse eine Mittelklasse zu machen.

Wenn man die Angebote von neuen Maschinen liest, die zu Beginn des 19. Jahrhunderts in den Zeitungen des noch kolonialen Brasilien auftauchten und dann in den ersten Zeitungen der Kaiserzeit eine größere Rolle spielten, kann man die soziale und nicht nur technische Revolution, die diese Reklamen lautstark verkündeten, kaum fassen. Nie spielte sich eine Revolution aufsehenerregender vor aller Augen ab als die technische Revolution, die Brasilien in der ersten Hälfte des 19. Jahrhunderts durchmachte. Diese Zeitungsanzeigen erschütterten das ganze auf Sklaverei und Patriarchat beruhende Gesellschaftssystem in Brasilien bis in seine Grundlagen. Denn der Sieg der Maschine bedeutete das Ende dieses Systems, das sich fast ausschließlich auf die Arbeit von Sklaven und nur nebenbei auf die des Tiers stützte und in dem die Maschine nicht nur eine zweitrangige, sondern eine absolut unbedeutende Rolle spielte.

Während der Regierungszeit König Johanns konnte in den Augen eines erwachsenen Mannes oder Jünglings nichts faszinierender sein als die Anzeigen der *Gazeta do Rio de Janeiro,* in denen Maschinen angeboten wurden – außerdem Kutschen, die sich durch eine Verbindung von Schnelligkeit, Wendigkeit und Widerstandsfähigkeit auszeichneten; chirurgische Instrumente, Schreinerwerkzeuge, Öfen, Kessel und Pflüge. Wenn die *Gazeta* in den ersten Jahren ihres Bestehens vornehmlich Inserate mit Angeboten von Geschirr und Stoffen, von Butter und Konserven veröffentlichte, errangen in einer späteren Phase die Reklamen für Maschinen und Klaviere das Übergewicht. Sogar die Kutschen entfernten sich in Bauweise und äußerer Form immer mehr von den Sänften, wurden immer mehr zu »Fahrzeugen« und »Maschinen«, zu Produkten der Mechanik und Ingenieurkunst, die mit ihrem Komfort und gelegentlich sogar dem Luxus von Samtauskleidung und Silberlaternen die Fähigkeit verbanden, mit hoher Geschwindigkeit durch die Städte und über Landstraßen zu rollen.

Nicht wenige Brasilianer verfielen dem Geschwindigkeitsrausch wie einem Dämon, und einige von ihnen wurden nachgerade geschwindigkeitsbesessen. Vor diesem Hintergrund wird auch das Aufsehen verständlich, das der Freiherr von Drais mit seiner »Draisine oder Veloziped genannten Maschine« im noch beschaulichen Rio de Janeiro der Kolonialzeit erregte. Das Experiment wurde vor den Königlichen Hoheiten im Königsschloß von Boa Vista durchgeführt, und nach einer Meldung des *Diário do Rio de Janeiro* »hatte der erwähnte Baron nach der Vorführung seiner Maschine die ehrenvolle Genugtuung, von Ihren Königlichen Hoheiten für seine kluge und nützliche Erfindung gelobt zu werden«. Wie dieselbe Zeitung weiter berichtet, ähnelte die neue Maschine einem Pferd: »Ihre Gestalt ist der eines Holzpferdes ähnlich, sie ist fest auf zwei Räder montiert, die durch die Füße des Reiters in Bewegung gesetzt werden ... Wenn die Wege trocken sind, erreicht diese Maschine auf ebener Strecke fast vier Meilen pro Stunde, was einem galoppierenden Pferd gleichkommt. Auf abschüssiger Strecke übertrifft ihre Geschwindigkeit die eines mit verhängten Zügeln galoppierenden Pferdes.«

Die Begeisterung der brasilianischen Städter im frühen 19. Jahrhundert – Bewohner der noch kolonialen, aber für die technischen Neuheiten aus Europa bereits aufgeschlossenen Städte – galt den Maschinen mit einem Höchstmaß an Schnelligkeit und Stärke; doch der Vergleichs-maßstab sowohl für die Geschwindigkeit dieser Maschinen als auch für ihre Stärke blieb für lange Zeit noch das Pferd. Für den leichten Wagen englischer Bauweise, der schon früh nach Brasilien kam, begeisterten sich viele Brasilianer wie Kinder für ein neues Spielzeug; und aus dieser Begeisterung erwuchs viel Mißbrauch und Maßlosigkeit. Rio de Janeiro wurde schon früh wegen der überhöhten Geschwindigkeit berüchtigt, mit denen die neuen Wagen durch die Straßen rollten, wobei die Pferde im vollen Galopp liefen und die Wagen trotz der Federn, die die Erschüt-terungen dämpften, heftig geschüttelt wurden. Auf seiten der Herren war dabei sicherlich viel Exhibitionismus und Parvenühaftigkeit im Spiel. Bis-her waren sie an alte Fuhrwerke und gemächliche Sänften gewöhnt, und nun wurden sie plötzlich Besitzer von Kutschen, die in einer weiteren Hinsicht ihre soziale Überlegenheit demonstrierten: durch die Möglich-keit, rasch mitten durch das träge zu Fuß gehende Volk zu fahren. Und die zu Kutschern avancierten Sklaven und Neger, die nun wie die Doktoren stolze Träger von Zylinderhüten waren, haben diese Gelegenheit, die ihnen bis dahin unbekannte Macht bescherte, gewiß weidlich aus-genutzt; eine Macht, die von Zügel, Peitsche, Zylinder und vom hohen Kutschbock dieser majestätischen Gefährte demonstriert wurde. Die Capoeiras einer neuen Zeit mußten sich fast wie auf einem Thron fühlen.

In der Hierarchie der Sklaven standen die Kutscher bald an der Spitze. Und diese Vorzugsstellung mißbrauchten viele von ihnen, indem sie Fuß-gängern gegenüber frech wurden oder wilde Rasereien veranstalteten. Mehr als einer der Europäer, die sich in der ersten Hälfte des 19. Jahrhun-derts in Brasilien aufhielten, war bestürzt über die maßlose Geschwindig-keit, mit der die Wagen durch die Straßen von Rio de Janeiro rasten. Einer dieser Europäer war Radiguet. Von ihm stammt der Ausdruck *»vitesse extraordinaire«* zur Charakterisierung der zügellosen Raserei der Kut-schen, die die Straßen von Rio de Janeiro plötzlich lebensgefährlich machte. Die Gefährdung war um so größer, als betrunkene Kutscher durchaus keine Seltenheit waren. »Wer einen guten Kutscher hat, der nicht trinkt oder ständig davonläuft, und ihn verkaufen möchte, wende sich an: Rua Direita Nr. 90«, heißt es in einer sehr bezeichnenden Anzeige im *Diário de Rio de Janeiro* vom 3. Januar 1822. Von den Droschkenkut-schern erlangten einige als Kuppler Berühmtheit, andere wieder als Gitarrenspieler, die sich von ihrem Instrument niemals trennten. Grant bemerkte in seiner *History of Brazil: »It is very common to see black drivers of*

hackney carriages at Rio, in the intervals of employment, amusing themselves by
playing on some musical instrument, most commonly a guitar.«

Neben den neuen und extrem schnellen Wagen tauchten in Zeitungsanzeigen noch weitere Neuheiten auf, die einen dämonischen Glanz um
sich verbreiteten. Maschinen aller Art, darunter Fahrzeuge, in denen sich
alle drei im Dienste der Herren aus den Stadthäusern stehenden Elemente vereinigten: der Sklave, das Tier und die Maschine. So erscheint
etwa im erwähnten *Diário* vom 4. Februar 1822 folgender Modernismus:
»Ein Lastwagen mit dem dazugehörigen Zugtier und einem Sklaven, der
großes Geschick im Lenken hat.« All das wurde gleich zusammen verkauft. Auch reine Wagenpferde gab es: »Für Kutschen abgerichtete
Pferde« heißt es in einer Anzeige im *Diário do Rio de Janeiro* vom
26. Februar 1822. Ebenso wurden Sklaven verkauft, die auf den Umgang
mit Pferd und Wagen spezialisiert waren, obwohl sie manchmal außerdem noch den Mundschenk zu spielen hatten: »Ein guter Mundschenk
für einen Edelmann; er versteht sich auch auf den Dienst eines Reitbur-
schen und eines Kutschers«, lautet eine andere Anzeige in demselben
Diário vom 8. März 1822.

Am 24. Januar 1818 bot ein Pedro José Bernardes zwar weder Kutschen noch Fuhrwerke, sondern »einen kürzlich aus London eingetroffe-
nen Destillierapparat« an – eine Maschine, die nur von geschickten Sklaven bedient werden konnte. Solche Apparate waren nichts Neues in Brasilien, »wo sich mehrere auf derselben Erfindung beruhende Apparate
befinden, die sich dank ihrer guten Eigenschaften für die Plantagenbesitzer als gewinn- und nutzbringend bewährt haben«. Interessenten sollten
Bernardes »in seiner Wohnung aufsuchen: Rua dos Pescadores Nr. 9«, wo
sie sich »das Originalexemplar sowie den Konstruktionsplan des besagten Destillierapparates« ansehen konnten.

Aus derselben Zeit stammen einige andere Inserate, die für die tech-
nische Revolution charakteristisch sind, die das Leben in Brasilien
damals verwandelte: Angebote von »verschiedenen chirurgischen
Instrumenten« aus London, von denen einige sogar vom »berühmten
Weis, dem Hersteller chirurgischer Instrumente für das Königliche
Hospital in Greenwich« angefertigt worden waren; eine »Maschine, die
Gegenstände aller Ausmaße mit großer Geschwindigkeit sägt«; eine
»sehr schnell arbeitende Maschine zum Plätten von Kleidung«, alles aus
London. Mehrere dieser Maschinen waren für die Stadthäuser bestimmt.
Der Graf da Barca hatte in seinem Hause in Rio de Janeiro englische

Drehbänke und »eine Maschine zum Mahlen von Weizen mit zwei Mühlsteinen und zum Sägen von Holz« und außerdem »einen guten Schmiedegesellen«, wie aus dem *Diário do Rio de Janeiro* vom 15. März 1822 hervorgeht.

Am 21. August 1819 machte João Gilmour in der *Gazeta do Rio de Janeiro* bekannt, er habe aus London Apparate »zur Zuckerverarbeitung und Destillation wie auch solche für jeden beliebigen anderen Zweck« erhalten. Und am 8. Dezember desselben Jahres taucht in der *Gazeta* ein Thomas Reid auf, ein »Engländer, der vor kurzem aus Jamaika hierhergekommen ist, um die Zuckersiedereien zu modernisieren«, und der sich anheischig machte, »in Kürze ihre Modernisierung zu beginnen, dergestalt, daß in Zukunft Zuckerrohrrückstände oder Brennholz unter einem einzigen Kessel zum Beheizen auch der übrigen genügt«. Die interessierten »Privatleute« sollten sich an das »Haus der Engländer Ewing und Hudson in der Rua dos Pescadores Nr. 3« wenden.

In der *Gazeta* vom 1. Januar 1820 warb ein Ladislau do Espírito Santo für »einen hervorragenden Blitzableiter mit allem Zubehör, alles aus Bronze«, und ein Costa Guimarães aus der Rua do Cano Nr. 13 teilt am 12. Juli desselben Jahres mit, »daß er die folgenden Eisenartikel auf Lager hat: Zuckermühlen in verschiedenen Größen bester Qualität, Türen für Siedeöfen von Zuckerraffinerien und Destillierapparate, Kessel verschiedener Größe mit Deckeln, Roste und Türen für im Brennstoffverbrauch sparsame Küchenherde, die die Gesundheit der Köchinnen schonen, Backöfen in verschiedenen Größen für Küchen, Achsenlager für hölzerne Mühlen, Eisenräder für Handwagen, Eisenherde zum Rösten von Maniokmehl und schließlich eine transportable, sparsam arbeitende Dampfküche, die man auch zum Braten benutzen kann«. Noch im selben Jahr inserierten Jackson und Richardson in der *Gazeta* vom 5. August »ein großes Sortiment an Sätteln, Kandaren usw. mit allem Zubehör für militärische und andere Zwecke«, »Wagenlaternen und Zaumzeug für ein einzelnes Pferd und für ein Vierergespann, alles von größter Eleganz, Ferngläser, Reißzeug, Kämme, Rasiermesser«. Und am 11. November 1820 veröffentlicht die *Gazeta* eine Anzeige, in der »Operngläser« und »Landkarten« angepriesen wurden. Diese Artikel waren meist für die Bewohner der Stadtpalais und für die Vornehmen der mehrstöckigen Häuser in den Städten bestimmt, die im allgemeinen eher als die Bewohner der Herrenhäuser im Innern des Landes bereit waren, von dem bürgerlichen Europa englische Küchenherde zu übernehmen, Eisenräder für Handkarren, elegantes Zaumzeug, Mühlen für Weizen, Mais, Maniok; schnelle Wagen für Personen und Güter, Neuerungen, die in den Stadtpalais und mehrstöckigen Häusern die Zahl der benötigten Sklaven sowie den Gebrauch von Holzmörsern und primitiven Öfen einschränkten.

Am 15. September 1821 wurde im *Diário do Rio de Janeiro* »ein kleiner und unkomplizierter Beatmungsapparat« inseriert, »der dazu dient, Dampf in die Lunge einzuführen, wenn diese krank ist ...« In derselben Zeitung und etwa zu derselben Zeit wird eine andere verführerische Maschine angepriesen: »Einer der modernsten und besten Pflüge, die es in England gibt, wo die landwirtschaftlichen Maschinen zu hoher technischer Perfektion gediehen sind ...« Und nun sei eine Annonce angeführt, die bezeichnend ist für die Aufmerksamkeit, die man als Folge der zunehmenden Benutzung von Kutschen anstelle von Sänften und Reittieren den Straßen zu schenken begann: In ihr wird »eine Straßenbaumaschine« angepriesen – übrigens neben einer »Maschine zur Flachsverarbeitung«.

In ebendieser Zeit tauchten in Brasilien auch Leute auf, die sich für eine rasche Mechanisierung der Industrie und für die Industrialisierung des Wirtschaftslebens ihres Landes einsetzten. In einer »Rede an die Damen« kritisierte einer dieser Neuerer »unsere verderbliche Sitte, uns mit Textilien der Ausländer zu kleiden, denen man den Lohn gibt, der dem einheimischen Handwerker verweigert wird; dabei schickt man das Bargeld in ferne Länder, das, bliebe es hier innerhalb des Königreiches in Umlauf, das Land aus dem Abgrund von Armut reißen könnte, in dem es sich befindet«. Dagegen könnten die Damen etwas unternehmen, »indem sie es sich versagen würden, unzählige Gegenstände zu benutzen, die sie reizen und die bei uns gar nicht oder in minderwertiger Qualität hergestellt werden ...«

Dieselben Gedanken bewogen damals auch Inácio Álvares Pinto da Almeida dazu, eine Maschinenausstellung zu veranstalten, die die Bevölkerung von Rio de Janeiro darauf aufmerksam machen sollte, wie wichtig es sei, die Arbeitskraft des Sklaven und sogar die des Tiers »zum Vorteil der einheimischen Industrie« durch die Maschine zu ersetzen.

Am 15. März 1830 stand im *Jornal do Commercio* zu lesen, C. Cannel biete in seinem Hause »in der Straße hinter dem Hospiz Nr. 3 eine Pumpe« zum Verkauf an, »mit allem notwendigen Zubehör zum Anschluß an eine Dampfmaschine«. Feuerlöschpumpen waren damals in Rio de Janeiro zum Schutze der vornehmen Stadthäuser gegen Feuer schon gebräuchlich. São Salvador jedoch, das in bezug auf technische Neuerungen stets hinter der Hauptstadt und sogar hinter Recife zurückstand, war bis beinahe zur Mitte des 19. Jahrhunderts »sogar ohne Feuerspritze«. Die einzige Pumpe, die dort nach dem großen Brand am Abend des 3. Novembers 1848 zwischen den »rauchenden Trümmern« auftauchte, war die der »im Hafen vor Anker liegenden französischen Korvetten«. Gegen diesen Mißstand wetterte der *Correio Mercantil* in einem Artikel, von dem das *Jornal do Commercio* der Hauptstadt in der Ausgabe vom 13. November 1848 einige Passagen aufgriff: »Eine noch größere Schande ist es, daß es im Marinearsenal keine Äxte gibt und daß man sich ein solches Werkzeug bei Privatleuten ausleihen muß!«

Wie man weiß, spielte von den technischen Neuheiten, die die Europäer zu Beginn des 19. Jahrhunderts in Brasilien einführten, die nach dem Franzosen Cambronne benannte Latrine in Pernambuco eine besondere Rolle. Der Erfinder hieß mit vollem Namen Charles Louis Cambronne und war von Beruf Ingenieur. Außerdem erregten die Omnibusse – eine englische Erfindung – Aufsehen, wenngleich es sich dabei noch nicht um *cabs* handelte, die später, allerdings noch in der ersten Hälfte des 19. Jahrhunderts, in der Hauptstadt Brasiliens von Guilherme Suckow unter der Bezeichnung »kaiserliche *cabs*, mit vorn sitzendem Kutscher« eingeführt wurden, wie in einer Anzeige im *Jornal do Commercio* vom 14. Dezember 1849 mitgeteilt wird.

Im Jahre 1828 – einem nicht nur für die handelspolitische und wirtschaftliche, sondern auch für die technische und soziale Revolution, die Brasilien seit 1808 durchmachte, typischen Jahr – exportierte das Land vor allem folgende Waren: Zuckerrohrschnaps, Baumwolle aus Minas Gerais, Indigo, Reis aus Santos, Zucker aus Campos und Santos, Roßhaar, Kaffee, Fleisch, Talg, Horn und Fett aus Rio Grande, Lederwaren, Palisanderholz, Brechwurz, Sohlenleder, Maependim-Tabak, Maniokstärke und Tatagiba-Farbstoff. Dagegen importierte Brasilien in großen Mengen: Stahl, Eisen, Kupfer, Blei, Ketten, Schiffsanker, Messing, Geschirr für Pferd und Wagen, Kutschen, chirurgische Instrumente, Bleikugeln, Türschlösser, Lampen, Kupfer für Dachverkleidungen, Bleche, Nägel, Draht, Maschinen, Kessel, Backöfen, Uhre, Herde, Steinkohle. Das waren harte, schwarze und graue Gegenstände, die mit dem Beginn der Ablösung des Sklaven durch das Tier, beider durch den europäischen Siedler und die Dampfmaschine sowie der orientalischen Sänften durch schnelle zwei- oder vierrädrige Wagen aus dem Okzident für die Wirtschaft, das tägliche

Leben und die Kultur Brasiliens unentbehrlich wurden; unentbehrlich für den neuen Rhythmus wenn nicht von Produktion und Arbeit, so doch von Lebensweise und Erholung, ein Rhythmus, den viele Brasilianer rasch von den Nordeuropäern übernahmen und dabei übertrieben, wie es diejenigen meistens tun, die eben erst zu Reichtum, Macht und Bildung gelangt sind.

Es dauerte nicht lange, bis Dampfschiffe – oder ihre Einzelteile – nach Brasilien gelangten. Und um die Mitte des Jahrhunderts folgten Eisenbahnschienen, Lokomotiven und Waggons. Später kamen Rohre: Wasserleitungen von den Quellen bis in die Häuser, Abwasserrohre von den Häusern bis ins Meer oder in die Flüsse, sanitäre Anlagen wie die erwähnten *cambronnes* des französischen Ingenieurs in Pernambuco und Gasrohre.

Das war das Ende des Springbrunnens, das Ende des wasser- und fäkalienschleppenden Sklaven, das Ende der Beleuchtung der Straßen durch Öllampen, Laternen und Fackeln, die Privatleute von Sklaven vor sich hertragen ließen. Hier brach sich eine technische Revolution Bahn, die nicht nur in der Wirtschaft, sondern auch im Sozialgefüge und in der Kultur bis hin zur Landschaft – vor allem im Bereich der Stadthäuser und Mucambos – neue Akzente setzte.

Selbst in der Zuckerindustrie sowie in der auf ihr beruhenden Gesellschaftsorganisation und Kultur – also im Gebiet der mehrstöckigen Herrenhäuser und der Sklavenhütten, die schon mit Steinplatten ausgelegt waren wie auf dem Engenho Salgado in Pernambuco – waren die Neuerungen beträchtlich, die die Ablösung der Göpelwerke durch Dampfmaschinen und des Brennholzes durch Zuckerrohrrückstände beim Befeuern der Siedekessel mit sich brachte. Allerdings sperrten sich die alten Zuckerrohrpflanzer, wo immer möglich, hartnäckig gegen die gesellschaftlichen Folgen solcher Neuerungen. Normalerweise, unter günstigeren klimatischen Bedingungen für die Weißen, als sie im Norden des Kaiserreiches bestanden, und bei einer für die nahezu feudalen Latifundien der großen Grundbesitzer weniger günstigen Bodengesetzgebung hätten die technischen Neuerungen zu einer verstärkten Ablösung von Sklaven durch freie Lohnarbeiter und sogar zu einer Einwanderung von europäischen Technikern und Facharbeitern führen müssen – eine Entwicklung, die im Zuckeranbaugebiet nahezu vollständig ausblieb. Außerdem hätten diese Neuerungen in der Umgebung der Zuckerfabriken zur Gründung von Genossenschaften durch die Zuckerpflanzer führen müssen, die sich im Interesse einer quantitativen und qualitativen Steigerung der Zuckerproduktion zu Genossenschaftszentralen hätten entwickeln können. Diese Verbesserungen wären durch Apparate und Maschinen ermöglicht worden, die die Zahl der erforderlichen Sklaven und Arbeitstiere verringert und dadurch die Gestehungskosten des Zukkers auf ein Mindestmaß reduziert hätten.

»Die Einführung neuer Maschinen« und »die Ansiedlung von Einwanderern« hielt Henrique Jorge Rebêlo in einer 1836 veröffentlichten Denkschrift für untrennbar: beide seien »das Fundament, auf dem Brasilien das Gebäude der nationalen Prosperität errichten muß«. Was in einem Land, das unendliche Schwierigkeiten mit dem Import von Afrikanern für die Sklavenarbeit hatte, vor allem not tat, waren »Maschinen, um den Mangel an Arbeitskräften zu beheben«. Zu derselben Schlußfolgerung war gegen Ende des 18. Jahrhunderts schon Fernando José de Portugal gelangt, als er in einem Brief vom 28. März 1798 an Dom Rodrigo de Souza Coutinho empfahl, in Bahía Ochsen und Pflüge zur Bestellung der Äcker zu verwenden und in den Zuckersiedeöfen durch das »Verbrennen des schon gemahlenen Zuckerrohrs Brennholz zu sparen, wie es die Engländer und Franzosen auf den Antillen praktizieren«.

Denn »der Grundherr, der für seine Landarbeit 100 Afrikaner benötigt, kann nach Einführung der neuen Maschinen gut und gern 60 davon einsparen«. Wenn man Siedler aus Deutschland, der Schweiz und »anderen zivilisierten Ländern« kommen ließe, würde »unsere Zivilisation« an Prestige gewinnen, was im äußersten Süden des Landes und in São Paulo übrigens schon der Fall sei. In dieser Provinz – in São Paulo – habe »der Kartoffelanbau« dank der Tätigkeit europäischer Siedler »einen großen Aufschwung« genommen und sei nun in der Lage, die Bevölkerung von São Paulo zu versorgen und Überschüsse von Minas Gerais, Goiás und Rio de Janeiro zu exportieren.

Jedoch dürften das neue Kaiserreich nicht nur die wirtschaftlichen Folgen dieses Bevölkerungszustroms interessieren. Rebêlo und Calmons erkannten durchaus die sozialen und kulturellen Folgen der Einwanderung von Europäern aus technisch überlegenen Ländern, die völlig neue Produktions- und Transportmethoden nach Brasilien mitbrachten. Dazu gehörten zum Beispiel die »Wagen auf Achsen, die die Beförderung großer Lasten mit nur zwei Ochsen ermöglichen, was die früher bei uns üblichen nicht mit vier oder sechs Ochsen geschafft haben«. Ein anderes Beispiel: die Verbesserungen in der Herstellung von Kohle, die »einen solchen Grad von Vervollkommnung erreicht hat«, daß schließlich São Paulo nur mit einer dünnen Schicht von tüchtigen Einwanderern aus Nordeuropa über seiner alten, mit wenigen afrikanischen Elementen durchsetzten Bevölkerung von Mamelucos in der Lage war, Kohle an das Militär zu liefern und sich dabei selbst reichlich mit diesem Brennstoff zu versorgen. Ein weiteres Beispiel ist der schmackhafte Käse, die gute Butter, die »oftmals das Ausbleiben der aus dem Ausland importierten Butter wettgemacht hat«.

Denis spricht von einem ansehnlichen, von ihm westlich genannten Bevölkerungsteil. Damit meinte er Europäer nichtiberischer Herkunft, die sich schon zu Beginn des 19. Jahrhunderts im brasilianischen Alltag bemerkbar machten: Franzosen, Engländer, Schweizer, Deutsche, Iren, Schweden, Dänen, Russen. Gewiß gehörten nicht alle dem »bürgerlichen« und »industriellen« Typ an. Aber die einflußreichsten Einwanderer waren sicher von diesem Typ; und ihnen verdankt Brasilien zahlreiche industrielle und technische »bürgerliche« Errungenschaften, ganz abgesehen von der Verbürgerlichung der Umgangsformen und Sitten bei den reichen und vornehmen Bewohnern der Stadthäuser und sogar derjenigen ländlichen Herrenhäuser, die am engsten mit den Städten in Verbindung standen. Im Jahre 1830 sah Denis kaum noch einen Unterschied zwischen dem Salon eines der eleganten Häuser von Rio de Janeiro oder Bahía und einem Salon von Paris. Er selbst bezeichnete die Nachahmung englischer Moden durch die Brasilianer als schädlich für die »Entfaltung der natürlichen Anlagen« eines südländischen Volkes. Dabei ging er so weit, wie übrigens auch Debret und andere zeitgenössische Europäer, deren ästhetischer Sinn sich nicht dem wirtschaftlichen Interesse machthungriger und geschäftstüchtiger Franzosen und Engländer kolonialen Völkern gegenüber unterordnete, sich über die Tatsache zu freuen, daß es in Brasilien weiterhin Menschen gab, die an alten Gebräuchen festhielten. Dazu gehörten die traditionellen Speisen, die bei den schneller durch die Nachahmung der Nordeuropäer verbürgerlichten Reichen durch französische und italienische Gerichte verdrängt wurden; die alten, von Negern hergestellten Matten, die alten Hängematten der Eingeborenen, die alten mit Rindleder bezogenen Kanapees, die von den Damen des Hauses betriebene Spitzenklöppelei und schließlich der – so Denis – »gänzlich orientalische« Gang der Frauen, bei denen die Reformbestrebungen der französischen Tanzmeister noch nicht so erfolgreich gewesen waren.

Man glaube nicht, die aufgeklärten Brasilianer der ersten Hälfte des 19. Jahrhunderts seien einmütig der Auffassung gewesen, Brasilien müsse nicht nur aus wirtschaftlichen und technischen, sondern auch aus sozialen und kulturellen Gründen nun endlich den Arm des Sklaven durch den Hebel der Maschine, das Pferd aus Fleisch und Blut durch das sogenannte Eisenpferd, den farbigen Land- oder Fabrikarbeiter durch den weißen oder blonden Arbeiter ersetzen. Etwa gleichzeitig mit der Denkschrift von Rebêlo in Bahía tauchte in Rio eine andere Schrift auf: *Memorandum über den Sklavenhandel, in dem der Nachweis versucht wird, daß dieser für die Sklaven eher eine Wohltat denn ein Übel ist. Verfaßt von XXX, aus Campos dos Goitacazes.* »Was wäre«, so fragte dieser Apologet der Sklaverei, »der Exporthandel Amerikas ohne die Sklaverei?« Wer würde in den Bergwerken arbeiten? In der Landwirtschaft? In der Küstenschiffahrt? In den Zuckerfabriken?

Eine der wichtigsten Entdeckungen der brasilianischen Hygieniker und Fachleute für Volksgesundheit in der ersten Hälfte des 19. Jahrhunderts war die Entdeckung, daß die Zerstörung der Vegetation der Sumpfniederungen und die Ausbreitung der Feuerrodungen die Lebensbedingungen im Lande in alarmierender Weise zu verändern begannen. Tatsächlich veränderten sie weniger die Lebensbedingungen in der Umgebung der Herrenhäuser und Sklavenhütten der großen Güter oder Zuckerplantagen, die stets dem zurückweichenden Rand der unberührten Wälder folgten und dabei brutal ausgelaugte Böden zurückließen, als vielmehr die Lebensbedingungen für die Bevölkerung derjenigen Städte im Landesinnern, die den verlassenen Pflanzungen am nächsten lagen.

Diese Verwüstungen wurden weitgehend für neuartige Seuchen und früher unbekannte Krankheiten unter dieser Bevölkerung verantwortlich gemacht, zum Beispiel die sogenannte »Macacú-Seuche« in Rio de Janeiro im Jahre 1828. Die mit ihrer Untersuchung beauftragten Hygieniker erwiesen sich als gute Ökologen, und sie kamen zu dem Schluß, die hemmungslose Ausbeutung des Bodens habe dazu beigetragen, jene Gegend ungesund und sogar unbewohnbar zu machen.

Aber nicht nur die Hygieniker warnten, sondern auch Männer, die etwas von Pflanzen und Landwirtschaft verstanden. Einige von ihnen, wie etwa Theodoro Peckolt, der Verfasser der *Geschichte der Nahrungs- und Genußmittelpflanzen Brasiliens nebst allgemeinen Bemerkungen über die Landwirtschaft in Brasilien,* und andere versuchten die Aufmerksamkeit der Brasilianer der Jahrhundertmitte auf die Gefahren der Abholzung zu

lenken, deren »natürliche Folge« darin bestehe, »das Klima sowohl heißer als trockener zu machen«. Für Peckolt war die »Hauptursache unseres Verhaltens in diesem Punkt und so vieler anderer Mißstände die Sklaverei«. Das erklärte er folgendermaßen: »Wenn man den Wert von Grund
und Boden sowie das für den Kauf von Sklaven, für deren Lebensunterhalt, Kleidung, unausbleibliche Verluste, Krankheiten und Todesfälle
benötigte Kapital in Rechnung stellt, so ist der Gewinn trotz der Fruchtbarkeit des Bodens klein. Daher ist der Pflanzer bestrebt, den Boden so
schnell wie möglich auszubeuten; für eine aufwendige Düngung fehlen
ihm Arbeitskräfte; lieber düngt er ausschließlich mit Asche; im übrigen
fehlt es nicht an Urwald, der ihm, seinen Kindern und seinen Enkeln den
Lebensunterhalt sichert.«

Der Aberglaube, der Kaffeestrauch gedeihe nur auf jungfräulichem
Waldboden, verwandelte das Klima von Rio de Janeiro in ein von den
Zeitgenossen abscheulich genanntes Klima; und die Aufgabe der
erschöpften Böden durch Pflanzer, die ständig auf der Suche nach
Urwaldboden waren, lieferte vor allem die weitgehend wehrlosen
Bewohner der den verlassenen Pflanzungen nächstgelegenen Städte und
kleinen Orte den Seuchen und Krankheiten aus, die durch die neuen
Boden- und Klimaverhältnisse begünstigt wurden. Dies erklärt den
schlechten Gesundheitszustand der Bevölkerung in den Städten im
Inneren des Landes, die, nachdem sie wegen ihrer Stadthäuser Berühmtheit erlangt hatten, nun schnell zugrunde gingen. Nachdem sie wegen
ihrer Konzertflügel berühmt geworden waren, wurden sie am Ende
wegen ihrer verderblichen Fieberkrankheiten berüchtigt. Deshalb flohen auch immer mehr Bewohner der Städte im Hinterland in die Provinzhauptstädte und in die Hauptstadt des Kaiserreiches. Ihre früheren
Stadtpalais vertauschten sie dabei mit einstöckigen Häusern, die nur eine
Tür und ein Fenster besaßen und in denen die einst vornehmen Stadthausbewohner manchmal zu bettelarmen Habenichtsen herabsanken.

Trotz ihrer schlechten Straßen mit den mangelhaften Gossen in der
Mitte wurden die hygienischen Verhältnisse in Rio de Janeiro und in den
wohlhabenderen Provinzhauptstädten in der ersten Hälfte des 19. Jahrhunderts schließlich besser als in vielen Kleinstädten des Hinterlandes.
Das lag vor allem an den Verbesserungen der Kanalisationstechnik und
der Ernährungsweise, deren Vorkämpfer zum großen Teil Engländer und
Franzosen waren, die danach strebten, in Brasilien mit ihrem Kapital
auch ihre Apparate, ihre Maschinen, ihre Wasser- und Abwässerrohre,

ihre neuen Methoden der Straßenpflasterung, ihre neuen Verfahren zur Beleuchtung von Straßen und Häusern sowie ihre den einheimischen überlegenen Verfahren der Butterherstellung einzuführen. Vor allem das englische Kapital spielte bei diesem Modernisierungsprozeß, den das Leben, die Landschaft und die Kultur in Brasilien durchmachten, eine wichtige Rolle. Nicht ohne Berechtigung schrieb der anglophile José da Silva Lisboa im Teil II seiner *Denkschrift über die politischen Wohltaten der Regierung unseres Herrn, des Königs Johann VI.* im Jahre 1818, daß Brasilien »den Ausbau der Stadt« und »die Eleganz und Schönheit der städtischen und ländlichen Gebäude« dem »regen und ausgedehnten Handelsverkehr« verdanke, »der nach der Aufnahme der geschäftlichen Verbindungen der Engländer in Brasilien entstand«.

Nach 1808 und vor allem zwischen 1835 und 1850 kam es in Rio de Janeiro, in Recife, São Paulo und sogar in Rio Grande, in Pelotas, Pôrto Alegre und in Belém zu bemerkenswerten Verbesserungen und Neuerungen in der Kanalisationstechnik, im Transportwesen, in der Straßenbeleuchtung und in der Anlage von Alleen. In Salvador und Ouro Prêto dagegen verzögerten sich diese Verbesserungen zum Teil.

In Rio de Janeiro begann man, die Erdsohle so weit wie möglich anzuheben, indem man niedrig gelegene und sumpfige Stellen mit Erde anfüllte. Man pflasterte die Straßen und sorgte zugleich für ein besseres Abfließen des Regenwassers in diesen Straßen. Man baute neue Straßen durch die Stadt. Neue Häuser und Stadtpalais wurden gebaut. Die Zuschüttung der großen Sumpfniederung der Cidade Nova wurde in Angriff genommen. Der Bau einer Wasserleitung von den Quellen von Tijuca nach Rio wurde begonnen, um eine Bevölkerung zu versorgen, die nicht nur wegen der seit 1808 starken ausländischen Einwanderung, sondern auch aufgrund der illegalen Sklavenimporte im Wachsen begriffen war. Man fing an, Gasrohre zu verlegen. Das Stadtgebiet wurde vergrößert, dessen Bevölkerung sich bis 1836 auf einer Fläche zusammengedrängt hatte, deren Umfang durch eine Linie beschrieben wurde, die an der Küste, an der Praia Formosa, begann, den Straßen Rua do Aterrado und Rua São Cristóvão entlang folgte und am Strand von Botafogo endete, wobei es an vielen Stellen unbebaute Grundstücke gab, die ein halbes Jahrhundert später als zum Zentrum gehörig betrachtet wurden.

Noch in die erste Hälfte des Jahrhunderts fällt eine der am nachdrücklichsten für die Stadt Rio de Janeiro und die übrigen großen Städte Brasiliens um der »Humanität« und der »Wissenschaft« willen geforderten

Maßnahmen, wie Pereira Rêgo betont: »die Aufhebung der Bestattungen in den Kirchen«. Sogar die Hauptstadt von Bahía wandelte sich in diesem Punkt: In einer Verordnung vom 17. Juni 1844 wurde strengstens untersagt, »daß Leichen in Kirchen und auf deren Vorplätzen begraben werden«.

In der Metropole wurden die Häftlinge vom Gefängnis in die Besserungsanstalt verlegt. Damit »verschwand aus dem Zentrum der Stadt das Ärgernis, daß halbnackte und gefesselte Männer durch die Straßen liefen«, von denen einige vor den Augen der Öffentlichkeit mit Peitschen gezüchtigt wurden, die vier oder fünf vorher in feuchten Sand getauchte Enden aus geflochtenem Leder hatten. Eine weitere große Veränderung jener Zeit, die man als wichtig sowohl für die Volksgesundheit als auch für die öffentliche Sicherheit in der Hauptstadt betrachtete, war die Verlegung des Schlachthofes von der Praia de Santa Luzia an einen abgelegenen Ort. Vorher war es immer wieder zu dem »unangenehmen Schauspiel« gekommen, »daß wild gewordene Tiere ausbrachen« und durch die Straßen der Stadt rasten. Die Wildheit dieser Tiere mußte angesichts von Fahrzeugen noch zunehmen, die für sie ebenso phantastisch waren wie für die Menschen vom Lande und von denen es in den Städten wimmelte. Sogar die aus dem Landesinneren in die Städte kommenden Pferde scheuten vor den im siegreichen Vormarsch befindlichen neumodischen Einrichtungen aus England, den Eisenbahnzügen, den Dampfrossen, den dahinrasenden Kutschen.

Auch in Salvador verbot ein Erlaß aus dem Jahre 1844, »Rinder, Pferde und Schafe innerhalb der Stadt frei herumlaufen zu lassen«; diese Tiere durften nur »auf einem eingefriedeten Gelände« gehalten werden. Die gefährlichen Tiere dagegen, die frei durch die Straßen streunten, wie auch tollwütige Hunde, die »das Volk anzufallen« drohten, konnten »von jeder beliebigen Person getötet und auf Kosten ihrer Besitzer begraben oder ins Meer geworfen werden . . .«

Außerordentlich interessant für das Verständnis der Übergangsperiode, die die erste Hälfte des 19. Jahrhunderts in den wichtigsten Teilen des Landes war, ist die Beobachtung, daß mehrere der Veränderungen, die damals das Landschaftsbild und die Institutionen Brasiliens ergriffen, mittel- oder unmittelbar mit der Aufhebung des legalen Sklavenhandels zusammenhingen, dessen Ausmaß der illegale Handel nicht immer zu erreichen vermochte und das er keineswegs aufrechterhalten konnte. Die Kapitalien flossen auf diese Weise in andere Richtungen. Sie konzentrierten sich nicht mehr im Sklavenhandel, sondern wurden für technische Verbesserungen verfügbar, für den Kauf von Maschinen oder auch nur von Pferden und von Milchkühen und für den Bau von Luxusvillen. Lange Jahre hindurch waren die Kapitalien zusammengeströmt, ohne genügend genutzt zu werden. Die Transaktionen waren beschränkt. Der Umlauf des Geldes war eingeengt. Die größten flüssigen Vermögen des Kaiserreiches befanden sich überwiegend in den Händen von Sklavenhändlern, und diese investierten sie nur in Sklaven. Erst mit der Abschaffung des Sklavenhandels wurden diese Kapitalien für materielle Verbesserungen im Lande eingesetzt – vor allem in der Hauptstadt. Zum Teil befruchteten sie Bauvorhaben in den Städten, in denen sie, wie die Hygieniker der Zeit sich ausdrückten, »bessere und gesündere Lebensbedingungen« schufen; zum Teil flossen sie in städtische Transportunternehmen, in die Aufzucht von Milchvieh, das die schon knapp gewordenen Sklavinnen als Milchlieferanten ersetzen sollte, und in die Mechanisierung der öffentlichen und privaten Betriebe, die bisher von Sklavenhand in Gang gehalten worden waren.

Es versteht sich, daß die Investition von bisher in Sklaven angelegten Kapitalien in Maschinen, Fabriken, Zug- und Milchvieh und Gebäuden in den Städten nicht reibungslos vonstatten ging, sondern mit schweren Krisen verbunden war, die sich nicht nur auf die brasilianische Wirtschaft, sondern in vielen Regionen auch auf Sitten und Lebensstil der Gesellschaft auswirkten, wie es in Rio de Janeiro, in Bahía, in Pernambuco und in Maranhão der Fall war. Die Abschaffung des Sklavenhandels war nämlich ein tödlicher Schlag – wenn auch noch nicht der Gnadenstoß – für eine schon damals veraltete, zugleich feudalistische und kapitalistische Wirtschafts- und Gesellschaftsverfassung. Und dieser Schlag traf nicht nur Kapitalisten, Händler von »lebendiger Ware« und noch feudale Grundbesitzer, für die diese lebendige Ware lebensnotwendig war, sondern auch die Bevölkerung der Städte. Diese Stadtbevölkerung war von den durch dieses System geschaffenen Existenzbedingungen abhängig, ein System, das schon lange im Sterben lag, das aber nur ganz allmählich zu existieren, Alltag und Milieu zu beeinflussen aufhörte. Der bloße Kapitaltransfer vom Sklavenhandel in die Viehzucht – ein scheinbar ganz nebensächliches Ereignis, dessen dramatische Rückwirkung auf die sozialen Verhältnisse des Kaiserreiches offenbar zahlreichen Erforschern der Finanz- und Wirtschaftsgeschichte Brasiliens entgangen ist – genügte schon zur Auslösung einer schweren Krise. Im Jahre 1858 gab die vom Präsidenten der Provinz Ceará bestellte Untersuchungskommission zu einer Umfrage, die ein kaiserlicher Erlaß vom 9. Oktober des Vorjahrs unter den Präsidenten der Provinzen angeordnet hatte und die sich auf die alarmierende Teuerung der Lebensmittel bezog, ihr Gutachten ab. Dabei kam sie zu dem Ergebnis, die Fleischknappheit sei unter anderem auf Dürreperioden und auf die Rinderpest zurückzuführen; in erster Linie jedoch sei daran die »Tätigkeit einer mächtigen Gesellschaft in Minas Gerais schuld, die seit einigen Jahren große Summen für Viehkäufe in Piauí aufwendet …« Dasselbe geschah in Rio Grande do Norte, wie aus einer Mitteilung des Präsidenten dieser Provinz an die kaiserliche Regierung hervorgeht: Hier ist von einem »Abtransport von Vieh aus dieser Provinz nach den Märkten anderer Provinzen« die Rede. Dieselbe Erscheinung – die Investition von früher in Sklaven angelegtem Kapital in Haus- und Transporttieren – konnte man auch in der Provinz Santa Catarina beobachten, deren Präsident sich bei der kaiserlichen Regierung über das »unstete Leben« beschwerte, das ein großer Teil der Bevölkerung führte, verleitet durch den »Handel mit Maultieren und Pferden«.

Dieser Handel wurde vor allem mit der Hauptstadt abgewickelt, wie auch die »mächtige Gesellschaft« aus Minas Gerais Haustiere, Milch- und Zugvieh in die Metropole und deren Umgebung lieferte, deren Bevölkerung jetzt allmählich von der Entwicklung des Kapitalismus profitierte, der sich früher auf den Sklavenimport aus Afrika konzentriert hatte und der folglich den am feudalsten organisierten ländlichen Gebieten zugute gekommen war. Mit dem Transfer des Kapitals von Sklaven auf Arbeitstiere – und bis zu einem gewissen Grad auf Maschinen – kam somit eine ökologische und nicht nur eine technologische Revolution in Gang. Eine weitere Folge dieser Entwicklung war, daß sich das politische Prestige vom zuckeranbauenden Norden, der noch Sklaven für seine vorherrschend vom Zucker bestimmte und orthodox patriarchalische Wirtschaft benötigte, auf den kaffeeanbauenden Süden verlagerte, der weniger patriarchalisch als kommerziell eingestellt und in dessen ländlichem Wirtschaftsleben die Ablösung des Sklaven durch den europäischen Siedler und in dessen städtischem Wirtschaftsleben die Ablösung des Negers durch die ebenfalls europäische Maschine leichter war.

Dem tödlichen Schlag gegen die Sklaverei, den die Abschaffung des legalen Sklavenhandels darstellte, folgte ein weiterer: die Choleraepidemie oder asiatische Cholera, die wie eine der Plagen des Alten Testamentes die Einwohner der Sklavensiedlungen von starr patriarchalischen und sogar feudalen Herrenhäusern dahinraffte. Nicht nur die Sklavenhütten, auch die Mucambos der Neger und Mulatten um die Stadthäuser herum wurden betroffen, so daß die Seuche einigen von ihnen wie eine diabolische Erfindung der Weißen zur Vernichtung der Farbigen erschien.

Jedoch wie durch einen Akt ausgleichender biologischer und nicht nur soziologischer Gerechtigkeit erschien fast gleichzeitig mit der asiatischen Cholera, die vor allem die Neger und Sklaven dahinraffte, das Gelbfieber, das sich darauf spezialisierte, Europäer zu töten, reinblütige, gutaussehende kräftige Weiße zwischen sechzehn und dreißig Jahren. Vor allem Weiße aus den Stadthäusern wurden dahingerafft. Es war, als hätte das Gelbfieber den Sieg des Kapitalismus und der bürgerlichen Technik – repräsentiert vor allem durch junge Ausländer: Engländer, Franzosen, Portugiesen, und durch den einen oder anderen Brasilianer aus besserer Familie – über das ländliche Patriarchat aufhalten wollen, dessen Vertreter Männer über sechzig waren, die nur selten von der Krankheit befallen wurden. Oder als ob das Fieber den vielleicht weniger schwierigen Triumph des Liberalismus der Advokaten und Doktoren zwischen zwanzig und dreißig Jahren über die konservative Routine der meisten alten Herren über sechzig hätte verzögern wollen.

Es gibt Leute, die dem Gelbfieber die patriotische Leistung zuschreiben, das Kaiserreich vor dem machtlüsternen Europa, insbesondere vor England, gerettet zu haben. Tatsächlich scheint es die Aufgabe der nationalen Eigenart Brasiliens verhindert zu haben, die infolge des allzu schnellen Übergangs der wirtschaftlichen Macht der Sklavenbesitzer und Sklavenhändler auf die Bankherren und Maschinenhändler beziehungsweise von den alten Bewohnern der Gutshäuser auf die jungen Herren der Stadtpalais drohte.

Richtig ist jedenfalls, daß sich unter dem Eindruck dieser beiden Geißeln für die Bevölkerung die hygienischen Verhältnisse und Lebensbedingungen offenbar besserten, nicht nur in den bedeutenderen Städten des Kaiserreiches, sondern auch in den Sklavensiedlungen, in den Herrenhäusern, auf den Plantagen im Innern des Landes, die sowohl von der asiatischen Krankheit wie vom »Fieber der Gringos« betroffen wurden, das heißt vom Gelbfieber der Ausländer, der Engländer, Franzosen, Deutschen, Schweizer, Italiener. Dem Gelbfieber verdanken die brasilianischen Städte in der Tat eine Reihe technischer und mechanischer Verbesserungen. Dazu gehören die Anlegung öffentlicher Friedhöfe sowie die sich immer mehr durchsetzende Errichtung vornehmer und bürgerlicher Villen in den Vororten oder jedenfalls in einer gewissen Entfernung vom Stadtzentrum. Die Häuser der Innenstadt wurden nur noch als Büro- und Geschäftshäuser benutzt oder in Bordelle, anrüchige Hotels, Ämter und Lagerhäuser umgewandelt.

Elftes Kapitel
Der Aufstieg des Akademikers und des Mulatten

Es ist unmöglich, vom Brasilien Pedros I., Pedros II. und der Prinzessin Isabel zu sprechen, ohne auf die beiden neuen und triumphierenden großen Elemente einzugehen, die zuweilen vereint auftraten: auf den Akademiker und den Mulatten. Von diesem Brasilien mit seiner Kampagne für die Abschaffung der Sklaverei, mit seinen kneifertragenden Doktoren, die die Republik propagierten, mit seinen Balkons im ersten Stock an der Straßenecke, von wo verliebte Mädchen mit Fächer, Blumen und Taschentuch Jünglingen zuwinkten, die modisch mit Zylinder und Gehrock bekleidet waren.

Seit der späten Kolonialzeit entwickelten sich der Akademiker und der Mulatte zu Elementen der Differenzierung innerhalb der ländlichen patriarchalischen Gesellschaft Brasiliens, die bestrebt war, sich durch ein gewisses Gleichgewicht und darüber hinaus durch das, was die moderne Soziologie Akkommodation nennt, zwischen den beiden großen antagonistischen Elementen zu integrieren: zwischen dem Herrn und dem Sklaven. Das Herrenhaus mit seiner Ergänzung, der Sklavensiedlung, stellte in Brasilien ein wahres Wunder an Akkommodation dar, das der Antagonismus zwischen Stadthaus und Mucambo zu zerstören begann.

Die Urbanisierung des Kaiserreichs, die konsequente Verkleinerung so manches üppigen Herrenhauses zu einem bescheidenen Stadthaus, später sogar zu einem engen Vorstadthaus, die Auflösung so mancher Sklavensiedlung zu Mucambos, die schon nicht mehr von entflohenen Negersklaven, sondern von freien Negern und Mulatten bewohnt wurden und nun nicht mehr im dichten Busch oder auf einer unzugänglichen Anhöhe lagen, sondern mitten in der Stadt – ein Phänomen der dreißiger Jahre, das im Verlauf der Kampagne für die Abschaffung der Sklaverei noch stärker hervortrat –, all das machte das frühere Gleichgewicht nahezu unmöglich, wie es in einer Zeit der fast unbeschränkten Vorrechtsstellung der Sklavenhalter gegenüber allen anderen Teilen der Gesellschaft und sogar gegenüber den Vizekönigen und Bischöfen geherrscht hatte. Noch Prinz Maximilian zu Neuwied traf diese fast feudale Gesellschaftsstruktur in Brasilien an, und der Graf de Suzannet spürte noch während der Kaiserzeit die Nähe dieses wenn nicht effektiven, so doch formalen Feudalismus.

Die soziale Aufwertung hatte anderswo begonnen: in Europa, jedoch in einem bürgerlichen Europa, aus dem nicht nur neue Lebensstile kamen, die im Widerspruch zu den ländlichen und patriarchalischen Lebensstilen Brasiliens standen, sondern außerdem Tee, die Kabinettsregierung, englisches Bier, die Schuhe mit Gummisohlen der Firma Clark und Zwieback in Dosen. Außerdem schickte Europa weniger farbenfrohe und dafür mehr in Grau gehaltene Herrenkleidung, die Begeisterung fürs Theater, das allmählich an die Stelle der Kirche trat; die Vorliebe für die vierrädrige Kutsche statt für Pferd und Sänfte sowie die Mode der Spazierstöcke und Sonnenschirme statt der Degen der ländlichen Grundbesitzer, die nebenbei Offiziere der Miliz waren. Und all diese neuen Errungenschaften wurden zu Insignien der Macht einer neuen Aristokratie der Stadthäuser – des Adels von Doktoren wohl noch mehr als von Geschäftsleuten und Industriellen. Insignien einer neuen Kaste von Herren über Sklaven und sogar über Ländereien, eine Kaste, die schon zu sophistisch war, um das ländliche Leben in all seiner Primitivität zu ertragen. Diese neuen Tendenzen wurden hauptsächlich vom Akademiker verkörpert, dem ehelichen oder unehelichen Sohn von Zuckerrohrpflanzern oder Gutsbesitzern, die voller neuer Ideen aus Europa zurückkehrten. Manchmal waren es Jünglinge der jüngsten Schichten des städtischen Bürgertums, die in Europa studierten, Söhne oder Enkel von »Hausierern«. Durch die europäische Ausbildung aufgewertet, standen sie bei ihrer Rückkehr sozial auf einer Stufe mit den Söhnen der ältesten und mächtigsten Gutsbesitzerfamilien. Ihnen ebenbürtig und häufig sogar überlegen waren die Mischlinge und hellhäutigen Mulatten, wenn sie aus Europa zurückkehrten. Denn sie konnten europäische Werte besser assimilieren und übten auf das andere Geschlecht jene besondere Anziehungskraft aus, die der wohlgestaltete Mischling in einem Maße zu besitzen scheint wie kein reinblütiger Vertreter einer Rasse. Einige von ihnen waren uneheliche Söhne angesehener weißer Herren und hatten die zierliche Hand, den schmalen Fuß und manchmal auch die Lippen- und Nasenform ihrer vornehmen Väter.

Der Aufstieg der weißen Akademiker in der Gesellschaft im allgemeinen und in der Politik im besonderen vollzog sich rasch. Der Beginn der Regierungszeit Pedros II. brachte neben anderen Veränderungen der brasilianischen Physiognomie auch den Beginn der »juristischen Romantik« in Brasilien mit sich, nachdem das Land bis dahin mehr mit dem gesunden Menschenverstand der Alten als mit dem juristischen Verstand der Jungen regiert worden war. Schon mit Pedro I., dem Typ des extravaganten Zuckerpflanzersohnes, war der traditionelle, fast mystische Respekt vor dem ehrwürdigen Alter in Brasilien nahezu vollständig zerstört worden.

Die Akademiker und Doktoren, die aus Coimbra, Paris, aus Deutschland, Montpellier und Edinburgh zurückkehrten, und später auch die Absolventen der Fakultäten von Olinda, São Paulo, Bahía und Rio de Janeiro beschleunigten auf den Zuckerrohrplantagen nicht nur den Prestigeverlust des patriarchalischen Alters als eines mystischen Wertes an sich, sondern auch das Absinken der Grundherren zu rückständigen Hinterwäldlern. Die meisten dieser Akademiker studierten übrigens Jura oder Medizin, einige auch Philosophie oder Mathematik, und alle waren sie spitzfindige Debattierer, die mit der jugendlichen Verve und Brillanz Zwanzigjähriger die letzten Ideen aus England und die letzten Moden aus Frankreich propagierten. Der zweite Kaiser selbst, ein in den ersten Jahren seiner Regierungszeit etwas hochnäsiger Knabe, der mit einem gewissen Ausdruck von europäischer Überlegenheit in seiner Miene den Vorsitz in einem Kabinett von bejahrten Caboclo- und sogar Mulatten-Ministern führte – die provinziell, aber häufig hochgescheit waren, allerdings nicht die geringste Beziehung zur französischen Kultur hatten, sondern nur die ihnen mit Stock und Rute eingebleute lateinische Kultur kannten –, dieser Kaiser also fühlte sich begreiflicherweise zu den neuen Akademikern und Doktoren hingezogen, nicht nur wegen der ihnen gemeinsamen Jugend, sondern auch wegen der gemeinsamen europäischen Kultur. Denn niemand war so sehr Akademiker, Doktor und Europäer in diesem Land als Pedro II. Und niemand war weniger ein echter Brasilianer als er. Seine Regierungszeit war die Regierungszeit der Akademiker.

In seinen Memoiren schreibt Dom Romualdo de Seixas, ein »angesehener Abgeordneter und heutiger Senator des Kaiserreiches« habe allen Ernstes vorgeschlagen, »Fleisch, Mehl und Akademiker« nach Pará zu schicken, um die kaiserliche Herrschaft in jener Indianerprovinz des äußersten Nordens auf wirksamere Weise zu sichern. Dazu bemerkte Dom Romualdo: »Natürlich kam einem dieser Vorschlag lächerlich vor; aber wenn man ein wenig nachdenkt, sieht man, daß die beiden ersten

Hilfsmaßnahmen die angemessensten waren, um den von Hunger und Elend bedrängten Stämmen zu helfen, und daß die dritte nicht weniger wirksam war, und zwar aufgrund der magischen Wirkung eines Akademikerdiploms, das seinen glücklichen Inhaber zu einem Alleswisser und Alleskönner macht.«

Von Pedro II. darf man wohl ohne Übertreibung sagen, daß er mehr Vertrauen in die Akademiker setzte, die als Juristen die Provinzen verwalteten und korrekt Recht sprachen, als in die Fleisch- und Mehllieferungen an »die bedrängten Völkerstämme«, Lieferungen, deren Wert zweifelhaft und von kurzer Dauer war.

Aber der Akademiker erschien in Brasilien nicht erst unter Pedro II., im Schatten der kaiserlichen Palmen, die sein Großvater, der König, gepflanzt hatte. Schon die Jesuiten hatten der noch mit dichtem Urwald bedeckten Kolonie die ersten Akademiker und die ersten Beinahe-Doktoren oder Magister geschenkt. Und dank der Bemühungen der Patres und ihres Lateinunterrichtes beherbergte Salvador im 17. und 18. Jahrhundert in seinen Mauern schon Akademiker, die, wie Gregorio de Matos und sein Bruder Eusebio, wie Rocha Pita und Botelho de Oliveira, ihre Ausbildung bei den Jesuiten erhalten hatten. Einige von ihnen bildeten sich zwar in Europa weiter; aber fast alle hatten ihre klassische Ausbildung in Bahía selbst bei den greisen Patres erhalten.

Allerdings fällt der endgültige Aufstieg des Akademikers im politischen und sozialen Leben der Kolonie erst ins folgende Jahrhundert. Den Prestigegewinn des Akademikers in der kolonialen Gesellschaft beweisen Männer wie Gonzaga, Claudio, die beiden Alvarengas und Basilio da Gama. Zugleich beweisen sie den Triumph eines neuen Elements im politischen Leben Brasiliens: den Triumph des kultivierten Städters, mehr noch den Aufstieg des in der Kolonie geborenen Brasilianers und sogar des Mulatten in öffentliche Ämter und in die Amtsaristokratie.

In jenen Akademikern aus Minas Gerais macht sich tatsächlich schon im voraus der Niedergang des ländlichen Patriarchats bemerkbar, ein Prozeß, der im 19. Jahrhundert so offenkundig werden sollte. Sie gehören zur Aristokratie der Stadtpalais, einer Aristokratie, die sich jedoch deutlich von der früheren halbländlichen oder Handelsaristokratie unterschied. Sie war eine Aristokratie der Toga und des Talars.

Obwohl sie sich der Unterschiede zwischen ihrem brasilianischen Naturell und Europa oder dem portugiesischen Mutterland, wo sie studiert hatten, deutlich bewußt waren und ein unabhängiges und republikanisches Brasilien anstrebten, hatte das Studium in Europa sie der rohen und heißen Natur der Tropen entfremdet und ihnen dafür ein kühleres und bloß literarisches Naturgefühl gegeben. Diesem entsprachen schattige Mangobäume auf kleinen Bauernhöfen, von den Haussklaven gezähmte Affen und Papageien, die nun anstelle von Tupíwörtern lateinische und sogar französische Sätze daherplapperten, die sie von jenen neuen Herren gelernt hatten. Von Morais, dem Verfasser des bekannten *Dicionario,* zumindest ist überliefert, daß er sein Vergnügen daran hatte, Papageien Latein und Französisch beizubringen.

Auch wenn sie Mulatten waren, fühlten sich einige dieser Akademiker im Innersten »den blonden Schäfern« der zarten Bukolik Europas verwandt, wenn sie in ihren Versen die Landschaft der Tropen besangen.

Der blonde Schäfer, der meine Brust entzündet,
wird meinen Versen neue Kraft verleihen,

schreibt Alvarenga Peixoto in seinem »Canto Genetlíaco«.

Nach einem fünfjährigen Aufenthalt in Europa hält Claudio Manuel da Costa bei seiner Rückkehr nach Brasilien mit seiner Ernüchterung angesichts der tristen Landschaft nicht zurück. Das waren in der Tat nicht die »sagenhaften Gestade Arkadiens«, wo »das Plätschern der Wellen dem Dichter harmonische Verse eingibt«. Nach fünf Jahren intellektuellen Rausches am Mondego mit seinen ach so blauen Fluten blieb ihm hier, im Schatten der Cashewbäume, am Ufer der Flüsse mit ihrem schmutziggelben Wasser und unter Menschen, die durch die gierige Suche nach Bodenschätzen verdorben waren, nichts anderes übrig, als »sich der Muße zu widmen und sich inmitten von Unwissenden zu begraben«. Dieselbe Trostlosigkeit empfanden nach Claudio Manuel auch eine Reihe weiterer Brasilianer, die nach Auslandsstudien bei ihrer Rückkehr in die Heimat wahre Qualen ausstanden: die Qualen der schwierigen Wiederanpassung an das Milieu, an die Landschaft, an das Heim, sogar an die Familie: »Die Verzweiflung darüber, daß ich die Freuden des Tejo, des Lima und des Mondego nicht hierher zu verpflanzen vermag, lähmt meinen Geist mitten in meiner Heimat«, stellt der Bakkalaureus aus Minas Gerais melancholisch fest; und aus seinem Munde scheinen zahlreiche weitere Akademiker und Doktoren zu sprechen, die, von Arkadien träumend, nach ihrem Studium aus Europa heimkehrten und häßliche, triste Gegenden vorfanden, eine Landschaft, die die »Brandrodungen« kahl gemacht und der Bergbau verwüstet hatten. Diese Jünglinge hatten sich so weit europäisieren und intellektualisieren lassen, daß ihnen der brasilianische Alltag, vor allem auf dem Lande, wo das Leben noch weniger europäisch, noch ungeschliffener war, zunächst nur Überdruß und geradezu physischen Ekel einflößte.

Obwohl sie die Jüngeren waren und daher über die Dinge des Körpers und des Geistes freier urteilten, wurden sie zu scharfen Kritikern der Älteren und deren sexueller Zügellosigkeit, die bei den Sklavenherren, vor allem auf den Zuckerrohrplantagen und auf den großen Gütern, erlesenere Genüsse und höhere geistige Bedürfnisse ersetzte. In die Kolonie zurückgekehrt, verbirgt einer der am weitesten europäisierten Akademiker keineswegs den Widerwillen, der ihn befällt, als er zusehen muß, wie die Ufer des Flüßchens, an dem Vila Rica liegt, zu einem Schauplatz wüster Orgien geworden sind und wie afrikanische Tänze nicht nur in Negermucambos getanzt werden, sondern auch in den großen Stadthäusern der Weißen:

Oh, du glücklicher Tanz, du fandest Eingang
in die bescheidenen Hütten, wo die Negerinnen
und die niedrigen Mulattinnen schnürten
mit breitem Mieder ihren Leib.
Dich ehrten sie mit den Taugenichtsen und Tagedieben,
indem sie mit nackten Füßen auf den Boden stampften.
Jetzt gewährt man dir Einlaß
in die vornehmsten Häuser und Paläste!

Wenn diese Ernüchterten zu Patrioten wurden, verwandelten sie sich jedoch in glühende Verehrer ihrer Heimat – einige sogar in Märtyrer, mit denen sich nicht einmal Studenten in russischen Romanen messen konnten. Wenn der Ekel der ersten Jahre erst einmal vorbei war, wurden so manche der in Europa ausgebildeten Akademiker und Doktoren zu einem Element schöpferischer Differenzierung in einer integrierten Gesellschaft, deren Leben sich aufgrund eines gewissen Beharrungsvermögens um die patriarchalischen Herrenhäuser herum abspielte. Bei anderen dagegen hielt die Enttäuschung das ganze Leben lang an, und sie gingen zum Teil auch wieder in der rohen Umgebung auf wie Doktor José de Melo Franco aus Paracatú im Landesinneren. Einerseits standen die jungen Akademiker der ländlichen Aristokratie, an deren Vergnügungen und Verhaltensweisen sie sich nur schwer wieder gewöhnen konnten, feindlich gegenüber, andererseits fanden sie in ihr aber auch natürliche Verbündete für ihre revolutionären Pläne, die auf eine politische Unabhängigkeit der Kolonie abzielten, und sogar für ihre romantischen Abenteuer.

Alvarenga Peixoto, eben jener, der sich angesichts dieser »häßlichen und düsteren Steppen« als »blonder Schäfer« fühlte, besang schließlich auch dieses

ungesittete, doch gesegnete Land

und sogar seine Sklaven, die auf dem Feld arbeiteten. Es waren Menschen verschiedener Hautfarben – Schwarze, hell- und dunkelhäutige Mulatten –, die sich von jenen blonden Schäfern aus Europa dennoch so sehr unterschieden:

Männer aller Hautfarben,
helle Mulatten, dunkle Mulatten,
Schwarze und Pechschwarze,
die Arme gestählt von der Arbeit.

Eine ganze Reihe von Akademikern und Klerikern gelangte schließlich zu dieser halben Versöhnung mit dem zwar »häßlichen und düsteren«, aber doch heimischen Milieu, das nicht nur Gegenstand der politischen und sozialen Reformpläne wurde, sondern auch Schauplatz einer größeren Annäherung des Menschen an die Natur. Denn die Brasilianer, die in der zweiten Hälfte des 18. Jahrhunderts in Europa, vor allem in Frankreich, studierten, lasen dort ungehinderter als die am meisten nach politischen Neuigkeiten dürstenden Patres und Freimaurer in Brasilien – wo man sich nur ganz im verborgenen diesem intellektuellen Freidenkertum hingeben konnte – jene französischen Bücher, in denen die Rückkehr des Menschen zur Natur begeistert gepriesen wurde. Ein Idyll, aus dem allmählich neue Theorien erwuchsen, Theorien über die Freiheit, den Staat, die Menschenrechte und den Gesellschaftsvertrag. Vielleicht stand Alvarenga Peixoto bereits unter dem Einfluß dieses revolutionären Naturgefühls, als er in Negern, Indianern und Mischlingen mit den »von der Arbeit gestählten Armen« die wahren Erbauer Brasiliens sah, Männer, die den Lauf der Flüsse änderten und Breschen in die Gebirge schlugen, Männer, die man *»stets mit einem schweren Hebebaum oder einem Schmie-*

dehammer« sah. In der brasilianischen Kolonialliteratur ist diese Stimme eines Akademikers vielleicht die erste, die die Arbeit des Sklaven verherrlicht, die auf brasilianische Art schöpferische Leistung des aus Schwarzen, Indianern und vor allem aus Mischlingen bestehenden Proletariats für das Werden der Nation.

Die Inconfidência Mineira war eine Revolution von Akademikern wie auch die beiden Revolutionen in Pernambuco, die von Männern des 18. Jahrhunderts vorbereitet wurden, Revolutionen von Akademikern waren auch die von 1817 und die von 1824; zumindest jedoch waren sie Revolutionen von Klerikern, die allerdings eher Akademiker in Soutanen als Priester waren. Einige von ihnen hatten in Olinda im liberalen Seminar von Azevedo Coutinho »alle wichtigen Zweige der Wissenschaften« studiert, die nicht nur für einen Geistlichen, sondern auch für einen Bürger nützlich sind, der sich vornimmt, dem Staat zu dienen. Die besten Verbündeten dieser Intellektuellen, die ein unabhängiges und republikanisches Brasilien anstrebten, waren, das sei hier wiederholt, die an Sklaven und Ländereien reichen Gutsbesitzer.

Die Errichtung einer Republik war, einigen brasilianischen Historikern zufolge, schon im Jahre 1710 von Zuckerrohrpflanzern in Pernambuco versucht worden, die angeblich dem Vorbild der Republik Venedig nacheifern wollten. Jedoch scheint es, daß diesen fast sämtlich adligen, allerdings ländlich schlichten Revolutionären gerade die geistige Führung durch einen großen Akademiker oder aufgeklärten Geistlichen fehlte. An dieser fehlte es in der Verschwörung von Minas Gerais und in den beiden Aufständen von Pernambuco zu Beginn des 19. Jahrhunderts keineswegs – eher gab es zuviel davon. Hätte jedoch in einer von diesen Rebellionen das revolutionäre Ideal triumphiert, dann hätte dieser Sieg vielleicht zu einem harten Zusammenstoß zwischen den beiden Parteien geführt, zwischen den Anhängern der Unabhängigkeit, die für die Interessen der Zuckerproduzenten und des Bergbaus eintraten, und denjenigen, die die Unabhängigkeit weniger aus wirtschaftlichen als aus ideologischen Motiven suchten – oder zumindest aus Gründen eher psychologischer und soziologischer als ökonomischer Art.

Zu den letzteren gehörten die Akademiker oder doch eine große Zahl von ihnen. Vor allem die Mulatten, die »Braunhäutigen« unter ihnen und auch diejenigen, die, wie Tiradentes, zwar keine Akademiker, aber doch etwas Ähnliches wie Doktoren waren, das heißt »Zahnärzte und Bader« und nicht einfach akademisch daherredende Hausierer.

Diese farbigen Akademiker, Doktoren und Halbdoktoren fühlten wie niemand sonst die Notwendigkeit einer besseren sozialen Integrierung, die den Intellektuellen, den studierten Männern, dieser Art von neuer Aristokratie, die der Reinblütigkeit gleichgültiger als alle anderen gegenüberstand, eine größere Verantwortung in der politischen Führung des Landes einräumen würde. Charakteristisch für die Zwiespältigkeit und die Interessengegensätze, die die Männer von 1817 zumindest in zwei Gruppen schieden, ist die Unvereinbarkeit der Haltung des Richters Andrada, diese lebende Verkörperung rassischer Vorurteile, mit der Idee von einer radikalen, sozialen Demokratie, wie sie Doktor Manuel de Arruda Câmara vertrat.

Arruda Câmara war stark von französischen Einflüssen geprägt. Seine Biographen berichten, daß er aufgrund eines päpstlichen Dispenses aus dem Karmeliterorden austrat. Er studierte zunächst in Coimbra, und einige behaupten, daß er später in Montpellier ein Medizinstudium aufnahm.

Bei ihm jedoch führte der französische Kultureinfluß nicht dazu, daß er das Verständnis für die soziale Wirklichkeit Brasiliens verlor – eines Brasilien, in dem schon viele helle und dunkle Mulatten lebten. Für Arruda Câmara durfte die Revolution, die Brasilien von Portugal trennen sollte, nicht einfach eine politische Revolution sein, sie mußte vielmehr zu einer völligen Neustrukturierung der Gesellschaft führen.

Und dieser gesellschaftliche Umbau mußte auch eine verbesserte Regelung der Beziehungen zwischen Herren und Unterdrückten, zwischen Weißen und Farbigen mit sich bringen. Damit stand er in krassem Gegensatz zum Richter Antonio Carlos, einem brasilianischen Anhänger der Unabhängigkeit, der jedoch seinen nicht nur politischen, sondern sogar physischen Abscheu vor einer Revolution von radikalen Ideologen wie derjenigen von 1817 stark übertrieb. Eine solche siegreiche Revolution hätte seine »Stellung als Adliger« erschüttern und ihn – wie der erwähnte Richter es selbst ausdrückt – »auf eine Stufe mit der Kanaille und mit dem Pöbel aller möglichen Hautfarben« stellen und sogar seine »größten Hoffnungen auf ein späteres Fortkommen und auf höhere Ämter im Keim ersticken« können; im Gegensatz zu diesen für den Rassendünkel, der sich mit der Herrschaft einer bestimmten Klasse verband, so charakteristischen Worten läßt das Testament Arruda Câmaras, das er seinem Schüler, dem Pater João Ribeiro, hinterlassen hat und das am 2. Oktober 1810 in Itamaracá abgefaßt ist, ein anderes Verständnis für das brasilianische Problem der Beziehungen zwischen verschiedenen Rassen und Klassen erkennen. »Man beseitige endlich die Rückständigkeit der Farbigen«, schrieb Arruda Câmara seinem Lieblingsschüler, dem bedauernswerten Priester, dessen verträumter Kopf sieben Jahre später als abschreckendes Beispiel für die Revolutionäre, auf einen Pfahl aufgespießt, der Verwesung preisgegeben werden sollte. »Dieser Mißstand muß aufhören, damit es, wenn öffentliche Ämter besetzt werden müssen, Menschen gibt, die ihnen gewachsen sind; niemals kann sich Brasilien weiterentwickeln, ohne daß die Farbigen in ihrer Gesamtheit mitarbeiten; man kümmere sich nicht um jene verkommene und verbrecherische Aristokratie, die stets nichtige Hindernisse aufbaut. Die farbige Bevölkerung muß am Fortschritt Brasiliens teilhaben, ob nun mit oder ohne Monarchie.«

Der Aufstieg des von französischen Einflüssen geprägten Akademikers oder Doktors – ob Mulatte oder nicht – brachte auf dem Umweg über Gesetze, die in ihrer Wurzel und in ihren eigentlichen Beweggründen fast freudianisch waren, viel Wirklichkeitsflucht in das Leben Brasiliens. Diese Gesetze waren eine Kopie der englischen und französischen und standen im Gegensatz zu den portugiesischen Gesetzen: ein Aufbegehren der Söhne gegen die Väter.

Melo Morais gedenkt um die Mitte des 19. Jahrhunderts voller Sehnsucht der Alten seiner Jugendzeit, des Ansehens, das sie genossen, des gesunden Menschenverstandes, mit dem sie die damalige Kolonie verwalteten, und beklagt neben anderen Widerwärtigkeiten der modernen Zeiten die Vorherrschaft französisch gebildeter Akademiker; der Unerfahrenheit der Stubengelehrten setzt er die praktische Weisheit der alten Beamten entgegen. Von diesen kann man tatsächlich sagen, daß ihr Verhältnis zu den Söhnen und Enkeln, die in Europa oder zumindest unter französischem und englischem Einfluß Jura, Philosophie, Mathematik oder Medizin studiert hatten, ähnlich war wie das Verhältnis manches einheimischen Medizinmannes zu den jungen Medizinern aus Montpellier und aus Paris: Sie waren den Gelehrten aufgrund ihrer Erfahrung und ihrer Praxis überlegen, aufgrund der intuitiven Einsichten von Menschen, die täglich Auge in Auge den Krankheiten und Gebrechen eines Milieus gegenüberstanden, das vom europäischen so verschieden war; von Menschen, die aus der Überlieferung und manchmal auch aus der Erfahrung am eigenen Leibe die Wirkung der einheimischen oder aus Afrika importierten Baumsäfte, Kräuter und Gifte kannten.

Professor Gilberto Amado behauptet, die für die Politik und die Verwaltung des Kaiserreiches wertvollsten Männer seien keineswegs die mit der besten Hochschulbildung gewesen, »mit ihrer mühelosen und unerschöpflichen Gelehrsamkeit, die am Rande der Tatsachen und Dinge blieb«. Und in einem seiner brillantesten Essays bemerkt er, diese Männer »mit der besten Hochschulbildung« seien von einer »abstrakten Gelehrsamkeit« gewesen, »die sich mehr mit allgemeinen Erörterungen als mit den eigentlichen Problemen befaßten« und deren Reden voller »Zitate von französischen und englischen Staatsmännern« seien, ohne daß sie sich jedoch »die Mühe machten, auch nur oberflächlich die Gegebenheiten von Rasse, Milieu und zeitlichen Zusammenhängen des Kaiserreiches zu untersuchen«. Die tüchtigsten Politiker seien häufig Männer von ganz anderem Schlage als die im Vergleich zu ihnen gebildeteren Akademiker gewesen, nämlich Männer mit geringerer theoretischer Ausbildung. Das galt für ganz Brasilien, von Paraná bis Cotegipe. Wenn es auch gegen Ende des 18. Jahrhunderts in Europa ausgebildete Doktoren und Akademiker gab, die wie Arruda Câmara die europäische Theorie mit den praktischen Fähigkeiten von Badern, die soziale Krankheiten mit brasilianischen Mitteln zu heilen verstanden, vereinigten, trieben viele doch die Theorie zu weit. Sie waren Romantiker oder Büchermenschen, die ein rein europäisches Land und nicht ein Land mit einer vielrassigen Bevölkerung zu verwalten glaubten.

Im Jahre 1845, mitten in der Regierungszeit des zweiten Kaisers und während der Blüte der Rechtsfakultäten von Recife und São Paulo, lagen die Verwaltung der Provinzen und die höheren politischen Regierungsämter ausschließlich in den Händen von Männern mit Hochschulbildung. Die Zahl der Gebäude, in denen sich die Regierungsstellen und die wichtigeren öffentlichen Ämter etablierten, nahm ständig zu. Einige dieser Gebäude waren neu und im französischen oder italienischen Stil gebaut, andere wiederum ehemalige Klostergebäude oder Patriarchensitze, die man der Bürokratie der Kaiserzeit angepaßt hatte. Zugleich nahm die Zahl der in Privathand befindlichen Herrenhäuser immer mehr ab.

Die Machtverschiebung von einem Gebäudetyp auf den anderen blieb vom Volk nicht unbemerkt. Jedoch hatte es sich so sehr an das Prestige der patriarchalischen Herrenhäuser gewöhnt, daß in einigen Provinzen die Paläste der Präsidenten als »Herrenhäuser« der Regierung bezeichnet wurden; und in fast allen Provinzen gestand das Volk offenbar den Akademikern, den Doktoren und sogar den Baronen und Bischöfen nur widerwillig dieselbe Bedeutung zu wie den als »Oberste« titulierten Bewohnern der Herrenhäuser. Noch heute lebt im Volk die Verehrung für militärische Titel fort: In seiner Vorstellung wird der Messias Brasiliens eher ein Herr Hauptmann oder ein Herr General sein als ein Herr Akademiker oder ein Herr Doktor. Jedoch nahm das Prestige der Titel »Akademiker« und »Doktor« im städtischen und sogar im ländlichen Milieu vom Beginn der Kaiserzeit an ständig zu. In den Zeitungen tauchten seit den ersten Jahren des 19. Jahrhunderts Nachrichten und Anzeigen über »fertig ausgebildete Akademiker«, »Doktoren« und sogar »Herren Studenten« auf und kündigten damit die neue aristokratische Macht an, die nun ihren Aufstieg begann, eingehüllt in ihre Gehröcke und Talare aus schwarzer Seide, aus denen bei den Ministern und Gerichtspräsidenten »prächtig bestickte«, aus dem Orient importierte Talare wurden. Beinahe Gewänder von chinesischen Mandarinen. Und diese Gewänder vermochten Farbige, Mulatten und »Braunhäutige« durchaus zu adeln.

Sicherlich waren die Mitteilungen, die in Zeitungen über Akademiker erschienen, zuweilen indiskret. Da gab es beispielsweise Schneider, die nach jahrelangem beharrlichem Warten enthüllten, daß der Herr Akademiker X, der Herr Doktor Y oder der Herr Studiosus Z ihnen noch immer die Bezahlung für einen Gehrock oder einen maßgeschneiderten Anzug aus dem und dem Monat und Jahr schuldete.

Der soziale Aufstieg des armen Akademikers, der, auf sich selbst angewiesen, sich höchstens in zweireihigen maisfarbenen Jacken und verknautschten Anzügen zeigen konnte oder sich andernfalls den öffentlichen Indiskretionen der Schneider aussetzen mußte; der nicht über die nötigen Beziehungen verfügte, um ins Parlament zu kommen oder um als Diplomat Karriere zu machen; der zuweilen nur dank der heroischen Opfer seines Vaters oder seiner Mutter, eines Klempners oder einer Obsthändlerin, hatte studieren können – sein Aufstieg wurde häufig durch die Heirat mit einem Mädchen aus begüterter oder einflußreicher Familie ermöglicht.

Von einigen intelligenten, aber armen jungen Männern heißt es, sie hätten ihren Abgeordnetensitz oder Ministersessel nur auf diese Weise errungen. Einige von ihnen hatten einen klangvollen Namen, und ihnen fehlte nur der nötige Reichtum oder die nötige Macht, um Vornehmheit und Prestige zu erlangen. Andere wieder hatten einen Vater niedriger Herkunft, der ein Mädchen mit einem illustren Namen geehelicht und diesen an seine Nachkommen weitergegeben hatte.

José da Natividade Saldanha jedoch repräsentierte in Brasilien den Typ des Nonkonformisten: den Typ des Mulatten mit Hochschulbildung, der dem Erfolg auf dem Weg des geringsten Widerstandes eine oppositionelle Haltung vorzog. Er blieb stets ein Widerspenstiger. Als Sohn eines Priesters studierte er im Seminar von Olinda Theologie. Jedoch lehnte er sich gegen das Seminar auf, »trotz der Erbanlagen, die ihn als Sohn eines Priesters Christi vor einem solchen Irrtum deutlich hätten warnen müssen«, schreibt einer seiner Biographen. Danach studierte er in Coimbra Rechtswissenschaften, »erfüllt vom angeborenen Unabhängigkeitsstreben, das Kinder aus einer ungesetzlichen Liebe an sich zu haben pflegen«. Und bei der Verkündung des Todesurteils, das wegen seiner Teilnahme an der Revolution in Pernambuco gegen ihn ausgesprochen wurde, bemerkte de Caracas zu diesem Urteil, das ein weißer Richter namens Mayer gefällt hatte und in dem Saldanha als Mulatte bezeichnet wurde: »Eben dieser Mulatte Saldanha hatte früher Preise erhalten, und während der Mulatte den Posten eines Auditors in Pernambuco ausschlug, errang Mayer ihn durch Speichelleckerei.«

Wenn in den Zeiten eines Koster die Grundbesitzer der abgelegeneren Pflanzungen ihren Geschäftsfreunden Personal empfahlen, das nur weiß zu sein und lesen und rechnen zu können brauchte – und glänzende Akademiker, die jedoch Mulatten waren, noch wie im Falle Saldanhas abwiesen –, so stiegen mit dem Beginn des Kaiserreiches die soziologischen Ansprüche, während die biologischen abnahmen. Die einfachen weißen Verkäufer, die übrigens für die patriarchalische Wirtschaft und für die Reinerhaltung der weißen Rasse von großem Nutzen waren, genügten nun nicht mehr.

Was man jetzt brauchte – selbst auf die Gefahr hin, daß einige Schwiegersöhne bloße Schmarotzer der patriarchalischen Wirtschaft würden oder die Reinblütigkeit der Hinterwäldlerfamilien beflecken könnten –, waren Akademiker und Doktoren, wobei man nicht immer so streng auf die Reinblütigkeit achtete. Immerhin sei betont, daß der soziale Aufstieg eines Akademikers, der eindeutig Mulatte war, selten ohne dramatische Verwicklungen vor sich ging.

In mehr als einem Fall wurde der Akademiker, der in eine wohlhabende oder einflußreiche Familie eingeheiratet hatte – vor allem in eine der mächtigen Zuckerpflanzer- und Großgrundbesitzerfamilien –, das politische Zentrum der Familie. Wenn man das Verhältnis von João Alfredo Correira de Oliveira zu seinem Schwiegervater, dem Baron von

Goiana, betrachtet, spürt man das politische Übergewicht des studierten Schwiegersohnes über den patriarchalischen Plantagenbesitzer. Vermutlich wurde sogar um der politischen Karriere des Schwiegersohnes willen der Wohnsitz der Familie vom Herrenhaus von Goiana in das ebenfalls weitläufige Stadtpalais in Recife verlegt, wo der Schwiegervater, eine stattliche, blauäugige, jedoch ein wenig hinterwäldlerische Erscheinung, zu einer zweitrangigen Gestalt herabsank, unbedeutend neben dem in einen gutgearbeiteten Zweireiher gekleideten Akademiker mit seinem weltläufigen Benehmen, der in seinem Mischlingsgesicht Züge der hübschen wilden Indianerin bewahrte, die in ihrer Jugend den Beinamen Maria Salta Riacho erhalten hatte. Dieser Enkel einer unzivilisierten Indianerin wurde, noch nicht dreißigjährig, kaiserlicher Minister.

Einige Zeit später, nach den ersten Enttäuschungen als Politiker, bereute es João Alfredo, daß er das schattige Herrenhaus auf der Plantage mit dem über und über mit Kacheln bedeckten Stadtpalais vertauscht hatte, das noch heute unter der Sonne von Recife erglänzt und eine nüchterne militärische Dienststelle beherbergt. Aber jetzt war es zu spät. Jedoch darf nicht vergessen werden, daß es auch in Europa ausgebildete Akademiker gab, die, nach Brasilien zurückgekehrt, lieber im Herrenhaus des Vaters oder Schwiegervaters lebten als in Rio de Janeiro oder einer der anderen großen Küstenstädte. So etwa Dr. Antonio de Morais Silva, der aus Rio de Janeiro stammte und als Plantagenbesitzer in Pernambuco sein Leben beschloß.

Der politische Aufstieg der Akademiker innerhalb der Familien betraf nicht nur die Schwiegersöhne: Er betraf vor allem die Söhne, wie wir schon in einem der vorausgegangenen Kapitel zeigten. Wenn wir hier auf den Aufstieg des Schwiegersohnes so großes Gewicht legen, dann deshalb, weil hier das Phänomen der vollständigen oder partiellen Machtverschiebung vom ländlichen Adel auf die Aristokratie des Geistes und auf das Bürgertum, von den Herrenhäusern der Plantagen auf die Patrizierhäuser der Städte besonders deutlich zum Ausdruck kommt.

Der bereits erwähnte Professor Gilberto Amado kommt an einer anderen Stelle seines geistreichen Werkes auch auf den Einfluß zu sprechen, den in der zweiten Hälfte des 19. Jahrhunderts die Akademiker ausübten, »diese äußerst rege intellektuelle Plebs aus armen Doktoren, Journalisten und Rednern, die allerorten im Lande mit der Feder, dem Wort und der Tat hervortraten, um im Namen des Liberalismus die öffentliche Meinung zu beherrschen«. »Angesichts des Unterganges der durch die

Abschaffung des Sklavenhandels und andere Ursachen ruinierten großen Familien«, fügt er hinzu, »sind sie es, die allmählich in den Parteikämpfen die Söhne von Plantagenbesitzern, von Vicomtes, Grafen oder Baronen ablösen und ins Rampenlicht der politischen Bühne treten.«

Hier zeichnet sich bereits etwas anderes als das bereits beschriebene Phänomen ab: das Phänomen einer Generation von Akademikern, die sich nach dem Studium für die Abschaffung der Sklaverei und für die Republik einsetzten. Jedoch war diese zweite Generation eine Fortsetzung der ersten: Sie beschleunigte nur noch den Niedergang des ländlichen Herrenhausbewohners und seine Ablösung schon nicht mehr durch den promovierten Sohn oder den Schwiegersohn aus bescheidenen Verhältnissen, sondern durch den fremden Akademiker, der auf aggressivere Weise nach vorne drängte: unter heftigen Zusammenstößen und Reibungen mit dem alten ländlichen Patriarchat und selbst mit dem vornehmen Bürgertum der Stadthäuser. Jedoch ging die Generation, die die Republik schuf, oft einen bürgerlichen Mittelweg zwischen der alten und der neuen wirtschaftlichen Ordnung. Sogar einige jener Akademiker, die ganz offensichtlich Mulatten plebejischer Abkunft waren, wie Nilo Peçanha, repräsentierten den Ausgleich zwischen den beiden Strukturen. Keineswegs alle waren, wenngleich einige von ihnen eine antiklerikale Einstellung und andere ein gewisses jakobinisches Republikanertum demonstrierten, was sich jedoch eher auf der Straße als im Hause, eher in Worten und großartigen Reden als in den täglichen Handlungen oder gar in der Kleidung äußerte.

Nilo Peçanha zum Beispiel schuldete einem Schneider aus Recife die Bezahlung für einen vornehmen Frack oder Gehrock; darin unterschied er sich in nichts von einem adligen Jüngling. Joaquim Nabuco wurde fast ein Sozialist, nachdem er sich durch seinen Antiklerikalismus hervorgetan und sich sogar dem Republikanismus genähert hatte, ohne deswegen in seinen Handlungen und – von einigen Extravaganzen abgesehen – auch in der Kleidung darauf zu verzichten, als der vornehmste aller Stadthausbewohner Recifes und der eleganteste aller Herrenhausbewohner von Pernambuco aufzutreten.

Der scharfsinnige Sylvio Romero aus Sergipe wie Professor Gilberto Amado scheinen das Phänomen verstanden zu haben, das wir auf diesen Seiten mit dem Niedergang des ländlichen Patriarchats in Brasilien in Verbindung zu bringen versuchen: nämlich den Übergang der Macht oder eines ansehnlichen Quantums an Macht von der ländlichen Aristokratie, die fast immer der weißen Rasse angehörte, nicht nur auf den bürgerlichen Intellektuellen – den Akademiker und Doktor, der oftmals Mulatte war –, sondern auch auf den Offizier, den Absolventen einer Militärakademie oder eines Polytechnikums, der auch ein Neger sein konnte. Hier jedoch berühren wir einen weiteren Aspekt des Themas, der die Grenzen dieser Untersuchung ein wenig überschreitet: Die Heeresuniform, die Offizierslitzen, die technische Ausbildung des Soldaten, die militärische Karriere – vor allem die Zwitterlaufbahn des akademisch gebildeten Offiziers – waren ein weiteres Mittel, das dem Mulatten Zugang zur Gesellschaft eröffnete. Vielleicht kann man diese Feststellung zu folgender Hypothese ausweiten: Die politische und revolutionäre Tätigkeit der Streitkräfte war möglicherweise unter anderem ein weiterer Ausdruck der Unzufriedenheit des intelligenteren und feinfühligeren Mulatten, der noch nicht recht in sein Milieu integriert war. Die Marine war in diesem Punkt, wie man weiß, das genaue Gegenteil des Heeres. Lange Zeit versperrte sie mit den ausgefallensten Ausflüchten technischer Art dem Mulatten und sogar dem etwas dunkleren Caboclo fast ausnahmslos den Zugang zu den führenden Stellungen; und ihr Offizierskorps bildete vielleicht die beste Auslese von Beinahe-Ariern in Brasilien.

Die Marine war noch mehr als die Kirche – obwohl auch sie in Brasilien, allerdings weniger als in Mexiko, mit dem Aufbegehren der Armen und Mischlinge unter den Priestern gegen die reichen und vornehmen Priester zu kämpfen hatte – vom Geist der Unterordnung und Anpassung beziehungsweise von der mystischen Ehrfurcht vor der Autorität erfüllt. Bezeichnenderweise war die einzige von ihr getragene Revolution in Wirklichkeit eine Konterrevolution. Der Held dieser Bewegung, einer der hellhäutigsten und vornehmsten Brasilianer seiner Zeit, war Saldanha da Gama.

Auf der Gegenseite war es ein Offizier des Heeres, der Typ des verschlagenen und mißtrauischen Caboclos, der die neue, von Akademikern und Doktoren im Verein mit Majoren und Hauptleuten errichtete politische Ordnung verkörperte. Dieser Offizier wurde wegen seiner hinterwäldlerischen Kleidung und wegen seiner ebenfalls hinterwäldlerischen Pantoffeln berühmt, in denen er sich von den Militärstiefeln erholte.

Es ist begreiflich, daß sich der Mischling durch die goldbetreßte Uniform des Heeresoffiziers angezogen fühlte. Diese Uniform kam seinem

Ehrgeiz entgegen, sich mit den Insignien der Autorität und Befehlsgewalt auf eine Stufe mit dem Weißen zu stellen, und zugleich war sie ein Machtinstrument in seinen unruhigen Händen. Diese Insignien der Macht tauchen seit den ersten Jahren des 19. Jahrhunderts in den Zeitungsanzeigen auf mit all ihrem Glanz, der auf Personen verführerisch wirken muß, die soziologisch gesehen auf der Stufe von Kindern und Frauen stehen. Dieses Phänomen kommt gelegentlich bei Mischlingen vor, die sich in der Phase des Aufstiegs zu Autorität und Befehlsgewalt befinden, das heißt zu Ehren, die bis dahin von Weißen und Fast-Weißen als Privileg einer mit Rassereinheit gleichgesetzten Herrenkaste gehütet worden waren.

Der Graf von Valadares hatte noch während der Kolonialzeit in Minas Gerais farbige Regimenter aufgestellt, deren Offizierskorps sich aus Mulatten und Negern zusammensetzte. Das bedeutete einen Prestigeverlust für die einheimische Aristokratie. Übrigens gab es noch in kolonialer Zeit sogar Mulatten, die es zu hohen militärischen Rängen brachten, unter ihnen selbst dunkle Mulatten wie der, den Koster in Pernambuco kennenlernte. Wenn diese Mulatten jedoch Ämter – etwa das eines Generalkapitäns – bekleideten, die während der Kolonialzeit in der Regel den Herren vorbehalten blieben, galten sie offiziell als weiß. Solche Posten hatten sie durch irgendeine außergewöhnliche Fähigkeit oder einen außergewöhnlichen Umstand erlangt, vielleicht durch eine Heldentat, ein mutiges Vorgehen gegen Rebellen oder durch eine große Erbschaft von irgendeinem geistlichen Paten. Als sich Koster in Pernambuco erkundigte, ob ein bestimmter Generalkapitän Mulatte sei – was übrigens nicht zu übersehen war –, antwortete man ihm mit der Gegenfrage, »ob denn ein Generalkapitän Mulatte sein könne«.

Der Titel des Generalkapitäns »arisierte« sogar die dunklen Mulatten – eine magische Kraft, die in diesem Ausmaß noch nicht einmal die Akademikerdiplome besaßen, die zu Diplomen für Rassereinheit wurden; ebensowenig wie die Kronen für Vicomtes und Barone, mit denen Seine Majestät der Kaiser Häupter krönte, die keineswegs immer von glattem blondem oder auch nur braunem Haar bedeckt waren, Köpfe, die zuweilen mehr als plebejischen Verhältnissen entstammten. Von einem dieser Adligen hieß es sogar, er sei von einer farbigen Frau geboren worden, die wegen der Glut, mit der sie in ihrer Jugend ihren Liebhabern ein Übermaß an sexuellen Genüssen verschaffte, den Beinamen *Maria-du-bringst-mich-um* trug.

Daß sich in Brasilien andere Mischlinge, die aufgrund ihrer militärischen Stellung eine halbe Zugehörigkeit zur Aristokratie erreicht hatten, keineswegs mit derselben Selbstverständlichkeit als Weiße fühlen konnten wie der Generalkapitän, den Koster kennenlernte, beweist der Fall von Pedroso, dem Kommandanten von Recife im Jahre 1823, auf den wir in der vorliegenden Untersuchung wiederholt zu sprechen kommen. Pedroso machte aus dem Degen des Verteidigers der Ordnung und des Kaiserreiches ein Instrument der Revolution. Ein Instrument, das nicht im Dienste irgendeiner politischen Partei oder einer bloßen Empörung in einer Kaserne stand, sondern im Dienste einer der am deutlichsten aus der sozialen Unzufriedenheit der farbigen Bevölkerung hervorgegangenen Bewegungen. Pedroso verkehrte in den Mucambos, verbrüderte sich mit den Negern und Mulatten, trank und aß mit ihnen. Und einige Tage lang hörte man in Recife kein anderes Lied als diesen Vierzeiler:

Fremde mit dem Kalkgesicht,
ihr gehört jetzt umgebracht,
denn nur Schwarzen und Mulatten
gebührt in diesem Land die Macht.

Dieses Gefühl der Unzufriedenheit erklärt andererseits vielleicht auch die Teilnahme von Mulatten mit Hochschulbildung, wie Natividade Saldanha, an revolutionären Bewegungen, die wohl weniger auf ihren französisch beeinflußten gelehrten und patriotischen Idealismus zurückgingen als auf ihr beinahe körperliches und ganz gewiß psychisches Unbehagen, das sie als Mulatten empfanden; auf die Unzufriedenheit von Menschen, die sich nur schwer in der damals vorherrschenden sozialen Ordnung zurechtfanden, mit ihrer nach der alleinigen Macht strebenden weißen Elite, wie sie von Guedes Aranha und Antônio Carlos verkörpert wurde.

Andererseits erklärt diese Unzufriedenheit vielleicht auch den Zug zwar nicht einer offenen sozialen Rebellion, sondern offenbar eines bloßen Grolls, der sich bei einigen der größten brasilianischen Dichter des 19. Jahrhunderts findet. Dieser Groll verbirgt sich nur unvollkommen hinter romantischer Traurigkeit, individuellem Kummer und dem gedämpften Schmerz des unglücklich Verliebten. Diese Mulatten, die in Coimbra oder in den Akademien des Kaiserreichs ihr Diplom erworben hatten, konnten sich niemals vollständig mit der Gesellschaft jener Zeit und ihren Rassevorurteilen abfinden, die zwar milder als in anderen Ländern, jedoch keineswegs ganz harmlos waren.

So erging es etwa dem großen Dichter Dr. Antonio Gonçalves Dias aus Maranhão, einem typischen »Mulatten« oder »Braunhäutigen«, der es zum Akademiker gebracht hatte. Als Sohn eines Portugiesen und einer Cafuza blieb er sein Leben lang ein schwermütiger Außenseiter in der damals noch vorherrschenden sozialen Ordnung eines Landes, das kaum den Status einer Kolonie überwunden hatte und wo es neben Gouverneuren wie dem Grafen von Valadares, die sich durch die Bevorzugung von Schwarzen gegenüber einheimischen Weißen auszeichneten, auch Generalkapitäne vom Schlage des Marquis de Lavradio gab, der einen indianischen Soldaten wegen seiner Heirat mit einer Negerin degradierte.

Seine Rassenzugehörigkeit war eine ständig blutende Wunde für den Dichter, wenn er sie auch unter dem Zweireiher des Doktors zu verbergen suchte. Er litt unter der Erbärmlichkeit seiner Herkunft, dem Stigma seiner Hautfarbe, seinen negroiden Zügen, die ihm beständig aus dem Spiegel zuriefen: »Denk daran, daß du ein Mulatte bist!« Das war in dieser Zeit und in diesem Milieu für ihn noch schlimmer als für den römischen Triumphator die Sterblichkeit. Dem Dichter genügte der Triumph oder die literarische Unsterblichkeit nicht: Sein Ehrgeiz war es, genau wie jeder beliebige Sterbliche weißer Hautfarbe in der eleganten Gesellschaft seiner Zeit zu triumphieren.

Die literarische Begeisterung für die Indianer, die Gonçalves Dias wie eine Perücke oder ein künstliches Gebiß angenommen zu haben scheint, verbirgt nur unvollkommen den grenzenlosen Schmerz darüber, daß er Mulatte war: ein heftiger, jedoch unterdrückter Schmerz, den Sylvio Romero irrtümlicherweise seinem »Indianerblut« zuschrieb, das heißt der biologischen Tatsache der indianischen Herkunft des Dichters. Das indianische Blut in seinen Adern allein war jedoch am wenigsten verantwortlich für jene Schwermut des Akademikers aus Maranhão; ihre Hauptursache war vielmehr das Bewußtsein vom Negerblut in den Adern seiner Mutter sowie sein Leiden unter den sozialen Reaktionen auf diese seine Herkunft.

Wir sind nicht die ersten, die die Traurigkeit von Gonçalves Dias mit dem Bewußtsein seiner Herkunft als Sohn einer Cafuza-Sklavin in Verbindung bringen. Einer seiner Studiengefährten in Coimbra und, mehr noch, einer seiner engsten Vertrauten – Rodrigues Cordeiro – bezeugte im Jahre 1872: Was Gonçalves Dias »in schlaflosen Nächten schwer auf der Seele lag«, war das Bewußtsein, Sohn einer mit einem Portugiesen liierten farbigen Frau zu sein, ein Bewußtsein, das in Gedichten wie *O Tempo* hervorbrach.

Dabei hat es nichts zu bedeuten, wenn Gonçalves Dias in Gedichten über afrikanischere Themen, wie in dem Gedicht *Die Sklavin,* Distanz zum Neger wahrt und darauf verzichtet, die akademische Sprache eines in Coimbra gebildeten Bakkalaureus zur klaren und freimütigen Stimme der Rasse werden zu lassen, die durch die Sklaverei, in deren tragischer Nähe er geboren war und deren Schrecken er aus der Nähe kennengelernt hatte, erniedrigt worden war.

Denn sein Bewußtsein war keineswegs – und konnte es in Brasilien auch gar nicht sein – das Bewußtsein, Neger oder Afrikaner zu sein, das in anderen Ländern stärker ist als dasjenige, Mulatte, selbst mit heller Hautfarbe, zu sein; denn in Brasilien war der Neger nie derjenige, »der nicht mehr zu den Weißen gehört«, wie es im alten Sprichwort heißt: »Wer nicht mehr zu den Weißen gehört, ist ein Neger.« Dieses Wort wurde in der Folgezeit durch das brasilianische Sprichwort ersetzt: »Wer nicht mehr zu den Negern gehört, ist ein Weißer.«

Sein Groll war typisch für den Mulatten, der dem sozial minderwertigen Aspekt seiner Herkunft gegenüber empfindlich war, obwohl er aufgrund seiner Eigenschaft als Akademiker die Vorteile der weißen Rasse genoß.

Die literarische Romantik in Brasilien – die Stimmen von klagenden und jammernden, fast femininen Männern – ist keineswegs mit anderen romantischen Bewegungen gleichzusetzen, mit der »Revolte des Individuums« gegen alles: Gesellschaft, Epoche, Rasse, von der der französische Kritiker spricht. In einigen Fällen war sie offenbar weniger Ausdruck von aufbegehrenden Individuen als von Angehörigen einer Mischrasse, die besonders deutlich den sozialen und vielleicht psychischen Abstand zwischen sich und der eindeutig weißen und reinen Rasse empfanden, ähnlich wie Intersexuelle es dem eindeutig männlichen und beherrschenden Geschlecht gegenüber tun.

Dieses Phänomen – das Aufbegehren des Mischlings, der sich wie der Zwitter der gesellschaftlichen Distanz zwischen sich selbst und den in seinem Milieu üblichen gesellschaftlichen Normen wohl bewußt war – kann man auch an dem überragenden Künstler Aleijadinho beobachten. Bei diesem kranken Mulatten und Bildhauer der Kirchen von Minas

Gerais nahm der Groll den Ausdruck einer sozialen Revolte an, einer Rache der unterdrückten Unterrasse, einer unbefriedigten Geschlechtlichkeit, eines unvollendeten Donjuanismus. Bei ihm schufen nicht nur die Hautfarbe und Herkunft den sozialen Abstand von der weißen Herrenklasse, sondern auch jene Krankheit, die seinen Körper allmählich zerfraß, seine Finger verstümmelte und nur das Wrack eines Mannes und einen spärlichen Rest an sexuellem Empfinden übrigließ. Daher tauchen die Gestalten von »Weißen«, »Herren« und »römischen Hauptleuten« in der Skulptur Aleijadinhos entstellt auf, weniger aus Verehrung für Jesus Christus und aus religiösem Haß gegen seine Feinde als aus Wut darüber, Mulatte und krank zu sein; als Ausdruck des Aufbegehrens gegen die weißen Beherrscher der Kolonie, von denen er einen mit künstlerischer und zugleich mystischer Absicht abbildete oder vielmehr karikierte und entstellte. Denn er war eine Art Mulatten-El Greco, der Gestalten von abstoßender Häßlichkeit schuf, bei denen er hauptsächlich die Nase übertrieb: den physischen oder plastischen Hauptunterschied zwischen Unterdrückten und Unterdrückern im Brasilien seiner Zeit. Übrigens haben alle seine Skulpturen von römischen Hauptleuten und Soldaten, von denen der Juden in Congonhas do Campo ganz zu schweigen, Nasen, deren Form und Größe bis zur Lächerlichkeit übertrieben sind.

Die zutiefst brasilianische oder zumindest außereuropäische und sogar außerkatholische Bedeutung des Werks von Aleijadinho blieb den jüngsten Kritikern des farbigen Bildhauers, wenn auch unter einem anderen Aspekt, nicht gänzlich verborgen. Zu ihnen gehören unter anderen Manuel Bandeira und Mário de Andrade. Den revolutionären Aspekt hob Professor Afonso Arinos de Melo Franco in einem Artikel über die Reise hervor, die wir beide zusammen im Jahre 1934 durch Minas Gerais unternommen haben. Denselben Aspekt versuchten wir gleich nach jener Reise in einer gemeinsam mit dem Maler Cícero Dias verfaßten und dem Afro-Brasilianischen Kongreß vom gleichen Jahre in Recife vorgelegten Arbeit über afrikanische Reminiszenzen in der Volkskunst Brasiliens zu charakterisieren. Dazu gehörte auch die Kunst der Votivbilder, die Kunst der Bildschnitzer von Heiligenstatuen, deren Heilige und Madonnen aus Cajáholz manchmal wie Iansãs oder Orixás aussehen. Dies gilt besonders für Aleijadinho, dessen christliche Figuren ganz offensichtlich eine Entstellung nach außereuropäischem und außer-griechisch-römischem Stil aufweisen, wenngleich man diese Richtung auch nicht als typisch afrikanisch bezeichnen kann. Afrikanisch ist sie höchstens am Rande. Vor allem ist sie typisch brasilianisch, das heißt Produkt einer Mischkultur beziehungsweise, kulturell gesehen, einer pluralistischen Kultur.

Derselbe außereuropäische Einschlag, wie wir ihn bei den Bildschnitzern von Heiligenfiguren und Malern von Votivbildern finden, ging durch die Vermittlung des Mulatten auch in die brasilianische Musik und durch die Vermittlung des Mulatten und des Negers in die brasilianische Küche ein, die heute in ihren typischsten Leckerbissen ja sehr wenig europäisch ist. Doch vermochte sich das außereuropäische Element in den weniger spontanen, den gelenkten und offizielleren Künsten kaum Geltung zu verschaffen. Seine ungestörte Entfaltung wurde vor allem durch die europäische, griechisch-römische, lateinische oder französische akademische Tradition in Malerei, Bildhauerei, Dichtkunst und Architektur verhindert.

Allerdings gab es in der Dichtkunst eine Konvention, die dem Einfluß der außereuropäischen Überlieferungen und Anregungen, welche die Rassenmischung der brasilianischen Lyrik schenkte, nicht widerstand: die Konvention der blonden und hellhäutigen Frau.

Der Einfluß der außereuropäischen Anregungen hatte sich schon im 17. Jahrhundert in den »Romanzen« des Gregório de Matos bemerkbar gemacht, und zwar in Gestalt freudianischer Travestien, auf die kürzlich Professor Renato Mendonça hingewiesen hat. Später machte er sich mit größerer Freiheit in der Volkspoesie geltend, wo der Putz und die Reize der braunhäutigen Mädchen gepriesen werden, und sogar in der Lyrik der Akademiker, in deren Versen und Romanzen bald mehr reizvolle Mulattinnen als blonde Jungfrauen auftauchten, Mulattinnen – oft Quarteroninnen und Oktoroninnen –, die in jener Travestie idealisiert wurden. In zahlreichen Fällen erlebte der Mulatte im brasilianischen Milieu dank seiner körperlichen Schönheit und dank der sexuellen Anziehungskraft, die er auf andersgeschlechtliche Weiße ausübte, einen sozialen Aufstieg: Sei es, daß das Prestige dieser Schönheit allein, sei es, daß sie in Verbindung mit intellektuellen Vorzügen wirkte, die der Mulatte in Europa oder auch in Olinda, São Paulo, Bahía oder Rio erworben hatte.

Dies traf auf zahlreiche Mulatten mit Hochschulbildung zu, von denen die einen großspurig auftraten und sich affektiert kleideten, während die anderen – von englischen und französischen Ideen geprägt – sich in ihren Gehröcken so wohl fühlten, als ob sie in ihnen geboren wären. Einige waren in ihrer geistigen Einstellung und sogar in ihrem Humor beinahe

Hellenen oder Nordländer. Aluísio Azevedo hinterließ uns in seinem Roman – einem echten »menschlichen Dokument«, das einen Ausschnitt aus dem Provinzleben seiner Zeit liefert, in Anlehnung an die realistische Romantechnik, die er als einer der ersten in Brasilien verwendete – das minuziös genaue Porträt eines Mulatten, der in Europa studiert hat. Nach seiner Rückkehr nach Maranhão entbrennt ein weißes Mädchen in heftiger Liebe zu ihm. Ein Mädchen aus einem Stadtpalais, aus einer Familie, die voller Rassenvorurteile steckt. Die Familie möchte, daß das Mädchen sich mit einem Portugiesen verheiratet – den sie auch schon ausgesucht hat. Dabei handelt es sich um einen Weißen, dessen Gestalt einen scharfen Gegensatz zum vornehmen, wohlgestalteten und zierlichen Äußeren des Mulatten bildet. Dieser ist übrigens alles andere als ein Habenichts. Dank einer Erbschaft hat er sich nach seinem Studium Reisen durch Europa leisten können. Trotzdem prallt diese romantische Liebe hart mit den sozialen Vorurteilen zusammen, die vielleicht weniger durch seine Hautfarbe erzeugt werden als durch den Umstand, daß er der Sohn einer Sklavin ist, einer gewöhnlichen Plantagennegerin. Einer Negerin, die noch am Leben ist, wenn auch nicht mehr recht bei Sinnen, und zerlumpt durch den Busch irrt.

Am lebendigsten sind die Rassenvorurteile innerhalb der Familie bei der Großmutter des Mädchens, einer alten Dame von noch kolonialem Schlag. Die Episode spielt übrigens um die Mitte des 19. Jahrhunderts. »Paß auf –« sagt sie zur Enkelin –, »wenn ich deiner Hochzeit mit einem Cabra beiwohnen müßte – ich schwöre dir bei Gott und allen Heiligen, daß ich dich lieber tot sähe, mein Kind! Denn du wärest die erste in der Familie, die das Blut auf solche Weise befleckt!« Und zu ihrem Schwiegersohn gewandt: »Glaube mir, Manuel, wenn ein solches Unglück passiert, wärest nur du schuld daran; hat man es je erlebt, daß jemand einen Cabra ins Haus nimmt, der so voller Hirngespinste steckt wie dieser hergelaufene Doktor? . . . Heute sind sie alle so! Gibt man ihnen den kleinen Finger, nehmen sie die ganze Hand! Dieses Pack kennt seine Grenzen nicht mehr! Oh, die gute alte Zeit, die gute alte Zeit! Da brauchte man sich nicht mit solchen Diskussionen und Streitereien aufzuhalten. Fiel dir jemand auf die Nerven? – Da ist die Tür! Machen Sie, daß Sie rauskommen! Höchste Zeit, daß du dasselbe tust, Manuel. Sei keine Memme! Schick ihn weit weg nach dem Süden, mit allen Teufeln der Hölle! Und sieh zu, daß du deine Tochter mit jemandem verheiratest, der genauso weiß ist wie sie!«

Wenn der Mulatte mit Hochschulbildung, wie ihn Azevedo in seinem Roman zeichnet, in der Gesellschaft von allen vornehmen Familien der Hauptstadt Maranhãos nur notgedrungen und kühl aufgenommen wird, »so sah er sich in einzelnen Fällen von mehreren ledigen, verheirateten oder verwitweten Damen begehrt, deren Leichtfertigkeit so weit ging, daß sie ihm Briefe und Blumen schickten«. Hier erweist sich die sexuelle Anziehungskraft des Mulatten auf die vornehmsten weißen Frauen – trotz der Rassenvorbehalte, die man ihm entgegenbringt. Für diese Anziehungskraft gibt es in Brasilien in ähnlicher, um nicht zu sagen, identischer Form wie in den Romanen von Azevedo mehrere Beispiele.

Dr. Raimundo, der Held des Romans, ist in der Tat ein Mulatte von angenehmem Äußeren. Er ist groß, hat leicht gekräuseltes, aber glänzend schwarzes Haar; seine Haut ist braun, aber glatt; die Augen sind groß und blau – ein Blau, das er von seinem Vater geerbt hat; die Nase ist gerade, die Stirn hoch, der Hals breit; er hat Zähne, »die unter seinem schwarzen Schnurrbart hell hervorleuchten«. Zur Vollständigkeit dieses anthropologischen Profils, das da von einem kerngesunden Mulatten gezeichnet wird – ein Körper mit all der sogenannten »Kraft des Mischlings« –, fehlt noch die Beschreibung der Ohren, von denen nicht gesagt wird, ob sie klein und wohlgestaltet sind, sowie der Lippen, von denen wir nicht erfahren, ob sie etwa dick sind. Außerdem fehlen Hinweise auf Füße und Hände sowie auf die Proportionen zwischen Armen und Beinen und Rumpf. Was wir wissen, ist, daß bei diesem distinguierten Mulatten – für den so viele weiße Damen in Leidenschaft entbrennen, die ihrer milchweißen und bleichen Gatten überdrüssig sind und sich ihnen in den lautlosen und heißen Nächten von Maranhão auf den übergroßen Betten aus Palisanderholz in den Schlafzimmern der Stadthäuser nur noch lustlos hingeben – die Augen den charakteristischen Zug seiner Physiognomie darstellen, »seine großen dichtbewimperten Augen voller blauer Schatten, mit ihren schwarzen und aufgerichteten Wimpern, den violetten Lidern und den scharf gezeichneten Brauen«.

Dem psychologischen Profil nach zu urteilen, das Azevedo von ihm zeichnet – und man sagt, er habe seinen Dr. Raimundo keineswegs erfunden, sondern ihn entsprechend der Methode seiner Schule fast ohne Retuschen der Wirklichkeit nachgebildet –, handelt es sich in keiner Weise um einen intellektuellen Emporkömmling, der wie so viele studierte Mulatten ständig aus vielleicht gesellschaftlichen Gründen versucht, sich in den Vordergrund zu drängen. Im Gegenteil: Er ist zurückhaltend, spricht mit gedämpfter Stimme, kleidet sich schlicht und geschmackvoll, liebt die Wissenschaften, die Literatur und – ein bißchen weniger – auch die Politik. In seinem Verhalten gleicht er Machado de Assis, wenn man dessen krankhafte und übertriebene Schüchternheit abrechnet, oder auch Domício da Gama, dem »rosafarbenen Mulatten«, wie Eça de Queiróz den zurückhaltenden und höflichen brasilianischen Diplomaten im vertrauten Kreise nannte.

Diese Mulatten mit der rosigen Haut, von denen einige noch blond und blauäugig waren, konnten an Orten, an denen man ihre Herkunft nicht so genau kannte, was im Brasilien des 19. Jahrhunderts nicht selten vorkam, als Weiße gelten. In der Volksmeinung, oder besser gesagt im Volksempfinden, gab es stets eine mächtige Strömung, die ihren Übergang vom Sklavenstand zum Stand der Freien beziehungsweise ihren sozialen Aufstieg vom »Schwarzen« zum »Weißen« förderte. Diese Entwicklung begann im 18. Jahrhundert. Schon im Jahre 1773 sprach ein Erlaß des Königs von Portugal von Personen, »die jegliche Gefühle der Menschlichkeit und Religion so sehr vermissen lassen«, daß sie in ihren Häusern Sklaven hielten, die weißer seien als sie selbst und die sie Schwarze und Neger nannten. Walsh war überrascht beim Anblick der blonden und blauäugigen Sklaven, die er zu Beginn des 19. Jahrhunderts in Brasilien sah. Einige von ihnen waren uneheliche Kinder von Ausländern, die sie zu hohen Preisen verkauften. Und Perdigão Malheiro hebt in seinem Essay über die Sklaverei in Brasilien die Tendenz hervor – vor allem bei den liberalen Sklavenhaltern –, die helleren Mulatten, die auch für die vornehmen und anspruchsvolleren Dienstleistungen im Hause begehrt waren, mit Vorrang zu befreien. Diesen Mulatten war der kultivierende Umgang mit den weißen Herren und Herrinnen am meisten zugute gekommen.

Dieser Umstand erklärt vielleicht auch die beträchtliche Anzahl von gesunden und vor allem kräftigen Mulatten von gefälliger Gestalt und hübschem Gesicht, die von ihren Herren hoch geschätzt wurden und die immer wieder in Testamenten und Inventarlisten des 19. Jahrhunderts oder in den Suchanzeigen nach entflohenen Sklaven der Zeitungen aus der Kolonial- und Kaiserzeit auftauchen. Einige werden uns mit »fröhlicher Miene« vorgestellt, andere mit dem Gesichtsausdruck eines Leidenden. Wieder andere, wie die seltsame Joana, von der in einer Anzeige im *Diário de Pernambuco* aus dem Jahre 1835 die Rede ist, waren »ziemlich weiß, mit strähnigem Haar, fast wie eine Weiße aussehend«, und mit ihr hatte es eine geheimnisvolle Bewandtnis, wovon der Inserent jedoch dem Publikum nichts mitzuteilen wagte, sondern nur demjenigen, der sie in sein Haus aufnehmen wollte.

Zahlreiche Mulatten und Mulattinnen waren hübsch, weiß und hochgewachsen; sie hatten makellose Zähne, wohlgestaltete Hände und Füße, jedoch »lange Arme«. Vielleicht zu lang im Verhältnis zum Rumpf, was die Theorie von der Asymmetrie des Mischlings und vor allem des Mulatten stützen würde. Diese Theorie wird von einigen Anthropologen, darunter auch von Davenport, vertreten. Nicht selten fällt bei den entflohenen Mulatten wie auch bei den meisten Negern auf, daß der Rumpf im Vergleich zu den kleinen Füßen und den Fingern der zierlichen und länglichen Hände, die fast denen der Herrenschicht glichen, ziemlich massig war. Schlanke Finger, die nach dem Ring eines Doktors oder Bakkalaureus zu verlangen schienen, nach der Feder des Schreibers, des Büroangestellten und sogar des Journalisten, nach dem Knauf des Offiziersdegens, nach der Nadel des Schneiders, nach den Saiten wertvoller Gitarren zum Begleiten von Modinhas, nach der Büchse zur Vogeljagd, nach dem Zügel eines guten Pferdegeschirrs. Der Aufstieg in solche Berufe und der Erwerb solcher Fertigkeiten gelang einigen von ihnen nicht nur aufgrund ihrer Intelligenz – die schärfer und beweglicher war als die der Neger aus Afrika, die in Brasilien in ein Milieu geworfen wurden, das von ihrer heimatlichen Umgebung so gänzlich verschieden war – und aufgrund ihrer Gesichtszüge, die denjenigen der Weißen ähnlicher waren, sondern auch mit Hilfe dieser Hände mit den zarten und schmalen Fingern. Diese Hände waren für bürgerliche, distinguierte, urbane Tätigkeiten, für delikate Aufgaben tauglicher als die derben und verarbeiteten Hände der meisten Neger.

Auch die Füße spielten beim sozialen Aufstieg des Mulatten eine Rolle: längliche, wohlgestaltete, zierliche, »sehnige« Füße – wie es von einigen heißt, die in den Zeitungsanzeigen beschrieben werden und sich scharf von den Füßen der meisten Neger abheben. Diese waren platt, breit getreten wie die von Papageien; auf einigen fanden sich Geschwülste oder Überbeine, die großen Zehen waren abgespreizt; bei anderen fehlte der mittlere oder der große Zeh, den vielleicht Fußkrankheiten zerfressen hatten; eine ganze Anzahl wiesen Hautkrankheiten auf. Die Füße der Neger waren für die europäischen Schuh- und Stiefelformen besonders ungeeignet, sogar für die Pantoffeln, in die der Fuß der Mulattin und sogar der des Capoeira-Mulatten, der immer etwas Tänzerisches und sogar etwas Weibliches an sich hatte, mit Vorliebe schlüpfte. Als der Gebrauch von Schuhen und Stiefeln, die zunächst nur bei den Portugiesen aus dem Mutterland eine elegante Mode gewesen waren, sich unter der brasilianischen Aristokratie mit ihren kleinen Füßen durchsetzte, hatten die frisch aus Afrika angekommenen Neger verständlicherweise Schwierigkeiten, sich als Hausdiener oder Mucamas an dieses verfeinernde und europäisierende Element zu gewöhnen, das so wenig zur Form ihrer breiten und platten Füße paßte.

Die Mulatten dagegen hatten keine derartigen Schwierigkeiten. Mit ihren nach europäischen Maßstäben wohlgestalteten Füßen vermochten sie sich leichter an das Tragen von Schuhen zu gewöhnen, die, wie ein europäischer Beobachter bemerkt, im Brasilien des 19. Jahrhunderts zu einem Klassenmerkmal wurden. Auf der einen Seite stand die Klasse der Schuhträger, auf der anderen die der Barfüßigen. Die bloßen Füße wurden aber auch zu einem Rassemerkmal. Sogar die hübschen Schwarzen, die es in den wohlhabenden Stadthäusern zu Hausdienern gebracht hatten und von ihren Herren sorgfältig gekleidet wurden – sie trugen Hüte aus Wachstuch mit Federn, eine über und über goldverzierte Livrée und Handschuhe an den ungelenken Händen –, gingen auf der Straße und im Hause barfuß. Barfuß, aber sonst von Kopf bis Fuß angezogen, so schildert sie Koster in einem seiner Genrebilder von einer Straße der Kolonialzeit. Er sah diese Neger in den Straßen von Recife, wie sie Sänften trugen, in denen vornehme weiße Damen saßen, deren Füße, wenn sie einmal hervorlugten, sich winzig klein ausnahmen wie die eines kleinen Mädchens. Beinahe wie Füße von Chinesinnen. Je kleiner der Fuß, desto vornehmer war er. Offenbar war es nicht nur den Negersklaven, sondern auch den Portugiesen niedriger und mittlerer Abkunft unmöglich, mit den vornehmen Herren des Landes in der Zierlichkeit des Fußes zu konkurrieren. Daher auch die Spitznamen, die man ihnen wegen ihrer plumpen Füße gab und von denen einige, wie wir schon feststellten, vielleicht bis auf den sogenannten Krieg der Mascates zwischen der Aristokratie von Olinda und den portugiesischen Händlern aus Recife zurückgehen: »Fremder mit dem Bleifuß«, »Füße wie Pferdehufe«.

Als in Brasilien das Schuhmacherhandwerk aufhörte, eine Art Heimindustrie zu sein – wie so viele Industrien, die, nachdem sie aus dem Schatten der Herrenhäuser heraustraten, um in unmittelbarer Nähe der Stadthäuser in fast mittelalterlicher Weise zu florieren –, und in europäischen Händen, zu Beginn vor allem in englischen, eine Großindustrie wurde, muß das Fehlen einer brasilianischen Durchschnittsgröße den Schuhfabrikanten beträchtliches Kopfzerbrechen bereitet haben. Damals trugen ausschließlich Vornehme aus Herrenhäusern, Doktoren, Akademiker und die kultivierteren Bürger aus den Stadtpalais Stiefel; Menschen mit kleinen schmalen Füßen, deren Zahl mit dem sozialen Aufstieg des Mulatten zunahm. Die Portugiesen in den Krämerläden, den Verkaufsbuden und den Geschäften zogen die bequemen Holzschuhe vor; sie, die durch den Sklavenhandel oder aus irgendwelchen anderen Gründen Zuckerpflanzer geworden waren, trugen sogar beim Reiten Holzschuhe. Die Anekdoten des Kaiserreiches sprechen sogar von »Holzschuhbaronen« im Gegensatz zu den dekadenten Aristokraten mit den Mädchenfüßen, die sogar, wenn sie in Unterhosen und vom Gürtel aufwärts unbekleidet im Hause umhergingen, die Reitstiefel oder die englischen Halbstiefel nicht auszogen. So lagen die Dinge etwa bei dem alten Casusa Sô in Pernambuco oder bei einem Wanderley von großer Körperfülle, aber mit kleinen Füßen, die ständig in seinen schwarzen Reitstiefeln steckten, deren Silbersporen mit ihrem Klingeln das Haus erfüllten. Schon in den Zeitungen der Kolonialzeit, die wir untersuchten, tauchten die ersten Anzeigen mit Angeboten von ausländischen, das heißt englischen und französischen, Schuhen auf. Jedoch eröffnete erst im Jahre 1822 James Clark, der zusammen mit seinem Bruder Inhaber einer Schuhfabrik in Schottland war, in der Rua do Ouvidor ein Schuhgeschäft, um seine Erzeugnisse in Brasilien zu verkaufen. Schottisches Schuhwerk erlangte einen guten Ruf und wurde allmählich von den besseren Leuten getragen, von hohen Staatsbeamten, Anwälten, Studenten, Offizieren und sogar von den Herren aus Rio Grande do Sul, Männern, die in ihrer Kleidung und in ihrem Geschmack wenig bürgerlich, dafür aber sehr rustikal waren, jedoch in Sachen Schuhwerk den Geschmack von Herrenleuten und sogar von Edelleuten besaßen. Das ging so weit, daß Jahre später Filialen auch in Rio Grande do Sul eröffnet wurden – die sich natürlich auf Reitstiefel spezialisierten –, und nicht nur in Bahía, in São Paulo und in Recife, in den Hochburgen der Doktoren, der Akademiker, der studierten Leute, der Großgrundbesitzer, die der alten aristokratischen und Reiter-Tradition am meisten verhaftet waren. Uns fehlen die Unterlagen, um etwas Genaues über die Methoden sagen zu können, die die schottischen Fachleute der Firma Clark bei der Schuhherstellung anwandten, um den seit der Mitte des 19. Jahrhunderts wachsenden Schuhbedarf in Brasilien zu decken. Sie müssen eine ganze Reihe von

Änderungen der europäischen Machart und Form der Schuhe vorgenommen haben, um ihre Produkte den überkleinen und übergroßen Füßen in Brasilien anzupassen, den Füßen des Aristokraten und den Füßen des Negers – soweit es notwendig war, auch dem Neger Schuhe zu geben: dem schwarzen Soldaten im Heer und bei der Polizei, dem Seemann, dem Feuerwehrmann und dem Marineinfanteristen. Alles, was wir im Jahre 1935 bei einer Umfrage unter den Technikern von Clark in Erfahrung bringen konnten, war, daß man damals einen Schuh von geringer Höhe herstellte, der für den Massenverbrauch unter der Negerbevölkerung in den nördlichen Küstenstrichen bestimmt war, also für Menschen mit platten Füßen. Kürzlich ermittelten wir jedoch, daß dieselben Techniker, gestützt auf eine jahrhundertelange Erfahrung in der Paulistaner Schuhfabrikation, sich entschlossen, »bis zu 36 verschiedene Größen von ein und demselben Modell« herzustellen. Gleichzeitig entwickelten sie für die Verkaufsorganisation der Firma Hilfsinstrumente, mit denen man »die anatomischen Maße« der Füße der Kunden feststellen konnte, um die Schuhe in Breite und Höhe genau der Form des Fußes anzupassen. Wir konstatierten eine unglaubliche Vielfalt an Schuhgrößen: Seit die Mischrasse zur Mittelklasse wurde und sich gezwungen sah, Schuhe zu tragen, wuchs die Notwendigkeit, eine Vielfalt an Maßen in Höhe und Breite anzubieten.

Andererseits mußte sich der brasilianische Fuß in mehreren Küstengebieten mit der Eingliederung von Deutschen, Portugiesen, Italienern, Spaniern in Bürgertum und Proletariat Brasiliens allmählich der Norm des europäischen Schuhs annähern. Jedoch lebt in weiten Teilen des Landes der typisch brasilianische kleine Fuß weiter.

Auch der Hut hat sich in Brasilien in mehr als einer Hinsicht anpassen müssen, als der Aufbau der Hutindustrie Normen für Größe, Form und Machart benötigte, da die Kundschaft nicht mehr nur aus der Elite der vornehmen Herren und Bürger bestand. Diese Veränderungen wurden durch das Vorherrschen von Brachyzephalen in bestimmten Gegenden und durch die große Zahl von Dolichozephalen in anderen Gegenden bedingt. In der Mitte des 19. Jahrhunderts gab es schon Neger, Lehrer, Priester, Ingenieure, Ärzte und Bader, die nicht auf den Zylinder oder den Filzhut der Weißen verzichten wollten, ganz zu schweigen von den Kutschern und Hausdienern, die von ihren Herren zum Tragen von Hüten gezwungen wurden. Jedoch war es vor allem der Mulatte, der bewirkte, daß der Hut aufhörte, Privileg des weißen Aristokraten oder Bürgers zu sein. Erst mit dem studierten Mulatten setzte sich in Brasilien der Zylinder und der Filzhut des europäischen Bürgertums durch, nachdem diese anfangs nur von französisierten Weißen oder von solchen, die nur ein paar Tropfen Eingeborenenblut in den Adern hatten und sich nach europäischer Mode kleideten, getragen worden waren. Der studierte Mulatte begann schließlich, sich mit größerer Beflissenheit und Vollkommenheit als der Weiße streng europäisch zu kleiden.

Alfred Mars lernte noch ein Brasilien kennen, in dem der Strohhut und die zu Hause hergestellte Kleidung aus Nanking-Stoff bei den von europäischen Moden am wenigsten berührten großen Grundherren nach wie vor gebräuchlich waren. Nachdem sie sich von der Samt- und Seidengewandung der ersten Jahrhunderte der Kolonialzeit befreit hatten, begannen sich diese ländlichen Edelleute nun aus Einsicht oder Intuition an die Klima- und Lebensbedingungen der Tropen anzupassen. Mit dem Aufstieg des Akademikers und des Mulatten wurde dieser Anpassungsprozeß freilich unterbrochen. Die Kleidung reeuropäisierte sich in Anlehnung an bürgerlichere und urbanere Formen. Aus Europa wurden Kleidung, Hüte und Schuhe für die ständig wachsende Zahl der Europäisierten eingeführt. Damit wuchs auch die Neigung der Grundherren, den orientalischen und sogar den einheimischen Gebrauchsgegenstand um des europäischen willen aufzugeben. Die Zeitungsanzeigen erlauben uns, die Zunahme solcher Einfuhren angesichts der wachsenden Zahl von Europäisierten zu verfolgen, die sich aus Mischlingen und nicht nur aus Weißen und Fast-Weißen zusammensetzten. In dieser Nachahmung alles Europäischen in Kleidung, Schuhwerk und Kopfbedeckung taten sich die Mischlinge weit mehr als die Weißen hervor.

Damals tauchten Ladengeschäfte wie das des alten Armada in Rio de Janeiro auf, in denen aus Europa importierte Hüte verkauft wurden, die allmählich die Strohhüte einheimischer und sogar häuslicher Produktion ersetzten: europäische Hüte in allen Formen und aus vielfältigem Material, aus Plüsch, Seide, Biberpelz, Tüll, Filz, Samt, Atlas, aus englischem und italienischem Stroh und aus Reisstroh. Armada selbst jedoch paßte sich den veränderten Umweltbedingungen an. Bei den von ihm hergestellten Hüten suchte er den europäischen Stil an das brasilianische Klima anzupassen. Neben anderen Änderungen in diesem Sinne wird ihm auch die Anbringung des Schweißleders am seidenen Zylinderhut zugeschrieben. Dieser Hut, der für den Mulatten mit Hochschulbildung so typisch war, hatte nämlich einen großen Mangel: Er war entsetzlich warm, ein Nachteil, der durch das Eindringen von Luft durch das neuartige Schweißleder gemildert wurde – ein echter Brasilianismus. Gemildert wurde auch das relativ hohe Gewicht des europäischen Hutes durch die Verwendung von leichterem und dem Klima angemessenerem Material – ein weiterer Brasilianismus. Aber Meister Armada ging noch weiter: Er kreierte für den Sommer und für den Aufenthalt auf dem Lande Strohhüte aus den Fasern des Paránußbaumes. Diese Rebrasilianisierung des europäischen Hutes in Material, Machart und Form – die vor allem den Zylinder des Akademikers betraf – wie die Brasilianisierung des bürgerlichen Schuhs und Stiefels in Machart und Form fielen in eine Zeit der größeren Aufstiegsmöglichkeiten für den Mischling, den Mulatten, den Fast-Neger und sogar den Neger in der brasilianischen Gesellschaft. Für diese Menschen mit ihren spezifischen Kopf- und Fußformen war es leichter, sich der schon brasilianisierten Artikel aus Europa zu bedienen, ja, sie waren sogar – in höherem Maße als die Weißen mit ihren anderen Kopf- und Fußformen – auf einige dieser Brasilianisierungen oder Brasilianismen angewiesen. Auch die Schneider änderten europäische Formen und Maße bei Fräcken, Hosen und bürgerlichen Zweireihern für Akademiker und Doktoren, die Mulatten oder sogar Neger waren. Zumindest für einige von ihnen – denn zweifellos waren die durch die vornehme Umgebung verfeinerten Mischlinge – abgesehen vom übergroßen Hinterteil und von dem Mißverhältnis zwischen Länge und Dicke von Armen und Beinen einerseits und dem Rumpf andererseits – auffallende Erscheinungen. So wurden auch in den Suchanzeigen nach entflohenen Sklaven zahlreiche Mulatten beschrieben. Diese Mißverhältnisse als unvermeidliches Ergebnis der Rassenmischung – die von einigen Anthropologen bestritten, von anderen, wie etwa Davenport, als typisch betrachtet werden – sind in Brasilien bis heute noch nicht gründlich untersucht worden. Wir besitzen lediglich hochinteressante Angaben über das Verhältnis zwischen der Länge der Speiche und dem Durchmesser des Beckens bei verschiedenen Gruppen der brasilianischen Bevölkerung, die die Professoren Roquette-Pinto, Froes da Fonseca, Bastos de Ávila und Ermiro Lima gesammelt haben.

Den Damen- und Herrenfriseuren gelang es nicht immer, dem Bart und der Frisur der gebildeten Mulatten, dem gekräuselten oder sogar ein wenig struppigen Haar der Viertelnegerinnen – die manchmal Schwiegertöchter von Vicomtes waren – dieselben Wellen und Formen zu geben wie dem blonden Bart, dem rotblonden Haar, dem braunen oder schwarzen, aber leicht zu kämmenden Schnurrbart der Weißen und Fast-Weißen. Gestützt auf Porträts und Daguerreotypien aus dem 19. Jahrhundert, kann man von den französischen Herren- und Damenfriseuren – die sich seit Beginn des Jahrhunderts mit ihren eleganten Salons in Rio de Janeiro, in Recife und in der Hauptstadt von Bahía zu etablieren begannen – beinahe behaupten, daß sie in Brasilien Damenfrisuren und Bartformen entwickelten, die den anthropologischen Eigentümlichkeiten der Mischlinge mit eingeborenem und sogar afrikanischem Blut in den Adern angepaßt waren, jenen Mischlingen, die unter Pedro II. in der höheren Gesellschaft schon zahlreich geworden waren.

Dies scheint aus einigen zeitgenössischen Photographien hervorzugehen, wobei interessant ist, daß auf manchen Porträts Frauen mit offensichtlich indianischem Haar eine Frisur eher nach spanischer als nach französischer Mode beziehungsweise eher nach orientalischer als nach europäischer Mode tragen. Diese jungen Damen sehen uns auf den Photographien und Daguerreotypien mit einem chinesischen oder malaiischen Gesichtsausdruck an, der durch die Frisur noch verstärkt wird. Sie sehen fast wie polynesische Frauen aus, wobei die Frisur mit den Augen zu harmonisieren scheint: bei den einen mit den Schlitzaugen, bei anderen mit den großen Augen, die der Verbindung von arabischem oder nordafrikanischem Blut mit indianischem oder weißem oder mit beidem zu verdanken sind.

Bei der Betrachtung zahlreicher alter Porträts von Damen und jungen Mädchen aus brasilianischen Herrenhäusern oder Stadtpalais hat man den lebhaften Eindruck, es nicht mit Europäerinnen zu tun zu haben, sondern mit polynesischen, melanesischen, malaiischen, hispano-arabischen und indischen Frauentypen. Diesen Eindruck vermitteln uns nicht nur die Form der Augen und die Art des Blicks – der in so augenfälliger Weise Rassenmischungen anzeigt –, sondern auch die Kleidung, die in der ersten Hälfte des 19. Jahrhunderts vielfach aus dem Orient eingeführt wurde, sowie die orientalischen oder halborientalischen Frisuren. Dabei hat vielleicht die Kunst des französischen Damenfriseurs eine Rolle gespielt, der von bestimmten den europäischen Frisuren widerstrebenden asiatischen und afrikanischen Elementen profitierte und Haar und Antlitz miteinander in Einklang zu bringen suchte.

Die Mulattin übte stets eine mächtige Anziehungskraft auf den Weißen aus, ob sie nun ohne Putz war oder sich von der Kunst des französischen Friseurs, des englischen Schuhmachers, der Pariser Schneiderin und des europäischen Parfümeurs verschönen ließ; und man darf vermuten, daß kein Volk auf der Welt europäische Parfums so mißbraucht hat wie der brasilianische Mulatte, vielleicht, um den Negergeruch zu bekämpfen, den einige wollüstige Weiße übrigens durchaus schätzten. Dieselbe Anziehungskraft übte der brasilianische Mulatte auf die weiße Frau aus, ob nun als Naturbursche – und die Überlieferung weiß von zwar seltenen, aber fürchterlichen Verbrechen, zu denen es kam, weil sich weiße Ehefrauen in Augenblicken großer Leidenschaft den als Sklaven in ihrem Hause tätigen Mulatten hingaben – oder als Akademiker, der durch seine Ausbildung, vor allem die in Europa genossene, kultiviert worden war wie etwa der Doktor Raimundo aus dem Roman von Azevedo. Die europäische Haar-, Schuh- und Kleidermode verstärkte beim Mischling noch den ungewöhnlichen Charme, der für Aluísio Azevedo offenbar in den Augen liegt, für andere aber vor allem in der Art, zu lächeln und seinen Mitmenschen zu danken, die so typisch für den Mulatten und für den Brasilianer ist. Diese Art zu lächeln findet sich gewöhnlich in sklavenhaltenden Gesellschaften, zwischen deren verschiedenen Teilen die Akkommodation ein Gleichgewicht herbeigeführt hat. Das Befehlen entwickelt bei den Herren eine kräftige Stimme, bei den Sklaven eine gedämpfte und sogar sanfte Sprechweise, die fast immer mit einem ebenfalls sanften Lächeln verbunden ist.

Übrigens scheint das in Brasilien lange Zeit vorherrschende patriarchalische System der Sklaverei beim Sklaven und dann auch bei seinen Nachkommen, den Mulatten, angenehme Umgangsformen entwickelt zu haben, die dem Wunsch der Unfreien entsprangen, sich der Sympathie, wenn nicht gar der Zuneigung ihrer Herren zu empfehlen. Dieses Thema haben wir ausführlich in einem anderen Buch behandelt. Hier erinnern wir nur daran, daß die Umarmung, heute ein Freundschaftsritual unter Männern und ursprünglich offenbar eine orientalische beziehungsweise indische Sitte, in Brasilien durch das Schulterklopfen an Gefühlsintensität zunahm und sich unter dem Einfluß des Mulatten und seiner überschwenglichen Herzlichkeit von einer apollinischen zu einer dionysischen Gebärde entwickelte. Wegen der sexuellen Anziehungskraft der Augen, der Gehweise, der Art zu lächeln und, wie einige meinen, sogar der Füße, die vielleicht geschmeidiger sind als die der weißen und schwarzen Frau, wegen der sexuellen Bedeutung der Hand, die größere Geschicklichkeit besaß als die der Weißen, sowohl beim Kopfkraulen als auch beim Herausziehen von Sandflöhen aus den Füßen der jungen Herren und bei anderen aphrodisischen Berührungen, wegen der Scheide, von der es heißt, sie sei im allgemeinen in höherem Maße kontraktil als die der weißen Frau, und wegen des Körpergeruchs, den einige Lüstlinge für besonders aufreizend halten – aufgrund all dieser Eigenschaften also hat man der Mulattin ein wenig vorschnell und im Namen einer noch so blutjungen Wissenschaft, wie es die Sexualforschung ist, eine Art permanenter »sexueller Übererregung« zugeschrieben, die aus ihr angeblich eine anomale Person und, vom Standpunkt der europäischen und katholischen Moral, eine große und gefährliche Sünderin macht. Anhänger dieser Ansicht waren in Brasilien zwei überaus ernst zu nehmende Männer, ein Wissenschaftler und ein Schriftsteller: Nina Rodrigues und José Veríssimo.

Der gesunde Menschenverstand der einfachen Leute und die Volksweisheit sind zwar oft voll glücklicher Eingebungen, fallen jedoch auch häufig tiefen Irrtümern zum Opfer – wie etwa dem, die Erde sei eine feststehende Scheibe. So glaubt sie weiterhin an die dämonische Mulattin und ihre sexuelle Übererregbarkeit, die in ihrer Natur und nicht etwa in der sozialen Umwelt begründet ist. Die Mulattin stimuliert zu sexuellen Abenteuern wie keine reinrassige Frau, die vor sexuellen Reizen durch die Stabilität ihrer sozialen Stellung, die auf der ebenfalls stabileren Stellung ihrer Rasse beruht, besser behütet wird.

Wegen dieser tatsächlichen oder vermeintlichen sexuellen Übererregbarkeit ist die Mulattin bei all denen begehrt, die in der körperlichen Liebe ein Höchstmaß an Wollust und nicht nur das normale Vergnügen suchen. Daher erweist sich auch dieser psychologische Aspekt in den Beziehungen zwischen den reinblütigen Männern und den mischblütigen Frauen als ein Element, das nicht selten den sozialen Aufstieg der Mulattin bewirkte. Vielleicht war dies der Beweggrund für einige Heiraten von schon älteren Weißen in den Fünfzigern aus vornehmer Familie – darunter gutsituierte Söhne von Baronen – mit hübschen Mulattinnen hellerer Schattierungen, die sich wie die weißen Frauen kleideten, jedoch die Aura einer außergewöhnlichen sexuellen Glut bewahrten, wie sie Mischlingen zugeschrieben wurde. Solche Fälle schwebten Bryce vielleicht vor, als er den Skandal, den die Heirat eines vornehmen Weißen mit einem nicht ganz weißen Mädchen, dessen farbiges Blut deutlich aus Gesichtszügen, Haar oder Hautfarbe sprach, hervorrief, mit dem Skandal verglich, den in England die Heirat eines Gentleman mit einem einfachen Dienstmädchen auslöste. Zu Anfang war man überrascht, fand sich jedoch schließlich mit der nicht nur wegen des Altersunterschiedes, sondern auch wegen des gesellschaftlichen Abstandes zwischen den Gatten ungleichen Verbindung ab.

Nur in Brasilien wird aus der hellhäutigen Mulattin, die sich sorgfältig kleidet und sich wie eine vornehme Dame benimmt, gesellschaftlich in jeder Beziehung eine Weiße. Immer jedoch oder fast immer ist sie von der Aura einer Frau umgeben, die heißblütiger ist als andere – vor allem als die vornehmen weißen Damen –, und diese Aura setzt sie größeren Zudringlichkeiten von seiten der eleganten Don Juans und ganz allgemein größeren Gefahren im Umgang mit Männern aus.

Dieselbe Aura umgibt die Gestalt des Mulatten; das ist der »wackere Cabra« des Volksliedes, der »tapfere Mulatte«, der »gerissene Mulatte«, der »forsche Mulatte«. Es sind Gerüchte über die physischen Vorzüge im Umlauf, die ihn oder den Neger dem reinblütigen und blonden Weißen beim Liebesakt überlegen machen sollen, Vorzüge, die noch konkreter sein sollen, als jene, die man den Mulattinnen im Vergleich mit der vornehmen und als weniger leidenschaftlich geltenden weißen Frau zuschreibt.

Hrdlicka schrieb zwar in einer Untersuchung über vergleichende Anthropologie dem Neger im allgemeinen größere Sexualorgane zu; dieses Ergebnis wurde jedoch in den regionalen Forschungen, in denen schwarze Bevölkerungsgruppen mit weißen verglichen wurden, keineswegs immer bestätigt. Im Gegenteil: Es gibt Fachleute, die diesen Aspekt des Verhältnisses von farbigen oder primitiven Rassen zur weißen oder zivilisierten Rasse ganz anders beurteilen.

Nach Forschungen im französischen Teil Afrikas, die Léon Pales in seiner Arbeit »Contribution à l'Étude Anthropologique du Noir en Afrique Equatoriale Française«, erschienen in *Anthropologie* (Band XLIV), zusammengefaßt hat, bestreitet er die Behauptungen von Prumer Bey (1860), Duckworth (1904) und Kopernicki (1871), Autoren, die wohl am meisten zur Legende *»d'une grandeur extraordiaire, desmesurée du pénis chez le nègre«* beigetragen haben. Pales begegnete tatsächlich Negern mit eine *»pénis volumineux, hors des proportions habituelles«*, die jedoch keineswegs typisch für die Männer ihrer Hautfarbe waren, um so mehr als – wie Pales anmerkt – *»il y a des blancs qui n'ont rien à leur envier sous ce rapport«*. Davenport befaßte sich in seiner vergleichenden Studie über Schwarze und Mulatten im Verhältnis zu Weißen, die er in Jamaika durchführte, leider nicht mit diesem Thema – vielleicht aus angelsächsischem Zartgefühl. In

Brasilien gelangte ein Arzt der Kaiserzeit nach Untersuchungen dieser Art wohl ein wenig vorschnell zu dem Schluß, »der Penis des Afrikaners« sei »im schlaffen Zustande im allgemeinen voluminös und schwer«; »beim Orgasmus nimmt seine Größe nur in geringem Umfang zu«, ohne »vollständige Steifheit« zu erreichen. Hieraus ergebe sich »die Unwahrscheinlichkeit der Befruchtung weißer Frauen durch Neger«.

Das sexuelle Interesse der weißen Frau für den Mulatten und selbst für den Neger stützt sich zum Teil auf den Glauben an seine physische Überlegenheit als Mann; ein Glaube, der durch eine gewisse Vorliebe für das Ungewöhnliche und das Exotische verstärkt wird und keineswegs neu ist. Owen Berkeley Hill erinnerte vor Jahren in *The Spectator* daran, daß sich schon im ersten Kapitel von *Tausendundeiner Nacht* ein eindeutiger Fall von sexueller Anziehungskraft findet, die ein Mann von primitiver und dunkler Rasse auf eine vornehme Frau ausübte. Oberstleutnant Berkeley Hill hebt die Tatsache hervor, daß der Neger im Sexualleben der Türken, der Perser, der Hindus sowie der Pariser eine herausragende Rolle spielt; sie werden von einer Rasse angezogen, die dunkler, in den Reaktionen ihrer Nerven elementarer und physisch kräftiger als ihre eigene ist. Dieselbe Rolle hatte der Neger, wie aus einem Brief Senecas an Lucilius hervorgeht, im Leben der alten Römer gespielt, bei denen die Männer bereits dem Kult der schwarzen Venus ergeben waren und die Frauen in wollüstiger Bewunderung für schwarze Männer schwelgten. Daher auch die große Zahl von Negern beider Geschlechter, die Rom importierte.

Für Berkeley Hill scheint es erwiesen, daß sowohl der Mann als auch die Frau, vor allem aber die weiße und vornehme Frau, die er einen »rassisch höherwertigen Typ« nennt (*»a racially superior type«*), »von einem Vertreter des rassisch primitiveren Typs sexuell sehr stark angezogen werden kann«. Die daraus resultierende wütende Eifersucht und der Sexualneid des Mannes der zivilisierteren Rasse auf den Mann der primitiveren Rasse erklären vielleicht – zusammen mit wirtschaftlichen Motiven – bestimmte Formen des Rassenhasses, vor allem den Haß des weißen Mannes auf den farbigen Mann. Um der Anziehungskraft des männlichen Negers auf die weiße Frau entgegenzuwirken, versuchte der weiße, zivilisierte Mann eine Aura von Lächerlichkeit und Groteskem um den Schwarzen und seine Primitivität und eine Aura von Widerwärtigkeit um den Mulatten zu erzeugen. Man zieh ihn der Falschheit und Unbeständigkeit des Gefühls und stellte ihn als unfähig hin, es dem Weißen an echter Ritterlichkeit und echter männlicher Eleganz gleichzutun; ganz zu schweigen von der überlegenen Intelligenz der Weißen mit ihrer größeren Vornehmheit und mit ihrer soliden Ausgeglichenheit, ihrer Urteilskraft und Konzentrationsfähigkeit, die – für die Kritiker der Mulattenverehrung – das Halbblut und der reinrassige Neger nur selten erreichten. Die Mischlinge besaßen angeblich nur den Vorzug einer größeren Brillanz im mündlichen Ausdruck und vielleicht auch in den bildenden Künsten.

Dies stimmte jedoch keineswegs mit den Beobachtungen der Benediktiner überein, jener gescheiten Mönche, die in Brasilien ständig genetische Experimente mit ihren Sklaven anstellten und im 18. Jahrhundert schon zu dem Ergebnis gelangten, die intelligentesten und begabtesten Sklaven seien Mulatten. Sir George Stauton, der, von China kommend, zusammen mit Lord Macartney um die Mitte jenes Jahrhunderts Zwischenstation in Brasilien machte, hörte von den Mönchen des Klosters von Rio de Janeiro die begeistertsten Lobsprüche über die Intelligenz der Mulatten, die von ihnen sogar in den Sieben Freien Künsten unterrichtet wurden. Und man führte als Beispiel einen Mulatten an, der gerade dazu ausersehen worden war, einen bedeutenden Lehrstuhl in Lissabon zu übernehmen.

Auch die Jesuiten begünstigten Rassenkreuzungen in den Sklavensiedlungen ihrer Güter. Man kreuzte Caboclos mit Sklaven, Indianer mit Negern. Auf den Besitzungen der Jesuiten – schreibt der Historiker Ribeiro Lamego – »wurden in größtem Umfang Afrikaner und Indianer miteinander gekreuzt, was angesichts der Abneigung der letzteren für die ersteren sehr schwierig war«. In diesen Rassenkreuzungen, die die Sklavenhütten der Jesuiten mit Cafuzos und Curibocas bevölkerten, glauben einige Kritiker der Patres die kaum verhüllte Absicht erkennen zu können, die Zahl der Sklaven durch die Hinzunahme von indianischem Blut zu vergrößern, da der Indianer für die Patres leichter verfügbar und auf dem Markt weniger begehrt gewesen sei als der Neger. Fest steht zumindest, daß die Jesuiten kein Interesse an einer Verbesserung des intellektuellen oder sozialen Niveaus der Neger und Mulatten hatten. Im Gegenteil scheinen die Patres solche Fortschritte in ihren Schulen und sogar in ihren Sklavensiedlungen fast stets unterbunden zu haben.

Interesse am Weiterkommen der Farbigen legten jedoch die Benediktiner an den Tag. Ihnen – das sei hier wiederholt – verdankt Brasilien genetische Experimente, deren Ergebnisse die unterschiedlichsten Deutungen erfahren haben. Gegen Ende des 18. Jahrhunderts stellte Stauton, gestützt auf die Auskünfte der Patres selbst, bei den Mulatten in den Klöstern die gleiche Intelligenz wie bei den Weißen fest. Als Jahre später unter den Ärzten des Kaiserreichs das Problem der Rassenmischung heftig diskutiert wurde, führte einer der gelehrtesten unter ihnen, Dr. Nicolau Joaquim Moreira, in einer Untersuchung über die Rassenkreuzung vom anthropologischen wie auch vom ethischen Standpunkt aus als Beispiel für die Dekadenz des Mulatten die Pflanzung »Campos« an, die ebenfalls den Benediktinern gehörte und nur eine geringe Vermehrung der mischrassigen Bevölkerung aufwies. Diesem Gut stellte er ein anderes Gut derselben Patres gegenüber, »Camorim«, »das vor fast drei Jahrhunderten gegründet wurde«, schrieb der Arzt im Jahre 1870, und das noch »eine reinblütige und kräftige Negerbevölkerung hat, mit einer ständigen Erhöhung der Intelligenz und einer Veränderung ihrer Schädelform, die sich heute derjenigen der kaukasischen Rasse annähert«.

Das erwähnte Experiment – die weitgehende Reinerhaltung von Negersklaven durch die Benediktiner auf einer ihrer großen Besitzungen im Unterschied zu anderen Gütern, wo sie die Rassenmischung begünstigten – ist überaus interessant, denn es zeigt uns die Wichtigkeit einer näheren Untersuchung der Reste jener Negergruppen, die noch im Jahre 1870 als so homogen betrachtet wurden. Höchst beachtenswert ist die Beobachtung von Dr. Moreira, die Schädelform ändere sich bei dieser als so rein und homogen geschilderten Bevölkerungsgruppe mit der Zeit. Darin hat er vielleicht eine der möglichen Deutungen der Untersuchungen von Franz Boas an europäischen Einwanderern in den Vereinigten Staaten vorweggenommen.

Was die »Zunahme der Intelligenz« angeht, so ist sie wahrscheinlich das Resultat besonders günstiger sozialer Umstände, von denen die Neger auf dem Gut der Benediktiner, der vielleicht mildesten Sklavenhalter, die es in Brasilien gab, profitierten. Von Sonderfällen wie dem erwähnten Experiment der Benediktiner abgesehen, waren die Mulatten mit ihrer helleren Hautfarbe diesen stimulierenden sozialen Umständen im sklavenhaltenden Brasilien in höherem Maße ausgesetzt als die Neger. Darauf geht, zumindest zu einem großen Teil, das Vorurteil zurück, die Mulatten seien intelligenter – wenn auch mit mehr moralischen Fehlern behaftet – als die Schwarzen. In Brasilien wie in den Vereinigten Staaten erlebten nicht nur die leibeigenen Mulatten in den Herrenhäusern, wo sie mit Vorliebe als Hausdiener und Mucamas verwendet wurden, einen sozialen Aufstieg, sondern auch die freien Mulatten in den Städten und in der Metropole des Landes. Ihre Urbanisierung vollzog sich rascher als die des freien Negers, eine Folge der sozialen Auslese, deren Auswahlkriterium nicht nur die hellere Hautfarbe und das europäische Aussehen waren, sondern auch die ebenfalls europäischeren Manieren.

Wenn es auch schon seit der Zeit Pombals vorkam, daß einige Herren in ihren Häusern Sklaven hielten, die weißer waren als sie selbst, so ging doch die allgemeine Tendenz in Brasilien dahin, die Freilassung von Sklaven zu begünstigen, die kaukasischere Körperformen und eine hellere Hautfarbe aufwiesen und deren Haar am meisten dem der Europäer ähnelte. Einigen auf diese Weise begünstigten ehemaligen Sklaven gelang es, sich in Städten, die von ihrer Heimat weit entfernt waren, als Weiße mit freien Vorfahren auszugeben. Die Zeitungsanzeigen, mit denen entflohene Neger gesucht werden, sind voll von leibeigenen Mulatten, die folgendermaßen beschrieben werden: »sehr poetisch in seiner Ausdrucksweise«, »Schwätzer«, »Schönredner«, »nach französischer Mode frisiert«; oder man nannte sie »abgefeimte Lügner«, deren Verschlagenheit vor allem darin bestand, daß sie sich als Freie ausgaben. Diejenigen mit einer etwas helleren Haut und sozusagen »arischeren«, edleren Gesichtszügen, Mulatten, die in den ländlichen Herrenhäusern und den Stadthäusern in größerer Vertrautheit mit den Weißen aufgewachsen waren, verstanden sich besser darauf, den Status von Freien vorzutäuschen. Auch in der Kleidung konnten sich diese Mulatten durchaus mit Weißen messen: Sie trugen europäische Hüte, Stiefel, Westen und sogar Sonnenschirme – bürgerliche Insignien der Autorität. Kein Wunder, daß zahlreiche ehemalige Sklaven rasch aufzusteigen vermochten, wobei einige in jeder Hinsicht zu Weißen wurden. Mit dem Aufblühen der Städte im 19. Jahrhundert wurden die größeren Städte zum »Paradies der Mulatten«, wie sich schon ein Chronist des 18. Jahrhunderts ausgedrückt hatte. Sie boten das ideale Milieu für einen raschen Aufstieg der symphathischeren und fähigeren, vor allem, wenn sie durch eine technische oder akademische Ausbildung aufgewertet worden waren. Ähnlich war es zuvor schon den Juden in Städten wie Rio de Janeiro ergangen; die alte Unterscheidung zwischen ihnen und den Altchristen war seit dem 18. Jahrhundert nahezu völlig verschwunden.

Vom brasilianischen Mulatten sagt d'Assier im Jahre 1867, er sei mehr ein Produkt der Städte und der Güter längs der Küste als ein Produkt des Hinterlandes. Und ihm fielen die Aufgaben zu, die der Indianer wegen

seiner großen Trägheit vernachlässige, für die der Schwarze nicht die
nötige Intelligenz mitbringe und die der Weiße für unter seiner Würde
halte. So wurde er vor allem Soldat, Schneider oder Maurer.

Seit Beginn des 18. Jahrhunderts verließen die Mulatten in großer Zahl
die Behausungen, Mietskasernen und Mucambos, in denen die ärmeren
portugiesischen und italienischen Einwanderer mit Negerinnen und
Mulattinnen zusammen lebten. Das taten sie nicht nur, weil sie gegen
Negerinnen und Mulattinnen nicht die geringste sexuelle Abneigung
empfanden und ihre sexuellen Reize vielleicht sogar besonders anziehend fanden, sondern auch aufgrund der Tatsache, daß die Negerinnen,
vor allem die Minas, einen beachtlichen wirtschaftlichen Wert darstellten: Sie wuschen, backten Kuchen, stellten Marmelade her, kochten
Essen, fertigten Stoffpuppen an und standen diesen armen Einwanderern
bei ihren ersten Schwierigkeiten in der neuen Heimat zur Seite. Die um
die Mitte des 19. Jahrhunderts so zahlreichen portugiesischen und italienischen Einwanderer wurden auf diese Weise zu großen Mulattenzeu-
gern. Die Mulatten aus solchen Verbindungen hatten von allen das
schwerste Leben; sie fanden häufig keinen Zugang zur Gesellschaft und
wurden Gauner, Gitarrespieler, die Raufbolde des Stadtviertels, Capangas der Polizeichefs und Tagediebe, während die Frauen zu Prostituierten herabsanken. Ihnen fehlten die erleichternden Umstände, die viele
Mulatten ländlicher Herkunft mit aristokratischem Blut in den Adern bei
ihrem intellektuellen und sozialen Aufstieg fanden. Auf die in Mucambos
und Mietskasernen geborenen und aufgewachsenen Mulatten wirkte
sich die Ungunst der sozialen Umstände mit aller Macht aus und schuf die
Voraussetzungen für ihre Fluktuation, ihre Anpassungsschwierigkeiten
gegenüber den normalen Bahnen in Leben und Beruf, für ihre Unbeständigkeit bei der Arbeit und für ihre aufs Geratewohl angezettelten Empörungen – Verhaltensweisen, die, sozial gesehen, sämtlich pathologisch
sind und die so viele Menschen mit dem rein biologischen Vorgang der
Rassenmischung in Verbindung bringen. Bei diesen Mulatten war die
minderwertige Herkunft vollständig und erstreckte sich auf alle
Bereiche: Die Verbindung, aus der sie hervorgingen, war ungesetzlich,
ihre Eltern wurden verachtet; das Milieu, in dem sie geboren wurden und
aufwuchsen, war sozial minderwertig – Mietskasernen oder Mucambos.
Von diesem Milieu hinterließ Aluísio Azevedo in seinem Roman *Die
Mietskaserne* eine romanhaft eingekleidete Schilderung. Dieser Roman
ist weniger ein schöngeistiges Werk als die soziologische Dokumentation

eines charakteristischen Abschnitts und Aspekts der brasilianischen Geschichte.

Es ist richtig, daß das mit regerem Leben erfüllte städtische Milieu, die Straße, mit dem die Muleques schon früh in enge Berührung kamen – Muleques, deren Abstand zu den weißen Söhnen aus den Stadthäusern noch größer war als der zwischen den Muleques der Plantagen und den jungen Herren der ländlichen Herrenhäuser –, bei ihnen die Entwicklung bestimmter Seiten der Intelligenz beschleunigte. Jedoch äußerte sich diese Entwicklung in Form einer verfrühten und überstürzten Revolte, in einem bis zu einem gewissen Grad antisozialen Verhalten – in Lausbubenstreichen, Obstdiebstählen in den Gärten der Herren, im Diebstahl von Kuchen und Süßigkeiten von den Tabletts der »Bahianerinnen« und aus den Buden der Portugiesen, in Steinwürfen in die Glasfenster der Stadthäuser, in Karikaturen auf Mauern und an Wänden, an die der kleine Mulatte, kühner als der Schwarze, mit Kohle oder sogar mit Pech Obszönitäten, Zeichnungen der Sexualorgane, obszöne Bilder und obszöne Worte, kritzelte. Die Mauern der Herrenhäuser und die Wände der Stadthäuser waren zuweilen von den Obszönitäten dieser braunen und schwarzen Karikaturisten regelrecht besudelt. Ihr unbewußter oder bewußter Groll gegen die herrschaftlichen Häuser offenbarte sich auch in der Angewohnheit von Muleques, Bettlern und Tagedieben, die Schwellen vornehmer Hauseingänge, die Ecken prächtiger Stadtpalais, die Winkel von patriarchalischen Mauern als Pissoirs und manchmal sogar als Latrinen zu mißbrauchen. Die Bewohner einiger Stadtpalais sahen sich sogar gezwungen, um die Toreinfahrten herum halbkreisförmige Eisengitter mit Spitzen aufzustellen, die die glassplitterbewehrten Mauern ergänzten und das vornehme Haus gegen den Pöbel der Straßen, das patriarchalische Wohnhaus gegen die Unverschämtheit und Ressentiments der Habenichtse verteidigten.

Der freie Mulatte aus der Stadt, meist Sohn eines portugiesischen oder italienischen Einwanderers, wuchs in diesem Milieu des äußersten Antagonismus zwischen Mucambo oder Strohhütte einerseits und großem Stadtpalais andererseits, zwischen Mietskaserne und mehrstöckiger Vorstadtvilla auf – ein Milieu, das der Mulatte einer Plantage in seiner Jugend kaum kennenlernen konnte, der, wenn er im Hause arbeitete, in den Genuß eines sanfteren Ausgleiches zwischen den Extremen von Herren und Sklaven kam. Auf diese Weise nahm die Gegnerschaft zwischen Negern und Mulatten einerseits und Weißen andererseits in dem Maße zu, wie sich im brasilianischen Panorama auch der Gegensatz zwischen Stadthäusern und Mucambos verschärfte.

Araújo Carneiro war überrascht von der großen Zahl von Negern und Mulatten in Brasilien – vor allem in den Städten – und von der Neigung der mit dem Mutterland unzufriedenen einheimischen Weißen, sich mit ihnen, das heißt vor allem mit den Negern zu verbünden, wobei das Bewußtsein der gemeinsamen Heimat das Rassen- und sogar das Klassenbewußtsein überlagerte, wie man aus heutiger Sicht sagen kann. Im Jahre 1822 sprach Araújo Carneiro in seinem Buch *Brasilien und Portugal oder Überlegungen über die gegenwärtige Lage Brasiliens* von der »kritischen Situation des Landes wegen seiner unermeßlichen Zahl von Negern«, denn »im Falle einer Erbitterung« könnten »die Brasilianer als letzten und verzweifelten Ausweg die Neger zu Hilfe rufen und in diesem riesigen und wohlhabenden Land ähnliche Zustände herbeiführen, wie sie auf der Insel Santo Domingo herrschen«.

Mit diesem Thema hatte sich schon Francisco Soares Franco in seinem 1821 veröffentlichten Essay über *Verbesserungen in Portugal und Brasilien* befaßt und dazu bemerkt: »Das schwarze Bevölkerungselement ist das im heutigen Brasilien dominierende«, das heißt zahlenmäßig dominierende. Daher die Anregung, man möge doch die Rassenmischung fördern und den Mischling begünstigen, indem man für eine stärkere Einwanderung von Europäern sorge und die Einfuhr von Negern verbiete. Die Weißen würden dann die Neger der Küstenstädte sowohl als Handwerker wie auch als Hausdiener ersetzen, während die Schwarzen sich vor allem auf die Arbeit in den Bergwerken und auf den Plantagen im Innern des Landes konzentrieren würden. Er appellierte an den Gesetzgeber, legale Heiraten von Mestizen ausschließlich mit Angehörigen der »weißen oder indianischen Rasse« zuzulassen, um auf diese Weise das »Aufgehen« der Mischlinge in der »weißen Rasse« zu fördern. In Brasilien, so meinte Franco weiter, könne man eine »so große Zahl von Junggesellen« nicht verantworten, denn der Ledige sei im allgemeinen »der Geringschätzung weiter Kreise der Gesellschaft ausgesetzt«, abgesehen davon, daß alle auf legale Weise ihren Beitrag für das Aufgehen der Nachkommen von Afrikanern in der weißen Rasse zu leisten hätten. Die zahlenmäßige Überlegenheit der Schwarzen hatte den Autor eines anderen zeitgenössischen Essays –*Portugal und Brasilien* –, Francisco d'Alpuim de Meneses, zu der Äußerung veranlaßt, die Brasilianer hätten sich »aufgrund des Mangels an Maschinen für die schweren Arbeiten auf den

Plantagen, den Hauptstützen der nationalen Wirtschaft«, gezwungen gesehen, »Sklaven – die unversöhnlichen Feinde ihrer Herren – in Dienst zu nehmen«; Sklaven, die ihren Herren zahlenmäßig mindestens im Verhältnis 6 zu 1 überlegen waren. Deshalb könnten die Brasilianer unmöglich »ohne eine europäische Macht« auskommen, »die ihnen die Botmäßigkeit dieser Sklaven sicherstellte«.

Daher auch die angsterfüllte Stimmung unter vielen Weißen in Brasilien – vor allem unter den Europäern –, als die bisherige portugiesische Kolonie die politische Unabhängigkeit erhielt. Einige hielten diese Unabhängigkeit für unmöglich, wenn man nicht vorher dafür sorge, gegen das afrikanische Element den Schutz einer europäischen Großmacht zu erlangen beziehungsweise im neuen Staat das Übergewicht des europäischen Elements sicherzustellen. Vielleicht bestand die Lösung aller Probleme in der Entwicklung eines neuen Elements, das weder afrikanisch noch europäisch, sondern eine Verbindung beider war und dem sich ein drittes Element, das indianische, hinzugesellte, mit einem Wort: im Mischling. Diese Lösung wurde in Ansätzen übrigens nicht nur vom Genie eines José Bonifácio, sondern auch vom gesunden Menschenverstand des anspruchslosen Soares Franco gesehen. Eine Lösung, auf die schon seit langen Jahren die Gesellschaftspolitik des Mutterlandes und sogar die Kirche, mit Ausnahme vielleicht der Jesuiten, hinarbeiteten.

In diesem Zusammenhang sind die Begebenheiten bezeichnend, von denen die alten Chroniken aus der Kolonialzeit Brasiliens berichten. Der Chronist Melo Morais Filho beispielsweise berichtet, im Rio de Janeiro der Kolonialzeit sei zum Kommandanten der aus Mulatten bestehenden Miliz ein gewisser Weißer aus Portugal ernannt worden, gegen den das Bataillon protestierte, da er Weißer und Europäer sei. Nachdem er von dieser Haltung seiner Untergebenen Kenntnis erhalten hatte, lud der Portugiese das Offizierskorps zu einem Festbankett ein und bezeichnete sich in einer wortreichen Rede als einen Nachkommen von Afrikanern. Eine solche Erklärung schien zu genügen, um ihn zum Mulatten und für seine Untergebenen vertrauenswürdig zu machen. So konnte also nicht nur willkürlich aus einem Mulatten ein Weißer werden, sondern ebenso auch aus einem Weißen ein Mulatte. Hauptsache war, daß die rassische Veränderung dem politischen oder gesellschaftlichen Interesse des Betreffenden entsprach.

Pedroso, den seine angesehene Stellung als »Kommandant« und sein Ehrgeiz, wie Napoleon die ganze – und nicht nur die militärische – Macht im Staat an sich zu reißen, zum Führer des Neger- und Mulattenaufstandes von Recife im Jahre 1823 machte, hatte es, da er wirklich Mulatte war, nicht nötig, sich als »Nachkomme von Afrikanern« zu bezeichnen, um für jenen großen und unruhigen Teil der Bevölkerung vertrauenswürdig zu sein.

Die Tatsache, daß er ein heller Mulatte war, sowie sein militärisches Prestige erlaubten ihm, sich auf beide der einander befehdenden Gruppen zu stützen: auf die herrschende »weiße Klasse« und auf die von ihr beherrschte »Klasse der Mulatten und Schwarzen«, die leidenschaftlich danach verlangte, sich wegen ihrer größeren Zahl als das eigentliche Brasilien geltend zu machen.

Tatsächlich ließen die Aufständischen es bald an »Respekt vor den weißen Frauen« fehlen, wie es in der polizeilichen Untersuchung heißt. Sie nahmen zahlreiche Europäer fest und schrien, »dieses ganze Land stehe eher ihnen, den Schwarzen und Mulatten, zu, als den Weißen«. Hieraus spricht ganz offensichtlich nicht nur die Empörung einer Rasse, sondern auch die einer Klasse und die einer Region. Denn was solche Haltungen und Deklarationen beinhalten, ist die Forderung, daß der brasilianische Boden den Schwarzen und Mulatten zu gehören habe und nicht den Weißen, viel weniger noch den Europäern, das heißt Weißen mit einer ganz anderen geographischen Herkunft. Ein Zeuge, dessen Aussage auf Seite 30 des polizeilichen Protokolls festgehalten ist, hörte einen der Aufständischen sagen: »Gegenwärtig haben weder Neger noch Mulatten das Bürgerrecht, wie es doch eigentlich sein sollte.« Die Aufständischen jubelten Pedroso als dem »Vater des Vaterlandes« zu, Vater eines Vaterlandes, dessen Bürger Neger und Mulatten sein sollten, aber doch Vater im Sinne des Paternalismus, des Patriarchats. Die herrschende patriarchalische Form der brasilianischen Gesellschaftsorganisation war zu stark, als daß sie innerhalb weniger Tage von den Aufständischen hätte abgestreift werden können, die sich im Schatten der vornehmen Patrizierhäuser von Recife um die ebenso revolutionäre wie patriarchalische Gestalt des Mulatten Pedroso geschart hatten. Zu den »engsten Beratern« dieses Napoleonverehrers gehörte ein gewisser Akademiker mit Brille, der offenbar ebenfalls Mulatte war: Jacintho Surianno Moreira da Cunha mit Namen. Tatsächlich waren für viele dieser aufständischen Schwarzen und Mulatten die biologischen Väter unbekannte Gestalten. Soziologisch weit wichtiger als sie waren die fiktiven »Onkel« und »Väter« sowie die sehr realen Mütter.

An anderer Stelle der vorliegenden Untersuchung führten wir das Matriarchat als einen charakteristischen Zug der sozialen und charakterlichen Entwicklung des Brasilianers an. Hier müssen wir präzisieren: des Brasilianers aus Mucambo und Sklavenhütte und nicht nur aus Stadthaus oder Herrenhaus, das heißt aus sozialen Zonen, die durch die beinahe absolute Macht des biologischen Vater gekennzeichnet waren, der sich im soziologischen Vater fortsetzte.

In jenen anderen Zonen (den Mucambos und Sklavensiedlungen), in denen der biologische Vater oft unbekannt war, war die beherrschende Gestalt in der Familie, und bis zu einem gewissen Grade auch in politischen Angelegenheiten, der »Vater« oder der »Onkel«, das heißt, der soziologische Onkel, ohne daß dieser Ausdruck patriarchalischer Herkunft der Verehrung der Muttergestalt geschadet hätte; diese wurde von der biologischen Mutter verkörpert, die in einigen Fällen zu einer Vatergestalt wurde, das heißt zum Ernährer und Erzieher der Kinder eines unbekannten oder abwesenden Vaters oder eines soziologischen »Onkels«, der entweder nur ein platonischer Onkel war oder, afrikanischen Vorbildern und Einflüssen folgend, fast immer auf eine freilich sehr vage Weise das Zentrum der Familie bildete. Der Historiker Rocha Pombo erinnert in seiner *Brasilianischen Geschichte* daran, daß unter den freien Negern der brasilianischen Städte, die in der Mehrzahl in den Mucambos wohnten, der afrikanische Typ des Patriarchats vorherrschte, bei dem der älteste Neger der Gemeinschaft den Namen »Vater« annahm, während die anderen ebenfalls schon bejahrten Neger »Onkel« genannt wurden. Gleichaltrige redeten sich als »Malungos« oder »Brüder« an. L. Couty vermerkte in seinem Buch *L'Esclavage au Brésil* den matriarchalischen Charakter der Familien in dieser Bevölkerungsschicht, die er in Brasilien kennenlernte. In diesen Familien kannten die Kinder ausschließlich die Mutter und hatten von ihren biologischen Vätern keine Ahnung. Die Erziehung der Kinder übernahm die Mutter. Von einigen dieser Mütter weiß man, daß sie aus ihren Söhnen Doktoren und Akademiker machten; das schafften sie, indem sie Süßigkeiten und Früchte auf Tabletts oder Bauchläden verkauften, in den Häusern oder Stadtpalais der Reichen kochten oder auch, auf weniger puritanische Weise, indem sie die Liebe wohlhabender Weißer nicht verschmähten, die ihre Geliebten mit Geschenken überhäuften. Einen Teil dieser Geschenke ließen die fürsorglichsten dieser Mütter der Erziehung ihrer Kinder zugute kommen, vor allem jener Kinder, die von hellerer Hautfarbe waren als sie selbst. Solche Kinder mit hellerer Hautfarbe als ihre Mütter waren, wie Wetherell in Salvador beobachten konnte, der ganze Stolz der Negerinnen.

Zu derartigen Widersprüchen zwischen der Verehrung der Mutter – die man allerdings auf keinen Fall mit dem eigentlichen Matriarchat verwechseln darf – und dem Patriarchat kam es in der Entwicklung der brasilianischen Gesellschaft häufig. Solche afrikanischen Farbtupfen verhielten sich zur Gesellschaft wie Adjektive zu Substantiven; sie waren gleichsam der leicht veränderliche ethnologische Inhalt im Verhältnis zur dauerhaften soziologischen Form. Diese Form war im Brasilien der Sklaverei stets identisch mit der patriarchalischen Herrschaft, auch wenn sie von einer Frau ausgeübt wurde, von einem weiblichen Vertreter des Mannes, einem desexualisierten Mannweib.

Diese Afrikanismen im Bereich der Familienorganisation wurden mit Erstaunen vom scharfen Blick eines der größten Afrikanisten unserer Zeit in Brasilien festgestellt, von Professor M. J. Herskovits, der mit Nachdruck die These vertritt, daß es in brasilianischen Riten, die das Zusammenleben der Geschlechter und der Familienorganisation prägen, afrikanische Relikte gibt. Damit widerspricht er dem ebenfalls angesehenen nordamerikanischen Afrikanologen Professor F. Frazier, für den diese Riten in Brasilien vollständig in europäischen Riten aufgingen. In Recife stieß der brasilianische Afrikanologe Professor René Ribeiro in seiner Untersuchung über »wilde Ehen« – *On the* Amaziado *Relationship and other Aspects of the Family in Recife, Brazil* – auf Sachverhalte, die die These von Herskovits stützen, nach der das Konkubinat unter Farbigen abweichend vom europäischen Konkubinat gewöhnlich eine dauerhafte Familie bildet. Diese These vertritt auch ein mit der brasilianischen Materie im allgemeinen und der afro-brasilianischen im besonderen so vertrauter Forscher wie der Franzose Professor Roger Bastide. Nach Bastide – und das ist ein Punkt, der uns hier ganz besonders interessiert – neigte der freie Neger, das heißt fast immer der Neger aus dem Mucambo, dazu, sich, wenn er von den ländlichen Sklavensiedlungen in die Städte zog, in Form der »großen Familie« afrikanischen Musters zu organisieren. Wir müssen dem scharfsinnigen französischen Soziologen zustimmen, wenn er sagt, daß beim Wiedererstehen der afro-brasilianischen Familie in den Städten – das heißt in den Mucambos und ebenerdigen Häusern der freien Neger, Handwerker, Arbeiter, Budenbesitzer usw. – afrikanische Riten wiederbelebt wurden, die das Verhältnis von Kindern zu »Müttern«, »Vätern«,

»Onkeln« und »Brüdern« regelten und die nach »europäischen Begriffen« neu interpretiert wurden. Eben diese These verficht Professor Roger Bastide in seiner Studie *Dans les Amériques Noires: Afrique ou Europe?*

Dieses afrikanische System der »großen Familie« war zugleich patriarchalisch, maternalistisch und fraternalistisch. Charakteristisch dafür waren die »Väter« und »Onkel«, deren Führungsanspruch aus ihrem Alter, der Erfahrung und der mit der Zeit erworbenen Weisheit abgeleitet wurde – und nicht etwa aus ihrer wirtschaftlichen Überlegenheit –, sowie die Brüder oder »Malungos«, deren Solidarität sich auf das gemeinsame jugendliche und unternehmungslustige Alter und nicht etwa auf die gemeinsame biologische Abkunft gründete. Dieses System war möglicherweise einer der Ausgangspunkte für eine Bewegung, die als Aufstand der Alfaiates, der »Schneider«, bekannt wurde, das heißt als Aufstand von »Mulatten«, die gegen Ende des 18. Jahrhunderts in Brasilien die »Bahianische Republik« gründen wollten. Auf der anderen Seite wurde diese Bewegung stark von egalitären und republikanischen – mit einem Wort: fraternalistischen – Ideen aus Frankreich beeinflußt, und zwar in einem solchen Maße, daß sie als typischer Ausdruck der »Französelei« bekannt geworden ist.

Von einem der Aufständischen und Verschwörer, João de Deos, »Mulatte und Schneider mit einem Laden in der Rua direita de Palacio«, ist bekannt, daß er »sehr spitze, flache tief ausgeschnittene Schuhe« trug, außerdem »so enge Hosen, daß er sehr unfein aussah«. Das tat er, um sich von den portugiesischen Unterdrückern auch in der Kleidung und nicht nur in den Ideen abzuheben. Und als sich jemand über seine Art, sich zu kleiden, wunderte, entgegnete er: »Seien Sie still, das ist französische Kleidung, und bald wird hier alles französisch sein.« Dieser antiportugiesische Revolutionär war in seinem Lebensstil und in seinem Denken so demonstrativ französisch, daß nach seiner Verhaftung Ana Romana Lopes do Nascimento, eine freigelassene Mulattin, mit der er befreundet war, auf ihre Frage nach dem Grund für seine Haft zur Antwort bekam: »Wegen Verwicklung in französische Angelegenheiten.« Diese Bewegung war also sehr komplex, was auch für den sogenannten »Aufstand der Praieiros« in Recife ein halbes Jahrhundert später gilt: Beide Bewegungen waren fraternalistisch, und beide waren antilusitanisch beziehungsweise antieuropäisch – wenn man vom Frankreich der Großen Revolution absieht, das als Heilsbringer gefeiert und zum universalen Vaterland aller Aufständischen idealisiert wurde, so daß sich sogar die

Mulatten »Franzosen« nannten. Beide Bewegungen waren schließlich auch solidaristisch und auf ihre Weise sozialistisch, das heißt, sie strebten nach der »allgemeinen Gleichheit« der Menschen und waren Anhänger »dieser wahnwitzigen Lehre von der allgemeinen Gleichheit ohne Unterschied der Hautfarbe«, wie es im »Schlußwort des Urteils« gegen die bahianischen Verschwörer heißt.

Nach dem Wunsch der »Republikaner« aus Bahía sollten weder die Rasse noch die Klasse, noch die geographische Herkunft, die in Brasilien dem Menschen Qualitäten verliehen, für seinen beruflichen Aufstieg ausschlaggebend sein, sondern seine »Fähigkeiten«. Sie wollten in Brasilien möglichst schnell verwirklichen, was sich ohnehin anbahnte, nämlich der Aufstieg des Individuums aufgrund seiner Fähigkeiten, seiner Intelligenz, seines Wissens, seiner Tapferkeit – seiner Rasse, seiner Klasse und seiner geographischen Herkunft zum Trotz, die auf sein Verbleiben im leibeigenen und minderwertigen Teil der Gesellschaft hinwirkten.

»Wenn Herkunft, Heirat, Reichtum oder persönliche Verdienste einem Mulatten erlauben, sich um eine Stelle zu bewerben«, schrieb Rugendas, »kommt es sehr selten oder gar nicht vor, daß sich seine Hautfarbe als ein Hindernis erweist. Auch wenn er sehr dunkel ist, gilt er als Weißer, und in dieser Eigenschaft erscheint er auch in allen seinen Dokumenten, bei allen Verhandlungen, und er ist befähigt, jede Stellung zu bekleiden.« Und weiter konnte er bereits schreiben: »In Brasilien gibt es Milizregimenter, die ausschließlich aus Mulatten bestehen und keine Weißen akzeptieren; dafür verbietet das Gesetz jedoch, Mulatten zu den Linienregimentern zuzulassen. Jedoch treten aus Gründen, die wir oben dargelegt haben, viele Mulatten in sie ein, selbst als Offiziere, was um so öfter vorkommt, als gerade die reichen und angesehenen Familien, die schon seit undenklichen Zeiten in Brasilien leben, diejenigen sind, die sich am meisten vermischt haben, ohne daß dieser Umstand im geringsten ihrer Vornehmheit, ihrer Würde und ihrem Ehrgeiz bei der militärischen Karriere abträglich gewesen wäre.« Denn Heiraten zwischen weißen Männern und farbigen Frauen, »die in den mittleren und unteren Klassen an der Tagesordnung waren«, kamen gelegentlich auch »in den besten Kreisen« vor. Heiraten zwischen einer weißen Frau aus reicher und angesehener Familie und einem Farbigen von sehr dunkler Hautfarbe lösten eine Art Skandal aus, doch handelte es sich dabei eher um »Verblüffung« als um »Tadel«. Rugendas deutet diese Phänomene richtig als Zurücktreten des Rassenbewußtseins gegenüber dem Klassen- und

Heimatbewußtsein: »Bei gleicher gesellschaftlicher Stellung wird die dunkle Hautfarbe benachteiligt, aber ein Weißer aus der höchsten Gesellschaftsschicht würde ebensowenig eine weiße Frau aus niedrigen Verhältnissen heiraten.«

Wenn die »europäischen Jünglinge, sofern sie ein angenehmes Äußeres und einige Erfahrung im Handel hatten«, es mit Leichtigkeit fertigbrachten, »reiche farbige Frauen zu heiraten«, wie Rugendas schreibt, dann deshalb, weil die Europäer im Brasilien der Kolonialzeit und der ersten Jahre der Unabhängigkeit eine »Klasse« bildeten, die sich wegen ihrer Zusammensetzung aus Bürgern des Mutterlandes (Bewußtsein der geographischen Herkunft und nicht nur der »Rasse«) den in Brasilien – einer gewöhnlichen Kolonie – geborenen Weißen für überlegen hielt, auch wenn diese einheimischen Brasilianer den Fremden kulturell und sozial überlegen waren. Einer solchen Anmaßung widersetzten sich die in Brasilien geborenen Weißen schon früh, indem sie die Ausländer ihre traditionelle Verachtung für »Fremdlinge« fühlen ließen.

Die »Arisierung« – wie einer der rückständigeren Schüler des Soziologen Oliveira Viana sagen würde – jenes Teils der brasilianischen Bevölkerung, der teilweise afrikanischer Herkunft war, vollzog sich also vornehmlich durch die Verbindung des hellen und aufgrund seiner Bildung oder seiner militärischen Tapferkeit arrivierten Mulatten mit dem weißen Mädchen wie auch durch die Verbindung des weißen Mannes mit der hellhäutigen und durch ihre Schönheit oder ihren Reichtum begehrenswert gewordenen Mulattin. Daneben jedoch kam es vor, daß weiße Männer »aus romantischem Überschwang« Frauen heirateten, die in geradezu skandalöser Weise dunkel oder sogar schwarz waren, oder daß Liebende, die verschiedenen Rassen oder Klassen angehörten, in so ausweglose Situationen gerieten, daß ihre Liebe ein blutiges Ende nahm, sei es durch Mord, sei es durch Selbstmord. So erging es zum Beispiel Fernando Brás Tinoco da Silva, der im Jahre 1856 auf der Fazenda de Santa Cruz in Maranhão im Alter von nur achtzehn Jahren Selbstmord beging. Der Junge war »begabt und fleißig«, wie es in einem Zeitungsbericht über seinen Selbstmord im *Diário do Maranhão* vom 26. Februar 1856 heißt, in dem auch die übertriebenen romantischen Vorstellungen, die durch eine unglückliche und hoffnungslose Liebe hervorgerufen wurden, als Ursache für den Selbstmord genannt werden. Der Gegenstand der Leidenschaft war, wie aus der Zeitung hervorgeht, eine »afrikanische Schönheit«.

In der Epoche, die für die Auflösung der patriarchalischen Orthodoxie in den sozial und kulturell wichtigsten Regionen Brasiliens besonders entscheidend und einschneidend war – die zweite Hälfte des 18. und die erste Hälfte des 19. Jahrhunderts –, tauchten auch die »romantischen Vorstellungen« auf, nicht nur in Dingen der Liebe und Erotik, sondern auch in den Beziehungen zwischen Kindern und Eltern, zwischen Untertanen und Königen, Gläubigen und Bischöfen oder Priestern. In mehr als einem Fall wurden die einen Beziehungen durch andere gestört, und zwar aufgrund einer romantischen Einstellung bei den unabhängigeren Individuen. Als typisch und repräsentativ kann der Fall von Silva Alvarenga gelten, eines »angesehenen Mulatten von großer Gestalt«. Er war Sohn eines kleinen Landarbeiters, der zur Bestreitung seines Lebensunterhalts auf Kirchen- oder Familienfesten die Fiedel oder Flöte spielte und nicht weit von Vila Rica ein »in einem erbärmlichen Zustande befindliches« Haus bewohnte, wie Moreira de Azevedo in einer seiner *Chroniken des 18. und 19. Jahrhunderts* schreibt. Der arme Bewohner jenes »erbärmlichen« Hauses hatte sich vorgenommen, aus seinem farbigen Sohn einen Doktor zu machen. Alle Widerstände und Vorurteile unter seinen Freunden und Bekannten konnten überwunden werden, da der reiche Pate des Jungen in seinem Freundeskreis eine Sammlung veranstaltete, wobei er selbst die größte Summe zuschoß, so daß genug Geld zusammenkam, um den farbigen Jungen in Rio de Janeiro und später in Coimbra studieren zu lassen.

In Rio de Janeiro waren damals, zur Zeit des Königreichs, die Dichtervereinigungen in Mode, vor allem diejenigen zu Ehren der Nonnen des Ajuda-Klosters. Bei ihren Auftritten lauschten die Schwestern hinter den Gittern den Studenten und bereits anerkannten Dichtern, die vor den Klostermauern auf Stichworte der Nonnen Glossen improvisierten. In diesem Kreis von Stegreifdichtern fiel das dichterische Talent von Silva Alvarenga sowie seine »hohe und stattliche Gestalt« zum erstenmal auf. Eines Tages erhielt er von einer romantischen Nonne, die vielleicht Opfer eines autoritären Vaters war und wegen einer von ebendiesem Vater als schimpflich für die Familie angesehenen Liebe ins Kloster verbannt worden war, folgendes Motto:

Wer die Freiheit entbehren muß,
der kann kein Vergnügen fühlen.

Darauf erfand der Mulatte und Student aus Minas Gerais die folgende Glosse, die ein erstes leidenschaftliches und vom Standpunkt der etablierten Ordnung aus gefährliches romantisches Aufbegehren ausdrückte:

> *Denn wer volles Glück soll fühlen,*
> *der muß Freiheit ganz besitzen.*

In Coimbra, wo er zahlreichen Mädchen begegnete, verliebte sich Silva Alvarenga in eine gleichaltrige junge Dame, die möglicherweise einer höheren Gesellschaftsschicht angehörte als er. Ihre Liebe scheint jedoch den Aufenthalt des Jura studierenden Dichters in Coimbra, das er schließlich als diplomierter Akademiker verließ, überdauert zu haben. Was Moreira de Azevedo zufolge dieses Mädchen dem studierten Mulatten entfremdete, war die Tatsache, daß er »ein Revolutionär« war, »ein Jakobiner«, der »Gott beleidigte und gegen die Regierung unseres Herrn und Königs konspirierte«. Ein Jakobiner und Atheist war für patriarchalisch-religiöse Menschen schlimmer als ein Mulatte. Erst jetzt soll Laura begonnen haben, den Mulatten zu verschmähen. Sie schnitt sich die Haare kurz, verzichtete auf schöne Kleider, hüllte ihr Gesicht in eine schwarze Mantilla und wandte sich ganz der Kirche zu, dem Rosenkranz, den Novenen, den Litaneien vom Heiligen Josef und von der Muttergottes, wie es damals bei den alten Jungfern Brauch war, die der Rhythmus des patriarchalischen Lebens zu Außenseitern der Familie werden ließ: Denn das damalige System der Familienorganisation beruhte auf der Glorifizierung des gebärenden Leibes, ob er nun der weißen oder der schwarzen, der aristokratischen oder der plebejischen Frau gehörte. Das Interessante am Fall Laura–Alvarenga ist das Zusammenwirken verschiedener und einander widersprechender romantischer Vorstellungen, die zwei Menschen gleichzeitig zusammenführten und trennten; zwei Menschen, über die das patriarchalische System schließlich triumphierte, wenn auch eher im Bunde mit der Heiligen Mutter Kirche und mit dem König, »unserem Vater und erlauchtesten Herrn«, als mit den Rassevorurteilen.

In einigen seiner Wurzeln war dieses System schon tödlich getroffen. In der Region von Rio de Janeiro beispielsweise hatte sein Zerfall bereits begonnen. Dennoch bildete dieses System weiterhin das Zentrum des brasilianischen Lebens, wenngleich der Aufstieg des Akademikers und des Mulatten einen revolutionären und mächtigen Einfluß auf diesen Zerfall hatten.

Wir leugnen nicht, daß es Vorurteile gegen den Aufstieg des Mischlings und zugunsten einer Erhaltung der bestehenden streng patriarchalischen Ordnung gab. Es leuchtet ein, daß das patriarchalische System und der Aufstieg des Mulatten nicht nur als Akademiker und Militär, sondern vor allem als Mechaniker und als Handwerksmeister, Sklavenhalter, Bauer und Bergwerksunternehmer, also ebenfalls als Herr über Sklaven und Ländereien und nicht nur als Angestellter weißer Herren, im Grunde – wirtschaftlich gesehen – unvereinbar waren. Dies hat auch der berühmte Historiker aus Minas Gerais, João Dornas Filho, in seinem kleinen und lehrreichen Essay *Die Volkskunst des brasilianischen Negers* dargelegt: »Da der Mulatte und der freigelassene Neger keine Sklaven mehr waren, mußten sie entlohnt werden, und die Entlohnung war aufgrund der Existenz von Sklavenarbeit unlogisch.«

Indem das patriarchalische System in Brasilien darauf beharrte, mit Sklaven das zu leisten, was andere wirtschaftliche Systeme nicht nur mit Tieren, sondern auch mit Maschinen zu leisten begannen, sah es in dem von französischen oder englischen Einflüssen geprägten Mischling einen Revolutionär, den es klein zu halten und zu unterdrücken galt. Dies war jedoch seit der ersten Hälfte des 19. Jahrhunderts einigermaßen schwierig angesichts der Erfolge zahlreicher Mischlinge in verschiedenen Disziplinen, die für die Entwicklung Brasiliens, mehr noch für seine Rettung vor der Gefahr, auf der Stufe einer beklagenswert archaischen Nation zweiter Klasse zu bleiben, unentbehrlich waren.

Filipe Nery Colaço, ein Farbiger, der 1813 in Pernambuco geboren wurde und an der Rechtsfakultät von Recife studierte, zeichnete sich, wie man weiß, weniger durch seine französischen Neigungen zum Studium der Rechte als durch sein Interesse für das englische Ingenieurwesen aus. Er wurde Englischlehrer am Gymnasium von Pernambuco und fiel wegen seines »technischen Ingenieurkabinetts« auf, das er in der Hauptstadt der Provinz einrichtete. Dabei war Nery Colaço nur einer der zahlreichen tüchtigen Mischlinge, die es in der ersten Hälfte des vergangenen Jahrhunderts in Brasilien gab. Die Benediktiner waren nicht die einzigen, die während der Epoche der Sklaverei in Brasilien die Wirkung von Milieu und Umwelt auf die aus Afrika importierten Neger sowie die Folgen der Rassenmischungen auf die Mischlinge studierten. Solche Untersuchungen wurden auch von Ärzten wie Tiburtino Moreira Prates angestellt, von dem eine der interessantesten Dissertationen stammt, die der Medizinischen Fakultät von Bahía in der ersten Hälfte des 19. Jahrhunderts vorgelegt wurden. Sie trägt den Titel *Die Identität des Menschengeschlechts.* In ihr vertrat der Autor, gestützt auf Beobachtungen im Brasilien der ersten Hälfte des 19. Jahrhunderts, die Auffassung: »Jedermann weiß, daß die in Brasilien geborenen Neger sich stark von den Afrikanern, von denen sie abstammen, unterscheiden, und zwar sowohl in ihren körperlichen Eigenschaften als auch in ihren geistigen Fähigkeiten.« Und in Übereinstimmung mit D'Orbigny fährt er fort: »In der von uns durchgeführten Untersuchung haben wir in dieser Provinz drei von Afrikanern abstammende Familien angetroffen, die sich bis zur dritten Generation rein erhalten haben. Diese Menschen sind nicht mehr in demselben Maße Neger wie ihre Vorfahren, und aufgrund ihres Charakters unterscheiden sie sich nicht von den heutigen krummbeinigen Negern: was keine geringe Veränderung bedeutet.« Prates ging noch weiter: Er erwies sich als Vorläufer der modernen Kulturalisten, wenn er, gestützt auf seine Studien in Bahía, behauptete, die Menschen aller Rassen »zeigen sich in der Lage, geistige Bildung aufzunehmen und sich den religiösen Kulten wie den Gewohnheiten des zivilisierten Lebens anzupassen; alle haben, mit einem Wort, dieselben geistigen Anlagen. Die Angehörigen der äthiopischen Rasse, die als die minderwertigsten gelten, können also die hervorragendsten Eigenschaften aufweisen und wissenschaftliches Niveau erreichen.« Genau das geschehe bereits in Brasilien: »Jedermann kennt die Hindernisse, die man dem Neger entgegenstellt, der eine Karriere in den Wissenschaften anstrebt, ganz zu schweigen von den finanziellen Schwierigkeiten, denn diese Rasse ist die ärmste unseres Volkes; aber trotz alledem sind uns viele Beispiele von Negern bekannt, die ihre große Begabung für das Studium der Natur- und Geisteswissenschaften sowie der schönen Künste unter Beweis gestellt haben; wir haben selbst erlebt, wie sie in öffentlichen Wettbewerben disputiert haben und schließlich Professoren wurden ...«

Dasselbe gelte für Mulatten: »Eine weitere allgemein und sogar von ihren eigenen Erzeugern verspottete Klasse ist die der Mulatten, deren Intelligenz häufig in kleinlicher Weise von Menschen herabgesetzt wird, die sich von Vorurteilen beherrschen lassen ...« Jedoch trete die Intelligenz des brasilianischen Mulatten täglich deutlicher in Erscheinung. Speziell zur Lage in der Provinz Bahía schrieb er: »Ein unbestreitbarer Beweis der großen Intelligenz der Mulatten kann aus der Statistik dieser

Provinz abgelesen werden: denn hier ist es in der Tat schwer, Menschen anzutreffen, die, wenn sie auch als Weiße gelten, nicht hie und da einen Afrikaner unter ihren Vorfahren hätten; und doch zeichnen sich die Bahíaner durch ihre Talente und ihre Liebe zu den Geistes- und Naturwissenschaften aus, und keine andere brasilianische Provinz hat eine so große Zahl von Gelehrten hervorgebracht wie Bahía.« Zur Medizin bemerkte Prates: »Die Hohe Schule für Medizin in dieser Stadt wird von mehr als hundert Studenten besucht: Die Hälfte davon sind unbestreitbar Mulatten; von den anderen wissen wir, daß viele von ihnen einheimische Weiße sind; die Herkunft der anderen ist uns nicht bekannt; so kommt es, daß die Zahl der wirklich reinblütigen Weißen zwanzig nicht übersteigt.«

In ähnlichem Sinne äußerte sich zur gleichen Zeit M. P. A. de Lisboa in seinen *Notes sur la Race Noire et la Race Mulâtre au Brésil,* die 1847 in Paris veröffentlicht wurden: »... *il est permis de conclure que l'affaiblissment d'intelligence parmi les nègres africains dérive des imperfections de l'état social dans lequel ils vivent en Afrique, plutôt que d'une différence importante d'organisation*«. Und über die Mulatten sagte er: »*Au Brésil, dans toutes les classes de la société, parmi les jurisconsultes ainsi que parmi les médecins, chez les hommes qui s'occupent de la politique du pays comme chez les hommes de lettre, on remarque des mulâtres d'un talent, d'un esprit, d'une perspicacité et d'une instruction qui leur donnent beaucoup d'importance et d'ascendant.*«

Und vergessen wir nicht ein anderes wichtiges – diesmal europäisches – Zeugnis über die Lage der »Klasse« oder der »Rasse« der Mulatten im Brasilien des 19. Jahrhunderts: das Zeugnis von Elisée Reclus, niedergelegt in einer Studie, die in der *Revue des Deux Mondes* unter dem Titel »Le Brésil et la Colonisation, Les Provinces du Littoral, Les Noirs et les Colonies Allemandes« erschien. Nachdem er darauf hingewiesen hatte, daß in Brasilien kein Gesetz besteht, das zwischen Vater und Sohn tritt, um den ersteren daran zu hindern, sein eigenes Blut anzuerkennen – ein Umstand, der die Emanzipation des Mulatten begünstigte –, fuhr der französische Geograph fort: »... *on peut prévoir le jour prochain où le sang des anciens esclaves coulera dans les veines de tout Brésilien.*« Und weiter heißt es: »*Les fils de noirs émancipés deviennent citoyens; ils entrent dans l'armée de terre et de mer et peuvent au même titre que leurs compagnons d'armes de race caucasique parler de la cause de la patrie et de l'honneur du drapeau. Quelques-uns montent de grade en grade et commandent à des blancs restés leurs inférieurs; d'autres s'adonnent aux professions libérales et deviennent avocats, médecins, professeurs,*

artistes.« Und indem er hervorhebt, was man das Übergewicht der soziologischen Bedeutung der Zugehörigkeit zur weißen Rasse über die biologische Bedeutung im Brasilien der ersten Hälfte des 19. Jahrhunderts
nennen könnte, schreibt er weiter: »*Il est vrai que la loi n'accorde pas aux
nègres le droit d'entrer dans la classe des électeurs ni dans celle des éligibles; mais
les employés dont la peau est plus ou moins ombrée ne font aucune difficulté de
reconnaître comme blancs tous ceux qui veulent bien se dire tels et ils leur délivrent
les papiers nécessaires pour établir légalement et d'une manière incontestable la
pureté de leur origine.*«

Aus alledem wird die damals schon alte Tendenz in Brasilien deutlich,
Erklärungen oder Dokumenten über die Rassenzugehörigkeit eines
Menschen denselben oder einen größeren Wert als der biologischen
Realität beizumessen. Dieser Tendenz diente nicht nur das geduldige
Papier schriftlicher Dokumente, sondern auch die Malerei, das Ölbildnis
und sogar die kolorierten Photographie. Solche »Dokumente« förderten
die oberflächliche Arisierung eines jedes beliebigen Brasilianers, der aufgrund seiner der weißen Rasse entsprechenden gesellschaftlichen Stellung eben ein »Weißer« war.

Parallel zu dem Übergang der Macht von den ländlichen Herrenhäusern auf die städtischen Patrizierhäuser verlief der Übergang von dem
durch Künstlerhand gemalten Porträt zur Daguerreotypie und zur Photographie. Diese triumphierte einige Zeitlang wegen ihrer Genauigkeit:
Die Häßlichkeit erschien nun als Häßlichkeit, auch wenn der Porträtierte
reich oder mächtig war. Danach wurde die Photographie in unverschäm-
ter Weise kommerziell und aus Gründen der Gewinnsucht »koloriert«. In
den Vereinigten Staaten vervollkommneten in den letzten Jahrzehnten
des 19. Jahrhunderts Spezialisten für geradezu engelhaft nordische Farben die Technik, Neureichen und vor kurzem zu Bildung und Einfluß
gekommenen Mulatten aller Schattierungen aus Brasilien und anderen
lateinamerikanischen Ländern zu blonden Haaren und rosiger Haut zu
verhelfen. Aber greifen wir nicht vor; im Jahre 1818 berichtete die Zeitung *Idade d'Ouro do Brazil* vom 3. Juli über den Aufenthalt eines gewissen
Malers von Miniaturen in Salvador, der Letanneur hieß, aus Paris kam
und dessen Stärke die »vollendete Ähnlichkeit« war. Noch im Jahre 1848
waren in Zeitungen wie dem *Diário de Pernambuco* Inserate von Porträti-
sten zu finden, die romantischerweise mit dem Pinsel malten. Ein Cinci-
nato Mavignier etwa teilte dem »verehrten Publikum« am 12. Oktober
mit, er habe in seinem Stadthaus in der Travessa do Carmo Nr. 1 in Recife

»ein vollständiges Sortiment feinster Farben für Porträts sowie bestes Elfenbein und Zeichenpapier etc.« erhalten. Wer sich von diesem Künstler porträtieren lasse, werde »ein wirklichkeitsgetreues Abbild seiner Physiognomie in schönen Farben« erhalten.

Diese »schönen Farben« wurden vielleicht noch schöner, wenn der oder die Porträtierten Prominente waren, und sie konnten, wie später die kolorierten Photographien, braune und gelbe Hautfarbe in rosiges Weiß und gekräuseltes und struppiges Haar in seidiges Blond verwandeln. Aus jener Zeit stammen allerdings auch hervorragende Porträts von Damen, Kindern und selbst von Männern. Eines von ihnen, das von Alves da Silva, soll die berühmten Verse von Maciel Monteiro inspiriert haben:

> *Du Herrliche, nie vermochte noch wagte*
> *zarte Leinwand dein Abbild zu sein.*

Seit 1843 jedoch erschienen in brasilianischen Zeitungen Inserate von »Fachleuten in der Kunst der Daguerreotypie«. Ein Mr. Evan zum Beispiel erklärte im *Diário de Pernambuco* vom 16. Mai jenes Jahres, »vortreffliche und vollendete Aufnahmen zu machen«. Bei ihm könnten die Brasilianer »ein getreues Abbild ihrer selbst« bekommen. Und ein Herr Silvio da Cunha erinnert in einem in der Zeitschrift *Letras e Artes* (Rio de Janeiro) am 9. November 1847 erschienenen Artikel über »Die ersten Photographien in Brasilien« an die Pioniergestalt des Iren Frederic Walter, der ebenfalls ein Künstler der Daguerreotypie war; ein Künstler oder ein Techniker.

Noch im Jahre 1840 hatte ein »Porträtmaler aus Frankreich« im *Diário de Pernambuco* in einer Anzeige vom 24. August mitgeteilt, er porträtiere »wirklichkeitsgetreu in Öl und en miniature«. Er gab Unterricht in »Historien- und Landschaftsmalerei, in Architekturmalerei und in Miniaturmalerei«. Von diesem Franzosen und von Carlos Fredrick müssen viele Porträts stammen, die noch während der ersten Hälfte des 19. Jahrhunderts von Granden des Kaiserreiches im brasilianischen Norden gemalt wurden. Die Daguerreotypie schenkte den Brasilianern in der Tat wesentlich genauere Bildnisse von den höchsten Adligen des Kaiserreiches – von Männern, Frauen und sogar Kindern – als die zahlreichen Porträts beziehungsweise Gemälde der kolonialen Jahrhunderte. Bei diesen wurde die Genauigkeit bei der Abbildung von Gesichtszügen und Hautfarbe ganz offensichtlich auf geschickte oder auch aufdringliche Weise dem Wunsch des beflissenen Künstlers geopfert, dem porträtierten vornehmen Herrn zu schmeicheln. Genau dasselbe geschah später mit den kolorierten Photographien *made in America,* allerdings diesmal nicht aus Unterwürfigkeit, sondern aus Geschäftstüchtigkeit. Solche Photographien entstanden in den letzten Jahrzehnten des ländlichen und städtischen Patriarchats in Brasilien, der Zeit des ungehinderten Aufstiegs von Mulatten und Mischlingen als Akademiker, Ärzte, Ingenieure, Militärs und Industrielle. Die Abgebildeten waren Leute, die erst vor kurzem zu Reichtum, Bildung und Einfluß gekommen waren und sich den Luxus leisten konnten, im Ausland Vergrößerungen und Kolorierungen von Photographien in Auftrag zu geben, die nach ihren eigenen Angaben über die Farbe von Haut, Haar, Augen und Lippen angefertigt wurden. Das war eine bequeme Methode der »Arisierung«, wie es in der Theorie von Oliveira Viana heißt.

Die Kunst oder Industrie der »Arisierung« inserierte sehr häufig in den brasilianischen Zeitungen der letzten Jahrzehnte des 19. Jahrhunderts. Diese Anzeigen nahmen in den letzten Jahren dieses Jahrhunderts zu, als dieser einträgliche Handel durch die Tätigkeit der Hausierer auch breitere Schichten erreichte. Diese Hausierer durchquerten das ganze Innere Brasiliens und sammelten unter den Kunden phantastische anthropologische Angaben zur Vergrößerung und vor allem zur Kolorierung von gewöhnlichen Photographien. Eine dieser Anzeigen, schon vom Ende des 19. Jahrhunderts, verdient geradezu Bewunderung als Meisterwerk der Werbepsychologie: »Jedermann, der ein schönes und vollendetes Porträt wünscht, braucht nur ein kleines Porträt von sich in Visitenkartenformat einzusenden. Selbst wenn es alt ist, genügt die Angabe der Augen- und Haarfarbe, um ein vollendetes und wundervolles Porträt zum Verschenken oder zum Aufhängen im Empfangszimmer anzufertigen.« Die Mode der »kolorierten Photographien« in Brasilien macht die Tatsache verständlich, daß man noch heute in den Salons von seit alters her negroiden Familien Porträts verstorbener Patriarchen antreffen kann, die unverkennbar Mulatten waren, uns aber auf diesen apologetischen und sogar engelhaft schönen Photographien manchmal an jene »vom tropischen Klima degenerierten Europäer« erinnern, von denen der Schriftsteller Mario Pedrosa einmal gesprochen hat. Die Photographie dient in solchen Fällen keineswegs der Wahrheit, sondern wird zum Komplizen der Mystifizierung.

Zwölftes Kapitel
Versuch einer systematischen Betrachtung der Rassenmischung im patriarchalischen und halbpatriarchalischen Brasilien

Raymundo José de Souza Gayoso beschäftigte sich in seinem *Historisch-politischen Kompendium der Anfänge des Ackerbaus in Maranhão*, das im Jahre 1818 in Paris erschien, mit den verschiedenen Bevölkerungsschichten im kolonialen Maranhão. Vor allem in São Luís, einer der ersten Städte Brasiliens, die zu bürgerlichem Wohlstand gelangten, ohne den patriarchalischen Anstrich im Alltag wie in den zwischenmenschlichen Beziehungen einzubüßen.

»Wie aus den letzten Erhebungen aufgrund der Listen der Osterkommunionen hervorgeht«, schreibt Gayoso in seinem Kompendium, »zählte die Stadt keine dreißigtausend Seelen; da sie aber vom Jahre 1808 bis zur Gegenwart gewachsen ist, hat sie diese Zahl mittlerweile vielleicht erreicht. Ihre Einwohner kann man in mehrere Klassen einteilen: Die mächtigste und zuvörderst der Betrachtung würdige ist die Klasse der Söhne des Königreichs.«

Den »Söhnen des Königreichs« (also den Portugiesen) folgten im Range die Nachkommen von Europäern, die sich in Brasilien niedergelassen hatten, das heißt die geborenen Brasilianer, die einheimischen Weißen. Die Verhältnisse in Maranhão waren keineswegs ungewöhnlich, sondern entsprachen denen in etlichen anderen Regionen Brasiliens, wo neben dem rein ländlichen oder auch mit urbanen Elementen durchsetzten patriarchalischen, auf Ackerbau und sogar Viehzucht beruhenden System manchmal ein geradezu völlig anderes und mit dem allgemein herrschenden in Konkurrenz stehendes System entstand, nämlich das der Rassenmischung. Nach den einheimischen Weißen kamen in der Rangfolge die Mulatten und Mischlinge, die häufig Fast-Weiße oder »Halbweiße« waren, wie man sie manchmal nannte.

»Die dritte Klasse der Einwohner von Maranhão besteht aus Mischlingen, die entweder von einem Europäer und einer Negerin oder von einem Europäer und einer Indianerin abstammen«, bemerkte Gayoso. Und er fügte hinzu: »Die Nachkommen aus der erstgenannten Verbindung werden Mulatten genannt, die aus der zweiten heißen Mestizen. Zu

Beginn der Eroberungen in der Neuen Welt versuchten alle europäischen Regierungen aus ihren neuen und alten Untertanen eine einzige Nation zu machen, indem sie Ehen zwischen Europäern, die sich in Amerika niedergelassen hatten, und den dortigen Eingeborenen förderten. Solche Eheschließungen gab es in Maranhão, als man die Provinz ihren Ureinwohnern zu entreißen begann; wobei allerdings die laxen Sitten und das heiße Klima die Hauptgründe für das Entstehen dieser Klasse der Bevölkerung gewesen sein mögen, die schließlich sogar einen beträchtlichen Teil der Gesamtbevölkerung bildete. Die Portugiesen und selbst die Spanier haben verschiedene Bezeichnungen für die einzelnen Grade von Rassenmischungen und die verschiedenen Menschentypen, die aus solchen Verbindungen hervorgehen, angefangen vom Neger aus Afrika über den bronzefarbenen Indianer bis hin zum weißen Europäer.«

Nicht ohne mit einer gewissen Gelehrsamkeit zu prunken, fährt Gayoso fort: »Robertson schreibt in seiner Geschichte Amerikas, in der ersten Generation würden die Mestizen und die Mulatten als Indianer beziehungsweise als Neger bezeichnet; in der dritten jedoch verschwindet die ursprüngliche und für die Rasse charakteristische Hautfarbe des Mestizen, und in der fünften die des Negers bis zu einem solchen Grade, daß ein Nachkomme aus einer derartigen Verbindung in Brasilien nicht mehr von einem Europäer zu unterscheiden ist und aller Privilegien teilhaftig wird. Ich finde im Handbuch für den Handel in Amerika eine Tabelle, in der man die verschiedenen Grade der Rassenmischung genauer aufgeführt findet:

Verzeichnis von Rassenmischungen, die Weiße entstehen lassen

Ein Weißer und eine Negerin ergeben einen Mulatten, zur Hälfte Weißer, zur Hälfte Schwarzer.
Ein Weißer und eine Mulattin ergeben einen Quarteronen, zu drei Vierteln Weißer, zu einem Viertel Schwarzer.
Ein Weißer und eine Quarteronin ergeben einen Oktoronen, zu sieben Achteln Weißer und zu einem Achtel Schwarzer.
Ein Weißer und eine Oktoronin ergeben einen Weißen, einen hundertprozentigen Weißen.

Verzeichnis der Rassenmischungen, die einen Neger ergeben

Ein Neger und eine Weiße ergeben einen Mulatten, zur Hälfte Schwarzer, zur Hälfte Weißer.

Ein Neger und eine Mulattin ergeben einen Quarteronen, zu drei Vierteln Schwarzer und zu einem Viertel Weißer.

Ein Neger und eine Quarteronin ergeben einen Oktoronen, zu sieben Achteln Schwarzer und zu einem Achtel Weißer.

Ein Neger und eine Oktoronin ergeben einen Neger, einen hundertprozentigen Neger.«

Dieser Klassifizierung von Robertson fügte Gayoso einige Bemerkungen speziell über die Situation in Brasilien hinzu, die auf seiner intimen Kenntnis von Maranhão beruhten: »Die Kreuzungen zwischen einem Mulatten und einer Quarteronin oder Oktoronin ergeben weitere Hauttönungen, die denen des Weißen beziehungsweise des Negers ähneln. Gerade diese Klasse, deren körperliche Verfassung sehr robust ist, übt alle möglichen technischen Berufe aus und bekleidet öffentliche Ämter, die tatkräftige Männer erfordern und von den Angehörigen der Oberklasse meist verschmäht werden, mehr aus Eitelkeit als aus Faulheit oder auch aus beiden Motiven.«

Was die Neger betrifft, so bildeten sie »die vierte Klasse der Bevölkerung«. Und mit Bezug auf die »Klasse der Indianer« schreibt Gayoso, sie sei noch nicht so weit wie die anderen in die Gesellschaft von Maranhão integriert, daß man sie als eine »Klasse« von einiger Bedeutung bezeichnen könne. In diesem Punkte waren die Zustände in Maranhão repräsentativ für die patriarchalische Gesellschaft und Wirtschaft in fast ganz Brasilien.

Gayoso hat vielleicht den sorgfältigsten Versuch einer systematischen Darstellung der Rassenmischung im patriarchalischen Brasilien unternommen. Dabei ordnete er die Kategorien von Rasse und Zwischenrasse denjenigen von Klasse und Zwischenklasse unter. Darin folgte ihm einige Jahre später Abreu e Lima, der das Problem in einer Studie über Brasilien, die im Jahre 1835 in Rio de Janeiro erschien, behandelte und dabei fast marxistische Kriterien verwendete. Er hob die Haßgefühle hervor, die diese »Rassen« oder »Klassen« sowie diese Unterteilungen von Rassen und Klassen trennten. »Unsere Bevölkerung ist in zwei Teile gespalten: in Freie und Sklaven, zwischen denen es ganz gewiß keine großen Gemeinsamkeiten gibt. Wir wären jedoch noch gut daran, wenn dieser freie Teil der Bevölkerung homogen wäre und in vollständiger Gleichberechtigung lebte.« Statt dessen sei, so meinte Abreu e Lima, dieser Teil auch noch in vier Gruppen gespalten, die untereinander genauso entzweit und zerstritten seien wie die beiden Hauptgruppen: Da gab es freie Neger, freie Mulatten, einheimische Weiße und Weiße ehrenhalber, ganz zu schweigen von den Indianern, die er als eine »Gruppe« oder »Klasse« für sich ansah. Alle rivalisierten miteinander. Daß die Mulatten, wenn sie einmal frei waren, den Weißen keine Vorrechte zugestanden, erschien Abreu e Lima nur gerecht: Sie waren Menschen wie die Weißen und auf derselben Scholle geboren wie sie, und sie waren – ein patriarchalisches Argument zugunsten der Rassengleichheit – »Söhne unserer eigenen Väter«. Daher hatten sie als »Söhne derselben Väter« auch Anspruch auf dieselben Rechte wie die Weißen – auf dieselben Rechte wie die übrigen im Lande geborenen, freien Brasilianer.

Die Verweigerung dieser Rechte – die in Brasilien übrigens niemals systematischen Charakter hatte – führte zu sozialen Unruhen, die gelegentlich in Gestalt politischer Unruhen zum Vorschein kamen. Außerdem machte sie in augenfälligerer Weise auf das aufmerksam, was einige als Pathologie der Rassenmischung bezeichnen. Ihre Diagnose hat einen ausgeprägt biologischen Charakter, obwohl diese pathologischen Zustände doch offensichtlich vor allem aus sozialen Umständen resultieren, die in zahlreichen Fällen einer normalen Entwicklung der Mulatten im Wege standen.

Man braucht die Neigung bestimmter Rassen zu gewissen krankhaften Zuständen – wie etwa zum Amok –, die manche mit der Zugehörigkeit zu bestimmten ethnischen Gruppen, andere mit dem Klima in Verbindung bringen, nicht unbedingt zu leugnen. Jedoch dürfen wir auf keinen Fall die nachhaltigen sozialen Einflüsse verkennen, die beispielsweise die Tuberkulose und bestimmte Arten von Geisteskrankheiten unter der Mischlingsbevölkerung begünstigt haben. Man weiß, daß der Schwarze in der Regel – zumindest der in Nordamerika, wo seine Lage bisher besser untersucht wurde als in anderen Ländern – für Erkrankungen der Wirbelsäule, Fettleibigkeit, Taubheit, Augenkrankheiten, Erkrankungen der Nasenwege und des Halses und eine ganze Reihe anderer Leiden weniger anfällig ist als der Weiße. Außerdem neigt er weniger zu Typhus, Malaria, Blattern und Krebs. Auch der Mulatte besitzt einige dieser glücklichen Anlagen des Negers, jedoch leidet er nach den Statistiken in weit höherem Maße als der Weiße an Tuberkulose und Geschlechtskrankheiten. Die Tuberkulose scheint nicht nur unter den nordamerikanischen Mulatten, sondern ganz allgemein unter den Mischlingen das hervorstechendste Merkmal körperlicher Schwäche zu sein. Davenport hebt hervor, daß in diesem gemeinsamen Merkmal vielleicht der Mangel an Widerstandskraft gegen Zivilisationskrankheiten weiterlebt, den die Mulatten von Angehörigen einer primitiven Rasse geerbt hatten, die mit den europäischen Überträgern der Krankheit in Berührung gekommen waren.

Jedoch muß man – abgesehen von diesem eventuellen Weiterbestehen einer ererbten Anfälligkeit – stets auch die soziale Umgebung und die wirtschaftliche Lage im Auge behalten, in denen sich der Mulatte oder der Neger befand, den man nach Amerika verpflanzt hatte. Schon im Fall der Rachitis – die unter den Negern der nordamerikanischen Städte so verbreitet ist – konnte ein Studium des sozialen Milieus, in dem der städtische Neger in den Vereinigten Staaten leben muß, die Häufigkeit von körperlichen Mißbildungen unter den farbigen Kindern erklären. Dieses Milieu ist durch die lichtarmen Mietskasernen und Massenbehausungen von New York und anderen Städten gekennzeichnet, wo sich, besonders im Winter, der Mangel an Sonnenlicht, die schlechte Luft und die mangelhafte Ernährung verhängnisvoll auf eine etwaige besondere Anfälligkeit des Schwarzen für diese Krankheit auswirken. Der größte Feind des Säuglings, gleich welcher Hautfarbe, ist die »Armut«, deren Rolle Professor Reuter in seiner Studie über die Gesundheit des Negers und des Mulatten in den Vereinigten Staaten in ihrer ganzen Bedeutung hervorhebt.

Die regionalen Schwankungen in der Zahl der Todesfälle in den Vereinigten Staaten aufgrund von Tuberkulose scheinen zu zeigen, welch starken Einfluß soziale und wirtschaftliche Verhältnisse auf diese Krankheit haben. Zwar ist die Schwindsucht im Rückzug begriffen, doch ist sie noch immer in erster Linie ein urbanes Phänomen. Sie ist die Krankheit der Mietskasernen, der Slums. Und wer einmal die elendesten Negerbehausungen und Negerviertel bestimmter nordamerikanischer Städte gesehen hat – Waco in Texas zum Beispiel –, wird die beinahe lyrischen Töne, mit denen General Clement de Grandprey von den Mucambos Recifes gesprochen hat, nicht für übertrieben halten. Ähnlich äußerte sich nach ihm der Schriftsteller Ribeiro Couto. Die zwanzigtausend Mucambos der Schwarzen, der hellen und dunklen Mulatten von Afogados, Pina, Santana de Dentro, Oiteiro oder Motocolombó sind die typischsten von ganz Brasilien. Über die Mucambos, die auf trockenem Erdboden gebaut sind, wird sich niemand entrüsten, etwa nur deswegen, weil sie aus Stroh bestehen. Die Sonne beschenkt sie großzügig mit Licht wie ein wohlhabender und freigebiger Freund des Hauses. Vom Standpunkt der Vorbeugung gegen Tuberkulose gesehen, ist Stroh ein hervorragendes Baumaterial für die Tropen.

Wie wir bereits dargelegt haben, gibt es jedoch auch Mucambos, die mitten im Schlamm errichtet wurden. Im günstigsten Fall sind sie auf Holzpfählen in sumpfigem Gelände gebaut. Diese Pfahlbauten aus Stroh bieten dem Betrachter sogar einen freundlichen Anblick. Sie wahren einen gewissen hygienischen Sicherheitsabstand zum feuchten Boden oder zum fauligen Wasser. Aber andere stecken mitten in dieser Fäulnis, in einer sehr ungesunden Intimität mit dem Schlamm, wie dies bei den Mucambos von Joaneiro, mitten im Stadtgebiet von Recife, der Fall ist. Hier handelt es sich um ein ökologisches Problem, um das Problem einer ungleichen Bevölkerungsverteilung. Die Reichen machen sich auf dem guten und trockenen Boden breit, während die Armen – gewöhnlich Mestizen, Mulatten oder Neger – in beängstigender Weise im Schlamm zusammengepfercht sind. Manchmal gelingt es diesen Unglücklichen, im Kampf mit dem Schlamm den Boden schließlich trockenzulegen. Aber das trockengelegte und bewohnbar gemachte Gelände ist nun wertvoller Boden: Also verjagt man alsbald den Mucambobewohner, und es kommen die Reichen, die sich hier ein solides Haus aus Stein bauen. Die Mucambos erstehen ein Stückchen weiter neu, an anderen sumpfigen Stellen. Eine Art Reportage in Romanform von Chagas Ribeiro, die vor Jahren in Recife erschien, schilderte einen solchen Fall mit einer Fülle von Details.

Ähnlich verhält es sich mit den sogenannten Favelas auf den Anhöhen von Rio de Janeiro, die wie jene »Ranchos« aussehen, die wir im Jahre 1939 in Rio Grande do Sul kennengelernt haben und die seitdem von Professor Tales de Azevedo näher untersucht wurden.

Favelas sind Ansammlungen von noch unhygienischeren Hütten als die Mucambos der Städte im Norden Brasiliens. Hütten aus morschen Brettern und Wellblech, in denen es in den schwülen Nächten fast ebenso stickig ist wie in den Massenbehausungen und Mietskasernen, wo sich andere arme Bevölkerungsschichten der brasilianischen Städte fast ohne Luft und Sonne – ein für die Bewohner der Mucambos kostenloser Luxus – zusammendrängen. Diese Bevölkerung besteht weitgehend aus Negern und Mulatten. In Rio Grande do Sul dagegen ist das indianische und weiße Element stärker, während das negroide Element zurücktritt. Unseres Wissens haben wir als erste auf das ungeheure materielle Elend der Bewohner der »Ranchos« – der Entsprechung der Mucambos des Nordens – in Rio Grande do Sul hingewiesen, nachdem wir im Jahre 1939 eine Reise in dieses Gebiet unternommen hatten. Damals entlarvten wir auch das gängige Bild, nach dem der Riograndenser im Gegensatz zum gelblichen Brasilianer aus dem Norden stets ein kräftiger, gesunder und rosiger Mann ist, als einen Mythos.

Da die Tuberkulose eine Krankheit ist, die durch schwierige Lebensbedingungen, darunter durch das »Fehlen einer ausgeglichenen Ernährung«, wie der Arzt Álvaro de Faria hervorhebt, begünstigt wird, ist es kein Wunder, daß unter der schlecht untergebrachten und ernährten Mulattenbevölkerung Brasiliens so viele Menschen an Tuberkulose sterben. Und da die Schwarzen außerdem »nicht die besondere Abhärtung besitzen, die die Weißen nach jahrhundertelangem Zusammenleben mit den an dieser weißen Seuche Erkrankten erworben haben«, sondern im Gegenteil eine leichte Beute für die Krankheit sind, ist die so oft erwähnte Anfälligkeit des Negers und Mulatten für die Tuberkulose ein beinahe verachtungswürdiger Aspekt, wenn man die Widerstandsfähigkeit und Körperkraft der Weißen mit derjenigen der Neger und Mulatten vergleicht. In Wirklichkeit zeigen der Neger, der aus Afrika in »eine ungewohnte Umgebung voller sozialer und biologischer Gefahren« kam, wie es bei dem Arzt Álvaro de Faria heißt, sowie der dunklere Mulatte heute nicht nur die Veranlagung zu körperlicher Kraft und geistigen Leistungen, sondern sie setzen diese Veranlagungen auch in Leistungen um.

Wir weisen jedoch noch einmal darauf hin, daß diese Anlagen und Leistungen sich im heutigen Brasilien mehr beim Mulatten als bei dem reinen Neger finden, der seit fast einem halben Jahrhundert – dem Zeitraum des stetigen Aufstiegs des Farbigen in Brasilien – so selten geworden ist.

Übrigens stellen nach Angaben von Fachleuten wie Professor M. J. Herskovits die reinen Neger in den Vereinigten Staaten wahrscheinlich weniger als ein Viertel der farbigen Bevölkerung, während die anderen drei Viertel sich aus Mulatten zusammensetzen. Daher irrt Professor Reuter auch, so meint Professor Herskovits, wenn er behauptet, der Mulatte sei dem reinen Neger überlegen, denn er vergißt dabei ganz, daß dieser in einer für objektive Vergleiche ausreichenden Zahl kaum mehr existiert.

Die zur Erklärung der Verbreitung der Tuberkulose unter der Mischlingsbevölkerung herangezogenen Umwelteinflüsse müssen auch bei der Deutung von Geisteskrankheiten unter Schwarzen und Mulatten.

berücksichtigt werden. Ulisses Pernambucano de Melo stellte in einer statistischen Untersuchung, die er unter den Patienten von Tamarineira anstellte, fest, daß unter den auf Rauschmittel und Infektionen zurückgehenden Psychosen bei den Negern Alkoholismus als Krankheitsursache an erster Stelle steht. An ihm leiden 11,81% der schwarzen Patienten, während die Alkoholiker unter den Weißen und Mischlingen nur 7,01% der Patienten ausmachen. Professor Cunha Lopes konstatierte in Rio de Janeiro »eine starke Verbreitung des Alkoholismus unter den Negerinnen und eine geringe Widerstandsfähigkeit gegen Alkohol«, während der »Phänotyp der Mischlinge sich von der schwarzen Rasse zu entfernen beginnt, denn bei der Mulattin tritt das erwähnte Phänomen im Zusammenhang mit jenem großen Rauschmittel der Gesellschaft schon in geringerem Maße auf«. In dieser der Farbenskala entsprechenden Abnahme des Alkoholismus – von der schwarzen Frau, die sozial gesehen am tiefsten steht, die Straßendirne, die Mätresse des Polizisten und des betrunkenen Seemanns, bis hin zur sozial am höchsten stehenden weißen Frau – spiegelt sich vielleicht der Einfluß des Faktors Gesellschaft wider, der wirksamer ist als jeder andere. In Rio de Janeiro sind es auch die farbigen Frauen, die am meisten an zerebraler Syphilis leiden. Cunha Lopes stellte außerdem die überdurchschnittliche Zahl von Negern unter den Schwachsinnigen fest und schloß aus dieser und anderen Beobachtungen, der Mischling und Mulatte in Brasilien nähere sich, vom Standpunkt der Psychopathologie gesehen, immer mehr den Eigenschaften der weißen Rasse an. Dasselbe gilt für die Betrachtung dieses Problems unter anthropologischen Gesichtspunkten, wie aus den Forschungen von Professor Roquette-Pinto hervorgeht. Wir können Ulisses Pernambucano de Melo nicht zustimmen, wenn er behauptet, die Lebensbedingungen der Neger unterschieden sich in keinem Punkt von denjenigen der armen Weißen und Mestizen, die die Mehrzahl der von ihm untersuchten Kranken stellen. Es will uns scheinen, daß selbst innerhalb der armen Bevölkerungsschichten für den Neger besonders ungünstige Einflüsse wirksam sind – ungünstig beispielsweise für seinen Erfolg in der Gesellschaft und in der Liebe. Solche Einflüsse können im Hinblick auf seine geistige Gesundheit und auf sein soziales Verhalten sehr wohl eine Rolle spielen.

Auf dem Afro-Brasilianischen Kongreß 1934 in Recife machten die beiden alten Volkskundler Alfredo Brandão aus Alagôas und Rodrigues de Carvalho aus Paraíba die Teilnehmer mit einer Fülle von Liedchen,

Glossen und Sprichwörtern bekannt, die Zeugnis ablegen von der Verachtung für den sehr dunklen Schwarzen, sogar durch Menschen, die sich in bezug auf die Armseligkeit ihrer kulturellen und wirtschaftlichen Lage kaum von ihnen unterscheiden – Mulatten, Caboclos oder Cafuzos. Außerdem verachtet in der brasilianischen Folklore der städtische Mulatte den Caboclo aus der Waldsteppe oder vom Lande. Der Mulatte brüstet sich mit der größeren biologischen und zivilisatorischen Nähe zum Weißen, wobei auch die Tatsache eine Rolle spielt, daß er Schuhe trägt:

Mulatten sind Söhne von Weißen,
Weiße sind Söhne von Königen,
Caboclos sind wer weiß was,
weil sie Söhne des Busches sind.
Sie tragen keine Schuhe
und reden nur dummes Zeug.

Am schärfsten jedoch wird der Neger in der Satire verspottet, in der Mulatten und Weiße aus den unteren Schichten ihrer sozialen Verachtung für ihn freien Lauf lassen. Diese Einstellung hat in zahlreichen Sprichwörtern ihren Niederschlag gefunden: »Wenn ein Neger keinen Dreck macht, wenn er kommt, macht er Dreck, wenn er geht.« – »Im Stehen ist der Neger ein Baumstumpf, im Liegen ein Schwein.« – »Der Neger ist nur geboren, um Lakai der Weißen zu sein.« Auch in den Liedern der Volksfeste äußert sich diese Haltung:

Wenn ein alter Neger stirbt
mit seinem widerlichen Geruch,
so möge Unsere Liebe Frau verhüten,
daß er in den Himmel eingeht!

Oder:

Weiße speisen im Salon,
Caboclos essen auf dem Flur,
Mulatten essen in der Küche,
Neger auf dem Scheißhaus nur.
Weiße trinken edlen Sekt,
Caboclos roten Porto-Wein,
Mulatten trinken scharfen Schnaps,
Neger Jauche nur vom Schwein.

Anlaß zur Verspottung und Verachtung des Negers bieten nicht nur körperliche Besonderheiten – die flache Nase, die dicke Unterlippe, das gekräuselte Haar, das dicke Hinterteil sowie der charakteristische Negergeruch, der »Achselhöhlengestank« –, sondern auch Elemente und Formen aus dem afrikanischen Kulturbereich, die in Brasilien als Eigentümlichkeiten der Schwarzen weiterlebten und weder von den Mischlingen noch von den Weißen übernommen wurden. Dazu gehört zum Beispiel die Mundharmonika.

Außerdem ist der Neger Zielscheibe des Spotts und der Verachtung von Menschen, die in denselben sozialen Verhältnissen leben wie er, weil er jene Kleidungsstücke trägt, die in Brasilien beinahe zum Kennzeichen einer bestimmten Rassen- und vor allem Klassenzugehörigkeit wurden: Schuhe, Zylinder, Damenhut, Sonnenschirm, Handschuhe, Brillantring, Spazierstock, Gehrock und Überzieher. Wir sahen bereits, daß es in der Kolonialzeit dem Neger sogar gesetzlich verboten war, den Degenknauf oder Dolchgriff mit Juwelen zu verzieren. In einem alten Volkslied aus dem Norden wird viel über den »Neger mit dem Sonnenschirm« gelästert. Das war doch der größte Unsinn: ein Neger mit einem Sonnenschirm!

Noch andere Eigenheiten und Gebräuche des Negers, die in Verbindung mit seinen physischen Gewohnheiten standen, werden daher vom Mulatten und nicht nur vom armen Weißen verspottet: Dazu gehören beispielsweise der Zahnstocher im Kräuselhaar, die lasterhafte Angewohnheit, Tabak zu kauen, im Gegenatz zur vornehmen Sitte der Weißen, Tabak zu schnupfen. Keineswegs alle Laster der Neger, wie etwa das Rauchen von Maconha, einer Art Opium, wurden von den Mulatten und armen Weißen übernommen. Es waren Laster von Individuen oder Gruppen, die jeden Wunsch und jedes Streben nach gesellschaftlichem Aufstieg aufgegeben und sich mit ihrem niedrigen Status abgefunden hatten.

Der Mulatte wird im Volkslied nicht in demselben Maße verachtet wie der Neger, und die Zurschaustellung seines sozialen Aufstiegs und Triumphs werden nicht in derselben Weise verspottet. Natürlich sprechen wir hier vom hellhäutigen Mulatten: Wenn sich nicht ganz besondere Umstände vorteilhaft für ihn auswirken, ist die Lage des dunkleren Mulatten fast dieselbe wie die des Negers. Jedenfalls wird jedem Mulatten – auch dem hellen – im Volkslied unterstellt, er sei falsch, unbeständig und oberflächlich. Der Mulatte wird Gegenstand sowohl der Verachtung des

Negers und Câboclos wie auch der Eifersucht des Weißen, der durch den erfolgreichen Emporkömmling eher seine Klassen- als seine Rassenprivilegien gefährdet sieht.

In den alten Familienalben aus der Kaiserzeit sieht man nicht selten Bilder jener Erfolgsmenschen: Manchmal handelt es sich um einen hellen Mulatten mit Gehrock, großem und prunkvollem Fingerring, goldener Halskette, Zylinderhut oder Sonnenschirm, das heißt mit allen Insignien eines weißen Aristokraten; oder man sieht auch eine stattliche Mulattin in einem Kleid aus schwarzer Seide, mit faltenreichem Rock, mit nach außereuropäischer Sitte gebauschtem Haar, mit viel Geschmeide und dem vollendeten Gesichtsausdruck einer Dame von Welt. Der Graf de Gobineau schrieb, er habe unter den Ehrendamen der Kaiserin drei Personen gesehen, die ganz offensichtlich Mulattinnen gewesen seien, und nannte sogar den Namen einer der Damen: Dona Josefina da Fonseca Costa.

Übrigens übertrieb der französische Fanatiker des Ariertums ein wenig, als er schrieb, von Brasilianern sprechen heiße, von Farbigen zu sprechen. Ausnahmen seien äußerst selten. Neger- oder Indianerblut fließe in den Adern auch der besten Familien. Zur Zeit seiner diplomatischen Tätigkeit in Rio war der Außenminister, der Baron de Cotegipe, wie Gobineau behauptet, Mulatte. In den besten Familien des Landes gebe es mulattenartige Typen. Von den erwähnten Ehrendamen, die Mulattinnen waren, bezeichnete er eine als »marron«, die zweite als »chocolat clair«, die dritte als »violette«. Ein hervorragender, mittlerweile verstorbener Historiker teilte uns diesbezüglich mit, er habe in Frankreich unter den persönlichen Dokumenten des Kaisers Pedro II. eine Liste von vornehmen Mulatten gefunden, die Dom Pedro mit eigener Hand zusammengestellt hatte und die Gobineau vielleicht als Grundlage für seine Untersuchung diente.

In einer Epoche wie dem 19. Jahrhundert, in der in Brasilien die Sterblichkeit nicht nur unter den Kindern, sondern auch unter den Frauen sehr hoch war, erreichte gewöhnlich nur der Ehegatte ein patriarchalisch hohes Alter, nachdem er nacheinander mit drei, vier Frauen verheiratet gewesen war und von jeder fünf, sechs, acht Kinder gehabt hatte. In einer solchen Zeit gab es natürlich Geschwister, Kinder desselben Vaters, von denen die einen weiß, die anderen negroid, wieder andere cabocloartig waren. Geschwister mit dreierlei Blut, die alle denselben patriarchalischen Familiennamen trugen. Reinblütige Weiße mit einem Bruder oder

einer Schwester, die Mulatten waren. Da gab es blonde und sogar rotblonde Kinder mit einem Bruder oder einer Schwester, die gekräuseltes
Haar und dicke Unterlippen aufwiesen. Solche Fälle von Ehemännern,
die mit drei verschiedenen Frauen verheiratet waren, erschweren allgemeine Aussagen über bestimmte Familien. Man sieht, wie leicht es war,
unter einem und demselben Dach eines Herrenhauses oder eines Stadthauses und unter demselben Familiennamen – Cavalcanti, Argôlo,
Albuquerque, Breves, Wanderley – Geschwister anzutreffen, die sich in
Rasse, Hautfarbe, Gesichtszügen, Haar und in der Zusammensetzung
des Blutes stark voneinander unterschieden.

Aus dem Umstand, daß die Mutter oder die Großmutter des Hauses
Mulattin gewesen war, ergaben sich häufig dramatische Zuspitzungen,
die in einigen brasilianischen Romanen und Erzählungen ihren Niederschlag gefunden haben. Da suchten blondgelockte Familienmitglieder
zu verhindern, daß Besucher ihre Mutter oder Großmutter zu sehen
bekamen, nur weil diese eine dicke Mulattin mit einem breiten Hinterteil
war. Andere versteckten den dunkelhäutigen Bruder oder die dunkelhäutige Schwester, das »schwarze Schaf« der Familie, diesen oder jenen
Familienangehörigen, dessen Züge mit aller Deutlichkeit eine wenig vornehme und arische Hautfarbe und Herkunft der Familie verrieten. Wieder andere stellten mit der Aufdringlichkeit von Neuweißen – eine Art
Neuchristen mit orthodoxer Hautfarbe und einflußreicher gesellschaftlicher Stellung – nicht nur Juwelen, Sonnenschirm, Gamaschen, Spazierstock, Goldzähne und Diamantring zur Schau, Gegenstände, die früher
den Schwarzen und dunklen Mulatten gesetzlich untersagt waren, sondern sie legten jetzt auch übertrieben arische Rassevorstellungen und
Empfindlichkeiten an den Tag. So verhielten sich die Klügeren unter
ihnen; die etwas Einfältigeren taten so, als könnten sie die Ausdünstung
des Negers nicht vertragen; sie täuschten eine physische Abneigung
gegen Neger vor und gaben sich alle Mühe, sich jener Utensilien oder
Moden mit Vollendung zu bedienen, die der Neger wegen seiner physischen Eigenschaften nicht ohne offenkundige Lächerlichkeit oder
Beschwerlichkeit nutzen kann, wie etwa den Kneifer und bestimmte Frisuren und Bartformen.

Wir haben bereits von der Angeberei der Neuweißen gesprochen.
Isoliert oder in Verbindung mit anderen Formen der Angeberei – denen
des eben erst zu Bildung, zu Macht oder zu Reichtum Gelangten, die
unseres Erachtens ebenso sozial motiviert waren – finden wir diese Par-

venühaftigkeit bei einigen der hervorragendsten Mulatten, die aufgrund ihres wirtschaftlichen oder intellektuellen Aufstiegs offiziell zu Weißen wurden. Dagegen finden wir auch nicht die Spur einer solchen Haltung bei Machado de Assis; die Nüchternheit, die Ausgeglichenheit und vornehme Zurückhaltung dieses bleichen, scherzhaft »englischer Mulatte« genannten Mulatten sind schon klassisch geworden. Auch der Baron de Cotegipe war alles andere als ein Parvenü – ein äußerst feinsinniger, kluger, scharfsinniger Mann, dem jede Neigung auch nur zu einem Anflug von Angeberei abging. Ähnlich war es bei Gonçalves Dias, Juliano Moreira, Domício da Gama, Dom Silvério Gomes Pimenta. Ebensowenig neigte jener Bischof zum Parvenü, jener dicke und rosafarbene Mulatte, der ganz verrückt nach dem klassischen Bohnengericht und Ananas war und den wir als Jungen noch mit dem Fuhrwerk durch die Straßen von Recife fahren sahen: Dom Luís Raimundo da Silva Brito. Die Geltungssucht des Mulatten mit seinem ganzen »Minderwertigkeitskomplex«, in Verbindung mit dem Arrivismus des eben erst zu Bildung Gekommenen, sticht jedoch bei der großen Gestalt des Tobias Barreto so deutlich ins Auge, daß es beinahe weh tut. Dieser fast genial zu nennende Mulatte bildete sich, um seine negroiden Züge gegenüber Portugiesen, Brasilianern, Franzosen und französisch beeinflußten Brasilianern zu kompensieren, zu einem meisterhaften Deutschlandkenner aus; zu einer Koryphäe in einer Wissenschaft von Weißen – den Deutschen –, die noch weißer waren als die Franzosen. Bei Nilo Peçanha jedoch wurde das Strebertum eines plötzlich zu Macht Gekommenen durch seine Liebenswürdigkeit gemildert. Diese Eigenschaft ist eines der besten Kennzeichen des brasilianischen Mulatten, der erfolgreich ist oder sich doch auf dem sicheren Wege zum Triumph befindet. Dies trifft auch auf Francisco Glycerio zu.

Die typisch brasilianische Liebenswürdigkeit – jener liebenswürdige Mann, von dem in Brasilien soviel die Rede ist, der »häßliche, aber liebenswürdige« Mensch und sogar der »gemeine und unverschämte, aber sehr liebenswürdige« Mensch; der »herzliche Mensch«, von dem Ribeiro Couto und Sérgio Buarque de Holanda sprechen – eben diese Liebenswürdigkeit und Herzlichkeit finden sich im Übermaß vor allem beim Mulatten. Weniger beim reservierten hellhäutigen als beim Mulatten mit einer rosigen, kastanienfarbenen und ockerfarbenen Haut. Niemand ist so freundlich wie die Mulatten, niemand kann so gutmütig lachen oder versteht es auf eine herrlichere Art und Weise, dem Fremden das schon klassische Täßchen Kaffee anzubieten oder ihm sein Haus oder seine Dienste zur Verfügung zu stellen. Niemand weiß auf liebevollere Weise zu umarmen und aus diesem in orientalischer Weise apollinischen Freundschaftsritual unter Männern eine so typisch brasilianische und dionysische Geste voll überschwenglicher Herzlichkeit werden zu lassen. Sogar der Graf de Gobineau, der sich unter den Untertanen Pedros II. nie so ganz wohl fühlte, da er sie wegen ihrer Rassenmischung alle für degeneriert hielt, gab zu, der Brasilianer sei ein in höchstem Maße herzlicher Mensch: *très poli, très accuellant, très aimable*. Damit ist ganz offensichtlich der Brasilianer gemeint, der einen Schuß afrikanischen Bluts oder sonst irgendwie etwas Afrikanisches hat, und nicht der reinblütige Weiße oder »Europäer«, der häufig sehr zurückhaltend ist, und auch nicht der Caboclo, der normalerweise großes Mißtrauen an den Tag legt und selten lacht.

Jene Liebenswürdigkeit des Brasilianers, die der Mulatte – »in dem das arische Blut«, wie Professor Gilberto Amado schreibt, »das urwüchsige und überschäumende afrikanische Temperament noch nicht ausgelöscht hat« – offensichtlich in höherem Maße besitzt, scheint uns nicht in erster Linie ethnischen Ursprungs zu sein. Wir haben keineswegs den Eindruck, daß sie zurückgeht auf die reine »kreatürliche Freude der ersten Afrikanerinnen, die beim Lachen ihre schönen Zähne zeigten und zufrieden in den freundlichen neuen Sklavensiedlungen umhergingen, wo sie von den liebeshungrigen Herren aufgesucht wurden«. »Das ständige Lachen«, das Professor Amado am brasilianischen Mulatten hervorhebt, ist unserer Ansicht nach eher das Ergebnis einer sozialen Entwicklung; und wir stimmen mit dem bedeutenden Essayisten voll überein, wenn er über die lachenden Mulatten bemerkt: »Was von ihrer in jahrelanger Sklaverei erworbenen Diensteifrigkeit übriggeblieben ist, verleiht ihrem Charakter Gefälligkeit und Beflissenheit«, eine gewisse »sanfte Anmut, mit der sie Schwierigkeiten begegnen«. In jenem »unerschöpflichen« Lachen wirkt vermutlich afrikanische Extraversion nach; vielleicht spielt auch die gegenüber dem Weißen größere Plastizität der Gesichtsmuskeln eine Rolle. Aber was das Lachen zum Ausdruck bringt, scheint vor allem eine soziale Entwicklung oder Spezialisierung zu sein.

Der Mulatte mit Hochschulbildung suchte im Wettbewerb mit dem weißen Rechtsanwalt, Arzt oder Politiker seine Rivalen auszustechen, indem er sie an Gefälligkeit im Umgang mit Kunden, dem Publikum, der Wählerschaft, dem »Volk« überbot. Dabei bediente er sich seiner

Gesichtsmuskeln gewiß mit größerer Leichtigkeit als der Weiße. Sein Lachen war nicht nur eines der Elemente, sondern auch eines der wirksamsten Mittel für seinen Aufstieg in Beruf, Politik und Wirtschaft; es war eine der charakteristischsten Ausdrucksformen seiner Anpassungsfähigkeit im Übergang von der Stellung des Leibeigenen zu der des Befehlenden und Herrschenden oder zumindest zur Gleichberechtigung mit dem weißen Herrn, der früher der alleinige Herr gewesen war. Es markiert nicht nur den Wechsel von einer Rasse zur anderen, sondern auch von einer Klasse zur anderen.

Einige der erfolgreichsten Mulatten fühlten sich schon um die Mitte des 19. Jahrhunderts in ihrem äußeren Erscheinungsbild – und nicht nur hinsichtlich der Bildung, die sie als Akademiker oder Doktoren erworben hatten – in höherem Maße europäisch als manche Weiße, die schon lange in Brasilien ansässig waren. Am 19. Februar 1859 kommentierte ein Mitarbeiter des *Diário de Pernambuco* mit größter Befriedigung die Tatsache, daß die Zeitung *O Liberal Pernambucano* am 6. September 1856 folgende Passage veröffentlicht hatte: »Wir haben Enkel von Afrikanern mit europäischem Blut in den Adern gesehen, die mittlerweile eine so helle Hautfarbe besaßen und deren Gesicht ein so vollendetes Oval bildete, wie es bei Angehörigen der rein keltischen Rasse der Fall ist. Dagegen nähern sich die Weißen, deren Familien am längsten in Brasilien wohnen, immer deutlicher dem kolonialen Typ und verlieren dabei die ovale Gesichtsform (ihre Gesichter werden rund wie ein Landkäse), was besonders im Norden des Kaiserreiches vorkommt, und nehmen eine dunkle Hautfarbe an.«

Der Mitarbeiter des *Diário* interpretierte diesen Artikel dahin gehend, daß der Chefredakteur der Zeitung *O Liberal* – ein berühmter Mischling – damit habe beweisen wollen, daß er »Weißer und kein Mischling« war. Das war eine unzulässige Böswilligkeit. Was *O Liberal Pernambucano* hervorheben wollte, ob uneigennützig oder *pro domo sua,* war unserer Meinung nach die Wirkung des kulturellen Milieus auf das Individuum: auf die körperliche Beschaffenheit des Mischlings, der, manchmal zwischen einander widersprechende Ursprünge gestellt, der sozial vornehmeren Herkunft zuneigte, wenn soziale und kulturelle Einflüsse ihn in diese Richtung drängten. Dazu gehörten auch die Pflege der Haut und des Haars, die jene Herkunft hervortreten ließen. Wenn man die Ergebnisse der berühmten Forschungen von Boas akzeptiert, beeinflußte auch die Ernährungsweise, zusammen mit anderen Umwelteinflüssen, die Kopfform und die ovale Gesichtsform der europäischen Neuankömmlinge. Damit wird die angeblich absolute Unveränderbarkeit von Rassemerkmalen erschüttert wie etwa die Art, zu gehen, zu sprechen, zu gestikulieren, zu lachen, die eher »keltisch« sind, wie man damals sagte, als »afrikanisch« oder doch auf »keltische« Weise afrikanisch.

Neben der ständigen Aufgelegtheit zum Lachen – ein Lachen, das schon nicht mehr unterwürfig ist wie das des Negers, sondern höchstens verbindlich, und das vor allem sofort eine gewisse Vertrautheit schafft – ergab sich beim brasilianischen Mulatten auch, sofern er wie Nilo Peçanha extravertiert war, ein uferloser Gebrauch von Diminutiven, ein weiteres Element, das Intimität erzeugt. Den »Wunsch, Vertrautheit herzustellen«, ist in den Augen des Essayisten Sérgio Buarque de Holanda typisch für den Brasilianer und bringt ihn mit jener so brasilianischen Neigung in Verbindung, Diminutive zu verwenden, die, wie er sagt, »uns mit den Gegenständen vertrauter machen sollen«.

Wir dürfen hinzufügen, daß diese Diminutive vor allem den Zweck haben, die Brasilianer mit Personen vertraut zu machen – vor allem mit sozial höherstehenden Personen. Zu solchen Verkleinerungen gehören etwa »Gebieterchen«, »Doktorchen«, »Hauptmännchen«, »Priesterchen«, »Brüderchen«, »Peterchen«, »Kleinchen«, »Alterchen«, »Dickerchen« usw. Und dieser Wunsch nach menschlicher Nähe, so scheint uns, rührt nicht nur von Verhältnissen her, wie sie in jedem noch jungen Volk anzutreffen sind, bei dem die zwischenmenschlichen Kontakte die Tendenz haben, sich weitgehend auf den reinen Ausdruck zu beschränken, sondern vor allem von Umständen, die eng mit dem raschen Aufstieg einer zahlenmäßig starken Gruppe der Bevölkerung zusammenhängen – nämlich der Gruppe der Mulatten –, die eifrig bestrebt ist, auf möglichst freundliche Weise die soziale Distanz zwischen sich selbst und der beherrschenden Gruppe zu verkleinern.

In dem etwas gespreizten Gebrauch des Diminutivs im Brasilianischen wird der Mulatte von niemandem übertroffen. Zumindest war er es, der dieser Neigung des Brasilianers am meisten Nachdruck und Deutlichkeit verlieh. Er war es, der sie mit spezifisch brasilianischen Bedeutungen und Untertönen bereicherte. Indem es seinen Worten eine größere Freundlichkeit verlieh, ermöglichte das Diminutiv dem Mulatten einen noch respektvollen, aber auch schon vertrauten Umgang mit den früheren Herren und mit Dingen, die früher weit entfernt und fast nur für Weiße zugänglich gewesen waren.

Jene Anpassungsfähigkeit und Geschmeidigkeit des im Aufstieg zur Position des Weißen begriffenen Mulatten wurden auf hervorragende Weise von Nilo Peçanha verkörpert. Kaum jemand kann sich daran erinnern, ihn jemals anders als lächelnd, lachend und dabei freundlich seine Zähne zeigend gesehen zu haben. Und in seinen Gesprächen soll er es verstanden haben, schnell Vertrautheit zwischen Menschen und Themen herzustellen, und zwar durch die sehr üppige und sehr brasilianische Verwendung von Diminutiven. In dieser Kunst zeichnete sich übrigens auch sein Vorgänger im Itamaratí – dem brasilianischen Außenministerium – aus, der Deutschbrasilianer Lauro Müller aus Santa Catarina, der im übertragenen Sinne auch ein Mulatte war. Dieser Sohn eines deutschen Einwanderers wurde Offizier und Doktor, hatte aber stets eine gesellschaftliche Distanz zwischen sich und der herrschenden politischen Gruppe zu überwinden, eine Distanz, die durchaus derjenigen ähnelte, die zwischen dem Mulatten mit Hochschulbildung und dem Weißen bestand.

Dieses bis zur Künstelei gehende Wuchern von Diminutiven erscheint im gesellschaftlichen Verkehr wie in der Literatur beim aufstrebenden Mulatten häufig in Verbindung mit seinem äußersten Gegensatz, das heißt dem schrankenlosen Gebrauch schwieriger Termini, feierlicher Wendungen, zeremonieller Ausdrücke, Gnädiger Herr hier, Eure Exzellenz da; eine Angewohnheit, die schon Sylvio Romero bei einigen Mulatten seiner Zeit beobachten konnte. Hier haben wir vielleicht den am meisten verbreiteten Ausdruck eines nicht nur intellektuellen, sondern auch sozialen Strebertums auf seiten des Mulatten vor uns. Dieses Phänomen ist jedoch gesellschaftlich bedingt und offenbart keineswegs, wie manche behaupten, die Unfähigkeit zur geistigen Anpassung des Mischlings, der trotz allem dem Neger oder dem Mulatten näherstand als dem Weißen. Solche Tendenzen lassen sich auch beim Jüngling während der Phase seiner geistigen und sozialen Integration beobachten. Ebenso verhält sich der Jugendliche, wenn er sich bei den ersten Anzeichen von Männlichkeit und mit dem Beginn seines Hochschulstudiums bemüht, umständlich und feierlich zu reden und sich zugleich im Widerspruch dazu einer Ausdrucksweise befleißigt, die Vertrautheit mit den Erwachsenen herstellen soll. Ein solches aufgesetztes Verhalten kann man nicht nur beim weißen Studenten beobachten, sondern auch bei der Frau mit Hochschulbildung. Daher sollte es uns beim studierten Mulatten nicht überraschen.

Zuweilen übertrieb der Mulatte bis zur zärtlichen Koketterie. Davon zeugen bestimmte zärtliche, sonst nur von Mädchen gebrauchte Wendungen im Umgang mit höherstehenden Weißen, eine gewisse Sanftheit in den Umgangsformen und Gesten, die an eine Frau erinnern, die den Männern gefallen will. Der Mulatte hat auch etwas von einem Jüngling an sich, der dem sexuell und sozial reifen Erwachsenen, dem fertigen und erfolgreichen Mann gegenübersteht, den er, der Jüngling, insgeheim übertreffen möchte und den er nachahmt, indem er die typischen Kennzeichen seiner Erwachsenheit übertreibt – die tiefe Stimme, die intellektuelle Kraft und Überlegenheit; und in dessen Gegenwart er sich in Gefälligkeiten, Schmeicheleien und Streben nach engerem Kontakt selbst überbietet. Als gesellschaftlich Unfertiger sucht der Mulatte sich mit Hilfe seiner sanften, geschmeidigen, ein wenig femininen Bemühungen zu einem vollwertigen Manne zu entwickeln. Bis er die soziale Reife erreicht hat, ist er zumindest in seinem äußeren Verhalten in vielen Fällen der Streber, der Neureiche, der Angeber und überschlägt sich manchmal in jener »Überempfindlichkeit des Strebertums«, von der ein hispanoamerikanischer Publizist spricht.

Jedoch darf man aus diesem Strebertum, für das sich kaum eine biologische Erklärung finden ließe, auf keinen Fall den Schluß ziehen, der Mulatte sei unfähig, einen sozial und geistig vollwertigen und dem Weißen ebenbürtigen Menschentyp hervorzubringen. Von seinen geistigen Fähigkeiten hat der Mulatte in Brasilien wie in anderen Ländern mit Rassenmischung in beinahe jeder Hinsicht Beweise geliefert und mit Machado de Assis und Cotegipe sogar die höchste Stufe des Humors erreicht, das heißt einen reinen und nicht gespielten Humor, der sich bei Auta de Sousa zu höchster dichterischer Vergeistigung erhob und bei Livio de Castro in der Fähigkeit zur scharfsinnigen soziologischen Analyse gipfelte, einer Fähigkeit, die nach ihm auch andere hochintelligente Brasilianer mit negroidem Einschlag unter Beweis stellten.

Uns fehlen Untersuchungen nach den letzten Erkenntnissen, die uns die Möglichkeit gäben, nicht nur auf Angaben über einzelne hervorragende Männer, sondern auf verläßliches Material über wirklich repräsentative Gruppen gestützt, näher auf Unterschiede in den Geistesanlagen einzugehen, die die drei Gruppen unter Umständen in Brasilien aufweisen. Wenn man in alten Beurteilungen von Professoren über ihre Studenten aus den Anfängen der Kaiserzeit blättert, von denen einige sehr ausführlich sind und mit aller Genauigkeit über die Erfolge der nach ihrer

Hautfarbe in Weiße, hellhäutige Mulatten und dunkelhäutige Mulatten eingeteilten Schüler Auskunft geben, findet man keine Spur von intellektueller Minderwertigkeit beim Mischling, das heißt beim Cafuzo, beim Curiboca, vor allem aber beim Mulatten, sondern ganz im Gegenteil deutliche Beweise für seine Eignung zum wissenschaftlichen Studium.

Dieselbe Eignung hatten, wie wir sahen, auch die Lehrer des Benediktinerordens in der Kolonialzeit an Jungen und Jünglingen mit afrikanischem Blut in den Adern festgestellt. Und wenn diese Eignung sich beim Schwarzen als schwächer herausstellte, so dürfen wir nicht vergessen, daß die helleren Mulatten leichteren Zugang zu gesellschaftlichen Kreisen hatten, die sich günstig auf ihre Intelligenz und auf die Entfaltung ihrer Persönlichkeit auswirken konnten.

Was jedoch die Widerstandsfähigkeit gegen Krankheiten und ihre eventuelle Abhängigkeit von der Ernährungsweise und den Lebensbedingungen betrifft, muß man feststellen, daß der freie, aber arme Mulatte während der Zeit der Sklaverei im Vergleich zum Sklaven benachteiligt war, der in den Sklavenunterkünften der Herrenhäuser und der Stadtpalais besser ernährt wurde. Diese Benachteiligung erstreckte sich auch auf die Lebenserwartung.

Der Arzt Luís Robalinho Cavalcanti, Assistent von Professor Antônio Austregésilo, konstatierte in einer in der Nervenklinik von Rio de Janeiro an 1 198 Patienten über einen Zeitraum von fünfzig Jahren hin angestellten statistischen Untersuchung bei Weißen und Schwarzen eine höhere Lebensdauer als bei Mischlingen. Zur Erklärung dieser Forschungsergebnisse kam ihm teilweise eine Anregung von Professor Roquette-Pinto zu Hilfe: die Ungleichheit der sozialen Garantien für die Langlebigkeit bei Mulatten und Weißen in Brasilien. Aber gilt das auch für die Unterschiede zwischen Mulatten und Schwarzen? Vielleicht kommt dem Neger die bessere Anpassung an die tropische Umwelt zugute. Vergessen wir jedoch nicht – wie hoch man die Bedeutung dieser Anpassung auch veranschlagen möge – die Unterschiede in den sozialen Lebensbedingungen, die unter dem patriarchalischen System der Sklaverei zwischen Negersklaven und einer großen Zahl von freien, aber mittellosen Mulatten bestanden. Diese Unterschiede wirkten sich vielleicht noch vorteilhaft auf Neger aus, die ein geradezu biblisches Alter erreicht haben und die jeder Brasilianer kennt; alte Neger, die siebzig, achtzig und sogar neunzig Jahre auf dem Buckel haben und deren Füße immer noch imstande sind, den Batuque oder den Xangô zu tanzen.

In den jüngeren Generationen Brasiliens, die von diesem Unterschied in der sozialen Sicherheit zwischen Schwarzen und Mulatten weniger berührt sind, kann man jedoch beobachten, daß sich nicht nur der hellere, sondern auch der dunklere Mulatte unter den Sportlern hervortut, etwa als Schwimmer oder Fußballspieler, die im heutigen Brasilien fast sämtlich Mischlinge sind. Dasselbe gilt für das Gros der Mannschaften beim Heer, bei der Marine, bei der Luftwaffe, bei der Polizei und der Feuerwehr; unter den Spitzensportlern werden die ganz dunkelhäutigen Neger offenbar immer seltener, wenngleich sie auch keineswegs fehlen. Jedoch herrscht der Mulatte eindeutig vor, ebenso wie der Mestize. Diese kräftigen Mulatten und Mestizen messen sich in Spielen, Turnieren und bei militärischen Übungen erfolgreich mit Weißen und Schwarzen.

In diesem Zusammenhang erinnern wir auch an die Zähigkeit der Arbeiter auf den Plantagen und der Stauer in den Häfen vieler brasilianischer Städte, die fast alle Mulatten oder Cafuzos sind. Außerdem dürfen wir nicht vergessen, daß zahlreiche dunkle Mulatten in Brasilien als Neger gelten. Heute ist es beinahe unmöglich, in Brasilien Afrikaner in anthropologischer Reinheit anzutreffen. Viele, die für Neger gehalten werden, sind Mischlinge, die nur aufgrund der stärkeren Pigmentierung ihrer Haut wie Neger aussehen. Die Negerfarbe ist in Brasilien durch die weitgehende Rassenmischung nivelliert. Von der alles überschwemmenden Rassenmischung unberührt blieben nur das eine oder andere Überbleibsel eines Quilombos sowie die eine oder andere Restgruppe von Weißen, die am starrköpfigsten an ihren Rassen- und Klassenvorurteilen festgehalten haben. Sogar die großen religiösen Führergestalten der Neger sind heute Mulatten. Einige dieser Mulatten waren in ihrer Lebensweise schon sehr entafrikanisiert, reafrikanisierten sich jedoch, als sie sich studienhalber in Afrika aufhielten. So erging es etwa dem Pai Adam aus Recife, der in Lagos afrikanischer Priester wurde und das Afrikanische mit derselben Geläufigkeit sprach wie Portugiesisch. Ähnlich lagen die Dinge bei den sogenannten »Brasilianern« in Afrika: Das waren Afrikaner und Nachkommen von Afrikanern, die nach ihrer Freilassung im Laufe des 19. Jahrhunderts nach Afrika zurückkehrten und deren Enkel und Urenkel brasilianische Bräuche beibehielten.

Die religiösen Überlieferungen leisten, im Verein mit anderen afrikanischen Kulturformen, die zusammen mit dem Schatten der heiligen Bäume und mit dem Duft der mystischen Pflanzen nach Brasilien kamen, der Entafrikanisierung den hartnäckigsten Widerstand. Sie behaupten sich weitaus zäher als das Blut, die Hautfarbe und die Körperformen der Menschen. Europa wird sie nicht besiegen. Die gegenseitige Durchdringung wird ihnen auf dem Wege neuer Verbindungen ihrer Werte mit europäischen und eingeborenen Werten nur neue Formen verleihen.

Brasilien wird wohl niemals wie Argentinien ein nahezu europäisches Land werden; und es wird auch nicht wie Mexiko oder Paraguay ein beinahe indianisches Land werden. Die Substanz an afrikanischer Kultur wird in Brasilien durch alle Veränderungen hindurch erhalten bleiben.

Der Mulatte wird keineswegs immer, wie Machado de Assis, ein perfekter Engländer oder, wie Cotegipe, Montezuma, Gonçalves Dias, Dom Silvério, Dom Luis de Brito, Dom José Pereira Alves, der Verbündete des Weißen gegen den Schwarzen sein, sondern auch der Verbündete des Schwarzen gegen den Weißen.

Vermittler dieses afrikanisierenden Einflusses sind die Mulattinnen, die noch heute weißen Kindern das Sprechen beibringen und sie bei diesem ersten Sprachunterricht mit abergläubischen Vorstellungen, Liedern und Überlieferungen aus Afrika vertraut machen; Vermittler sind ferner die dicken und stattlichen Mulattinnen, die in den Häusern der Weißen kochen und mit ihren Gewürzen sogar französischen Gerichten einen afrikanischen Geschmack geben. Vermittler sind auch die hübschen Quarteroninnen und Oktoroninnen, die wegen ihrer Schönheit und ihrer erotischen Anziehungskraft von den Mucambos in die mit Kacheln verkleideten Stadthäuser aufsteigen. Diese Mulattinnen nehmen bei ihrem Aufstieg aus ihrem angestammten Milieu viel Afrikanisches mit in die vorherrschend europäische Umgebung. Auf diese Weise beleben sie hier afrikanische Züge und führen dort neue ein. Manchmal ersetzen sie europäische Lebensmittel und Gewürze, Küchengerät, Wäsche, häusliche Gewohnheiten und Riten durch beinahe rein afrikanische Leckerbissen, Gewürze, Küchengeräte, Pantoffeln, Schultertücher, Silberschmuck, afrikanische Gebärden und den Kult der Heiligen Kosmas und Damian, durch den üppigen Schmuck, die leuchtend roten, gelben und violetten Farben an den Häusern, in Kleidung und Nachtwäsche. Hinzu kommt der übertriebene Gebrauch von dekorativem Material und dekorativen Formen aus Afrika, die man auf europäische Elemente aufpfropft. Dazu gehört beispielsweise die Verwendung von Muscheln zur Verzierung der Rahmen von Porträts und Photographien.

Vieira Fazenda in Rio de Janeiro und Nina Rodrigues in Bahía trafen in vornehmen Stadthäusern und in gewissen patriarchalischen städtischen

Herrenhäusern auf Kapellen, die sich an bestimmten Tagen des Jahres in echte Pejis, das heißt Candomblé-Heiligtümer, verwandelten. Ein rechtgläubiger Geistlicher hätte bei ihrem Anblick in Entsetzensrufe ausbrechen müssen. Dieselben Kerzen, die auch der Jungfrau Maria mit dem Jesuskind auf dem Arm Licht spendeten, beleuchteten jetzt afrikanische Heilige, die als katholische Heilige getarnt waren. Diese Heiligenstatuen hatten Mulatten oder Neger mit primitiven Messern aus Cajáoder Zedernholz geschnitzt. Denn eine der Künste, in denen der brasilianische Mulatte sich spezialisierte, war das Schnitzen von Heiligenstatuen. Er war Schnitzer und Bildhauer für Mucambos wie für Stadthäuser, wo allmählich halbafrikanische Formen der Religion ihren Einzug hielten – in der Regel durch die Vermittlung jener Mulattinnen, die aufgrund ihrer Schönheit und ihrer sexuellen Reize in die Stadthäuser aufstiegen. Dort wurden sie mit all dem, was sie von ihrer halbafrikanischen Erziehung behielten, zu Elementen der Afrikanisierung, manchmal durchaus gegen ihren eigenen Willen, denn sie wären lieber in jeder Hinsicht als weiße Frauen aufgetreten. In der neuen Umgebung wurden sie Mütter – und keineswegs immer auf legitime Weise – von berühmten Brasilianern, deren Streben nach Anerkennung ihrer staatsbürgerlichen Rechte als »natürliche Kinder« bezeichnenderweise leidenschaftliche und scharfsinnige Verfechter im Parlament des Kaiserreiches fand, jenen Brasilianern niedriger oder afrikanischer Herkunft, die durch ihre fachliche oder akademische Ausbildung zu politischen Führern aufgestiegen waren.

Heute gibt sich niemand mehr der Täuschung hin, die Brasilianer seien ein echt romanisches oder gar streng katholisches Volk. Der Katholizismus war ein mächtiger Integrationsfaktor in Brasilien, aber es handelte sich um einen Katholizismus, der bei der Berührung mit afrikanischen Religionen – zu der es übrigens schon auf der Iberischen Halbinsel kam – sozusagen die Hautfarbe von Mulatten annahm. Auf diese Weise paßte sich der Katholizismus an die Lebensbedingungen an, wie sie in einer tropischen Umwelt und in einem mischrassigen Volk herrschten. So kam es, daß die Glastüren der Heiligenschreine in Brasilien geöffnet und sogar weit aufgerissen wurden, um Orixás aus Cajáholz aufzunehmen, die notdürftig als die Heiligen Kosmas und Damian drapiert wurden. So konnte es pechschwarze heilige Benedikte geben, dunkle heilige Iphigenien sowie Madonnen vom Rosenkranz mit dunkelbrauner Hautfarbe. Sogar die Muttergottes nahm Züge einer Mulattin an, sie wurde dicker und bekam unter den Händen der brasilianischen Künstler die üppigen Brüste einer »Schwarzen Mutter«. Und in der volkstümlichsten Christus-Darstellung in Brasilien war Christus ein Jude mit hellgetönter brauner Haut, schwarzem oder auch kastanienbraunem Haar und Bart und nicht etwa ein blonder Heiland, der gemeinhin als der historische und orthodoxe Christus betrachtet wird. Möglicherweise hätte jedes Beharren der Priester darauf, dem Volk nur orthodox blonde und rotblonde Heilige aufzuzwingen, das Ansehen des Katholizismus erschüttert; und um die Altäre und Heiligen hätte sich dann vielleicht dieselbe von Distanz und Gleichgültigkeit geprägte Atmosphäre verbreitet, wie sie um den Thron der blonden Kaiser und Regenten herrschte. Das ging so weit, daß man mit einiger Übertreibung, aber nicht ohne einen Kern von Wahrheit sagen kann, der erste Kaiser sei abgesetzt worden, weil er nicht in Brasilien geboren, und der zweite, weil er kein Mulatte war.

Für Azevedo Amaral sind die wahren Helden des Volkes in Brasilien, das heißt Menschen, die »sich dem Volksbewußtsein als Idole einprägen«, »diejenigen, die in ihrer ganzen Haltung und in ihren Gebärden die am deutlichsten antieuropäischen Züge der brasilianischen Psyche an den Tag legen«, also die Züge von Negern und Caboclos.

Vielleicht übertreibt dieser scharfsinnige Publizist. Nichts jedoch ist natürlicher als diese Vorliebe für Helden, in denen die Masse möglichst viel von sich selbst wiederfindet, in denen sie ihre Nasenform, ihre Augen, ihren Mund, ihre Fehler, ihre Gebärden und ihr Lachen wiedererkennen kann. Darin wird sogar eine der mächtigsten Formen der Integration wirksam, die die Differenzierung überwindet: Der Held, der Heilige, das Genie differenzieren sich von der Masse durch ihr Übermaß an Kühnheit, an Heiligkeit, an Intelligenz; die Masse jedoch zieht sie aufgrund der mehr oder weniger zahlreichen Elemente, die sie in ihnen von sich selbst wiederfindet, wieder zu sich herunter. Letztlich gibt es wohl keinen Helden, kein Genie und nicht einmal einen Heiligen, der nicht irgend etwas von seiner Größe oder seiner Tugend der Masse zu verdanken hätte und der bei all seiner Überlegenheit als überragende Persönlichkeit nicht Charakterzüge der Masse aufwiese. Einige gehen sogar übertreibend so weit, den genialen Menschen einen Dieb zu nennen, den Dieb des vom Volk zusammengetragenen Schatzes, den er nur vorzuzeigen brauche. Sein glänzender Reichtum stamme von anderen. Wie dem auch sei, jedenfalls neigt die Masse dazu, sich das zurückzuholen, was der Held oder das Genie ihr in gewisser Weise wegnehmen. Dabei übertreibt sie die Ähnlichkeiten und Berührungspunkte zwischen beiden, zwischen Masse und Held. Der Heroenkult hat etwas von der schon klassischen Zärtlichkeit der Katzen gegenüber dem Menschen an sich. Indem die Katze scheinbar ihrem Herrchen Vergnügen bereitet, reibt sie sich lustvoll ihr eigenes Fell. Ähnlich verhält sich auch die Masse von Negroiden und Caboclos. Wenn sie einem Helden oder einem Heiligen begegnet, der indianisches Haar oder einen gekräuselten Bart hat, freut sie sich über ihn mehr als über einen blonden Helden.

Diese Tendenz beschränkt sich nicht auf die Länder mit Rassenmischung wie Brasilien, wo die Masse in negroiden oder indianischen Typen nicht ohne einen gewissen Narzißmus außergewöhnliche Fähigkeiten und Führereigenschaften wahrnimmt, die denen der Weißen gleich sind – jener Weißen, die früher die alleinigen Herren des Landes waren, Generale, Gelehrte, Doktoren, Barone und Bischöfe. Dabei wirkte das »Artbewußtsein« von unten nach oben. Und diese Tendenz oder dieses Artbewußtsein trifft man auch in Ländern an, wo der blonde Typ vorherrscht, und zwar diesmal mit Bezug auf die Führergestalten, die hier blond zu sein haben und hier eindeutig bevorzugt werden. Ebenso haben es die am meisten von diesem Typ abweichenden Führergestalten in Ländern mit blonder Bevölkerung schwer, populär zu werden.

Es besteht kein Zweifel daran, daß in Brasilien »als Gegengewicht zur ethnischen Vermischung«, wie Azevedo Amaral betont, die »den drei Rassen, die an der ethnischen Zusammensetzung Brasiliens beteiligt sind, entsprechenden Kulturen« fortbestehen. Vor allem die europäische und die afrikanische Kultur leben weiter – die Negerkulturen, würde Professor Herskovits sagen. Man kann jedoch wohl nicht ohne weiteres behaupten, sie erhielten sich in Brasilien »isoliert und grenzten ihre ethischen, metaphysischen, sozialen, ökonomischen und politischen Wertvorstellungen scharf gegeneinander ab«, wie Azevedo Amaral meint. Die augenfälligste Eigenschaft des sozialen Milieus in Brasilien scheint uns heute gerade in der gegenseitigen Durchdringung der verschiedenen Kulturen zu bestehen und nicht etwa in der beherrschenden Stellung der einen oder anderen Kultur, in der Weise, daß die tiefer stehende nichts von sich beisteuern könnte und, wie es in anderen Ländern mit verschiedenen Kulturen der Fall ist, ständig geduckt und gehemmt würde.

Diese Wechselbeziehung zwischen den Kulturen wurde stets von einer starken sozialen Mobilität zwischen verschiedenen Klassen und Regionen begleitet, einer vertikalen und einer horizontalen Mobilität. In vielleicht keinem anderen Land von der Größe Brasiliens fühlt sich jemand, der aus dem äußersten Norden stammt – aus Pará etwa –, im äußersten Süden des Landes so wohl und findet so viele Möglichkeiten für einen sozialen und politischen Aufstieg, die eher seinem Temperament als seiner ethnischen Herkunft entsprechen. Hunderte von Akademikern aus Ceará, Pará, Sergipe, Bahía, Pernambuco – davon etliche Negroide oder Caboclos – haben in Rio Grande, in Paraná, in São Paulo Karriere gemacht und es sogar bis zu Gouverneuren und Abgeordneten dieser Staaten gebracht. In vielleicht keinem anderen Land besteht die Möglichkeit eines rascheren sozialen Aufstiegs von einer Klasse zur anderen als in Brasilien. Vom Mucambo zum Stadthaus, von einer Rasse zur anderen, vom Neger zum »Weißen«, zum »Braunen« oder zum »Caboclo«, von einer Region zur anderen. Der Neger Rebouças, so wird erzählt, tanzte schließlich auf den Hofbällen mit der blonden Prinzessin Isabel Quadrille.

Auf der anderen Seite gibt es in Brasilien aber auch Weiße – oder Fast-Weiße und sogar Blonde –, die sozial abstiegen, statt in ihrer ursprünglichen Klasse zu verbleiben. Dabei handelt es sich um jene »schäbigen Weißen«, die von den unteren Klassen, die von dunklerer Hautfarbe sind als sie, so verachtet werden. Wie die Mehrzahl der Neger, dunkleren Mulatten und Caboclos hausen sie in Mucambos: in Hütten, die ganz aus Stroh bestehen oder mit Stroh gedeckt sind wie afrikanische Hütten. Sie essen mit den Fingern aus Kürbisschalen wie die Indianer und Neger, gehen barfuß, schlafen in einer Hängematte oder auf Kokospalmblättern. Und wie die Afrikaner benutzen sie die Blätter der Bananenstaude als Teller. Ihre Kinder laufen nackt herum, ihre Frauen bevorzugen wie die Indianerinnen und Negerinnen leuchtendrote Kleider. Männer und Frauen lassen sich lieber von den Kurpfuschern mit wilden Kräutern kurieren, als daß sie aus kleinen Fläschchen in Apotheken und Laboratorien hergestellte Medikamente nähmen. Wieder andere haben größeres Vertrauen zu Mucambo-Priestern als zu katholischen Geistlichen. Wo bleiben da Kultur und Lebensstil, die angeblich streng mit einer bestimmten Rasse gleichzusetzen sind? Die These von Azevedo Amaral erscheint uns ebenso falsch wie die »Ariertheorie« von Professor Oliveira Viana, der übrigens nach einer eingehenderen Beschäftigung mit diesem Thema von der anfänglichen Radikalität seiner ethnozentrischen Interpretation der brasilianischen Rasse- und Kulturprobleme allmählich abgerückt ist.

Wenn es in Brasilien Mobilität in beiden Richtungen gibt – in horizontaler und in vertikaler –, so deshalb, weil Rasse- und Klassebewußtsein hier nicht so stark ausgeprägt sind. Der Brasilianer von Pernambuco ist der Ansicht, mit dem Brasilianer aus Rio Grande do Sul mehr gemein zu haben als mit dem Brasilianer aus Bahía, seinem Nachbarn. Und damit hat er nicht ganz unrecht. Sowohl der Pernambucaner als auch der Riograndenser haben, anders als der Bahíaner, Freude am Kampf und legen eher eine urwüchsige Ritterlichkeit an den Tag als friedliche Urbanität. Wie der Paulista ist der Pernambucaner trocken und schweigsam und freundet sich nicht schnell mit Fremden an wie etwa der Brasilianer aus Bahía und wie die Leute von Rio oder aus Ceará. Wie will man mit der strengen Rassenpsychologie von Azevedo Amaral jene augenfällige Verwandtschaft zwischen dem Brasilianer aus Pernambuco und dem Riograndenser erklären, wenn das Verhalten des Menschen in absoluter Abhängigkeit von seiner rassischen Zugehörigkeit steht und der Pernambucaner also nur oder fast nur mit dem Brasilianer aus der Umgebung von Bahía, aber nicht mit dem schon spanisch geprägten Riograndenser aus dem äußersten Süden oder mit dem Einwohner von São Paulo verwandt sein dürfte? Das liegt vielleicht daran, daß die Verwandtschaft vielmehr auf Parallelen in der sozialen Entwicklung bei allen drei Typen – dem Pernambucaner, dem Riograndenser und dem Paulista – beruht. In dieser Entwicklung war weniger Platz für Vergnügungen und Entspannung, als es in Bahía der Fall war. Die Geschichte verlief in jenen drei Staaten unabhängiger vom Hof und vom Mutterland; man fühlte sich hier besonders verantwortlich, stets verteidigungsbereit zu sein und den Grund und Boden, Brasilien, das portugiesische Amerika, aus eigener Kraft und mit dem eigenen Blut zu schützen. Aufgrund einer solchen Geschichte haben sich in allen drei Bevölkerungsgruppen Traditionen herausgebildet, in denen Kampfgeist, Unabhängigkeitsstreben, Führertum und Separatismus und zugleich auch der Liberalismus eine große Rolle spielen. Heute zeichnen sich deutliche Verbindungslinien ab zwischen den Revolutionen in Pernambuco und in Rio Grande do Sul am Anfang des 19. Jahrhunderts sowie zwischen den beiden Ausprägungen des Separatismus und des Republikanismus im Norden und im Süden Brasiliens.

Die wohlfeile Rassenpsychologie, die lange Zeit darin bestand, verabsolutierend der Rasse eines Individuums, einer Nation oder einer Landschaft bestimmte Vorzüge und Fehler zuzuordnen, genießt heute schon nicht mehr ein so hohes Ansehen wie früher. Nach dieser bequemen Psychologie ist der mediterrane Mensch aufgrund einer ehernen rassischen Determinierung flatterhaft, leidenschaftlich, unbeständig, phantasievoll; er fühlt sich zu den bildenden Künsten hingezogen, jedoch fehlt ihm die Unbeirrbarkeit der Nordländer sowie deren Kühnheit, Freiheitsliebe, Gelassenheit und Führereigenschaften. Die gesicherten und aufgrund technischer Messungs- und Vergleichsmethoden gewonnenen Erkenntnisse über die Unterschiede in Intellekt und Temperament zwischen verschiedenen Rassen sind gering; und noch weniger ist bekannt über diese Unterschiede, wenn es darum geht, sie deutlich in Begriffe wie Höher- und Minderwertigkeit zu fassen. Rassisch bedingte Höher- und Minderwertigkeit haben ausschließlich entweder beim gesunden Menschenverstand Geltung oder bei jener stets so aufgeplustert auftretenden Halbwissenschaft zweitrangiger Psychologen und drittrangiger Soziologen. Genauso verhält es sich mit dem Problem des Verhältnisses von Intelligenz und Temperament bei reinrassigen Menschen; da gibt es etwa die Meinung, der Mulatte vereinige in sich stets alle Fehler des Weißen und des Schwarzen, ohne auch nur den geringsten ihrer Vorzüge zu teilen. Weiter existiert die Ansicht, der Mulatte sei über das Niveau einer unbeständigen Subrasse nicht hinausgekommen; er sei unfähig zu großen schöpferischen Leistungen in Geistesleben und Politik und verstehe sich nur auf Improvisationen und billige Effekthascherei.

Man kann jedoch nicht oft genug darauf hinweisen: Innerhalb des wirtschaftlichen Systems der Sklaverei war es der weiße und höchstens der gemischte Teil der Bevölkerung, der in den Genuß der besten Chancen zu geistiger Entfaltung und sozialem Aufstieg kam. Selbst unter diesen Umständen wurden einige der größten Zeugnisse geistiger und künstlerischer Fähigkeiten in Brasilien im lebenshemmenden Schatten jenes Systems mit zahlreichen Privilegien für Weiße und Mestizen von genialen Männern wie Aleijadinho – dem Sohn einer Negerin – und wie Antônio Vieira – dem Enkel einer Negerin – geschaffen; von Mulatten aller Schattierungen wie Caldas Barbosa, Silva Alvarenga, Natividade Saldanha, Gonçalves Dias, Machado de Assis, Montezuma usw. Sie alle stellten die Fähigkeit zu herausragenden geistigen und künstlerischen Leistungen unter Beweis, und einige waren überdies lebende Verkörperungen charakterlicher Zuverlässigkeit.

Ein für die intellektuelle Redlichkeit des brasilianischen Mischlings ehrenvoller Aspekt verdient übrigens hervorgehoben zu werden: nämlich seine Bereitschaft, Ansichten zu vertreten, die im Widerspruch zu einem bequemen Narzißmus stehen, der ihn dazu verführen könnte, sich selbst für die Ideallösung der beim Zusammenleben der verschiedenen Rassen entstehenden Probleme zu halten. Tatsächlich aber sind die größten Verfechter der »arischen« Rassenideologie in Brasilien Mischlinge beziehungsweise in ihrer ethnischen Zusammensetzung »unreine« Menschen gewesen. »Ariergläubig« war in einer bestimmten Phase seines von geistigem Kämpfertum erfüllten Lebens Sylvio Romero, dessen Physiognomie deutliche Züge indianischer Herkunft aufwies, und bis zu einem gewissen Grade auch Euclydes da Cunha und später Oliveira Viana und Jorge de Lima, von denen keiner, weder in bezug auf den physischen Typ noch in bezug auf ihre soziale und kulturelle Herkunft und Bildung, ein reiner Weißer war.

Niemand wird bestreiten, daß einige psychologische Eigenschaften und Grundeinstellungen des Menschen biologisch, das heißt durch die Rasse bedingt sein können. Bedingt, aber keineswegs ausschließlich und endgültig determiniert. Wenn wir uns vom ethnischen wie auch vom geographischen und wirtschaftlichen Determinismus lösen und in der Rasse wie auch in den materiellen Verhältnissen und den Produktionsmethoden Kräfte sehen, die die menschliche Entwicklung bedingen, ohne sie jedoch streng und einförmig zu determinieren, die sich im Gegenteil gegenseitig und stets auf neue Weise beeinflussen, behalten wir uns die Freiheit vor, diese Entwicklung ihrer eigenen Dynamik gemäß zu interpretieren.

Dann sieht man nämlich, daß sich viele der auf die Rasse oder das Milieu zurückgeführten Eigenschaften historisch oder vielmehr dynamisch aufgrund kultureller Voraussetzungen in einer Gruppe oder in einem Individuum entwickelt haben. Sicherlich wurden sie durch die Rasse und durch das Milieu bedingt; aber nicht geschaffen oder determiniert. Die Rasse stellt die Weichen, sie schafft die Voraussetzungen für die Formen der menschlichen Kultur, die ihre Entfaltung jedoch der Umwelt in ihrer Gesamtheit verdanken – und zwar eher der gesellschaftlichen als der rein materiellen Umwelt; die Kultur erhält ihre spezifischen Eigentümlichkeiten durch die geographische Lage, die Klasse und die Lage, in der sich das Individuum befindet.

So liegen die Dinge auch beim Mulatten, dessen Stellung vor allem sozial bedingt ist und dessen Mängel geistiger und charakterlicher Natur sich bei näherer Betrachtung in erster Linie als Mängel sozialer Natur herausstellen. Der Mulatte ist auf deutlichere Weise das, was die Rasse in etwas verschwommener Weise ist: die Negation des biologisch Statischen im Menschen oder in der Gruppe und die lebendigste Bejahung gesellschaftlicher Dynamik. »Die Rasse ist dynamisch«, hebt Dixon hervor. Sie entwickelt und verändert sich durch die Neubelebung der dieser Rasse ursprünglich eigentümlichen Elemente oder durch die Hinzunahme von Elementen anderer Rassen.

Die Mobilität der Rassen zeigt in den ersten Augenblicken der Übergangsphase dramatische Aspekte. Sofern die Rassenmischung gründlich und allmählich vor sich geht, neigen die Verbindungen verschiedener Elemente jedoch dazu, neue Typen hervorzubringen, die verhältnismäßig stabil sind und sich in verschiedenen Regionen Brasiliens bereits abzeichnen.

Professor Hooton – nach dessen Ansicht die Rassenmischung neue Rassen erzeugt – zeigt, daß sich bei Kreuzungen zwischen den Primärrassen Kombinationen und Merkmale ergeben, die an diejenigen der großen Sekundärrassen erinnern. Zum Beispiel: Menschentypen, die aus Mischungen zwischen Weißen, Negern und Indianern hervorgegangen sind, ähneln stark dem polynesischen Typ, der heute als eine Rasse für sich angesehen wird. Eine solche Entwicklung ist in Brasilien bereits im Gang, und zwar in den Regionen mit der ältesten und umfangreichsten Kreuzung jener drei Typen; der neu entstehende Typ nimmt Züge an, die denen der Polynesier ähnlich sind, und er läßt die Tendenz zu seiner Stabilisierung als Rasse erkennen. Natürlich kann es sich dabei nur um eine relative Stabilisierung handeln, denn nicht einmal die sogenannten reinen Rassen haben eine vollständige Stabilisierung erreicht.

Auf eine solche relative Stabilisierung sozusagen provisorisch miteinander verbundener, nicht zu einer endgültigen »kulturellen Synthese« verschmolzener Züge bewegen sich auch die verschiedenen Kulturen hin, die zur Entwicklung Brasiliens beitragen, und zwar mehr durch wechselseitige Beeinflussung als durch den Zusammenprall der Gegensätze. Die Dynamik dieser Kulturen, die zu neuen Verbindungen drängen, ist noch größer als die der Rassen. Daher darf man hohe Erwartungen in die Durchdringung der brasilianischen Kultur durch italienische, germanische, polnische und syrische Elemente setzen, die, obwohl zum Teil schon seit dem Beginn des 19. Jahrhunderts in Brasilien präsent, erst in jüngster Zeit mit den traditionellen Elementen der brasilianischen Kultur in Kontakt zu treten begonnen haben.

Allerdings kommen in Brasilien noch häufig Zusammenstöße zwischen sozialen und kulturellen Antagonismen vor. Sie finden ihren Niederschlag in der Politik und heizen Rivalitäten und Reibereien zwischen den verschiedenen Gruppen und Landesteilen an. Rivalitäten zwischen den Einwohnern von Rio Grande do Sul und Bahía, zwischen Paulistas und »Flachköpfen«, wie die Bewohner des Nordostens genannt werden. Jedoch kann man diese Zusammenstöße nicht einfach als Konflikte zwischen Rassen deuten, die biologisch oder psychologisch unfähig sind, zu einem gegenseitigen Verständnis und Ausgleich zu gelangen. Ebensowenig kann man sie als bloßen »Klassenkampf« interpretieren, wie es streng orthodoxe Marxisten tun, die etwa im Paulista nur noch den »kolonisierenden Kapitalisten« und in den Nordbrasilianern nur noch die Masse der »Kolonialbevölkerung« sehen.

Die Gegensätze zwischen Untergruppen in einer Gesellschaft wie der brasilianischen werden vielmehr durch den Konflikt zwischen verschiedenen kulturellen Phasen verursacht, die ursprünglich von den drei verschiedenen Rassen verkörpert wurden und die heute in Gestalt von sozialen Gruppen beziehungsweise von rein sozial zu verstehenden »Rassen« wie auch in Gestalt von regionalen Unterschieden des technischen Fortschritts auftreten. Außerdem hängen diese kulturellen Phasenverschiebungen mit der unterschiedlich großen Fähigkeit zusammen, mit der Gruppen und Regionen, Untergruppen und Unterregionen gesellschaftliche und geistige Kontakte miteinander und mit Ausländern herzustellen vermögen.

Außerdem gehen diese Gegensätze auf die nach wie vor großen sozialen Unterschiede zwischen jenen Gruppen und Regionen zurück – Unterschiede, die seit der kolonialen Ära in Brasilien mit der einer wirtschaftlich und politisch mächtigen Minderheit zugute kommenden Entwicklung der industriellen Wirtschaft in bestimmten Regionen stärker hervortreten. Diese Entwicklung wurde von unterschiedlichen Boden- und Klimaverhältnissen begünstigt, die nicht ignoriert werden dürfen, wenn man die Gegensätze in Brasilien erklären will.

Die unter der entscheidenden Gunst dieser und anderer Umstände industrialisierten Städte hatten innerhalb ihrer Mauern, auf ihren Anhöhen und im Schatten ihrer Fabrikschornsteine nach wie vor Elendsviertel, die in krassem Gegensatz zum vornehmen Teil der Bevölkerung standen. Jene Gruppen sind von der herrschenden Klasse durch die materiellen Lebensbedingungen, die als Folge der Sklaverei mit den rassischen

Unterschieden zusammenfallen, dergestalt differenziert, daß es zumindest vorläufig die Einheit der Gruppe und nicht die der Rasse ist, die unter der brasilianischen Bevölkerung am stärksten hervortritt. Den Brasilianern der in höherem Maße europäisierten Regionen stehen diejenigen mit einer afrikanischen Prägung gegenüber, die weniger auf der Rasse als auf den in höherem Maße afrikanischen und elementaren Lebensäußerungen beruht. Auf der einen Seite stehen die Angehörigen der ausgebeuteten Klasse, auf der anderen die ausbeutende Klasse und nicht unbedingt Rasse.

Selbst in dieser Phase größter sozialer Differenzierung zwischen Stadthäusern und Mucambos, die mit der beschleunigten Auflösung des patriarchalischen Systems in Brasilien zusammenfällt, hat es nicht an Elementen oder Mitteln der Verständigung zwischen den sozialen und kulturellen Extremen gefehlt, so daß die Antagonismen auch nach der Auflösung niemals den Charakter der Unbedingtheit bekamen. Und eines der stärksten Elemente der gegenseitigen Verständigung in jener schwierigen Phase der Entwicklung war der Mulatte.

Die Begegnung verschiedener Kulturen und verschiedener Rassen unter Voraussetzungen, die die eine Seite nicht zur Aufgabe ihrer Eigenart, Neigungen und Interessen zugunsten der Alleinherrschaft einer anderen Seite zwingen, scheint der Entstehung neuer Kulturen mit größerem Reichtum als die sogenannten reinen Kulturen sehr förderlich zu sein. Das größte Hemmnis besteht ja gerade in der Isolierung und sozialen Distanz, die die Kontaktmöglichkeiten zwischen den verschiedenen Gruppen und Rassen erschweren. Daher sieht Lars Ringbom im Mischling die beste Lösung gegen die Auswüchse des Individualismus oder Kollektivismus in den von ihm als rein angesehenen großen Rassen und Kulturen.

Für Brasilien steht eines fest: Die Regionen mit der stärksten Rassenmischung brachten auch die meisten großen Männer hervor. Das brasilianische Virginia während der Zeit der Monarchie, die Heimat zahlreicher Präsidenten und Minister Brasiliens, war Bahía, eine Provinz, die durch die besten rassischen und kulturellen Elemente bereichert worden war, die durch den Sklavenhandel von Afrika nach Amerika gelangten. Das sogenannte brasilianische Athen, die Provinz Maranhão, war eine weitere Region mit intensiver Rassenmischung. Auch in Minas Gerais war die Rassenkreuzung sehr stark, wobei der Neger unter dem farbigen Teil der Bevölkerung das dominierende Element darstellte. Im Gegensatz zu den Bewohnern von Rio Grande do Sul, die die hellste Hautfarbe in Brasilien haben und deren politische Haltung so voller Radikalismus und Starrsinn steckt, haben Männer – zum Teil Mulatten mit negroiden Zügen – aus Regionen mit stärkerer Rassenmischung in Verwaltung, Politik, Diplomatie und Kirche einen Geist der Versöhnlichkeit, einen praktischen Sinn und eine Ausgeglichenheit bewiesen, die aus ihnen die besten Friedensstifter, die besten Bischöfe, die geschicktesten Diplomaten und die tatkräftigsten Politiker gemacht haben.

Und ohne der brasilianischen Kriegsmarine auch nur im geringsten nahetreten zu wollen, dürfen wir doch noch einmal daran erinnern, daß sie, die sich zur größten Hochburg für Weiße und Fast-Weiße in Brasilien entwickelte, nur eine verhältnismäßig geringe Anzahl von bedeutenden Männern hervorgebracht hat. Der Unterschied zum Heer mit seinem Offizierskorps, das schon seit vielen Jahren überwiegend aus Mischlingen und sogar negroiden Typen besteht, fällt sofort auf. Im Zusammenhang damit drängt sich auch der Gedanke auf, daß der Mulatte eher zum politischen Führer geeignet ist als der Weiße oder Fast-Weiße, zumindest was Anpassungsfähigkeit an das brasilianische Milieu und dessen Anforderungen und Bedürfnisse betrifft.

Der Aufstieg von Mulatten und Mischlingen findet nicht mehr im Schatten der jetzt bereits im Niedergang befindlichen Vormachtstellung der Weißen und Fast-Weißen aus den patriarchalischen Herrenhäusern und Stadthäusern statt. Jetzt handelt es sich weniger um den individuellen als um den allgemeinen Triumph des Mestizen und vor allem des Mulatten, des Mischlings, des Produktes aus einem ethnischen und kulturellen Verschmelzungsprozeß. Dieser Triumph wurde durch das nicht einfach psychologisch, sondern sozialpsychologisch bessere Verhältnis zwischen dem Mischling als politischer Führergestalt und der in ihrer Mehrheit ebenfalls aus Mischlingen bestehenden Masse ermöglicht. Dieser Mischlingscharakter ist biologisch und soziologisch zu verstehen: Denn ansehnliche Bevölkerungsgruppen im Süden Brasiliens, deren Stellung als Nachkommen von Italienern, Polen, Deutschen, Arabern und Japanern in psychologischer und soziologischer, wenn auch nicht in kultureller Hinsicht derjenigen der Mischlinge ähnelt, geben der Charakterisierung der Brasilianer als Mischlingsbevölkerung eine soziologische Ausweitung. Es gibt zwischen beiden Elementen, dem Mischling als Individuum und der aus Mischlingen bestehenden Masse in einem eher soziologischen als biologischen Sinn, so wie wir hier die Stellung des

Mischlings verstehen, eine Art sektiererischer Verständigung, eine Geheimsprache, ähnlich derjenigen von Verliebten und Freimaurern. Dies erklärt das weitverbreitete Unverständnis gegenüber »Europäern« wie auch die Empfindlichkeit gegenüber revolutionären oder aufwiegelerischen Einstellungen bei Menschen, die wenn nicht ihrer ethnischen Zugehörigkeit nach, so doch in ihrer Persönlichkeit »Mischlinge« waren, wie Castro Alves, Feitosa, José Mariano, Saldanha Marinho, José do Patrocínio, Luís Gama, Nilo Peçanha, Francisco Glycerio und Tobias Barreto.

Doch diese und andere Aspekte der Beziehung zwischen dem Zerfall des patriarchalischen Systems in Brasilien, dessen Macht – vor dem Hintergrund einer nahezu ausschließlich portugiesischen und katholischen Kultur – vornehmlich von weißen und fast weißen Männern verkörpert wurde, und der Entwicklung einer Mischlingsgesellschaft, die in ihrer ethnischen und kulturellen Zusammensetzung vielfältig und in ihrer Familienstruktur individualistisch ist, sollen in einer folgenden Untersuchung betrachtet werden.

Aleijadinho	»Krüppelchen«. Beiname des Mulatten Antonio Francisco da Costa Lisboa (1730–1814), autodidaktischer Bildhauer und Baumeister, Schöpfer des brasilianischen Barocks
Alfaiate	»Schneider«. Teilnehmer an der Revolution von 1798, deren Anführer, unter anderen, die beiden Schneider João de Deus do Nasciemento und Manuel Faustino dos Santos Lira waren. Dieser Aufruhr von Farbigen, Sklaven und Soldaten ist bekannter unter dem Namen »Inconfidência Baiana«
Arroba	altes Gewichtsmaß von etwa 15 kg
Bandeira	Gruppe (Fähnlein) von Abenteurern unter der Führung von Söhnen der ersten Familien von São Paulo. Die Bandeirantes erschlossen in der Kolonialzeit das Hinterland von São Paulo. Auch von Salvador und Recife gingen Bandeiras aus
Batuque	Negertanz mit Trommelbegleitung
Bumba-meu-boi	dramatisches Ballett der Neger Nordostbrasiliens in Prozessionsform. Der Ochse (*boi*) spielt dabei eine große Rolle. Unter einem bunt bemalten Tuch verstecken sich zwei Männer, von denen der eine einen Ochsenkopf als Maske trägt. Am Ende des Tanzes stirbt der *boi*

Cabano	Mitglied einer politischen Partei, die während der Regentschaft in Pernambuco bestand. 1832 kam es zum Cabanada-Aufstand, mit dem Ziel, Pedro I. wieder an die Macht zu bringen
Caboclo	Kleinbauer, ungelernter Arbeiter; praktisch Mestize. Später wurde die Figur des Caboclo ähnlich idealisiert wie die des Gaucho in Argentinien
Cabra	Landarbeiter, Leibwächter. Bravo, der sich verdingt, um Morde auszuführen
Cabrocha	Landmädchen, Mestizin
Cafuzo	Mischling von Indianern und Negern
Caipira	Landbewohner
Candomblé	ritueller Tanz der Neger
Capanga	Leibwächter
Capoeira	Messerstecher. Eine Art Judo, heute zu einem Tanz stilisiert
Carurú	mit Dendêöl und Pfeffer zubereitetes Gericht aus Kräutern und Krabben
Curiboca	Mischling von Indianern und Negern
Efô	ähnlich dem Carurú, nur von größerer Konsistenz
Exu	Gottheit des afrobrasilianischen Kults, die dem Teufel entspricht
Henrique	während der Kolonialzeit Bezeichnung der Offiziere und Soldaten der Negerbataillone, zur Erinnerung an Henrique Dias, den schwarzen Freiheitshelden im Krieg gegen die Holländer (1633–1654)

Iansã	Göttin der Winde und Stürme im afro-brasilianischen Kult. Gemahlin des Ogum
Maconha	Hanfart, deren Blätter und Blüten ein dem Opium verwandtes Narkotikum enthalten
Macumba	Geisterbeschwörung afrikanischen Ursprungs mit christlichen Einflüssen. (Tarnung der alten Negergottheiten durch Gleichsetzung mit christlichen Heiligen.)
Malê	mohammedanischer Neger von Bahía und Rio de Janeiro
Malungo	Bruder, Gefährte. Anrede unter den Negern eines Sklavenschiffs, eines Quilombo oder Mucambo. Schwarzer Spielgefährte der weißen Jungen im Herrenhaus
Mameluco	Mestize. Darüber hinaus Bezeichnung für alle Arten von Mischlingen
Maracatú	Karnevalstanz der Neger mit Trommelbegleitung
Mascate	Hausierer. Ursprünglich verächtliche Bezeichnung für die handeltreibenden Einwohner von Recife
Mina-Negerin	hellhäutige und deshalb als höherstehend betrachtete Negerin aus Bahía, ursprünglich aus Mina in Westafrika
Modinha	Volksweise, früher Ballade. Modelied, Schlager
Mucama	schwarzes Hausmädchen oder Amme

Mucambo	Hütte. Siedlung entlaufener Negerskla-ven. Behausung freier Neger, die für die städtischen Herrenhäuser arbeiteten
Muleca	schwarzes Hausmädchen
Muleque	Negerjunge, Boy im Herrenhaus
Neuchrist	Euphemismus für Judenchrist; getauf-ter Jude
Ogum	Kriegsgott des afro-brasilianischen Kults
Orixá	sekundäre Gottheit des afro-brasiliani-schen Kults
Paulista	Bewohner des Gebietes, später Staates, von São Paulo
Papa-mel	Aufständischer des Cabanada-Auf-stands
Quilombo	Siedlung entlaufener Negersklaven
Tapuia	Indianer; in Bahía: Mestize
Vatapá	mit Dendêöl und Pfeffer zubereitetes Gericht aus Reismehlbrei, Fisch und Krabben
Xangó	einer der mächtigsten Negergötter. Tanz zu Ehren dieses Gottes

1808   Ankunft König Johanns VI. – mit seinem Hofstaat auf der
            Flucht vor Napoleon – in Brasilien. Öffnung der brasiliani-
            schen Häfen für die befreundeten Nationen. Gründung der
            ersten Hochschule für Medizin in Salvador/Bahía.

1809   Französisch-Guayana wird – Repressalie gegen die Beset-
            zung Portugals durch Frankreich – von portugiesisch-brasi-
            lianischen Truppen besetzt.

1810   Handels- und Freundschaftsvertrag zwischen Brasilien und
            England.

1815   Rio de Janeiro wird Hauptstadt des »Vereinigten König-
            reichs von Portugal, Brasilien und Algarve«. – Auf dem Wie-
            ner Kongreß wird »Brasilien« auf Verlangen Talleyrands den
            Titeln des portugiesischen Königs hinzugefügt. – Gründung
            der Akademie für Schöne Künste in Rio de Janeiro. Öffnung
            des Landes für ausländische Künstler, Gelehrte und Ge-
            schäftsleute.

1817   Revolution von Pernambuco. Erste (liberale) nationale
            Regierung auf brasilianischem Boden. Die Revolution wird
            von Portugal blutig niedergeschlagen.

1820   König Johann VI. wird von den portugiesischen Cortes zur
            Rückkehr nach Portugal gezwungen und überträgt seinem
            Sohn Dom Pedro die Regentschaft in Brasilien.

1822   Der Regent wendet sich gegen portugiesische Versuche,
            Brasilien wieder in den Kolonialstatus zurückzuführen, pro-
            klamiert am 7. September die Unabhängigkeit und wird am
            1. Dezember als Dom Pedro I. zum Kaiser Brasiliens gekrönt.

1824   Liberale zentralistische Verfassung von Kaiser Pedro I. erlassen, die während der 67 Jahre ihrer Gültigkeit nur zwei Zusätze, 1834 und 1847, erhält. Auf ihrer Grundlage funktioniert die gesetzgebende Gewalt (Kammer–Senat) bis 1899. Regelmäßig, alle vier Jahre, wird das Parlament gewählt.

Die republikanische und separatistische Rebellion »Konföderation des Äquators« in Pernambuco und den anderen Nordoststaaten, die sich gegen die zentralisierende Verfassung wendet und für die Wahl der Provinzgouverneure durch das Volk eintritt, wird blutig niedergeschlagen.

1825   Portugal und England erkennen die Unabhängigkeit Brasiliens an.

1826   König Johann VI. stirbt in Portugal. Der Versuch D. Pedros I., dem Vater auch auf den portugiesischen Thron zu folgen, scheitert am Widerstand der Brasilianer.

1828   Brasilien verliert die Provinz Cisplatina im Krieg gegen Argentinien und stimmt der Gründung der Republik Uruguay zu.

1831   D. Pedro I. verzichtet zugunsten seines fünfjährigen Sohnes D. Pedro de Alcântara auf den Thron und kehrt nach Europa zurück. Regentschaft bis 1840. Während der Regentschaft zahlreiche Revolten, denen – neben besonderen – folgende allgemeine Motive zugrunde liegen: die schlechte wirtschaftliche und soziale Lage der breiten Massen, Abneigung gegen den Zentralismus, gegen die Beherrschung der Wirtschaft durch die Portugiesen, für mehr Demokratie, für die Rückkehr D. Pedros I. Setembrada (Maranhão, 1831), Novembrada (Pernambuco, 1831), Abrilada (Pernambuco, 1832 und später Alagôas), Revolte pro D. Pedro I. (Minas Gerais, 1833), Carneirada (Pernambuco, 1834/1835), Sabinada (»Republik von Bahía«, 1837), Balaiada (Maranhão, 1838, gegen die Landaristokratie).

1835–1845 Der Farrapen-Krieg (»Revolução Farroupilha«) unter Caudilho Bento Gonçalves, die Revolution von der längsten Dauer in der Geschichte Brasiliens, die zur Gründung der »Republik von Rio Grande« führte. Nach entscheidenden

Siegen der kaiserlichen Truppen unter dem Herzog von Caxias wird 1845 den »Farrapos« vollständige Amnestie gewährt.

1840   D. Pedro II. besteigt im Alter von vierzehn Jahren den Thron.

1842   Befriedung der Provinzen, Sieg über die »liberale Revolution« in São Paulo und Rio Grande do Sul. Die Vierte Gewalt, »poder moderador« (»mäßigende Gewalt«), wird in die Verfassung eingeführt. Sie ermöglicht dem Kaiser die Konsolidierung des Staates und die Stärkung der Exekutive. Der Kaiser führt politische, soziale und Rechtsreformen durch, diszipliniert und organisiert die europäische Einwanderung und fördert den kulturellen, wissenschaftlichen, wirtschaftlichen, administrativen und finanziellen Fortschritt.

1844   Brasilien erkennt die Unabhängigkeit Paraguays an.

1845   England stellt den Sklaventransport der Sklaverei gleich und beschließt durch die »Bill Aberdeen« die Beschlagnahme jedes Schiffs, das Sklaven befördert.

1847   Das Amt des »Präsidenten des Ministerrats« (»Presidente do Conselho«) wird geschaffen. Es beginnt die Ära des parlamentarischen Systems.

1848   Die »Rebellion Praieira« in Pernambuco (Liberale gegen Konservative, umfangreiche soziale Forderungen) wird niedergeschlagen.

1850   Das Gesetz »Eusébio de Queiroz« verbietet den Sklavenhandel.

1850–1870 Die »belle époque« des Kaffees. Vorherrschaft der Landaristokratie. Zu Beginn der Industrialisierung Brasiliens vor allem Errichtung von Textilfabriken und Zuckerfabriken, Gründung zahlreicher Versicherungen und Banken, von Bergwerken und städtischen Transportunternehmen, von Schiffahrtsgesellschaften und Eisenbahnen. Die Zahl der Fabriken stieg von 50 im Jahr 1850 auf 636 im Jahr 1889, dem Gründungsjahr der Republik.

1851/52	Krieg und Sieg gegen die Caudilhos Manuel Oribo Wingman und Manuel Rosas (Argentinien), der ein großargentinisches Reich anstrebt.

1851/52 Krieg und Sieg gegen die Caudilhos Manuel Oribo Wingman und Manuel Rosas (Argentinien), der ein großargentinisches Reich anstrebt.

1852 Die ersten Telegraphenlinien werden errichtet.

1854 Bau der ersten Eisenbahn

1858 Von 1838 bis 1858 verfünffacht sich das Nationaleinkommen.

1864–1870 Der sehr verlustreiche Paraguay-Krieg. Die Dreierallianz Brasilien–Uruguay–Argentinien gegen den paraguayischen Diktator Solano Lopez (1865). An dem grausamen Krieg nehmen auf beiden Seiten rund 150 000 Mann teil. Man schätzt die Verluste Paraguays auf die Hälfte seiner Bevölkerung.

1866/67 Der Amazonas wird für die internationale Schiffahrt freigegeben.

1870 Republikanisches Manifest wird in Rio de Janeiro veröffentlicht, republikanische Zeitungen und Klubs, die eine Verfassung nach amerikanischem Muster anstreben, werden gegründet.

1871 Durch Gesetz werden Kinder von Sklaven für frei erklärt. Sklaven können sich selbst loskaufen.

1872 Erste Volkszählung: 9 930 478 Einwohner.
Revolte der »Mucker«, einer fanatischen religiösen Sekte in Rio Grande do Sul. Es entsteht die »religiöse Frage« durch die Verurteilung der Bischöfe Dom Vital (Olinda) und Dom Antônio de Macedo Costa (Pará), die gegen die Freimaurer kämpfen, zu vier Jahren Gefängnis.

1876 Gründung der ersten »Positivistischen Vereinigung« unter Benjamin Constant de Magalhães (1836–1891), der mit seinem Comteschen Positivismus entscheidenden Einfluß auf die Militärs ausübt und energisch für die Errichtung der Republik, die Befreiung der Sklaven und die Trennung von Staat und Kirche eintritt.

1877 Dürre im Nordosten dauert bis 1879.

1880	Beginn der organisierten Bewegung für die Abschaffung der Sklaverei. Zu diesem Zweck wird in Rio de Janeiro die Tageszeitung »Gazeta da Tarde« gegründet.
1883	Es entsteht die »Militärfrage« (»Questão militar«) durch mehrere Disziplinlosigkeiten im Heer und ständige öffentliche Einmischung der Militärs in politische Fragen. Die Republikaner ziehen die Vorteile aus den Querelen.
1885	Durch Gesetz wird den über 60jährigen Sklaven die Freiheit gegeben, ohne Zahlung von Entschädigung an die Besitzer. – Abolitionisten und Republikaner verbünden sich gegen die Monarchie.
1888	Am 13. Mai unterzeichnet Prinzessin Isabel als Regentin das »Goldene Gesetz«, das die Sklaverei entschädigungslos abschafft. Der bekannteste Kämpfer für die Sklavenbefreiung war der Schriftsteller, Politiker und Diplomat Joaquim Nabuco de Araujó (1849–1910).
1889	Ende der ersten und einzigen Monarchie in Südamerika. Die Republik wird ausgerufen. Ständige innenpolitische Auseinandersetzungen, Meutereien und finanzielle Krisen bestimmen ihren Weg. Die Monarchie war gescheitert an der religiösen Frage, an der Sklavenfrage, an der Militärfrage.
1891	Die erste republikanische Verfassung nach nordamerikanischem Vorbild tritt in Kraft. Weitgehende Autonomie der Bundesstaaten, Trennung der Gewalten, Trennung von Kirche und Staat, Abschaffung der »mäßigenden Gewalt« und des auf Lebenszeit berufenen Senats. Marschall Deodoro da Fonseca wird zum ersten Präsidenten der Republik gewählt und schon bald wegen der ungesetzlichen Auflösung des Kongresses durch den Vizepräsidenten Marschall Floriano Peixoto abgelöst. 5. Dezember: Kaiser D. Pedro II. stirbt im Alter von 66 Jahren in seinem Pariser Exil.
1893	Föderalistische Revolution in Rio Grande do Sul verursacht einen zwanzig Jahre währenden Bürgerkrieg. Revolte der Marine mit dem Ziel der Absetzung des Präsi-

denten Marschall Floriano Peixoto und der Rückkehr zur Monarchie. Der Aufstand wird mit Hilfe der Nordamerikaner 1894 niedergeschlagen.

1894–1898 Unter Präsident Prudente José de Morāes Barros wird die Beherrschung der Bundespolitik durch den Staat São Paulo eingeleitet. Gegen die Protektionisten und Anhänger der Industrialisierung vertritt er die Interessen des Kaffees, der Landwirtschaft und des Freihandels.

1895/96 Durch die Aktionen des Diplomaten Baron von Rio Branco (1845–1912), Außenminister von 1902–1912 unter vier Präsidenten, erzielt die brasilianische Diplomatie große Erfolge bei der Regelung von Grenzfragen. – 1896 kehrt ein großer Teil des Gebietes von Missiones an Brasilien zurück. Damit wird die endgültige Grenze zu Argentinien gezogen.

1896 Gründung der »Akademie für Literatur« durch Joaquim Machado de Assis, den »Papst der brasilianischen Literatur« (1839–1908).

1896/97 Der »Canuden-Krieg«. Erst im vierten Anlauf gelingt es der Zentralregierung des Präsidenten Prudente Morāes, die Tausende von Anhänger des Fanatikers Antônio Conselheiro im Staat Bahía nach elf Monaten zu besiegen. Die tieferen Ursachen der Bewegung sind ungelöste Sozialfragen.

1898–1902 Unter dem Präsidenten Manuel Ferraz de Campos Salles und dem Finanzminister Joaquim Murtinho Sanierung der Staatsfinanzen durch eine rigorose Steuer- und Zollpolitik und die Senkung der Staatsausgaben. Unter dieser Präsidentschaft beginnt das System der »Politik der Gouverneure«, die die Position der Oligarchien in den Bundesstaaten stärkt: Die Bundesregierung unterstützt die Abgeordneten und Senatoren der jeweiligen Staatsregierungen und erhält im Austausch die Zustimmung der Gouverneure zur Bundespolitik. Das System, das den Bundesstaaten São Paulo und Minas Gerais die stärkste politische Machtstellung sichert, führt zu Unruhen in mehreren Staaten und ist einer der Gründe der Revolution von 1930, die sich gegen die Oligarchien richten wird.

1900	Baron von Rio Branco erwirkt durch einen schweizerischen Schiedsspruch den Verbleib von 260 000 qkm, dem Territorium von Amapá, bei Brasilien, wodurch der Verlauf der Grenze zu Französisch-Guayana endgültig festgelegt werden kann. Ähnliche Streitfragen mit Bolivien, Ecuador, Kolumbien, Venezuela, Peru und den Guayanas werden in den Jahren 1903, 1904, 1907 und 1909 geregelt.
1902–1906	Präsidentschaft Francisco de Paulo Rodrigues Alves (1848–1919). Umfangreiche Verwaltungsreformen. Ausbau der Häfen und des Eisenbahnnetzes. – Osvaldo Cruz besiegt das Gelbfieber in Rio de Janeiro. Durch den Präfekten Francisco Pereira Passos wird die Hauptstadt großzügig ausgebaut.
1903	Durch den Vertrag von Petrópolis wird das Territorium von Acre endgültig Brasilien einverleibt, nachdem es zuvor von brasilianischen Siedlern besetzt worden ist, die 1899 sogar einen unabhängigen Staat Acre ausrufen. Bolivien erhält durch den Vertrag zwei Millionen Pfund Sterling. Brasilien verpflichtet sich zum Bau der Eisenbahn Madeira–Mamoré.
1905	Bischof Joaquim Arcoverde de Albuquerque Cavalcanti wird zum (ersten brasilianischen) Kardinal ernannt.
1906	Vereinbarung von Taubaté, die die politische Allianz zwischen Minas Gerais und São Paulo durch eine gemeinsame, den Kaffee begünstigende Wirtschaftspolitik festigt. Alle Staatspräsidenten von 1894–1906 stammten aus São Paulo. – Die Kaffeeproduktion von São Paulo macht 64 % der Weltproduktion aus.
1906–1909	Präsident Afonso Pena baut Eisenbahnen und Häfen, begünstigt Einwanderung und Kolonisation und reformiert Heer und Marine.
1908	Die erste nationale Ausstellung zeigt den Fortschritt von Wirtschaft und Industrie.
1910	Gründung des Indianerschutzdienstes (SIP) unter dem damaligen Oberst und späteren Marschall Cândido Rondon. – Lehrlingsschulen werden im ganzen Lande errichtet.

1905–1914 Marschall Hermes da Fonseca (1855–1923) wird zum Präsidenten der Republik gegen den zivilen Kandidaten, den international anerkannten Rechtsgelehrten Rui Barbosa (1849–1923), gewählt. – Erfolgreiche Revolte der Marinesoldaten gegen die Prügelstrafe. Gewalttätige Auseinandersetzungen in mehreren Staaten, große finanzielle und wirtschaftliche Schwierigkeiten bis zum Kriegsausbruch 1914.

1914–1918 Präsident Wenceslau Braz Pereira Gomes (1868–1966).

1914 Brasilien erbittet bei seinen Hauptgläubigern Frankreich und England ein Moratorium von drei Jahren zur Bezahlung seiner Schulden. – Brasilien erklärt seine Neutralität im Weltkrieg.

1916 Das brasilianische Bürgerliche Gesetzbuch tritt in Kraft.

1917 Im Verlauf des uneingeschränkten U-Bootkrieges werden vier brasilianische Schiffe von der deutschen Kriegsmarine versenkt. Brasilien erklärt Deutschland den Krieg.

1918/19 Virgulino Ferreira, der »Lampião« (geb. 1898), Personifizierung des Elends und der sozialen Ungerechtigkeit, eine Art von brasilianischem »Schinderhannes«, übernimmt die Führung von gewalttätigen Banden (»Cangaceiros«), die den Nordosten mit Mord und Plünderung überziehen und viel Sympathie im Volk genießen. Erst 1938 wird der »Lampião« von den Polizeikräften gestellt und getötet.

1919–1922 Nach einer Interimspräsidentschaft des Vizepräsidenten Delfim Moreira, verursacht durch den plötzlichen Tod des gewählten Präsidenten Francisco de Paula Rodrigues Alves (1919), tritt 1919 (1919–1922) Epitácio da Silva Pessoa, Leiter der brasilianischen Delegation bei der Friedenskonferenz, als gewählter Präsident das höchste Staatsamt an. Zum erstenmal übernimmt ein Politiker aus dem Nordosten (Paraíba) als *tertius* die Präsidentschaft, da sich Minas Gerais und São Paulo nicht einigen konnten, jedoch nicht ohne
1922 gleichzeitig die Nachfolge für den »Mineiro« Artur Bernar-
1926 des und 1926 für den »Paulista« Washington Luís vereinbart zu haben.

Förderung der Industrieentwicklung und Ausbau des Verkehrswesens.

1920   Gründung der ersten Bundesuniversität in Rio de Janeiro. – Die Zahl der Industriebetriebe hat sich von 2 998 im Jahre 1907 auf 13 336 erhöht.

Hermann M. Görgen

Abbot, Jonathan   265
Abreu, Casimiro de   80, 210
Abreu, Francisco Bonifácio
   de   232
Abreu e Lima, I. A. de   505, 506
Abreu e Lima, Jose Inacio de   60
Adalbert Prinz von Preußen   174
Adet, Emile   236
Afonso Arino de Melo
   Franco   368, 463
Aguiar, Marquis de   145
Aguilar, Manuel de Albuquerque
   e   260
Albuquerque, Familie   10, 74,
   110, 140, 205, 514
Albuquerque, Félix Cavalcanti
   de   141, 167
Albuquerque, Jerônimo de   35,
   278
Alcântara Machado   164
Aleijadinho (Antonio Francisco
   da Costa Lisboa)   314, 529,
   462, 463, 537
Alencar, José de   29, 81, 119, 120
Allain, Emile 175, 241
Almeida, Lourenço de   34, 35,
   113
Almeida, Pires de   136, 137, 404
Alvarenga Peixoto   74, 446, 447,
   449
Alvares de Azevedo, Manuel
   Antônio   80

Amália, Narcissa   102
Amado, Gilberto   453, 456, 457,
   516
Amaragi, Baron von (Alves da
   Silva)   498
Amaral, Francisco do   143
Anadia, Vicomte von   291
Anchieta, José de   70, 71
Andrada, Familie   29, 56, 292
Andrade, Almir de   50
Andrade, Francisco Berenguer
   de   16
Andrade, Manuel de Carvalho
   Pais de   182
Andrade, Mário de   463
Antônio Carlos Ribeiro de
   Andrada   451, 460
Antunes   72
Aquino Fonseca, Joaquim
   de   108, 246, 247, 248
Aragão, Francisco Alberto
   Teixeira de   409
Arago, J.   359, 399
Aranha, Manuel Guedes   283,
   460
Arcos, Graf von   83
Arruda Câmara, Manuel de   451,
   452, 453
Araújo, Elísio de   138, 407, 408
Assier, Adolphe d'   38, 267f., 481
Assumar, Graf von   22, 23, 33,
   83, 214